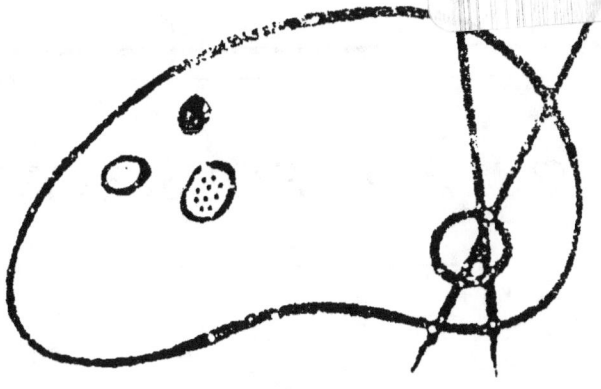

Début d'une série de documents
en couleur

ARSÈNE HOUSSAYE

LES

GRANDES DAMES

PARIS
E. DENTU, LIBRAIRE-ÉDITEUR
PALAIS-ROYAL, 15, 17, 19, GALERIE D'ORLÉANS

ARSÈNE HOUSSAYE

DES DESTINÉES DE L'AME
3e édition. — 1 vol. in-18, 3 fr. 50.

NOUVELLE ÉDITION
LES MILLE ET UNE NUITS PARISIENNES
4 vol. in-8 avec 24 portraits des demi-mondaines et des extra-mondaines, par HENRY DE MONTAUT. Prix, 20 fr.

LE DIX-HUITIÈME SIÈCLE
La Régence. — Louis XV. — Louis XVI. — La Révolution.
Édition de bibliothèque en 4 vol. in-18, 3 fr. 50 le vol.

POÉSIES COMPLÈTES
1 vol. elzévirien, à deux couleurs, 7 fr. 50.

HISTOIRE DU 41e FAUTEUIL DE L'ACADÉMIE
10e édition. — 1 vol. in-18, 3 fr. 50.

HISTOIRE D'UNE FILLE DU MONDE
Un vol. in-8 avec 10 portraits, par HENRY DE MONTAUT, 5 fr.

LA ROBE DE LA MARIÉE
1 vol. in-18, portrait, 3 fr. 50.

TRAGIQUE AVENTURE DE BAL MASQUÉ
1 vol. in-18, portrait, 3 fr. 50.

LE CHIEN PERDU ET LA FEMME FUSILLÉE
Un roman sous la Commune.
2 vol., portraits.

LES COURTISANES DU MONDE
4 vol. in-8 cavalier, gravures, 20 fr.

LES TROIS DUCHESSES
1 vol. in-18, 3 fr. 50.

LES LARMES DE JEANNE
1 vol. in-18, portrait, 3 fr. 50.

LA COURONNE DE BLEUETS
1 vol. in-18, portraits des deux héroïnes et *moralité*, par THÉOPHILE GAUTIER.

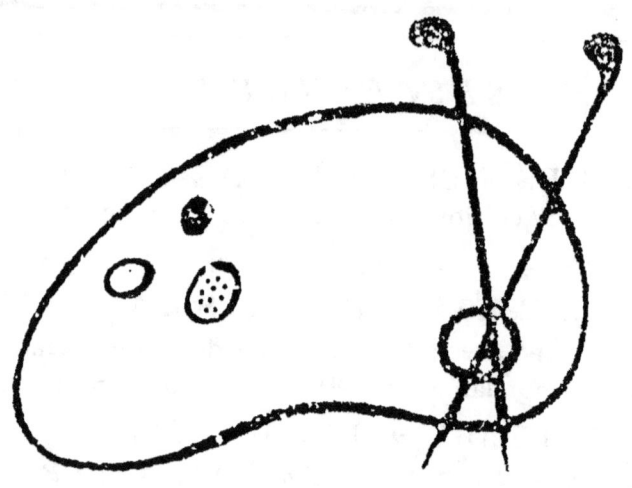

Fin d'une série de documents en couleur

LES GRANDES DAMES

ARSÈNE HOUSSAYE

LES

GRANDES DAMES

PARIS

E. DENTU, ÉDITEUR

PALAIS-ROYAL, 15-17-19, GALERIE D'ORLÉANS

—

1880

Je pourrais m'enorgueillir du succès de ce roman, si je ne croyais beaucoup aux bonnes fortunes littéraires. L'opinion est comme la mer qui prend un navire pour le conduire au rivage ou pour l'abîmer dans la tempête, selon le mouvement de ses caprices. La première édition des Grandes Dames a paru au mois de mai 1868, en quatre volumes in-8° imprimés à cinq mille exemplaires. Quelques jours après, Dentu m'envoyait cette dépêche : « Réimprimons encore cinq mille exemplaires. » Ce ne fut pas tout, on réimprima un si grand nombre d'éditions qu'on ne les compte plus aujourd'hui. Pourquoi cette curiosité? Je veux bien croire qu'on trouvait du plaisir à lire Les Grandes Dames, mais combien d'autres romans qui n'étaient pas moins dignes de curiosité restaient-ils oubliés chez les libraires? C'est que j'avais galamment démasqué tout un monde inconnu, vivant alors comme les dieux de l'Olympe au delà du monde connu. Il y eut en effet, pendant le second empire, une période inouïe d'aventures amoureuses encadrées dans toutes les folies du luxe. On ne croyait plus qu'à la politique des femmes; l'horloge ne sonnait plus que l'heure à cueillir; on s'imaginait que la civilisation avait dit son dernier mot. Aussi courait-on de fêtes en fêtes sans entrevoir la guerre et la révolution, qui s'armaient pour les combats, pour les défaites, pour les déchéances. Qui donc prévoit l'orage pour le lendemain, hormis ceux qui s'écrient le surlendemain : « Je vous l'avais bien dit. » Moi-même n'ai-je pas inconsciemment donné le couronnement de toutes les fêtes de l'Empire par me *trop célèbres redoutes vénitiennes, où les plus grands personnages et les plus grandes dames auraient pu écouter des vérités dites sous le masque. Mais on riait de tout parce qu'on ne croyait plus à rien.*

J'ai donc peint à vif les passions parisiennes de ce temps passé, — et bien passé. — Le succès m'entraîna à écrire les Parisiennes *et* les Courtisanes du monde : *tout cela ne formait pas moins de douze volumes in-8°. Mais je suis comme mon compatriote Lafontaine : « Les longs ouvrages me font peur, » voilà pourquoi je me contente aujourd'hui de ne réimprimer que* Les Grandes Dames. *Et encore je me suis obstiné à mettre les quatre volumes in-8° en un seul volume in-18, rejetant quelques épisodes, mais conservant tout ce qui est l'âme du livre. «* Les Grandes Dames *appartiennent à l'histoire littéraire, a dit Nestor Roqueplan, parce qu'elles sont une page de notre vie intime au XIXᵉ siècle. » Toute la critique, d'ailleurs, a été douce à ce roman, Paul de Saint-Victor comme Nestor Roqueplan, Henry de Pène comme Théophile Gautier. On a reconnu dans Octave de Parisis l'éternelle figure de Don Juan entraînant les femmes affolées dans le cortège des âpres voluptés qui les brûlent toutes vives. Mais Don Juan trouve toujours son maître.*

PRÉFACE

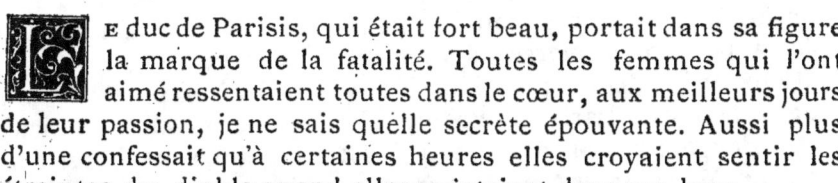

Le duc de Parisis, qui était fort beau, portait dans sa figure la marque de la fatalité. Toutes les femmes qui l'ont aimé ressentaient toutes dans le cœur, aux meilleurs jours de leur passion, je ne sais quelle secrète épouvante. Aussi plus d'une confessait qu'à certaines heures elles croyaient sentir les étreintes du diable quand elles se jetaient dans ses bras.

A chaque période, à Paris surtout, depuis que Paris est la capitale des passions, un homme s'est révélé qui prenait — presque toutes les femmes — pour les aimer un jour et pour les rejeter hors de sa vie, toutes brisées, dans les larmes éternelles, ne pouvant vaincre cet amour tyrannique qui déchirait leur cœur et ensevelissait leur âme.

Jean-Octave, duc de Parisis, fut cet homme dans la plus belle période du second empire ; aussi fut-il surnommé don Juan par les femmes de la cour, par les demi-mondaines et par les coquines.

Il était si bien admis qu'il faisait le massacre des cœurs que beaucoup de femmes se fussent trouvées ridicules de ne pas se donner à lui quand il voulait bien les prendre. C'était la mode d'être sa victime ; or, Paris est par excellence le pays de la mode.

Beaucoup de femmes du monde ont porté ses armes — un petit poignard d'or qu'il fichait dans leur chevelure, — quelques-unes s'imaginaient que c'était une fiche de consolation, quelques autres que c'était un porte-bonheur.

Les courtisanes, au contraire, disaient tout haut que le duc de Parisis leur portait malheur. « Octave porte la guigne ». Mais celles qui avaient le plus d'illusions ne furent pas longtemps à les perdre, car on s'aperçut bientôt que le duc de Parisis traînait avec lui la mort, la ruine, le désespoir. Qui eût jamais dit cela en le voyant si gai en son perpétuel sourire armé de raillerie ?

La Fatalité, cette divinité des anciens, n'a pas d'autels parmi nous, mais si on ne lui sacrifie pas des colombes elle n'en est pas moins vivante, impérieuse, terrible, vengeresse, toujours déesse du mal.

Elle est invisible, mais on la pressent comme on pressent l'orage et la tempête.

Et d'ailleurs elle a ses représentants visibles. Combien d'hommes ici-bas qui ne sont que les représentants de la fatalité ! combien qui portent malheur sans avoir la conscience du mal qu'ils vont faire !

C'est que le monde vit par le mal comme par le bien. Dieu l'a voulu parce que Dieu a voulu que l'homme ne pût arriver au bien qu'en traversant le mal : ne faut-il pas que la vertu ait sa récompense ? La vertu n'est pas seulement le don de ne pas mal faire comme le croient beaucoup de gens, c'est la force d'arriver au bien après avoir traversé tous les périls de la vie.

Ceux qui étaient à la surface sous le second empire ont tous connu le duc de Parisis : le comte d'Orsay comme M. de Morny, Kalil-Bey comme M. de Persigny, M. de Grammont-Caderousse comme M. Georges de Heckereen, le duc d'Aquaviva comme Antonio de Espeletta. Le règne de ce personnage, tragique dans sa comédie mondaine, fut bien éphémère. Il passa comme l'ouragan, mais son souvenir est vivant encore dans plus d'un cœur de femme qu'il a blessé mortellement. Ce n'était pas un cœur que cet homme, c'était un orgueil, c'était une soif de vivre par toutes les voluptés, c'était don Juan ressuscité pour finir plus mal que ses ancêtres, car on sait que tous les don Juan ont mal fini.

J'ai été plus d'une fois le compagnon d'aventures d'Octave de Parisis, j'ai vécu avec ce viveur chez moi et chez lui dans l'intimité la plus cordiale : je veux donc conter son histoire que je connais bien. Il y a certes plus d'un chapitre qu'il me faudrait écrire en hébreu pour les jeunes filles, mais pourtant ce livre portera sa moralité ; je pourrais même écrire sur la première page, à l'inverse de Jean-Jacques Rousseau sur la *Nouvelle Héloïse* : Toute femme qui lira ce livre est une femme sauvée.

Je passe avec respect devant toutes les femmes qui ont bravé la passion ; j'étudie avec sympathie les cœurs vaincus, qui me rappellent cette épitaphe d'une grande dame au Père Lachaise : « PAUVRE FEMME QUE JE SUIS ! » Son nom ? Point de nom. C'est une femme.

Si je n'ai pas raconté l'histoire des grandes dames vertueuses, c'est que les femmes vertueuses n'ont pas d'histoire.

Il n'y a plus de grandes dames, disent les petites dames ; le catéchisme de 1789 a barbouillé les marges du livre héraldique ; la dernière duchesse, si elle n'est pas morte déjà, reçoit le viatique dans le dernier château de la Normandie ou dans le dernier hôtel du faubourg Saint-Germain. Il n'y a donc plus de grandes dames, il n'y a plus que des femmes comme il faut. »

Il serait plus juste de dire : Il n'y a pas de grandes dames ni de femmes comme il faut : il y a des femmes. Selon Balzac, « le XIXe siècle n'a plus de ces belles fleurs féminines qui ont orné les plus belles périodes de la monarchie française. » Et il ajoutait avec plus d'esprit que de vérité : « L'éventail de la grande dame est brisé ; la femme n'a plus à rougir, à chuchoter, à médire, l'éventail ne sert plus qu'à s'éventer. » Balzac décourronnait ainsi la femme d'un trait de plume ; un peu plus il la rejetait dans l'humiliation de son ancien esclavage ; ce qui n'empêchait pas Balzac de mettre en scène les grandes dames de son imagination.

Où commence la grande dame ? où finit-elle ? La grande dame commence toujours dans l'aristocratie de race, qui est son vrai pays natal ; mais s'il lui manque la grâce presqu'aussi belle que la beauté, elle est dépossédée ; elle n'est plus qu'une femme du monde. Il serait trop commode d'être une grande dame parce qu'on est la fille d'une grande dame, sans avoir toutes les vertus de son emploi. De même qu'il serait trop cruel de naître avec tous les dons de la beauté, de la grâce, de l'esprit, sans devenir une grande dame, parce qu'on ne serait pas la fille d'une duchesse ni même d'une baronne.

Il y a donc des grandes dames partout, depuis le faubourg Saint-Germain jusqu'au faubourg du Temple.

Mais comment la plébéienne qui naît grande dame prendra-t-elle sa place au soleil ? Par le hasard des choses ; peut-être lui faudra-t-il traverser le luxe des courtisanes ; mais, un jour ou l'autre, si elle le veut bien, elle écartèlera d'argent sur champ de gueules. C'est l'amour qui la remettra dans son chemin, ce sera une grande dame de la main gauche, mais ce sera une grande dame. Quand Mlle Rachel entrait dans un salon, c'était une grande dame ; combien de princesses qui venaient à sa suite, et qui ne semblaient que des princesses de théâtre !

La grande dame finit où commence la femme comme il faut, qui elle-même finit où commence le demi-monde.

On naît grande dame comme on naît poète ; mais, pour cela, il ne faut pas toujours naître d'une patricienne. Il faut bien laisser à la création ses imprévus et ses transfigurations; il faut bien que la nature donne de perpétuelles leçons à l'orgueil humain. Les grandes dames sont presque toujours des filles de race; mais quelques-unes pourtant, nées plébéiennes, lèvent leur épi d'or de pur froment au milieu du champ de seigle.

Les anciennes aristocraties ont gardé le privilège de faire les grandes dames. Les nouvelles en font aussi, mais avec plus d'alliage. Ce n'est pas à la première génération que la race s'accuse; elle resplendit à la seconde; souvent, à la troisième, elle se perd. C'est l'histoire de ces vins, rudes à la première période, exquis à la seconde, et qui vont se dépouillant trop vite à la troisième. C'est la loi de l'humanité, comme c'est la loi de la nature.

Dieu lui-même ne crée pas un chef-d'œuvre du premier coup; il commence, comme tous les artistes, par l'ébauche.

Voilà pourquoi la grande dame est un oiseau rare. Où est le merle blanc? Les familles qui ont fait leur temps n'ont plus le privilège de frapper leur marque; elles se sont étiolées, comme les plus belles fleurs qui ne donnent plus que des tiges pâlies, où la sève s'épuise. Toutes les forces de la création, dans son action la plus divine, n'arrivent pas à créer dans le monde entier cent grandes dames par an. Et combien qui meurent petites filles! Et combien qui font l'école buissonnière avant d'arriver à la beauté souveraine du corps et de l'âme!

AR—H—YE.

LES
GRANDES DAMES

LIVRE I
MONSIEUR DON JUAN

I

C'EST ÉCRIT SUR LES FEUILLES DU BOIS DE BOULOGNE

ES curieuses des bords du Lac se demandaient ce jour-là avec inquiétude pourquoi M. de Parisis n'avait pas encore paru ?

Jean-Octave de Parisis, surnommé Don Juan de Parisis, était un homme du plus beau monde parisien ; — un dilettante partout, à l'Opéra, à la Comédie-Française, dans l'atelier des artistes ; — un virtuose quand il conduisait son breack victorieux, quand il jouait au baccarat, quand il pariait aux courses, quand il prêchait l'athéisme, quand il donjuanisait avec les femmes.

C'est un quasi-ambassadeur. Aussi, selon les perspectives, disait-on : — C'est un homme sérieux, — ou : — C'est un désœuvré.

Les femmes disaient : « Il porte l'Enfer avec lui. »

Le duc de Parisis n'était pas au bord du Lac, parce qu'il se promenait à cheval dans l'avenue de la Muette. Il avait pris le chemin des écoliers pour suivre un landau à huit ressorts. C'est que dans ce landau il voyait une jeune fille qu'il n'avait jamais rencontrée, lui qui connaissait toutes les femmes et toutes les jeunes filles du beau Paris, comme Théophile Gautier connaissait toutes les figures du Louvre.

Cette jeune fille était accompagnée d'une dame en cheveux blancs qui avait grand air. Toutes deux descendirent de voiture pour se promener dans une allée solitaire, en femmes qui ne vont au Bois que pour le bois.

La dame en cheveux blancs s'appuya au bras de la jeune fille, qui, toute pensive et toute silencieuse, effeuillait les feuilles sèches et rouillées des branches de chêne. Octave ne regardait pas la vieille dame; il n'avait d'yeux que pour la jeune fille.

Elle était belle comme la beauté : — grande, souple, blanche, un profil de vierge antique, une chaste désinvolture, je ne sais quoi de flexible et de brisé déjà comme le roseau après l'orage; — une gerbe de cheveux blonds, des yeux noirs et doux — regards fiers et caressants à la fois ; — un sourire encore candide, mais déjà féminin, expression de la jeunesse, qui ne sait rien que Dieu, mais qui cherche Satan : — une vraie femme transperçant à travers la jeune fille.

M. de Parisis, qui venait de voir aux Champs-Élysées quelques demoiselles à la mode, fut ému de cette rencontre et murmura à mi-voix : « Comme on serait heureux d'aimer une pareille créature! » Un esprit vulgaire n'eût pas manqué de dire : « Comme on serait heureux d'être aimé par une pareille créature! »

Mais M. de Parisis savait bien que le bonheur d'être aimé est séparé par un abîme du bonheur d'aimer. Être aimé, qu'est-ce que cela en regard du bonheur d'aimer! Être aimé, c'est à la portée de tout le monde; mais aimer! c'est rouvrir le paradis.

Octave avait, d'ailleurs, assez de foi en lui pour ne pas douter qu'une fois amoureux d'une femme — quelle que fût cette femme — il ne parvînt à être aimé d'elle.

Ce jour-là on se demandait donc au bord du Lac pourquoi M. Octave de Parisis n'avait pas encore paru. Au bord de quel lac? Vous avez raison. Il y a encore quelques lecteurs romanesques qui rêvent au lac de Lamartine et qui ne savent pas qu'il n'y a plus qu'un lac dans le monde : le Lac du bois du Boulogne, cette perle trouble, cette cuvette d'émeraude, cette source insensée, où les amazones ne trouveraient pas d'eau pour se baigner les pieds.

Que pouvait bien faire un jour de février, entre quatre et cinq heures, M. le duc de Parisis, l'homme le plus beau de Paris, à pied, à cheval ou en phaéton? Et qui se demandait cela? Quelques comédiennes de petits théâtres, quelques filles perdues ou retrouvées, quelques Phrynées sans états de service? Non! C'étaient les femmes du plus beau monde; c'étaient aussi les comédiennes illustres et les courtisanes irréprochables; celles-là qui ne se démodent pas, parce qu'elles font la mode.

Il y a toujours à Paris un homme qui règne despotiquement sur les femmes; on peut dire que le plus souvent c'est par droit de conquête et par droit de naissance. L'origine d'une femme peut se perdre dans les mille et une nuits; sa beauté est son blason, elle a des armoiries parlantes, on ne lui demande pas comment elle écartèle; mais il n'en est pas ainsi de l'homme, à moins toutefois que la fortune, l'héroïsme, le génie ne l'ait mis en relief. Et encore on veut savoir d'où il vient. Et on lui tient compte d'être fils des dieux comme César, même s'il descend des dieux par Vénus. Octave avait tous les titres à ce despotisme.

Né duc et beau, on l'avait dès son berceau habitué à sa part de royauté. Au collège, il avait régné sur les enfants; depuis son adolescence, il avait une armée de chevaux, de chiens et de laquais; depuis ses vingt ans, il avait une légion de femmes; soldat d'aventure, il avait eu son heure d'héroïsme devant Pékin en tête des spahis; diplomate de l'école de M. de Morny, il avait déjà triomphé des hommes comme il avait triomphé des femmes, jouant cartes sur table, mais en prouvant que les cartes étaient pour lui.

Cependant Octave avait voulu suivre la jeune fille en robe lilas, mais il sentit qu'il y avait l'infini entre elle et lui.

La vertu aura toujours cela de beau que les plus sceptiques s'arrêteront devant elle avec un sentiment de religion, comme le voyageur devant les montagnes inaccessibles qui sont couvertes de neige et de rayons.

« Non, je ne la suivrai pas, dit le duc de Parisis avec quelque tristesse, je n'ai pas le droit de jeter des roses dans son jardin. »

C'était la première fois que M. de Parisis détournait les passions de sa route. « Après cela, reprit-il en regardant, à travers la ramure dépouillée, la robe lilas de la jeune fille, j'ai beau me détourner de son chemin, si je dois l'aimer, c'est écrit jusques sur ces feuilles sèches brûlées par le givre. »

Et, au lieu d'aller au bord du lac, comme de coutume, il s'égara avec une vague volupté dans les avenues solitaires, suivant d'un regard rêveur de blancs flocons qui allaient refaire une virginité à la terre souillée. « Tombez, tombez, madame la Neige, disait-il dans sa soudaine mélancolie, tombez sur moi, cela fait du bien à mon cœur. » C'était la première fois que ce fier sceptique écoutait les battements de son cœur.

II.

LA LÉGENDE DES PARISIS

Ce soir, Parisis alla voir ses amis au Café Anglais, dans ce numéro 16 qui serait la vraie loge infernale de ces dernières années — s'il y avait eu une loge infernale.

Il y trouva Monjoyeux — sculpteur et comédien d'aventure — qui ouvrait ses mains pleines de paradoxes; — le marquis de Villeroy, un ambitieux qui ne vivait que la nuit; le vicomte de Miravault, un chercheur de millions qui avait peur de perdre son temps et qui buvait du vin de Champagne arithmétiquement; le prince Rio, surnommé dans le monde des filles le prince Bleu, — le prince passé au bleu — qui faisait tourner la tête — de l'autre côté — à Mlle Tournesol; Antonio, Harken et d'Aspremont, qui enseignaient l'histoire de la main gauche, depuis Diane de Poitiers jusqu'à Mme de Pompadour, à quatre demoiselles ne doutant pas que ces messieurs ne leur payassent à toutes un cachet pour avoir si bien écouté.

On avait soupaillé en tourmentant quelques perdreaux, en écorniflant quelques mandarines, en se faisant les dents à quelques pommes d'api.

Ces dames revenaient du bal; leurs bouquets étaient éparpillés et effeuillés comme leur vertu, un peu moins flétris pourtant. On respirait une odeur de vin répandu, de fleurs fanées, de chevelures dénouées, de poudre à la maréchale. En un mot, une petite gouache des anciennes orgies. « Quelles sont les nouvelles du jour? demanda Villeroy. — Khalil-Bey a acheté *Brunehaut*, répondit le prince. — Est-ce une femme? demanda Mlle Ophélia. — Non, c'est une reine. — Il y a quelques déclarations de forfait et quelques naissances illustres. *Vermout* va bien, il fait des siennes: il lui est né sept enfants: *Javanais, Dona-Sol, Bonjour, Bonsoir, Comment-vas-tu, Revolver* et *N'y-vas-pas.* »

Parisis était soucieux; les autres nuits il ne passait qu'une heure en cette belle académie du savoir-vivre, mais il était éblouissant. Il raillait les hommes, il se moquait des femmes, il avivait l'esprit de tout le monde par une verve de grand cru; Monjoyeux lui-même, un fort en gueule du plus haut style, était souvent battu à ce duel où on se jetait à la figure les mots les plus vifs.

Miravault, qui comptait les minutes avec avarice, regarda à sa montre : « Voilà dix-sept minutes que Parisis n'a pas dit un mot, je lui donne trois minutes pour se relever de cette déchéance, sinon je lui enlève sa royauté. — J'abdique, dit Octave. — Voyons, vas-tu jouer au beau ténébreux ? — Est-ce que tu as perdu au jeu ou à l'amour ? — A l'amour ! qui perd gagne ; au jeu ! qu'est-ce qu'une poignée d'or ? — Tu as bien raison, quand on est en train de manger le fonds avant les revenus. Mais enfin qu'as-tu donc ? — Ce que j'ai…? »

Octave voulait ne pas parler, il murmura pourtant, à demi-voix : « J'ai peur d'être amoureux »

Mlle Tournesol se tourna naturellement vers lui. « De moi ? demanda-t-elle. — Si c'était de toi, je ne serais pas soucieux. — Ah ! ça, t'imagines-tu donc, dit le prince Rio, qu'un homme est perdu sans rémission parce qu'il est amoureux ? — Mais jusqu'ici, dit Mlle Trente-six-Vertus, vous n'avez donc jamais été amoureux ! — Non. — Comment, vous qui avez été aimé de toutes les femmes de Paris ? »

Octave ne répondit pas. Le prince se chargea de répondre pour lui. « S'il a été aimé, c'est qu'il n'aimait pas. Vieille chanson. — Ah ! oui, dit Mlle Ophélia qui avait de la littérature : *Qui fuit amour, amour le suit.* »

Le prince mit la main sur le marbre de Mlle Ophélia. « Monsieur ! lui dit-elle en levant la tête avec une noble indignation, vous attentez à mon honneur ! Ce que j'ai de plus cher ! — Ce que tu as de plus cher ! — Oui, puisque je le vends tous les jours. — Voilà un beau mot, dit Monjoyeux. C'est du Larochefoucauld. — Oui, Ophélia doit être la fille de cette chiffonnière de Gavarni qui reçoit une aumône d'un galant homme et qui lui dit pour le remercier : « Dieu vous garde de mes filles ! » — « Ne parlons pas légèrement des chiffonniers, reprit Monjoyeux, on connaît mes titres de noblesse. »

Octave était de plus en plus égaré dans sa rêverie. Sa belle figure, plutôt rieuse que pensive, avait pris ce soir-là un caractère de mélancolie amère. Son regard semblait perdu dans je ne sais quel horizon lointain et triste. « Voyons, Octave ! nous sommes en carnaval et d'ailleurs, pour des philosophes comme nous, la vie est un carnaval perpétuel. Est-ce que tu lui ferais l'honneur de la prendre au sérieux ? Peut-être. — Ce que c'est que de nous ! dit Monjoyeux ; parce que celui-ci aura rencontré, ce soir dans un salon, ou cette après-midi au bord du Lac, quelque figure de romance ou de keepsake, il n'est plus un homme ! — Qui sait ? dit Octave, c'est peut-être parce que je suis devenu un homme que je suis triste. »

Sur ce beau mot on fit silence. « Ah ! je devine, dit tout à coup le prince, car je sais ton secret. Tu es amoureux, donc tu as peur. Le dernier des Parisis a toujours eu peur de l'amour. Il y a une terrible légende sur les Parisis, messieurs ! — Prince, dit Monjoyeux, vous dites cela comme dans la tour de Nesle, vous auriez dû nous appeler Messeigneurs. — Voyons la légende ? dit Mlle Tournesol. — Pas un mot, dit Octave d'un air ennuyé. — D'ailleurs, reprit le prince, je ne sais cette légende que par ouï-dire. — Eh bien ! dit Octave, tu la liras dans *Nostradamus*, car elle y est. Tu ne te rappelles pas qu'il parle du dernier des Parisis ! »

Mlle Tournesol voulut rassurer Octave en lui disant que s'il le voulait bien, — et elle aussi, — il ne serait pas le dernier des Parisis. Il ne daigna pas lui répondre.

Une demi-heure après, deux femmes s'étaient endormies sur un divan ; deux autres avaient décidé deux hommes à faire un mariage de raison, si bien qu'il ne resta plus dans le célèbre cabinet que Parisis, Monjoyeux, d'Aspremont et le prince Bleu, qui depuis une heure déjà était le prince Gris. « Quelle est donc cette légende ? demanda Monjoyeux à Parisis. — Une bêtise du vieux temps, mon cher. Vous savez que je ne crois à rien, pas même au diable : eh bien ! depuis que j'ai l'âge de raison, c'est-à-dire l'âge de folie, cette légende m'a toujours inquiété. Est-ce que vous croyez au diable, vous ? — Oui, la nuit, quand je n'ai pas soupé. Il me serait d'ailleurs désagréable de ne pas y croire du tout, car Satan prouve l'existence de Dieu. Dites-moi votre légende. — D'ailleurs, dit le prince, s'il ne vous le dit pas, je vous la dirai. »

Monjoyeux insista : le prince allait parler. Octave aima mieux conter lui-même. Voici comment il conta :

« C'était au quinzième siècle, au temps des grandes guerres :
« Jehan de Parisis allait se marier avec la plus belle fille du pays.
« Mais voilà qu'à l'heure des fiançailles, le roi Charles VII le
« prit au passage pour la guerre. Il fit des prodiges d'héroïsme
« devant Orléans. Il voulut revenir pour son mariage, car il por-
« tait déjà l'anneau des fiançailles. Dieu sait s'il avait le mal du
« pays ! Mais comme c'était un des meilleurs capitaines de cette
« vaillante armée, Dunois l'obligea encore à l'héroïsme. Il recevait
« les lettres les plus tendres et les plus désespérées ; Blanche de
« Champauvert se mourait de ne pas le voir revenir. Enfin, entre
« deux batailles il courut en toute hâte se jeter aux pieds de sa
« chère abandonnée.

« Quand il entra dans le château, tout le monde pleurait.

« Blanche se meurt ! Blanche est morte ! lui dit-on. Et la mère et
« les sœurs et les enfants jetaient les hauts cris. Quand il saisit
« la main de Blanche, elle respirait encore : il semblait qu'elle
« l'eût attendu pour mourir. « — C'est toi, dit-elle. Dieu soit
« béni, puisque je t'ai revu sur la terre. Il lui parla, elle ne répondit
« pas.

« Il éclata dans sa douleur. Il se jeta sur Blanche et baisa tris-
« tement ses lèvres muettes comme s'il voulait prendre la mort
« dans un baiser. — Oh! Seigneur, s'écria-t-il, vous que j'ai prié
« à Rome, vous que j'ai aimé partout, vous que mes aïeux ont
« glorifié aux croisades, Seigneur, prenez mon âme ou rendez-
« moi Blanche !

« Il était tombé agenouillé, il priait avec ferveur, la figure bai-
« gnée de larmes. Sa fiancée, qui n'était plus qu'une fiancée de
« marbre, ne le voyait pas pleurer. La famille avait fui ce spec-
« tacle. Minuit sonnait au beffroi.

« Une figure apparut au très pieux Jehan de Parisis, c'était la
« Mort couverte d'un suaire, avec ses yeux creux et sa bouche
« sans lèvres. Il eut peur, mais il se jeta entre la Mort et sa
« fiancée.

« La Mort, plus forte que lui, l'éloigna du lit et se pencha pour
« saisir la jeune fille.

« Il supplia la Mort. Et comme elle le regardait avec son rire
« horrible, il prit son épée et frappa d'une main terrible.

« L'épée se brisa. « — Oh! Seigneur! Seigneur! s'écria-t-il,
« ayez pitié de moi. »

« Un ange apparut devant lui qui se pencha à son tour sur la
« jeune fille et lui donna un baiser divin. Mais ce baiser, comme
« celui de Jehan de Parisis, ne la réveilla point.

« L'ange s'évanouit et la Mort resta seule devant le lit de
« Blanche. — Puisque Dieu ne m'entend pas, s'écria Jehan de
« Parisis, que l'Enfer me secoure. »

« Un autre ange apparut, c'était l'ange des ténèbres. La Mort
« se redressa comme si elle dût obéir à celui-là. « — Que me
« veux-tu ? dit l'ange des ténèbres à Jehan de Parisis. — Je te
« demande la vie de ma fiancée. — Elle vivra, mais cela coûtera
« cher à ton cœur et à ton âme. Chaque heure de sa vie sera
« payée par toi par un siècle de damnation. Le fils qui naîtra de
« son sein sera condamné à sa naissance. — Non ! pas mon fils.
« J'accepte les siècles de damnation, mais que la Mort ne me
« prenne pas mon fils. — Ton petit-fils ? — Non ! Je suis le dernier
« des Parisis, je veux que l'arbre porte encore longtemps des
« branches. — Eh bien ! dit Satan qui se cachait sous la figure

« d'un ange des ténèbres, tu ne seras pas le dernier des Parisis.
« Ta race vivra encore quatre siècles après la mort de ton premier-
« né, mais tous les Parisis seront marqués du signe fatal, tous
« périront tragiquement. Inscris bien ces mots dans ton cœur
« pour qu'ils soient légués de père en fils, de siècle en siècle, jus-
« qu'au dernier des Parisis. »

« Et Jehan de Parisis vit ces mots imprimés en lettres de feu
« sur le suaire de la Mort.

« L'AMOUR DONNERA LA MORT AUX PARISIS.
« L'AMOUR DES PARISIS DONNERA LA MORT.

« Tout s'évanouit ; la fiancée ouvrit les yeux et remua les lèvres
« pour dire : Je reviens du Paradis : oh ! mon ami, aimons-nous
« en Dieu. »

« Ils se marièrent, ils furent heureux ; mais dix années après,
« Jehan de Parisis mourut de mort violente.

« Depuis quatre siècles, tous les Parisis sont morts de mort tra-
« gique. De génération en génération, leur bonheur a été diminué
« d'un an. »

Octave avait conté cela très simplement, sans rien accentuer, ne voulant pas donner à cette histoire une couleur mélodramatique, mais il était demeuré sérieux comme si le souvenir des siens eût retrempé son âme.

Le prince voulut rire d'abord, mais il s'était pris à la légende comme à quelque roman de Balzac ou de Georges Sand. Il n'était plus gris. Monjoyeux, qui aimait le drame avec passion, était ému comme à un beau spectacle.

Les femmes dormaient toujours. On ne les réveilla pas. Le Prince remua les lèvres pour demander à Octave si les quatre siècles étaient passées. Il n'osa pas. Il se contenta de lui dire : « Eh bien ! tu n'as pas envie de te marier, toi ? — Non, répondit le dernier des Parisis. — Je commence à comprendre, dit Monjoyeux, pourquoi tu passes si vite à travers les passions : tu as toujours peur de te laisser prendre. — Non ! dit Octave, j'ai bien plus peur qu'on se prenne à moi, si je dois porter malheur. Car pour moi, après tout, je suis bien sûr de n'aimer que quand je voudrai. *Voir Naples et mourir !* dit le proverbe : c'est-à-dire : *Aimer et mourir !* mais je ne dirai cela que quand je serai dégoûté de la vie. Maintenant n'allez pas vous imaginer que la légende des Parisis me préoccupe beaucoup. Toutes les familles en ont une pareille, le diable a fini son temps, je n'ai donc plus à payer la part du diable.

Le prince dit qu'il y avait une légende dans sa famille. « On ne croit plus à ces bêtises-là ; mais quand le doigt de Dieu se montre on y pense bien un peu. »

Parisis se levant, dit adieu par un signe. « Tu ne viens pas au club, lui demanda le prince? — Non. J'ai compté aujourd'hui pour la première fois de ma vie ; il ne me reste qu'un million, je ne jouerai plus. » Il se leva. et sortit. Puis rentrant aussitôt, et comme pour se moquer lui-même de sa légende : « Messeigneurs ! Jehan de Parisis, fils de l'homme à la légende, est mort en 1468 : s'il ne me reste plus qu'un million, il ne me reste plus que deux années à vivre : je suis riche. — Pauvre Parisis ! murmura le prince, qui n'osait plus compter sa fortune.

Quand Octave eut refermé la porte, Monjoyeux dit au prince : « Ce que c'est que d'être bien né ! on a des légendes de famille. Moi qui suis le fils d'une chiffonnière, quelle pourrait bien être la légende de mes ancêtres ? »

Monjoyeux réfléchit. « J'ai aussi ma légende, moi ! Je n'ai jamais eu d'autre berceau que le berceau primitif : le sein et le bras de ma mère ; or, une bonne fée est venue à mon berceau qui m'a dit : « *Tu seras roi !* » Sans doute elle a voulu dire un roi de comédie, puisque j'ai joué, à Londres, des rois avec Fechter. Ah ! si seulement ma mère m'avait vu sous cette royauté-là ! »

Monjoyeux pencha la tête sur son verre ; une larme tomba de ses yeux dans le vin de Champagne.

III

PAGES D'HISTOIRE FAMILIALE

OCTAVE de Parisis n'avait rien à envier aux plus beaux noms ; son écusson est à la salle des Croisades. Un Parisis fut grand amiral, un autre fut maréchal de France, un troisième ministre. Si les Parisis ne marquent pas avec éclat, dans l'histoire du dernier siècle, c'est peut-être parce qu'ils ont eu trop d'orgueil. Réfugiés dans leur château comme dans un royaume, ils étaient trop rois sur leurs terres pour vouloir se faire courtisans. Quelques-uns d'entre eux paraissent cependant çà et là, sous Louis XV et sous Louis XVI, dans les ambassades et dans les armées, mais ce ne sont que des apparitions. Dès qu'ils ont montré leur bravoure et leur esprit, ils s'en reviennent au château natal se retremper dans la vie de famille, comme si leur temps, d'ailleurs, n'était pas encore revenu. La famille est comme la nature, elle a ses jours de paresse : les plus belles gerbes sont celles que le soleil dore après les jachères.

La Révolution, qui n'était pas attendue par les Parisis, vint casser la branche et éparpiller la couvée. Le beau château de Parisis, une des merveilles de la Renaissance, où Jean Goujon avait sculpté quatre figures sur la façade, deux Muses et deux Saisons, fut saccagé et brûlé après le 10 août ; dans l'admirable parc, qui était une forêt d'arbres rares, tous les bûcherons du pays vinrent fagoter à grands coups de hache. Le duc de Parisis, pris les armes à la main pour défendre les siens, fut massacré à coups de sabre ; la duchesse vint se cacher à Paris avec ses enfants, car Paris était encore le meilleur refuge quand on ne pouvait pas gagner le Rhin ou l'Océan.

Sous l'Empire, Pierre de Parisis, général de brigade, a fait des prodiges d'héroïsme. Il est mort à Iéna, en pleine victoire. Celui-là était l'aïeul d'Octave. Son père, Raoul de Parisis, avait couru le monde et s'était arrêté au Pérou dans les Cordillères, où il avait fini par découvrir un sillon argentifère. Mais sa vraie découverte fut une femme adorable, une O'Connor, qui lui avait donné un fils : M. Jean-Octave de Parisis, surnommé don Juan de Parisis, que nous avons eu l'honneur de vous présenter, — Madame, — et qui en vaut bien la peine.

Le duc Raoul de Parisis fut tué à la chasse à sa troisième année de bonheur. On le rapporta mourant. Il baisa un crucifix que lui présentait sa mère. « Ah ! dit-il en regardant avec passion sa jeune femme qui tenait son enfant dans ses bras pour cacher ses larmes, l'amour ne pardonne pas aux Parisis. »

Octave de Parisis était de belle stature, figure barbue, lèvre railleuse, nez accentué à narines expressives, cheveux bruns à reflets d'or, légèrement ébouriffés par un jeu savant de la main. Dans le regard profond d'un œil bleu de mer, comme sur le front bien coupé, on voyait errer la pensée, la volonté, la domination. C'était la tête d'un sceptique plutôt que celle d'un amoureux, mais la passion y frappait sa marque. La raillerie n'avait pas eu raison du cœur. Son sourire avait je ne sais quoi de fatal dans sa gaieté. Quand on l'avait vu, on ne l'oubliait pas : c'était surtout l'opinion des femmes. Il avait la désinvolture d'un artiste avec la dignité d'un diplomate. Il s'habillait à Paris, mais dans le style anglais. Voilà pour la surface visible.

Son esprit était inexplicable comme le cœur d'une femme coquette. Il aspirait à tout, disant qu'il ne voulait de rien. Il ne se cognait pas aux nuées comme don Juan l'inassouvi ; il avait pourtant son idéal ; mais ne se nourrissant pas de chimères, après la première heure d'enthousiasme, il éclatait de rire.

Il sentait, d'ailleurs, que les grandes passions sont dépaysées dans le Paris d'aujourd'hui. Vivre au jour le jour et cueillir la femme, c'était pour lui la sagesse. Il avait pour les femmes le goût des grands amateurs de gravures ; il adorait l'épreuve d'artiste et l'épreuve avant la lettre ; mais il ne dédaignait pas l'esprit et la malice de la lettre. Il n'avouait pas ses femmes et parlait avec un peu trop de fatuité des autres, convaincu, d'ailleurs, que toute femme tentée tombe un jour comme une fraise mûre dans la main de l'amoureux. Il avait beaucoup d'esprit et il aimait beaucoup l'esprit, — l'esprit parlé, — car il ne lisait guère et n'écrivait pas.

La nature avait plus fait pour lui qu'il n'avait fait pour elle. Toutefois, il n'avait pas gâté ses dons. Il montait à cheval comme Mackensie ; il donnait un coup d'épée avec la grâce impitoyable de Benvenuto Cellini. Il nageait comme une truite ; il luttait à la force du poignet avec le sourire du gladiateur. Il avait pareillement fécondé son esprit par le sentiment des arts et par l'amour de l'inconnu. Son esprit aimait l'inconnu comme son cœur aimait l'imprévu. Nul n'avait mieux pénétré à vol d'oiseau l'histoire ou plutôt le roman des philosophies : nul n'en était revenu plus sceptique et plus dédaigneux.

Octave de Parisis était né pour toutes les fortunes, même pour les mauvaises. Beau de l'altière beauté qui s'impose par la sévérité des lignes et la fierté de l'expression, il avait fait son entrée dans le monde avec l'auréole des vertus de naissance, qui ont tant de prestige sous les gouvernements démocratiques. Il n'en était ni meilleur ni plus mauvais. Il vivait comme ses amis ou ses camarades, un pied dans le monde, un pied dans le demi-monde, sans trop de souci de sa dignité plus ou moins chevaleresque, offrant à trois heures son coupé et ses gens à M{^{lle}} Trente-six-Vertus pour aller au Bois, le reprenant le soir pour aller chez une duchesse de Sainte-Clotilde. Il se montrait dans les salons officiels jusqu'à minuit ; mais, après minuit, il jouait au club ou soupait à la Maison-d'Or ou au Café Anglais avec les plus gais compagnons. Il était de toutes les fêtes. On l'a vu conduire le cotillon à la Cour, mais pour caricaturer tous les danseurs de cotillon.

Avec son esprit d'aventure, Octave était voyageur. Non pas pour aller à Rome, à Bade, aux Pyrénées ou à Montmorency, comme ces gentlemen du boulevard qui disent impertinemment au mois d'août : « Que voulez-vous, moi, j'aime les voyages! » Parisis ne parlait de voyager que pour faire le tour du monde, pour pénétrer dans les pays inaccessibles, franchir les murailles de la Chine, fumer un cigare à Tombouctou et s'intituler roi de quelque peuplade indienne. A sa vingtième année, il était allé à Lima, pour voyager bien plutôt que pour liquider les affaires de son père dans la ville du soleil : Le duc Raoul de Parisis, chercheur et trouveur d'or, n'était revenu en France qu'avec l'idée de retourner au Pérou ; il avait laissé là-bas un représentant ayant beaucoup de comptes à rendre et croyant que l'Océan le dispenserait de montrer ses livres ; il se contentait, depuis longtemps, d'envoyer au château de Parisis la moitié des trouvailles. Octave s'était donc reconnu beaucoup plus riche qu'il ne l'espérait. Il n'avait eu garde de quitter l'Amérique sans s'y promener, amoureux des forêts vierges, comme Chateaubriand, et des fleuves géants, comme Fenimore Cooper. Ce qui lui plut surtout, ce furent ces villes universelles du Nouveau-Monde, où l'horoge du temps va trois fois plus vite que dans la vieille Europe Il eut la bonne fortune de rencontrer, à New-York, Mlle Rachel, qui finissait, et Mlle Patti, qui commençait. Il n'épousa pas Mlle Patti, mais jurerait-on qu'il ne donna pas son cœur à Mlle Rachel?

Il revint en France pour voir mourir sa mère : ce fut son premier chagrin.

Que rapporta-t-il de la patrie de Franklin? Beaucoup d'or et l'amour de l'or. Ce fut là surtout qu'il comprit qu'un dollar a plus d'esprit qu'un homme, et que cent mille dollars ont plus de vertu qu'une femme : style américain. Il ne se passionna, d'ailleurs, ni pour les lois, ni pour les arts, ni pour les lettres des États-Unis. Les vraies femmes qu'il aima là-bas, c'étaient des Américaines de Paris. Parisien par excellence, il aimait Paris partout. Avec mille Parisiens comme Octave, le monde serait conquis à la France.

Revenu à Paris, il rencontra l'Empereur, — à la Cour, où il était si difficile de rencontrer l'Empereur; — il lui parla de son père et du pèlerinage à Ste-Hélène. L'Empereur, qui savait toute cette histoire, présenta lui-même Octave au marquis de la Valette en disant : « Voilà un futur ambassadeur. » Octave prit ses grades en diplomatie dans les coulisses de l'Opéra, chez Mlle Léonide Leblanc ou Mlle Sarah Bernhardt, au bal des Tuileries; chez les ambassadrices, au bois de Boulogne. Aussi commençait-il à rire dans sa barbe des sentences de Machiavel et des malices de M. de Talleyrand, quand éclata la guerre de Chine.

La Chine est un pays si fabuleux que nous ne pouvons déjà plus nous imaginer, à quelques années de distance, que nous avons pris la capitale du Céleste-Empire avec une poignée d'hommes. Octave de Parisis fut dans cette poignée de héros.

Pendant que les Chinois incendiaient et que les Anglais choisissaient des bijoux, les Français s'enchinoisaient. Octave fit main basse sur deux choses : une jeune Chinoise qu'il emmena à Paris, et un éventail-Pompadour pour la première marquise qu'il rencontrerait au faubourg Saint-Germain. Des amours d'Octave à Pékin, on pourrait faire un joli *Livre de Jade*. Il fit naviguer sur le fleuve jaune des maris qui n'avaient jusque-là navigué que sur le fleuve Bleu. On se rappelle le bruit qu'il fit à son retour avec sa Chinoise, une vraie potiche qui ne marchait pas ; il la portait dans le monde et chantait des duos avec elle, dans le plus grand sérieux, car il était maître fou par excellence.

On ne lui avait pas fait un crime d'avoir, pour quelques jours, métamorphosé le diplomate en soldat, on lui avait promis une mission en Orient. Il disait d'un air dégagé : « Si je ne meurs pas dans un duel ou sur un pli de rose, on me retrouvera ambassadeur à Londres et grand-croix de la Légion d'honneur. — Mais surtout chevalier de la Jarretière, » lui disaient ses amis. Il avait déjà, d'ailleurs, tous les ordres, moins le ruban de Monaco, le seul qui lui eût été refusé. Il faut bien laisser un désir aux grandes ambitions.

En attendant sa mission — et la croix de Monaco — il ne se trouvait pas trop malheureux dans un adorable hôtel de l'avenue de l'Impératrice, bien connu sous le nom du Harem.

Comme une grande dame du dix-huitième siècle, Mme de Montmorin, la duchesse de Parisis avait dit à son fils : « Je ne vous recommande qu'une chose, c'est d'être amoureux de toutes les femmes. » Octave aimait toutes les femmes, comme le voulait sa mère. Pour jouer ce rôle, qui préserve souvent des dénouements tragiques de l'amour, il faut toujours être à l'œuvre. Mais Octave était un homme d'action, souvent irrésistible par sa beauté intelligente, son art exquis de tout dire aux oreilles les plus délicates, d'être passionné sans passion, d'être fou sans folie, et surtout d'être sage sans sagesse.

Parisis avait une vertu : il aimait la vérité ; nul ne dédaignait comme lui les préjugés et les illusions. Aussi faisait-il bon marché des ambitions humaines ; je me trompe, il avait l'ambition de conquérir les femmes. Puisque la femme est le chef-d'œuvre de la création, pourquoi ne pas adorer et posséder ce chef-d'œuvre à mille exemplaires ? La femme est amère, a dit Salomon devant ses sept cents femmes, mais au moins elle est la femme, une chose visible, vivante et saisissable, tandis que tout le reste n'est que vanité. Ainsi raisonnait Octave à ses moments perdus : plus d'un philosophe à ses moments trouvés n'a peut-être pas été si près de la sagesse.

Il disait à ses amis : « Pour se faire adorer des femmes, il faut parler aux femmes du monde, — si elles sont en rupture de ban conjugal, — comme on parlerait aux courtisanes, et traiter les courtisanes comme si elles étaient les femmes du monde. » Il disait aussi : « Selon Vauvenargues : Qui méprise l'homme n'est pas un grand homme. — Selon moi : qui méprise la femme n'est pas un galant homme. »

Il avait lu La Rochefoucauld. C'était son bréviaire. Il le prenait en voyage, il le couchait sous son oreiller, il croyait ainsi savoir la vie et il riait bien haut des saintes duperies du cœur. Il croyait avoir tué la « petite bête, » mais l'amour est plus fort que La Rochefoucauld, et le cœur prend de rudes revanches sur l'esprit. Quand on est sur le rivage, on raille spirituellement les tempêtes ; mais dès qu'on a pris la mer, on sent qu'elle est profonde.

IV

OU OCTAVE DE PARISIS FUIT SON BONHEUR

Vers dix heures, le lendemain matin, Octave de Parisis montait à cheval pour faire un tour au Bois, quand on lui remit cette petite lettre, qui le surprit, même avant de l'avoir lue, parce qu'il y reconnut le cachet des Parisis :

Monsieur mon neveu,

Si je vous disais que votre vieille tante Régine de Parisis est presque votre voisine, à Paris, où elle va passer deux mois de ce printemps avec votre belle cousine de la Chastaigneraye, ne seriez-vous pas quelque peu étonné?

Eh bien! nous demeurons avenue Dauphine (je ne veux pas dire avenue Bugeaud); ils appellent cela un hôtel! Il en tiendrait dix comme cela dans mon salon de Champauvert.

Pourquoi suis-je venue à Paris? Grave question! Je ne vous répondrai pas, mais vous devinerez. Après tout, c'est peut-être pour vous voir, monsieur l'Invisible. Il est vrai que vous allez nous dire que les quatre maisons et les cinquante arbres qui nous séparent sont encore le bout du monde, comme qui dirait de Paris au château de Champauvert. Je ne vous dis pas notre numéro, parce que je ne le sais pas. Cherchez! Et ne venez pas ce matin, car votre cousine Geneviève est allée prier sur le tombeau de sa patronne, à Saint-Etienne-du-Mont.

Je vous embrasse, enfant prodigue!

RÉGINE DE PARISIS.

Octave n'avait pas vu sa tante depuis longtemps. A la mort de sa mère, Mlle Régine, déjà cinquantenaire, l'avait pris dans ses bras et lui avait dit qu'il retrouverait en elle toute une famille. Mais il avait mieux aimé prendre toute une famille dans une femme plus jeune : sa famille, c'étaient ses maîtresses.

Mlle Geneviève de La Chastaigneraye était devenue orpheline au temps même où Octave perdait sa mère. Il se rappelait vaguement avoir vu cette petite fille cachant sa poupée sous sa robe noire; il n'avait pas d'autres souvenirs de sa cousine.

Le comte de La Chastaigneraye était mort colonel à Solférino, survivant d'une année à peine à sa femme. Déjà Geneviève était venue habiter Champauvert avec sa tante qui jusque-là n'aimait pas les enfants, mais qui se laissa prendre aux caresses de cette fillette. Ce fut bientôt pour elle une vraie joie de la voir courir et chanter dans ce château silencieux, dans ce parc solitaire.

Un beau matin, la tante fut toute surprise de voir que la petite fille se transfigurait en une grande demoiselle digne des La Chastaigneraye et des Parisis, par sa beauté grave et sa grâce héraldique. Geneviève révéla soudainement toutes les vertus : la fierté et la douceur, front pensif et bouche souriante, âme divine et cœur vivant. Elle était musicienne comme la mélodie. Le dimanche, pour racheter ses péchés, elle qui était encore toute en Dieu, elle jouait de l'orgue à l'église de Champauvert avec un sentiment tout évangélique; puis le même jour au château, elle chantait des airs d'opéra avec le brio de la Patti. Elle était bien un peu romanesque. Originale comme sa tante, disaient les paysans. — Le feu de l'intelligence la brûlait. Elle interrogeait l'horizon plein de promesses. Dans son attitude si pudique encore, on pressentait déjà les entraînements de la passion.

Depuis plus de dix ans, Octave n'avait pas remis les pieds au château de Parisis, par un sentiment plus filial que familial; ses amis lui parlaient en automne de belles chasses du château de Parisis, mais il ne voulait pas s'amuser près de la sépulture où dormaient les deux figures, toujours aimées, de son père et de sa mère. A Paris, dans son hôtel, quand il s'arrêtait un instant devant leurs portraits, il jurait d'aller s'agenouiller pieusement sur leur tombeau, mais le courant de la vie, un torrent pour lui, l'entraînait à toutes choses, sans qu'il prît la force de suivre cette bonne pensée.

Ce matin-là, Octave alla droit chez sa tante. Le chemin n'était pas long : il connaissait dans ces parages la physionomie de toutes les maisons, aussi il ne se trompa point. Il vit apparaître une servante, coiffée à la bourguignonne, qui faillit se jeter dans ses bras et qui embrassa son cheval. Elle n'avait jamais vu le jeune duc de Parisis, mais elle devinait que c'était l'enfant du château de Parisis.

Octave trouva sa tante bien vieillie, de plus en plus ridicule avec ses modes composites, de moins en moins imposante avec ses airs de châtelaine altière — du temps des châteaux à pont-levis.

On s'embrassa sans trop d'effusion. La tante y mit de la dignité, le neveu eut peur de se barbouiller de rouge et de blanc, ce qui lui arrivait bien quelquefois avec ces demoiselles. « Eh bien ! monsieur le duc Octave de Parisis, mon neveu par la grâce de Dieu, sans que la volonté nationale y soit pour rien, avez-vous deviné pourquoi je suis venue à Paris ? — Non, ma tante. — Eh bien ! je vais vous le dire. Seulement, pas un mot à Geneviève. — Je devine ! dit Octave avec effroi. — Ma tante, vous avez rêvé un mariage entre le cousin et la cousine. — Oui, monsieur, deux grands noms, Parisis et La Chastaigneraye ! Voilà ce qui s'appelle ne pas mettre d'alliage dans l'or, c'est du premier titre. Il y a des chevaliers de Malte et des chanoinesses des deux côtés. » La vieille fille avait failli épouser un chevalier de Malte : pour elle c'était l'idéal du vieux monde. « Octave Parisis dit à sa tante qu'il était désolé de la contrarier dans ses desseins, mais il y avait selon lui un abîme entre la nièce et le neveu. — Un abîme !

qu'est-ce que cela veut dire ? — Cela veut dire que le cousin n'épousera jamais sa cousine. J'ai ce préjugé-là, moi, il faut varier les races, sans compter que je ne veux pas me marier. — Ah ! vous ne voulez pas vous marier, monsieur ! Ah ! vous ne voulez pas épouser une La Chastaigneraye ! Eh bien, le jour de mes funérailles vous vous en repentirez. »

Mlle de Parisis, avec colère et d'une main agitée, prit une photographie, faite la veille par un artiste bien connu, qui avait voulu accentuer le caractère en donnant un coup de soleil de trop.

C'était le portrait de Mlle Geneviève de La Chastaigneraye.

M. de Parisis ne reconnut pas du tout, dans ce barbouillage de nitrate d'argent, cette adorable créature qu'il avait vue, la veille, dans l'avenue de la Muette, marquant la neige d'un pied idéal et se dessinant à travers les ramées avec la grâce d'une chasseresse antique.

Il n'avait pas reconnu non plus sa tante dans la vieille dame en cheveux blancs. Il est vrai qu'il l'avait si peu regardée !

N'est-ce pas qu'elle est belle ? dit Mlle de Parisis. — Oui, dit Octave sans enthousiasme, un peu trop brune, peut-être. — Comment, trop brune ? Ma nièce a les yeux noirs, mais elle est blonde, ce qui est d'une beauté incomparable. — Alors, ma tante, pourquoi me donnez-vous ce portrait d'une Africaine ? — Je vois bien, monsieur, que vous êtes indigne de la regarder. Allez ! allez ! courez les comédiennes et les courtisanes, je garderai ma chère Geneviève pour quelque duc et pair sans déchéance. — Duc et pair, dit Octave en riant, c'est le merle blanc ; mais enfin, le merle blanc va peut-être encore chanter sous les arbres de Champauvert. »

La tante se rapprocha d'Octave et l'embrassa sur le front. « Mauvais garnement, lui dit-elle, cœur endurci, libertin fieffé, athée voué au démon, tu aimes donc mieux épouser toutes les femmes ? — Oui, ma tante. — Je te déshériterai ! — Oui, ma tante. Il faut que je vous embrasse pour ce bon mouvement. »

Et Octave embrassa vaillamment la vieille fille. — « Eh bien ! ne parlons plus de mariage, je ne veux pas la mort du pécheur. — D'autant plus, ma tante, que le mariage ne tuerait peut-être pas le pécheur. — Tu m'effraies. Moi qui voulais sauver Geneviève, j'allais la perdre en te la donnant. N'en parlons plus. »

On causa pendant une demi-heure. Octave prit, avec sa tante une tasse de chocolat au pain grillé, selon la mode de Champauvert, après quoi il se leva pour partir. « Reviens me voir souvent, il ne sera plus question d'épousailles. — Ma tante, venez me voir avec Mlle de La Chastaigneraye. Vous n'avez qu'à dire votre nom pour que toutes les portes de mon hôtel s'ouvrent à deux battants. — Eh bien ! nous irons te surprendre. Ah ! çà, monsieur, n'allez pas m'enlever Geneviève au moins ! car je sais qu'on vous appelle le diable et que toutes les femmes vous aiment parce qu'elles ont peur de vous. Adieu, Satan. Si vous montrez vos yeux à Geneviève, je lui dirai que vous avez plus de femmes que la Barbe-Bleue. — Oh ! ma tante, pour moi une cousine est sacrée. »

Comme Parisis dépassait le seuil de la chambre, sa vieille tante lui reprit la main : « A propos, donne-moi donc des nouvelles de ta fortune ? Tu sais que ton château de Parisis tombe en ruines. — Je le rebâtirai en marbre. — La mine des Cordillères est donc toujours bonne ? » Octave était devenu pensif, mais il répondit : « Oui, ce n'est plus une mine d'argent, c'est une mine d'or. »

Parisis monta à cheval et fit un tour matinal au Bois tout en disant : « Je l'ai échappé belle ! »

L'homme n'est jamais plus heureux que le jour où il a fui son bonheur. Je pourrais signer cette sentence de Confucius, de Saadi ou de Voltaire, pour lui donner plus d'autorité, mais la vérité ne signe jamais ses aphorismes.

Quand Mlle de La Chastaigneraye revint de Saint-Etienne-du-Mont, sa tante l'embrassa et lui dit tristement : « Eh bien, ma chère Geneviève, ton cousin est un renégat. Crois-tu qu'il refuse ta main, ta main pleine d'or, cette main blanche et fière ? »

Mlle de Parisis avait pris la main de sa nièce. « Puisqu'il ne veut pas m'épouser, dit Geneviève simplement, il m'épousera. — C'est bien, cela ! Laisse-moi t'embrasser encore pour cette belle parole. Mais comment feras-tu ce miracle ? — Vous ne croyez pas à la destinée, ma tante ? — Je crois que la destinée ne travaille pour nous que si nous travaillons pour elle. — Ma tante, nous travaillerons pour notre destinée. — Etrange fille ! Pourquoi l'aimes-tu ? »

On ne sait jamais bien pourquoi on aime : dès qu'on raisonne sans déraisonner, il n'y a déjà plus d'amour. « Je le sais bien, dit Mlle de Parisis : tu aimes Octave parce qu'on t'a dit beaucoup de mal de lui, parce qu'à Champauvert tu ne regardais que son portrait, parce que tu l'as vu à la cour mardi, riant dans un bouquet de femmes, parce que tu l'as vu hier au Bois, dans l'avenue de la Muette, tout pensif pour t'avoir regardée. — Je l'aime parce que je l'aime, dit Geneviève ennuyée de tous les parce que de sa tante. Si vous ne m'abandonnez pas dans toutes mes tentatives romanesques, je vous promets que je serai la femme de mon cousin. »

Et la charmante fille, qui ne doutait de rien, se mit au piano devant un magnifique bouquet qu'elle avait acheté sur son chemin. A tous les cœurs amoureux il faut des fleurs, des parfums et des chansons. Voilà pourquoi les cœurs amoureux font la maison si gaie.

Dieu donne deux aurores aux femmes : la première vient après la nuit de l'enfance et répand sur le front l'auréole de la jeune fille; la seconde, plus lumineuse, brûle les cheveux d'un vif rayon : c'est l'aurore de l'amour. Il y a tout un monde entre la jeune fille qui n'aime que sa jeunesse et la jeune fille surprise par l'amour. Elle est transfigurée. Elle marchait avec la grâce naïve, mais abrupte encore; maintenant il semble qu'elle marche dans le rhythme des belles harmonies. Sa taille est plus souple, ses bras ont l'adorable abandon de la rêverie. Elle incline la tête ou la relève avec la désinvolture que donne la gaieté du cœur ou la mélancolie de l'âme. On ne respirait hier dans la maison sur ses pas légers que les chastes parfums des dix-sept ans; aujourd'hui, on boit par les lèvres je ne sais quelle savoureuse odeur de chevelure dénouée et de fleurs effeuillées. Hier c'était une écolière à son piano; d'où vient qu'aujourd'hui c'est l'inspiration qui chante? Hier elle répandait un charme discret et tempéré, aujourd'hui c'est toute une fête. La femme transperce à travers la jeune fille. C'est l'heure bénie où les battements du cœur sont comptés là-haut, car, à la première heure d'amour, la jeune fille prend les ailes de l'ange pour voler à son idéal. Mais combien qui retombent sur la terre pour ne plus jamais reprendre leur vol?

Geneviève en était à sa seconde aurore.

V

LES CURIOSITÉS D'UNE FILLE D'ÈVE

A quelques jours de là, on donnait une matinée musicale chez la duchesse de Persigny.

Tout Paris y était. Fut-ce pour cela que Mlle Régine de Parisis et Mlle Geneviève de la Chastaigneraye, qui pouvaient se faire ouvrir l'hôtel d'Octave à deux battants, se hasardèrent à entrer chez lui par l'escalier dérobé ou par l'entrée des artistes, ainsi nommée parce que les comédiennes passaient par là, comédiennes de théâtre et comédiennes du monde ?

Comment Geneviève savait-elle que tous les jours, de deux à quatre heures, on pouvait suivre ce chemin dangereux sans être rencontré, attendu que les gens de la maison ne se montraient jamais sur le chemin de Corinthe dans l'après-midi ? Comment Geneviève osait-elle se hasarder dans le labyrinthe de don Juan de Parisis ? Comment Geneviève possédait-elle une petite clef d'argent qui ouvrait la porte du jardin ?

Ce n'était pas le secret de la comédie, car je n'en sais rien. Octave avait donné çà et là beaucoup de ces petites clefs. Ce que je sais, c'est que Geneviève ouvrit cette porte et qu'elle entraîna sa tante par la serre, par l'escalier dérobé et par l'appartement intime d'Octave.

Mlle Régine de Parisis était aussi étrange dans ses actions que Mlle de La Chastaigneraye ; c'est que dans leur innocence elles n'avaient peur de rien. Les cœurs les plus purs sont les plus braves.

Je ne peindrai pas avec quelle curiosité elles scrutèrent des yeux la vie familière d'Octave. Devant les portraits de femme la vieille fille se signa avec épouvante. Dans la bibliothèque — où il n'allait presque jamais, — elle salua avec un sentiment d'orgueil le père et la mère d'Octave ; elle reconnut qu'il y avait de bons livres parmi les mauvais. Octave, tout au livre de sa vie, ne lisait plus ni les uns ni les autres.

Geneviève étudiait cet ameublement tout à la fois sévère et féminin, ces tableaux de maîtres et ces gouaches de sport, ces belles armes et ces mille riens de la vie parisienne, ces cabinets d'ébène qui gardaient leur gravité devant le sourire des chiffonnières en bois de rose.

La tante aurait voulu passer une heure dans le salon, où elle espérait trouver la splendeur des Parisis ; mais Geneviève, qui savait qu'en descendant par le grand escalier on rencontrerait des gens de la maison, retint sa tante de toutes ses forces, en lui disant qu'elle avait toujours le temps de voir le rez-de-chaussée dans ses visites à Octave.

Pour elle, curieuse comme Ève, elle aurait voulu passer tout un jour à pénétrer son cousin par l'histoire de sa vie, qui était écrite sommairement dans sa chambre à coucher, dans son petit salon, dans son cabinet de toilette, dans sa salle d'armes, jusque dans son fumoir.

Tout était d'un luxe de haut goût. Octave aimait surtout les meubles d'art en marqueterie d'ivoire sur ébène, représentant les façades des plus beaux palais et des plus belles églises de la Renaissance ; il aimait aussi les meubles travaillés par les mains féeriques des Chartreux du quinzième siècle, ces marqueteries qui sont des chefs-d'œuvre de fini dans un encadrement grandiose.

Geneviève, qui s'y connaissait, s'arrêta devant des statuettes des déesses de l'Olympe en bronze doré attribuées au Verocchio. Elles ornaient les portes d'un meuble d'ébène à trois corps, gracieusement arrondi ; elles étaient placées en sentinelles sur les portes dans des niches à peine fouillées entre des colonnes à chapiteaux corinthiens qui portaient des vases d'argent imités des vases de Castiglione. Geneviève admira aussi la sculpture des frontons ; ses yeux suivirent les dessins de la marqueterie, où elle retrouva les arabesques de Raphaël. Tout appelait les yeux : les ornements à rinceaux, les frises toutes vivantes de chasses, de combats de lions, d'oiseaux, de feuillages, de scènes mythologiques.

Pendant que Geneviève se perdait dans le jeu des sculptures, Mlle de Parisis admirait sur la porte du centre les armoiries en argent de sa famille.

Devant ce meuble était une table pareillement en ébène : on y admirait trois tableaux encadrés d'arabesques. C'était Diane à la chasse, Diane à la fontaine, Diane endormie. La table était soutenue par trois cariatides ; des sirènes en argent s'enroulaient à un pied monumental à têtes de chimères. Les chaises étaient dans le même style, incrustations d'ivoire, très fines sculptures, ornements, arabesques, amours et rosaces. Les gravures représentaient les grandes scènes de l'Iliade.

Dans d'admirables émaux cloisonnés, supportés par des pieds en bronze doré d'un fort beau travail, des fleurs rares s'épanouissaient en toute liberté. Geneviève cueillit une grappe blanche d'un arbre des tropiques, que Parisis avait failli cueillir le matin pour une autre main ; elle la passa sur ses lèvres avec un sentiment indéfinissable de vague espérance.

La pendule sonna quatre heures. « Déjà quatre heures ! » s'écria-t-elle en regardant un chef-d'œuvre de Boule suspendu sur un panneau entre deux portes.

Elle ne prit pas le temps de regarder les jolies statuettes, les fines gravures du cadran, les acanthes des chapiteaux. Il était temps de partir, Octave pouvait rentrer et la surprendre Elle s'arrêta pourtant encore, pendant près d'une minute, devant un tout petit cabinet en ébène, fermoirs et serrures d'argent, ornements à chimères.

C'était là le roman d'Octave, selon son expression. Toutes les lettres de femmes, tous les portraits de femmes, — je parle des petits dessins et des cartes photographiées, — étaient jetés pêle-mêle dans les tiroirs.

Un des tiroirs était ouvert. Geneviève y vit un gant, trois ou quatre lettres, un portrait. C'était le portrait d'une comédienne célèbre. A qui était le gant? Sans doute c'était un gant qu'il avait lui-même arraché à quelque petite main rebelle. Et les lettres? Ah! si Geneviève se fût trouvée toute seule!

Elle ouvrit un autre tiroir: des lettres, des portraits, des fleurs fanées: « Ce n'est pas un meuble, dit-elle, c'est un camposanto. Pourquoi laisse-t-il tous ces tombeaux entr'ouverts? »

Parisis n'avait fermé que la petite porte du milieu. Là était le secret du jour, c'était la place du cœur. « Oh! que je voudrais que cette porte fût ouverte! » Mais si la porte se fût ouverte comme par miracle, elle eût été bien étonnée. Il n'y avait rien dedans. Et alors eût-elle pensé que c'était la place réservée à ses lettres, à ses portraits, aux fleurs cueillies avec elle, à son gant arraché par lui.

« Voyons! lui dit sa tante. Octave va rentrer et nous surprendre. Il nous fera conduire au poste comme des aventurières. — Ne craignez rien, ma tante, quand on vient ici par l'escalier dérobé, on est toujours bien reçu. Mais partons, parce que je ne veux pas que mon cousin me voie avant de m'aimer. — Que tu es enfant! Il ne t'aimera que s'il te voit. »

Geneviève suivit sa tante en respirant la fleur des tropiques.

VI

LA MARGUERITE

IL était dix heures du soir. Il neigeait. Paris tout encapuchonné, comme un bénédictin dans son blanc linceul, se disposait à courir les aventures.

C'était la nuit du mardi gras; les derniers Romains, les Parisiens de la décadence, voulaient encore une fois, avant les jours sombres du carême, se couronner de roses et jeter leurs derniers bonnets par-dessus le dernier moulin de Montmartre.

Tout s'en va ! les moulins, les carnavals et Paris lui-même.

Un vrai Parisien de la vraie décadence, Octave de Parisis, se préparait à cette belle nuit de carnaval, à l'ambassade de ***. Il se déguisait en Faust, cherchant l'amour : « un jeune gentilhomme vêtu de pourpre et brodé d'or, le petit manteau de soie roide sur l'épaule, la plume de coq au chapeau, une longue épée affilée au côté. »

Allait-il, comme le vrai Faust, faire l'expérience de la vie ? Et devait-il se dire aussi comme Faust : « Quel que soit l'habit que j'endosse, en sentirai-je moins les déchirements et les angoisses de mon cœur ? »

Octave prit un chandelier à deux branches pour se regarder dans une glace. Il voulait voir s'il avait bien l'allure de Faust. « Non, dit-il, j'aime mieux bien décidément le bonnet et la houppelande du docteur. » Il revêtit l'autre costume.

Ce fut alors que Monjoyeux le surprit dans sa répétition, je veux dire au moment où il s'étudiait devant le miroir. « Bravo ! dit Monjoyeux en entrant, voilà le Docteur de la Science. J'espère bien que tu vas leur dire de fortes vérités, cette nuit, à ces païens qui ne croient pas à Jupiter, le dieu des dieux, le dieu d'Homère, de Phidias et d'Apelles. — Moi ! dit Octave en serrant la main de son ami, je n'ai pas une pareille prétention. — Alors, pourquoi t'es-tu habillé en docteur Faust ? — Pour effeuiller quelques Marguerites, s'il en reste. — Des mots, des mots, des mots ! Je croyais que tu lisais Larochefoucauld et non Rivarol. — Depuis que je sais par cœur Larochefoucauld, je ne lis plus. — Tu as peut-être raison. Larochefoucauld prend notre esprit après avoir pris notre cœur. Crois-moi, retrempe-toi dans Homère, Théocrite et toutes les bonnes bêtes de l'antiquité. — Veux-tu fumer ? — Non, je ne fume plus. — Pourquoi ? — Parce que c'est décidément trop à la mode de fumer. Je ne veux plus être de mon temps. — Homme antique ! — Je venais te prier de venir demain voir ma Junon. Je veux qu'elle te rajeunisse de près de deux mille ans. Vois-tu, mon cher, l'antiquité c'est l'éternel pays des vingt ans, c'est le paradis retrouvé, c'est... — Chut ! tu vas prêcher. L'heure est mal choisie, pour moi qui vais m'encarnavaliser. Parlons des Junons que nous avons « sculptées » à Monaco. — Ne parlons plus, pour parler bien. Je vais à la Cérémonie du *Malade imaginaire* : voilà mon carnaval ; à minuit je serai couché, car je me lève matin. Adieu. Veux-tu voir une belle journée, lève-toi matin.

C'est un ancien qui a dit cela. — Adieu, tu sais mon opinion sur les sept sages de la Grèce. — Oui, parce que tu ne les connais pas. Si tu les avais relus, tu ne dirais pas cette nuit tant de sottises à la dernière mode, ô homme d'esprit. »

Et Monjoyeux souleva la portière en damas rouge pour sortir. « Encore un mot: s'il te reste une heure, relis Goëthe pour ne pas faire trop d'anachronismes. — Tu as raison, j'y avais pensé. Pour représenter Faust, il faudrait avoir la science de Faust, la science du diable. — Donne ton âme au diable! mais tu l'as donnée si souvent que le diable n'en voudrait plus Adieu. »

Octave alla à sa bibliothèque et prit le livre de Goëthe. Il le feuilleta d'abord et y pénétra bientôt, non pas avec la vaine curiosité d'un désœuvré spirituel qui court les fêtes du carnaval, mais avec la curiosité d'un homme qui cherche le mot de la vie.

Il sonna son groom, le citoyen Égalité, un nègre haut en couleur. « Égalité, mets du bois au feu et avertis le cocher que je ne sortirai qu'à onze heures. »

A onze heures, Octave avait pénétré les profondeurs du génie de Goëthe.

Je ne vais pas faire ici le tour de Goëthe. Il faudrait avoir le temps de faire le tour du monde. C'est une figure très étudiée, qui garde le sourire de bronze du sphynx: nul ne lui arrachera son dernier mot. Tout un monde est sorti de ses mains puissantes, — tout un monde : le paradis de l'amour, l'Olympe du beau et des passions. Mais, quoi qu'en disent les initiés, la lumière de Goëthe n'est pas le soleil : il a trop aimé l'heure nocturne. Quel miracle que le génie! Dieu n'a créé qu'une femme, Goëthe en a créé deux. Ève, elle-même, est-elle plus vivante en notre esprit que Marguerite et Mignon, ces deux symboles radieux qui voyagent à jamais dans le ciel idéal, mais qui demeurent femmes? Car Goëthe le panthéiste les a pétries en pleine pâte humaine. Là est le caractère du génie de Goëthe. Tout en parcourant les mondes dans ses poésies légendaires, il ne perd jamais pied; les personnages de sa comédie vont heurter les nues, sans cesser une heure d'être des hommes. Voilà pourquoi il est grand et humain dans le sens de l'art. Voilà pourquoi sa renommée étend ses frontières, pourquoi la France le traduit en vers et en prose, en peinture et en musique.

La pendule sonna minuit. Il n'était que onze heures. « C'est étrange, dit Parisis, c'est la troisième fois que j'entends sonner minuit. »

Il regarda le cadran. Il lui sembla que la petite aiguille tournait aussi vite que la grande. « Qu'est-ce que cela? dit-il. »

Rêvait-il ? Était-il devenu le jouet de ces somnolences lucides qui jettent l'âme dans les pénombres çà et là rayonnantes de la seconde vue ?

Il se souvint qu'un soir Lamartine l'avait inquiété dans son athéisme en lui parlant de l'âme des choses : cette vie insaisissable qui s'agite dans l'horloge, dans la lampe, dans l'air, dans le feu, dans le mur; qui parle par la voix des cloches, du vent, de la pluie, des échos, des flammes, du silence. « Quelle folie, dit-il en rejetant les affres nocturnes qui tombaient sur lui comme un suaire, il n'y a d'âme que dans le corps — et peut-être même qu'il n'y a pas d'âme du tout. »

Il se remit devant l'âtre et rouvrit son livre. Il prit un charme étrange à cette lecture; pour la première fois son esprit fut illuminé de toutes les lumières fantastiques du chef-d'œuvre allemand. « Un peu plus, dit-il en se promenant et se voyant dans un miroir de Murano, suspendu au-dessus d'une console, je me croirais Faust lui-même, mais où est Marguerite ? » Goëthe a raison :

Faust chercha la science et trouva Marguerite.

Et Parisis pensa à toutes les femmes qui avaient traversé sa vie. Un cortège de figures rieuses et éplorées passa dans son souvenir.

Cependant il était onze heures. Il jeta sur son épaule son pardessus de fourrures et sonna Égalité.

Comme il partait, il se vit encore dans le miroir de Venise. Il s'imagina qu'il se voyait double. « Satan, — dit-il, tout indigné contre lui-même, — tu as beau faire, tu n'es plus qu'un pauvre diable. On ne croit plus à Dieu, pourquoi croirait-on à Satan ? »

Don Juan de Parisis, ou plutôt ce soir Parisis-Faust, avait à peine traversé le premier salon de l'ambassade, qu'il vit devant lui, mais fuyant d'un pas discret, une Marguerite, non pas celle d'Ary Scheffer, mais celle de Goëthe lui-même.

Octave atteignit bientôt cette Marguerite dans un embarras de mascarades, causé par un houx gigantesque qui piquait tout le monde. « Dis-moi, Marguerite, tu savais donc que je me déguiserais en Faust ? — Oui je le savais. »

Et Octave qui ne voulait jamais douter de rien : « Tu ne viens pas ici pour aller à l'Église? Veux-tu faire ton salut avec moi ? — Je n'ai pas un péché sur la conscience. — Cela te sera compté plus tard. Viens — Mais vous êtes le diable, Faust ! — Le diable n'a-t-il pas emmené Jésus sur la montagne? La vertu ne triomphe que quand elle est en danger. — Et sur quelle montagne veux-tu m'emmener, Satan ? — Là, à l'ombre de cette haie de femmes qui dansent. — Eh bien ! parlez, tentateur. »

Octave parla. Et, selon sa coutume, il parla bien. Mais la Marguerite n'était plus la fille de Goëthe; elle n'en avait que le masque. C'était un cœur vaillant qui n'avait pas peur du diable, quoiqu'elle eût peur de l'amour.

Ce fut une jolie escarmouche de mots spirituels, tendres, passionnés quelquefois, plus souvent railleurs.

La Marguerite cachait son émotion par une gaieté d'emprunt.

« O femme ! dit tout à coup Octave. Jusqu'ici vous n'avez parlé que pour masquer votre âme et votre cœur. Soyez franche une fois : pourquoi vous êtes-vous déguisée en Marguerite ? — Pourquoi vous êtes-vous déguisé en Faust ? — Je n'en sais rien. Une bêtise ! Dès que je me suis vu ici, j'aurais voulu être sur la Jungfrau. Un homme bien né comme moi ne devrait se déguiser qu'en Pierrot. — Eh bien ! c'est comme moi, qui ne suis pas plus mal née que vous : j'aurais dû me déguiser en Colombine. — O ma Colombine ! — Chut ! on vous écoute ! Vous auriez le duel de Pierrot. Adieu, nous nous retrouverons. Voulez-vous mon secret ? — J'écoute avec mon cœur. — Je me suis déguisée en Marguerite, parce que vous vous êtes déguisé en Faust. — Qui vous avait dit mon déguisement ? — Je sais tout. — Marguerite, je vous aime. — Un peu. — Beaucoup. — Pas un mot de plus, car vous diriez : Pas du tout ! »

Marguerite disparut comme par enchantement. M. de Parisis eut beau se soulever sur la pointe des pieds, il lui fut impossible de savoir dans quel tourbillon elle s'était évanouie.

« C'est dommage, dit-il. Elle est un peu maigre, ce qui prouve qu'elle est jeune, mais elle est charmante, et je suis tout enivré de la fraîche senteur des vingt ans qu'elle répandait autour d'elle. Mais, après tout, il ne faut jamais s'attarder, surtout au bal masqué, où un homme de mauvaise intention doit amorcer une aventure toutes les cinq minutes. »

VII

L'OR, LE POUVOIR, LA RENOMMÉE, L'AMOUR

Après une spirituelle causerie avec la princesse de Metternich, où elle lui prouva que les femmes ne se masquaient que pour se démasquer le cœur, le duc de Parisis rencontra deux de ses amis, qui n'avaient pris, pour cette folie carnavalesque, que le petit manteau vénitien.

C'était Rodolphe de Villeroy, attendant comme lui depuis longtemps sa nomination de ministre plénipotentiaire ; c'était le vicomte de Miravault, qui avait jeté l'ambition aux orties pour devenir riche : homme de son temps, qui déifiait l'or, parce que l'or déifie tout. « Ah ! bonjour, mon cher Faust, tu cherches la science ? Tu te rappelles le vers : *Faust cherchait la science, il trouva Marguerite.* — Moi, je cherche Marguerite. Sais-tu où elle est passée ? — Elle passe son temps à dire qu'elle aime beaucoup, comme toutes les marguerites. — Non. La mienne dit qu'elle n'aime pas du tout. »

Octave s'empara d'un divan pour lui et ses amis. — « Asseyons-nous là, c'est le bon endroit. Les femmes vous marchent sur les pieds, mais les femmes sont si légères ! — As-tu remarqué, dit M. de Villeroy au vicomte de Miravault, que Parisis ne trahit pas sa destinée ? Il est né pour faire le malheur de toutes les femmes. — Excepté de la sienne, quand il en prendra une, ou quand il se laissera prendre. — Ne craignez rien, dit Octave ; le piège à loup n'est pas encore tendu. — Prends garde, il y a des pièges à loup ici. — Et toi, Gaston, dit M. de Parisis, toi non plus, tu ne trahis pas ta destinée. Tu es si diplomate que tu n'en as pas l'air. — La diplomatie n'est qu'un chemin, ce n'est pas une carrière. Le vrai but, mon cher, c'est le pouvoir. Tu verras, quand je serai ministre, — non pas ministre à Rio ou à Tonkin, mais ministre des affaires étrangères, — tu verras si je trahis ma destinée qui est de gouverner les hommes ! — Gouverner les femmes ! dit Parisis ! comme s'il fût convaincu de sa mission. — Vous êtes deux grands enfants, dit le vicomte de Miravault en montrant un napoléon : voilà la vraie royauté. Quand j'aurai sept ou huit cent mille de ces soldats-là, rangés en bataille, je serai maître du monde, maître de vos consciences, maître de vos femmes. Et moi, je ne tomberai pas du pouvoir, je ne verrai pas fuir les courtisans. — Vous poursuivez chacun une chimère, dit Parisis. Moi j'étreins la mienne. — Oui, mais toi tu te réveilleras un matin traînant la patte vers les Invalides de l'amour; car tu n'auras pas la suprême consolation d'être foudroyé au souper du commandeur. — C'est singulier, dit M. de Villeroy, nous sommes peut-être ici, après tout, les trois hommes les plus sérieux de cette fête : car nous avons tous les trois notre théorie et notre volonté. Moi, je m'appelle le Pouvoir. — Parce que tu n'es rien. — Toi, dit Miravault à Octave, tu t'appelles l'Amour, parce que tu l'as tué. — Toi, tu t'appelles l'Argent, parce que tu n'en as pas. »

Un homme déguisé en diable à quatre écoutait aux portes. « Vous oubliez un ami qui s'appelle la Gloire. — La Gloire, dit Octave, ne vaut pas le diable. — C'est le diable à quatre, dit M. de Miravault en reconnaissant Monjoyeux. — Oui, c'est le diable à quatre, reprit Parisis en serrant la main du nouveau venu. Tu as voulu me surprendre en me disant que tu ne viendrais pas. — Oui, répondit Monjoyeux, j'ai voulu te voir au milieu de tes femmes et de tes mauvaises actions. » Et il prit sa part du divan.

« Donc, reprit Octave, RODOLPHE DE VILLEROY aspire au POUVOIR ; — Le second, MIRAVAULT, veut régner par l'ARGENT ; — Le troisième, MONJOYEUX, tente les chimères de la GLOIRE ; — Le quatrième, OCTAVE DE PARISIS, ne veut tenter que la FEMME. »

Villeroy tordit sa moustache : « Eh bien ! nous verrons dans un an ou dans dix ans qui est-ce qui se sera trompé. — Tous les quatre, » dit M. de Parisis. — Et il se leva pour entraîner ses amis au buffet. « Allons prendre des forces pour conquérir le monde. »

VIII

LE JEU DE CARTES

E<small>N</small> cette belle année, vers le carnaval, toutes les nuits du beau monde furent panachées par des mascarades de tous les styles. Ces folies enseignent la sagesse. La plupart des gens à la mode n'apprennent ou ne réapprennent l'histoire qu'en s'encarnavalisant, ce qui ne les empêche pas de faire les plus beaux anachronismes, — comme la célèbre Mme d'Amécourt, qui se déguisait en Frédégonde, avec des cheveux poudrés à la maréchale et deux mouches assassines. — Il est vrai qu'elle donna une raison aux pédants : la poudre à la maréchale indiquait l'esprit de conquête de Frédégonde, et les mouches assassines, ses armes déloyales; toutefois, cette nuit-là, Mme d'Amécourt n'eut pas le prix d'histoire de France.

Parmi les bals masqués de l'hiver, il y eut encore, trois jours après la fête de l'ambassade, celui d'une grande dame célèbre à la Cour. On avait même dit qu'elle n'avait donné son bal que pour de très hauts personnages, mais elle le donnait pour tout Paris. Et comme dans tout Paris il y a de tous les mondes, les personnages de la Cour coudoyèrent peut-être quelques personnages du théâtre. — Après tout, où est la vraie comédie? où sont les vraies comédiennes?

Je ne dis pas cela pour quatre belles dames qui, la veille, se rencontrant tout à propos, décrétèrent qu'elles iraient à ce bal déguisées en jeu de cartes, c'est-à-dire en dame de carreau, — dame de pique, — dame de trèfle — et dame de cœur. Trois de ces dames étaient illustres dans le beau monde : — la marquise de *Fontaneilles*, la duchesse d'*Hauteroche*, la comtesse d'*Antraygues*. — La quatrième était une jeune fille qui portait un grand nom : Mlle Geneviève de *La Chastaigneraye*.

Le sort retourna pour elle la dame de cœur. « Tant pis, dit-elle, j'aurais voulu me déguiser en Jeanne d'Arc, c'est-à-dire en dame de pique. »

Les quatre dames se jurèrent le secret au nom de la jeune fille, qui ne voulait pas se hasarder ainsi dans le monde, au nom de la duchesse, une vertu rigide et inaltérable, vraie femme de marbre qui était revenue des passions sans y être allée.

Toutes pensaient, avec quelque raison, faire beaucoup de tapage dans ce bal déjà tapageur; elles ne voulaient pas que leurs noms courussent les journaux du lendemain.

Naturellement, Octave de Parisis alla au bal masqué de Mme de***. Il ne revêtit cette fois que le petit manteau vénitien. Presque à son entrée, il fut assailli par tout un jeu de cartes qui se dressa gaiement et bruyamment devant lui. C'étaient les quatre femmes qui s'étaient entendues la veille pour se déguiser en Dame de Cœur, — en Dame de Pique, — en Dame de Trèfle, — en Dame de Carreau.

« On ne passe pas! lui cria la Dame de Trèfle d'une voix sonore comme l'argent. — Eh bien! c'est cela, dit Octave, emprisonnez moi tout de suite, mais emprisonnez-moi dans vos bras ou dans ceux de la Dame de Cœur. — Chut! dit la Dame de Carreau, la Dame de Cœur n'emprisonne personne dans ses bras ni dans ses vingt ans. — Qui sait? dit Octave avec un sourire moqueur. — Je le sais bien, moi! dit la Dame de Cœur sans déguiser sa voix. »

Octave lui prit la main. « C'est étrange! dit-il en lui regardant les yeux : n'es-tu pas ma Marguerite de l'autre soir? — Qui sait? dit la Dame de Cœur. »

Le flot poussait le flot, la vague entraînait la vague. Octave avait suivi son jeu de cartes à la porte d'un petit salon, où un diplomate déguisé en sorcier, mais qui ne savait pas trouver le mot, se dérobait à ses chutes bruyantes, devant les railleries de quelques femmes beaucoup plus sorcières que lui. M. de Parisis et les quatre dames s'emparèrent du divan sans s'inquiéter du pauvre diable.

« Expliquez-moi cette légende, dit Octave en s'adressant à la Dame de Carreau, qui lui semblait la plus gaiement babillarde; pourquoi êtes-vous ainsi déguisées toutes les quatre? Qui est Rachel, qui est Argine, qui est Agnès, qui est Pallas? — C'est peut-être tout simplement, dit la Dame de Carreau, parce que les hommes aiment les cartes. Après cela, si tu aimes à déchiffrer les symboles, les énigmes, les hiéroglyphes, regarde bien. »

M. de Parisis dévisagea les quatre femmes à travers leur masque.

« Je commence par reconnaître, dit-il, que vous êtes toutes les quatre fort jolies. — Sache, mon cher, répondit la Dame de Carreau, que nous sommes de trop bonne maison pour nous masquer si nous n'étions pas jolies. — Il n'y a que les bourgeoises cherchant une aventure qui osent mettre un loup sur leur museau quand il est vilain. — Toi! tu as fait tes humanités à l'université de M. de Balzac. — Je n'ai jamais lu qu'un seul livre : Saint-Simon. — Tu te vantes, c'est pour me faire croire que tu sais lire toute seule dans le livre des passions. Mais pourquoi as-tu choisi le rôle de la Dame de Carreau? — Parce que je suis une Agnès? — Oui, une Agnès Sorel. Mais où est ton roi? — Çà et là, dans les salons, je ne sais où, en bonne fortune avec quelque domino pistache.

M. de Parisis s'était penché vers la Dame de Pique. « Voilà ma dame, dit-il; elle s'appelle Pallas; elle a été consacrée par Jeanne d'Arc; c'est la sagesse, c'est la victoire, c'est le sacrifice! — C'est cela, dit la Dame de Pique, volontiers vous me brûleriez vive sur le bûcher de vos amours, monsieur Don Juan! — Et moi, qui suis-je ? je demande l'explication de la gravure, demanda la Dame de Trèfle. — Toi tu t'appelles Argine, tu es la reine, tu es le pouvoir, le despotisme, la tyrannie. Veux-tu m'enchaîner à tes pieds ? — Je te connais : tu trouves déjà que les chaînes de roses sont trop lourdes. Eh bien ! mon cher, tu ne sais pas déchiffrer les hiéroglyphes du moyen âge. Je ne suis pas le pouvoir, je suis mieux que cela : je m'appelle l'or. — Et moi ! je suis l'amour, dit la Dame de Pique, si on veut bien le permettre. »

La Dame de Cœur se récria : « Non, tu n'es pas l'amour, tu n'es que la galanterie, car tu n'es que le portrait d'Isabelle de Bavière. — Je n'ai qu'un mot à dire, je suis la Dame de Pique : c'est la dame de cœur, sinon la Dame du Cœur. — Non, tu es la dame des cœurs. — Et qui donc est l'amour, Octave ? reprit la Dame de Cœur. — L'amour, lui dit-il avec une voix caressante, c'est toi et je t'aime. — L'amour, lui répondit-elle, c'est moi, et je ne t'aime pas. — Vous avez dit cela, mais comme une femme qui n'a jamais parlé d'amour. Vous êtes adorable dans votre émotion. »

Mlle de La Chastaigneraye ne pouvait cacher les battements de son cœur.

Je ne veux pas redire mot à mot tout ce qui se débita d'extravagant dans le petit selon jaune. Octave de Parisis s'amusait beaucoup à ce jeu. Les quatre dames lui montraient toutes les variétés de la femme, depuis les cimes bleues de l'idéal jusqu'aux abîmes de la passion.

Là, il y avait la vertu et la volupté, la candeur qui se hasarde au précipice, et la malice savante qui se moque de tout.

« Dans l'antiquité, dit tout à coup M. de Parisis, Praxitèle prenait sept femmes pour trouver la beauté : si vous voulez, ma Dame de Pique, ma Dame de Carreau, ma Dame de Cœur, ma Dame de Trèfle, je vous prendrai toutes les quatre pour trouver l'amour. — C'est cela, dit en riant la Dame de Carreau, ce sera un accord parfait. — Vous ne serez jamais sérieux, mon cher Octave, continua la Dame de Trèfle. Regardez-moi, et devenez un homme d'or, j'ai failli dire un homme d'ordre. Vous êtes en train de vous ruiner, prenez garde ; quoi qu'en disent les moralistes, l'or, c'est le bonheur. — Non, dit la Dame de Carreau, le bonheur, c'est le pouvoir. — Tais-toi, ambitieuse, dit la Dame de Pique, le bonheur, c'est la passion. »

Octave avait écouté en silence ; il se tourna vers la Dame de Cœur : « Et vous, vous ne dites rien ? — C'est que je ne suis pas si savante, moi. »

Octave se pencha vers elle pour lui parler à l'oreille. Elle tressaillit et s'offensa, car tout en lui parlant, il touchait ses cheveux de ses lèvres. Que lui dit-il?

Pour la première fois, il se fit un silence éloquent.

Octave entendit ces mots murmurés à demi-voix par la Dame de Trèfle et la Dame de Pique : « C'est la province qui triomphe! — La province! pensa Octave, je ne connais pas la province. »

Et d'un œil profond, il tenta encore une fois de voir le dessous des masques. « Donc, reprit-il tout haut, vous m'êtes apparues toutes les quatre comme les quatre images de la vie : L'Or, le Pouvoir, la Gloire, l'Amour. Je vous avouerai que le hasard me joue de singulières comédies, depuis quelques jours. Je ne parle pas d'une vision qui m'est apparue sur le coup de minuit; mais au bal de l'ambassade, il y a trois nuits, nous causions avec trois de mes amis : De l'Or, du Pouvoir, de la Gloire, de l'Amour. « C'est tout simple, dit la Dame de Carreau, ce sont les quatre vertus cardinales. On ne peut pas faire un pas sans marcher sur la queue de leur robe. »

En disant ces mots, la Dame de Pique entraîna ses trois amies à d'autres aventures.

Sur le seuil du petit salon, la Dame de Cœur se retourna vers M. de Parisis et lui dit : — C'est la! Octave se demanda sérieusement s'il rêvait. Il voulut la ressaisir, mais elle s'était envolée.

IX

LA DAME DE PIQUE ET LES POIGNARDS D'OR

Une demi-heure après dans ce petit salon bleu, Octave retrouva seule la Dame de Pique.

« Diogène cherchait un homme, lui dit-elle. Il n'a pas trouvé. Toi, tu cherches une femme et tu ne trouveras pas. —

Je ne trouverai pas ici ? — Ni ici, ni au bout du monde, ni plus loin encore. — Pourquoi ? demanda Parisis. — Pour deux raisons. — La seconde, c'est qu'il n'y a pas de femmes. — Ni ta main droite, ni ta main gauche ne sont dignes de dénouer... — Ta ceinture dorée. — Non, les rubans des souliers d'une jeune fille, belle de toutes les beautés de la jeunesse et de toutes les beautés de la vertu. »

Parisis regarda ses mains. « Mes mains ? Après tout je m'en lave les mains. — Oui, comme la femme de Barbe-Bleue lavait sa clé. Il n'y a que les larmes de la pénitence... — Est-ce que tu te repens. Veux-tu te repentir avec moi ? car on se repent toujours dans les bras de quelqu'un. — Tu as lu cela quelque part. — Peut-être. — Tout a été dit et tout a été imprimé. — Mais on peut avoir de l'esprit sans écouter à ta porte. »

Mme d'Antraygues était très émue. C'était une femme romanesque, mais c'était la première fois qu'elle se hasardait dans les périls d'une pareille causerie « Dites-moi, Monsieur, pourquoi me dites-vous *tu* avec tant d'impertinence ? — Madame, je vous parle comme je parlerais à Dieu : O mon Dieu, tu es si bon, que tu écouteras ma prière ! O Madame, tu es si belle, que tu me diras ton nom !

Les violons préludèrent à *la Fée Tapage*, le quadrille endiablé. « On va danser, si nous allions là-bas sur le canapé qui s'ennuie. — Prenez garde, c'est le sofa de Crébillon II, il dira vos secrets. »

La Dame de Pique avait pris toute la place. « Et moi ? dit Octave. — La belle question. Quand vous montez en coupé avec Mlle Olympe ou Mlle Cora, comment faites-vous ? — Vous avez raison. » Octave ne détourna pas d'une main discrète les jupes de la dame, il ne fit pas de manières pour s'asseoir dessus. « Chut, dit Mme d'Antraygues. Regardons ce quadrille. »

C'était le plus éblouissant tableau de carnaval que jamais Gavarni ait rêvé. Le Soleil dansait avec la Lune, il avait pour vis-à-vis un Buisson-de-Roses et une Gelée-Blanche.

Parisis se pencha amoureusement vers la Dame de Pique et lui dit à l'oreille dans un baiser : « Veux-tu m'aimer ? — Je ne m'en consolerai jamais. Et puis, tu n'amuserais pas mon cœur. — Que cherches-tu, toi ? — Rien, car je sais que je ne trouverais pas. Si je cherchais, je chercherais l'amour. — C'est toute mon ambition. Veux-tu chercher avec moi ? Ah ! si tu savais comme j'aime l'amour. — Tu adores et tu n'aimes pas. — T'imagines-tu donc que l'amour ait élu domicile chez les femmes du monde ? L'amour est comme le diable : il hante plus les filles perdues que les vierges. Crois-tu que Des Grieux n'aimait pas Manon avec toute la force humaine, avec toutes les aspirations divines ? Va, Des Grieux était un homme et Manon était une femme, l'homme et la femme que nous cherchons. »

Octave regarda la Dame de Pique. « Si j'étais l'homme et si tu étais la femme ! »

M. de Parisis entendit encore cet écho bien connu : « CE N'EST PAS LA. »

Il regarda autour de lui et ne vit que le tourbillon. « Tu me compares à Manon Lescaut, dit la Dame de Pique. — A Virginie, si tu veux, à Béatrix, si tu aimes mieux, à Marguerite, à toutes celles qui ont aimé. — Les lauriers sont coupés : je suis mariée. — Je le savais. Une jeune fille ne parlerait pas si bien et n'écouterait que son danseur. Rassure-toi : il n'y a que les femmes mariées — de la main droite ou de la main gauche — qui soient romanesques. La jeune fille aujourd'hui n'est que fanfaronesque. Elle rit de tout, parce qu'elle n'a pas pleuré. — Parce qu'elle n'a pas assez pleuré. Moi aussi je ris de tout. — Excepté de ton cœur. — Ne parlons pas des absents. — Ah! il n'y a personne là? »

M. de Parisis mit tout doucement la main sur le cœur de la Dame de Pique. « Voilà un cœur capitonné. — Vous savez que je ne suis pas une mappemonde et que je n'aime pas les géographes. »

La Dame de Pique prit tout doucement la main d'Octave et la mit à la porte. « Est-ce qu'on nous voyait? lui demanda-t-il avec impertinence, mais de l'air du monde le plus naïf. — Non, répondit-elle simplement, mais je me voyais. »

M. de Parisis pensa qu'il s'était trompé en prenant le chemin de traverse. Il sentit qu'il n'était plus si près d'elle et voulut se rapprocher, mais plus il avança plus il perdit de terrain. « Si vous saviez mon âge... — Je sais votre âge. La femme a beau se masquer, elle se trahit à chaque mot. En vain elle a traversé la diplomatie, elle a fait un cours de machiavélisme, en vain elle a l'expérience, ce fruit amer qui empoisonne le cœur, elle dit tout, en voulant tout cacher. — Vous êtes si profond que je ne comprends pas. — Une femme comme vous, madame, a toujours vingt-cinq ans. Vous avez vingt-cinq ans, parce que vous savez par cœur l'encyclopédie de l'amour, la science des coquineries autorisées et des coquetteries permises. Vous avez vingt-cinq ans, parce que vous jouez l'esprit et la bêtise à s'y méprendre, parce que vous défendez le quadrilatère en sachant bien qu'on peut passer à côté et surprendre Venise sans s'inquiéter de Vérone. Vous avez vingt-cinq ans, parce que vous avez mis Dieu et le démon dans vos affaires. — C'est tout. Est-ce que vous êtes petit-fils de Labruyère? — Oui — Et depuis quand, s'il vous plait, ai-je vingt-cinq ans ? — Depuis cinq minutes. »

La Dame de Pique respira. « Vous vous trompez, Monsieur, j'ai vingt-cinq ans depuis cinq ans. — Non, Madame, j'ai vu votre cou, j'ai respiré vos cheveux, j'ai senti votre cœur. — Oui, je vous vois venir, car vous n'y allez pas par quatre chemins. Vous voulez me coiffer d'un de vos poignards. J'en ai vu déjà ce soir trois ou quatre dans les chevelures de ces dames. »

Chaque fois que Parisis était heureux en amour, il piquait dans la chevelure de la femme, — plus ou moins heureuse avec lui, — un petit poignard d'or pas plus grand que le doigt. Était-ce un sacrifice aux dieux, ou était-ce pour marquer sa conquête ?

Les amoureux improvisés allaient bon train, mais une Giboulée, au bras d'un Soleil, vint se jeter à la traverse en disant à Mme d'Antraygues : « Ma chère, votre mari vous cherche : vous savez où vous devez vous retrouver? — Oui, mais après le souper, dit la Dame de Pique. » Et se levant : « Adieu, Monsieur, à l'an prochain. »

Octave suivit un peu la Dame de Pique, il questionna autour de lui, mais bientôt il fut emporté dans le groupe de la duchesse de Persigny qui voulait le railler sur son jeu de cartes — biseautées — selon son expression. « Pas si biseautées que cela, dit une voix dont le timbre d'or fit tressaillir Octave. »

C'était Mlle de Chastaigneraye : la Dame de Cœur.

X

LE BAISER DE DON JUAN

CTAVE ne fit pas de façons pour fuir la duchesse. Il saisit la main de la Dame de Cœur et la passa à son bras avec toutes les caresses d'un amoureux : « Laissez-moi défaire votre gant, lui dit-il, je vous dirai qui vous êtes. »

Et Octave développa une théorie sur la physionomie de la

main. Pour lui, la main c'était le blason, c'était les armes parlantes.

La Dame de Cœur avait la pudeur du gant. « Pour moi, dit-elle, je n'ai pas besoin de votre main pour vous dire qui vous êtes. — Eh bien, parlez-moi de moi-même, je vous jure que je ne me connais pas. »

La Dame de Cœur, qui avait une bonne grâce charmante, avec un esprit d'ange et de démon, lui parla de sa famille, de sa jeunesse, de ses aventures. Il était ravi et effrayé, comme si sa conscience se fût dressée devant lui.

Tout en constatant sa bravoure, son intelligence, son grand air, elle peignit sous ses yeux, d'un trait rapide, tous les Parisis qui avaient joué un grand rôle. Devant de tels portraits, il s'inclinait avec humilité, lui qui était toujours si fier. Cette histoire, la Dame de Cœur la conta à Octave, comme une bonne fée qui l'eût suivi partout depuis son berceau. Elle lui parla de sa mère avec une expression qui le toucha au cœur. Elle lui parla de l'Amérique et de la Chine comme un vrai compagnon de voyage. « Après tout, dit-elle, qu'avez-vous rapporté d'Amérique ? une poignée d'or ! Qu'avez-vous rapporté de la Chine ? un éventail ! N'allez-vous pas vous croire un héros parce que vous avez pris Pékin ? J'oubliais, parlez-moi donc de votre Chinoise, car ç'a été l'histoire de tout Paris, ô don Juan de Parisis ! — Ne parlons jamais des femmes d'hier, » murmura Parisis.

Et comme s'il voulût dire un secret à la Dame de Cœur, il baisa ses beaux cheveux rayonnants. Il les brûla.

Mlle Geneviève de la Chastaigneraye se leva tout indignée et toute rougissante. Le masque la dévorait.

Elle avait pu s'aventurer dans son innocence à jouer son jeu dans cette partie de cartes, mais si elle trouvait doux de parler à Octave, elle s'offensait d'être touchée par Don Juan.

Octave tressaillit à ce beau mouvement. La pudeur a une éloquence qui attère le plus roué.

La Dame de Cœur s'éloigna dans sa chaste dignité, sans que le duc de Parisis osât lui reprendre la main pour la retenir.

La mascarade était abracadabrante ; on avait épuisé tous les symboles ; on coudoyait l'Ange des ténèbres et des Cocotes — en papier — les Cocotes des enfants. Il y avait un Assuérus, un Sarcophage, un Obélisque, une Nuit et une Mille et une Nuits ; un malin s'était déguisé en Facteur pour être un homme de lettres. Il y avait un Orage et une Tempête ; il y avait une Californie que tout le monde demandait en mariage. Et des Incroyables et des Mauresques, et des Vallédas, et des Almées, et des Repentirs, et des Diablesses et des Poupées — beaucoup de poupées.

Mais le grand tapage de la soirée, après le jeu de cartes, ce fut l'entrée triomphale du cortège de Cochinchinois portant sur un palanquin l'Impératrice de la Chine. Tout le monde se figura que c'était la Chinoise de M. de Parisis.

Vainement Octave courut tout le bal pour retrouver ses cartes : les quatre dames étaient parties. Vainement il questionna tout le monde : aucune d'elles n'avait soulevé son masque. Ceux qui avaient tenté de jouer à ce jeu-là n'avaient pas retourné le roi, ils avaient été traités comme des valets ; on mettait beaucoup de noms sur les masques, mais nul ne mit les vrais noms. C'était la première fois que quatre femmes gardaient si bien leur secret.

Quoiqu'elles fussent parties, le bal conservait, hormis pour Octave, toute sa gaieté et toute sa physionomie. Il retrouva Monjoyeux ; ils débitèrent des sottises comme au bal de l'Opéra ; car là ou là-bas, c'est toujours le même esprit.

A cet instant, un personnage entra comme un simple mortel. Il était encapuchonné dans un domino noir. Rien ne le désignait à la curiosité. Il n'avait ni la taille, ni la désinvolture d'un vainqueur. Son œil ne jetait pas des feux bien vifs ; sa riposte ne prouvait pas beaucoup de présence d'esprit. D'où vient pourtant que ce personnage fut très remarqué à son arrivée ? C'est que plusieurs femmes inoccupées se le disputèrent avec passion. Qu'y avait-il donc dans ce domino ? « Je te dis que c'est lui, murmura une de ces dames à l'oreille de Parisis. »

Bientôt le bruit se répandit que le nouveau venu n'était rien autre que l'empereur de la Chine — un souverain fort aimable qui voulait que rien ne lui fût étranger dans son empire. La vie était pour lui un livre toujours ouvert. Il voulait faire le bonheur de tout le monde. Mais ce jour-là c'était par les femmes qu'il commençait. Il avait bien raison : quiconque veut bien gouverner les hommes doit vivre avec les femmes. Aussi la duchesse de Portalèze lui disait que Napoléon Ier regrettait, à Sainte-Hélène, de n'avoir pas suivi ce conseil de la sagesse des nations.

On continuait à se montrer le personnage. Les femmes se jetaient devant lui étourdiment, pour se jeter dans son chemin. « Tu t'imagines, dit l'une, que c'est l'empereur de la Chine, c'est le duc d'Albe, c'est Persigny. — Persigny ! Il est là-bas, avec cette grande pyramide qui voudrait bien être son tombeau. — Il doit bien la connaître, pourtant, lui qui a écrit un volume sur les Pyramides. — Ne me parle donc pas de cette femme, c'est une momie. J'ai toujours peur qu'elle ne m'ensevelisse dans ses bandelettes. »

Roqueplan passait là : « Persigny n'est pas si bête, dit-il, ce n'est pas lui qui disputera cette momie pyramidale au jeune Werther qui l'aime de toute la ferveur de ses vingt ans. — Après cela, ajouta Roqueplan, avec son malin sourire, je ne dois pas m'étonner de cet amour, puisque je l'aimais déjà quand j'avais vingt ans. »

Et il donna la main à un autre homme de beaucoup d'esprit, le commandeur de Niagara, qui débitait en zézeyant un beau sonnet sur Venise sauvée, à l'Impératrice — de la Chine, — qui avait bien travaillé pour cela.

Un domino bleu de ciel passait; Octave reconnut une marquise de ses amies. « Ma belle marquise, tu t'es taillé une robe dans ton ciel de lit — ton seul ciel. » La marquise ne répondit pas. « J'espérais que tu allais me dire une bêtise. — Non : j'en fais faire. »

Mme de Pontchartrain passa déguisée en Firmament et s'arrêta devant Octave. « Comment me trouves-tu? — Belle comme le jour. — Alors tu ne me connais pas. — Belle comme la nuit. Tu vois bien que je te connais. »

Mlle de Chantilly passa déguisée en Pie. « Ah! ma chère, lui dit M. de Parisis, pourquoi avez-vous pris ce plumage-là? car cela ne vous déguise pas. Je vous reconnais au premier mot. — Vous avez perdu une belle occasion de vous taire. — Et vous, vous l'avez trouvée. »

Une femme avait eu l'esprit de se déguiser avec les modes d'aujourd'hui sans les exagérer. « N'est-ce pas, Messieurs les philosophes, que ma robe me déshabille bien? Je suis si facile à habiller! — Tu parles par antiphrase. »

La « Mode du jour » souleva son sein sur la gaze, comme Vénus sur la vague. « C'est un sein qui échoue. — Non, par malheur il flotte encore. — Voilà une femme qui a passé le pont-levis du faubourg Saint-Germain. Regardez-moi ses mains, elles viennent des croisades. — Ne t'imagine pas qu'elles se sont croisées en chemin avec celles de tes aïeux! — Passe-tu encore par ta croisée, quand ton mari ferme la porte, fille des croisés? — Retire-toi donc de mon Étoile, dit Monjoyeux à une femme maigre déguisée en Algue-Marine, qui lui jeta ce mot : — Monsieur Mardi-Gras! — Il n'y a qu'une nuit entre nous, mais je ne la passerai pas, Madame Mercredi-des-Cendres. »

Le prince Rio débusqua. « Que cherches-tu? lui demanda Octave. — Une femme perdue. — Ici, mon cher, ce n'est pas un renseignement. — Voici la blonde madame*** qui était si brune l'an passé ; on voit qu'elle a touché à la lune rousse. Vois donc, comme elle est vêtue en musique d'Offenbach. — Oui, déréglée comme un papier de musique. »

On débitait des mots à toutes les effigies ; c'était plus souvent des gros sous que des pièces d'or. On n'avait pas puisé dans l'arsenal de l'hôtel Rambouillet. Le fusil à aiguille a démonétisé ces armes d'autrefois, si courtoises qu'elles ne touchent plus.

Octave s'esquiva à l'anglaise. Miravault lui dit :

« Tu t'en vas parce que tu n'as plus de cœur dans ton jeu. — Vous vous trompez, mon cher, dit Monjoyeux à Miravault, ce n'est pas le cœur qui pique. »

XI

LA DAME DE CŒUR ET LA DAME DE PIQUE

Parisis s'endormit à l'aurore, mécontent de lui dans ce massacre des cœurs. Cependant, sur le soir, il reçut deux lettres par la poste, comme un simple mortel qu'on ne traite pas en ambassadeur.

Voici la première :

Ces bals, ces fêtes, ces folies, n'était-ce pas comme le poëme de Goëthe, tout y dansait, les idées et les cœurs.

Avez-vous reconnu Marguerite, ô Faust ?

Dans le livre de la vie, comme dans le livre allemand, vous n'avez pas reconnu une marque à la page. C'ÉTAIT LA ! Adieu pour jamais.

Une Dame de Cœur.

« Je connais cela, dit Octave, le mot jamais se traduit souvent par vingt-quatre heures. Si la nuit porte conseil, c'est aux femmes. Demain Marguerite, un peu moins offensée que cette nuit quand j'ai baisé ses cheveux, taillera encore sa plume pour écrire à Faust. »

Octave respira la lettre et y reconnut une vague et lointaine odeur de violette. Elle était écrite sur du papier anglais sans armoiries.

Octave avait brisé le cachet sans le regarder; il ramassa l'enveloppe tombée à ses pieds et y retrouva écrit en arabe ce mot : « C'EST LA ! » qui le poursuivait depuis minuit. « Voyons la seconde lettre; elle va peut-être m'expliquer la première, » murmura Octave.

Avant de briser le cachet, il le regarda; il y vit une couronne de comtesse, mais on avait brouillé l'écusson. « C'est peut-être une vraie comtesse, » dit-il.

C'était une écriture anglaise sur du papier français. Il lut :

Figurez-vous, — Monsieur et ennemi, puisque vous m'avez fait la cour, — que je vous écris avec un loup sur la figure pour me cacher à moi-même ma rougeur.

Oh! la curiosité! Vous allez me trouver trois fois folle; je voudrais maintenant que toute la vie fût un bal masqué.

Comment s'amuser à visage découvert? On doit faire une si bête de mine quand on écoute un amoureux qui dit : Je vous aime; quand on lui répond sur la même musique : je ne vous aime pas.

Le malheur, c'est que les bougies sont éteintes et que le masque est tombé.

Irez-vous au bal de la Cour? Je vous verrai après-demain chez la plus spirituelle des ambassadrices, mais ce sera comme à l'Opéra, où la musique empêche d'entendre les paroles.

Et, d'ailleurs, malgré votre désinvolture un peu trop désinvoltée, vous n'oserez pas mettre vos pieds dans ce bouquet de fleurs que ces Messieurs de la Chronique appellent la Corbeille ou le dessus du Panier.

Demain vous irez au Bois. Je vous y convie pour votre santé. Par ordonnance du médecin, vous ferez trois fois le tour du Lac de droite à gauche.

Moi, par ordonnance de mon cœur, je ferai trois fois le tour du Lac de gauche à droite.

Mais chut! Monsieur, je crois que vous soulevez mon masque.

LA DAME DE PIQUE.

« Voilà qui est bien, dit Octave, deux sur quatre qui ont écrit en se réveillant à midi. A la prochaine distribution, les deux autres lettres m'arriveront peut-être. »

Le duc de Parisis se promenait dans sa chambre. « Ce sont là, reprit-il, des lettres qui me dispensent de répondre. C'est toujours cela. » Il avait tous les talents pour devenir ambassadeur : il ne parlait jamais qu'aux femmes et n'écrivait jamais. Et pourtant nul comme lui ne savait cacheter une lettre. On eût dit un graveur en pierres fines, tant il marquait ses armoiries avec pureté et avec précision. Et quel suave parfum s'exhalait de la cire ? Ses lettres, écrites sur un irréprochable papier wathman qui avait de l'œil et de la main, donnaient toutes les curiosités de les lire. Par malheur, il n'y avait rien dedans.

Octave avait trop d'esprit pour le dépenser en belles lettres. Il avait horreur des phrases toutes faites et de l'esprit convenu. Quand il écrivait à sa maîtresse, c'était par deux mots : « *Je t'attends !* » Ou bien : « *Attends-moi !* »

C'était tout. Pas un mot de plus. N'avait-il pas raison ? Ce qu'on aime dans la lettre, c'est le cachet, c'est le premier mot. *Attends-moi !* Il y a toute une page dans ce mot.

Quand le duc de Parisis écrivait ces deux mots à une femme comme il faut, il était encore plus éloquent, car la vraie éloquence dans la vie, c'est l'amour, c'est l'action. Et ces deux mots de la main d'Octave rappelaient un homme d'action.

Octave avait relu les deux lettres de la Dame de Cœur et de la Dame de Pique. « Tout bien considéré, dit-il, je leur donne mon cœur. La Dame de Trèfle et la Dame de Carreau sont des endormies, des coquettes ou des bégueules. »

Monjoyeux entra sur ce mot. « Des bégueules ! dit-il en prenant une pose théâtrale. — Oui, des bégueules, je ne retire pas le mot, mais cela ne te regarde pas, mon cher Monjoyeux. »

Et, naturellement, Octave raconta ses nocturnes aventures à son ami. « J'ai vu tout cela. Voilà de belles équipées ! comme si tu n'avais pas assez de femmes sur les bras ! — On n'a jamais trop de pain sur la planche. — Te voilà repris par les illusions. Mais tu seras bien attrapé quand tu verras le dessous des cartes. Ta Dame de Pique aura aimé le genre humain, ta Dame de Carreau sera grêlée, la Dame de Trèfle aura le nez rouge et la Dame de Cœur... — Chut, dit Octave, pas un mot sur celle-là. »

XII

LE TOUR DU LAC

Quoique le temps fût abominable, à quatre heures Octave était à cheval pour faire le tour du Lac. Il bravait la bise, la neige et le verglas. Il y avait peu de voitures. Il jugea qu'il ne lui serait pas difficile de reconnaître celle qui signait la Dame de Pique.

Le ciel sombre avait jeté des teintes grises dans son imagination. « Monjoyeux a peut-être raison, pensait-il, le chapitre des illusions perdues va commencer. »

Un petit coupé que traînaient deux chevaux de race débusquait au-dessus du rocher. « C'est peut-être cela, dit Octave. » Et il s'inclina, comme sans y penser. C'était à la fois un salut ou un mouvement de curiosité. La dame tint bon, elle ne dérangea pas sa tête d'un millimètre. « Non, il est impossible que ce soit celle-là ! » dit Octave qui avait reconnu la comtesse d'Antraygues.

Son cheval était déjà à vingt pas du coupé quand il détourna la tête.

La comtesse d'Antraygues s'était trahie; elle avait soulevé l'abat-jour du petit œil-de-bœuf. « Est-ce que ce serait elle ? » se dit Octave.

Il voulut tourner bride, mais il aima mieux être discret; il continua sa route, jurant qu'il saurait à quoi s'en tenir à la seconde rencontre, ce qui ne l'empêcha pas de jeter un coup d'œil scrutateur dans les autres voitures. Son imagination était déjà prise par Mᵐᵉ d'Antraygues. C'était une des plus jolies femmes des fêtes parisiennes. Elle n'avait pas la beauté sculpturale, mais elle avait la beauté charmeuse; je ne sais quoi dans les yeux et dans la bouche qui triomphe plus sûrement des hommes que le jeu des lignes absolues.

Parisis l'avait rencontrée çà et là dans les plus beaux salons, mais à de rares intervalles ; elle passait la moitié de son temps en Angleterre et vivait beaucoup dans son hôtel, un des plus jolis nids de l'avenue de la Reine-Hortense, quoique son mari n'y fût presque jamais, — on pourrait dire, parce que.

A la seconde rencontre elle sourit; mais Octave, qui s'y entendait, vit l'émotion à travers le sourire. Cette fois il ne douta plus et éperonna son cheval pour faire deux fois le tour du lac pendant que Mme d'Antraygues faisait son troisième tour.

Il aurait pu simplifier cette tactique, mais il pouvait compromettre la comtesse; sans parler du cocher et du valet de pied, il y a toujours, au Bois, des yeux vigilants, envieux, jaloux.

Ce n'étaient pas les yeux de M. d'Antraygues, qui passait sa vie au club, à fumer ou à jouer, quand il n'était pas enfermé dans l'appartement de Mlle Eva, surnommée Belle-de-Nuit.

A la dernière rencontre, Mme d'Antraygues pencha tout à fait la tête à la portière, avec la coquetterie d'une femme qui s'est trop cachée sous l'éventail et qui est fière de montrer sa figure. Elle semblait dire : « Vous voilà bien attrapé; vous pensiez que j'étais laide et je suis jolie. »

Le coupé partit au grand trot pour remonter l'avenue de l'Impératrice. Octave le dépassa pour revoir encore la comtesse et pour qu'elle eût de ses nouvelles en rentrant à son hôtel. En effet, quand elle rentra, après un tour dans les Champs-Élysées, sa femme de chambre lui remit une boîte de dragées.

« D'où cela vient-il? demanda Mme d'Antraygues. — D'une dame des amies de madame la comtesse, qui sans doute a été marraine. — Il n'y avait pas de lettre? — Non, madame. — Qui a apporté cela? — Un nègre. — C'est singulier, dit la comtesse, mes amies n'ont pas de nègre. »

Elle eut un pressentiment. Dès qu'elle fut seule, elle ouvrit la boîte.

« Point de carte! dit-elle, je me suis trompée. »

Elle prit une dragée et la croqua. Ce fut alors qu'elle s'aperçut que les dragées n'étaient pas dans l'ordre idéal travaillé en mosaïque par les marchandes de bonbons.

Elle renversa la boîte dans une coupe à cartes de visite. « Un billet! » dit-elle en rougissant. Son émotion fut si vive qu'elle regarda le billet sans y toucher. « C'est amusant, l'amour! » murmura-t-elle. Elle s'imaginait déjà qu'elle était adorée. Elle prit le billet en regardant la porte : « Il me semble que cela va me brûler les yeux. » Elle lut :

Puisque vous êtes si belle et puisque je vous aime, venez à la fête de nuit des patineurs; n'ayez pas peur d'un amour à la glace. D'ailleurs, vous savez la chanson : Il est plus dangereux de glisser sur le garçon que sur la glace. Je serai votre parachute.

« Je n'irai pas, » dit Mme d'Antraygues.

Elle y alla. Je vous fais grâce des combats qui se disputèrent son âme. C'était sa première aventure. Elle voulait. Elle ne voulait pas. Elle suivait dans son imagination tous les méandres d'un amour imprévu et tourmenté. Puis tout à coup elle se réfugiait avec la quiétude de la conscience dans les devoirs du mariage. Mais je dois dire que l'image de son mari ne l'y retenait pas longtemps. Elle avait dépensé pour lui ses premières aspirations romanesques ; elle s'était aperçue, avant le dernier quartier de la lune de miel, que son mari n'était pas son homme.

On dira ici, si voulez bien, l'histoire de ce mariage.

XIII

POURQUOI MADEMOISELLE ALICE SE FIT ENLEVER

IL y avait cinq ans qu'Alice était mariée ; cinq ans de curiosité et de déceptions !

Mme d'Antraygues tentait çà et là de se prendre aux distractions du monde. Elle s'amusait de sa beauté, de son éventail, de ses diamants, de ses robes et des bouches en cœur qui souriaient autour d'elle, mais elle n'imaginait pas qu'elle dût tomber « dans la gueule du loup. » Cinq ans de vertu ! c'était la seule station qu'elle pût faire dans son devoir. L'heure de la première crise venait de sonner.

Voilà pourquoi elle avait écrit au duc de Parisis, voilà pourquoi elle alla à la fête des patineurs.

Il arrive souvent qu'un galant homme s'imagine avoir une femme parce qu'il est marié ; mais là où est la femme, souvent la femme est absente. Son esprit et son cœur font ménage ailleurs. Il n'y a pas séparation de corps ; c'est bien pis, car il y a séparation d'âmes.

Vous savez qu'en Angleterre une jeune miss bien née, qui

n'aurait pas été quelque peu enlevée par son mari avant la bénédiction nuptiale, se considérerait comme la plus malheureuse des filles de la romantique Albion. Or, les Anglaises de Paris ont souvent introduit en France les plus belles traditions d'Outre-Manche.

M⁽⁾ Alice Mac Orchardson était fille unique et comptait à peine dix-neuf printemps. Elle avait vécu ses plus jeunes années à Brighton. Sa mère, une veuve de keepsake, avait obtenu du faubourg Saint-Germain ses lettres de grande naturalisation. Jusqu'à l'automne de 1867, Alice sut du monde ce qu'on en apprend au couvent, ce qui est déjà beaucoup. Mais elle avait dans ses veines du sang des héroïnes de Shakspeare et de Byron, et son esprit avait souvent erré au clair de lune sous les ombrages des parcs anglais.

Donc, le jour où elle revêtit pour la première fois la blanche robe de bal, Alice se récita quelques vers du *Songe d'une Nuit d'été*, et elle se jura solennellement devant son miroir qu'elle ne se marierait qu'après avoir été enlevée, comme une héroïne.

Six semaines après son premier bal, Alice était aimée de Fernand d'Antraygues, un turfiste trop beau pour faire quelque chose.

M⁽⁾ Alice ne voyait pas cet amour d'un œil dédaigneux, mais elle tremblait à cette idée : — que son amoureux pourrait bien ne pas vouloir l'enlever. — Un beau jour, ou plutôt une belle nuit de bal chez lady Syons, Fernand profita de la solitude d'un petit salon pour déclarer à Alice qu'il était amoureux fou. « Je le savais avant vous, Monsieur, car vous avez des dettes et j'ai un million de dot. Mais m'aimez-vous assez pour m'enlever? »

C'était un homme très prosaïque. Il fut presque effrayé de la besogne: « Vous enlever, Alice! à quoi bon ? Ma mère a déjà parlé à la vôtre. J'ai espéré que tant de bonheur... — Eh bien, non ; je ne croirai qu'à l'amour de celui qui consentira à m'enlever, interrompit M⁽⁾ Alice ; c'est un serment que j'ai fait. Voyez si vous voulez tenir mes serments. — Vous êtes mineure, mademoiselle; on voit bien que vous n'avez pas fait votre droit, vous... — Si vous n'êtes qu'un homme de loi, épousez une Normande. Moi, je me donne à qui m'enlève. — Faut-il fréter un navire ou arrêter un fiacre? — Tous les moyens sont bons. »

Il fut arrêté que le lendemain, à minuit, le héros du roman serait rue de Londres, à vingt pas de la porte d'Alice; la jeune fille descendrait par l'escalier, l'enlèvement par la fenêtre n'étant plus d'usage depuis l'invention des becs de gaz et des sergents de ville.

Fernand d'Antraygues fit bien les choses : on eut un coupé attelé de chevaux de poste à grelots. Il faut toujours des violons. Tout se passa comme il avait été prémédité : La mère dormait ; sa fille descendit avec des battements de cœur, mais elle ne trouva pas d'obstacles ; le suisse tira le cordon avant qu'elle ne l'eût demandé. Dans la voiture, elle se jeta tout en pleurant dans les bras de Fernand. « Je suis effrayée de mon bonheur, lui dit-elle. — Les vents sont pour nous, dit l'amoureux ; voyez comme le ciel est beau et comme la lune nous fait bon visage ! »

Et ils allèrent ainsi au galop des chevaux, au bruit des sonnettes et des propos amoureux.

Le rossignol chantait peut-être, mais je ne l'ai pas entendu.

Au premier relais, à Ville-d'Avray, Fernand proposa de faire une station dans un pavillon où Alice serait comme chez elle, et où elle trouverait une aile de perdreau et un pâté d'alouettes. Toute romanesque qu'elle fût, elle avait bien un peu envie de manger une aile de perdreau, de toucher au pâté d'alouettes, et de dormir sur un lit moins cahoté.

Les chevaux s'étaient arrêtés à la grille d'un petit parc. « C'est comme dans les légendes, dit-elle : il y a de la lumière au château. — C'est le feu de la cuisine, car j'ai envoyé une dépêche télégraphique pour que le souper fût cuit à point. »

Mlle Alice traversa le parc. « Quelle admirable solitude ! je suis tout embaumée par les lilas. » Elle monta le perron et se trouva, sans aller plus loin, dans une salle à manger où deux couverts étaient mis. Le souper venait d'être servi. « C'est une féerie, dit Alice. — N'êtes-vous pas magicienne ? » Le souper se continua sur ce temps. Alice était ravie. » Quelle nuit ! soupirait-elle en ouvrant la fenêtre. — Voyez, Fernand, comme la lune baigne de douces clartés les arbres du parc. Voulez-vous venir là-bas, sous les grands marronniers ? — J'irais avec vous au bout du monde ! répondit Fernand en ouvrant la porte. »

Une femme était sur le perron. « Je viens trop tard pour souper, dit-elle en entrant. » Alice poussa un cri et se cacha la tête dans ses mains. « Enfant, je te pardonne, » lui dit sa mère. Alice se jeta dans ses bras. « Quoi ! tu étais ici ? » Et se tournant vers Fernand d'Antraygues, qui riait à la dérobée : « Ceci est une trahison, monsieur, car vous aviez tout dit à ma mère. — Mais enfin, ma belle Alice, vous avez été enlevée ? — Oh ! si peu et si mal ! Je ne vous pardonnerai jamais. J'aurai mon quart d'heure de vengeance ! »

Alice comprit qu'elle n'avait plus qu'à se marier ; mais, tout en donnant sa main, elle réserva son cœur.

M. d'Antraygues eut beau faire, elle ne l'aima point : il avait fermé son roman, un autre devait le rouvrir.

Octave de Parisis n'était pas homme à avertir une mère — ni un mari. — Il disait, — car il avait ses maximes comme La Rochefoucauld, « une femme qui veut se donner appartient par droit de conquête à celui qui la prend. »

Je dois dire — pour la vertu de Mme d'Antraygues — qu'elle était mariée depuis cinq ans et qu'il n'avait fallu rien moins que la haute éloquence de Don Juan de Parisis pour la rejeter dans les folies romanesques. Je dois dire aussi que son mari avait deux torts envers elle : il avait une maîtresse et il jouait.

Il croyait trop à lui-même, il croyait trop à sa femme pour ne pas la perdre. On citait de lui un mot typique : « Tu as épousé une bien jolie femme, » lui disait un ami. Il répondit : « Il faut toujours épouser une jolie femme, parce qu'on peut s'en défaire. »

XIV

SUR LA GLACE

E soir de la rencontre du duc de Parisis et de la comtesse d'Antraygues, le bois de Boulogne était dans toute sa splendeur hivernale.

Parisis ne fut pas le dernier à faire entendre le gai carillon des grelots ; il fit atteler quatre chevaux nains, quatre merveilles.

Qui ne se souvient de cette fête nocturne que Paris a donnée sur la glace ? Les lacs étaient couverts de traîneaux et de visiteurs, mais ce n'était pas là le vrai théâtre. La fête se donnait sur l'étang réservé. Jamais on n'avait si bien illuminé la neige et la glace. C'était une féerie. Le beau monde arrivait avec des cris de joie ; il y avait un peu du carnaval de Venise dans ce carnaval de la neige.

Paris est en toutes choses la synthèse du monde connu et

inconnu. Ici, la zone torride avec ses fleurs éclatantes et ses arbres qui mettent cent ans à fleurir : là, la zone hyperboréenne avec ses neiges, ses forêts poudrées et ses plaisirs d'hiver.

Il n'y a pas longtemps, l'hiver parisien n'était encore qu'un hiver français. C'est pour en faire un hiver du Nord qu'on a imaginé le bois de Boulogne et ses lacs. Si le bois de Boulogne est charmant, l'été, avec ses grands massifs, ses méandres capricieux, ses perspectives lumineuses et ses chemins sablés tout vivants de promeneurs et d'équipages, il est plus charmant encore par la neige. C'est alors que vous avez le droit de vous croire en pleine région norwégienne. Les taillis de sapins verts se profilent sur la grande tenture blanche qui éblouit ; les arbres courbent leur front sous les panaches neigeux ; dans les sentes écartées, recouvertes d'une couche de flocons vierges de toute trace humaine, vous pouvez apercevoir çà et là la trace furtive de quelque lapin égaré, ou les étoiles faiblement imprimées par la patte engourdie d'un rouge-gorge ou d'un roitelet. Un silence absolu règne dans le bois ; vous vous croyez transporté dans quelque désert, dans une de ces solitudes blanches où l'on n'entend que le craquement lointain de la neige glacée et le vent qui pleure sur le torrent des avalanches.

C'était un spectacle et une fête. Le duc de Parisis et le comte Olympe Aguado furent les plus remarqués par l'élégance et la richesse de leur attelage. Parmi cette nocturne cavalcade, on remarquait aussi l'Empereur et l'Impératrice, le duc d'Albe, le duc d'Aquila, la comtesse Walewska et le comte Walewski, le duc et la duchesse de Persigny, le prince Napoléon dans son char pompéien. Tous les grands noms du sport et toutes les beautés célèbres se donnaient le spectacle de l'hiver, en faisant eux-mêmes la mascarade. Les hauts financiers étaient là, eux qui, ne consacrant que peu d'instants à la vie de plaisirs, la mènent à grandes guides et ne connaissent aucun obstacle sur leur route. Les traîneaux dorés à la tête de cygne, les chars à l'antique, les chariots bas des boyards, le long patin des Samoyèdes, le patin court et recourbé des Hollandais, jusqu'à la planche des montagnards de l'Islande, tout était là qui courait, glissait, volait, décrivait des courbes gigantesques, se croisait, se fuyait, se recherchait et s'évitait. C'était la fièvre du froid dans la fièvre de l'amour.

Vers la fin de la fête, un curieux aurait pu entendre cette petite conversation entre un patineur et une patineuse, qui n'avaient pas l'air de se connaître depuis longtemps, mais qui avaient bien envie de faire connaissance : « Je vous jure, Madame, que c'est une très jolie promenade de venir chez moi en passant par la petite porte du jardin. La serrure est un bijou ; tenez, voyez plutôt la clef. »

Le patineur fit briller une clef d'argent d'un travail exquis. « Quelle coquetterie ! monsieur. — En entrant on ne trouve pas de fleurs, si ce n'est de givre aux arbustes. Mais une fois dans le jardin, on est bientôt dans la serre, où on est reçu par cent camélias, armes au bras, fleurs à la boutonnière. Ce sont mes cent-gardes. Après la serre, on rencontre une porte que cette clef ouvre pareillement. On trouve un escalier dérobé, — le dernier escalier dérobé, — qui vous conduit par ses spirales de marbre à une petite bibliothèque où je travaille quand j'attends quelqu'un, à moins que je n'aille attendre dans la serre. Savez-vous un chemin plus facile que celui-là ? — Oui, monsieur, un chemin qui mène chez moi. — C'est imprimé. Mais ce qui est imprimé aussi, Madame, c'est que rien n'est ennuyeux que de passer par le même chemin. Du reste, je ne vous demande qu'une grâce, c'est de garder ma clef. — Oui, vous en avez une autre que vous donnerez demain, sans compter celle que vous avez donnée hier. On vous connaît. — Je vous jure que je ne donne jamais deux clefs à la fois. — Comment la marquise rousse a-t-elle rencontré chez vous la comédienne rousse ? — Conjonction de comètes ! — Vous savez qu'on nous regarde ! — Adieu ! Madame. »

Le patineur en donnant à la patineuse une poignée de main, lui laissa dans la main la petite clef d'argent. Elle voulut la lui rendre, mais il avait fait un tour de valse, et déjà, avec la grâce charmante des Hollandais, — sur la glace, — il gravait avec un burin savant un A et un O entrelacés.

Jamais ce chiffre n'avait apparu aux yeux en si belle calligraphie ; on eût dit que le patineur avait étudié les lettres ornées du moyen âge. L'Empereur, qui patinait comme un roi de Hollande, félicita Octave d'écrire si bien. « Après vous, Sire. »

Parisis rencontra encore, sur la glace, madame d'Antraygues. « Comme vous écrivez bien, lui dit-elle. — Je n'écris bien que votre nom, comme je vous aime, Alice ! — Oui, sur la glace, jusqu'au prochain dégel : votre amour tombera à l'eau Vous savez que j'ai perdu votre clef ; mais rassurez-vous, elle a été ramassée par une main blanche qui vous la rapportera en passant par la petite porte. — Je vais vous en donner une autre. — Est-ce que vous seriez serrurier comme Louis XVI ? Savez-vous que vous êtes un homme dangereux ! Vous crochetez les serrures — et les cœurs — Adieu ! Monsieur. — A revoir, Madame. A propos, j'oubliais de vous dire que je vous adore ! »

Et Octave répandit son âme dans un dernier regard. « Ce n'est pas vrai, dit-il, elle n'a pas perdu la clef; la petite main blanche c'est la sienne; elle viendra demain. »

XV

L'ESCALIER D'ONYX

Comme les femmes, le Bois a ses heures : il ne reçoit qu'entre quatre et six heures au mois de février; — Mme d'Antraygues s'habilla tout en noir, se voila comme une veuve et monta dans un coupé, tout en ouvrant son porte-monnaie.

Elle pensait donc à faire une bonne œuvre? Sans doute elle allait frapper à la porte de quelque misère cachée?

Il ne faut pas la canoniser si vite. Il y avait à peine trois ou quatre petites pièces de cent sous dans ce porte-monnaie, de menues aumônes qu'on donne en passant, le prix d'un goûter au lait au Pré Catelan avec une amie, ou d'un goûter aux oranges glacées chez Guerre ou à Frascati.

Mais dans ce porte-monnaie il y avait une clef d'argent.

La comtesse se fit descendre dans l'avenue de l'Impératrice devant l'hôtel de la trop célèbre Mme *** qui recevait ce jour-là. D'où vient qu'elle n'entra pas? Est-ce qu'elle allait se tromper de porte? Tout autre jour, elle aurait pu s'inquiéter des curieux, mais ce jour-là, il neigeait comme la veille, les curieux ne mettaient pas la tête à la fenêtre ni à la portière.

Quoi qu'elle n'eût pas beaucoup étudié la géographie, comme elle connaissait bien la façade de l'hôtel de M. de Parisis, elle ne demanda son chemin à personne pour tourner autour du jardin. Ce fut d'autant mieux, qu'elle ne rencontra âme qui vive dans les rues avoisinantes. Elle devina la porte. « Voyons, dit-elle, si je ne me suis pas trompée? » Elle prit la clef et la mit dans la serrure. C'était bien cela. Vous croyez peut-être — Madame — qu'elle ouvrit la porte? Eh bien! non, elle retira la clef et se promena. On n'a jamais du premier coup le courage de son opinion.

Cependant il ne faisait pas un temps à rester indécise; il faut qu'une porte soit ouverte ou fermée. Or, dans la vie on a toujours peur d'ouvrir ou de fermer une porte. Ouvrir la porte! Que va-t-on trouver de l'autre côté! Ne pas l'ouvrir! Et si c'est le bonheur?

Pour Alice, c'était la porte du paradis et c'était la porte de l'enfer. Le paradis, c'est-à-dire un amoureux qui vous attend. L'enfer, c'est-à-dire un amoureux qui vous attend. Dante a eu beau être terrible, il n'a dégoûté personne de l'enfer, parce qu'il a peint dans l'enfer tous ceux qui ont été emparadisés dans leurs passions.

Mme d'Antraygues remit la clef dans la serrure et tourna rapidement. C'était une porte docile qui ne faisait jamais de façons pour s'ouvrir, ni pour se fermer. Personne n'avait passé là depuis la veille, peut-être depuis l'avant-veille. La neige était immaculée comme celle du Mont-Blanc. On n'y voyait que les hiéroglyphes imprimés par les pattes d'or des merles.

Alice faillit laisser la clef dans la serrure, tant elle était troublée. Elle imprima aussi ses petits pieds sur la neige, une page blanche dont elle faisait un acte d'accusation. Mais elle ne voyait pas encore le tribunal. Son petit pied, dans sa bottine plus petite encore, se dessinait en criant dans les lignes les plus gracieuses du monde.

Un imbécile eût préparé le chemin, mais Octave n'avait eu garde de balayer la neige.

Alice avait reconnu la serre; la porte était entr'ouverte comme par mégarde. Une fois qu'elle eut franchi le seuil, la jeune femme respira, et comme si les camélias eussent fleuri pour elle, elle murmura avec un sourire : « Oh! les beaux camélias! »

Les femmes s'imaginent volontiers que tout ce qui fleurit, comme tout ce qui chante, est un hosannah à leur beauté.

Après ce premier sentiment d'enthousiasme contenu d'ailleurs, Alice se dit : « Il n'est pas là. Est-ce qu'il s'imagine que je vais monter son escalier plus ou moins dérobé? »

Quoique romanesque, elle avait souvent l'esprit railleur. Cet esprit la réconforta un peu. « Après tout, dit-elle, on n'est pas une dame aux camélias pour avoir traversé cette serre. » Elle réfléchit que M. de Parisis ne l'attendait pas, car c'était bien l'heure convenue. Il lui semblait que lui aussi aurait bien pu traverser la serre à sa rencontre. « Il faut bien en prendre son parti, dit-elle. On a supprimé les tournois, il y a encore des amoureux, mais il n'y a point de paladins. »

Comme la porte de la serre, la porte de l'escalier était entr'ouverte. « C'est toujours cela, pensa-t-elle. » Et elle poussa la porte en y appuyant son manchon. « Mais cet escalier est un bijou ! » dit-elle.

C'était un bijou, en effet, un bijou en onyx; la spirale était une merveille d'architecture, comme l'escalier du château d'Anet, ou plutôt une copie en miniature de l'escalier de l'hôtel Païva. « Je ne monterai pas, » dit-elle. Et elle monta la première marche. Elle monta la seconde, parce qu'elle avait monté la première, elle monta la troisième tout en se retournant et tout en voulant descendre. Mais la queue de sa robe ondoyait si bien sur l'onyx !

Se fût-elle arrêtée en chemin? Son cœur battait bien fort, l'émotion brisait ses forces. Elle qui était vaillante quoique paresseuse, elle qui avait la jambe de Diane et qui eût valsé toute une nuit sans se reposer, elle s'appuya à la balustrade, toute chancelante.

Le duc de Parisis parut alors. « Ah ! c'est vous, » lui dit-il. Et il se précipita pour lui prendre la main. « Oui, c'est moi, » dit-elle d'une voix étouffée. Octave était devant la comtesse, il la prit dans ses bras et l'embrassa sur les cheveux. « Ah! reprit-elle, je ne me croyais pas capable de venir jusqu'ici, mais je n'irai pas plus loin. — Je ne comprends pas. — Je ne me comprenais pas non plus, mais je me comprends maintenant. Il y a deux femmes en moi, la femme qui rêve et qui parle, une vraie folle, celle-là ! Mais c'est assez de rêver; chez moi l'action ne suit pas la parole : adieu ! »

Octave saisit violemment Mme d'Antraygues et la voulut emporter. « Alice, je vous aime ! — Qu'est-ce que cela prouve? Cela prouve que je suis venue chez vous! Cela prouve, hélas ! que je vous aime, mais c'est tout. » Elle soupira : « C'est déjà trop, adieu ! » Et alors, ressaisissant toutes ses forces, elle se délivra d'Octave et s'enfuit.

Il la rejoignit dans la serre. « Alice, pourquoi jouer ce jeu de coquettes, si vous m'aimez. » Il la reprit dans ses bras, il faillit la vaincre. Elle pâlit et inclina la tête comme une victime résignée. « Mon ami, ayez pitié de moi? je me sens mourir. — Je vous emporte là-haut pour vous faire respirer des sels. »

Mme d'Antraygues était revenue à elle. « Non, dit-elle, je vais respirer l'air vif, vous n'avez là-haut que du vinaigre des quatre voleurs. » Et elle se mit à rire. « Vous riez, donc vous êtes désarmée. » La comtesse leva les yeux sur Octave. « Je ris? » dit-elle. Elle montra deux larmes. Il les prit sur ses lèvres, et fut ému lui-même, tout en jouant à la moquerie. Mme d'Antraygues n'était pas encore à la porte. La lutte recommença. Octave était charmant, mais elle avait peur. Son âme entraînait son corps loin des tentations ; il lui semblait qu'une fois dehors elle retrouverait cette quiétude du cœur qui est bien plus près de la joie que les fièvres de la passion. « Non, » dit-elle tout à coup.

Cette fois elle avait brisé tous les liens qui la retenaient. Octave comprit que son rôle de tentateur était fini ; il connaissait trop les femmes pour ne pas savoir qu'une fois chez elle la comtesse regretterait de n'être pas restée un peu plus longtemps chez lui. Il compta sur le lendemain ou le surlendemain. « Donc, dit-il d'un air dégagé, vous ne voulez pas que je fasse mon salut avec vous? Moi qui avait juré que nulle femme ne passerait plus par cette petite porte. » Alice fut atteinte au cœur, mais elle cacha sa blessure. « J'oubliais de vous rendre la clef, dit-elle, en essayant un sourire. Je sais qu'il y a beaucoup d'appelées et beaucoup d'élues. Je suis désespérée d'avoir empêché quelque belle dame de l'un ou l'autre monde de franchir votre seuil aujourd'hui, mais elles se rattraperont, car il paraît qu'on fait queue pour venir chez vous. — Quelle calomnie! je ne suis jamais chez moi. — Je comprends, vous êtes chez celle-ci ou chez celle-là. C'est égal, voilà votre clef, placez-la en de meilleures mains. »

Octave prit un air suppliant. « Faites-moi une grâce, gardez cette clef. Demain, dans un an, toujours, vous me trouverez le plus heureux homme du monde si vous montez l'escalier. — Eh bien! je la garde, je viendrai dans un an, un jour de neige; aujourd'hui j'ai monté trois marches, je prendrai mon courage à deux mains pour en monter six, — Je vous attends, et ce jour-là je ne serai pas si bête que de m'humilier devant votre vertu, comme si l'amour avait pitié des robes blanches. — Vous avez bien fait, monsieur de Parisis; contre la faiblesse il n'y a pas de force. Les violences donjuanesques me font pitié; on ne prend une femme que si elle se donne. Je vous aime, mais je me garde. Adieu! adieu! adieu!

Mme d'Antraygues s'enfuit, tout en gardant la clef.

Le duc de Parisis se promena par la neige. « Je ne suis pas content de moi, pensa-t-il, c'est une bataille perdue. »

Il rentra dans la serre et salua philosophiquement ses camélias. « Vanité des vanités! reprit-il; d'où vient cet insatiable désir de conquérir des femmes comme les ambitieux conquièrent des villes? — Après tout, reprit le duc de Parisis, je n'aime en Mme d'Antraygues que sa beauté, et je ne veux pas m'embarquer dans une passion à perte de vue. Ah! si c'eût été la Dame de Cœur. »

Son imagination était toute à cette figure à peine entrevue. « Mais la Dame de Cœur, reprit-il, ne viendra même pas jusqu'à la petite porte du jardin. Le lys qu'elle tient si fièrement à la main se flétrirait en traversant la serre aux camélias. »

XVI

VIOLETTE

DE PARISIS n'en continua pas moins sa vie aux aventures. Il n'était pas homme à s'attarder dans un rêve; chaque jour était pour lui un feuillet blanc qu'il fallait remplir par une page d'histoire plus ou moins romanesque. Il y en a qui vivent par la tête, d'autres par le ventre; ceux-ci par l'esprit, ceux-là par le cœur. Octave vivait par l'esprit du cœur. Ni la fortune, ni l'ambition, ni la renommée n'avaient de prestige pour lui; il ne s'amusait qu'aux aventures de l'amour. Il disait que ce qu'il y a encore de plus inconnu, c'est la femme; il s'indignait du philosophe qui a dit: « Toutes les femmes sont la même. » Pour lui, toute femme, quelle qu'elle fût, était un monde nouveau à découvrir. Et quand il avait joué le rôle de Christophe Colomb, il jouait celui d'Améric Vespuce. Ce fut une de ces aventures qui lui ouvrit le vrai roman de sa vie. Voici comment:

Il passait rue Saint-Hyacinthe-Saint-Michel avec son ami Monjoyeux. Ils venaient de voir un de leurs camarades resté fidèle au pays latin jusqu'après son doctorat. Le quasi-ambassadeur et le sculpteur néo-grec s'en allaient bras dessus, bras dessous, fumant leur cigare. Octave riant un peu de la simplicité de l'étudiant qui étudie. « Pas si simple, dit Monjoyeux ; le jour viendra où il nous prouvera sans peine qu'il a pris le chemin le plus court. L'étude a du bon quand on est jeune ; sans compter que Georges a aussi ses heures de distraction. Nous allons traverser le Luxembourg qui est encore émaillé çà et là de jolies fillettes qui ne coûtent pas cher à habiller. — Ne parlons pas par antiphrase, dit Octave. Les fillettes en question ont passé l'eau ; il n'y a plus au pays latin que les ombres de Rosine, de Mimi Pinson et de Musette. — Tu ne sais pas ce que tu dis. C'est toujours ici qu'elles poussent ; elles ne vont s'effeuiller sur la rive droite qu'après avoir fleuri sur la rive gauche. — Je t'entends ; cela veut dire que nous n'avons plus que les regains. — Tiens, justement en voilà une ! »

Une jeune fille qui n'avait pas dix-neuf ans, d'une beauté pudique, d'une pâleur de marbre, venait de sortir de la porte étroite et sombre d'une vieille maison de la rue Saint-Hyacinthe-Saint-Michel. Une robe brune à peine attachée à la ceinture, un léger fichu noué au corsage, dont il ne voilait qu'à demi les lignes indécises encore, un petit bonnet qui enserrait mal une gerbe de cheveux noirs, des souliers en pantoufles, voilà dans quel équipage la jeune fille apparut aux deux amis.

Octave fut frappé par l'expression de candeur souriante qui embellissait encore cette jeune fille. On voyait tout de suite que celle-là n'avait aimé que sa mère, que nul souvenir d'amour coupable n'inquiétait son cœur ; elle avait peut-être rêvé aux passions de ce monde, mais comme le voyageur qui se promène sur la rive et qui voit de loin la tempête envahir le navire.

Elle ne vit pas d'abord Parisis et Monjoyeux ; toute à sa douleur, car elle avait les larmes dans les yeux, elle marchait lentement, comme si elle ne savait pas où aller.

Octave, lui voyant les yeux baissés, lui dit étourdiment : « Mademoiselle, vous avez perdu quelque chose. » Elle leva doucement ses beaux yeux noyés et répondit avec simplicité : « J'ai perdu ma mère, monsieur. » A ce seul mot, si bien dit, le duc de Parisis, qui s'était cru d'abord en bonne fortune, fut frappé au cœur : « Mademoiselle, je vous demande pardon. »

La jeune fille était déjà partie. Mais il courut à elle et lui demanda où elle allait. « Où je vais ? je ne sais pas, puisque je n'ai plus ni maison ni famille ? mais pourquoi me parler puisque nous ne suivons pas le même chemin. »

Le compagnon de Parisis l'avait rejoint ? « Sais-tu, lui dit-il, que tu deviens trop romanesque. Voilà les passants qui s'amusent du spectacle : allons-nous-en. — Va-t'en si tu veux ; pour moi, je suis dans un quart d'heure de charité et je me soucie bien d'être en spectacle. — Ce serait bien pis si je m'en allais. Un pareil duo dans cette rue. »

La jeune fille marchait toujours. « Mademoiselle, reprit Octave, je serais au désespoir de vous importuner, mais il ne sera pas dit que je vous aurai vu pleurer sans vous consoler. — Je ne pleure pas, Monsieur. — Permettez-moi d'être votre frère, ne fût-ce que cinq minutes. — Mon frère? dit la jeune fille en regardant Octave pour la première fois, il ne vous ressemblait pas. — Vous l'avez donc perdu aussi? — Oui, monsieur ; s'il était revenu du Mexique, je ne serais pas là, car ma mère est morte de chagrin. La pauvre femme! elle n'avait pas de quoi porter le deuil de son fils, et moi, mon plus grand chagrin est de ne pouvoir porter le deuil de ma mère. — Eh bien! permettez-moi de vous acheter une robe. »

Et Parisis se tournant vers son ami. « Voilà qui me ferait pardonner toutes les robes de fête dont j'ai habillé les sept péchés capitaux. » La jeune fille s'était encore éloignée. « Mademoiselle, je suis sérieux, parce que votre douleur m'a gagné. Encore une fois, permettez-moi d'être votre frère pendant cinq minutes. Si vous saviez comme l'argent me coûte peu! Ce n'est point, Dieu merci, une aumône que je vous propose, vous êtes trop fière et trop digne pour cela. »

Monjoyeux prit la parole : « Non, mademoiselle, mon ami ne vous donnera pas d'argent, mais il vous en prêtera ; je connais ses mauvaises habitudes, c'est un prêteur sur gages. » La jeune fille ne put s'empêcher de sourire. « Eh bien! monsieur, j'allais au mont-de-piété, dit-elle en soulevant une étoffe qu'elle avait sous le bras ; voilà deux rideaux que j'ai sauvés, car on a tout vendu hier à la maison. — N'allez pas si loin, je vous prête dix louis sur vos deux rideaux. Si ce n'est pas assez... — Sans parler de la reconnaissance, dit Monjoyeux. D'ailleurs, je suis témoin du contrat. » La jeune fille était devenue rêveuse. « Monsieur, dit-elle gravement et en levant la tête, j'accepte vos deux cents francs ; il ne m'en faut pas davantage pour payer les dettes de ma mère, et pour garder notre petite chambre. Je vous demande un an et demi, car je puis, si je travaille bien, mettre trois francs de côté par semaine. — Que faites-vous donc, mademoiselle? — Je travaille en vieilles dentelles. Si maman n'était pas tombée malade, je ne serais pas si pauvre, car il y a des jours où je gagne jusqu'à cent sous, — quand je passe la nuit, — ajouta-t-elle avec un sourire qui parut d'autant plus douloureux à Octave qu'il remarquait sur ce jeune visage les ravages de la misère et du travail. »

Octave prit dans les poches de son gilet une petite poignée d'or. « Voilà qui est convenu, mademoiselle, ceci est à vous pendant un an et demi, mais pas un jour de plus. » Il prit la main de la jeune fille et y versa l'or. « Comptons, monsieur, vous me donnez plus qu'il ne me faut. — Elle a raison : ce n'est pas généreux, dit Monjoyeux. »

La jeune fille avait compté : « Ceci n'est pas pour moi, dit-elle, en remettant à M. de Parisis quatre pièces de vingt francs. — Que voulez-vous, dit-il, je n'ai pu apprendre les mathématiques. — Adieu, monsieur, adieu messieurs, dit la jeune fille en s'inclinant. »

Elle retourna d'où elle venait. « Mais, mademoiselle, dit Octave en la rappelant, où vous retrouverai-je dans un an et demi ? — Ah ! c'est vrai ; j'oubliais. Vous me retrouverez où je demeure aujourd'hui, là-bas, à cette porte grillée. — Mais je ne sais pas votre nom, mademoiselle ? — Louise Marty. »

En moins de quelques secondes, la jeune fille disparut dans la sombre allée de la maison d'où elle était sortie quelques minutes auparavant « C'est bête comme tout, dit le duc de Parisis, ému ; c'est égal, voilà toujours deux cents francs bien placés. — Pas si bien placés que cela, dit le sculpteur, car elle te les rendra. — Tant pis, mon cher. Ainsi, dans ton opinion, c'est une honnête fille ? — Pure comme un beau jour d'été. Pas un nuage à l'horizon, excepté toi, peut-être. N'as-tu pas vu cela tout de suite dans ses yeux ? C'est bleu, doux et profond comme la vertu. Cela fait du bien de voir une pareille créature ! — A nous surtout qui en voyons tant d'autres ! Oh ! Paris ! ténèbres sur ténèbres ! Avec deux cents francs, cette fille est peut-être sauvée ; or, j'en connais plus d'une qui, à cette heure, en dévore cent fois autant d'un seul coup pour des robes ou des bijoux dont elle ne voudra plus demain matin — Mais, après tout, reprit Monjoyeux, devenu pensif, la femme est toujours la femme. Cette belle fille va peut-être oublier d'acheter une robe de deuil. — Oui, si nous allions la rencontrer avec une rose quand nous viendrons surprendre notre ami le normalien à la Closerie des Lilas ! »

Et, parlant ainsi, les deux compagnons d'aventure traversèrent le Luxembourg et gagnèrent la rue de Seine, où ils prirent un coupé. Ils se dirent adieu sur le boulevard des Italiens. « Mon cher Octave, dit Monjoyeux en serrant la main de son ami, si tu veux je serai de moitié dans ta belle action ; je vais te donner cinq louis. — Non, non, dit Octave avec impatience, ce n'est pas la peine de se mettre deux pour un pareil capital. »

Un sentiment de jalousie l'avait pris au cœur. Sa pensée le reportait déjà, avec je ne sais quel charme mélancolique, vers la scène qui s'était passée rue Saint-Hyacinthe-Saint-Michel. Il regrettait que la jeune fille n'eût pas gardé les quatre louis qui lui restaient ; car elle aurait beau faire, ce n'est pas avec deux cents francs qu'on paye son terme, qu'on paye ses dettes et qu'on paye une robe de deuil.

Il se promit d'aller la voir le lendemain ; ce qui ne l'empêcha pas de dîner au café Anglais, en compagnie de Mlle Va-t-en-Guerre et de Mlle Cosaque, deux vertus guerrières qui avaient sauté d'un char de l'Hippodrome dans une victoria de Longchamp.

Après le dîner, on alla aux Bouffes Parisiens, dans une petite loge infernale où l'on fit semblant de s'amuser de tout, et où l'on ne s'amusa de rien. Après le spectacle, on raccola des amoureux et des amoureuses dépareillés pour aller souper. Ce fut une de ces fêtes bruyantes dont les tapageuses disent toujours le lendemain : « Tu n'y étais pas ; nous avons bien ri. » Ri de quoi ? Elles ont beau boire des vins généreux, ces Aspasies de hasard n'en sont pas plus spirituelles : le vin ne fait que donner du ton à leur bêtise.

Au beau milieu du souper, Octave se leva, prit son chapeau et sortit en disant qu'il allait revenir. Il ne revint pas. Pour la première fois, il voyait tout le néant de cette vie à la surface. Il se demanda comment il avait pu perdre les plus fraîches de ses belles années dans ce tourbillon doré, où l'on respire les fumées de l'ivresse, où l'esprit prend un masque, où le cœur ne se retrouve jamais.

Le duc de Parisis rentra chez lui avec le contentement d'un homme qui vient de faire une mauvaise traversée et qui franchit le seuil de sa maison. Il n'avait pu d'un seul coup rompre avec son passé. Toutes les figures de femmes qui avaient hanté sa première jeunesse le suivaient, souriantes ou railleuses ; il semblait qu'elles voulussent garder leur proie. Son cœur n'était occupé que de la vision du matin ; mais son esprit, plus faible que son cœur, était obsédé du souvenir des folies amoureuses. Et pourtant, dans l'espace de quelques jours, Octave avait trois fois renié le diable comme saint Pierre avait trois fois renié Jésus. Trois fois, de par l'apparition de Mlle de la Chastaigneraye dans l'avenue de la Muette, de par le charme impérieux de la Dame de Cœur, de par la vertu si simple et si douce de cette petite fille égarée au pays latin.

Le lendemain, que fit Octave ? Sans bien savoir pourquoi, il fit atteler et se conduisit lui-même à la porte du Luxembourg. Il traversa le jardin à pied et monta bientôt les cinq étages de l'ouvrière en dentelles. Quatre paroles du portier lui avaient appris que la belle fille était en odeur de sainteté dans toute la maison. « Elle travaille bien ? — Si bien qu'elle n'a jamais le temps d'ouvrir sa fenêtre, si ce n'est pour respirer quand sa journée est finie. Et encore il lui arrive plus d'une fois de recommencer sa journée quand sa journée est finie. »

Cependant Parisis frappa à la porte. « C'est déjà vous, monsieur ? » dit Louise en rougissant. Elle demeura sur le pas de la porte comme pour empêcher Octave d'entrer. « Oui, c'est déjà moi, mademoiselle; il me semble qu'hier nous avons oublié de nous dire quelque chose. — Nous avons oublié... — Voulez-vous m'accorder une audience de cinq minutes ? »

Elle n'osa refuser et présenta une chaise de paille à Octave. « Monsieur, je commence par vous remercier, car tout ce qui est ici, grâce à vous, est à moi. C'est singulier, depuis hier je suis presque contente. » Et, disant ces mots, la jeune fille reprit son travail ; son travail, c'était une robe de laine noire. « Elle ne nous a pas trompés, pensa Octave, voilà bien la robe de deuil, — Maintenant, monsieur, voulez-vous me dire pourquoi vous êtes monté si haut ? »

Le duc de Parisis regarda la jeune fille avec un sentiment profond. « Parce que je vous aime. » La jeune fille pâlit et se leva : « Monsieur, si je suis chez moi, allez-vous-en; si je suis chez vous, je m'en vais ! — Vous êtes chez vous et je ne m'en vais pas. Je croyais que vous m'estimeriez assez pour ne pas me rappeler la dette qui est entre nous. Pourquoi vous fâcher d'un mot tout simple ? C'est donc un grand crime que de vous dire : *Je vous aime*, quand on parle selon son cœur ? Ne m'aimez pas si vous voulez; mais ne vous offensez pas si je vous aime. »

La foudre était tombée dans la chambre : la jeune fille, toute hors d'elle-même, voulut dévorer ses larmes, mais ses larmes l'étouffaient. Octave lui saisit la main et la porta à ses lèvres avec effusion : « Louise, ce sont les seules larmes que vous verserez à cause de moi. Voyez en moi un ami, et si mon amour vous fait peur, je n'en parlerai plus. »

Que vous dirai-je ? Je ne veux pas peindre cette singulière passion dans toutes ses nuances. Ce qui est certain, c'est que, le lendemain, la jeune ouvrière pleura encore, mais cette fois ce fut parce que Parisis ne vint pas. L'amour ne vit que d'imprévu; elle l'attendait : s'il fût venu, elle ne l'aurait pas attendu le lendemain ; — il ne vint pas, elle l'attendit quinze jours durant avec les anxieuses impatiences de la jeune fille, — le dirai-je ? — avec la fièvre de l'amour. Elle ne se l'avouait pas, mais elle aimait Octave. Et comment ne l'eût-elle pas aimé ? Il revint. « Je ne vous attendais plus, dit Louise, sans vouloir cacher sa joie. — Vous m'avez donc attendu ? — Vous le savez bien. »

Ce jour-là, ce fut une vraie fête. Il avait apporté une branche de lilas qu'elle pressa sur son cœur et qu'elle embrassa à diverses reprises. « Oh ! que je suis heureuse, dit-elle tristement, il y a deux ans que je n'ai touché une fleur. — Pauvre enfant, s'écria Octave, je veux vous donner un bouquet tous les jours. — Tous les jours ? jusqu'à quand ? — Jusqu'à toujours. — Toujours, toujours, murmura-t-elle avec amertume. — Après tout, reprit-elle, toujours c'est peut-être demain et peut-être après demain. »

Et elle embrassait encore la branche de lilas. Et elle racontait à Octave qu'autrefois, avec sa mère et son frère, elle allait dans les bois de Meudon se faire des bouquets agrestes : « Si vous saviez mon bonheur, lui dit-elle, quand je voyais des blés à la barrière d'Enfer, où je trouvais des bleuets et des coquelicots ! »

Octave apporta tous les matins un bouquet de lilas ou de violettes. Une fois, il se hasarda à apporter une robe de soie : « Vous ne m'aimez plus, lui dit Louise tout en révolte, cette robe est une injure. » Octave comprit qu'il s'était trompé : « Louise, ne m'en veuillez pas, ne parlons plus de cette robe, mais prenez le bouquet qui est dedans. » Le diable garda la robe.

Pendant dix jours, le duc de Parisis ne manqua pas un seul jour à ce rendez-vous. Tous les matins, après déjeuner, il montait en voiture, descendait à la grille du Luxembourg et courait s'enfermer une heure avec Louise. Et l'heure passait trop vite. Il se disait qu'elle était trop fière et trop pure pour devenir sa maîtresse. On se demandera pourquoi il revenait tous les jours : il ne le savait pas lui-même. Il éprouvait une joie indicible à se retrouver dans la petite chambre de Louise. La vertu a son atmosphère qui rassérène l'âme, comme les horizons du matin, dans les beaux jours, où le vent ne secoue que l'odeur saine et fortifiante des blés en fleur et des chênes verts. Il y avait trop longtemps que Parisis n'avait respiré cet air vivifiant pour qu'il n'en fût pas pénétré jusqu'au fond de l'âme.

Çà et là, Octave avait tenté d'augmenter sa créance, mais Louise n'avait jamais voulu augmenter sa dette. « Vous m'empêcherez d'être heureuse, si je ne suis plus digne de moi. »

C'est à peine si elle avait accepté une jardinière, un livre d'heures, un dé d'or et un coucou de cinquante francs. Et encore elle n'avait accepté le coucou qu'après que Parisis eut bien prouvé que c'était pour voir l'heure. « Savoir l'heure ! à quoi bon ! Ne saurai-je pas toujours l'heure où vous ne reviendrez pas ? avait dit Louise. — Vous voulez donc me fermer votre porte ? — Jamais. »

La pauvre Louise ne connaissait pas le vieux proverbe : « Si tu ne fermes pas ta porte à l'amour, l'amour te mettra à la porte. » Un matin, on ne vit pas Louise courir d'un pied léger chez la fruitière qui lui vendait du lait, des œufs et des pommes. Ce fut un vrai chagrin dans le quartier quand on apprit qu'elle avait disparu, le soir, au bras d'un amoureux « à équipage. » « Quel malheur ! dit la portière. Une fille si bien élevée ! C'était comme une hirondelle : elle portait bonheur à la maison. — Eh bien, dit la fruitière, elle se portera bonheur à elle-même. »

Octave n'avait pas de préjugés : il aimait la femme, quelle que fût son origine et quel que fût son pays. Il l'avait prouvé en ramenant une Chinoise. Il aimait le faubourg Saint-Germain, mais il aimait Bréda street ; il aimait les Champs-Élysées, mais il aimait le pays latin. Devant toutes frontières, il répétait le mot de Louis XIV : « Il n'y a plus de Pyrénées. »

Il n'eut pas le pressentiment que cette jeune fille n'était pas du pays latin.

Le lendemain, non loin de l'hôtel de Parisis, dans une maison de l'avenue d'Eylau, cachée sous les grands arbres d'un jardin, une jeune fille venait cacher sa vie. Je ne sais pas si elle devait porter bonheur à cette petite maison humide et malsaine, que les derniers locataires avaient quittée. C'était cette solitude même qu'Octave avait cherchée pour Louise. Il voulait lui louer le premier étage, mais elle avait peur du luxe, et elle demanda à habiter l'étage mansardé : cela lui rappellerait sa mère et elle travaillerait mieux, car elle comptait bien travailler toujours. Elle aimait trop à toucher la dentelle et les fleurs pour vouloir se croiser les bras. Octave eut beau lui dire qu'il lui en donnerait pour elle-même ; elle refusa.

Octave ne voulut pas l'encanailler dans l'acajou, ce pauvre bois trop décrié. Il lui donna des meubles en citronnier, un petit mobilier de villa, très simple, mais pas vulgaire. Il ne voulut rien oublier : elle eut des oiseaux dans une petite cage dorée et des pervenches dans une petite jardinière rustique. « Cela ne vous empêchera pas, lui dit-elle, de m'apporter tous les matins un bouquet de violettes. — Oui, ma Violette, répondit-il. — Oui, s'écria-t-elle avec joie, Violette c'est mon nom, car je veux vivre toujours cachée. »

La pauvre Violette s'imaginait qu'entre Octave et elle c'était à la vie, à la mort. « N'est-ce pas, lui dit-elle, qu'entre moi qui vous aime et vous qui m'aimez, c'est à la vie à la mort? » Octave tressaillit, il se rappela la légende des Parisis. « Si j'allais l'aimer ! Et si elle allait m'aimer ! » dit-il, avec un sentiment de tristesse. Et il reprit : « Il faudra que je jette de l'eau sur le feu. »

Le soir il alla voir sa tante. Geneviève était au spectacle avec la marquise de Fontaneilles. « C'est dommage, dit-il, j'aurais voulu apaiser mon cœur dans l'atmosphère de la province. »

Il joua au reversis avec sa tante. « Êtes-vous bien amoureux? lui demanda-t-elle. — Effroyablement! J'aime trois ou quatre femmes. »

XVII

POURQUOI OCTAVE SENTIT UNE PETITE MAIN SUR LA SIENNE QUAND IL VOULUT SONNER

Pas un homme ne suit logiquement son cœur ni son esprit. M. de Parisis avait peur d'aimer et d'être aimé, — et il ne voulait vivre qu'au milieu des femmes. — Il pensait vaguement, sans trop s'inquiéter du reste, que la légende des Parisis pourrait bien l'envelopper à son tour dans sa robe funèbre à ses premiers jours de bonheur, — et il était insatiable à chercher le bonheur. — Il voyait çà et là flotter sous ses yeux la légende des Parisis : « *L'amour des Parisis donnera la mort,* » — et il s'aventurait tête perdue dans les folies amoureuses. — Il croyait bien, il est vrai, qu'en ne s'y attardant pas, il cueillerait tous les amours sans y trouver le fruit mortel.

Les contrastes ont leur poésie. Octave se disait que Violette dans sa blancheur de vierge était peut-être le véritable amour pour un cœur endurci comme le sien. C'était le voyageur qui a épuisé toutes les coupes et qui trempe ses lèvres à la source glaciale qui jaillit du rocher.

Mais les lèvres insatiables de Parisis ne devaient, comme toujours, boire qu'un seul jour à cette fontaine d'eau vive.

Il avait plus d'une fois revu Mme d'Antraygues dans le monde. Il s'était fait présenter officiellement; mais il n'avait pas abusé du droit que prennent tous les hommes, de parler aux femmes. Il semblait lui dire, en ne lui disant rien, qu'il ne pensait plus à elle. Alice lui avait rappelé la clef d'argent comme une menace gracieuse.

Enfin un soir, à la Cour, comme on chuchottait à la ronde sur les amours de M. d'Antraygues avec Mlle Belle-de-Nuit, elle alla bravement à Octave et lui dit qu'elle l'attendrait le lendemain chez elle entre onze heures et minuit. « J'aimerais bien mieux vous attendre chez moi, lui dit Octave. — Non, lui dit-elle, je n'aurai jamais le courage de monter votre escalier d'onyx. »

Octave avait trop d'esprit pour insister; il prenait les femmes là où elles voulaient se donner. Or, les femmes se donnent plus volontiers chez elles, comme si le démon de l'adultère leur imposait le champ de bataille.

Le lendemain, la comtesse, qui s'était jetée tête baissée dans la folie de son amour, écrivit ce mot à Octave :

Ce soir à minuit. J'en mourrai, mais qu'est-ce que ça fait!

Quand les femmes sont en train de se perdre, elles y vont bien. Mme d'Antraygues signait ce petit billet, — la condamnation à mort de sa vertu, — sans s'imaginer qu'elle jetait son bonnet par-dessus les moulins.

Or, ces deux lignes étaient le commencement d'un drame.

A dix heures, Violette, jalouse par pressentiment, alla chez Octave qui lui avait dit qu'il ne sortirait qu'à onze heures pour aller au club.

Octave venait de sortir, elle monta en se disant qu'elle attendrait. Il lui arrivait çà et là de lui faire cette amoureuse surprise; pourvu qu'elle ne vînt pas chez lui de deux heures à quatre heures, il lui permettait toutes ses fantaisies.

Dès qu'elle fut chez lui ce soir-là, tout naturellement elle trouva le billet de la comtesse d'Antraygues. Il n'était pas long, mais il était explicite.

Violette fut frappée comme d'un coup de poignard. Elle pâlit, elle chancela, elle tomba sur le canapé presque évanouie. « Et moi aussi, dit-elle, j'en mourrai ! »

Une volonté subite la ranima. Elle relut la lettre. Le hasard fait bien tout ce qu'il fait : sur la cheminée, près de la lettre, elle vit un petit revolver qu'elle connaissait bien. C'était un vrai bijou. Parisis le lui avait plus d'une fois montré en lui disant : « N'interroge jamais cette bête-là, parce qu'elle te répondrait dans l'autre monde. »

Violette appuya sur son cœur la bouche du revolver. « Non ! dit-elle, je veux mourir sous ses yeux. »

Mais où était-il ? Les femmes savent tout. Le matin, Violette était allée au parc Monceaux, cueillir des herbes pour ses oiseaux : elle avait vu Octave qui fumait dans l'avenue de la Reine-Hortense et qui regardait les fenêtres d'un hôtel. « C'est cela, dit-elle, je me suis sentie jalouse, js ne me trompe pas ! »

Et, presque folle de désespoir, elle courut avenue de la Reine-Hortense. « Mais s'il est entré ! » dit-elle.

M. de Parisis avait passé par le club pour bien s'assurer que M. d'Antraygues, le joueur obstiné, était bien à une table de baccarat.

Octave serait donc ce soir-là le plus heureux homme du monde parisien. — C'était entre onze heures et minuit, — l'heure féconde où se nouent et se dénouent presque toutes les comédies amoureuses. Les drames et les tragédies pour tout de bon ne commencent qu'après les dernières scènes de l'Ambigu et de la Comédie-Française.

M. de Parisis fumait, renversé dans une légère victoria enlevée par deux chevaux anglais de la plus altière désinvolture. A les voir passer, au clair de la lune et des reverbères dans l'avenue de la Reine-Hortense, on eût dit qu'ils ne touchaient pas la terre. Une pianiste a la main plus lourde sur les touches d'ivoire que ces pieds légers pour effleurer le sol; ils jetaient dans le silence de l'avenue un léger battement très harmonieusement cadencé, qui certes ne devait pas réveiller les belles dames déjà endormies dans les villas voisines.

Cependant, dès qu'ils dépassèrent la rue du Faubourg-Saint-Honoré, qui coupe l'avenue, on aurait pu voir une ombre blanche soulever un rideau à la fenêtre d'un prochain hôtel. Avait-on reconnu le pas des chevaux ou venait-on rêver à la belle étoile ?

A Paris, on ne rêve plus à la belle étoile, les pendules vont trop vite pour cela. Les pendules ! J'ai voulu dire les passions.

Octave sauta sur la chaussée en donnant l'ordre à son groom de promener les chevaux dans le voisinage comme s'il n'attendait personne. Il regarda autour de lui : il ne vit que les arbres et les réverbères. L'avenue de la Reine-Hortense, qui va du parc Monceaux à l'Arc-de-Triomphe, est déserte à la tombée de la nuit; c'est l'avenue de Paris où on passe le moins à pied : on y voit le matin des cavaliers, dans l'après-midi des carrosses, le soir on y rencontre çà et là les rares habitants qui regagnent leur hôtel, quelques cuisinières amoureuses, quelques sergents de ville distraits, en un mot, une vraie voie pompéienne après le Vésuve.

Quelques secondes après, Octave s'arrêtait devant une porte et levait la main pour sonner. Mais il ne sonna pas.

Une petite main blanche s'appuya subitement sur sa main. Lui qui ne s'étonnait de rien, s'étonna pourtant cette fois. Il n'avait vu personne autour de lui; mais les femmes jalouses ont l'art d'être invisibles et de n'apparaître qu'au moment tragique.

M. de Parisis s'était retourné et avait reconnu Violette. « Eh bien! lui dit-elle, je vous y prends. » Octave vit briller deux yeux que l'enfer de la jalousie avait embrasés. « Tu es folle, Violette! — Oui, monsieur, folle parce que je vous aime. »

Octave releva la main pour sonner, mais une seconde fois la main de Violette détourna la sienne. « Je te dis que tu ne sonneras pas. — Voyons, Violette, soyez sage; il est minuit, je vais en soirée, rentrez chez vous. — Ah! vous allez en soirée! — Si vous ne voulez pas rentrer chez vous, rentrez chez moi; prenez ma victoria si vous voulez, mais pour Dieu, plus un mot, n'est-ce pas ? »

M. de Parisis avait sonné. La porte s'ouvrit. Violette voulut s'élancer, mais il la rejeta doucement comme en un tour de valse et lui ferma la porte au nez.

Violette sonna à son tour en femme décidée à tout. Le duc de Parisis, voyant la porte se rouvrir, retourna sur ses pas. Il rejeta Violette une seconde fois tout en lui serrant la main avec amour. Mais il referma la porte bruyamment.

Il entendit un cri, son nom retentit dans le silence. Il aurait voulu foudroyer Violette. Il se demandait s'il ne ferait pas mieux de rebrousser chemin et de remettre sa bonne fortune à des nuits meilleures.

Une femme de chambre s'était avancée vers lui. « Monsieur demande madame la comtesse ? » dit-elle d'un air entendu. Elle avait déjà trahi la femme pour le mari, elle allait trahir le mari pour la femme. Elle croyait ainsi racheter sa faute. « Oui, dit Octave en lui donnant cinq louis; si on sonne encore, n'ouvrez pas. — C'est bien simple, je vais rompre le fil, et on ne sonnera plus. »

Cette belle idée décida tout à fait Octave à monter chez la comtesse. Alice l'attendait sur le palier dans le plus adorable déshabillé de minuit. Un peignoir de mousseline garni de point d'Angleterre, cachant à peine une chemise transparente, — des mules de satin rose sur des bas à jour — et une chevelure désordonnée, s'échappant des peignes en cascades voluptueuses. On voyait que la chevelure était de la fête.

Il ne reconnaissait pas la comtesse. Etait-il possible que celle qui, tout effrayée d'elle-même, avait fui l'escalier d'onyx, fût la même femme qui le recevait ainsi à bras ouverts ?

Le premier mot d'Alice fut un mensonge. « Je ne vous attendais pas, dit-elle à Octave. » Octave prit Mme d'Antraygues dans ses bras et la porta doucement jusque devant un feu qui flambait joyeusement, quoiqu'on fût déjà dans la belle saison. « Je croyais ne pas arriver, dit-il en baisant les cheveux d'Alice. Votre avenue n'est pas sûre ! j'ai été arrêté à votre porte, j'ai failli être poignardé sous vos fenêtres. — Vous m'épouvantez ! Ceci m'explique pourquoi j'ai entendu parler ; il me semblait que c'était une voix de femme. Je ne voulais pas ouvrir la fenêtre parce que ma voisine n'est pas encore couchée. — Oui, c'était une voix de femme. Les hommes n'ont qu'un ennemi dangereux, c'est la femme ; pour moi, j'ai plus peur d'une femme que de quatre hommes. — Vous avez peut-être raison. Mais quel est donc ce mystère ? Parlez vite, vous êtes ému, voulez-vous des sels ? »

Mme d'Antraygues soupira. « Je ris, continua-t-elle, mais c'est moi qui vais me trouver mal. » Octave reprit Alice dans ses bras et l'appuya sur son cœur. « L'émotion c'est la vie. Ne me parlez pas des lacs, parlez-moi des torrents. »

Parisis savait Alice romanesque et même romantique. « Comme vous êtes belle avec ces airs penchés ! Moi qui croyais vous retrouver railleuse ! — Quand je vais dans le monde, je suis armée jusqu'aux dents ; quand je suis ici en face de moi-même ou en face de vous-même, je deviens bête jusqu'à montrer mon cœur. Ah ! mon ami, comme je vous aime ! »

Cette femme qui riait de tout avait les larmes dans les yeux.

Le duc avait déjà oublié Violette, il respirait avec passion les savoureuses senteurs de l'épaule, du cou et des cheveux d'Alice. « Mais enfin, reprit la comtesse, qu'est-ce que cette femme ? — N'en parlons plus, c'est une femme qui me demandait son chemin. Je lui ai répondu que je ne savais pas le mien ; mais ne parlons que de vous, de vos beaux yeux pers, qui sont des abîmes ; je suis effrayé quand je les regarde : c'est l'inconnu. Les yeux, voyez-vous, c'est tout un monde, c'est l'infini, c'est

Dieu. » Octave embrassait Alice. « Voilà pourquoi vous fermez les miens, dit-elle en souriant. »

M. de Parisis se jeta aux pieds de Mme d'Antraygues, non pas mélodramatiquement à la manière des jeunes premiers de l'Ambigu, mais en comédien qui sait jouer tous les rôles.

Être aux pieds d'une femme, c'est être à mi-chemin de sa conquête. L'amour fait bien ce qu'il fait. S'il devient respectueux au point de tomber à genoux, c'est pour se relever plus triomphant.

La comtesse, tout amoureuse qu'elle fût, jetait toujours en toute chose son vif et charmant éclat de rire.

Minuit sonna à une petite pendule, un temple rond à colonnes avec des acanthes et des perles d'or; une merveille d'horlogerie attribuée à Louis XVI « Déjà minuit, dit la comtesse. — Cette impertinente pendule qui se permet de mesurer mon bonheur, dit Octave. — La pendule, dit Mme d'Antraygues, c'est la plus odieuse des inventions. La pendule va toujours trop vite ou trop lentement. »

Les femmes ont peur de cette action mystérieuse qui marque le temps, qui compte les minutes — et les rides. Par l'horloge, la vie est divisée en cent mille parcelles inaperçues, comme le cœur est divisé par l'amour en cent milles syllabes errantes. Ce sont les grains de sable qui tombent sans fin sur les grains de beauté. Ils tombent du sablier jusqu'à ce qu'enfin le sablier soit vide et que le cercueil soit plein.

M. de Parisis voulut embrasser la comtesse un peu violemment. Elle le repoussa avec douceur. « C'est cela, dit-il. La femme règle l'homme, comme l'horloge règle le soleil. » Et après un baiser : « N'oubliez pas : vous m'avez averti que vous me mettriez à la porte pour aller voir lever l'aurore au club. — Ah! oui. Il faut que je vous donne une leçon de géographie. Si, contre toute attente, il prenait à M. d'Antraygues la fantaisie de rentrer... — Soyez sans inquiétude, il ne quittera sa table que pour aller chez sa maîtresse. — Enfin il pourrait se tromper de porte et venir chez sa femme. Vous savez, l'empire des mauvaises habitudes! — Il ne faut jamais jurer de rien. — Donc, s'il rentrait à l'hôtel et s'il frappait à ma porte, cela lui est arrivé le jour de ma fête, parce que sa maîtresse le lui avait rappelé, — vous passerez par mon cabinet de toilette... mais il faut que je vous montre cela... »

Alice conduisit M. de Parisis dans son cabinet de toilette, après quoi elle lui fit traverser la salle de bain et lui montra un escalier à jour qui descendait au jardin. « Quand vous serez dans le jardin, lui dit-elle, vous jugerez que les murs ne sont pas difficiles à escalader. Vous trouverez d'ailleurs un marche-pied volant. Le jardin conduit à un jardin voisin ; ce jardin, si je ne me trompe, s'ouvre sur la rue de Courcelles ; ne craignez rien, il n'y a pas de pièges à loup. — Il n'y a pas de pièges à loup! se récria Octave, mais qu'est-ce donc que ces beaux bras qui m'enchaînent à vos pieds ! »

XVIII

LE ROI DE THULÉ

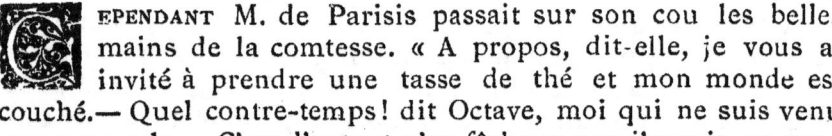

Cependant M. de Parisis passait sur son cou les belles mains de la comtesse. « A propos, dit-elle, je vous ai invité à prendre une tasse de thé et mon monde est couché. — Quel contre-temps! dit Octave, moi qui ne suis venu que pour cela. — C'est d'autant plus fâcheux que j'aurais pu vous faire apprécier mon vieux Sèvres. Voyez-vous cette merveille sur cette console? — C'est d'autant moins fâcheux, Madame, que vous avez un bon feu, que j'ai vu dans votre cabinet de toilette une petite bouilloire d'argent, et que vous allez de vos blanches mains me préparer vous-même une tasse de thé. »

Octave n'aimait pas à tordre le cou à ses aventures. Un dilettante en amour savoure le roman chapitre par chapitre sans brusquer le dénouement.

Mme d'Antraygues ne se fit pas prier, elle mit la bouilloire au feu pendant que M. de Parisis apportait le tête-à-tête sur un guéridon doré, à trois cariatides sculptées en syrène.

Octave admira la forme svelte, la couleur tendre, les fleurs délicates de cette petite merveille qu'une main féerique avait travaillé pour Trianon.

« C'est admirable, dit-il, je n'ai jamais vu de forme plus exquise et de tons plus harmonieux. Ce sucrier est un bijou. — J'aime encore mieux la théière. Voyez donc comme l'anse est dessinée! voyez donc comme le goulot se profile bien! — Croyez-vous, Madame, qu'à Trianon ou ailleurs, depuis qu'on prend du thé, ce divin tête-à-tête ait jamais eu la bonne fortune de caresser des lèvres aussi amoureuses que les nôtres. »

Octave embrassait Alice. « Octave! décidément vous avez trop soif, murmura Mme d'Antraygues en riant.— Vous êtes comme le vieux Sèvres, d'une pâte exquise. — Oui, pâte tendre. » Octave alla embrasser encore Alice, « Chut! dit-elle, voilà l'eau qui bout. — Quelle jolie chanson! je comprends que les poètes aient parlé des symphonies de la bouilloire; moi qui vous parle, j'ai une petite bouilloire dans ma chambre pour me rappeler mon enfance. Ma grand'mère m'a bercé au chant de la bouilloire. — Vous avez été élevé dans l'âge d'or; moi, ma grand'mère m'a élevée aux duos d'Antony, de Lelia et de Faust. »

Alice chanta du bout des lèvres une strophe du *Roi de Thulé*. « Oh! chantez! chantez! dit Octave. Vous allez attacher mon amour à cette chanson. — Oui, comme on cloue un papillon dans un herbier. — N'ayons pas d'esprit et chantez-moi cette adorable ballade. »

Mme d'Antraygues la chanta avec l'accompagnement des vagues de la bouilloire et du pétillement du fagotin. Et elle la chanta presque aussi bien que Mme Carvalho, musique de Gounod, traduction toute nouvelle :

> *Il était un roi de Thulé,*
> *Qui perdit un soir sa maîtresse*
> *Il but comme un inconsolé*
> *Le souvenir avec l'ivresse.*

> *C'était dans une coupe d'or*
> *Portant le chiffre d'Arabelle :*
> *« Heureux, disait-il, qui s'endort*
> *Dans l'amour, comme a fait ma belle! »*

> *Plus d'une fois, quand il rêvait,*
> *La nuit, en écoutant les merles.*
> *Il prenait sa coupe et buvait,*
> *Croyant y retrouver des perles.*

> *Perles et pleurs! Le sort amer*
> *Le fit vieillir fidèle et sombre.*
> *Un soir qu'il regardait la mer,*
> *Et qu'il évoquait la chère ombre :*

> *« O ma belle! nulle après toi*
> *A cette coupe savoureuse*
> *Ne boira plus. Nul après moi*
> *N'y mettra sa bouche amoureuse. »*

> *Et dans les vagues, tristement,*
> *Par lui la coupe fut jetée,*
> *Ne voulant pas qu'un autre amant*
> *Profanât la coupe enchantée.*

Pendant qu'Alice chantait, M. de Parisis promenait son vif regard sur sa beauté épanouie ; tout un poème en vingt-quatre chants, à commencer par les cheveux blonds en révolte, à finir par les pieds mignons qui jouaient dans les pantoufles.

Alice était grasse et blanche, légèrement rosée, légèrement brunie, comme si le soleil eût passé sur elle trop longtemps dans sa dernière villégiature. Quoiqu'elle fût une femme du Nord, elle avait la nonchalance des Havanaises. Elle vivait couchée, quittant son lit pour son canapé, son canapé pour sa calèche ; aussi faisait-elle une rude pénitence quand le dimanche, à la messe d'une heure, elle s'agenouillait à Saint-Philippe-du-Roule au milieu de ses amies. La mère de M. d'Antraygues lui avait dit plus d'une fois : « Prends garde à ta femme, elle est romanesque et coquette. » Le jeune mari répondait à sa mère : « Il n'y a rien à craindre, elle est trop paresseuse pour cela. »

Un fin physionomiste n'eût pas répondu ainsi. Et, en effet, les yeux d'Alice, — ces terribles yeux de mer, à reflets changeants, qui ne disent jamais le secret du cœur, révélaient une âme troublée par les rêves amoureux comme la mer par les nues qui renferment l'orage. Il y a des femmes qui se montrent tout entières par leurs regards. On les pénètre du premier coup comme ces sources vives jaillies de la montagne dans leur premier lit virginal. — fontaines que nulle lèvre humaine n'a touchées encore. — Mais il y a des femmes profondes comme la mer : l'œil s'y perd ; plus on les croit connaître et plus on est dans l'abîme : « Bien fol est qui s'y fie, » disait François Ier devant celles-là. M. d'Antraygues ne connaissait pas si bien les femmes que François Ier, il n'avait pas appris à lire dans ce livre du bien et du mal, une œuvre toute divine que Dieu a livrée au diable.

Il est des femmes à l'abri des tentations par leur figure ; les passions ne frappent pas à toutes les portes, elles laissent sommeiller dans la vie les âmes qui n'ont pas revêtu une enveloppe attrayante. La beauté qui ne tombe pas de son piédestal de marbre est un ange de vertu. La laideur qui meurt immaculée ne mérite pas les canons de l'Eglise. Toutefois, il faut bien le dire, il n'y a pas de laideur absolue, et toute femme, quel que soit son masque, a son quart d'heure de rayonnement.

Mme d'Antraygues était faite pour la volupté sinon pour la passion; yeux profonds sous la flamme, lèvres rouges, une forêt de cheveux, dont les broussailles envahissaient le cou et les oreilles, des sourcils qui se joignaient presque et qui semblaient peints, tant ils étaient énergiquement et finement dessinés, de longs cils retroussés et mobiles qui accentuaient encore l'expression mystérieuse de ses yeux. L'ovale du visage était peut-être trop arrondi, mais il était embelli par un second menton dont la ligne ondoyante se fondait mollement sous le premier. L'oreille était un bijou ciselé sur la chair; elle était un peu rouge peut-être mais par ce temps d'anémie, qui se plaindrait de voir le sang vif s'accuser! Ce soir-là, la comtesse avait de grands anneaux pompéiens, mis à la mode par les femmes excentriques.

M. de Parisis n'arrêtait pas son regard à la figure seule; comme un voyageur qui a entrevu à peine le pays inconnu, il promenait çà et là de la tête aux pieds, sur les montagnes et les vallons, pénétrant la robe un peu diaphane, admirant les surfaces de l'épaule, les grâces abandonnées du cou, le marbre rosé du bras. « Quel joli pied vous avez! » dit-il à Alice après un silence. Et sans qu'elle y prît garde ou qu'elle voulût y prendre garde, il lui saisit le pied dans sa pantoufle, comme il aurait pris sa main dans son manchon.

Les jeunes filles qui liront ce roman pourront me demander pourquoi M. de Parisis allait à minuit chez Mme d'Antraygues, puisque ce n'était ni sa femme ni sa sœur; je répondrai aux jeunes filles que le thé de la comtesse était fort bon.

XIX

OCTAVE JETTE SA COUPE A LA MER

MADAME d'Antraygues avait mis deux pincées de thé dans la théière, Octave voulut prendre la bouilloire. « Non, lui dit-elle, il y a un art de verser de l'eau que vous ne savez pas. » Et avec une grâce charmante, elle précipita dans la théière une petite cascade d'eau bouillante. Une douce fumée parfuma la chambre.

Alice présenta le sucrier à Octave. « Permettez-moi, madame, de prendre une pince à sucre. » Il prit les doigts de Mme d'Antraygues et les mit dans le sucrier avec une douceur idéale. En vérité, dit-elle, en retirant deux morceaux de sucre, vous me feriez passer par un trou d'aiguille : je n'aurais jamais cru que ma main pût entrer là-dedans. — Et maintenant, dit Octave, donnez-moi du thé à pleins bords, car il sera exquis. »

Glou, glou, glou, glou : les deux tasses furent pleines. « Quelle belle couleur! dit Alice, on dirait de l'or en fusion. — L'amour est un magicien, tout ce qu'il touche devient or. — Ah ! l'amour, c'est encore la plus belle invention des anciens. — Pour les modernes. — Vous buvez déjà, vous allez vous brûler les lèvres. — Non, il est à point, voyez plutôt. »

Et Octave présenta sa tasse à Alice. Elle venait de se rasseoir près de lui sur le canapé, leurs bouches n'étaient pas loin l'une de l'autre.

Quand la comtesse porta les lèvres à la tasse, le duc y porta aussi les siennes : deux bouches à la surface du thé. » N'est-ce pas que c'est bon ? »

On s'était embrassé, — j'imagine. « Eh bien! Madame, dit Octave en relevant la tête, c'est la première fois que je comprends le thé : je jure que jamais je n'oublierai ce festin de nos lèvres. » Et il but jusqu'à la dernière goutte. Et il jeta la tasse dans le feu.

Le petit chef-d'œuvre fut brisé en mille éclats. « Que faites-vous là ? demanda la comtesse avec plus de surprise encore que de regret. — Vous ne le devinez pas ? répondit M. de Parisis qui avait repris sa railleuse expression adoucie par un sourire de pénétrante volupté. Est-ce que vous auriez permis, Madame, que d'autres lèvres eussent profané cette tasse ? J'ai fait comme le roi de Thulé, j'ai jeté ma coupe à la mer. »

XX

UNE FEMME EN HAUT, UNE FEMME EN BAS

Cependant il était une heure du matin, M. de Parisis avait-il pris une seconde tasse de thé avec la comtesse? La comtesse à son tour avait-elle jeté sa tasse au feu pour achever le sacrifice et garder un souvenir plus vivant de cette heure amoureuse?

On ne me l'a pas dit. On m'a dit seulement qu'elle avait perdu dans le va-et-vient une de ses mules de satin rose et que son mari, en rentrant, l'avait retrouvée dans l'escalier : ce qui prouverait assez qu'elle avait reconduit Octave sans lumière.

Si Mme d'Antraygues eût reconduit Octave un peu plus loin, elle eût assisté à une autre scène amoureuse.

Dès que la porte s'ouvrit, Octave retrouva Violette couchée par terre. Un pressentiment traversa son esprit; il se pencha et vit un flot de sang qui avait jailli sur sa robe. « Violette! » s'écria-t-il. Violette ne répondit pas.

Les platanes agités par un vent d'orage promenaient alternativement l'ombre et la lumière; mais tout d'un coup un nuage ayant passé, la lune répandit sur Violette sa blancheur d'argent.

Octave s'était précipité et avait soulevé la jeune fille dans ses bras. « Violette! Violette! ma Viola! c'est moi qui te parle, dis-moi que tu m'entends! »

Violette ne dit pas un mot. Le duc l'embrassait et lui parlait toujours : elle avait les lèvres tièdes et le front glacé. « Ma petite Violette, tu sais que je t'aime! »

Octave aimait Violette. Il ne me faudra pas faire un cours d'esthétique sur les passions de l'âme pour démontrer que depuis les siècles de décadence, c'est-à-dire depuis le commencement du monde, l'amour vit de contraste et que la loi primordiale du cœur, c'est de conquérir, si ce n'est d'être vaincu.

Octave venait d'adorer Mme d'Antraygues; mais il aimait Violette. Il s'en revenait de conquérir la comtesse avec un vague sentiment d'orgueil, mais la volupté seule avait été de la fête. Ce n'est pas toujours le cœur qui remue les lèvres, l'amour le plus éloquent jaillit de l'imagination. Quand Salomon a dit : « La femme est amère, » c'était le cri de l'esprit humain et non le cri du cœur humain. S'il eût trouvé dans son palais, parmi ses sept cents femmes, une brave fille, un cœur d'or comme Violette, il eût peut-être poussé à travers les siècles un autre cri sur la femme.

Mais la femme de la Bible n'était pas la femme de l'Évangile ; l'âme n'avait pas encore dompté le corps, le sentiment n'avait pas dévoré le cœur. Aujourd'hui, il y a beaucoup de Violettes qui se tuent héroïquement pour leurs passions. Faibles cœurs ! disent les philosophes et les moralistes. Ames vaillantes ! peut-on dire plus justement de toutes les phalanges d'amoureuses que la jalousie ou le désespoir a jetées dans l'abîme.

Octave arracha le corsage de Violette. En s'agenouillant, il trouva son petit revolver, ce bijou qu'elle avait pris au sérieux. « Tu es donc devenue folle, » lui dit-il en l'embrassant.

M. de Parisis, tout en parlant à Violette, avait à deux reprises appelé son cocher. Au moment où les chevaux arrivaient devant l'hôtel d'Antraygues, Octave posait Violette sur le banc de l'avenue le plus rapproché. Elle était souple, de son adorable souplesse de roseau, comme une femme endormie, les bras pendants, la tête renversée.

Quand elle fut sur le banc, Violette s'agita. « Dieu soit loué ! » s'écria Octave. Il eût donné dix ans de sa vie pour voir vivre Violette pendant dix minutes ; sa blessure même eût été mortelle qu'il eût été presque consolé de lui entendre dire qu'elle l'aimait. « Je meurs, je meurs, murmura-t-elle d'une voix coupée, il ne faut pas le dire à maman. »

La pauvre Violette ne savait plus que sa mère fût morte. « Violette ! tu ne mourras pas, ma Violette, je t'aime et je te sauverai. — Non, je me suis frappée au cœur. »

A cet instant, un coupé arrivait devant l'hôtel par la rue de Courcelles. C'était le coupé de M. d'Antraygues, qui, par hasard, rentrait chez lui avant l'aurore. Ceci mérite bien une explication. Ce jour-là, M. d'Antraygues, appelé du Club à la Maison-d'Or, y avait rencontré quelques demoiselles de l'Opéra. Il avait bu avec elles — non pas précisément dans du vieux Sèvres — et, ne pouvant se griser d'amour, il s'était grisé de vin de Champagne. Le comte, tout bête qu'il fût, avait compris dans les fumées champenoises qu'il ferait cette nuit-là un bien mauvais joueur et qu'il risquerait de perdre ce qu'il avait déjà gagné. Voilà pourquoi il revenait chez lui.

En descendant de voiture, il reconnut l'attelage d'Octave. Il s'approcha tout en se dandinant et vit le duc qui soulevait Violette. « Qu'est-ce cela ? lui demanda-t-il. — Cela, répondit M. de

Parisis, sans paraître s'inquiéter de la présence du comte, c'est une femme qui se trouve mal. »

M. d'Antraygues eut d'abord l'esprit traversé par un soupçon de jalousie, mais voyant bien que ce n'était pas sa femme, il se contenta de dire à Octave : « Diavolo! mon cher ami, vous chassez sur mes terres au milieu de la nuit comme un braconnier ; il est vrai que je viens de chasser sur les vôtres. Vos petites amies de l'Opéra m'ont fait boire outre mesure, et pourtant ma mesure est bonne. — Eh bien! dit Octave, allez vous coucher. »

Le comte, qui chancelait sous l'ivresse, releva la tête : « J'irai si je veux! Il paraît que monsieur ne veut pas être troublé dans ses rendez-vous nocturnes. — C'est vous, mon cher, qui êtes nocturne. Votre femme vous attend. »

Le duc avait repris Violette pour la poser dans la victoria. « Ma femme m'attend? Est-ce qu'elle vous l'a dit? — Oui. Hâtez-vous, car elle va vous faire une scène. » Le comte, jaloux cette fois comme un tigre, saisit le bras d'Octave qui montait à côté de Violette. « Vous savez, mon cher, que je ne ris pas après minuit. — Vous savez, répliqua Octave furieux, que je vous défends de dire un mot de plus — à moins que vous ne trouviez un mot spirituel. — Un mot spirituel, je ne suis pas si bête que cela ; la preuve, c'est que je vois bien que vous n'avez amené cette femme que pour cacher votre jeu! Vous venez de chez ma femme. — La vérité dans le vin, pensa Octave. — Mon cher, dit-il tout haut, allez voir chez vous si j'y suis. — Oui, monsieur, et je me vengerai, et je briserai tout, et je jetterai la femme par la fenêtre. »

Cette fois, en voyant la colère subite du comte, Octave aurait voulu reprendre les paroles qu'il avait dites. Il le savait capable de toutes les folies et de toutes les sottises. « Voyons, lui dit-il, revenez à vous et ne vous donnez pas en spectacle à la lune; rentrez chez vous silencieusement, et surtout ne dites pas à votre femme ce qui s'est passé à votre porte. Sachez-le donc, mon cher, cette pauvre fille que vous voyez là, baignée dans son sang, vous ne la reconnaissez pas?

Le comte se rapprocha. « Comment la reconnaîtrais-je? vous la masquez. — C'est votre maîtresse. — Laquelle? » Ce cri partait du cœur. « Je ne sais pas laquelle, dit le duc de Parisis. Je l'ai trouvée ici comme je revenais du boulevard Malesherbes, un revolver sanglant à ses pieds. Tenez, le voilà! » Et Octave donna le bijou au comte sans trop bien savoir pourquoi. « Adieu, mon cher, pas un mot de ceci à Mme d'Antraygues. Et n'allez pas vous servir du revolver contre vous-même. — Pauvre fille, » dit le comte, avec des larmes de vin dans les yeux.

Et tout chancelant sous l'ivresse et sous l'émotion, il se souleva pour voir Violette. Mais sur un signe d'Octave, les chevaux étaient partis au galop. » Pauvre fille! dit encore le comte, ai-je fait assez de malheureuses comme cela? » Il regarda le revolver sous le réverbère. « C'est vrai qu'il est taché de sang! C'est un bijou. Je montrerai cela demain à mes amis. »

A cet instant, Mme d'Antraygues, qui avait assisté toute haletante du haut de son balcon à cette scène tragi-comique, hasarda ce nom de baptême : « Fernand! » Le comte oublia qu'il était ivre et marcha d'un pied plus assuré jusque sous le balcon. Au nom de Fernand, il répondit par le nom d'Alice. « Que faites-vous là, mon ami? » Et comme un écho, Fernand dit aussi : « Que faites-vous là, mon amie ? » Naturellement, Mme d'Antraygues répondit : « Je vous attendais. »

Cela était jeté du haut du balcon comme une aumône sur un pauvre. Fernand ramassa ces paroles d'or et murmura : « Décidément, je ne mérite pas tout mon bonheur. »

Il craignit que sa femme n'eût tout entendu. « Alice, est-ce que vous êtes là depuis longtemps? — Non, je viens d'ouvrir la fenêtre, répondit-elle vivement. — Alors vous n'avez pas vu ce fou de Parisis qui enlevait une femme? — Non, mon ami! Adieu, je meurs de sommeil. Ne venez pas frapper à ma porte ! »

Cette scène d'intimité se passait en pleine avenue, mais les étoiles seules écoutaient. Pas âme qui vive au voisinage. Il faut se loger avenue de la Reine-Hortense quand les maris partent pour la Syrie.

Alice avait fermé sa fenêtre. Toutes les femmes ont compris ce mot : « Ne venez pas frapper à ma porte. » Quand M. de Parisis dit au mari : « Allez voir chez votre femme si j'y suis, » il savait bien qu'il y était. L'amour a cela de beau dans ses enchantements, qu'il permet à l'amoureux ou à l'amoureuse de garder l'image aimée. Quand la femme aime, elle n'est jamais seule.

XXI

LES DEUX RIVALES

C'était au temps des thés diurnes. Vers quatre heures de l'après-midi, Parisis et Mme d'Antraygues prirent le thé ensemble, par rencontre, chez une Havanaise des Champs-Élysées. Il y avait beaucoup de monde. Quelques figures sévères obligeaient au cérémonial ; on parlait tout haut. « Est-ce que vous aimez le thé ? dit Octave à la comtesse en lui passant une tasse. — Pas le matin, dit-elle. »

Et elle refusa, tout en jetant un regard dédaigneux sur la tasse de porcelaine anglaise que Parisis avait passée sous ses yeux.

On parlait déjà dans tout Paris d'une jeune fille qui s'était brûlé la cervelle la veille dans l'avenue de la Reine-Hortense. « Vous ne savez pas cela ? dit une dame en questionnant Octave avec une bonne intention de femme. — Comment ! dit Octave, je ne sais que cela. Je ne connais pas la dame, mais c'est moi qui l'ai trouvée « baignée dans son sang, » comme dira la *Gazette des Tribunaux*. — Il paraît que c'était avenue de la Reine-Hortense ? — Je ne me souviens pas bien, dit Octave ; c'était peut-être avenue d'Iéna. — On dit que c'est un désespoir de jalousie ? — Si Mme d'Antraygues n'était pas là, dit audacieusement Octave, je dirais que la demoiselle a prononcé le nom de baptême de son mari. Après cela, il y a tant de Fernands ! — Voyez-vous, dit la maîtresse de la maison, on racontera tant d'histoires sur ce coup de pistolet, qu'on ne saura jamais la vraie. Vous avez raison, madame, reprit Octave ; l'histoire n'a été inventée que pour cacher la vérité. »

Et il jeta une citation latine qui lui fit le plus grand honneur chez toutes ces belles dames qui s'écrièrent en chœur : « Il est inouï ! il voit tout, il est partout, il sait tout ! »

Naturellement Octave, en s'en allant, trouva Mme d'Antraygues dans l'escalier. « Monsieur de Parisis, lui dit-elle, je sais tout ; ce soir, à onze heures, en revenant de chez ma grand'mère, j'irai prendre le thé chez vous. — Par quelle porte ? — Par la grande, par celle de Violette. Moi aussi, hélas ! j'ai le droit d'avoir mes grandes entrées. — Vous savez que vous trouverez Violette ? — C'est pour elle que je veux aller chez vous. — Pour lui brûler la cervelle ? — Oui, mon mari m'a donné le revolver. »

Le philosophe, ou plutôt le moraliste, car il y a un abîme

entre le philosophe et le moraliste, aurait étudié avec une bien vive curiosité les métamorphoses rapides qui s'emparèrent de la comtesse d'Antraygues et de cette jeune fille que Parisis avait surnommée Violette. Les hommes politiques les plus dévoués à leur fortune ne font pas d'aussi soudaines évolutions, — même dans les révolutions.

Au lieu de se sauver l'une par l'autre, elles achevèrent de se perdre en se rencontrant. Comme elle l'avait dit, Mme d'Antraygues alla le soir chez Octave. Il l'attendait dans son petit salon, un journal à la main. « C'est l'histoire d'hier que raconte le journal, sans doute, dit Mme d'Antraygues en s'asseyant à côté de lui pendant qu'il lui baisait le front. — Oui, écoutez plutôt :

« Hier, vers minuit, avenue de Wagram, une jeune fille a reçu
« six coups de couteau dans la poitrine. On ne doute pas qu'elle
« n'ait été victime d'une fureur jalouse ; elle a survécu à cet acte
« de barbarie ; elle a été transportée à l'hôpital Beaujon. On croit
« connaître le nom de l'Othello. La justice informe. »

« Eh bien ! voilà un journal bien informé. — Quoi ! vous doutez du journal ? Mais c'est la loi et les prophètes. — Vous savez que je veux voir cette jeune fille ? — Eh bien ! vous vous imaginez qu'elle est ici ? Elle est chez elle. — Je ne suis donc pas mieux informée que le journal ! — Pourquoi voulez-vous la voir ? — Parce que la passion qui va jusque-là est encore de la vertu. Et puis, je ne sais pourquoi, mais j'aime cette jeune fille. »

La comtesse regarda doucement Octave. « C'est peut-être parce que vous l'aimez. Puisqu'elle n'est pas ici, je m'en vais. — Quelle étrange femme vous faites ! — Peut-être. Mais il me semble que cette jeune fille est pour quelque chose dans ma destinée. Comment va-t-elle ? — Mal, mais elle ira bien. La balle s'est promenée sur le sein sans pénétrer ; elle a une forte fièvre ; j'ai eu peur jusqu'à midi, parce qu'elle n'était pas revenue à elle, mais Ricord m'a répondu de sa vie. — Conduisez-moi chez elle. — Non ! je ne ferai pas cette folie. Il faut que les femmes du monde restent dans le monde. — C'est l'histoire du Paradis ; vous m'avez ouvert la porte pour m'en aller et je ne la refermerai pas. »

Mme d'Antraygues soupira. « C'est fini ! je ne m'amuserai plus chez moi, à moins que vous ne métamorphosiez mon mari en homme amusant. Donc, si vous ne voulez pas me conduire chez Mlle Violette, car je sais son nom, j'irai toute seule. — Nous ne ferons pas cette bêtise-là ni l'un ni l'autre. »

Mme d'Antraygues se leva. « Don Juan, dit-elle à Octave, montrez-moi donc votre palais. Je suis tout éblouie, ici, moi qui n'habite pourtant pas une chaumière. »

Elle marcha rapidement, suivie d'Octave, parlant de toutes choses en femme qui connaît un peu toutes choses. « Dites-moi donc, Alice, le nom de la Dame de Cœur? — Oui! Et de la Dame de Carreau et de la Dame de Trèfle? Je suis trop jalouse pour vous le dire; et d'ailleurs, j'ai juré sur votre tête que je ne le dirai pas. — Je vous donne ma tête. — Je n'en veux pas. » Ce fut en vain que Parisis insista. Il embrassa Alice. « Voyez, je vous mets à la question. — J'y resterais plutôt un siècle ! » s'écria Mme d'Antraygues. Et, se dégageant des bras d'Octave : « Adieu, dit-elle tout à coup, je reviendrai. »

Octave, qui avait promis à Violette d'aller la voir à minuit, ne retint pas de force la comtesse. « Demain, reprit-elle, nous nous verrons aux Italiens. » Elle partit. Octave l'accompagna jusqu'à son coupé. « Adieu. Je vous aime ; mais vous n'irez pas voir cette pauvre enfant? — Non, puisque vous ne voulez pas, » Mais Mme d'Antraygues alla droit chez Violette.

On sait déjà que Violette habitait les mansardes d'une petite maison de l'avenue d'Eylau, perdue dans un de ces vieux jardins de Paris qui disparaissent tous les jours sous les pyramides de pierres. La comtesse avait été bien renseignée, car elle traversa le jardin sans même dire le nom de la jeune fille au concierge; elle monta les trois étages et sonna; une garde-malade vint ouvrir et la conduisit au lit de Violette. « Je suis une amie inconnue, dit la comtesse, je sais tout, j'ai voulu vous voir et vous serrer la main. — Je ne comprends pas, dit Violette en essayant de se soulever. — Ne remuez pas, imaginez que je suis une sœur de charité; si la femme qui vous veille veut se reposer demain, je viendrai vous veiller moi-même. — Je comprends de moins en moins, dit Violette ; comment savez-vous qui je suis et où je suis, moi qui ne connaissais personne? »

Violette regarda Mme d'Antraygues jusqu'au fond du cœur. « Ah! c'est vous! » dit-elle en laissant retomber sa tête. Elle avait jugé que c'était sa rivale. Elle faillit se trouver mal, mais elle eut le courage de lutter. « Oh! madame, murmura-t-elle d'une voix éteinte, venez-vous ici pour me railler? »

Et, avec un sourire : « Une femme qui veut mourir et qui ne meurt pas est si ridicule! mais j'espère que Dieu me fera la grâce de ne pas survivre. — Mademoiselle, je suis venue par un sentiment d'admiration et de sympathie. Ne voyez pas une rivale en moi, mais une amie. — Après tout, madame, dit Violette, l'amitié est si rare qu'il faut toujours lui dire : Soyez la bienvenue. Je crois sérieusement que je vais mourir, je vous pardonne ma mort. Ce n'est pas une balle qui m'a tuée, c'est une trahison.

— Pauvre enfant! vous êtes comme moi, vous n'êtes pas de votre siècle. Une trahison d'Octave de Parisis! mais vous ne savez donc pas qu'il trahit toujours le lendemain celle qu'il a adorée la veille. On a raison des hommes, non pas en se tirant des coups de revolver, mais en se moquant d'eux. — Mais si on les aime? — dit Violette toute naïve encore et ne craignant pas d'ouvrir son cœur, — si on les aime, on se moque de soi-même. — Vous avez un cœur d'or, mais il se bronzera. Adieu, je suis contente de vous avoir vue, je reviendrai demain. — Oui, revenez, dit Violette devenue curieuse. » Mme d'Antraygues lui serra la main et partit en lui montrant le plus beau sourire du monde.

La beauté exerce un despotisme qui soumet tout le monde. Si Violette eût vu venir à elle une figure quelconque — *effigies sine animâ* — une de ces figures qui ne parlent pas au cœur, peut-être se fût-elle révoltée, mais elle subit avec je ne sais quelle douceur le charme invincible de la comtesse; elle sentit d'ailleurs que ce n'était pas pour la trahir qu'elle venait à elle. Les cœurs se voient. Violette, qui n'avait jamais rencontré une amie, se prit à cette amitié imprévue. Elle s'imaginait d'ailleurs que Mme d'Antraygues ne lui prendrait plus Octave, comme si son coup de pistolet était un titre sacré.

Octave entra chez Violette, cinq minutes après le départ de Mme d'Antraygues. « Comment vas-tu? — Bien, si tu m'aimes. » Parisis baisa Violette au front. « N'est-ce pas, reprit-elle, que tu m'aimeras toujours? » Il ne put s'empêcher de sourire. « Je lis ta pensée, dit vivement la jeune fille; tu m'as aimée, mais tu ne m'aimes plus. — Si je ne t'aimais plus, serais-je là? — Non, ce n'est pas l'amour qui te conduit ici, c'est un sentiment de pitié. Je me vengerai. — Et tu feras bien! dit Octave qui voulait lui donner la soif de vivre. — Tu n'as pas rencontré ta belle maîtresse? — Elle est donc venue? je m'en doutais; c'était bien sa voiture qui fuyait vers l'Arc de Triomphe. Elle est aussi folle que toi. Puisque ta maison devient une maison de fous, je n'y reviendrai plus. — Octave, tu veux me faire mourir? — Non, je t'aime, je veux que tu vives; si cela t'amuse, je reviendrai avec elle. »

Le duc de Parisis embrassa doucement Violette. Il passa la nuit à la veiller. Le lendemain, Ricord déclara qu'elle n'en avait que pour une semaine. « Dis-moi que tu m'aimeras toujours, » disait-elle à son amant. Et il répondait « Toujours! »

Mais le surlendemain il envoya à Violette un adieu en ces mots :

Je crois que nous n'avons plus rien à nous dire, ma petite Vio-

lette. Ne vous tuez plus pour les hommes, redevenez belle. Prenez une boutique de fleuriste et vendez-y de tout, excepté des violettes !

Ne voyez pas trop les femmes du monde, elles vous perdraient. Adieu, je pars pour Londres et je vous embrasse. Tournez la page — comme celle du livre de la vie.

Point de signature. Octave ne signait presque jamais. Violette tourna la page en pleurant. Elle s'indigna en y trouvant un bon de dix mille francs sur M. de Rothschild. Elle le jeta au feu. En le voyant flamber, elle s'imagina qu'elle avait brûlé dix mille francs. Elle se dit : « Il ne sait pas que cela ne vaut pas dix de mes larmes. »

Mme d'Antraygues survint. Elle lui conta tout. « C'est beau, cela ! dit Mme d'Antraygues. Je vais écrire à Octave, il vous enverra vingt mille francs. — Je ne veux rien, murmura Violette : Je veux mourir. »

Violette devint plus malade qu'elle ne l'avait été. Elle se fût laissée mourir de chagrin si la comtesse n'était venue la consoler.

Mme d'Antraygues se consolait elle-même en la consolant ; elle n'avait pas vu la profondeur de sa chute. Quoique son mari fût de jour en jour plus indigne, elle reconnaissait qu'elle était plus indigne que lui. C'est à la femme bien plus qu'à l'homme que Dieu a confié l'honneur de la maison. Un amoureux avait franchi le seuil de la sienne : quand il avait repassé la porte, il était son amant. Elle ne comprenait pas cet éblouissement, ce vertige, cet abîme. Elle s'armait de toutes ses vertus pour remonter le courant, pour retrouver ce sommet où l'on n'a pas les curiosités de l'orage, mais où l'on respire l'air vif.

C'en était fait ! Elle devait bientôt s'avouer qu'une femme ne se repent d'un amour que dans un autre amour. C'est la loi fatale, la vertu ne se reconquiert pas ; le Rubicon est facile à franchir, mais si on se retourne vers l'autre rive, elle est devenue inabordable.

Violette devait-elle, comme Mme d'Antraygues, se repentir de son premier amour dans les bras d'un second amoureux ?

5.

XXII

LE DUC DE PAS LE SOU

L y avait un secret dans la vie d'Octave, que M{^lle} Geneviève de la Chastaigneraye ne lui avait pas dit au bal masqué. Nul ne savait ce secret, pas même Geneviève.

M. de Parisis passait pour un des hommes les plus riches de Paris ; on parlait de la terre de Parisis comme une des terres les plus fécondes de la France, on parlait surtout de ses mines d'argent dans les Cordillères. On l'avait vu plus d'une fois arriver au club avec une poignée de pépites d'argent ou un lingot en forme de sabot chinois. « Quand je pense, disait-il d'un air convaincu, que j'ai cent Indiens dans les Cordillères où on ne trouve que de l'argent, quand je pourrais avoir cent Californiens qui me trouveraient de l'or ! »

Pareillement, çà et là, il lisait tout haut quelques lignes d'un journal de province, où on vantait les troupeaux de Parisis, ses vignes, ses bois et ses champs de betteraves. C'était une terre modèle.

La fortune lui arrivait par toutes les routes, puisqu'il gagnait aux courses, puisqu'il gagnait au jeu, au club comme à Bade, à la Bourse comme chez les dames qui jouent.

On le disait généreux, on le disait même prodigue ; il pensionnait plus d'un ami et ne regardait jamais ce qu'il donnait aux pauvres. Quand deux chenapans se battaient, il les payait pour qu'ils s'embrassassent. Il est vrai que ce spectacle ne lui coûtait pas bien cher. Il renouvelait ainsi l'histoire d'un de ses devanciers, le comte de Grammont, qui donna un jour vingt-quatre livres à deux voleurs qui se battaient pour avoir chacun trois louis, quoiqu'ils n'en eussent volé que cinq.

Tout cela était un jeu bien joué, car le duc de Parisis n'avait pas le sou. Mais il cachait sa pauvreté à quatre chevaux comme les vrais riches cachent leurs millions à deux rosses. A première vue, cela doit paraître étrange : rien n'était plus simple.

Quand il était entré dans la diplomatie, il avait recueilli un million en rente trois pour cent, en actions de la Banque et en obligations de chemins de fer. Le château de Parisis était estimé deux millions, total trois millions. Mais il y avait dix ans de cela. Le premier million dura bien deux années. Octave avait toujours les mains pleines et les mains ouvertes ; il était la providence des comédiennes, des dames du Lac, de ses amis ; il lui fallait quinze cents francs par jour pour vivre vaillamment dans le premier feu de la jeunesse, avec son titre de duc, sa soif de plaisir, ses manières d'enfant prodigue. Ce n'était pas trop. Il ne comptait pas bien, il s'imaginait que deux millions sont une mine inépuisable : mais toutes les mines s'épuisent, même celles des Cordillères, où les cent Indiens qui travaillaient toujours pour lui trouvaient à peine de quoi vivre eux-mêmes depuis quelques années.

Quand Octave était revenu d'Amérique, il lui avait fallu emprunter par hypothèque sur son château. Il prit d'abord un million. A son retour de Chine, il ne lui restait plus que la ressource des secondes hypothèques ; on lui prêta encore cinq cent mille francs, parce qu'on savait que, le cas échéant, la terre de Parisis vendue par expropriation dépasserait toujours deux millions. Ces cinq cent mille francs ne firent qu'une saison. M. de Parisis jouait alors sa vie et sa fortune en homme qui n'a pas souci du lendemain, décidé à vivre plus tard comme il plairait à Dieu, — ministre à Carlsruhe ou à Dresde, — ou recueillant des débris de son patrimoine pour planter ses choux au château natal.

Il appartenait d'ailleurs à cette nouvelle génération qui vit au jour le jour et qui brave le lendemain. Cette génération n'est pas plus sage que l'autre, mais elle n'est pas beaucoup plus folle, car la vie n'est ni une maison de banque, ni un grenier d'abondance. Un galant homme ne meurt jamais de faim ; ceux qui vivent riches pour mourir pauvres, sont des esprits supérieurs à ceux qui vivent pauvres pour mourir riches, puisque ce sont les vrais riches. Dépenser gaiement un louis, c'est l'avoir ; le retenir d'une main avare, c'est le perdre.

Tant et si bien qu'à vingt-huit ans, Octave de Parisis n'avait plus rien, mais il n'était pas ruiné pour cela : je m'explique.

Je ne parle pas de quelques poignées d'or qui pouvaient lui venir tous les ans de Lima, puisque le dernier arrivage, après un silence de dix-huit mois, n'avait été que de quelques milliers de dollars ; je ne parle pas de ce qu'il pouvait retrouver dans la vente du château de Parisis, puisqu'il le voulait garder coûte que coûte ; je parle de son crédit qui était encore un capital. On ne saurait s'imaginer le nombre de beaux viveurs qui vivent sur leur nom et qui sont encore riches quand ils n'ont plus d'argent. Pourquoi tous les oisifs ne vivent-ils pas ainsi ? C'est qu'il faut avoir été riche, c'est qu'il faut avoir le prestige du nom et de la mode.

Brummel, d'Orsay et les autres dilettantes de la haute vie, ont toujours vécu en grands seigneurs sans qu'on sache bien avec quoi; un homme d'esprit disait sans vergogne : « Il faut laisser aux imbéciles le privilège d'avoir pour les autres une maison, une femme, un cheval et le reste. » Le braconnier prend plus de gibier que le chasseur. Le trouve-t-il moins bon ? Greuze qui fut cocu comme Molière, disait que les hommes à la mode sont les braconniers du mariage. Ne sont-ils pas les braconniers de la vie? Octave de Parisis était plutôt un comte d'Orsay qu'un Brummel. Il vivait sur sa fortune passée et sur sa fortune future Il menait toujours grand train, mais çà et là dans le train des autres. Comment avait-il encore une écurie de course et des équipages de chasse ? Parce que le jeune marquis de Saint-Aymour lui avait dit un matin, au retour de Chine: « Veux-tu que nous fassions courir et que nous chassions ensemble ? — Oui. Mais je n'ai pas d'argent comptant. — Qu'à cela ne tienne, nous compterons plus tard. » En attendant le compte, Octave partageait la moitié des prix gagnés. C'était de toute justice. Et naturellement, pour tout le monde, c'était Octave qui faisait courir et qui donnait les parties de chasse.

Il savait bien qu'il payerait tout cela un jour. Il ne doutait pas qu'un nouveau voyage à Lima ne le sauvât de toutes ces belles misères.

Parisis n'avait pas de train de maison. On a trouvé chez un duc de ses amis, le jour de l'inventaire, quatre volumes dépareillés, un *Larochefoucault*, le *Dictionnaire des Actrices* (de *Paris*, le *Parfait-Écuyer* et la *Clef des Songes*. Dans la cave d'Octave, on eût à peine trouvé quatre cents bouteilles dépareillées. Il n'avait pas à s'inquiéter de sa cuisine, il était de tous les dîners officiels : à peine avait-il un jour par semaine à donner aux femmes. Mais comment s'était-il bâti un hôtel avec le luxe des sculptures, des fresques et des marbres ? C'est encore bien simple. Il avait eu le bon esprit — car il n'était pas si désordonné qu'on pourrait le croire — d'acheter un terrain avenue de l'Impératrice, vendu par expropriation, à peu près la moitié de sa valeur. Cela se voit tous les jours, selon les bruits de la guerre ou les sinistres de la Bourse. Son notaire n'avait pas eu de peine, une fois l'hôtel commencé, à lui trouver par un emprunt de quoi payer le terrain et la moitié de l'hôtel. L'hôtel terminé, comme il avait grande mine, un second emprunt était venu à point. Paris est le pays de la confiance. Le crédit crée des prodiges; si on ne travaillait à Paris qu'avec de l'argent comptant, on ne ferait pas grand'chose : or, on y remue des mondes.

Mais comment Octave se payait-il le luxe des femmes ? Avec des bouquets de violettes, des bouquets de lilas blanc, des bouquets de roses-thé. Le plus souvent par des cartes de visite ; les courtisanes s'estimaient bien payées par sa carte de visite quasi royale : n'était-il pas le prince des amoureux ? Il n'avait pas de scrupule en se rappelant qu'il avait débuté dans la vie par brûler plus d'un million sur l'autel de madame Vénus.

Depuis trois ans, le duc de Parisis avait vécu sans un sou vaillant, mais sans se priver de rien, tout en restant un des rois de Paris. Seulement il ne jouait plus guère, parce qu'il ne voulait pas être frappé de déchéance en dette d'honneur.

On commençait par dire qu'il devait à Dieu et à diable, mais ses amis attribuaient ses dettes à son insouciance de toutes choses ; selon eux, s'il devait, c'est qu'il oubliait de payer.

Toutefois, il commençait à s'inquiéter de cet abîme qui s'appelle la dette privée et qu'il franchissait tous les jours au risque d'y tomber. C'était danser sur le volcan : mais on ne faisait plus autre chose au dix-neuvième siècle.

Le duc de Parisis avait bien pensé çà et là à quelque beau mariage ; mais plus le mariage est beau, moins la femme est belle. Et puis, il aimait peut-être trop les femmes pour aimer une seule femme.

XXIII

UNE RÉAPPARITION A L'OPÉRA

ARISIS était à l'Opéra avec ses amis, Miravault et Monjoyeux. On jouait *le Prophète*. On écoutait religieusement le ballet des *Patineurs*.

Miravault, qui vivait à la minute, regardait sans cesse à sa montre ; Monjoyeux jetait çà et là une saillie ; Parisis ne regardait pas l'heure et n'écoutait pas les beaux mots. Il avait vu apparaître, dans une loge de galerie, la jeune fille qu'il avait rencontrée au bois de Boulogne.

C'était bien elle, c'était la même beauté, hautaine et décidée, que tempéraient la grâce innée et la douceur du sourire. C'était bien ce même profil idéalement sculpté, c'était la même chevelure abondante, retenue dans sa révolte, blonde comme les gerbes mûres. Elle était ce soir-là plus belle encore : ses bras admirablement modelés, ses épaules de marbre, son cou ferme et ondoyant à la fois, sa main qui agitait l'éventail avec la simplicité du haut style, achevaient de séduire Octave. « Voyez donc là-bas, dit-il à ses amis. — Eh bien ! dit Miravault, c'est la marquise de Fontaneilles, la duchesse d'Hauteroche et une jeune fille que je ne connais pas. Mais tu n'as pas le temps de t'attarder à ces curiosités-là : vois donc l'heure qu'il est. Tu sais bien qu'on nous attend chez M. Million. »

Octave devait emprunter cent mille francs pour une dette de Courses.

Il se tourna vers Monjoyeux : « Puisque vous restez dans ma loge, il faut que vous me sachiez le nom de cette belle créature. J'espère revenir d'ailleurs avant la fin du spectacle. — Allons ! allons ! dit Miravault, te voilà encore avec ta soif de conquêtes. Il n'y a rien à faire par là, mon cher ; tu sais bien que la marquise est toute à Dieu, que la princesse est une ambitieuse qui veut mettre un écu d'or de plus sur son blason. Quant à ce qui est de la jeune fille, qui me semble ce soir faire son entrée à l'Opéra, tu dois bien juger au premier coup d'œil qu'elle est aussi imprenable que le quadrilatère rhénan. Tout ce que tu pourras faire, ce sera de passer à côté. Viens vite, M. Million n'attend pas. »

Octave serra la main de Monjoyeux. « Vous me direz le nom de cette jeune fille. »

Il était bien loin de penser que dans la même loge il voyait du même coup trois cartes de son dernier jeu : la Dame de Carreau, la Dame de Trèfle et la Dame de Cœur.

Si l'homme était toujours dans la coulisse, prendrait-il grand intérêt au spectacle ?

Octave donc avait prié Monjoyeux de savoir le nom de la jeune fille qui était avec la marquise de Fontaneilles dans la loge de Mme d'Hauteroche. Mais elles étaient parties à la fin du quatrième acte. « Ce n'est pas de ma faute, dit Monjoyeux à Parisis, quand il reparut vers la fin du spectacle : j'ai fait tout au monde pour les retenir ; j'ai dit à l'ouvreuse qu'un duc, un vrai duc, un comte des croisades, demandait à être présenté à la marquise de Fontaneilles. — Est-ce que vous avez dit mon nom ? — Non. — Mais vous ne me dites pas le nom de la jeune fille.

— Elle s'appelle Geneviève. — Geneviève de quoi! — Ah! je me suis arrêté au baptême. »

Octave était furieux. « Geneviève! reprit-il, je connais ce nom-là. Ah! pardieu, c'est le nom de ma cousine; mais celle-là est une vraie Parisienne, tandis que ma cousine est une provinciale. Il faudra pourtant que j'aille voir Mlle de La Chastaigneraye. »

Octave tarda d'un jour; le lendemain, quand il se présenta au petit hôtel de sa tante, elle était partie.

En rentrant chez lui, il trouva parmi ses lettres du matin ce billet qu'il n'avait pas lu :

Je pars très mécontente, monsieur mon neveu. J'ai tenté deux fois de vous trouver pour vous dire adieu. Mais monsieur le duc ne recevait pas. Je ne vous pardonnerai que si vous me faites la grâce de venir à Champauvert. Puisque vous avez peur de votre cousine, je vous promets que vous ne la rencontrerez pas. Elle a, d'ailleurs, le plus grand désir de ne jamais vous voir.

Sur ce, monsieur le Duc, je prie Dieu qu'il vous ait en sa sainte et digne garde. RÉGINE DE PARISIS.

« Eh bien! dit Octave, j'irai chasser cette année à Parisis. »

XXIV

POURQUOI M. D'ANTRAYGUES DEMANDA A SA FEMME SI ELLE GANTAIT L'OCTAVE

OCTAVE ne voulait pas — selon son habitude — revoir madame d'Antraygues. On sait qu'il n'aimait pas se retourner vers le passé. Il aimait plus les aventures que l'amour, ou plutôt il aimait l'amour des aventures plus encore que les aventures de l'amour.

Mais, trois jours après, à un bal de la princesse ***, il vit entrer la comtesse dans toute la souveraineté de la jeunesse, de la beauté et des diamants. Tout le monde s'écria : « Comme elle est belle ! » Faut-il le dire, la comtesse était plus belle après sa chute que dans la souveraineté de sa vertu. L'orage fait éclore le lendemain mille fleurs inattendues. La vertu a son despotisme, ses contraintes, ses chaînes inflexibles. La passion, quand elle ne rougit pas, quand elle ne pleure pas, quand elle ne s'humilie pas, a je ne sais quelle désinvolture irrésistible. Chez les femmes du monde, elle s'abrite encore sous des airs de vertu qui la font plus pénétrante, comme ces adorables voluptueuses de Prudhon, dont les yeux sont à la fois baignés d'innocence et d'amour. La fable a fait Vénus plus belle que Junon.

M. de Parisis fut pris soudainement d'un vif *revenez-y*, comme disait Mme de Sévigné. Il alla saluer Alice et lui dit qu'il mourait d'amour. « Je vous connais, répondit-elle, aussi je ne crois pas un mot de ce que vous dites. »

Tout autre qu'Octave eût été rejeté bien loin, mais il eût bientôt prouvé à Mme d'Antraygues qu'il ne l'avait pas revue parce qu'il n'avait voulu revoir Violette. « Vous savez qu'elle vous attend toujours ? — Oui, mais c'est fini. Le coup de revolver a tué mon caprice. Je n'aime pas ces bêtises-là. Comment voulez-vous revoir un sein de femme qui a été ensanglanté ? — Mais ce sang coulait pour vous, monstre charmant ! — Plus un mot de Violette. Qu'avez-vous fait de votre belle jeunesse depuis notre dernière rencontre ? — Je vous ai haï. — C'est toujours par là que l'amour commence. — Que l'amour finit. »

On jasait autour d'Octave et d'Alice. Quoiqu'il ne mît pas beaucoup d'orgueil dans ses aventures galantes, il ressentait bien quelque plaisir à être accusé de cette conquête.

Comme Mme d'Antraygues semblait décidée à ne plus le recevoir ni à ne plus revenir chez lui, il la menaça d'un air dégagé de se consoler avec une de ses amies qui était surnommée la consolatrice des affligés. Elle aima mieux, tout bien considéré, qu'il vînt se consoler chez elle, où il restait encore un tête-à-tête en porcelaine de Sèvres — pâte tendre.

Le lendemain, à minuit, quand M. de Parisis se retrouva chez la comtesse, il lui fallut vaincre sa rébellion par toute la comédie du sentiment. « Ah ! vous voilà à mes pieds. Je vous attendais là. Eh bien, restez-y, mon cher duc. — Toujours, dit Octave en joignant les mains sur les genoux de la comtesse. — Je ne puis m'empêcher de penser, en vous voyant ainsi en adoration plus ou moins railleuse, que dans les pièces de théâtre, c'est toujours à ce moment critique que le mari frappe à la porte. Prenez garde à vous ! »

La comtesse avait à peine achevé ces mots, qu'on frappa trois coups à la porte. Les amoureux ne raillèrent plus. Octave fut moins de temps à se remettre debout qu'il n'en avait pris pour s'agenouiller. Il interrogea Mme d'Antraygues du regard. Mais, pour toute réponse, elle appuya le doigt sur ses lèvres agitées.

On frappa encore trois fois. « Ce n'est pas mon mari, dit la comtesse, car Gladiateur n'a pas aboyé. » Modèle des petits chiens de garde : elle ne l'avait appris à aboyer que contre son mari. Qui donc a dit que le chien était l'ami de l'homme ?

« C'est égal, reprit Alice, jetez-vous sur le balcon ! » M. de Parisis obéit. Il ouvrit la fenêtre en homme expérimenté. Jamais un voleur ou un amant n'avait fait moins de bruit. « N'a-t-on pas frappé ? demandait-elle en jouant l'innocence. — Comment donc ! je ne fais que cela ! cria d'Antraygues. »

Mme d'Antraygues ferma la fenêtre, déploya les rideaux et poussa un fauteuil dans l'embrasure, tout en disant : « Ah ! c'est vous, mon ami ! Est-ce que vous voulez que je vous ouvre la porte ? — Vous le voyez bien, puisque je frappe depuis une heure ! — Dites-moi ce que vous voulez ? — Je n'ai pas l'habitude de parler par le trou de la serrure. — Puisque vous avez la clé ? »

Mme d'Antraygues était bien sûre de la lui avoir prise.

Le comte frappa encore trois coups ; mais cette fois avec le pied, comme signe de haute impatience. « En vérité, mon cher, vous n'aimez pas à parlementer. Je me couchais ; je remets ma robe. Faut-il faire la conversation ? Faut-il vous lire le journal du soir ? On annonce que Mlle Patti se marie et que Mlle Brohan divorce. — Pardieu, le monde est un malade qui n'est jamais tourné du bon côté. »

La comtesse ouvrit. « Vous faites des maximes comme votre cousin Larochefoucauld ? Je ne parle pas de l'ancien. — Merci, ma chère ; tous les Larochefoucauld sont bons, même les mauvais. Vous ne savez pas pourquoi je viens vers vous à une pareille heure ? — C'est vrai, vous ne rentrez jamais que vers quatre ou cinq heures du matin. Or il est à peine minuit. — J'ai juré de ne plus jouer et je vous supplie de me lier les mains. J'ai joué ce soir pour la dernière fois. J'ai perdu près de sept cents louis ; mais, en vérité, c'est une bonne fortune, puisque je ne jouerai plus. Ah ! ma chère, je vais redevenir un homme de l'âge d'or. »

Et le comte ajouta, comme se parlant à lui-même : « Quand j'aurai payé. »

Mme d'Antraygues avait entendu. « Quoi ! vous n'avez pas payé ? — Oh ! cela se fait toutes les nuits. On joue sur parole. C'est la dernière parole d'honneur. — Si vous n'avez pas payé, je suppose que ce n'est pas faute d'argent. » Le comte prit dans la poche de son gilet une pièce de cent sous à l'effigie de Louis XVIII, trouée en trois endroits, un vrai fétiche qui naturellement lui avait toujours porté malheur. « Faute d'argent madame ! Mais voyez donc cet objet d'art ! — C'est tout ce qu'il vous reste ? — Oui, ma chère, avec notre pièce de mariage. — Nous parlerons de notre pièce de mariage demain, monsieur. En attendant il faut payer. »

Et Mme d'Antraygues, qui ne comptait pas encore, ouvrit son chiffonnier. « Vous êtes aimable, lui dit son mari, de considérer les billets de banque comme des chiffons. Comment faites-vous pour en avoir toujours ? — C'est que je ne joue pas. Combien vous faut-il ? — Donnez-moi seulement dix billets roses. — Cinquante mille francs, dit-elle, les voilà. Mais vous voyez ce qui me reste. — Vous êtes un ange, Alice. »

M. d'Antraygues se pencha pour baiser la main de sa femme. Il ne donna pas le baiser. Il avait vu sur le tapis un gant qui ne lui parut pas un gant de femme.

Il le ramassa. « Madame, voulez-vous essayer ce gant-là ? » Il tenta violemment de ganter sa femme. « Je m'en doutais, lui dit-il, vous gantez maintenant l'Octave. » Et il rit de son mot pour dissimuler sa colère.

Il se demanda sérieusement s'il allait tuer Alice. « Adieu, madame, je vais payer pour l'honneur de la maison que vous protégez si bien. Demain, je vous rendrai cet argent avec les intérêts ! » Il partit. Toute cette scène n'avait pas duré une demi-minute. Alice courut à la fenêtre. « Nous sommes perdus ! Il a ramassé un de vos gants, il a joué sur le mot, il m'a demandé si je gantais l'Octave. — Soyez sans inquiétude, dit Octave, mes chevaux m'attendent rue de Courcelles, je serai au cercle avant lui. » Et il baisa la main que M. d'Antraygues n'avait pas voulu baiser. « Octave ! Octave ! — Adieu ! adieu ! »

Quand M. d'Antraygues arriva au cercle, il trouva M. de Parisis à une table de baccarat. Il lui tendit son gant au bout de sa canne. « C'est votre gant, n'est-ce pas ? Oui, dit Octave, si vous n'êtes pas content, gardez-le. »

Et s'adressant à tous les spectateurs. « Messieurs, nous nous battrons demain, M. d'Antraygues m'a trouvé chez sa maîtresse. Pas un mot, car si Mme d'Antraygues le savait ! »

Le duel fut terrible. Tous ceux qui tiennent une épée s'en

souviennent encore. On se battit dans le parc d'une villa du bois de Boulogne. M. d'Antraygues, blessé à la main, ne voulut pas cesser le combat. Il dit que c'était un duel à mort. Il atteignit Octave à l'épaule, il vit jaillir le sang, mais ce ne fut pas assez. Il eut beau faire, Octave se contenta de se défendre par de simples oppositions de quarte et de six. A chaque nouvelle attaque, il se retrouvait à la même parade. Mais M. d'Antraygues lui perça la main. Octave, toujours souriant, Octave reprit son épée de la main gauche et désarma deux fois son adversaire.

Les témoins se jetèrent entre eux et déclarèrent que l'honneur était satisfait. Mais on recommença. D'Antraygues se battit en furieux. Il finit par se jeter sur l'épée savante de Parisis. Le sang jaillit de la poitrine. Il tomba en rugissant et en agitant son épée. « Eh bien! dit-il aux témoins avec un rire horrible, l'honneur est-il satisfait? »

L'honneur n'eût été satisfait que si M. d'Antraygues avait forcé l'amant de devenir le mari. Le duel n'était pas fini : Il recommença entre M. d'Antraygues et sa femme.

Quand le comte fut porté chez lui, il demanda la comtesse. On lui apprit qu'elle était partie à l'heure même du duel et on lui remit cette lettre :

Adieu, monsieur, je vais en Irlande chez ma grand'mère. Nous n'avons plus besoin de séparation de corps, puisqu'elle est faite depuis longtemps, ni de séparation de biens, puisque vous les avez mangés. Adieu.

ALICE.

Avec la même encre elle avait écrit à Octave :

Décidément, votre amour porte malheur. Vous avez presque tué Violette et vous m'avez exilée.

Je ne vous dis pas où je vais, parce que vous n'y viendriez pas.

ALICE.

XXV

UNE AMBASSADE GALANTE D'OCTAVE DE PARISIS

E duc de Parisis s'ennuyait bien un peu çà et là, comme Rodolphe de Villeroy, d'attendre trop longtemps sa nomination de ministre en Allemagne, quoiqu'il n'aimât pas beaucoup la rive droite du Rhin.

En attendant, il ne se consumait pas dans l'orgueil trompé.

Un de ses amis, Guillaume de Montbrun, devait épouser Mlle Lucile de Courthuys à la chapelle du Sénat. Les lettres de faire part s'imprimaient. Le lendemain, la nouvelle devait éclater par tous les mondes de Paris.

Comme Octave, Guillaume était de tous les mondes, du meilleur et du plus mauvais. Il alla dès l'aurore réveiller le duc de Parisis : « Pourquoi viens-tu si matin ? — Parce qu'il n'y a pas un jour à perdre. Tu m'as promis d'être toujours là pour mes affaires d'honneur ; voilà pourquoi je te réveille. — Parle ; un duel ? — Oui, un duel à mort : je me marie. »

Octave se souleva sur l'oreiller. « Pourquoi cette mauvaise plaisanterie ? — Parce que j'ai trouvé une jeune fille adorable ; je ne te l'ai pas dit plus tôt, connaissant tes allures, tu me l'aurais enlevée. Et pourtant celle-là, Dieu merci ! n'est pas une de celles qui se laissent enlever. Tu ne t'imagines pas ce que c'est : un ange ! — Un ange avec cinquante mille livres de rente ? Le pain est si rare à ta table. — Ne parlons pas d'argent. — Tu as raison ; on n'en a jamais et on en a toujours. — Mon cher, je ne viens pas pour te parler de la fiancée ni de la dot. — A propos, que va dire cette belle dame que j'ai entrevue une fois sous les ombrages de la Vallière, à Versailles ? Elle était bien voilée, mais je crois qu'elle était bien jolie. Elle marchait comme une reine, et si depuis elle a boité comme Mlle de la Vallière, c'est qu'elle avait pris une entorse en se promenant avec toi. — C'est précisément pour te parler d'elle que je suis venu ici. — Alors, c'est elle qu'il faut que j'enlève ? — Je ne vais pas jusqu'à te demander un tel service. Mais enfin, tu t'es si souvent montré mon ami... — Explique-toi, sphinx. »

Guillaume de Montbrun se renversa dans un fauteuil. « Voilà. Je suis adoré comme tous ceux qui vont se marier ; une femme ne vous aime bien que quand une autre femme est là, c'est de toute antiquité. — Ah! mon ami, comme tu es malheureux si tu es aimé! — Ne m'en parle pas, tu sais cela, toi. Eh bien, mon cher ministre plénipotentiaire en disponibilité, il faut que tu ailles bravement chez la dame en question, et que tu lui arraches son amour du cœur. — C'est simple comme tout. Je vais à elle et je lui dis : « Madame, n'aimez plus mon ami Guillaume, parce qu'il a confié les destinées de son cœur à une autre femme. » Et quand j'aurai parlé, la dame dira : « Je ne l'aime plus. » Cela se fait toujours comme cela. Tu as donc peur qu'elle poignarde la blanche épousée? — J'ai peur de tout; j'ai peur surtout qu'elle ne se poignarde elle-même. Quand une femme tombe dans la bêtise d'aimer, elle est capable de toutes les autres. — Alors tu feras bien mieux de ne lui rien dire du tout jusqu'à la lune de miel. — Ah! s'il n'y avait pas de journaux! Mais, un de ces jours, elle va lire la nouvelle et tomber chez moi comme une avalanche, ou comme un coup de tonnerre. L'amour qui commence est une bien belle chose, mais l'amour qui finit... — Voilà pourquoi tu recommences. — Ne rions pas, c'est sérieux. »

Guillaume de Montbrun se leva et porta à Octave, toujours couché, une enveloppe cachetée à ses armes, renfermant une cinquantaine de lettres, autant de pâles souvenirs déjà scellés dans le tombeau. « Voilà ses lettres. Tu iras chez elle, tu la trouveras à deux heures; son mari ne rentre qu'après la Bourse... — Où, naturellement, il est heureux. Comment s'appelle-t-il, ou comment s'appelle-t-elle? — Elle s'appelle Mme... Mme de Révilly. — En vérité! Je ne l'ai jamais vue, mais on m'a dit qu'elle était charmante. — Elle ne va jamais dans le monde. Elle s'était emprisonnée dans notre amour avec une fenêtre ouverte sur le ciel. Tu sais, les femmes arrangent tout cela : Dieu et le diable. — Parce que les femmes sont l'œuvre de Dieu et du diable. Donc je porterai ces lettres à Mme de Révilly. Et tout naturellement tu lui demanderas les miennes. Tu comprends que si le lendemain des noces il lui prenait fantaisie de les envoyer à ma femme, Lucile ne me pardonnerait pas d'avoir écrit à une autre avec une pareille éloquence de cœur. »

Parisis regarda son ami Montbrun avec admiration. « Je te trouve beau, en vérité, de t'inquiéter de pareilles billevesées. Ta femme te pardonnera d'autant plus que ton éloquence sera plus belle. Mais enfin, tu veux briser, brisons. »

Octave regarda la pendule. « Dix heures. Je n'aurai pas le temps de m'occuper de moi aujourd'hui. Un duel à arranger, ce qui veut dire qu'il faut qu'il ait lieu; une visite au ministre pour lui prouver que je n'ai pas de rancune; ta chaîne à briser

— ô esclave blanc qui en a déjà une autre ; — un nouveau cheval à montrer, je veux dire à monter au Bois ; un dîner officiel et un bal à l'ambassade d'Autriche. Enfin, à minuit je pourrai commencer ma journée. — Je sais bien que tu es comme le sage, et que, pour toi, chaque grain qui tombe du sablier est un grain d'or. »

M. de Montbrun s'était levé : « Adieu, je compte sur toi. Tu sais tout ce qu'il faut dire à la dame. Parle-lui de mon chagrin et de mes dettes. — Oui, on se marie pour échapper à une maîtresse qui vous ennuie et on met cela sur le dos de ses créanciers. Sois tranquille, je suis un excellent avocat pour ces causes désespérées. Sais-tu pourquoi ? — Parce que cela t'amuse. — Parce que c'est une étude de femme. — Et parce qu'on n'apprend à connaître la femme qu'après avoir mis le scalpel dans tous les cœurs. — Oh ! je ne suis pas si médecin que cela. — Je reviendrai chercher la réponse à six heures. — Oui, tu me trouveras ; c'est l'heure où je m'habillerai pour aller dîner. »

Les deux amis se serrèrent la main. « N'oublie pas qu'elle demeure boulevard Haussmann. Te rappelles-tu, quand l'autre jour tu m'as demandé du feu pour allumer ton cigare ? c'était sous sa porte cochère. Que Dieu te conduise ! — Sois heureux, va cueillir des fleurs d'oranger. »

A deux heures, M. de Parisis descendait à pied le boulevard Haussmann, tout à sa mission ; comme un avocat qui va plaider une mauvaise cause, il cherchait de bons arguments. « C'est là que demeure la belle, dit-il tout à coup en regardant un petit hôtel d'architecture trop composite. — Mme de Révilly ? demanda-t-il. »

Sur un signe affirmatif, il monta l'escalier. Le concierge avait fait deux fois retentir le timbre pour annoncer un homme. Il ne sonnait qu'une fois pour une femme. Octave vit, par le grand air de l'escalier, qu'il était dans une bonne maison.

Un valet de chambre lui demanda son nom et revint tout de suite pour lui dire d'entrer. Il fut quelque peu désappointé en voyant deux dames au lieu d'une. Il tombait mal, on recevait ce jour-là. Toute femme du monde qu'elle était, la maîtresse de la maison ne put masquer une vraie surprise en voyant entrer M. de Parisis. « Je ne m'attendais pas à cette gracieuse visite, dit-elle avec un sourire charmant. — Madame, j'étais dans mon tort. Il a fallu toute une histoire, que je vous dirai, pour m'autoriser à me présenter ainsi devant vous, sans avoir eu l'honneur de vous êtes présenté. »

La visiteuse comprit qu'on ne dirait pas l'histoire devant elle.

Après de profondes réflexions sur la pluie et le beau temps, elle se leva et sortit sans qu'on fît de bien grands efforts pour la retenir.

M. de Parisis avait déjà étudié la dame du logis. Elle était fort jolie, dans tout l'épanouissement de la seconde jeunesse, qui est peut-être la vraie. « Madame, reprit Octave avec gravité, pouvez-vous m'accorder quelques instants et pouvez-vous m'ouvrir une parenthèse de cinq minutes dans vos trois heures de réception ? — Je ne réponds de rien, dit la dame, plus surprise encore qu'à l'arrivée d'Octave, seulement vous avez toutes chances de n'être pas troublé, car les vraies visites ne commencent qu'à quatre heures, mais surtout au retour du Bois. Parlez, monsieur. — Eh bien ! madame, je vais droit au but. Avez-vous lu des romans ? Avez-vous été à la comédie ? Oui, n'est-ce pas ? Eh bien ! figurez-vous que vous êtes une héroïne de roman ou un personnage de comédie. La vie ! qu'est-ce autre chose, surtout la vie du cœur ? — Je ne comprends pas bien. — Il me semble que je vous ai vue à cette première représentation d'une comédie où il y a une jeune fille qu'on aime et une jeune femme qu'on a aimée. Le comédien est très amoureux de la jeune femme, mais il va épouser la jeune fille ; c'est la loi du monde. »

La dame avait pâli. Octave se tut un instant pour voir ce qu'elle dirait, mais elle garda le silence. « Vous vous rappelez, reprit Octave, que l'amoureux a si peur de lui, qu'il prend un ambassadeur pour le suprême adieu à sa maîtresse. »

A ces derniers mots, la dame se leva et s'écria : « Il se marie ! Je l'avais deviné. Il y a huit jours que j'ai senti un coup au cœur. »

Et la dame retomba atterrée sur son fauteuil.

M. de Parisis se leva à son tour pour lui prendre la main. « Il se marie, madame, mais il vous aime. Il vivra à côté d'une autre, mais il vivra dans votre souvenir tout vivant. Que voulez-vous, le monde est ainsi fait ! Voilà pourquoi l'âme aspire toujours à une autre patrie, ce qui prouve que le divorce doit être décrété. »

La dame semblait ne pas entendre. « Mais, monsieur, c'est impossible ; a-t-il donc oublié que je lui ai tout sacrifié, mon honneur et l'honneur de ma maison ? Songez donc, monsieur, que mon mari sait tout et m'a maudite. Il ne veut pas me revoir. Le scandale n'a pas éclaté, parce que mon mari est un galant homme. Mais il m'a exilée de ma famille. Me voilà seule ! seule ! seule ! »

La dame se leva. Elle était effrayante de pâleur et de désolation. — « Il ne me reste que le désespoir, il ne me reste que la mort. — Tout s'arrange, madame. Le bien enfante le mal, comme le mal enfante le bien. — Eh ! monsieur, je ne me paye pas de phrases, quand on m'a dit : « A la vie, à la mort, » j'ai subi fatalement cette passion, parce que votre ami mourait de n'être pas aimé. Si vous saviez comme j'ai résisté, comme je lui cachais mon cœur, comme je m'attachais à mon devoir ? Et maintenant que je suis tombée comme toutes les femmes qui tombent, par sacrifice, il s'en irai gaiement, sans souci de mes larmes, faire le bonheur d'une autre. Non, je ne le veux pas ! le scandale éclatera plutôt, tant pis ! Je lui montrerai qu'on ne me traite pas comme une poupée. Quand il entendra mes sanglots, il ne voudra pas me condamner à mort. Mais il n'a donc pas de cœur, votre ami ? Et moi qui ne croyais qu'à son cœur ! »

La dame avait dit tout cela avec un accent de passion qui émut beaucoup M. de Parisis. « Voilà une vraie femme, » se dit-il. Ce qui ne l'empêcha de prendre les lettres et de les présenter à l'Hermione farouche. « Ce sont vos lettres, madame. » La jeune femme bondit. « Mes lettres ! » Elle les prit et les jeta au feu. « Oh ! non, dit Octave, cela brûlerait trop vite. »

L'enveloppe brûlait déjà. Il reprit les lettres dans l'âtre. « Et il s'imagine que je vais lui rendre les siennes ? Non, monsieur ! qu'il vienne plutôt m'arracher le cœur. Ah ! si vous saviez... »

La jeune femme retomba pour la troisième fois sur son fauteuil. Cette fois, elle était à demi morte, son cœur battait à tout rompre, elle chercha son flacon. M. de Parisis le saisit sur la cheminée et le lui fit respirer. « Monsieur, lui dit-elle, vous aller me trouver bien ridicule. Je sais qu'on ne permet pas à une femme d'avoir du cœur, mais enfin, puisque vous êtes son confesseur, — (une indiscrétion que je ne comprends pas, tout galant homme que je vous reconnaisse), — soyez le mien aussi. Vous comprenez que je ne suis pas de celles qui donnent toute leur vie pour un caprice. Si j'ai fait cette chute profonde, c'est que je croyais le retrouver toujours avec moi dans l'abîme. Pour moi, la solitude c'est la mort. Dites-le-lui bien. — Mais, madame, vous voulez vous abreuver d'idéal sans mettre les pieds sur la terre. Songez donc que s'il se marie, c'est parce qu'il n'a pas d'argent. — Il n'a pas d'argent ! Ne dirait-on pas que je lui ai mangé son argent ? Il ne s'est pas ruiné avec moi, Dieu merci ! Je ne lui ai jamais coûté que des bouquets de lilas blanc. — Je n'en doute pas. Mais enfin, il n'a pas d'argent. Le mal était fait depuis longtemps. Que voulez-vous qu'il devienne, lui qui se réveille ambitieux et qui porte un beau nom : noblesse oblige ? —

Oui, noblesse oblige à être un honnête homme. Qu'importe s'il n'a pas d'argent, puisque j'en ai, moi ! »

Octave sourit. « Pardon, madame, vous estimez trop mon ami pour le soumettre à ce régime-là, et moi je vous estime trop pour ne pas attribuer cette parole à la colère. — Mais, monsieur, ma fortune est à moi. Si bien à moi que mon mari, brouillé à mort avec moi, vient de partir pour une de mes terres... Mais vous avez raison : je suis folle, je ne sais plus ce que je dis. Votre ami est un lâche, car, s'il m'aimait, il ne dirait pas qu'il n'a plus d'argent. — Que voulez-vous ? l'homme n'est pas parfait ; celui-là vous a adorée, il vous aime encore ; sa mauvaise destinée l'arrache à son bonheur. Il faut lui pardonner. — Lui pardonner ! jamais ! Dites-lui qu'il vienne, je veux lui parler. — Oui, mais il ne veut pas vous entendre ; il sait trop que vous parlerez bien et que vous aurez raison. »

Octave se dit à lui-même : « Eh bien ! j'ai été bien mauvais avocat, ou la cause était désespérée. Je n'ai plus qu'à battre en retraite. » Et s'inclinant vers la jeune femme : « Madame, voici vos lettres ; voulez-vous me donner celles de mon ami ? — Monsieur, je ne veux pas de mes lettres et je ne veux pas lui rendre les siennes. Ses lettres sont à moi comme les miennes sont à lui. — C'est irrévocable ? — J'ai dit. Adieu, monsieur. Encore un mot. Dites-lui que je le hais. — Je savais bien, madame, que vous me diriez ce mot-là, mais je sais le traduire. » Et se rapprochant de la jeune femme : « Vous le haïssez bien, n'est-ce pas, madame ? — Oui, dit-elle en cachant ses larmes. » — Elle reprit sa dignité : « J'en mourrai. Dites à Horace... — Horace ! s'écria M. de Parisis. »

Il s'imagina que la jeune femme avait deux amants. Il la regarda tout émerveillé. « Mais, madame, ce n'est pas Horace qui m'envoie. C'est Guillaume. — Guillaume ! quel Guillaume ? » Octave se demanda si elle jouait la comédie. « Voyons, vous le connaissez bien ! Guillaume de Montbrun. »

La jeune femme partit d'un grand éclat de rire. « M. de Parisis, vous vous êtes trompé de porte ; adressez-vous à côté. — Vous n'êtes donc pas Mme de Révilly ? — Non, je suis Mme d'Argicourt. » Ils riaient tous les deux de cette méprise de comédie — de comédie à faire. — « Tout justement, reprit la jeune femme, Mme de Révilly était là quand vous êtes arrivé. — C'était elle ; voilà donc pourquoi, quand j'ai demandé au concierge Mme de Révilly, il m'a dit de monter. — Oui, monsieur de Parisis, c'est ma meilleure amie, mais celle-là se consolera. — L'amour console de l'amour. — Si j'ai un conseil à vous donner, c'est de lui dire que vous l'adorez, avant de lui dire que son amant ne l'aime plus. — Soyez tranquille, madame! Je reconnais que je suis un mauvais diplomate. Désormais, je serai plus féminin. »

Octave et Mme d'Argicourt étaient devenus les meilleurs amis du monde. Elle était si heureuse de ne pas perdre son amant, qu'un peu plus elle se jetait dans les bras de M. de Parisis.

Il devina ce mouvement. « Ah! madame, dit-il en jouant une passion subite, c'est ici qu'il me serait facile de me tromper moi-même! »

Cependant une pensée sérieuse était venue frapper le cœur de Mme d'Argicourt; elle pencha la tête et prit l'attitude d'une de ces belles repenties que peint si éloquemment et si simplement Mlle de la Vallière dans sa lettre à Mabillon.

Une profonde expression de tristesse s'était répandue sur sa figure.

M. de Parisis la regardait avec surprise; il se pencha vers elle et prit sa main retombante. « Et moi qui me croyais heureuse! dit-elle. — Puisqu'on vous aime toujours, madame! » Elle releva la tête avec énergie, tout en dégageant sa main : « Mais, monsieur, c'était un secret à deux! Vous êtes venu surprendre mon secret! c'est fini. Je n'oserai plus être heureuse! »

Il y avait dans l'accent de la jeune femme de la douleur et de la colère. Il lui semblait qu'en arrachant ce secret de son cœur, Octave venait d'arracher tout le charme de son amour. Sa solitude à deux — car l'amour, même à Paris, est toujours une solitude à deux — était pour jamais violée. Elle croirait toujours que M. de Parisis serait là avec son sourire railleur, au spectacle des scènes les plus intimes. C'était le diable lui-même qui était venu jeter une lumière fatale sur le secret de sa vie.

Et, comme Mme d'Argicourt était toute à l'émotion du moment, elle s'abandonna comme un enfant à sa colère et à sa douleur.

Octave étudiait ce caractère tout primesautier, avec une vive curiosité. « Voilà, se disait-il, une femme charmante qui fait bien ce qu'elle fait; je suis sûre que quand elle est avec son amant, elle ne va pas chercher midi à quatorze heures. »

Il jugea qu'il fallait la jeter dans un autre courant d'idées. Elle paraissait le prier de la laisser à son chagrin; mais il eût trouvé indigne de lui de ne pas consoler, par toute sa rhétorique, une si belle créature.

Et, d'ailleurs, Octave sentait que la curiosité seule ne l'aiguillonnait pas. « Quoi! madame, parce qu'un galant homme a surpris, comme par une fenêtre ouverte, que vous vous consoliez du mariage par l'amour, vous allez vous émouvoir de cela ? Il est passé, le temps des héroïnes qui pleurent. Vous êtes trop belle pour pleurer. — Vous avez peut-être raison, dit Mme d'Argicourt en reprenant son beau sourire. L'amour m'a perdue, mais à force d'amour je veux élever ma passion jusqu'à l'héroïsme. On ne condamne pas tout à fait une femme quand elle subit son cœur. — Madame, on ne condamne jamais une femme quand elle a votre adorable figure. « Belle figure, belle âme, » dit Lamartine. — Je suis belle ? je ne m'en doutais pas. — Est-ce qu'il ne vous trouve pas belle, lui ? — Peut-être. C'est un esprit taciturne qui m'aime en silence. — Et comment s'appelle-t-il, cet Horace heureux ? — Vous voulez tout mon secret ? Il s'appelle... » Mme d'Argicourt s'interrompit. « Il s'appelle l'Amour. — Et vous êtes bien heureuse ? — Oh ! bien heureuse ! »

C'était l'expansion de la joie après les mouvements de la colère et de la jalousie. Les lèvres s'agitaient comme des roses après l'orage. « Eh bien ! puisque vous êtes si heureuse, madame, il faut que je vous embrasse ; cela me portera bonheur. » Mme d'Argicourt ne voulait pas, mais Octave l'appuyait sur son cœur. « Un baiser fraternel, n'est-ce pas ? dit-elle en jetant sa tête en arrière. — Oui, le baiser de René à sa sœur. » Mme d'Argicourt présenta son front, mais M. de Parisis descendit jusqu'aux lèvres. « Ce n'est pas de jeu, » dit-elle gaiement.

La jeune femme, toute sentimentale qu'elle fût, était une des plus luxuriantes créatures que la Bourgogne envoie à Paris. Or, on sait que la Bourgogne produit les plus belles nourrices et le sang le plus vif. C'est le sang de la vigne. Aussi est-ce la vigne même que tètent les nourrissons. M. de Parisis appuyait toujours sur son cœur Mme d'Argicourt.

C'était une femme de trente ans, qui avait épousé un gentilhomme campagnard sans relief, sans caractère, sans énergie, un de ces hommes comme il y en a tant, qui sont nés pour mourir sans avoir vécu, parce que la fée Passion n'est pas venue à leur berceau.

Mme d'Argicourt, fille d'un vigneron haut en couleur et en fortune, n'avait épousé M. d'Argicourt que pour son titre de baron. *Dans la ville de Dijon...* la belle Dijonnaise avait voulu éblouir tout le monde par l'éclat de son blason. Par malheur, elle prenait un mari dont les vignes, usées depuis longtemps, ne devaient plus enivrer personne ; voilà pourquoi, vers la troisième année, la belle Dijonnaise ouvrit son tome second avec un amant plus bourguignon que le premier. Avec son mari, elle n'avait bu qu'un petit ordinaire mâconnais ; avec son amant, elle avait goûté au vin de Nuits et au vin de Tonnerre. Mais elle n'en était pas encore aux grands crûs.

M. de Parisis lui révéla, dans cette étreinte de dix secondes, je ne sais quel bouquet de Clos-Vougeot et de Romanée qui l'enivra subitement.

L'amant qu'elle adorait n'était un dieu que dans son imagination. M. de Parisis, qui lui était de cent coudées supérieur par la beauté, par l'esprit, par la noblesse, et, le dirai-je, par la coquinerie donjuanesque, lui fit perdre en dix secondes la moitié de son prestige. Il y a des magnétismes despotiques qui enchaînent une femme et bouleversent son âme. On avait dit d'Octave : « Tout ce qu'il touche devient feu, » comme on dit du soleil : « Tout ce qu'il touche devient or. » En effet, quand il avait touché une femme, elle pouvait s'envoler impunément de ses bras, mais elle gardait toute sa vie son souvenir. C'est que nul n'avait plus de force dans la grâce, plus de feu dans la passion.

Mme d'Argicourt était enivrée.

Le poison de l'amour, le plus subtil de tous les poisons, avait pénétré dans son âme et dans son sang ; elle le subissait sans révolte, comme si ses bras fussent enchaînés dans les roses. Octave, penché au-dessus d'elle, respirait son souffle avec adoration et répandait le sien sur ses yeux comme pour l'aveugler.

« Je crois que vous êtes le diable, » murmura-t-elle.

Le timbre retentit une fois. La jeune femme se dégagea et tourna sa tête vers la glace. « Ah ! mon Dieu, dit-elle, vous m'avez toute décoiffée. » Elle s'enfuit vers son cabinet de toilette. Octave n'était pas homme à rester cloué à la cheminée pour recevoir une visiteuse quelconque, il ne considérait pas la partie comme perdue. Il suivit Mme d'Argicourt, qui était déjà à sa toilette. « Pourquoi fermez-vous la porte ? lui dit-elle. — Parce que je suis entré. — Et pourquoi êtes-vous venu ? — Parce que, moi aussi, je veux me rajuster les cheveux. — Monsieur de Parisis, nous sommes fous tous les deux. — Je suis fou, madame, parce que je vous ai vue. »

Mme d'Argicourt, qui s'était assise devant sa toilette, venait de se relever pour recevoir la visiteuse ; mais Octave l'arrêta au passage. « Vous savez que vos admirables cheveux sont tout aussi désordonnés que tout à l'heure et vous font mille fois plus belle encore. »

Mme d'Argicourt voulait passer, mais Octave la ressaisit dans ses bras. « Voyons ! monsieur de Parisis, on m'attend. — Et moi qui vous attendais depuis que j'existe ! car je n'ai jamais aimé que vous. » Et, sur cette belle parole, il embrassa une seconde fois la jeune femme. « Mais c'est une tyrannie ! Me voilà encore toute décoiffée ; je vais crier. — Je vous ferme la bouche. »

Ci-gît un troisième baiser, « Oh ! que je suis malheureuse ! J'ai la tête perdue, je voudrais vous battre. » Octave souriait, tout en regardant Mme d'Argicourt avec passion et en l'appuyant toujours sur son cœur. « Je suis au désespoir. Si nous rentrons par là tous les deux, ce sera un scandale. — Aussi suis-je bien déterminé à rester ici. » Mme d'Argicourt essaya de railler : « Comme si vous étiez chez vous ! — L'amour est toujours chez lui, madame. »

On peut tuer d'un seul coup par le ridicule un amant dans le cœur de sa maîtresse ; il arrive même que, par la comparaison, on peut à jamais démonétiser un amoureux. Mme d'Argicourt s'était jetée tout éperdue dans les bras du sien, parce qu'il était un autre homme que son mari. Maintenant qu'elle voyait face à face cet irrésistible Parisis, dont les femmes disaient tant de mal, elle ne put s'empêcher de mesurer les tailles : Octave dépassait Horace par toutes les supériorités, par son titre de duc, par sa beauté hautaine, par son esprit railleur. Elle avait jusque-là appelé son amant son ange et son dieu, — style dijonnais, — mais Parisis avait du démon, il sentait l'enfer. Elle risquait son heure de damnation comme toutes les femmes qui cherchent trop le paradis.

Cependant la visiteuse, qui s'ennuyait de faire le pied de grue, se mit au piano et joua la valse des Roses. « Un tour de valse, » dit Octave en prenant Mme d'Argicourt à la ceinture. C'était la ceinture de Vénus : on la dénoue en y touchant.

La visiteuse joua merveilleusement cette adorable valse qui a enivré toutes les belles pécheresses depuis cinq ans. Et quand résonna le dernier soupir — de la valse — et de l'amour : « Oh ! mon Dieu ! dit tout à coup Mme d'Argicourt. Et ma visiteuse ! — Oh ! mon Dieu ! dit tout à coup Octave. Et mon ambassade ! »

6.

XXVI

LA VALSE DES ROSES

OCTAVE ne fut pas plus tôt dans l'escalier de Mme d'Argicourt, qu'il pensa à Mme de Révilly.

Il se demanda comment il allait jouer son rôle; mais comme il était de ceux qui ne croient qu'à l'inspiration du moment en toutes choses, comme il savait que le plus souvent les plus belles batteries perdent leurs feux dans un siège, à l'heure même où un accident, une trahison, une défaillance, un acte d'héroïsme donne la place à l'ennemi, il résolut d'aborder, sans parti pris, la maîtresse abandonnée.

Il se présenta à sa porte. Elle était rentrée après sa visite à sa voisine, mais elle venait de sortir encore.

Après tout, cela se trouvait d'autant mieux qu'il n'avait pas cinq minutes à perdre pour monter à cheval.

Il arriva un peu tard au Bois, mais il ne manqua pas son effet. Le cheval qu'il voulait présenter, une bête bien née, recueillit les plus vives admirations. Tous les hommes disaient autour d'Octave : « Il n'y a vraiment que Parisis pour faire de pareilles trouvailles. » Toutes les femmes disaient : « Il n'y a que lui pour monter comme cela un si beau cheval. »

Il pensait vaguement à Mme de Révilly et à son ambassade, quand tout à coup il vit la jeune femme en calèche qui jouait de l'ombrelle, comme la princesse T*** joue de l'éventail. « Elle est décidément fort jolie, » dit-il en s'inclinant avec un sourire.

Au Bois, on n'est jamais inquiet du salut qu'on donne, il y a toujours quelqu'un pour le rattraper. Mme de Révilly prit le salut pour elle. « M. de Parisis ! » dit-elle.

Une légère rougeur se répandit sur sa figure. Elle salua elle-même avec une grâce charmante, comme une femme du monde qui n'est pas tout à fait du haut monde, quand elle est saluée par le prince de Metternich, le comte Walewski ou le duc de Persigny. « C'est bien, dit Octave, nous voilà de vieilles connaissances, car c'est la seconde présentation. Quand j'irai chez elle demain, nous pourrons déjà parler du passé. »

Il constata qu'elle était fort jolie.

En remontant l'avenue de l'impératrice, Parisis revit Mme de

Révilly ; cette fois il put s'approcher de la calèche. « Pardonnez-moi, madame, si j'entre sans frapper trois coups. »

C'était une femme d'esprit, elle répondit tout de suite : « Il n'y a personne, monsieur. — Je viens, madame, vous demander une audience de cinq minutes. — Une audience! monsieur, vous vous imaginez donc que j'accorde des grâces. — Quand ce ne serait que la grâce de vous voir! — C'est une grâce que je n'accorde jamais chez moi, car je ne reçois que mon mari, et il ne me regarde pas. Allez-vous ce soir au bal de la ville, voir les princes étrangers? — Oui, si vous voulez m'accorder mes cinq minutes. »

A ce moment, le cocher, qui ne s'inquiétait pas de la conversation, s'éloigna trop de l'allée des cavaliers pour qu'Octave pût entendre la réponse de la jeune femme; mais par l'expression du signe d'adieu qu'elle lui faisait, il jugea qu'elle serait très accessible le soir dans la solitude de la foule panachée de l'Hôtel-de-Ville, entre les princes, les artistes, les ambassadeurs — et, malgré la diplomatie des femmes, — les expropriés et ceux qui demandent à l'être.

On dit que quand on cherche une femme on ne la trouve pas. Ce ne fut pas ce qui arriva le soir à M. de Parisis. Comme il montait l'escalier, il suivait une traîne de la plus belle envergure, un taffetas idéal, semé de fleurs et couvert de dentelles. Un membre de l'Institut, Académie des inscriptions et belles lettres, qui n'avait jamais marché que dans le jardin des racines grecques, mit son pied sur cette traîne, ce qui fit tourner la tête à la dame. « C'est elle! » dit Octave.

Et il salua, tout en enjambant trois marches. « Il y a, lui dit-il, des gens qui font leur chemin, mais qui ne sauront jamais marcher dans le monde. — Comme vous avez raison! Si je ne me hâte d'arriver, je n'aurai plus du tout de robe. »

Octave remarqua que la robe de Mme de Révilly n'était pas précisément une robe montante. Un nœud de rubans aux bras, deux doigts d'étoffe sous la ceinture, et deux petits nids pour les seins, de blanches colombes aux becs roses voulant prendre leur volée; ce qui prouvait irrévocablement que Mme de Révilly était une femme bien faite. « Est-ce que vous êtes venue seule, madame? demanda Parisis. — Oui, c'est un jour de liquidation, mon mari fait danser les chiffres. On vous a peut-être dit qu'il avait la folie des millions; moi, qui suis sage comme Minerve, je viens au bal faire danser mes diamants. — Eh bien! prenez mon bras, madame. — Jamais! Que dirait-on ici? — Avez-vous peur d'être expropriée? »

Tout en ne voulant pas, Mme de Révilly mit sa main sur le bras d'Octave.

Il passa tant de monde à la fois qu'elle jugea qu'on ne la verrait pas. Mais elle était fort décolletée ; mais Octave était fort à la mode ; un haut personnage, qui connaissait bien le dessous des cartes de la bonne ville de Paris, accentua son sourire spirituel quand elle fit son entrée. « Voyez, dit-elle à Octave, vous m'avez horriblement compromise, me voilà toute désorientée. Faites-moi valser bien vite pour me remettre. »

Parisis pensait, tout à sa curiosité de l'éternel féminin, que Mme de Révilly était un type ; beaucoup d'esprit et pas un atome de pensée. Elle demandait à valser pour se remettre, parce que le tourbillon était son élément. Elle ne passait pas, elle tournait dans la vie.

Octave valsa avec elle. Ce fut un joli tableau de les voir tous les deux, dans leur jeunesse et dans leur beauté, valser la valse des Roses — toujours la valse des roses — avec la plus adorable désinvolture.

Les valseurs et les valseuses d'occasion qui encombraient le terrain s'étaient peu à peu effacés pour ces dilettantes et ces virtuoses.

Octave ne pouvait s'empêcher de penser que c'était la seconde fois dans la même journée qu'il entendait la valse des Roses, avec une vraie joie.

Mme de Révilly, qui aimait la valse jusqu'à s'en faire mourir, appuyait sa tête enivrée et haletante sur le sein de Parisis, qui tressaillait sous la chaleur de ses lèvres et sur la neige de ses bras.

Après la valse, Mme de Révilly avisa deux chaises dans une porte et y entraîna M. de Parisis, tout en lui disant : « Et maintenant, c'est l'heure des affaires sérieuses ; vous m'avez demandé une audience, je vous l'accorde. Dépêchez-vous, car vous n'avez que cinq minutes. Voyez plutôt, voilà un danseur — une âme en peine — qui s'approche. — Madame, je vous défends de danser le premier quadrille, si ce n'est avec moi. »

Mme de Révilly partit d'un éclat de rire, ce qui empêcha le danseur en disponibilité de venir jusqu'à elle. « A merveille, dit Mme de Révilly, je me croyais libre jusqu'à deux heures du matin, mais il paraît que mon mari vous a donné ses pouvoirs. Vous seriez bien attrapé si je vous prenais au mot et si je dansais avec vous, car je vois là-bas une belle dame qui vous lorgne avec les pâleurs de la jalousie. — Madame, quand je suis dans le monde, je n'y suis pas avec mes passions de la veille ; voulez-vous connaître ma philosophie de l'amour? Le plus beau sentiment qui fasse battre le cœur est celui qui n'a pas de lendemain; je m'explique : rencontrer une femme adorable comme vous, l'aimer tout à coup doucement et furieusement, rêver ensemble que Dieu nous a jetés sur la terre pour nous rencontrer une heure dans le souvenir du ciel, sous les nuées de feu de notre âme soudainement amoureuse, enivrés par un baiser suprême quand le cœur se précipite sur les lèvres, ah! madame, voilà le souverain amour, voilà le bonheur inespéré. Une heure ainsi passée, c'est un siècle, on s'en souvient toute la vie, on s'en souvient toute l'éternité.

Mme de Révilly n'était pas habituée à cette éloquence; elle regarda, toute surprise, Octave qui lui prenait la main, sous prétexte d'admirer son bracelet. « Alors, pour vous, monsieur, l'amour n'a pas de lendemain? — Un lendemain peut-être, un surlendemain passe encore, mais que voulez-vous que fassent des amoureux qui tombent dans l'habitude? C'est odieux, c'est ridicule, c'est malséant. Si vous aimiez le vin, je comparerais cela à des gourmands qui ne boivent jamais d'une bouteille quand elle a été débouchée. Dans le flacon qui contient l'amour, cette liqueur de Dieu, il n'y a que la première goutte qui donne l'ivresse. »

Mme de Révilly, pour la première fois de sa vie, ne s'aperçut pas qu'on dansait sans elle.

Octave lui fit très sataniquement le tableau de son amour avec Guillaume de Montbrun, je veux dire qu'il en fit la caricature. Il montra à la jeune femme tout le ridicule de ces vieux soupirs éventés, de ces poses académiques, de ces mensonges officiels; il étala devant elle avec une complaisance railleuse toute la friperie des rôles qu'on joue plus ou moins mal dans cette comédie éternelle; il prouva que l'amour n'engendrait que la haine, que les chemins battus ne répandaient que de la poussière, qu'il n'y a en ce monde que des commencements, que la suite à demain veut toujours dire un roman ennuyeux qu'il faut donner à lire à sa fille de chambre. Bien entendu que le nom de Guillaume de Montbrun ne fut pas prononcé. M. de Parisis était si persuasif qu'à chaque mot la maîtresse de son ami se disait tout bas: « C'est pourtant vrai! » « Croyez-moi, reprit Octave, tout en appelant à lui l'éloquence des yeux, il n'y a en ce monde que l'imprévu et le premier chapitre. Un homme et une femme qui vont aimer sont adorables, parce qu'ils mettent en jeu toutes les forces, toutes les grâces, toutes les poésies de l'âme comme du corps; un homme et une femme qui se sont aimés, mettent au fourreau, pour des temps meilleurs, leurs plus irrésistibles coquetteries; ils ne vivent pas, ils sommeillent. — C'est pourtant vrai, murmurait toujours Mme de Révilly; quand Guillaume est avec moi, il ne trouve plus rien à me dire. »

Octave allait frapper son dernier coup. « Il y a, madame, un sentiment qui domine tous les autres, c'est celui de la dignité de l'âme. — Ah! monsieur de Parisis, vous allez me faire mourir de rire : c'est donc un sermon ? — Non, madame; je reprends mon mot et vous allez le comprendre. Supposez un instant — c'est une supposition — que vous avez eu un jour de passion; n'est-il pas bien plus beau à vous de briser tout de suite, que de traîner après vous un amant morfondu qui se bat les flancs pour se tromper et vous tromper vous-même? Qui n'a eu ses heures de folie? Ce sont celles-là que Dieu et la conscience pardonnent, parce qu'il faut bien subir les orages. Mais ce que Dieu et la conscience ne pardonnent pas, c'est de vouloir perpétuer sa folie quand la lumière s'est déjà faite dessus. J'estime bien plus une femme qui a eu dix amants par aventure, qu'une femme qui garde un amant par réflexion. — Je vous admire, voilà une nouvelle morale. Dites-moi, est-ce que le ministre vous a autorisé à faire des conférences? Il fallait me dire tout de suite que je devais payer ma place. Et pourquoi me sermonnez-vous tout cela? — La belle question! parce que j'ai valsé avec vous et parce que je vous aime. »

Mme de Révilly parodia les deux vers :

Vous m'aimez, j'en suis fort aise;
Eh bien! dansons maintenant.

Parisis ne dansait que par force. Il se résigna. Mais il avait à fait peine une figure, quand il avisa un de ses amis, à qui trois ou quatre quadrilles ne faisaient pas peur : il lui remit la main de Mme de Révilly. « Madame, mon ami, un gentilhomme italien qui danse toujours sur un volcan, va danser par intérim; nous nous retrouverons tout à l'heure, et vous me direz si vous êtes contente de lui. — Est-il impertinent! pensa Mme de Révilly.

Elle voulait se mettre en colère, mais il avait tant de séduction, jusque dans son impertinence! L'intérimaire était d'ailleurs un cavalier charmant. Quand le quadrille fut fini, Mme de Révilly retourna à sa place et chercha des yeux M. de Parisis. Elle sentit tout à coup la solitude autour d'elle. « Est-ce qu'il s'est envolé, maintenant qu'il a éloigné tous mes amis ? »

Octave reparut et reprit sa place entre les deux salons. « Eh bien! madame, mon ami vous a-t-il plu? — Oui, pour danser.

— Mais je n'ai pas eu la prétention de vous le donner pour qu'il vous enlève. A propos, jusqu'à quelle heure restez-vous ici ? — Pourquoi cette question ? est-ce que vous avez la prétention de m'enlever ? — Un autre dirait : Peut-être, moi je dis : Oui. — Vous êtes impayable. — Vous comprenez bien, madame, tous les dangers que vous pourriez courir en retournant seule chez vous, là-bas, dans les solitudes du boulevard Haussmann ; demandez plutôt au préfet. — Si bien qu'avec vous je ne cours aucun risque. Vous êtes admirable ! Et que diront mes gens ? — Je sais bien que vous avez plus peur de vos gens que de l'opinion publique, mais si vous retournez seule chez vous, que diront-ils ? Ils verseront des larmes sur votre abandon. La pauvre femme !... toujours seule !... un mari qui ne s'occupe plus d'elle !... un amant qui la trahit ! »

Mme de Révilly bondit et se leva à moitié. « Un amant qui me trahit ! Qui vous a dit cela ? Par exemple, je voudrais bien voir qu'on m'accusât d'avoir un amant ! — Erratum ! vous aviez un amant, mais vous n'en avez plus. — Vous devenez fou, monsieur, en me parlant ainsi. »

Parisis prit l'éventail de la jeune femme et lui donna quelques bouffées d'air. « Voyons, on n'écoute pas aux portes, nous sommes entre nous. Pourquoi dépenser mal à propos des réserves de dignité ? Je sais trop mon monde, madame, pour ne pas savoir que M. Guillaume de Montbrun a été votre amant. »

Mme de Révilly se mordit les lèvres et vit bien qu'il n'y avait pas à s'en dédire. « Pourquoi *a été*, monsieur, s'il vous plaît ? — Parce que j'ai appris à conjuguer les verbes au passé et au futur. *A été*, madame, veut dire qu'il ne l'est plus. — Et depuis quand, monsieur ? — Depuis qu'il a rencontré Mlle Peau-de-Satin et qu'il achève de se ruiner dans la poussière de ses chevaux. »

La jeune femme, toute bouleversée qu'elle fût, se contint, et de l'air du monde le plus dégagé, elle dit à Octave : « Si nous allions prendre une glace ? — Oui, madame. Et puisque toute l'Académie est ici, disons comme son Dictionnaire : Allons pictonner un peu. »

Le tohu-bohu, le va-et-vient, le mouvement de la fête devait masquer son émotion. Sa pensée rapide embrassa toute la période de son amour. Elle ne douta pas des paroles d'Octave, surtout quand elle se rappela que depuis plusieurs semaines déjà Guillaume avait une expression de contrainte, sinon d'ennui. Elle jugea qu'il n'avait pas voulu briser, par un sentiment de commisération. « Ces coquines-là ! » murmura-t-elle.

M. de Parisis avait entendu. « Ne m'en parlez pas, madame, elles me prendront tous mes amis. — Et vous par-dessus le marché. — Oui, si les femmes du monde font toutes comme vous. Vous me jetez à la porte de votre voiture ou vous ne voulez pas venir dans la mienne. — Quelle heure est-il? — Madame, il est l'heure de demander vos gens ou les miens. — Allons toujours au buffet. »

Celui qui étudie le cœur humain remarquera que la femme, créature idéale, mais gourmande, ne veut jamais perdre ses droits aux festins, quel que soit l'état de son âme. Le diable savait bien cela en lui donnant une pomme à manger.

Au buffet, Mme de Révilly prit une tasse de chocolat, un ou deux petits pains de foie gras, une coupe de café glacé, un sandwich, un quartier d'orange et une grappe de raisin. Que n'eût-elle pas dévoré, sans cette fatale nouvelle?

Or, pendant qu'elle se désolait ainsi au buffet, M. Guillaume de Montbrun la regardait, tout en s'effaçant dans un groupe; il était venu à l'Hôtel-de-Ville pour y rencontrer sa fiancée. Mais la vue de sa fiancée n'avait pu l'arracher tout à fait au souvenir de Mme de Révilly. Il ne doutait pas du chagrin de sa maîtresse, car, dans son esprit, si Octave était avec elle, c'était pour consoler un peu ce pauvre cœur déchiré.

Il aurait bien voulu parler à son ami : mais voyant que Mme de Révilly reprenait le bras d'Octave, il remit sa curiosité au lendemain.

La jeune femme n'avait pas pris tout à fait au sérieux les plaisanteries de Parisis. Elle se disait que Guillaume affichait peut-être une maîtresse pour mieux cacher son jeu.

On se rencontra au buffet avec Mme d'Argicourt. On se montra les dents sous prétexte de manger des pommes d'api. « Vous me trahissez déjà, dit tout bas la belle Bourguignonne à Octave. Et pourtant je porte vos armes ! »

Elle avait dans les cheveux un poignard d'or.

Cinq minutes après, on criait du même coup du haut de l'escalier : « Les gens de Mme la comtesse de Révilly! — Les gens de M. le duc de Parisis! » Ce qui fit dire au duc d'Acquaviva, consolateur de Mme d'Argicourt, que dans ce hasard des noms jetés à la porte, celui d'Octave sortait toujours à côté de celui d'une jolie femme. Simple rapprochement — du hasard.

Au moment où M. de Parisis et Mme de Révilly descendaient l'escalier, Octave qui connaissait bien les hommes, dit à la jeune femme de retourner la tête. « Pourquoi? lui demanda-t-elle. — Parce que vous verrez M. Guillaume de Montbrun. »

Octave avait bien jugé. La curiosité, l'amour et la jalousie avaient entraîné son ami jusqu'à l'escalier. « C'est lui ! dit Mme de Révilly toute surprise. Que vient-il faire ici ? Je suppose que ce n'est pas pour y trouver Mlle Peau-de-Requin ? — Non, mais supposez-vous qu'il y soit venu pour vous, »

Mme de Révilly était furieuse. « Ah ! si je l'avais aimé ! » dit-elle. Octave jeta ce mot profond : « On n'a jamais aimé les amants qu'on n'aime plus. »

La voiture de Mme de Révilly se présenta la première. Octave donna la main à la jeune femme et se jeta résolûment à côté d'elle, après avoir dit à son groom de faire suivre son coupé.

C'était une charmante créature que Mme de Révilly. Elle se révolta de voir Octave à côté d'elle ; elle voulut qu'il descendît, elle alla jusqu'à vouloir descendre elle-même. Mais il lui parla si doucement, il magnétisa ses colères avec tant d'à-propos, il lui prit les mains si amoureusement, qu'elle se laissa désarmer peu à peu.

C'est un joli voyage nocturne que celui du quai d'Orsay aux anciens abattoirs du Roule, traversés aujourd'hui par le boulevard Haussmann. On part à deux heures du matin par les quais, on touche à l'obélisque, on suit l'avenue Gabriel, on trouble le silence de la rue de l'Élysée, on traverse la place Beauvau, on monte la rue Miroménil, et on est arrivé par le chemin des écoliers.

Mais pourquoi est-ce un joli voyage ? Est-ce parce qu'on voit errer sur les quais les ombres amoureuses des femmes du Directoire qui ont émaillé le Cours-la-Reine ? Est-ce pour les bouquets des jardins de l'avenue Gabriel, illustrée par Mme de Pompadour ?

Demandez à M. Octave de Parisis.

J'oubliais de vous dire que c'est un joli voyage dans la voiture de Mme de Révilly.

La comtesse dit tout à coup à Octave : « Ce n'est plus de jeu : par quel chemin me faites-vous passer. — Par le chemin le plus court, » répondit-il dans un baiser.

Quand la femme de chambre vint pour déshabiller Mme de Révilly, c'était déjà fait. « Madame a sans doute joliment valsé, lui dit cette fille, pour avoir ainsi perdu sa ceinture et les rubans de ses épaules ? — Oui, murmura la comtesse, c'est la *Valse des Roses*. — Oh ! mon Dieu, madame, qu'est-ce donc que ce poignard d'or que je trouve dans vos cheveux ? — Je ne sais pas. »

C'étaient les armes parlantes de Parisis.

XXVII

LE DERNIER MOT DE L'AMBASSADE

Quand Guillaume de Montbrun se présenta le lendemain chez son ami Octave de Parisis, il était pâle et inquiet. « Et ton ambassade? lui demanda-t-il. — Ah! diable! se dit Octave, et moi qui n'ai pas pensé à parler de ce mariage à Mme de Révilly! » Il paya d'audace : « Tout va bien, mon cher. Je te dois une bonne fortune. — Une bonne fortune! dit Guillaume avec inquiétude. — Oh! je ne parle pas de Mme de Révilly. Mais je me suis trompé de porte. »

Et Octave raconta son aventure avec Mme d'Argicourt. « Voilà pourquoi tout va bien, dit Octave en finissant de conter son aventure. — Tout va bien avec Mme d'Argicourt, mais es-tu bien sûr que Mme de Révilly ne va pas venir à moi comme une Hermione furieuse? — Tout est fini, pas un mot de plus! vous vous reverrez dans six mois. »

Guillaume déguisait mal son émotion. « La pauvre femme, dit-il en soupirant, comment a-t-elle pris cela? — Mais elle a très bien pris cela, dit Octave qui n'avait pas dit un mot du mariage à Mme de Révilly. — Tu veux rire? — Veux-tu que je pleure avec toi? — Non; mais je connais Mme de Révilly, elle ne se consolera pas. — Je la connais tout aussi bien que toi. Va te marier, elle aura la grandeur d'âme de ne pas aller aux noces. — Et mes lettres? — Fumée que tout cela. — Elle a tout brûlé! »

Tout en ne sachant pas trop où il en était, ressentant à la fois la douleur d'avoir brisé et le bonheur d'être libre, il prit la main de son ami : « Je te remercie. — Il n'y a pas de quoi. »

M. de Parisis ne put cacher un sourire railleur. « Tu ris toujours, toi. »

Guillaume ne put cacher un second soupir. « Ah! c'était une belle maîtresse! — Avec trois points d'admiration! — Merci encore; la belle enfant que je vais épouser te devra son bonheur. — Qui sait? »

Ainsi se termina cette histoire d'une ambassade extraordinaire en l'an de grâce 1867.

Les affaires de cœur, qui sont les plus graves, puisque ce sont celles-là qui mettent le monde à feu et à sang, seraient toujours menées à bonne fin si on choisissait des diplomates comme Octave de Parisis.

Mais tout n'était pas fini. Cet imbroglio galant devait avoir son dénoûment tragique.

Octave croyait trop que les femmes se donnent et se reprennent comme elles feraient d'un bouquet ou d'un éventail. Les plus légères et les plus rieuses subissent plus profondément que les hommes les contre-coups de la passion. Mme de Révilly n'était pas consolée parce qu'elle avait commis un péché de plus : « On ne badine pas avec l'amour, » lui avait dit Alfred de Musset quand elle était toute jeune fille.

XXVIII

LE NAUFRAGE DU CŒUR

M. Guillaume de Montbrun épousa Mlle Lucile de Courthuys à la chapelle du Sénat.

Naturellement M. de Parisis alla à cette messe de mariage. Ce n'était plus une chapelle, c'était un salon. On croyait y continuer une conversation commencée la veille dans quelque belle société du beau Paris.

Quand il s'approcha de son ami Guillaume, il le trouva heureux, mais inquiet. « Tout est bien qui finit bien, » lui dit Parisis à mi-voix. » Oui, mon ami, mais je ne serai peut-être content qu'après la lune de miel ; j'ai toujours peur que Mme de Révilly ne vienne troubler la fête. »

Les deux amis s'étaient dit ces paroles très rapidement à la fin de la messe.

La jeune mariée, toute radieuse qu'elle fût, semblait les interroger du regard. Elle s'était bien aperçue de l'inquiétude de son mari; elle devinait qu'Octave avait le secret de Guillaume.

Toute jeune mariée a un nuage à l'horizon.

Après la messe, Parisis s'en fut droit au boulevard Haussmann. Allait-il en amoureux désœuvré ou en philosophe curieux étudier les battements du cœur d'une femme trahie ? Je crois que ces deux sentiments l'entraînaient à la fois ; mais c'était surtout le premier, parce qu'il se disait : « Si Mme de Révilly n'est pas chez elle, je monterai chez la belle Dijonnaise. »

On verra tout à l'heure qu'il monta chez la belle Dijonnaise, parce que Mme de Révilly — n'y était pas. —

En s'approchant de l'hôtel de la jeune femme trahie, il vit neuf voitures de deuil suivant un corbillard ; tout cela harnaché, pomponné, armorié, comme pour les enterrements de première classe. Un R sous une couronne de comte le frappa. « Révilly ! dit-il tout à coup. Est-ce que ce serait son mari ? »

Il espéra encore que cet R ne voulait pas dire *Révilly*. Toutefois, quoique les voitures de deuil se fussent éloignées déjà, il s'arrêta devant la porte de Mme de Révilly sans avoir le courage d'entrer.

Il passa de l'autre côté du boulevard, regardant aux fenêtres, comme s'il devait lire sur la façade de la maison.

Personne n'était aux fenêtres. Déjà il avait interrogé vainement le triste cortège. Tout en regardant la façade de l'hôtel de Révilly, il regarda la façade de l'hôtel d'Argicourt. Une figure lui apparut à demi voilée par un rideau de guipure. Il lui sembla que c'était Mme de Révilly elle-même. Il entra tout joyeux à l'hôtel d'Argicourt.

Le concierge, qui avait voulu être du spectacle, n'était pas dans son « salon. » Comme Parisis savait que son mari était en Bourgogne, il se hasarda à monter. Il sonna ; ce fut une femme de chambre qui ouvrit. « Mme de Révilly ? » lui dit-il. Cette fille ne comprit pas et lui ouvrit le petit salon sans lui répondre. Mme d'Argicourt vint à lui. « Ah ! que suis heureux de vous voir, lui dit-il en lui serrant la main ; j'avais peur que vous ne fussiez dans cet horrible corbillard. —La pauvre femme ! murmura Mme d'Argicourt. — Vous la connaissez donc ? demanda Parisis avec surprise. — Mais vous êtes donc fou ? C'est Mme de Révilly qui est morte. »

Octave recula de trois pas. « Oh ! madame, je vous demande pardon, je croyais voir Mme de Révilly. — Comment ! elle était blonde et je suis brune ! Je vous remercie de vous rappeler ainsi ma figure.— Que s'est-il donc passé ? » demanda Parisis tout atterré.

Que s'était-il passé, en effet ? Trois jours auparavant, une lettre de faire-part était venue frapper au cœur Mme de Révilly. Naturellement c'était une amie qui, sachant son histoire amoureuse, lui avait envoyé la lettre de mariage de M. Guillaume de Montbrun avec Mlle Lucile de Courthuys. Elle ne vivait pas dans le monde où allait vivre son amant ; elle le croyait à Londres depuis le bal de l'Hôtel-de-ville. Nuls pressentiments ne l'avaient avertie. Elle relut vingt fois cette lettre fatale, tout en l'inondant de larmes.

M. de Parisis avait pu, toute une nuit de bal, lui faire oublier M. de Monbrun par je ne sais quelle séduction inattendue; la valse, les violons, les jolis propos, toutes les magies d'une fête nocturne lui avaient tourné la tête; elle s'était abandonnée à un mouvement de passion subite. Mais le lendemain matin, en se réveillant, elle avait eu horreur de sa faute, et — voilà bien la logique des femmes! — elle avait en elle-même demandé pardon à la fois à son amant et à son mari.

Octave croyait avoir séduit une femme; il n'avait surpris qu'une expansion d'ivresse. S'il fût venu le lendemain frapper à la porte de la jeune femme, certes, elle ne lui eût pas ouvert. Si elle l'eût rencontré, elle se fût cachée. S'il lui eût parlé, elle se fût écriée : — Je ne vous connais pas !

Et que fit-elle après avoir lu cette lettre de mariage qui lui parut une lettre de mort? Elle devait aller dîner à Chatou, chez des amis qui l'attendaient tous les jeudis. Elle y alla.

Il lui eût été impossible de rester chez elle où tout lui rappelait son malheur. La pauvre femme ne savait pas que le malheur est un hôte qui vous suit partout, plus terrible encore dans le voyage qu'à la maison; car les figures étrangères vous refoulent plus loin encore dans l'enfer du désespoir.

Avant de monter en wagon, elle s'arrêta à l'église Saint-Augustin. Pourquoi? Son second adultère lui avait-il ouvert les yeux sur le premier? La seconde chute lui montrait-elle toute l'horreur de la première? Où n'était-ce que le chagrin de perdre son amant?

Chez ses amis de Chatou, elle ne dit rien, elle cacha sa douleur, elle essaya même de sourire, elle les trompa par quelques éclats de gaieté. On servit à goûter dans un petit pavillon de verdure au bord de l'eau, devant une barque toute pavoisée qui attendait. Comme on lui reprochait de ne toucher à rien, elle mangea des fraises et but coup sur coup d'un air de vaillance trois ou quatre petits verres de vin de Malaga. Après quoi on monta dans la barque, selon la coutume, car toutes les semaines on allait à Bougival, où l'on se rencontrait avec d'autres Amphitrites, Parisiennes en villégiature.

Les jeunes amies de Mme de Révilly remarquèrent qu'elle était devenue silencieuse; elle penchait mélancoliquement la tête sur les vagues légères, murmurant à diverses reprises : « N'est-ce pas que l'eau est belle aujourd'hui? »

Quand la barque s'approchait du bord, elle essayait de cueillir des roseaux et des fleurs aquatiques. Elle cueillit un beau nénuphar qu'elle montra à tout le monde. On l'entendit qui disait presque tout haut ? « Et quand je pense qu'il n'est pas venu me dire tout cela ! »

La barque avait repris le milieu du fleuve et voguait à pleine voile. Mme de Révilly se penchait au-dessus de l'eau et y trempait le nénuphar blanc cueilli sur la rive.

La fleur s'échappa de sa main. « Oh ! mon Dieu ! » dit-elle. Etait-ce pour le nénuphar ? Elle se pencha un peu plus et tomba. « Oh ! mon Dieu ! » crièrent à leur tour les deux amies.

Il y avait un homme qui conduisait la nacelle, un hardi navigateur d'eau douce, qui, comme tous les navigateurs, ne savait pas nager. On sait avec quelle imprudence les Parisiens, et surtout les Parisiennes, s'aventurent sur les bords de l'Océan. Le jeune homme voulut s'élancer : ses sœurs le retinrent, tout en appelant. On avait vu reparaître la robe de Mme de Révilly ; mais on fut plus de cinq minutes sans qu'un sauveur se montrât.

Quand on ramena la pauvre femme sur la rive, elle était bien morte. Vainement les médecins tentèrent tout, elle ne rouvrit pas les yeux. L'âme amoureuse et blessée était partie.

« Comprenez-vous cela ? dit Mme d'Argicourt à M. de Parisis. Une femme qui riait toujours ! — Oui, dit Parisis ému profondément ; elle a pris son cœur au sérieux. Plus j'étudie les femmes et moins je les connais. — Son mari ne se consolera pas, dit madame d'Argicourt. Il parlait, lui aussi, de mourir. — C'est Guillaume de Montbrun qui ne se consolera pas. »

Mme d'Argicourt accorda une larme à Mme de Révilly. « C'était la plus charmante voisine du monde ; je l'entendais chanter comme un oiseau, je la voyais sourire sur le balcon : je sens que mon âme est toute en deuil. »

Octave regardait la jeune femme. « C'est étrange ! se dit-il à lui-même ; il me semble que je vois toujours Mme de Révilly dans Mme d'Argicourt. Adieu, madame, reprit-il tout haut. Nous reparlerons d'elle. »

Et quand il fut seul : « Oh ! les femmes ! Quel abîme de ténèbres ! Cette pauvre morte ! elle avait trouvé tout simple de prendre un amant pendant que son mari jouait à la Bourse ; elle a trouvé tout simple de le trahir une belle nuit ; et parce qu'il l'a trahie lui-même, elle se jette à l'eau. Explique cela qui pourra : moi je m'y perds. »

Et pensant aux deux femmes : « Il me sera impossible de revoir jamais Mme d'Argicourt. »

XXIX

LES MÉTAMORPHOSES DE MADEMOISELLE VIOLETTE DE PARME

C'ÉTAIT un jour de grande réception chez M. Mabille : fête de nuit, lanternes chinoises, palais vénitien, feu d'artifice. Et, pour le bouquet, fiançailles universelles. Ces beaux messieurs du Bois-Doré et ces belles dames du Bois-Joli ne s'étaient pas donné rendez-vous, mais on se rencontrait pour causer mariage et divorce.

Octave de Parisis allait comme tout le monde fumer çà et là un cigare à Mabille. Il avait dîné ce samedi-là avec Miravault qui voulut bien lui donner le bras pendant vingt-huit minutes ; à la trentième minute, il devait être au concert des Champs-Elysées.

Ils étaient à peine entrés qu'ils remarquaient que décidément le beau style serait toujours l'apanage des Françaises. « Entends-tu ces vocables dignes des grammaires héraldiques ? » dit Octave à son ami.

C'était une jeune personne de dix-sept ans qui sortait du giron de sa mère et qui disait à une de ses amies. « Ne me bêche pas, ma chère, ou je te donne du poing sur le baptême. »

Réponse éloquente de la dame, ainsi apostrophée, en langue javanaise, que je ne saurais traduire.

On s'était approché. Il y avait déjà foule, quand arriva une femme à huit ressorts. Elle se drapa dans sa dignité et s'écria : « Faites place, mesdames et messieurs, c'est une honnête femme qui passe. » Et elle passa.

Un duc anglais qui ne savait pas marcher, s'entortilla dans la queue de sa robe. Elle se retourna avec une exquisse politesse. « Milord Muffleton ! » dit-elle avec un accent anglais.

L'offensé demanda des réparations. « Des réparations ! c'est vous qui me devez des réparations, puisque vous m'avez déchiré ma robe. — Tais-toi ! dit un ami de l'Anglais, ou je te fais mettre dedans. — Tais-toi, où je te fais mettre dehors. — Madame, répondit l'ami de l'Anglais, tout cela peut s'arranger ; un homme mal élevé dirait « sortez, » nous savons trop notre monde pour ne pas dire « sortons. » Et on se donna rendez-vous pour les réparations au café Anglais.

Quelle était cette femme qui se donnait si bien en spectacle ?

Octave ne fut pas peu surpris de reconnaître Violette, qui avait déchiré tout ce qui lui restait de sa robe virginale pour revêtir en pleine lumière la robe à queue épanouie. Il n'y comprenait rien. Il savait pourtant que les métamorphoses des femmes d'Ovide ne se font pas plus rapidement que les métamorphoses des femmes de Paris.

Violette l'avait reconnu, elle avait caché un battement de cœur, en laissant tomber sur lui un regard de haut dédain et d'amère raillerie. « Violette ! » dit-il, comme pour l'arrêter en chemin. Elle ne se retourna pas. Il marcha plus vite, mais Miravault le retint. « Tu sais, si tu as des affaires ici, je m'en vais. »

Octave se remit au pas de son ami, se promettant de parler plus tard à Violette. Ils firent trois ou quatre tours. Violette était allée s'asseoir dans le « salon d'honneur, » où elle eut bientôt un cercle composé des hommes les plus à la mode.

Elle s'était donnée pour une étrangère, qui venait de prendre les bains de mer à Brighton et qui allait faire sauter la banque à Wiesbaden.

Tout en tournant, Octave jetait sur elle un vif regard. Quoiqu'ils fussent séparés par tout un parterre des plus panachés et des plus bruyants, elle ne perdit pas un seul regard d'Octave ; elle le haïssait, mais elle désirait le voir, ne fût-ce que pour le jeter à ses pieds ; il avait brisé sa vie, il avait brisé son cœur : elle aurait voulu le briser lui-même.

C'était l'amour dans la colère.

Elle était heureuse de se voir si bien entourée, croyant le piquer au jeu et le ramener à elle. Elle ne se trompait pas. Octave avait cessé de l'aimer sous sa douce et sentimentale figure d'honnête fille ; tendre et dévouée comme une épouse, rêveuse et poétique comme une fiancée, toute à lui, fidèle jusqu'à la mort, le chien de la maison. Maintenant qu'il la croyait à tout le monde, il sentit qu'il aimait encore. C'était un autre amour qui se relevait plus vigoureux sur les anciennes racines, amour étrange, furieux, terrible, qui met le feu dans le sang et l'enfer dans le cœur.

Octave eut pourtant la patience d'attendre que Miravault l'eût quitté pour aller dans « le salon d'honneur. » Il ne s'inquiéta pas de la cour improvisée de Violette. Il dérangea même quelques-uns de ses adorateurs, et, traînant une chaise à sa suite, il s'assit sans façon tout contre la dame. « Violette ! expliquez-moi par quel chemin vous êtes venue ici. »

Ce fut une révolution dans le cercle des courtisans de Violette. « Comment, il la connaît ! — Tu sais bien que Parisis connaît

tout le monde ; il l'aura rencontrée en Chine ou en Amérique.
— Pas de chance ! dit un jeune premier, dès que je veux parler à une femme, c'est toujours Octave qui me répond. »

Aucun de ceux qui papillonnaient là n'était homme à céder la place hormis à la pointe de l'épée. Tous étaient plus ou moins braves comme l'acier. Mais tel était l'empire de Parisis qu'on le reconnaissait toujours comme un maître ; on s'effaçait devant lui sans croire que ce fût un pas en arrière. Il faut bien que la supériorité ait ses privilèges ; d'ailleurs, tout le monde voulait être l'ami d'Octave.

Après avoir regardé froidement l'homme qu'elle avait tant aimé, Violette détourna la tête et voulut continuer la conversation commencée avant l'arrivée de M. de Parisis.

Il répéta sa question, et comme elle le regardait une seconde fois avec la même froideur, il partit d'un éclat de rire. Et alors, ce fut elle qui le questionna. « Pourquoi riez-vous ? monsieur. — Je ris — madame — parce qu'en regardant votre main, j'y retrouve un souvenir d'une autre existence. Vous savez que je crois à la métempsycose ; or, il y a bien longtemps, quand vous étiez une vertu irréprochable, vous avez mis à votre doigt cet anneau de six francs cinquante centimes, qui se cache comme — une violette au milieu des roses, — que dis-je, des roses ! ce sont des diamants. »

Ramenée tout entière à sa vie passée, Violette se leva et demanda à Octave de faire un tour avec elle. Tous les jeunes gens se regardèrent et s'offrirent des cigares, ne pouvant s'offrir Violette.

« J'avais juré de ne plus vous parler, dit Violette au duc de Parisis, mais vous êtes le tyran de ma vie ; dès que je vous revois, je redeviens esclave. Je vous hais ! — Et moi aussi, dit Octave. Mais pourquoi êtes-vous ici ? — Pourquoi je suis ici ? Il faut bien aller un peu dans le monde quand on est femme du monde. Et d'abord, sachez que je ne suis plus Violette, je me nomme Violette de Parme. La pauvre petite Violette, de la rue Saint-Hyacinthe-Saint-Michel, a été piétinée sous vos pieds ; son dernier parfum s'est envolé vers le ciel des amoureux. — Violette de Parme ! à la bonne heure. — J'ai monté en grade ; vous comprenez bien, mon cher, qu'après votre gracieux abandon, c'était la vie ou la mort, la vie dans le torrent ou la mort dans le tombeau ; mais on ne se tue pas deux fois ; c'était donc la mort, dans quelque sombre atelier où l'on oublie tout à force de travail. Il n'y a que la joie du cœur, il n'y a que la vertu qui s'arrange de tout, même de la pauvreté. La mort n'avait pas voulu de moi, je n'ai pas voulu d'elle, non plus que des pâleurs et des misères du travail. Ne vous étonnez pas de me voir ainsi, je suis votre œuvre. Adieu, mon cher, car je partirai demain à huit heures pour Dieppe avec le prince Rio. — Qu'est-ce que le prince Rio ? — Un prince du sang qui paye mes chevaux. — Eh bien ! ce n'est pas avec ces chevaux-là que tu iras à Dieppe. »

XXX

LE VOYAGE A DIEPPE

CTAVE DE PARISIS et Mlle Violette de Parme arrivèrent, un beau jour d'août, à une heure de l'après-midi, à l'hôtel Royal de Dieppe, ce qui fut un grand scandale, non seulement dans la ville de Duquesne, mais encore dans toute la Normandie : — Une ville collet-monté dans une province bégueule !

Quoi de plus simple et de plus légitime ? M. de Parisis n'avait pas de conseil de famille et mademoiselle Violette était émancipée. Il n'y avait donc pas détournement de mineurs. Mais ce qui scandalisait les mères de famille et les demoiselles à marier, c'est que M. de Parisis était du meilleur monde, allié aux plus hautes familles, convoité depuis longtemps pour un mariage par le faubourg Saint-Germain et par le faubourg Saint-Honoré.

Il y avait à l'hôtel Royal tout un groupe de dames de la cour : celles-là qui tous les hivers sont émaillées d'épithètes flamboyantes par les chroniqueurs à la mode. A Dieppe, on s'ennuie toujours un peu, même quand on s'amuse. Ce matin-là on s'ennuyait beaucoup à l'hôtel Royal ; on attendait l'heure des promenades, on sommeillait sur les journaux du jour, on disait du mal de son prochain et de soi-même, quand M. de Parisis, qui conduisait son phaéton, un lorgnon dans l'œil, un cigare à la bouche, une demoiselle à côté de lui, entra dans la cour au bruit de ses deux chevaux bai-bruns.

Tout le monde se mit aux fenêtres. « M. de Parisis ! » Ce nom courut sur toutes les lèvres avec un sourire de curiosité et de surprise. « Eh bien! dit Mme de Valbon en regardant Violette de Parme du haut de son balcon, mais surtout du haut de sa grandeur : voilà ce qui s'appelle jouer avec l'audace. — Il paraît, dit Mme de Pontchartrin, que M. de Parisis n'est pas embourbé dans la forêt des préjugés. »

Depuis qu'il était né, M. de Parisis avait toujours tout bravé. Il ne s'inquiéta pas beaucoup des mines ébahies qu'il voyait autour de lui. Toutefois, il jugea qu'il était bien un peu trop en spectacle; c'était la première fois qu'il venait à Dieppe; il croyait que tout le beau monde était à Trouville; il n'avait pas pensé qu'il dût trouver tout d'un coup tant de figures de connaissances.

Mais il fut brave dans son rôle, car il était bon comédien dans la vie. Il commença par demander deux salons et quatre chambres à coucher pour Violette. « Madame la comtesse attend du monde? dit un garçon très savant en art héraldique : il avait vu une couronne de duc sur le phaéton et sur les harnais. — Oui, répondit Parisis, madame attend sa mère, sa grand'mère, son oncle l'archidiacre et sa tante la chanoinesse. »

Il dit cela assez haut pour être entendu de tout le monde. « Pour moi, ajouta-t-il, il ne me faut qu'une chambre à coucher et un cabinet de toilette. J'oubliais : une écurie pour huit chevaux. »

Quoiqu'il n'y eût que des sceptiques autour de lui, il parla si naturellement que nul n'eût osé dire qu'il raillait. On le tenait d'abord pour un homme si fantasque et si invraisemblable, que les choses les plus impossibles n'étonnaient pas trop avec lui.

Il avait mis pied à terre. Mlle Violette sauta dans ses bras. Il la confia à une fille de service et alla gaiement serrer la main à quelques amis de turf et de club. « Quelle est donc cette belle ingénue? lui dit l'un d'eux. — Je ne la connais pas, dit froidement Octave; elle venait à Dieppe, nous avons voyagé ensemble; elle m'a offert une cigarette et nous sommes les meilleurs amis du monde; mais je n'ai vu ni son signalement, ni son dossier, ni ses états de service. Je crois qu'elle est encore à sa première campagne. Je n'en dirai rien, car je n'ai pas fait la guerre avec elle. »

M. de Parisis s'assura que ses chevaux seraient bien logés et qu'ils auraient une bonne table; après quoi il monta, sans se faire prier, au troisième étage.

Une demi-heure après, il se jetait à la mer. Une heure après, il écoutait sur la plage, en compagnie de quelques fumeurs, la musique du Casino, une vraie musique normande. A six heures, il dînait avec ces dames de la Cour, qui ne cessaient de l'interroger sur sa compagne de voyage. A huit heures, il était sur la jetée avec Violette, qui ne pouvait comprendre pourquoi la mer faisait tant de chemin sans avancer. A dix heures, il jouait aux jeux innocents avec les dames de la Cour. A onze heures, il improvisait un lansquenet. A minuit...

Ici le romancier tourne la page.

XXXI

SUR LA PLAGE

Le lendemain, Octave alla voir ses amis au spectacle des baigneuses. Ils avaient tous des lorgnettes et regardaient les jolies évolutions de ces dames, comme on regarde les danseuses à l'Opéra.

On s'émerveillait d'un quadrige de naïades, des intrépides qui savaient nager et qui jouaient au volant; joli jeu, où le vent, la vague et l'imprévu font danser les joueuses.

On entendait les cris et les rires. Gai tableau pour Isabey ou pour Ziem. La mer était bleue et perlée; quelques barques peuplaient l'horizon; le soleil, perdu dans les nuages transparents, répandait de vifs rayons sur les flots; les chevelures dénouées, ailes de corbeau et gerbes blondes, s'éparpillaient çà et là sur les vagues; la mer monta et rapprocha les joueuses: on s'arrachait les lorgnettes. Chaque fois que s'en allait la vague amoureuse, on surprenait à travers la gaze humide la fine ou fière sculpture du pied, de la main, du cou, de l'épaule d'une de ces dames.

On affirma avec autorité que c'était le grand livre héraldique qui jouait au volant. On citait une duchesse, une marquise, une lady et une jeune fille de grand nom. Quel était l'enjeu?

Octave de Parisis eût été quelque peu étonné si on lui eût dit que presque tout son jeu de cartes était là. — Il ne manquait que la dame de Pique. — Sans doute, parce qu'il l'avait retrouvée.

Oui, la dame de Cœur, la dame de Carreau, la dame de Trèfle, elles étaient là toutes les trois qui se renvoyaient le volant.

Dans l'après-midi, quand la plage est encore déserte, quelques curieuses réunies à quelques désœuvrés chuchotèrent en voyant arriver, toute blanche comme un pastel, dans la plus adorable robe de linon, Mlle Violette de Parme un panier à la main.

Elle alla s'asseoir près de l'orchestre, sous une tente solitaire. « Voyez donc comme elle se prélasse ? dit une dame. — Non, dit une jeune fille, elle marche bien, voilà tout. — Vous appelez cela bien marcher ! Elle va comme une tortue. — C'est là ce qui donne cette grâce nonchalante qui lui sied à ravir. »

Il y avait là un rhétoricien qui osa comparer, en face de sa mère, Mlle Violette de Parme à un lys que le vent balance et à un cygne qui glisse sur un lac.

Quand la compagne de voyage d'Octave se fut assise sur une de ces abominables chaises qui ornent la plage de Dieppe, elle regarda la mer et y perdit sa pensée. La mer a de si grandes éloquences, qu'elle parle à toutes les âmes, même aux plus simples ; elle ouvre dans la pensée je ne sais quels horizons inattendus. C'est un livre écrit en hébreu, mais les caractères ont des figures expressives qui disent mille choses étranges. Jusqu'ici, Victor Hugo seul a osé illustrer ce beau livre. Mais l'âme la moins illuminée de poésie n'est pas tout à fait étrangère aux sublimités de cette langue de l'infini.

Je crois que Mlle Violette de Parme ne se jetait pas la tête la première dans l'abîme des rêveries ; elle regardait en curieuse les embarcations légères tout émaillées de robes et de casaques rouges, blanches, orange ; elle regardait les mouettes qui venaient se perdre dans la vague pour piper leur goûter.

Tout à coup, comme si l'amour du travail fût une habitude invincible chez elle, elle prit dans son panier une tapisserie commencée et se mit à l'œuvre sans presque lever les yeux, comme une écolière bien apprise. Elle filait un oiseau bleu couleur du temps.

Comme le matin, Octave vint sur la plage ; son nom bourdonnait à toutes les oreilles, mais il semblait très insouciant des contes débités sur lui. La raillerie des autres ne montait jamais « à la hauteur de son dédain. »

Il alla saluer gravement Violette et il lui parla avec une certaine réserve ; quiconque eût bien étudié, n'eût reconnu entre lui et elle qu'une amitié de passage qui ne viole pas les bienséances par des airs de familiarité à la mode dans le beau monde. Les voisines furent même édifiées par la conversation. « Eh bien ! disait M. de Parisis, comment vous trouvez-vous à Dieppe ? Est-ce que vous y ferez une saison ? L'air de la mer vous va à ravir. Avez-vous reçu des lettres de votre famille ? »

Et Mlle Violette répondait : « Je ne m'ennuie pas, mais je n'ose me hasarder dans ces vagues furieuses. Je suis très contrariée de n'avoir pas reçu de lettres ce matin. Je vous ai dit que l'archidiacre avait la goutte. Je suis allée prier pour lui aux deux églises. Je ne sais pas si l'air de la mer me va bien, mais je sais que j'ai déjeuné comme quatre. Si vous voyez par là ma femme de chambre, dites-lui de m'apporter des pêches. »

En un mot, une conversation irréprochable ; j'oubliais de vous dire que Violette termina sa période par un adorable : « Tu sais que tu m'embêtes. » — Ce à quoi Octave répliqua : « Ce n'est pas étonnant, car je m'embête tant moi-même ! » C'était le thermomètre de toute la plage.

M. de Parisis ne prit pas racine auprès de sa maîtresse, il alla s'asseoir en face, contre le Casino, dans un groupe de jeunes femmes qu'il n'avait pas encore saluées à Dieppe. On ne manqua pas de lui demander ce que c'était que cette belle inconnue, — cette Ophélie de Shakespeare, peinte par un aquarelliste d'aujourd'hui, Chaplin ou Vidal — ou plutôt peinte par elle-même.

Il continua son jeu ; il ne la connaissait que pour avoir voyagé avec elle. C'était une jeune fille excentrique de la plus haute vertu qui craignait d'autant moins la vie à la diable qu'elle était plus vertueuse. Elle voyageait incognito comme les princesses ; elle avait un frère zouave pontifical ; un oncle archidiacre et une tante chanoinesse. Il désirait entrer un peu plus dans son intimité, mais il n'espérait pas franchir les limites des civilités puériles et honnêtes.

Dans le groupe qui l'écoutait, il remarqua de prime abord une jeune fille qui avait un oiseau bleu sur son chapeau.

Il reconnut la belle fille du bois de Boulogne et de l'Opéra dans cette blonde aux yeux noirs, d'une beauté étrange, qui n'avait aucun des caractères des beautés de convention, avec sa fierté si noble et si naturelle. Elle rappelait ces figures à la Corrège et à la Prudhon qui, à première vue, vous prennent l'âme comme le corps : un nuage de volupté dans la pureté idéale des yeux, sur la virginité des lèvres un aiguillon d'amour. On voudrait les aimer avec violence et avec douceur ; on voudrait vivre et mourir pour elles. C'est le mariage le plus profond et le plus impénétrable des sens et de l'esprit, l'étreinte des bras et l'expansion du cœur.

C'était la première fois que Parisis voyait sa cousine de si près. Naturellement il ne se doutait pas qu'il avait devant lui la Marguerite des Marguerites, ni la Dame de Cœur.

Elle aussi filait de la laine comme Mlle Violette. Singulier rapprochement! pendant que Mlle Violette filait un oiseau bleu, Mlle Geneviève de La Chastaigneraye filait un bouquet de violettes.

Quoique la jeune fille semblât ne pas écouter les propos de M. de Parisis, elle entendait mot à mot et souriait du coin des lèvres.

Parmi les dames qui étaient autour d'elle, la marquise de Fontaneilles, la duchesse de Hauteroche et lady Harrisson furent saluées à cet instant par deux jeunes gens qui, ne connaissant pas M. de Parisis, allaient passer outre. Mais, sans doute, ils étaient de bonne prise ou de bonne rencontre, car les trois dames se levèrent soudainement comme si elles eussent obéi à la même idée. Mlle de La Chastaigneraye se trouva donc seule un moment avec M. de Parisis. « Mademoiselle, — si je puis m'exprimer ainsi, — dit Octave gravement, voulez-vous me dire pourquoi vous avez souri si malicieusement quand j'ai parlé? — Monsieur, dit Geneviève, j'ai souri comme cela m'arrive chaque fois que je vais à la comédie. — Je suis donc un comédien? — Oui, monsieur. Quand vous parlez à des comédiennes ou à des femmes familières aux planches du monde, qui ont appris comme vous l'art de parler pour déguiser leurs pensées, vous avez la chance d'être cru sur paroles: elles ont tant de fois brouillé le mensonge avec la vérité, qu'elles ne savent plus reconnaître le vrai du faux. Mais moi qui, dans la vie, ne suis pas encore entrée en scène, même pour jouer la dernière ingénue, j'ai traduit ce que vous avez dit dans la vraie langue des cœurs simples. — De grâce, Mademoiselle, donnez-moi votre traduction. »

Geneviève regarda du côté des trois dames. « Je veux bien, dit-elle sans se faire prier; je commence par vous avertir que je sais la géographie du monde sans avoir beaucoup voyagé sur la carte parisienne. Or, du premier coup, je reconnais le caractère des nationalités. Ainsi, je ne confondrai jamais une femme du monde avec une femme du demi-monde, quoiqu'elles se confondent si bien entre elles par les panaches du langage et des chiffons; je ne confondrai pas davantage une femme du demi-monde avec une demoiselle qui n'est pas tout du monde, quels que soient les grands airs et le bel esprit de celle-ci. Voilà pourquoi,

monsieur, je vais traduire ainsi ce que vous avez dit tout à l'heure : « Cette jeune fille n'est pas excentrique, puisqu'elle res-
« semble à toutes ses pareilles ; elle n'est pas de la plus haute
« vertu, parce qu'elle n'est pas de la vertu, d'ailleurs la vertu
« n'est ni haute ni basse. Si elle craint d'autant moins la vie à
« la diable, c'est qu'elle est toujours affichée. Elle ne voyage pas
« incognito, puisqu'elle n'a pas de nom ; si elle voyage comme
« les princesses, c'est que c'est une princesse de théâtre. Elle n'a
« pas de frère zouave au service du pape, ni d'oncle archi-
« diacre au service de Dieu, ni de tante chanoinesse au service
« des pauvres. Vous ne désirez pas entrer dans son intimité,
« vous désirez en sortir, mais les hommes ne savent jamais
« battre en retraite dans ces batailles perdues. » Voilà, monsieur, ma traduction littérale. — Mademoiselle, si j'étais de mauvais goût, je dirais votre traduction libre ; mais vous avez parlé si juste, partant si bien, que je serais indigne de vous répondre, si je prenais un masque avec vous. Dites-moi qui vous a donné cette pierre de touche ? — Voyez-vous, on a beau faire pour enchâsser le strass, il se trahit lui-même en face du diamant. Ma pierre de touche, c'est mon cœur. Dans la jeunesse, l'âme est une petite goutte de rosée que Dieu a mise sur une pervenche ou sur une violette : la goutte de rosée réfléchit le ciel, elle voit tout, jusqu'à l'étoile la plus lointaine, jusqu'aux nuages les plus perdus. Mais quand vient le mauvais jour, la goutte de rosée tombe dans le torrent qui roule le sable des montagnes ; elle ne voit plus que le chaos. — Vous avez raison, voilà pourquoi la jeunesse est une perle sans prix. »

Et M. de Parisis ajouta : « Mais dites-moi, mademoiselle, à quelle école avez-vous été ? — A l'école de Dieu. » En disant ces mots, Mlle de La Chastaigneraye leva ses grands yeux veloutés sur M. de Parisis. C'était le regard de la vertu même. Ces beaux yeux noirs, vaillamment ouverts et doucement ombragés par de longs cils, répandaient une si divine expression de candeur, que M. de Parisis fut atteint au fond de l'âme. Lui que tant de femmes avaient regardé avec amour, avec volupté, avec passion, il tressaillit, comme atteint d'une émotion jusque-là inconnue. Il avait toujours nié ce qu'il appelait la beauté et le charme des pensionnaires : il reconnut qu'il avait nié la première moitié de la femme.

Geneviève regardait Violette à la dérobée. « Eh bien ! dit-elle tout à coup, je me trompais tout à l'heure, cette demoiselle a un grand air et ne ressemble pas à ses pareilles. — Non, car elle vous ressemble — par la figure — dit Parisis. »

Les trois dames revinrent s'asseoir « Eh bien ! M. de Parisis, dit la duchesse, vous avez déposé votre carte sur la chaise de notre belle amie. Je vous avertis que c'est une carte perdue, car son cœur ne reçoit personne, même dans l'antichambre. »

Survint une visite. M. de Parisis se rapprocha de Geneviève. « Je n'ose pas, lui dit-il doucement et avec un sentiment de mélancolie, mettre ma carte à vos pieds. Je suis comme le voyageur qui cueillerait bien une fleur sauvage dans le ravin, mais qui ne la cueille pas pour ne pas faire tomber la goutte de rosée dans l'abîme. »

Mlle de La Chastaigneraye rougit et pâlit; pour la première fois de sa vie, elle saisit son éventail et le passa devant sa figure.

Octave de Parisis regardait Geneviève avec adoration: il lui sembla qu'un rayon descendait dans son âme et y répandait une lumière toute divine. « A propos, dit la marquise de Fontaneilles, qui avait voulu réserver son effet, je ne vous ai pas présenté à Mlle Geneviève de la Chastaigneraye. — De La Chastaigneraye ! » s'écria M. de Parisis.

Il se leva et s'inclina: « Mademoiselle, vous êtes ma cousine ; moi je vous présente M Octave de Parisis ; car vous ne m'avez jamais vu. » Geneviève, qui jusqu'à ce jour n'avait pas menti, ne s'en acquitta pas trop mal : « Je vous ai vu, monsieur mon cousin, mais c'est du plus loin qu'il m'en souvienne. — Ma cousine, il faut que je vous embrasse! » Geneviève, très émue, essaya de railler. — « Oh ! mon cousin, devant la mer, que dira le flux ? — Le flux reculera épouvanté, » dit Mme de Hauteroche.

On s'embrassa vaillamment, ce qui n'eût pas peu surpris Mlle Violette de Parme, si elle n'eût alors regardé un grand d'Espagne qui fumait pour elle. Cigare d'Espagne de première classe! Parisis parla de sa tante, du séjour à Paris, de son regret de n'avoir pas vu Geneviève. « Moi, mon cousin, je vous voyais tous les jours. — Où donc ? — Partout. Au Bois, à la Cour, à l'Opéra. — Ah ! oui, je me souviens. Il fallait donc me dire que j'avais la plus belle cousine du monde ! — Il fallait le deviner. — Expliquez-moi, ma cousine, par quel miracle nous nous retrouvons ainsi, nous qui sommes Bourguignons, sur cette plage normande, comme des naufragés. — Rien ne s'explique, mon cousin ; il est impossible de trouver un sens aux grands événements qui bouleversent le monde : comment voulez-vous savoir pourquoi nous nous rencontrons ici ? Je suppose que ce n'est pas pour me voir que vous y êtes venu. »

Geneviève jeta un rapide regard vers Mlle Violette. « Je vais vous le dire, pourquoi vous êtes ici tous les deux, reprit Mme de

Hauteroche : c'était écrit là-haut ; c'est la destinée qui a marqué votre rencontre à Dieppe ; je ne suis pas une tireuse de cartes, mais je lis dans les astres — et dans les cœurs. »

On entama une causerie à perte de vue sur le hasard et sur la destinée. Personne ne fut convaincu ; tout s'évanouit dans les notes harmonieuses de la valse de Faust, qui se maria amoureusement aux hymnes de la mer.

M. de Parisis avait tenu bon, malgré les signes de Violette ; mais Violette ayant brisé son éventail, il jugea qu'il ne lui restait que le temps d'aller à elle. Il salua les dames, tout en disant : « Nous reparlerons de cela. » En allant vers Violette, il murmura : « Quel malheur que Geneviève soit ma cousine ! »

Il lui sembla que tout son amour était déjà tombé à la mer. Le cœur aime l'inconnu ; a beau aimer qui vient de loin. « On n'a jamais aimé sa cousine, » reprit-il.

Violette fit une scène. Il dîna avec elle pour l'apaiser. Mais il était distrait. Violette lui demanda s'il se croyait toujours au bord de la mer avec les femmes comme il faut. « Chut ! dit Octave, pas un mot sur ces dames. Violette parla plus haut et débita des malices sur les grandes dames qui prennent aux petites leurs modes et leurs amants. Octave se fâcha et sortit seul pour aller fumer sur la jetée. Quand il revint, une demi-heure après, on lui dit que Violette était partie par le train de huit heures avec le grand d'Espagne. « Tant mieux ! » dit-il. Ce fut son premier mot. Son second mot fut : Tant pis.

Violette était partie désolée, furieuse et jalouse. Elle croyait se venger.

Le duc de Parisis alla au concert du soir, espérant trouver sa cousine Geneviève avec Mme de Fontaneilles et ses autres amies.

Geneviève et la marquise étaient parties comme Violette par le train de huit heures.

Il ne prit pas racine à Dieppe. Il partit par le train de minuit. Il ne chercha pas Violette. Et pourtant il l'eût trouvée seule chez elle, éplorée et désespérée.

Dans son souvenir, il voyait du même regard Geneviève et Violette. « On dirait deux sœurs tant elles ont le même air, » murmura-t-il. Les ai-je perdues toutes les deux ?

Il courut chez la marquise de Fontaneilles, où il apprit que Mlle de La Chastaigneraye était allée rejoindre sa tante au château de Champauvert sans s'arrêter à Paris. Mlle Régine de Parisis, tombée malade, avait rappelé sa nièce par un télégramme. « J'irai voir ma tante, » dit le duc de Parisis en pensant à Geneviève.

XXXII

LES DIX MILLIONS DE MADEMOISELLE RÉGINE DE PARISIS

MADEMOISELLE Régine de Parisis avait été prise par une pleurésie dans son parc un jour d'orage; le médecin de Champauvert, qui était pourtant un médecin *Tant mieux*, lui parut inquiet. Elle se résigna saintement à mourir, mais elle ne voulait pas mourir seule.

Dès le retour de Geneviève, le médecin l'avertit qu'elle allait perdre sa tante. « Je meurs contente, dit la vieille demoiselle en essayant de soulever sa main pour repousser Geneviève, comme si elle eût peur d'être étouffée par ses embrassements. Prends garde! l'air me manque, je ne respire plus. » Et regardant sa nièce avec cette belle joie des cœurs aimés qui se retrouvent : « C'est fini, ma pauvre Geneviève! Je ne te reverrai plus bientôt, toi que j'ai bien aimée! Mais, enfin, je me console déjà, je meurs en Dieu et je trouverai d'autres anges là-haut. »

Naturellement, Geneviève voulut convaincre sa tante qu'elle n'était pas malade. « Si, si, si, je suis malade. La preuve, c'est que j'ai fait mon dernier testament. — Votre dernier testament, ma tante! Pourquoi faire? — Pourquoi faire? pour faire le bien. Je connais mon monde; il y a ceux qui m'aiment, et il y a ceux qui aiment mon argent. Pour ceux-là, je t'en réponds, ce sera un amour platonique; mais pour toi... » Mlle de Parisis essuya deux larmes. « Tiens, reprit-elle, prends ma boîte à ouvrage. » Geneviève prit la boîte à ouvrage et voulut la donner à sa tante. « Non, regarde dedans... C'est cela. Prends ce papier et lis-le... C'est un billet de cinq millions cela! Leur banque de France a beau cuver son or depuis 1830, elle n'en délivre pas encore de pareils. » Geneviève ne voulait pas prendre le testament. « Je comprends, dit-elle, ton amour pour moi ne se paie pas avec des millions. Tu as été ma jeunesse quand j'étais déjà vieille; tu as été mon sourire, tu as été ma joie : Je te bénis! » La jeune fille tomba agenouillée sous ce dernier mot. « Et Octave? dit-elle en relevant sa belle tête. — Octave! Eh bien! il viendra te demander ta main, et il aura cinq millions, sans compter tous les trésors de ton cœur. — Vous ne connaissez pas Octave, ma tante, si vous voulez qu'il ne m'épouse jamais, il faut me faire riche. — Mais tu ne sais donc pas qu'il est aux trois quarts ruiné? Je m'en lave les mains. — Mais, ma tante, si vous saviez comme il est chevaleresque. Ses amis lui coûtent cher. Sans Octave, celui qu'ils appellent le prince Bleu vivrait à Clichy depuis longtemps. Tout l'argent qu'il a gagné aux courses, il l'a peut-être donné aux pauvres; or, Dieu sait si cet argent des courses le ruinait. C'est à qui gagne perd. — Tais-toi donc, ma belle! Si Octave a donné aux pauvres, c'est qu'à Paris les pauvres sont des femmes, — et quelles femmes! »

Geneviève avait recueilli dans son voyage à Paris quelques belles actions anonymes d'Octave. Elle les dit à sa tante, en leur donnant une grandeur toute épique. « Allons! allons! dit Mlle de Parisis, tout cela est bien; mais plus naturel à un Parisis? Ne faut-il pas canoniser Octave pour avoir ouvert ses mains pleines d'or! Pour moi, je ne lui pardonne pas de ne pas t'avoir épousée sur ma prière. — Mais, ma tante, n'oubliez pas la légende des Parisis. »

Geneviève conta à sa tante la rencontre sur la plage de Dieppe: « Je vous jure, ma tante, que je serai la duchesse de Parisis si vous me faites pauvre. » Tout en parlant, Geneviève avait apporté une plume trempée d'encre et une belle feuille de papier. « Écrivez, ma tante. — Que veux-tu que j'écrive? »

Geneviève dicta un tout autre testament à sa tante qui murmura : « — J'écris, mais je ne signerai pas. Je veux faire une surprise pour pouvoir rire après ma mort. »

La vieille demoiselle mourut le lendemain dans l'après-midi. Geneviève donna l'ordre d'envoyer des dépêches télégraphiques à toute la famille, mais elle dicta elle-même le billet à Octave:

M. Octave de Parisis, avenue de l'Impératrice, à Paris. Ma tante vient de mourir; je suis désespérée et vous ne viendrez pas!
Geneviève.

Octave, absent, ne reçut le télégramme que le surlendemain. Aussi, n'arriva-t-il à Champauvert qu'à l'heure des funérailles. Le soir, il embrassa fraternellement Geneviève et alla coucher au château de Parisis.

Quand le matin il salua la sépulture de sa famille, il lui sembla qu'il assistait encore à des funérailles, tant il retrouva vivant le souvenir des siens.

On vint le chercher à midi, pour commencer l'inventaire des papiers de la succession de sa tante Régine; il avait voulu d'abord se faire représenter, mais le juge de paix et le notaire avaient insisté pour qu'il fût là à cause des innombrables testaments ou codicilles que sa tante railleuse s'était amusée à faire.

C'était la toile de Pénélope. Cette femme, qui avait passé sa vie sans faire un pas, tout occupée à prier Dieu et à mettre une pièce d'or sur une pièce d'or, avait beaucoup vécu par le rêve. L'action ne l'avait jamais tentée ; son amour pour l'argent était un amour tout platonique, puisqu'elle le cachait et ne s'en servait pas. Mais une de ses plus grandes distractions était de rêver à toutes les aventures de voyage, à toutes les bonnes œuvres, à toutes les féeries qu'elle pourrait réaliser avec les mains pleines d'or. En ces dernières années, elle n'avait plus songé qu'à ses héritiers. Chaque fois qu'elle faisait un testament, c'était pour suivre de la pensée dans l'avenir les évolutions de sa fortune. Jamais on n'avait tant tourmenté le papier timbré ; mais on ne joue pas tous les jours avec cinq millions.

On savait dans le pays que Mlle Régine de Parisis recommençait toujours l'œuvre de ses dernières volontés ; elle ne s'en cachait pas d'ailleurs, elle disait à tout le monde qu'elle léguerait des surprises. Son seul chagrin, dans l'idée de la mort, c'était de ne pas pouvoir soulever la tête dans son tombeau pour voir la figure de ses héritiers.

Octave de Parisis, quoiqu'il fût le vrai chef de la famille, paraissait avoir bien moins de chances qu'aucun autre à cet héritage. Il n'était jamais venu voir sa tante, il lui écrivait, à peine une fois l'an, des lettres de quatre lignes, d'un tour charmant, il est vrai, mais trop sommaires en vérité. Comme celle-ci qu'on retrouva dans la correspondance de la tante Régine :

« *Bonjour ma tante ! Adieu ma tante !*
« *Quel bonheur d'avoir une tante comme vous, et quel malheur*
« *de ne la voir jamais ! J'ai votre portrait et je vous parle tous les*
« *matins ; vous me dites des choses qui me vont au cœur ; je jure*
« *tous les soirs que j'irai me jeter dans vos bras, mais je ne suis*
« *qu'un neveu dénaturé, et je mérite vos malédictions ! Avec les-*
« *quelles je vous embrasse.* « OCTAVE DE PARISIS. »

Après tout, avec une tante fantasque comme celle-là, cette lettre était peut-être un vrai titre à l'héritage. Un héritier vulgaire eût écrit des platitudes au moins douze fois l'an.

Le dernier hiver, comme on sait, Parisis avait vu sa tante à Paris, mais il ne lui avait pas fait les caresses d'un héritier présomptif. Une fois il avait refusé de dîner avec elle, une fois seulement il avait trouvé une heure de loisir pour prendre le thé, sachant d'avance que Geneviève ne serait pas là. Il avait été jusqu'à faire le reversis ; mais il n'était pas homme à prendre de bonnes habitudes ; rien n'avait pu le décider à retourner chez sa tante, un peu parce qu'il ne trouvait jamais une heure pour bien faire, un peu beaucoup dans la peur de rencontrer sa cousine.

Il ne désespérait pourtant pas de sa part d'héritage. Il représentait à lui seul le beau nom de Parisis : sa tante n'avait pu vouloir déshériter son nom.

On commença l'inventaire des papiers. Il y avait cinq héritiers directs : Octave de Parisis ; Mlle Geneviève de La Chastaigneraye ; un jeune lieutenant de vaisseau, absent pour le service de l'empereur ; deux petites filles qui étaient au couvent et que représentait un second notaire ; et enfin Mme de Portien, une Parisis qui s'était encanaillée.

Cette femme n'était aimée de qui que ce fût dans la contrée. Il y a dans toutes les familles l'image du bien et du mal. Geneviève était l'ange, Mme de Portien était le démon. Et ce n'était pas un joli démon.

Le premier notaire apportait quatre testaments déposés en son étude ; le quatrième détruisait naturellement les trois premiers. Octave demanda qu'ils fussent tous lus par ordre de date, pour montrer les diverses aspirations de la testatrice.

Dans le premier testament, Mlle de Parisis ne dérangeait presque rien à l'esprit de la loi ; elle se contentait de faire quelques legs aux pauvres du pays. Dans le second, elle donnait le donjon de La Roche-l'Epine à son neveu Octave de Parisis, à la charge par lui d'en remettre les revenus à l'hospice de Tonnerre où elle avait failli se faire sœur de charité. Dans le troisième, elle donnait un million hors part à sa nièce Geneviève de La Chastaigneraye. Dans le quatrième, ce million passait aux deux petites orphelines.

Le notaire ne connaissait pas d'autres testaments. Il remua beaucoup de parchemins, des titres de la terre de Champauvert et de La Roche-l'Epine. Pendant qu'il semblait chercher, Octave et Geneviève se regardaient avec un sourire de quiétude.

Des cinq héritiers, Octave et Geneviève étaient les seuls qui fussent, comme on dit, intéressants. Et, en effet, c'étaient les seuls pauvres. Geneviève n'avait rien ; Octave n'avait plus rien, à moins que les mines des Cordillères ne se rouvrissent pour lui par miracle.

Pourquoi la tante avait-elle abandonné sa nièce dans le quatrième testament ? C'était inexplicable. Geneviève était l'ange, le charme, le sourire de sa vie; elle était là toujours qui lui donnait son bras pour se promener, sa voix pour lire, sa gaieté pour la réconforter. La jeune fille avait pourtant ses heures de rêverie, ses mouvements fantasques, ses tristesses soudaines. En certains jours, elle avait pu blesser sa tante sans y penser. « Quelle est la date du quatrième testament ? demanda tout à coup Geneviève. — Deux août, répondit le notaire. — Ah! oui, je comprends, » reprit Mlle de La Chastaigneraye.

Elle se tourna vers Octave : « Vous rappelez-vous notre rencontre à Dieppe? — Si je me la rappelle! Pas un mot tombé de vos lèvres ce jour-là n'a été oublié par mon cœur. — C'est beau de me dire cela à l'heure où je suis déshéritée. Eh bien! figurez-vous, mon cher cousin, que ce jour-là ma tante, qui ne m'avait accordé que quinze jours, m'a déshéritée parce que le dix-septième jour je n'étais pas encore retournée chez elle. Mais rassurez-vous, il y a d'autres testaments, je n'en doute pas. »

A cet instant même, le notaire venait d'en trouver un sous une enveloppe qui portait ces mots : *Papiers précieux.*

Ce testament voulait que la fortune fût partagée selon les droits de chacun, quand Mlle Geneviève de La Chastaigneraye aurait pris d'abord le donjon de La Roche-l'Épine, les fermes qui en dépendaient et tous les loyers en retard. Les deux petites filles auraient pour elles, outre leurs parts naturelles, les bijoux, les perles et les diamants, cent mille francs à peine.

Je ne parle pas du codicille qu'on trouva dans la même enveloppe, il ne renfermait que des legs minimes, au curé de Champauvert et au médecin de la Roche-l'Épine.

Octave commençait à désespérer, il voyait bien, par la lecture de tous ces testaments, où son nom était à peine prononcé pour des bagatelles, que ce n'était pas à Champauvert qu'il retrouverait une fortune. « Au moins, se disait-il, je serais consolé si la meilleure part revenait à ma belle cousine. » « Je sais un autre testament, dit tout à coup Geneviève, je ne l'ai pas lu, mais j'ai vu ma tante qui, déjà malade, l'écrivait d'une main tremblante. — Où est-il? demanda le notaire. — Je crois qu'il est dans la boîte à ouvrage qui a été enfermée dans l'armoire aux bijoux.

On leva les scellés de l'armoire aux bijoux, on l'ouvrit avec quelque émotion, on y trouva non seulement le testament indiqué par Geneviève, mais deux autres encore. »

Le notaire éleva la voix. « Je lirai les autres testaments tout à l'heure, mais je vais lire celui-ci dont la date indique que c'est la dernière et suprême volonté de Mlle Régine de Parisis. »

Et il lut tout haut:

« *Ceci est mon testament.*

« *Je donne mon âme à Dieu. Que la terre soit légère à mon
« corps !*

« *J'institue pour ma légataire universelle* Mlle *Anne-Geneviève*
« *de La Chastaigneraye, ma nièce bien-aimée, qui a été pour moi
« une fille, qui a été pour moi un ange. Elle disposera de toute ma
« fortune sans aucune réserve; de tous mes biens, meubles et im-
« meubles, quels qu'ils soient, à la charge par elle de donner
« cent mille francs à chacun de mes héritiers naturels.*

« *Tous les ans, le jour de ma fête, soit qu'elle habite Paris ou
« Champauvert, ou tout autre pays, elle prendra deux poignées
« d'or dans ses petites mains en allant à la messe pour le premier
« pauvre qu'elle rencontrera.*

« *Je donne mon livre d'Heures à mon cher neveu Octave de
« Parisis.*

« *Telles sont mes dernières volontés. Champauvert, ce 3 août
« 1867.*

« Angélique-Régine de Parisis. »

Après la lecture de ce testament, il se fit un grand silence. Tout le monde fut convaincu que c'était le dernier mot.

Octave se leva solennellement, prit les mains de sa cousine, la baisa sur le front et lui dit d'une voix haute : « Ma chère Geneviève, voilà ce qui s'appelle de la justice; je crois que personne ici ne s'avisera de réclamer contre les dernières volontés de ma tante; ce qui est écrit ici est écrit là-haut. »

Ces paroles firent une grande impression : on sentait qu'elles étaient dites du fond du cœur. Octave avait de trop nobles sentiments pour jouer à l'hypocrisie. Sa tante lui eût laissé un million qu'il n'eût pas trouvé cela mal : mais quoiqu'elle ne lui laissât que cent mille francs, de quoi vivre cent jours, il trouva cela bien.

Mme de Portien n'était pas à cette hauteur, il lui fut impossible de cacher son chagrin et son dépit. Elle hasarda quelques mots tout à fait dignes d'elle; il lui semblait que les testaments les meilleurs ne sont pas bons; puisque la loi a réglé les successions, on avait toujours tort de violer, par le caprice d'un moment, les règles immuables de la loi et de la nature; dans un pareil héritage, puisqu'il y avait cinq héritiers et cinq millions, le mieux eût été de laisser aller tout naturellement un million à chaque héritier; enfin elle ne désespérait pas de voir Mlle Geneviève de La Chastaigneraye se contenter de quelques avantages comme le donjon de La Roche-l'Épine qu'elle aimait beaucoup, et abandonner à ses cousines et à ses cousins une part plus sérieuse que les cent mille francs indiqués par le testament.

Octave reprit la parole. Il ne comprenait rien à ce que disait sa cousine Portien ; quand un testament était fait, c'était la loi, puisque la loi autorise les testaments.

La cousine Portien répliqua qu'elle était bien sûre que Geneviève ne pensait pas comme Octave. Geneviève ne dit pas un mot. Sa figure sibyllique n'exprimait pas sa pensée. Elle admirait Octave et savourait dans son cœur toutes les joies de son admiration. Elle avait subi trop de rebuffades de sa cousine Portien pour s'attendrir sur le désespoir de cette femme qui ne pardonnait à personne sa mésalliance.

La vacation avait été fort longue. Le notaire dit qu'il allait lever la séance pour faire enregistrer le testament. « Et si on en retrouve un autre ? dit Mme de Portien. — Cela n'est pas impossible, dit le notaire des deux orphelines. — Non, répondit Geneviève ; après ce testament, ma tante Régine ne m'a plus demandé la plume qu'une seule fois. — Eh bien ! dit Mme de Portien, c'était peut-être pour écrire ses dernières volontés. — Non, ma cousine. »

Cette fois, Geneviève ne put masquer son émotion. Elle reprit : « Ç'a été pour me dire adieu, car elle ne pouvait plus parler. »

Comme Octave était près d'elle, elle lui dit tout bas : « Le croiriez-vous ! cette nuit... » Elle se tut. « Non, reprit-elle, je ne veux rien dire. »

Le dîner avait été préparé pour les héritiers, les notaires et le curé de la Roche-l'Épine. Mme de Portien dit qu'elle était attendue et demanda sa calèche ; le premier notaire, qui s'intéressait surtout au lieutenant de vaisseau, dit qu'il devait faire signer ce jour-là un contrat de mariage et demanda son cheval ; le second notaire, qui représentait les orphelines, ne savait quelle figure faire et demanda sa canne.

Il ne resta pour dîner que Parisis et Mlle de la Chastaigneraye.

Le curé se fit attendre. Le cousin et la cousine se promenèrent un instant dans le parc sous les grands châtaigniers. « Quelle belle solitude, dit Octave, comme on serait heureux ici ! »

Il se tourna vers sa cousine : « Si on n'était pas seul ! — Oui, mon cousin, mais le bonheur n'est pas de ce monde. — Vous avez bien raison, ma cousine. »

Il lui prit la main. « Et pourtant, quand je songe que si ma tante m'avait donné sa fortune, je me fusse peut-être jeté à vos genoux pour vous prier d'être ma femme ! — Peut-être ! mais voilà le malheur, dit avec un charmant sourire Mlle de La Chastaigneraye, je vous aurais dit ? « Relevez-vous, et allez-vous-en, mon cousin. Les La Chastaigneraye sont aussi fiers que les Parisis. Par exemple, si je vous donnais ma main pleine de cinq millions, vous ne la voudriez pas, n'est-ce pas, mon cousin? — Non, non, non, ma cousine. — Eh bien! parlons politique. »

XXXIII

LA DAME BLANCHE

Octave et Geneviève causaient encore politique quand survint M. le curé.

C'était une bonne âme de curé, qui croyait à Dieu sans savoir pourquoi. Il n'avait jamais bien compris l'Évangile; il ne s'égarait pas dans les subtilités de la théologie. Il prêchait sans savoir ce qu'il disait, hormis qu'il prêchait le bien. Il n'aurait pas tué une mouche, mais il voyait tomber avec un vif plaisir, au temps de la chasse, les lièvres, les perdreaux et les cailles, s'il devait en avoir sa part. Par exemple, il n'était pas si bon apôtre aux chasseurs qui ne payaient pas la dîme. Il allait tous les jours, comme Louis XIV, émietter du pain aux carpes de sa pièce d'eau et aux poules de sa basse-cour, mais il les mangeait sans regret. Il était né gourmand et n'avait pas songé que ce péché de gourmandise, mortel pour ses paroissiens, pouvait le conduire tout droit en enfer. D'ailleurs, bon aux pauvres, même quand il n'avait pas dîné. Au demeurant, le meilleur curé du monde.

A peine eut-il salué Parisis et sa cousine, qu'il tira sa montre, ce qui voulait dire qu'il était l'heure de se mettre à table. « Oui, monsieur le curé, dit Geneviève; mais nous vous attendions. — Que voulez-vous? c'est le catéchisme. Ces pauvres enfants, il faut leur corner la sainte vérité comme à des bœufs.

Et le curé marcha en avant.

Octave eût envoyé de bon cœur le curé au diable. » Rassurez-vous, lui dit Mlle de La Chastaigneraye, il y a une âme dans cette figure enluminée. Il a de l'esprit à ses heures. D'ailleurs, ma tante l'aimait beaucoup. Vous voyez déjà qu'il a un beau caractère : il croyait hériter, il sait déjà qu'il n'a rien, et n'en est pas moins gai. »

Geneviève ne put retenir ce mot : « Il est vrai qu'il va se mettre à table. » — Quand ce serait un ange, ma cousine, je ne lui en voudrais pas moins de rompre notre tête-à-tête? — Est-ce que vous vous imaginiez que nous allions dîner en tête-à-tête? — Pourquoi pas ? Je ne suis pas venu ici pour aller dans le monde. — Eh bien! mon cousin, il faut en prendre votre parti; mais vous dînerez non-seulement en compagnie du curé de La Roche-l'Épine, mais aussi en compagnie d'une jeune personne qui a quatre fois vingt ans, une amie de ma tante, une Minerve qui me prend aujourd'hui sous son égide. »

Parisis fit une effroyable grimace. « Voyons, n'ayez pas peur. ô homme sans principes! je ne vous placerai pas à côté d'elle, je vous ferai une surprise. »

A cet instant, la surprise apparut sur le perron.

C'était une jeune fille d'un château voisin, qui était venue à Champauvert pour les funérailles de Mlle Régine de Parisis; Geneviève avait obtenu de la mère de cette jeune fille, Mme de Moncenac, qu'elle resterait un mois à Champauvert, où d'ailleurs Mme de Moncenac viendrait la voir souvent. « Qu'est-ce que cela ? » demanda Octave avec effroi. — « Cela, mon cousin, c'est une Bourguignonne. »

Mlle de Moncenac était rouge comme une cerise, petite, le nez retroussé, des pieds à dormir debout, des mains d'oie. Et ce beau corps avait été habillé par une couturière du village voisin. « Ma cousine, reprit Parisis, soyez assez bonne pour me placer à côté de votre Minerve. »

On se mit à table, après les présentations. La conversation s'établit entre le curé, Geneviève et Octave. La vieille demoiselle et la jeune fille babillèrent ensemble des modes nouvelles; le curé débita une parabole fort ingénieuse pour faire entendre à Octave et à Geneviève qu'ils devraient bien à eux deux rétablir les splendeurs de la Roche-l'Épine, de Champauvert, de Belle-Fontaine et de Parisis. Autant de demeures seigneuriales qui n'avaient plus de seigneurs. Octave lui répondit qu'il aviserait; il allait partir pour le Pérou, d'où son père avait rapporté tant d'argent. La mine était presque épuisée, mais il ne désespérait pas d'y trouver encore une fortune. Il promit solennellement de restaurer, dans tout l'esprit du style gothique et de la renaissance, Belle-Fontaine et Parisis. Il ne doutait pas que Mlle Geneviève de la Chastaigneraye ne le devançât avec plus de goût et plus d'éclat dans la restauration de la Roche-L'Épine et de Champauvert.

Octave demanda ses chevaux quand on servit le café. « Non, mon cousin, dit Geneviève; vous m'accorderez au moins cette faveur de passer vingt-quatre heures chez moi. — Oh! quel bonheur! » s'écria Mlle de Moncenac.

Elle rougit encore, si c'est possible. Elle eut peur qu'on ne se fût mépris sur ce cri de joie qu'elle avait jeté, elle ajouta : « Quel bonheur que tu sois chez toi, Geneviève! — C'est précisément parce que vous êtes chez vous, ma cousine, que j'ai demandé mes chevaux sitôt. Que dirait ma cousine Portien ? Elle dirait que je veux vous épouser pour vos millions. — Ma cousine Portien sait bien que vous ne voulez pas épouser une provinciale. — Je ne sais pas à Paris une Parisienne aussi parisienne que vous. — Eh bien! parisienne ou provinciale, je vous ordonne de rester ici jusqu'à demain après la messe. Et vous irez avec le livre d'heures de ma tante Régine. Et vous lirez la messe. J'ai mes idées, je ne veux pas que vous mouriez dans l'impénitence finale, je veux que vous fassiez votre salut. Vous commencerez demain votre belle action en venant avec moi à la messe, vous verrez quelle jolie église nous avons à Champauvert. Vous ne savez peut-être pas que ma tante y a fait merveilles; par exemple, vous y retrouverez l'admirable groupe de Bonassieux, représentant la Charité; jamais le ciseau d'or de la Renaissance en France ou en Italie n'a trouvé une plus maternelle et plus divine expression. Ce n'est pas tout, nous avons un beau vitrail de Maréchal et une Assomption de Cabanel, deux chefs-d'œuvre. Ma tante ne donnait son argent qu'à Dieu. — Vous faites comme les papes, ma cousine, vous voulez me conduire au paradis par le chemin des artistes ; vous avez raison, le trait d'union de l'homme à Dieu, c'est l'art. — Non, mon cousin, c'est l'amour. — L'amour! Lequel? — Demandez cela à M. le curé. »

Le curé venait de voir avec passion sa seconde tasse de café. Il ne disait pas comme l'abbé de Voisenon : « Je ne tiens que chopine; » il redemandait toujours une seconde fois de tout ce qui passait sur la table, disant qu'il ne voulait pas contrarier la nature. Il essuya ses lèvres avec sa langue, parut se recueillir et répondit avec componction : « L'amour! je ferai un sermon là-dessus. »

C'était sa manière de répondre à toutes les questions. « Pas si

bête! dit Octave à Geneviève, car s'il eût parlé, il n'eût pas manqué de dire des sottises. Qui donc parlerait bien sur ce chapitre ?
—Si ce n'est les plus simples d'esprit comme moi, répondit Mlle de la Chastaigneraye. — Eh bien! ma cousine, pour devenir un simple d'esprit comme vous, je consens à aller à la messe demain à Champauvert. Je vous avoue qu'il y a bien longtemps que je n'ai trouvé Dieu dans son église ; car à Paris, en vérité, hormis les jours d'enterrement, l'église n'est pas du tout catholique ; on y va moins pour Dieu que pour ses créatures. Voilà pourquoi Dieu ne daigne pas s'y montrer. Je croirais bien plus à l'action divine dans les églises de village, si je croyais à quelque chose. »

Sur ce mot, le curé dit les Grâces. Après quoi on se leva pour aller au salon. « Mon cousin, puisque vous êtes pris au trébuchet, vous allez faire le whist. — Ma cousine, j'ai juré que j'obéirais. — J'aime cette résignation ; c'est déjà un renoncement et je ne désespère pas de votre salut. »

A onze heures, après avoir perdu trois francs cinquante centimes, Octave, ému d'une pareille déveine, montait tout seul le grand escalier pour aller se coucher. Il connaissait déjà sa chambre. C'était la chambre d'honneur, une grande pièce tendue de perse ancienne où s'ennuyaient deux pastels, un monsieur et une dame du temps de la Régence, condamnés à perpétuité à faire ainsi bon ménage. Octave soupira en les regardant. « Ah ! dit-il, s'ils descendaient de leurs cadres, en voilà deux qui me diraient le secret de la vie. »

Des livres nouveaux et des gazettes variées parsemaient le guéridon. Naturellement Octave, qui avait quitté Paris depuis deux jours, chercha des nouvelles de Paris.

Il avait déjà entrelu trois ou quatre journaux quand il ouvrit la croisée pour respirer l'air vif et écouter les rossignols, qu'il ne connaissait que par ouï-dire. Il n'entendit que le silence. Il ne savait pas que les rossignols ne chantent qu'au printemps, les paresseux ! des ténors qui prennent neuf mois de congé !

Octave ressentit toutefois un vrai plaisir à se perdre dans cette solitude immense qui ne l'avait jamais envahi. Ce parc, ces forêts, ces montagnes, ces horizons, ces étoiles, toutes ces éloquences émerveillaient son âme. La nature a des attractions et des forces qui dominent les plus rebelles. Octave comprit qu'il avait trop vécu jusque-là dans le tourbillon parisien ; il rêva qu'il lui serait doux et salutaire de se retremper dans ces luxuriantes vallées de son pays natal, qui sont comme un exemplaire du Paradis perdu.

Il y avait plus d'une heure qu'il était à la fenêtre, abîmé dans ses rêveries, quand il vit passer au loin, sous les arbres, un homme tout de noir habillé, comme vous et moi.

Il s'imagina d'abord que c'était le curé de la Roche-l'Épine qui s'était attardé dans le parc, mais il vit bientôt que l'homme était grand et souple. Et, d'ailleurs, son habit n'était pas une soutane.

Il était plus de minuit. Minuit! une heure incroyable dans les provinces. Que pouvait faire à minuit cet homme dans le parc de Champauvert?

Octave ne fut pas longtemps à adresser cette question indiscrète aux étoiles.

Une blanche vision lui apparut errant aussi sous les arbres et marchant vers l'homme noir. « C'est impossible ! » dit Octave avec une fureur subite.

Il avait cru reconnaître Mlle de la Chastaigneraye.

Il passa ses mains sur ses yeux pour mieux voir. Il ne vit plus rien. Il écouta, il n'entendit que le bruissement des feuilles. « Allons, allons, allons, dit le duc de Parisis, je deviens fou ou halluciné. Ce que c'est que de ne croire à rien ! »

XXXIV

LA MESSE DE DON JUAN

E lendemain, quand Octave salua Geneviève, elle lui remit le livre d'Heures de sa tante Régine. « Votre salut est là, mais lisez toutes les pages, » lui dit-elle.

Il était dix heures et demie. M. de Parisis et Mlle de la Chastaigneraye, suivis de la dame aux quatre-vingts printemps et de Mlle de Moncenac, faisaient leur entrée dans l'église de Champauvert. Tous les habitants du village se retournèrent et saluèrent comme si Dieu lui-même fût entré.

Octave était distrait : il lui semblait avoir vu Violette errer autour du château. « Pourquoi serait-elle venue? » se demandait-il.

Dans la chapelle de la Vierge, Mlle de la Chastaigneraye s'agenouilla devant une simple chaise rustique. « Si vous voulez, mon cousin, vous pouvez vous placer au banc d'honneur avec Mlle de Moncenac et Mme Brigitte qui sont des orgueilleuses. Moi je trouve que la plus belle place est la plus humble. »

Octave se garda bien de quitter Geneviève.

Il tenait à la main le livre d'Heures. Il voulait continuer la conversation, mais elle lui dit : « Mon cousin, ouvrez votre livre, si ce n'est pour vous, que ce soit pour ma tante. Lisez la messe en son souvenir, cela vous fera du bien. »

Octave feuilleta le livre d'Heures.

C'était un vieux missel à miniatures dignes d'un Musée de souverain ou d'un Trésor d'église. La calligraphie et les peintures étaient dignes de la plus belle période du XVe siècle. On n'avait jamais été plus hardi ni plus délicat, on n'avait jamais traduit avec plus de charme et plus d'onction les grandes pages de l'Evangile.

Octave était tout à ce chef-d'œuvre, quand un papier plié en quatre s'échappa du livre d'Heures et tomba à ses pieds.

Il n'appela pas le suisse pour le ramasser, vous n'en doutez pas.

Son cœur battit, son œil s'illumina; il s'imagina, je ne sais pourquoi, que c'était un billet de Geneviève.

Elle était si fantasque qu'elle avait voulu sans doute lui parler avec toute la solennité de l'Église et du livre d'Heures, comme si Dieu lui-même eût ainsi consacré ses paroles.

Geneviève avait vu tomber le papier; tout en regardant dans son livre de messe, elle ne perdait pas un seul des mouvements d'Octave.

Les femmes ont des yeux qui voient quand ils ne regardent pas.

Octave se demanda s'il ouvrirait ce pli. Qui sait s'il était pour lui? Il n'osait se tourner vers sa cousine, comme s'il eût craint de voir son émotion. Car, enfin, si c'était un billet d'elle!

Si c'était le secret de ce cœur qui ne se démasquait jamais !

Octave déplia à moitié le papier; cela fit du bruit. Il lui sembla que Geneviève le regardait. Il se tourna vers elle : leurs yeux se rencontrèrent. Il n'aimait pas à jouer au mystère : « Vous avez vu, Geneviève? — Oui, j'ai vu un papier tomber du livre d'Heures, vous l'avez ramassé et vous ne l'avez pas lu. — Savez-vous pourquoi je ne l'ai pas lu? C'est qu'il ne m'appartient pas.

— Vous vous trompez : N'est-il pas dans le livre d'Heures qui est bien à vous? »

Octave ne se fit pas prier.

Cette fois il était convaincu qu'il allait trouver quelque charmante surprise de Geneviève.

Mais point. C'était une autre surprise. Octave regarda Geneviève d'un air désappointé.

Mlle de la Chastaigneraye prit une voix très-douce : « Si c'est illisible, il ne faut pas en vouloir à ma tante, voyez-vous, car je crois bien qu'elle a écrit ceci à sa dernière heure. »

Une émotion subite remua Octave; il comprit qu'il avait sous les yeux une des pages de sa destinée.

M. de Parisis lut :

« *Au nom du Père, du Fils, du Saint-Esprit. Ainsi soit-il.*
« *Que la volonté de Dieu soit faite dans le monde, et la mienne*
« *dans ma famille.*
« *Ceci est mon testament.*
« *Reconnaissant que la meilleure part de ma fortune me vien*
« *des générosités de mon frère, M. Raoul de Parisis, à son retour*
« *du Pérou.*
« *Voulant que le grand nom de Parisis ne puisse déchoir,*
« *Moi, dame Angélique-Régine de Parisis, soussignée, je lègue*
« *toute ma fortune, telle qu'elle s'étend et se comporte : mes châ-*
« *teaux, mes terres, mes inscriptions de rentes, mes obligations*
« *de chemins de fer, mes meubles et bijoux, à mon cher neveu*
« *Jean-Octave de Parisis. Le priant de venir, ne fût-ce qu'une fois*
« *l'an, à mon tombeau, me faire les visites dont il m'a privée pen-*
« *dant ma vie. Mais je suis sûre que si j'eusse été moins riche, il*
« *eût été plus de mes amis.*
« *Au nom du Père, du Fils, du Saint-Esprit. Ainsi soit-il.*
« *Au château de Champauvert, en mon lit de mort, le 4*
« *août 1867.*

« Régine de Parisis. »

En relisant pour la seconde fois : « *Au nom du Père, du Fils, du Saint-Esprit,* » Octave de Parisis se signa et dit « Ainsi ne soit-il pas. — Ah! je me réjouis en Dieu, dit Geneviève; la grâce a touché Don Juan, il vient de faire le signe de la croix : Satan est réconcilié avec Dieu. »

Deux larmes brillaient dans les yeux de Geneviève.

Parisis, qui n'avait pas pleuré depuis bien longtemps, voulut cacher deux larmes pareilles. « Savez-vous pourquoi,

Geneviève, je viens de remercier Dieu et de faire respectueusement ce signe d'adoration ? Ce n'est pas parce que j'ai vu le doigt de Dieu dans ce testament, c'est parce que j'y ai vu le doigt de la plus noble et de la plus divine des créatures, le doigt de Geneviève de La Chastaigneraye.»

Geneviève voulut comprimer son émotion. « Je ne comprends pas, Octave. » Ce nom, qu'elle n'avait pas encore prononcé en lui parlant, résonna au cœur de Parisis. « Vous ne comprenez pas, Geneviève. Vous ne voulez pas avouer que vous comprenez ; pour moi, je vois juste. Ce testament n'exprime pas la volonté de ma tante, il exprime la vôtre. Voilà pourquoi je n'en veux pas. »

Geneviève reprit sa parole railleuse. « Je vous remercie, monsieur, vous devriez avoir plus de soumission pour ma volonté, si c'est la mienne. »

Octave avait replié le testament et l'avait remis dans le livre d'Heures. « Voilà, dit-il à Geneviève en agrafant les fermoirs d'argent. — Eh bien ! monsieur, j'irai aujourd'hui même le porter chez le notaire. »

Octave reprit le livre par un mouvement soudain. Geneviève ne devina pas ce qu'il voulait faire.

Une seconde fois il déplia le testament et baisa doucement la signature de sa tante Régine.

Puis le déchirant avec sa grâce exquise : « Voilà mon dernier mot, dit-il simplement. — Octave ! qu'avez-vous fait ? » s'écria Geneviève. »

Il lui donna la moitié du testament et mit l'autre moitié dans le livre d'Heures. « Gardons ceci tous les deux pour nous prouver, ne fût-ce qu'à nous-mêmes, que si la noblesse du cœur était bannie de ce monde, on la retrouverait chez les Parisis. »

En ce moment, le curé de Champauvert chantait le *Pater Noster qui es in cœlis*.

XXXV

LE BOUQUET DE ROSES-THÉ

UAND la messe fut dite à l'église de Champauvert, il se passa devant le portail une scène imprévue qui vint tout à coup effacer les douces émotions qui avaient pris le cœur de M. Octave de Parisis et de Mlle Geneviève de la Chastaigneraye.

Tout le pays savait déjà l'histoire du testament — je ne parle pas du dernier; — puisque Mlle de La Chastaigneraye était la légataire, il fallait bien manifester sa joie : les jeunes gens et les jeunes filles avaient imaginé de lui tresser, avec des rameaux, des feuillages et des fleurs, un petit palanquin ou plutôt une chaise à porteurs de la forme la plus rustique.

Huit paysannes, toutes vêtues de blanc et couronnées de marguerites, étaient venues là, vers la fin de la messe, pour offrir des bouquets à Geneviève et pour la supplier de monter dans la chaise à porteurs.

Mlle de La Chastaigneraye prit gracieusement un magnifique bouquet de roses-thé que lui présenta la plus jeune des paysannes, mais elle refusa de monter.

« Vous avez tort, ma cousine, lui dit Octave, vous allez désespérer ces braves gens. — Tant pis, mon cousin, répondit Geneviève en prenant le bras d'Octave et en respirant le bouquet; songez bien que c'est aux cinq millions de ma tante qu'on fait cette fête. Or, c'est vous qui devriez monter dans cette maison rustique. »

Et comme les jeunes filles insistaient, elle se tourna vers Mlle de Moncenac et lui dit gravement que c'était à elle à monter dans la chaise à porteurs. « Pourquoi ? — Parce que vous êtes vous-même un bouquet de roses. »

Mlle de Moncenac était trop simple pour s'imaginer qu'on pût railler sa figure à prime-roses et sa robe à ramages. Elle monta sans se faire prier dans la cabane de fleurs, trouvant tout simple que les huit jeunes filles la portassent au château.

Quand on fut devant le vieux portail, Geneviève demanda à Octave qu'il voulût bien l'autoriser à prendre sur la succession de sa tante Régine huit fois mille francs pour doter ces jeunes filles. « Vous savez bien, Geneviève, que j'ai déchiré le testament, vous savez bien que vous êtes maîtresse absolue de cette fortune ; faites des dots à tout le monde. Si un jour il ne vous reste plus de quoi vous faire une dot à vous-même, je viendrai peut-être vous demander votre main. — Eh bien ! ce jour-là, mon cousin, je vous donnerai peut-être ma main. »

Geneviève se sentit rougir et se cacha la figure dans son bouquet, tout en le respirant encore avec ivresse.

Il lui sembla qu'elle respirait le bonheur dans les paroles d'Octave.

Le bonheur ! Le bouquet lui tomba des mains. Octave qui la regardait, vit la pâleur se répandre comme un nuage sur cette belle figure. « Octave ! dit-elle en lui tendant la main, je me sens mourir. »

Octave ne comprenait pas, mais il ne put empêcher Geneviève de tomber foudroyée. « Oh ! mon Dieu ! s'écria Mlle de Moncenac, la voilà morte ! »

Qui donc avait donné le bouquet de roses-thé ?

XXXVI

LE BOUQUET DE ROSES-THÉ ET LE POISON DES MÉDICIS

ADEMOISELLE de la Chastaigneraye qui n'avait pas voulu retourner au château dans un palanquin, y fut portée dans les bras d'Octave.

Ce fut une révolution tout autour d'elle ; le curé et le médecin accoururent en même temps : c'était à qui sauverait son âme, c'était à qui sauverait son corps.

Le curé n'avait que faire de toutes ses bénédictions, parce que Geneviève était une de ces pieuses créatures qui traversent le monde comme une image de Dieu, exemple vivant de toutes les beautés et de toutes les vertus.

Le médecin pouvait-il sauver le corps ? Le duc de Parisis lui dit qu'il ne doutait pas qu'elle n'eût respiré dans un bouquet le poison subtil des Médicis, dont le secret s'est transmis dans quelques grandes familles. Le médecin secoua la tête d'un air de doute; mais comme Octave insistait, il s'écria: « Attendez donc! Je me souviens que par Richelieu ou Mazarin j'ai le contrepoison; mais je crois encore que Mlle de La Chastaigneraye est tout simplement évanouie. »

La jeune fille était couchée sur une chaise longue devant une fenêtre ouverte. L'air vif frappait son front et soulevait ses cheveux. Le médecin demeurait à la porte du château; il courut chez lui, après avoir recommandé à Octave de tenir toujours des sels sur les lèvres de Geneviève.

Quand il revint, Geneviève avait entr'ouvert les yeux; Octave la soulevait dans ses bras, agenouillé devant la chaise longue. Son âme, devenue une volonté, avait-elle fait le miracle du contrepoison? Non, sans doute. Geneviève referma ses yeux et sembla retomber plus profondément dans la mort.

On peindrait mal le désespoir d'Octave; il regardait Mlle de La Chastaigneraye, il regardait le médecin avec des yeux désolés et suppliants. « Docteur! docteur! apportez-vous la vie! — A-t-elle parlé? demanda le médecin. — Non; elle a entr'ouvert les yeux et les a refermés presque aussitôt. — Elle m'a regardée, s'écria Mlle de Moncenac en poussant des hurlements; je suis sûre que c'était pour me dire adieu. »

Le médecin s'était penché sur Mlle de La Chastaigneraye; il lui versa dans la narine et sur la bouche une composition où dominaient le chlore, le café et le thé. « C'est tout simplement le contrepoison des Orientaux, dit le médecin. » En même temps il oignit les tempes d'une liqueur blanche qui exhalait une forte odeur marine. « La nature donne les poisons, la nature donne les contrepoisons. J'ai essayé cette eau sur une femme qui venait de mourir; l'action est telle, qu'elle a remué la tête. »

Comme le médecin disait ces mots, Geneviève rouvrit les yeux et tendit les bras comme pour mieux respirer. La vie était revenue. « Je ne comprends pas, » dit-elle.

Une heure s'était passée, elle se croyait encore sur le chemin de l'église; elle n'avait aucune conscience de son évanouissement. Elle sembla touchée de voir Octave à ses pieds, dans l'attitude de l'amour et de la douleur; l'émotion l'avait brisé, il était pâle et désolé, il ne savait pas si on triompherait du poison; car, pour lui, il ne doutait pas du poison dans le bouquet de roses-thé.

Il se rappelait que c'était une jolie petite fille, toute blonde et toute souriante, la plus jeune des paysannes, qui avait offert le bouquet à Geneviève. Mais ce n'était pas cet enfant qui avait cueilli les roses. Il donna l'ordre qu'on recherchât la petite fille. « Que s'est-il donc passé ? demanda Geneviève. — Vous avez respiré ce bouquet qui est là-bas, vous avez pâli et vous vous êtes trouvée mal. — Bien mal, sans doute, puisque je me sens mourir encore. — Voyons, voyons, dit le médecin, il faut vivre, il faut vouloir vivre, vous allez marcher. — Jamais, » dit Geneviève anéantie.

Octave comprit, comme le médecin, que l'immobilité était fatale. Bon gré, mal gré, il fallut que Geneviève essayât de se tenir debout, appuyée sur Octave et sur le médecin, avec les larmes de Mlle de Moncenac pour spectacle.

On avait amené la petite fille. « Mon enfant, qui vous avait donné ce bouquet ? — Mais c'est un bouquet du château. — Qui donc l'a cueilli ? — Tout le monde. — Qui est-ce tout le monde ? — Je ne sais pas, on m'a dit que c'était le plus joli bouquet et qu'il fallait me le donner à moi, parce que j'étais la plus petite. — Qui vous a dit cela ? — Tout le monde. »

Vainement on questionna l'enfant, elle ne répondit pas autre chose. Octave se promit bien de faire une enquête, mais il ne voulut pas mettre la petite fille à la question.

Le souvenir de Violette, qu'il croyait avoir entrevue errant autour du château, lui revint tout à coup. « Oh mon Dieu ! » murmura-t-il. Mais il dit aussitôt : « Non, ce n'est pas elle. »

Cependant Mlle de La Chastaigneraye commençait à marcher toute seule ; sans doute elle trouvait bien doux de s'appuyer sur Octave, mais sa pudeur s'était réveillée avant sa force ; elle se dégagea du bras de son cousin et alla s'appuyer à la fenêtre. « Quel beau ciel, dit-elle comme pour remercier Dieu. — Oui, dit le médecin, est-il possible que le ciel soit si pur et qu'il y ait des empoisonneurs sur la terre ; car vous l'avez échappé belle. Il y avait, je n'en doute pas, sur le bouquet une poussière d'opium, d'acide prussique, de digitale pourprée, de noix vomique et de ciguë, que j'ai combattue par mon antidote. »

Le médecin ne voulait pas qu'on s'imaginât que ce fût un évanouissement. « Oui, dit Geneviève, on avait voulu me faire mourir dans les roses ; je sais bien, moi, qui a donné ce bouquet ; mais je serai comme la petite fille, je dirai que c'est tout le monde. »

Cependant le bouquet avait disparu. « Où sont donc ces roses ! demanda tout à coup Geneviève. — Je ne sais pas, dit Octave ;

j'avais dit qu'on apportât le bouquet ici, je ne le vois pas. »

Quelques minutes après, on entendit un grand tumulte dans la cour de service; on criait au secours, on pleurait tout haut. « Qu'est-ce que cela? demanda Mlle de La Chastaigneraye. — En voici bien d'une autre, dit le médecin qui remontait tout pâle, en agitant le bouquet de roses. »

Il se jeta sur un fauteuil. « Parlez! parlez! — Comme je descendais, on m'a dit? « Accourez donc vite, voilà Rose Dumont qui se trouve mal. » Elle se trouvait si mal qu'elle était morte. — C'est impossible! — C'est impossible, mais cela est. Et ce qui va bien plus étonner, c'est qu'elle a été tuée par le fameux bouquet de roses. Vous voyez bien que les roses étaient empoisonnées. Vous en êtes revenue de loin, mademoiselle. Figurez-vous que cette grosse bête-là s'est mise à rire quand on lui a dit que vous étiez empoisonnée par des roses. Elle avait elle-même rapporté le bouquet. « De si belles roses! » s'est-elle écriée. Et elle a respiré à plein nez et à pleine bouche, comme elle eût fait d'un panier de fraises. Cela n'a pas été long : quand je suis descendu, on me l'a montrée couchée sur les dalles. Mais j'ai eu beau faire, le sang est trop vif chez elle, le contrepoison n'a pu agir; il était trop tard. »

Le médecin avait dit tout cela en tenant à la main le bouquet de roses. Octave le prit, arracha ce qui restait de papier et dénoua le ruban rouge de Violette. Et comme il prenait les roses une à une, Geneviève lui dit : « Est-ce que vous voulez les respirer aussi? — Non, je cherche. — Vous imaginez-vous que vous allez trouver la carte de celui ou de celle qui a envoyé ces roses? — Il faudra pourtant savoir d'où elles viennent. — On le saura, dit le médecin. Ah! c'est un beau cas pour la médecine. — Chut! dit Geneviève, gardez-vous bien de parler de cela. — Quoi, mademoiselle, je ferais le silence sur un crime aussi abominable! — Oui, vous ferez le silence; car je serais désespérée que, hors des murs de ce château, on s'occupât de moi. — Mais, mademoiselle...— Mon cher docteur, vous m'avez sauvé la vie, n'est-ce pas? — Eh bien... oui, je vous ai sauvé la vie. — Achevez votre œuvre; n'oubliez pas que vous me ferez mourir de chagrin s'il y a un procès criminel. »

Le médecin serra la main de Geneviève et sembla lui promettre, en ne disant plus un mot, qu'il ne parlerait pas de l'empoisonnement.

Octave avait éparpillé toutes les roses. Le médecin les ramassa en disant: « Vous me permettrez au moins, pour mon amour de l'étude, d'emporter le bouquet, cela paiera ma visite de ce matin.»

Le médecin réunit les roses et les emporta, sans oublier le ruban rouge. « Eh bien ! dit Mlle de La Chastaigneraye à M. de Parisis quand ils furent seuls, que pensez-vous de cela ? — Je pense, ma cousine, qu'il n'en faut rien penser du tout. »

XXXVII

L'ADIEU DE VIOLETTE

Or que se passait-il hors de l'église ?
Violette ne s'était pas consolée avec le grand d'Espagne des volageries d'Octave; elle avait beau comprimer son cœur, le premier amour était là qui parlait haut. Un instant, quand elle s'était jetée dans la vie d'aventures, elle avait espéré oublier le duc de Parisis ; mais cette fatale image était revenue plus despotique que jamais, s'imposant par toutes les fascinations. Elle voulait devenir une femme forte; mais elle avait beau mettre tous les masques qui cachent le cœur, la pauvre petite Violette se réveillait toujours tendre et douce. Aussi c'était pitié de lui voir jouer la haute comédie des coquines.

A peine Octave était-il parti pour Parisis, qu'elle fut prise d'un grand désespoir pour s'être vengée à Dieppe. Puisqu'il s'était affiché avec elle, c'est qu'il l'aimait. Elle aurait dû se résigner à ses fantaisies. Elle ne doutait pas qu'en reprenant sa douceur des premiers jours, elle ne reconquît son amant.

Elle alla pour le voir à son hôtel le soir même de son départ. Un des domestiques d'Octave, qui voulait du bien à Violette et qui croyait que son maître s'ennuyait à Parisis, lui conseilla d'aller le retrouver au château, où sans doute il serait ravi de la voir arriver. Rien n'est impossible à une femme amoureuse: elle partit pour Parisis le jour où l'on faisait à Champauvert la lecture des testaments.

La Bourgogne était le pays de sa mère; mais Violette n'y était pas allée depuis sa naissance. Elle avait plus d'une fois dit à Octave : « Nous sommes du même pays, » comme si cela dût la rapprocher encore de lui.

Le hasard, qui fait bien les choses, la mit nez à nez, à une table d'hôtellerie à Tonnerre, au Lion-d'Or, avec Mme de Portien, qui dînait là pour n'avoir pas voulu dîner avec Geneviève de La Chastaigneraye et Octave de Parisis.

Quoique Mme de Portien n'eût pas une figure sympathique, il restait dans son air je ne sais quoi de la femme de race qui plut à Violette. On verra bientôt que ces deux femmes devaient fatalement se rencontrer.

Mme de Portien était encore tout à la fureur qui l'avait prise au dernier testament lu. Aussi, ne regardant qu'en elle-même, ce fut à peine si elle avait entrevu Violette.

La jeune fille avait eu le bon esprit de revêtir un simple costume de voyage comme toutes les femmes du monde qui vont aux eaux, si bien qu'on ne pouvait s'imaginer que ce fût une femme galante. On sait que Mlle Violette de Parme avait une figure poétique qui eût été partout une lettre de recommandation, même dans le meilleur monde, quand elle ne se barbouillait pas trop la figure de poudre de riz.

Comme il n'y avait ce jour-là que des hommes attablés dans la salle à manger, elle se hasarda à parler à Mme de Portien. « Le château de Parisis, madame, est-il bien loin de Tonnerre ? »

Mme de Portien leva la tête avec la plus vive curiosité et dévisagea Violette. « Vous allez à Parisis, mademoiselle ? — Peut-être, madame. » Violette avait rougi comme la Violette d'autrefois. « Eh bien ! madame, vous ne trouverez pas M. de Parisis. »

Mme de Portien avait dit tour à tour *mademoiselle* et *madame* comme eût fait un juge d'instruction. » Il est donc déjà reparti pour Paris ? demanda Violette. — Non, mademoiselle ; mais il est en train de se marier au château de Champauvert. » Cette fois, Violette pâlit. « Ah ! dit-elle simplement, je ne savais pas cela. » Mme de Portien vit bien qu'elle avait porté un coup à Violette. Ce lui fut une grande joie ; il lui sembla doux de faire souffrir son prochain comme elle-même : c'était son pain quotidien. Même quand elle était heureuse, tout le monde était malheureux autour d'elle.

De tous les Parisis, Mme de Portien était indigne de ce beau nom. Sa mère, une sœur du duc Raoul de Parisis, avait épousé le comte de Pernan et n'avait eu qu'une fille : aussi Edwige avait bientôt dominé la maison avec les caprices violents d'une nature rebelle.

Elle avait mal commencé. A seize ans, après une aventure

avec le vicomte d'Arse, elle allait à Paris avec sa femme de chambre pour accoucher d'un enfant anonyme qu'elle ne voulut pas revoir, moins dans l'horreur de sa faute que par l'absence d'entrailles. A dix-sept ans, elle avait fui le château natal avec un aventurier qui avait dirigé un théâtre à Lyon et qui était venu près de Parisis voir un oncle curé, dont il espérait quelque argent. On ne dira pas cette vulgaire histoire d'un enlèvement qui ne se fit que par une brutale passion où l'amour ne se montra pas. Au bout de quelque temps, le curé arrangea tout. On aima mieux le déshonneur d'une mésalliance que le déshonneur d'une aventure. On espéra tout sauver : on perdit tout. Théodore Portien, qui signait Théodore de Portien, avait commencé par entamer la dot, même avant la cérémonie; il continua de plus belle, jusqu'au jour où la mariée se retourna contre lui pour défendre son bien, car elle était née avare; enfant, elle vendait ses poupées pour avoir de l'argent; jeune fille, elle volait les jetons du jeu; bien mieux, elle volait les pauvres : quand sa grand'mère, la duchesse de Parisis, qui était aussi la grand'mère d'Octave, voulait qu'une aumône arrivât à son adresse, il ne fallait pas qu'elle passât par ses mains déjà souillées. Quand Théodore Portien trouva une femme rebelle devant son coffre-fort, il s'imagina qu'il était sur la scène et parla mélodramatiquement; il menaça de se faire déclarer en faillite; le coffre-fort tint bon. Il montra un poignard ; mais la femme était à la hauteur du mari : elle saisit le poignard et le leva sur lui; il y eut une lutte horrible qui retentit jusque dans les journaux du temps. On se sépara, puis on se reprit : il y a des amours qui ne vivent que dans les injures de la honte et du crime; il y a les voluptés du désespoir. On se sépara encore; cette fois, le tribunal parla. Quand les biens furent à l'abri, l'horrible femme livra encore son corps. Théodore Portien jouait le rôle de ce marquis de la cour de Louis XV qui ne venait voir sa femme que moyennant cent pistoles, et qui ne se débottait pas si le souper n'était pas bon.

Mais la vraie passion de la Portien, c'était la passion de l'or. Elle achetait les faveurs de son mari : elle eût vendu les siennes si elle se fût trouvée sur un tout autre théâtre; mais elle vivait très oubliée dans une petite terre qui lui restait de sa dot, à quelques lieues de Parisis, convoitant sa part d'héritage dans la fortune de Mlle Régine de Parisis, et se promettait bien, dès qu'elle aurait un bon million, d'aller jouir de son reste à Paris. Sa tante Régine n'avait que quelques années plus qu'elle, mais elle semblait lui promettre, par sa pâleur maladive, de mourir bientôt.

Voilà quelle était Mme de Portien quand mourut Mlle Régine de Parisis. A l'heure de la mort, elle alla s'installer au château comme pour veiller sur son bien. On n'a peut-être pas oublié les deux mots dits par Geneviève à Octave pendant la lecture des testaments : « *Le croiriez-vous? Cette nuit... mais je ne veux rien dire...* » Or, que s'était-il passé cette nuit-là? Pendant que tout le monde dormait au château, une vraie nuit de repos après tant de nuits d'anxiété et de fatigue, Mme de Portien, tourmentée par le bruit des testaments, avait pénétré à pas de loup dans la chambre de la morte; et là, dans l'horrible silence des mauvaises pensées et des mauvaises actions, elle avait forcé un petit secrétaire en bois de rose où sa tante écrivait et cachait ses secrets. Qu'avait-elle trouvé? des brouillons de lettres et des brouillons de testaments. Elle avait lu rapidement. Elle désespérait de mettre la main sur autre chose, quand un pli cacheté lui apparut avec sa cire rouge : elle le saisit, ne doutant pas qu'elle ne tînt sa ruine ou sa fortune.

Geneviève, qui ne dormait pas non plus cette nuit-là, mais qui sans doute ne pensait pas au testament, avait suivi sa cousine avec curiosité; elle avait tout vu, parce qu'elle avait pu se cacher sous la portière du cabinet de toilette. Elle ne fut pas peu surprise de l'étrange expression de cette figure dominée par une idée maudite; mais elle fut bien plus surprise encore quand Mme de Portien, après avoir lu le pli cacheté, regarda autour d'elle et l'alluma à la bougie. Mlle de La Chastaigneraye s'enfuit effrayée; elle alla se cacher comme si elle eût été atteinte elle-même par cette souillure d'une personne de sa famille. Mme de Portien avait brûlé un testament qui la déshéritait, mais un testament déjà ancien.

Ce sacrilège n'avait pas empêché l'horrible femme de subir le déshérit. On comprend dans quelles idées de sourde fureur et de sourde vengeance elle s'était éloignée du château de Champauvert.

Elle ne doutait pas que Geneviève ne devînt bientôt la duchesse de Parisis; elle se voyait non seulement bannie de la fortune, mais bannie de la famille. Elle enrageait de voir s'évanouir ses dernières espérances; le rôle qu'elle voulait jouer à Paris, elle ne le jouerait pas; les paysans au milieu desquels elle vivait ne manqueraient pas de se moquer d'elle, elle ne voyait plus sur son chemin que des avanies; elle avait semé le mal, elle ne recueillerait plus que le mal.

Toutes ces idées lui traversaient la tête, quand Violette, qui dînait à côté d'elle dans l'hôtellerie de Tonnerre, lui adressa cette question : *Le château de Parisis est-il bien loin de Tonnerre ?*

Mme de Portien interrogea Violette, comme si elle avait sous la main, par un hasard providentiel — les coquins et les coquines mettent la Providence partout — comme si elle avait sous la main un instrument de vengeance : elle avait deviné tout de suite que Violette était une maîtresse d'Octave de Parisis.

Les amoureux et les amoureuses aiment à jaser quand on parle à leur cœur. Violette ne vit dans Mme de Portien qu'une femme curieuse, car celle-ci ne démasquait jamais ses batteries. « Vous l'aimez donc bien, ce mauvais sujet ? demanda Mme de Portien. — Oui, ç'a été mon bonheur et mon malheur, dit ingénument Violette. Mais que voulez-vous ! on n'en meurt pas, puisque je ne suis pas morte. On dit qu'on se console parce que la vie est un perpétuel chagrin. Se consoler, c'est souffrir ailleurs. Moi je me consolerai en pensant au bonheur d'Octave. — Ah ! vous n'êtes pas vaillante ! s'écria Mme de Portien, emportée plus qu'elle ne voulait. Vous n'aimez pas les batailles de femmes ; vous ne voulez pas lutter contre Mlle de La Chastaigneraye. — Non, je veux que M. de Parisis soit heureux. — Qui vous dit qu'il sera heureux ? Geneviève est une étrange fille qui fera le malheur du duc. — Vous la connaissez donc ? — Un peu : mais elle est si singulière qu'elle ne se connaît pas elle-même. Ah ! si j'étais comme vous, belle et jeune, je ne voudrais pas que mon amant m'échappât. C'est lâche de rendre les armes avant le combat. »

En ce moment, une fille de l'auberge apporta un magnifique bouquet de roses-thé, qu'elle venait de cueillir dans le jardin voisin ; les roses de Tonnerre sont renommées comme les roses de Provins. La fille d'auberge présenta le bouquet à Mme de Portien. « Non, dit Mme de Portien, dans la peur de donner cent sous à cette fille. Offrez cela à mademoiselle. »

La fille d'auberge se tourna vers Violette, qui lui donna un louis « Ah ! les belles fleurs ! » dit Violette. Elle les admirait et les respirait. Quand une idée traversa son cœur et le fit battre. « Madame, dit-elle en se retournant vers Mme de Portien, savez-vous quel sera le dernier mot de ma passion pour M. de Parisis ? Ce sera ce bouquet. — Comment cela ? — Je vais le lui envoyer avec une prière, une prière de l'offrir à Mlle de La Chastaigneraye. — Ce sera votre cadeau de noces ? — Oui, et jamais elle n'entendra parler de moi. — Jamais ? — Jamais ! jamais ! jamais ! »

Une idée traversa aussi le cœur de Mme de Portien. Elle avait sa vengeance : « Eh bien, mademoiselle, dit-elle, donnez ce bouquet à ce gamin qui joue là du violon : dans deux heures, il sera dans les mains du duc de Parisis. — Madame, je vous remercie ! »

Violette écrivit ce simple mot à Octave :

« *Mon ami, j'étais revenue à vous; mais je sais tout.*
« *Adieu, nous ne nous reverrons pas.*
« *Gardez-moi une bonne pensée, comme je garderai de vous*
« *mon plus cher souvenir.*
« *Nous sommes morts l'un pour l'autre, ne profanons jamais*
« *nos tombeaux.*

« Violette. »

Mme de Portien avait appelé le petit joueur de violon : « Tu vas aller porter ce bouquet au château de Champauvert, où je t'ai rencontré hier. Tu seras bien payé, mais pars tout de suite. »

Violette avait demandé du papier blanc pour envelopper le bouquet. Après l'avoir baisé une dernière fois, elle noua la tige avec un ruban rouge qu'elle prit dans ses cheveux. « Il aimait tant mes cheveux ! » dit-elle avec un soupir.

On vint avertir les voyageurs que le train de Paris allait partir : Violette pensa que ce qu'elle avait de mieux à faire c'était de rebrousser chemin. Elle se hâta de mettre son chapeau, elle serra affectueusement la main sèche et crochue de Mme de Portien, elle donna un autre louis à son petit ambassadeur en guenilles, et elle sauta dans l'omnibus qui conduisait au chemin de fer.

Or, Violette manqua le train. Elle rentra à Tonnerre, repassa par l'hôtel, tout en se demandant ce qu'elle allait faire jusqu'au train de nuit. « Si je pouvais voir Octave ! » se demanda-t-elle.

Le silence et l'ennui de la province jettent les amoureux de Paris plus loin dans la passion, parce qu'ils sont tout à eux-mêmes.

Violette demanda s'il y avait de bons chevaux à l'hôtel. Naturellement on lui répondit qu'on pouvait atteler à une calèche les deux meilleurs chevaux du département. Elle parla de Champauvert : on lui promit qu'en moins de deux heures elle serait là.

Il était trop tard. Mais comme cette idée de revoir Octave l'avait envahie, elle décida qu'elle irait le lendemain à la première heure à Champauvert.

Quand Octave se leva le dimanche matin, comment ne vit-il pas Violette qui rôdait dans la campagne, les yeux sur le parc ?

Pour elle, elle l'aperçut qui fumait sur le perron. A quoi pensait-il ? Il semblait rêver. Elle se demanda si son souvenir ne passait pas dans son âme. Elle eut envie de sauter par-dessus les haies pour aller dans ses bras! « Est-ce possible! se dit-elle. C'est lui et c'est moi! En une demi-minute je pourrais l'embrasser et pourtant je reste clouée ici... Mais cette jeune fille viendrait, je ne veux pas la voir... »

Octave descendit dans le parc. Violette se rapprocha de la clôture. S'il se fût approché, sans doute elle eût crié : — *Octave, c'est moi!*

Comme il tournait la tête de son côté, elle s'imagina qu'il l'avait vue, mais il s'enfonça sous les marronniers. « C'est étrange, dit-il, je pensais à Violette et cette femme qui passe là-bas me la rappelle un peu. »

Si Violette eût été devant le parc de Parisis, certes elle eût franchi la haie; mais elle se voyait devant le château de Mlle de La Chastaigneraye : elle ne se hasarda pas. « Non, dit-elle, je ne suis ici ni chez moi ni chez lui. »

Elle sentit que plus elle s'était rapprochée d'Octave, plus elle était loin de son amant. Elle se décida à regagner sa calèche qui l'attendait à quelque distance du village. Elle était venue jusqu'au parc par des sentiers détournés ; en s'en retournant, elle se hasarda un peu plus et voulut même entrer à l'église. Ce fut alors qu'elle vit apparaître M. de Parisis et Mlle de La Chastaigneraye, suivis de Mlle de Moncenac et de Mme Brigitte. Ils allaient tous à la messe.

Violette était masquée par le bouquet d'arbres de la place publique; mais elle vit bien l'expression amoureuse d'Octave et de Geneviève. « Puisqu'ils sont heureux, dit-elle tristement, je m'en vais. »

Elle ne fut pas surprise, à cet instant, quand elle vit passer des jeunes paysannes qui préparaient une ovation à Mlle de La Chastaigneraye à sa sortie de l'église. On vint faire la répétition sous les arbres. C'était une vraie comédie. Quoiqu'elle se fût un peu éloignée, Violette comprit bien de quoi il était question. Elle fut plus surprise encore quand on apporta du château son bouquet de roses-thé. On le plaça sur la corbeille de fleurs qu'on devait offrir à la « châtelaine, » selon l'usage antique et solennel.

Elle avait reconnu son bouquet à son ruban rouge. Pourquoi le bouquet, qui devait arriver le samedi soir à Champauvert, n'était-il arrivé que le dimanche matin?

Toutes les jeunes filles, moins une, entrèrent dans l'église. Celle qui resta sous les arbres devait veiller à la corbeille et aux couronnes de marguerites destinées à les coiffer toutes quand elles feraient cortège à Geneviève.

Violette ne craignait plus d'être vue par Octave. D'ailleurs sa douleur l'aveuglait. Elle s'avança vers la paysanne, quand celle-ci, qui croyait que c'était une nouvelle venue au château, qui allait veiller à son tour sous la moisson de roses, courut chez une voisine pour chercher du fil et une aiguille.

Violette s'approcha d'autant plus et regarda ses roses-thé. « Eh bien ! dit-elle, voilà un bouquet qui ne s'est pas trompé d'adresse. » Elle entr'ouvrit l'enveloppe de papier : « Elles sont aussi fraîches qu'hier, ces roses-thé ! »

Elle saisit le bouquet avec un sentiment de jalousie et reprit sa lettre d'adieu à Octave. « A quoi bon cette lettre? dit-elle ; j'ai voulu donner mon bouquet à la mariée, pourquoi rappeler mon nom à Octave ! »

Elle mit la lettre dans sa poche et repartit pour Tonnerre. Cinq minutes après, comme elle pleurait et prenait son flacon, la lettre tomba de sa poche et s'envola sans qu'elle y prît garde.

Le soir, elle dînait avec le prince Rio : « Comme vous êtes gaie! lui dit-il. — Je le crois bien, répondit-elle en éclatant de rire, pour cacher ses larmes, mon ex-amant se marie ! »

XXXVIII

LES DIX MILLIONS

Il fallait quelques jours pour que Mlle de La Chastaigneraye reprît ses forces. Dès qu'elle fut sur pied, elle voulut récompenser les paysannes de son cortège du dimanche. Chacune des jeunes filles, y compris la petite fille qui avait présenté le bouquet, reçut deux mille cinq cents francs en or des mains de Mlle de La Chastaigneraye. Ce n'étaient que larmes et bénédictions. Dieu a mis la joie si près des larmes, que la joie pleure toujours, si c'est la joie du cœur.

Huit jours s'étaient passés ; la figure de Mlle Régine de Parisis était déjà bien loin. Un événement fait ombre à un événement.

Les funérailles de la jeune Rose Dumont mirent au second plan celles de la vieille châtelaine de Champauvert. M. de Parisis et Mlle de La Chastaigneraye parlaient encore de leur tante, mais ils parlaient bien plus du mystérieux bouquet.

Le procureur impérial, sur une lettre du médecin et sur la rumeur publique, était venu commencer une enquête; mais Octave et Geneviève l'avaient supplié de faire l'oubli, tant ils avaient l'effroi d'un procès en cour d'assises, qui viendrait les mettre en spectacle. Selon Mlle de La Chastaigneraye, le bouquet n'était pas empoisonné, il y avait de l'orage ce jour-là, elle n'avait subi qu'un simple évanouissement. Rose Dumont était morte, il est vrai, après avoir respiré le bouquet; mais cette fille était sujette aux étourdissements, le sang la tourmentait, elle dormait toujours. M. de Parisis appuya les raisonnements de sa cousine; c'était un pieux mensonge qui pouvait sauver un coupable n'ayant pas la conscience du crime et qui devait leur épargner à eux beaucoup d'ennuis; sans compter qu'il avait bien, lui aussi, ses idées sur l'origine du crime et qu'il eût été désolé que la lumière se fît.

Le procureur impérial parut décidé à ne pas suivre l'enquête, quoiqu'elle fût déjà ordonnée.

Cependant Octave devait partir le dimanche matin; ses chevaux l'attendaient tout attelés et tout impatients. Il avait pris en s'éveillant une tasse de chocolat, il comptait déjeuner à Parisis; mais il était déjà midi, et il resta bien volontiers à déjeuner à Champauvert, sur une simple prière de Geneviève, à l'heure des adieux. « Ce n'est pas tout, mon cousin, vous dînerez encore avec moi; ce soir, vous vous en irez par le clair de lune. »

Octave se fit rapidement cette question : « Pourquoi Geneviève veut-elle me retenir à dîner, et pourquoi me donne-t-elle après cela la clef des champs par le clair de lune? » Et il se répondit : « C'est peut-être parce qu'elle s'imagine que je m'ennuie. » Mais la jalousie et l'inquiétude étaient rentrées dans son âme. Le clair de lune lui avait rappelé les visions sous les arbres du parc : l'homme noir et la femme blanche, la première nuit de son séjour à Champauvert. « Eh bien! ma chère Geneviève, je vais vous prouver que je vous aime bien : je ne partirai que demain pour Parisis. »

Il fut impossible à Octave de bien lire dans l'expression qui se répandit sur la figure de sa cousine. « Connaissez donc les femmes, murmura-t-il, étudiez-les pendant dix ans, soyez don Juan et Larochefoucauld, pour vous trouver tout d'un coup devant des hiéroglyphes comme celui-là. »

On était au dessert, on passait les plus beaux fruits : des pêches qui riaient à toutes les gourmandises, des raisins qui donnaient soif à toutes les lèvres. « Mesdames, dit Mlle de La Chastaigneraye à Mme Brigitte et à Mlle de Moncenac, vous vous imaginez peut-être que depuis le testament lu il y a huit jours, ce sont là des fruits de mon jardin? Eh bien! ce sont des fruits du jardin de M. Octave de Parisis, car il y a un autre testament. — C'est une plaisanterie ! dit Octave. » Et se tournant vers Geneviève : « Ma cousine, si vous reparlez de cela, je vais redemander mes chevaux. »

On ne s'était jamais si bien disputé à qui n'aurait pas dix millions.

Dans l'après-midi, M. de Parisis, Mlle de La Chastaigneraye et Mlle de Moncenac montèrent à cheval pour parcourir la forêt.

Octave était émerveillé de voir Geneviève en amazone; jamais la beauté héraldique ne s'était plus fièrement dessinée sous les vertes ramures; son cheval lui-même avait des airs hautains, comme s'il eût compris que Mlle de La Chastaigneraye avait toute la majesté d'une reine. En revanche, jamais depuis qu'il y a des amazones, on n'avait vu de caricature pareille à Mlle de Moncenac, d'autant plus qu'elle avait revêtu une amazone bleu de roi, qui criait encore plus aux yeux avec les tons ardents de la figure. Octave avait comme toujours son grand air, sa désinvolture et son sourire dédaigneux.

A la Croix-des-Dames, le cheval de Mlle de Moncenac prit peur et la jeta fort galamment dans un fossé. Elle était trop ronde et trop dodue pour se rien casser. Octave la ramassa et la replanta sur son cheval comme si de rien n'était. Mais encore un peu il la replantait sans dessus dessous.

A cela près, d'ailleurs, la promenade fut charmante. Il est inutile de vous dire que Parisis posa bien des points d'interrogation devant les énigmes de son sphinx aux yeux noirs. Mais plus il cherchait la lumière dans ce cœur aux abîmes, plus la jeune fille plongeait dans les ténèbres; elle mettait tous les masques. Tantôt profonde, tantôt insouciante; hasardant un mot de philosophie après avoir jeté un mot naïf; montrant tour à tour des nuages et des clartés sur son front; disant de l'air du monde le plus simple : « Je ne sais rien, » tout en jetant un regard plein d'éloquence muette. « Ma cousine, dit tout à coup Octave, est-ce que vous aimez aussi les promenades nocturnes au clair de la lune? — Oui et non, mon cousin. J'obéis toujours à mes inspirations, pourtant je vous avoue que je ne suis pas lunatique le moins du monde. — Avez-vous peur la nuit? —

Jamais. Si j'avais peur, est-ce que je resterais dans ce château, habité par les ombres errantes comme tous les vieux châteaux ? — Vous croyez aux revenants? — Oui et non. Je crois que les âmes gardent encore longtemps la figure insaisissable des corps. Voilà pourquoi on les appelle des ombres. Mais je vous avoue que je n'en ai jamais vu. »

Octave n'osa pas insister sur ses visions du parc. Il savait bien d'ailleurs que ce n'était pas des ombres.

Le dîner fut gai pour un dîner de deuil ; la jeunesse s'accuse toujours et triomphe de tout. Les paysans, d'ailleurs, n'en avaient pas fini avec leurs surprises. Le violon, la flûte et le hautbois, amour insensé des quadrilles rustiques, vinrent, au dessert, marier leurs sons harmonieux. Jamais pareil trio n'avait offensé les oreilles des gens qui aiment la musique ; Mlle de Moncenac elle-même demandait grâce tout en éclatant de rire.

On prit le café sur le perron du jardin, où l'on eut la visite du curé de La Roche-l'Épine, accompagné cette fois du curé de Champauvert.

La conversation n'en fut pas beaucoup plus catholique ; on raconta des histoires de paysans pour prouver que les sept péchés capitaux ont trouvé chez eux bon logis à pied et à cheval. A force d'habiller et de raviver les vices, la civilisation les transforme jusqu'à en faire des vertus ; c'est dans la paix de l'innocence des champs qu'on retrouve le péché dans toute sa force brutale.

Le curé de La Roche-L'Épine offrit du café au curé de Champauvert, sachant bien que son compagnon refuserait. « Vous n'y perdrez rien, dit-il à Mlle de La Chastaigneraye, car j'en prendrai deux tasses. »

On parla des dots faites si gracieusement aux huit paysannes. « Vont-elles se marier? demanda Mlle de Moncenac. — Si elles vont se marier ! s'écria le curé de La Roche-L'Épine qui avait « le mot pour rire, » je le crois bien, et plutôt deux fois qu'une. — Oh ! monsieur le curé ! dit Geneviève avec quelque dignité, mais sans bégueulerie. — Que voulez-vous, mademoiselle, c'est aujourd'hui dimanche. — Je suis sûr, dit Octave, qu'à cette heure ces demoiselles ont autant de prétendants que ceux de Pénélope, sans compter Ulysse. — Mon cousin, mon cousin, je vous rappelle à l'ordre. — Eh bien, ma cousine, je suppose qu'on danse déjà devant l'église. Voulez-vous venir voir danser vos vingt mille francs ? »

Octave alluma un cigare et alla jusque devant l'église pour voir danser les filles et les garçons. Les huit jeunes filles s'étaient encore habillées en blanc pour aller à la messe et pour venir remercier Mlle de La Chastaigneraye. Sur le préau, elles n'étaient pas tout à fait aussi blanches que le matin. Comme M. de Parisis l'avait dit, elles étaient assaillies, assiégées, prises d'assaut, chacune avait une légion d'adorateurs, d'autant plus qu'on répandait le bruit que le jour du mariage Mlle de La Chastaigneraye en ferait bien d'autres.

C'était comique et odieux. Huit poignées d'or avaient mis le feu aux quatre coins du village. La veille, les pauvres filles avaient à peine un amoureux, qui leur parlait du haut de sa faulx ou de sa fourche; maintenant, on leur débitait les compliments les plus invraisemblables, sans oublier la phrase sacramentelle : « Ce que je vous en dis n'est pas pour votre argent. »

On prit le thé au château à dix heures, et on se retira à onze heures, comme la veille. Vous pensez bien que Parisis ne tarda pas à se mettre à la fenêtre. Après une demi-heure d'attente, il jugea qu'il avait eu tort de se montrer : il pouvait effaroucher Roméo et Juliette. Il avait éteint les bougies, mais on pouvait le voir. Il ferma prudemment sa croisée et se mit en spectacle derrière le rideau.

Il réfléchit bientôt qu'il n'était pas bien digne de lui d'épier les mystères du château de Champauvert. « Ce ne sont pas les mystères d'Udolphe, mais ils n'en sont que plus sacrés. » Et il se retira héroïquement de son embuscade. « Après tout, dit-il, cela ne me regarde pas, Mlle de La Chastaigneraye est bien libre d'être folle comme toutes les femmes; elle n'est ni ma maîtresse ni ma fiancée; qu'elle ait ou qu'elle n'ait pas cinq millions, elle n'en est pas moins libre de ses actions; elle est belle, elle a vingt ans : qui peut répondre de son cœur, même dans les solitudes de la Bourgogne? Qui sait s'il n'y a pas dans quelque villa voisine un gentilhomme campagnard ou un Parisien attardé qui travaille ses embûches? »

Et tout en se prouvant qu'il n'avait pas le droit de regarder par la fenêtre, Parisis souleva le rideau. Il ne vit rien sous les arbres doucement agités par les brises déjà fraîches. Il allait laisser tomber le rideau; mais minuit sonna, la curiosité retint sa main.

Tout à coup, au loin, au delà de la pièce d'eau, voilà que la vision blanche apparaît. Quand je dis la vision blanche, je ne veux pas faire croire que c'était une ombre, c'était bien une vraie femme qui marchait. Mais pourquoi cette dame blanche comme à l'Opéra-Comique? demandera-t-on. Je n'en sais rien. Peut-être celle qui la portait voulait-elle faire croire à une vision. « Sans doute, dit Octave avec un mouvement de fureur, le monsieur tout noir n'est pas loin... »

Il faillit arracher le rideau quand il vit le monsieur noir aller à la rencontre de la dame blanche. « Je comprends pourquoi Geneviève m'avait conseillé de partir à la brune. »

Octave ralluma ses bougies comme s'il lui fût impossible de prendre un parti sans y bien voir. Avant de réfléchir, il sonna, tout en se disant sans doute que tout le monde était couché, moins les amoureux du parc. A sa grande surprise, un petit groom qui vivait toujours dans le vestibule, jouant à la toupie ou faisant des caricatures, vint lui demander ses ordres. « Mlle de La Chastaigneraye dort-elle? lui demanda Octave en le regardant dans les yeux. — Comment monsieur veut-il que je sache cela, puisque mademoiselle ne me dit ni bonjour ni bonsoir ? »

Octave s'aperçut seulement alors qu'il jouait un rôle indigne. « Va-t'en, dit-il au groom. Je voulais prier Mlle de La Chastaigneraye de me prêter un livre si elle ne dormait pas encore.»

Le groom disparut. Quelques minutes après, une fille de chambre, à peine habillée, apportait à Octave quelques volumes dépareillés. « Est-ce cela, monsieur le duc? — Oui, dit-il sans regarder. Ce gamin a eu tort de vous parler. Peut-être aura-t-il réveillé ma cousine ? — Oh! monsieur le duc, Mlle Geneviève ne dort pas si tôt. — Comment! à minuit ? — Vous savez, monsieur le duc, comment on vit ici : mademoiselle est si fantasque ! »

Ce mot avait échappé à la fille de chambre : elle frémit d'en avoir trop dit, et s'éloigna tout en rajustant ses jupes. C'était une belle créature qui ne demandait qu'à jaser; elle avait jugé, sur le rapport du groom, que puisque M. de Parisis ne dormait pas, c'est qu'il s'ennuyait; elle avait pensé aux fortunes rapides que font les femmes de chambre dans leurs rencontres nocturnes avec les beaux messieurs de Paris : elle était apparue dans un déshabillé fort voluptueux. « Ma foi, elle est fort jolie. » dit Octave. Un peu plus il la rappelait; il trouvait que les femmes sont trois fois femmes quand elles sortent du bal et quand elles sortent du lit; c'est le moment où la force du sang leur donne un magnétisme irrésistible. Octave était trop de l'école de don Juan pour dédaigner une femme sous prétexte que c'était une servante. Il n'avait donc pas plus de préjugés que lord Byron. Mais tout à sa jalousie, il se contenta de lui crier : « Mademoiselle, allez réveiller mes gens. »

Octave alluma le cigare de la colère et descendit lui-même. Quand il ordonnait, ses gens n'y allaient pas de main morte; sous ses yeux, il fallait que tout se fît à la minute. En moins d'un quart d'heure, ses chevaux furent à la voiture. Il s'était imaginé que Mlle de La Chastaigneraye, avertie par la femme de chambre ou par le groom, viendrait s'opposer à son départ, ou tout au moins lui dire adieu. Mais elle ne parut pas.

Au dernier moment, il remonta dans sa chambre, sous prétexte d'avoir oublié je ne sais quoi, — il n'en savait rien lui-même.— Il avait oublié de soulever une dernière fois le rideau pour voir sous les grands marronniers. Il ne vit rien que les feuilles qui ondoyaient au vent et la lune qui mirait sa pâleur dans la pièce d'eau.

Il redescendit en toute hâte et partit. « Je ne me croyais pas si bête, dit-il quand l'air de la nuit eut un peu frappé sur son front. Je me conduis comme un écolier. Ce que c'est que de ne plus être maître de son cœur! Il n'y a pas à se le dissimuler, j'aime Geneviève. »

Et après un silence de cinq minutes, il avait vu plus profondément dans son cœur, il répéta : « J'aime Geneviève. »

Et comme il aimait à railler toujours, même les sentiments de son cœur, il reprit : « J'aurais bien mieux fait de donner un tour de clef quand cette fille est venue ; elle se fût dévoilée à moi corps et âme ; j'aurais appris à connaître la maîtresse par la servante. — Non, reprit-il en se jugeant et en se condamnant, c'est assez de profanations comme cela. »

XXXIX

ALICE

'AURORE aux doigts de rose ouvrait les portes de l'Orient quand Octave arriva au château de Parisis ; ce qui veut dire, en prose du XIXe siècle qu'il était cinq heures quarante-cinq minutes, almanach de Mathieu Laënsberg.

Octave avait sommeillé en voiture ; il monta à sa chambre à coucher, mais il ne se coucha pas. Il redescendit presque aussitôt et donna l'ordre qu'on lui amenât l'intendant.

L'air était vif, il fit allumer un grand feu dans le petit salon et promena mélancoliquement ses regards sur les meubles démodés, mais chers à son souvenir. C'était dans ce petit salon, sur cette chaise longue, devant la fenêtre ouverte, que sa mère avait voulu mourir. Il se revit agenouillé devant elle, mouillant de larmes ses mains blanches qui le bénissaient et retombaient sans forces. Ces souvenirs peuplèrent soudainement cette silencieuse solitude. Il se renversa sur un fauteuil et regarda amèrement le chemin parcouru depuis la mort de sa mère : le voyage en Amérique, l'expédition de Chine, et les aventures parisiennes. Il n'eut pas à rougir de cet examen de conscience ; il avait été fier toujours, aventureux, héroïque ; s'il s'était attardé dans les folies de la vie parisienne, c'était encore à ses yeux de l'héroïsme, puisqu'il avait pris le premier rôle parmi les Alcibiades de son temps, à la pointe de son épée et à la pointe de son esprit. Il ne se reconnaissait qu'un tort — un tort bien léger — celui d'avoir dévoré deux millions.

Octave voyait dans son imagination passer la belle figure de sa cousine. « Dix millions ! reprit-il, mon premier mouvement a été beau ; mais le second me conseillait de ne pas déchirer le testament et d'épouser Geneviève. »

Vers minuit, Octave se promenait par le parc, quand tout à coup une femme qui pleurait se jeta sur son passage. C'était la fille de son intendant, M. Rossignol qui lui avait taillé une dot dans la forêt de Parisis. « Pourquoi pleurez-vous, madame ? lui demanda Octave. » Il la prit dans ses bras comme pour la protéger. « Oh ! monsieur de Parisis, mon père m'a mariée, malgré moi, à un notaire qui ne parle que de coups de canif dans le contrat. Je me suis enfuie à la dernière heure. — A l'heure du sacrifice ! — Oui, monsieur le duc. — Comme votre cœur bat ! — Je savais bien que vous me consoleriez ! »

Le duc de Parisis consola la jeune mariée — pendant toute une heure. — « Après tout, pensait-il, elle est jolie ; ce qui tombe dans le fossé c'est pour le soldat. Et d'ailleurs, elle me coûte cent mille francs. »

Survint le notaire avec une lanterne. « Monsieur, lui dit le duc de Parisis, voici votre femme qui s'est perdue dans le parc ; mais je l'ai remise dans son chemin Ne lui parlez plus de coups de canif dans le contrat. » La fille de M. Rossignol montra fièrement à son mari un petit poignard d'or que Parisis lui avait fiché dans les cheveux.

Octave ne serait peut-être pas parti le lendemain pour Paris si une figure inattendue ne se fût montrée au château de Parisis.

Il se promenait dans le parc, dans le cortège des mélancolies. Il y avait bien de quoi. Il sentait que Mlle de La Chastaigneraye était perdue pour lui ; il ne s'était pas avoué encore tout son amour pour elle, parce que son cœur était alors le pays des ruines et que les fantômes des femmes aimées y revenaient çà et là.

Non seulement il voyait déjà s'évanouir ce rêve le plus cher qu'il eût caressé, mais il pressentait qu'un jour ou l'autre il lui faudrait faire son compte au grand jour, c'est-à-dire avouer tout haut qu'il n'avait pas le sou. On ne joue pas impunément toute sa vie le jeu des riches quand on est devenu pauvre.

Jusque-là il avait pris cela gaiement — comme on dit dans la langue parisienne — parce qu'il était emporté par le tourbillon et qu'il ne descendait pas profondément en lui-même ; mais au château de Parisis, le dernier voile tomba de ses yeux.

Les figures des maisons et des arbres ont leur physionomie journalière comme les figures des personnes ; il semble que l'âme des choses transperce partout dans ses mouvements de gaieté et de tristesse.

Octave regardait son vieux château et le trouvait plus mélancolique encore que lui. Cette demeure, berceau et tombeau de tous les siens, le regardait pas ses grandes fenêtres désolées et lui parlait avec éloquence par cette langue universelle des sentiments qui dit tout et qui se comprend si bien. Les arbres, les nouveaux venus comme les anciens, lui reprochaient son absence et son oubli.

Mais il y avait un reproche qui s'élevait plus haut et qui le touchait de plus près, dans toute cette belle demeure et dans tout ce beau parc. Il entendait une voix s'élever des tombeaux pour lui dire : « Qu'as-tu fait de ta fortune ? tu as humilié notre fierté, la lèpre des hypothèques a entamé le marbre de notre sépulcre, et le jour vient où on nous jettera dehors comme des chiens. — Jamais ! s'écria Parisis comme s'il eût vraiment entendu ce reproche sortir de terre. »

Et ce reproche ne venait pas seulement des tombeaux. Il cueillit une rose comme pour respirer d'autres idées, mais la rose elle-même lui dit : « Pourquoi me cueilles-tu, je ne fleuris que pour les Parisis ! »

On sait qu'Octave, un beau païen comme ils le sont presque tous parmi ceux-là qui ont rejeté le devoir comme un bourrelet, ne croyait qu'à l'âme des choses, une religion qu'il s'était faite, car les athées aussi ont leur religion. La Révolution n'avait-elle pas décrété l'Être suprême !

Or, Octave croyait à sa religion. Pour lui, l'homme, la nature, les choses, tout communiait; il était donc plus sensible que tout aux voix de l'invisible. Il jura que le château de Parisis ne serait pas vendu; il sentait bien venir jusqu'à lui la gueule béante et affamée de l'expropriation, mais il trouverait encore quelque gâteau d'or pour apaiser le monstre jusqu'au jour où il le chasserait de ses terres. « On serait si heureux ici! dit-il en respirant, si on ne respirait pas l'air des hypothèques. »

Et il faisait des calculs. Il se demandait s'il ne serait pas plus sage de vendre d'abord quelques fermes éloignées, mais c'étaient les meilleures. La montagne et la vallée du château ne donnaient que du bois et du foin, terre rocheuse sur la montagne, terre humide dans la vallée. On aurait bien pu trouver deux cent mille francs en abattant les bois, mais c'était découronner le château. On aurait bien pu cultiver la vallée, mais il fallait pour cela dessécher une suite d'étangs qui formaient un des plus beaux paysages de la Bourgogne.

C'est là l'éternel chagrin des grands seigneurs qui se ruinent: ils ont trop l'amour du beau, du grandiose et du pittoresque, pour les sacrifier, fût-ce à une pyramide d'or. Ils ne sont pas pour les demi-mesures, ils aiment mieux tout perdre.

Octave, après avoir ruminé sur des chiffres problématiques, termina toutes ses additions et toutes ses soustractions par ces mots : « Total : tout ou rien. »

Il était assis devant une des grilles bordant le saut-de-loup qui entourait le parc, à trois ou quatre portées de fusil du grand perron, quand une voix bien timbrée répéta comme un écho railleur : « Total : tout ou rien. »

C'était Mme d'Antraygues. « Ah! pardieu! dit Octave en se levant, je croyais bien que je n'étais entendu que des oiseaux. » Et il se jeta dans les bras de la comtesse. « Que faites-vous ? lui dit-elle en riant, si les oiseaux allaient nous voir! »

Ils se regardèrent comme s'ils ne s'étaient pas vus depuis des siècles. « Ma foi, ma chère amie, vous arrivez bien à propos, j'étais en train, tel que vous me voyez, de creuser mon tombeau; j'avais déjà revêtu la robe des trappistes. — Sœur, il faut mourir! — Frère, il faut mourir! répéta en riant Mme d'Antraygues. » Et après un silence : « Vous vous imaginez peut-être, Octave, que je m'amuse beaucoup depuis que je veux m'amuser ? Eh bien! je m'ennuie horriblement! — Je le crois sans peine, puisque vous venez jusqu'ici. — Voyez, je suis toute en noir. Je porte le deuil de ma jeunesse. »

Elle regarda Parisis d'un œil fixe ; « Et de votre amour!

Encore si tu m'avais aimée ! — Mais je vous ai adorée, Alice: mais je n'ai pas dans ma vie de plus cher souvenir que le vôtre ! — Profanateur ! des phrases toutes faites ! Enfin il est écrit que la femme se laissera toujours prendre par la même illusion. »

Octave embrassa une seconde fois Mme d'Antraygues. « N'est-ce pas que je suis devenue laide avec cette pâleur, avec ces yeux cernés ? je me fais peur à moi-même. — Vous êtes plus jolie que jamais, dit Octave en remarquant un coup d'aile du Temps de plus sur la figure de la jeune femme. »

Les mois de passion comptent comme des années. C'est l'orage qui brûle, qui effeuille, qui dévaste. « Vous avez donc pris tout cela au sérieux ? dit Octave avec douceur. — Si j'ai pris cela au sérieux ! Mais qu'est-ce donc que la vie sans cela ? — Vous avez bien raison : un brave cœur, une bouche qui dit *je t'aime*, une chevelure qui se répand sur deux fronts, voilà toute la sagesse. Celui qui cherche autre chose sur la terre est un fou. Vous avez là un bien joli chapeau ! »

Octave baisait les cheveux de Mme d'Antraygues, comme pour retrouver le parfum évanoui qui l'avait enivré quand elle était en Dame de Pique. « Un joli chapeau ! — Vous êtes bien bon de vous apercevoir que j'ai un joli chapeau ! Je suis partie comme une folle, sans me faire faire un costume de voyage. En arrivant d'Irlande, j'avais tout donné à ma femme de chambre. On m'a dit que vous étiez ici, je voulais vous voir, j'ai cherché, j'ai trouvé et me voilà ! — Quelle bonne idée vous avez eue ! Il y a longtemps que le château de Parisis n'a vu balayer ses allées par une pareille robe à queue. — Oui, je lui fais là un grand honneur ; j'ai déjà perdu la moitié de mon jais en route ; tout à l'heure, en venant à vous, les buissons m'ont tout égrenée. »

Octave entraînait Mme d'Antraygues vers le château. « Contez-moi donc toute votre histoire depuis que je vous ai vue. »

Alice conta son voyage en Irlande, où elle avait failli mourir de chagrin et d'ennui sous les remontrances de sa grand'mère, une vertu revêche qui n'avait jamais capitulé, parce qu'elle n'avait jamais lu que les romans de Walter Scott. Mme d'Antraygues avait commencé par se soumettre et par s'humilier, comme si elle dût se retourner déjà vers le repentir. Mais le cœur voulait vivre et brisait sa prison. Elle revint en France. Le scandale avait éclaté ; qui ne s'en souvient encore, à cette heure ? Elle était descendue incognito comme une voyageuse qui n'a plus de pied-à-terre, à l'hôtel d'Albion. Elle se hasarda chez sa meilleure amie, la duchesse de Hauteroche, qui fut impitoyable, parce que la vertu chrétienne ne sera jamais la vertu des femmes.

Puisque les femmes ne consolent pas les femmes, il faut bien qu'elles se consolent avec les hommes. « Voilà pourquoi, dit Mme d'Antraygues à Octave, je suis venue à Parisis. Allez-vous me faire de la morale, vous ? — Je ne suis pas si bête : toute la morale a été faite par Jésus-Christ, qui a pardonné à la femme adultère. Je vous aime comme moi-même. — Ne raillez pas ! car au fond cela n'est pas si gai. Si vous saviez, mon ami, comme j'étais inquiète et attristée quand je sortais dans Paris ! Je me figurais que tout le monde me regardait et lisait ma faute sur mon front. Aussi, voyez, j'ai pris l'habitude du voile. Et puis, je ne savais où aller ! Le soir, je me cachais, au spectacle, dans le fond d'une avant-scène. — Le théâtre est comme l'église, il accueille tout le monde. — Voilà pourquoi je me trouvais à côté de vos petites amies. — Eh bien ! vous allez me donner de leurs nouvelles ! — On a tout vendu chez Mlle Diane. Ce que c'est que de ne se pouvoir plus vendre soi-même ! Il paraît que c'est un faux luxe; faux diamants, fausses perles, faux chignon, fausse femme. — Aussi me suis-je inscrit en faux contre ses fossettes. Et Violette ? vous ne l'avez pas revue ? — Plus Violette de Parme que jamais. Et pourtant, voulez-vous que je vous dise sur Violette une chose qui va vous surprendre ? Depuis votre abandon, elle n'a pas eu d'amant, si ce n'est vous quand vous l'avez reprise en allant à Dieppe. — Allons donc ! je n'en crois pas un mot. — Eh bien ! c'est pourtant la vérité. Elle se moque de ses amoureux, car ce ne sont pas ses amants ; je connais entre autres ce grand d'Espagne qui lui a fait un pont d'or sur lequel elle a passé... sans lui. — Ce serait original, si c'était possible. — C'est impossible, mais cela est. Ce n'est pas pour poser, puisqu'elle a tout bravé, que Violette fait cela, c'est parce qu'elle vous aime. Croyez-vous donc qu'on ne voit plus une vertu après la première chute ? »

Octave embrassa une troisième fois Mme d'Antraygues. « Et de quel argent vit cette vertu farouche ? — Ne savez-vous pas que le prince de Rio lui a donné une parure de haut prix et un bon sur la banque de cent mille francs, rien que pour prendre rang dans son cortège et compter parmi ses convives, car sa salle à manger est déjà illustre. »

Octave dit d'un air grave qu'il croyait trop à la vertu en général pour nier celle-ci en particulier. « Ça été, poursuivit la comtesse, la seule femme à me faire bonne figure depuis mon retour à Paris. Je sentais que son cœur était sur ses lèvres quand elle me parlait. — Êtes-vous heureuse ? lui demandai-je. — Non, mais c'est égal. — L'avez-vous revu ? — Oui, je l'ai revu, mais je ne le reverrai plus; c'est toujours le même homme; il ne prend jamais une femme que pour la sacrifier à une autre. Il m'a emmenée à Dieppe pour m'humilier devant ses duchesses. »

On vint avertir le duc de Parisis que le dîner était servi. « Madame, dit-il solennellement à la comtesse, je vous prie de me faire l'honneur de dîner avec moi en grande cérémonie. Nous aurons chacun un domestique pour nous servir : c'est tout ce qu'il y a au château. Je ne vous réponds pas de la cuisine, mais je vous réponds de la cave. — Comme cela se trouve, s'écria Mme d'Antraygues, moi qui n'ai jamais bu que de l'eau. »

On était arrivé sur le perron. Le soleil se couchait dans un lit de nuages empourprés. Il n'avait rayonné que çà et là depuis le matin ; il répandit tout à coup un air de fête sur le château. « Vous êtes une bonne fée, dit Octave à Alice : tout était triste tout à l'heure, tout me semble sourire maintenant. Voyez! sous cette teinte chaude du soleil couchant, le château se réveille et me fait bonne figure, tandis que tout à l'heure il me lançait toutes ses malédictions. Décidément, je ne serai jamais un homme sérieux, parce que l'amour sera toujours mon maître !
— Ah ! si vous vouliez m'aimer, dit Mme d'Antraygues avec une tendresse expansive, je n'aurais peur de rien, pas même de l'enfer ! »

Parisis, qui avait son éloquence à lui, embrassa pour la troisième fois Alice, ce qui le dispensait de lui dire la vérité ; car il ne put s'empêcher de rêver à Geneviève et à Violette — tout en les trahissant.

XL

OÙ VA UNE FEMME QUI TOMBE

OCTAVE aurait bien voulu revoir Geneviève, mais la présence à Parisis de Mme d'Antraygues ne fit que hâter son retour à Paris. Il avait peur que Mlle de La Chastaigneraye ne se hasardât à venir le voir; il craignait aussi que la figure de la comtesse ne fût pas une figure édifiante pour le pays. Il bravait tout à Paris : mais ce château natal, où il retrouvait si vivant le souvenir de son père et de sa mère, il ne voulait pas qu'il fût le théâtre de ses aventures galantes.

Octave de Parisis partit donc le soir même avec Mme d'Antraygues, sous prétexte que tout était si désorganisé dans son château qu'il ne pouvait pas y donner l'hospitalité à une femme du monde comme elle.

Il s'était repris à l'amour de Violette : il se reprit à l'amour de Mme d'Antraygues, faisant de son cœur deux parts, une pour l'idéal et l'autre pour le réel, — la rêverie et la passion, — l'une pour la comtesse et ses pareilles, l'autre pour Mlle de la Chastaigneraye.

A cette seconde rentrée à Paris, Mme d'Antraygues releva un peu plus haut son voile; elle commençait à s'habituer à ne plus rougir, elle se familiarisait avec les horizons nouveaux. Comme elle n'avait plus de maison, elle ne fit pas de façon pour descendre à l'hôtel d'Octave, qui comptait bien ne point garder chez lui une maîtresse qui frappait les yeux de tout Paris. C'était, d'ailleurs, une femme charmante, un peu romanesque, mais avec de l'esprit et de la gaieté. On condamnait tout haut Octave, mais on le jalousait tout bas.

Tout en espérant qu'il ne garderait Mme d'Antraygues que quelques jours avec lui, il éprouvait un charme très vif à vivre avec elle. Une semaine s'était passée à jaser, à courir, à prendre la vie en rose. Il pensait vaguement à faire avec elle le voyage d'Amérique, quand elle lui échappa sans dire gare.

Le prince Rio, le seul qui fût admis dans cette intimité amoureuse, venait tous les soirs, vers minuit, prendre le thé. Deux fois il trouva Mme d'Antraygues seule, Octave n'ayant pas perdu ses belles habitudes de courir çà et là. Le prince, qui devait beaucoup à Octave, lui devait bien de lui prendre Mme d'Antraygues. Il avait ses heures de séduction; Mme d'Antraygues avait ses heures de curiosité : le huitième jour, quand Octave rentra, vers une heure du matin, son valet de chambre lui dit que le prince et la comtesse étaient allés au-devant de lui.

Ils étaient si bien allés au-devant de lui, qu'il fut vingt-quatre heures sans les rencontrer.

LIVRE II

MADAME VÉNUS

I

LA CHAMBRE A DEUX LITS

Le duc de Parisis prit fort gaiement l'aventure. Il se décida à partir pour le Pérou par le prochain paquebot des transatlantiques. Ses malles étaient bouclées, il avait dit adieu à ses cinq amis et à ses cinq cents femmes, rien ne pouvait l'arrêter un jour de plus à Paris.

Mais il avait compté sans une petite lettre anonyme qui lui vint de Bade toute parfumée encore des senteurs d'outre-Rhin ; elle exhalait je ne sais quel bouquet de Johannisberg. On disait à Octave que Bade était désolé depuis que le bruit s'était répandu qu'il n'y viendrait pas. Quoiqu'il ne reconnût pas l'écriture, il pensa que ce doux appel était de Violette. « Pourquoi ne vais-je pas à Bade? se demanda-t-il, c'est peut-être là que la fortune m'attend. Bade ou le Pérou, c'est la même chose. »

Il croyait qu'en toutes choses le seul service qu'on pût demander à un ami, c'était une pièce de cent sous, non pas pour la dépenser, mais pour la jeter en l'air et jouer chacune de ses actions à pile ou face. Il n'y manquait jamais. Pour lui, l'indécision était la pire des choses; elle ruinait l'énergie, elle ruinait la volonté, elle ruinait la vie. Il avait vu, tout jeune encore, représenter dans un salon cette vieille comédie où le beau Valère flotte continuellement entre Isabelle et Célimène; on sait le dernier vers de la pièce : au moment de partir pour l'église avec Isabelle,

Valère s'écrie : *J'aurais mieux fait, je crois, d'épouser Célimène.*
Parisis, qui n'avait que douze ans, s'écria tout haut : « Pourquoi ne les épouse-t-il pas toutes les deux ? »

Dès qu'Octave eut reçu la lettre de Bade, il jeta en l'air une pièce de cent sous. « Si c'est face, dit-il, j'irai à Bade. » La pièce de cent sous tomba face; le dieu Hasard avait parlé, Octave obéit.

Comme il ne faisait pas courir cette année-là à Bade, il voulut y arriver *incognito*, sans équipages d'aucune sorte, décidé à risquer vingt-cinq mille francs et à s'en revenir si le dieu Hasard s'était trompé.

Parisis arriva un soir à Bade le second jour des courses. Au débarcadère, Villeroy et Saint-Aymour lui dirent que Violette était dans le voisinage, mais qu'elle cachait son bonheur en tête à tête avec le prince Rio. Elle aussi était venue *incognito*.

On ne la voyait que passer. Octave, ne voulant pas se montrer au grand jour, descendit à l'hôtel de France, qui naturellement n'est jamais habité par les Français.

Le maître de la maison, qui vit tout de suite un voyageur de grand air, lui dit combien il était désolé de n'avoir pas un appartement. Octave demanda une simple chambre, mais il n'y avait plus rien, les toits étaient habités. « Cherchez bien, dit Parisis. — Attendez donc! reprit l'hôtelier, il y a une dame qui va partir tout à l'heure pour Paris, et d'ailleurs, si elle ne part pas, tant pis pour elle. — Vous n'êtes pas galant, remarqua Octave, mais cela ne me regarde pas, donnez-moi cette chambre. — Il y a une petite difficulté, c'est que la dame en question a encore la clef. — Quelle est cette dame ? — C'est une dame connue, j'imagine, mais je ne la connais pas, dit l'hôte avec des airs fort malins. — Où est-elle ? — Elle est à la roulette, je n'en doute pas, car elle a toujours perdu, et vous savez que c'est la perte qui fait les joueurs, mais surtout les joueuses. Après tout, j'ai une autre clef; la dame n'a rien à prendre, elle a tout joué.. — Même son honneur? dit Octave, comme s'il mesurait un obélisque. — Je n'en doute pas. Je vais vous ouvrir la porte. — A merveille ! »

Octave, toujours chercheur d'aventures, n'avait garde de faire un pas en arrière. Il entra résolûment dans la chambre de la dame. — Deux lits! s'écria-t-il, peste! quel luxe! — Oui, monsieur, c'est du luxe, car je dois à la vérité de dire que la dame a toujours couché toute seule. — Mais, tout à l'heure, vous doutiez de sa vertu? — J'en doute encore, monsieur. Vous en douterez vous-même en la voyant. — Après tout, cela m'est égal, la chambre est très agréable, un paysage par la fenêtre, le portrait de la reine Victoria et du roi de Prusse : en vérité, je ne connais pas mon bonheur. »

L'hôtelier allait s'en aller. Il pria Octave de lui donner son nom. « Quel est le cheval qui a gagné le prix aujourd'hui ? — Gladiateur. — Eh bien ! c'est mon nom, pas un mot de plus. »

Octave, demeuré seul, ouvrit un sac de nuit et jeta çà et là les chemises, les cravates et les pantoufles. « Oh ! oh ! dit-il en s'approchant de la toilette, la dame aime le luxe : voici tout un attirail de femme comme il ne faut pas. Cocotte, ma mie, qui t'a donné tout cela ? Après tout, c'est peut-être moi. Mais n'allons pas faire de fouilles. Je suis couvert de poussière, à ce point que je sens germer des herbes sur mon cou. Une forte ablution est indiquée ici. »

Octave versa de l'eau et plongea sa tête dans la cuvette. Tout naturellement ce fut à cet instant que la dame entra chez elle — je me trompe — chez lui.

Elle n'avait pas été avertie ; sa surprise fut telle qu'elle ne trouva pas un mot à dire.

Au bruit de la porte qui s'ouvrait, M. de Parisis se retourna, les joues ruisselantes, la barbe perlée. « Ah ! c'est vous, madame, dit-il sans s'émouvoir le moins du monde, je suis charmé de vous rencontrer chez vous. »

Au premier regard, Octave jugea que la dame était admirablement belle. « Si jamais, pensa-t-il, cet hôtelier s'était trompé ? Il est bien assez malin pour cela. — Monsieur, dit la dame en levant la tête, je ne suppose pas que l'impertinence aille si loin : j'aime à croire que vous vous êtes trompé de porte. — Non, madame : vous ne savez donc pas que le Grand-Duc vient de rendre un nouveau décret ? Toutes les chambres à deux lits seront désormais habitées par deux voyageurs. — Des deux sexes ? dit la dame, qui ne put s'empêcher de rire. — Oui, madame ; où est le mal ? Vous savez comme moi que la vertu n'est en danger que lorsqu'elle cherche le danger. »

La dame rentra dans toute sa dignité. « Je ne suis pas venue ici pour apprendre des maximes. — Et moi, madame, je ne suis pas venu pour en débiter. »

Tout en parlant, M. de Parisis avait pris sa brosse pour remettre au vent ses cheveux et sa barbe. Il était redevenu le plus beau des hommes de son temps. « Et maintenant, madame, permettez-moi de vous présenter ma carte. — Monsieur le duc de Parisis ! dit la dame. Eh bien ! voilà une raison de plus pour moi de m'insurger contre le décret du Grand-Duc. Avec un homme comme vous, monsieur, les chambres à deux lits sont des illusions. — Je ne croyais pas, madame, qu'on eût aussi bonne opinion de moi au delà du Rhin. Sur le Rhin allemand, il ne faut craindre que les Allemands. — Des mots, des mots, des mots. L'hôtelier s'est sans doute imaginé que je partais ce soir, mais, Dieu merci ! je reste. — Pourquoi, Dieu merci ? Madame, donnez-vous donc la peine de vous asseoir. — Vous êtes trop gracieux, monsieur. — Il y a deux fauteuils, comme vous voyez, nous pouvons causer. — Il y a deux fauteuils, c'est vrai, je ne m'en étais pas aperçue. J'en suis bien aise, puisque je vais continuer à habiter cette chambre. »

La dame déposa sur la cheminée deux rouleaux d'or. « Voilà qui est éloquent, dit Parisis ; je vois bien, madame, que vous avez deux mille raisons pour rester ici. Cette chambre vous porte bonheur ; savez-vous pourquoi ? c'est parce que j'y suis. Je m'appelle *Fétiche* de mon petit nom. — Monsieur, j'ai des préjugés, mais je ne suis pas superstitieuse. Donc, je pense qu'il n'est pas séant d'habiter une chambre à deux lits avec un inconnu. Et puis je crois que les hommes ne portent pas bonheur. »

En disant ces mots, la dame ne put masquer une expression de mélancolie qui alla jusqu'à la tristesse. « Madame, je fais un appel à votre patriotisme, vous ne mettrez pas à la porte un Français au delà du Rhin. — Monsieur, je ne crois pas aux frontières, voilà pourquoi je vous prie de prendre votre chapeau et d'aller saluer ces dames à la Conversation. Il y a là Mlle Trente-Six-Vertus, le trio Soubise, Delions et Letessier, Mme Revolver, Mlle Rebecca, Mlle Tourne-Sol, la Nouvelle Héloïse, tout le dessus du panier de l'âge d'or. Mais les Phrynés ont toujours trois jeunesses. — Rassurez-vous, madame, je suis un homme bien né, je n'ai jamais violenté les femmes — si j'ose m'exprimer ainsi ; — je n'ai jamais pris dans les batailles amoureuses que ce qu'on ne voulait pas m'accorder : c'est le droit de la guerre. Donc, vous ne voulez pas m'accorder l'hospitalité, je la prends. »

La dame regarda le duc avec curiosité. « Je vous admire, monsieur, et vous croyez que je subirai pacifiquement votre volonté ! — Appelez vos gens, madame, j'appellerai les miens. Ah ! j'oubliais, nous les avons laissés à Paris, nous voyageons tous deux *incognito*. — Mes gens, monsieur, c'est ma colère, c'est ma dignité, c'est ma pudeur. — Vous oubliez votre vertu, madame, voulez-vous que je la sonne ? »

Octave fut très surpris de voir deux larmes dans les yeux de la dame. Il lui prit les mains et les baisa respectueusement,

« Madame, si je vous ai blessée, je vous en demande pardon. »

C'est toujours au moment où la femme va mettre un homme à la porte qu'elle se laisse vaincre, si l'homme — est un homme, — s'il sait qu'elle est belle et qu'elle a raison.

Octave fut irrésistible ; il parla si bien, il se montra si insensé, il trouva tant de mots imprévus, il prouva tant d'amour subit, que la dame fut presque désarmée.

Ils signèrent un traité en quatre articles, à peu près comme dans le *Voyage sentimental* et dans je ne sais quelle comédie.

I. — La chambre sera divisée en deux jusqu'à minuit.

II. — Monsieur aura son lit, mais n'aura pas le droit de se coucher.

III. — La clef restera à la porte, quelque dommage qu'il en puisse advenir.

IV. — Monsieur respirera à l'unique fenêtre, mais à la condition que Madame ne sera plus là.

Article additionnel. — Jusqu'à minuit, Monsieur cherchera une chambre par la ville, — ou une dame plus hospitalière. — S'il ne trouvait pas à minuit, les parties belligérantes aviseront.

A peine le traité fut-il signé, que la dame se mit à la fenêtre, comme pour bien marquer son droit. « C'est cela, dit Octave, les femmes ne perdent jamais une minute pour prouver leur despotisme. » Et il s'approcha de la fenêtre, comme s'il manquait d'air. « Je vous vois venir, dit la dame, la fenêtre est étroite, je connais ces malices-là. — Je ne doute pas, madame, de votre science — universelle. — Les femmes les plus ignorantes ont passé sous l'arbre de leur grand'mère ; Adam ne leur apprend jamais rien. Aimez-vous ces hautes montagnes ? — Beaucoup, monsieur. Mais si vous voulez bien les voir, allez vous promener. Ne violons pas la loi. Je suis venue pour m'habiller, on va sonner tout à l'heure le dîner, et, grâce à vous, je ne dînerai pas. — Voyez, madame, ce que c'est que la passion, j'avais oublié moi-même l'heure du dîner, et pourtant, Dieu sait si j'avais faim en arrivant. Voulez-vous dîner avec moi, madame ? Les passions les plus violentes ne m'empêchent pas de dîner. — Ni moi non plus, mais je dîne seule dans ma chambre ou à table d'hôte. Et je vous assure que je suis plus seule encore à table d'hôte que je ne le suis chez moi. — Madame ne trinque pas avec l'infanterie ? — Vous avez bien raison, tous ces Allemands ne sont pas des hommes, si ce n'est pour les Allemandes. — Sur ce mot, madame, j'ai l'honneur de vous saluer. Nous nous reverrons entre onze heures et minuit. — Oui, monsieur, pour nous dire adieu. — Oui, un éternel adieu, madame. »

Et le duc de Parisis referma la porte tout en disant : « Je veux que le diable m'emporte si j'ai pénétré celle-là ; j'ai pourtant de bons yeux. »

Il avisa l'hôtelier en descendant. « Eh bien ! vous m'avez fait faire une singulière connaissance. A propos, comment se nomme cette dame ? — Madame de Marsillac. Tenez, monsieur, j'ai là sa carte dans le bureau de l'hôtel. »

Octave regarda la carte. « Une couronne de marquise ! il fallait donc me dire cela. — Pourquoi, monsieur ? — Pourquoi ? c'est que je n'y serais pas allé par quatre chemins, je n'aurais pas fait tant de façons. »

L'hôtelier, tout malin qu'il fût, eut bien l'air de ne pas comprendre.

Cinq minutes après, Octave alluma un cigare et s'en alla en toute hâte prendre sa pâture, selon son expression, au palais des jeux — à la Conversation, ainsi nommée parce qu'on n'y parle jamais.

Après avoir fait vingt pas, il se retourna et regarda une des fenêtres du second étage, où il croyait apercevoir Mme de Marsillac ; mais il ne la vit pas.

Elle avait fermé la croisée et regardait à travers le rideau. Il fut désappointé et elle fut contente. « Marsillac, Marsillac, disait-il entre ses dents, je connais des Marsillac ; c'est une bonne famille toulousaine ; il y a un Marsillac au service du pape. Qui sait, la marquise entretient peut-être un zouave pontifical ! »

II

DE MADAME DE MARSILLAC QUI PORTAIT DES MUFLES D'OR SUR CHAMP DE GUEULES

 son arrivée à la Conversation, Octave fut acclamé « Parisis ! Parisis ! Parisis ! » Ce fut à qui l'aurait à sa table. « Par ici ! par ici ! par ici ! » criaient-ils tous.

Octave cherchait les femmes des yeux, comme s'il dût voir

Violette. On revenait des courses, on était encore dans la folie de cette descente de la Courtille. « Quelle bonne fortune de te voir ici, toi qu'on n'attendait pas ! — Je ne suis pourtant pas en bonne fortune, dit Octave. Je viens de faire une cour assidue pendant une heure à une femme que je ne connais pas, et elle m'a mis à la porte. Après cela, c'est peut-être une bonne fortune, car, qui sait si elle a déjà fait cela pour quelqu'un ? Connaissez-vous Mme de Marsillac ? — Si nous la connaissons ! mais nous ne connaissons qu'elle ici. — Entendons-nous. Vous la connaissez intrà muros ? — Oh ! pour cela, non ! elle est fort belle, tout le monde le lui dit, mais elle ne reçoit nos hommages qu'extrà muros : aucun de nous n'a encore pénétré chez elle. Tu es donc entré par la fenêtre ? — Non ! Je suis descendu chez elle. — Par la cheminée ? — Peut-être. Que fait-elle ici ? — Elle joue. — Ni père, ni mari, ni frère, ni amoureux ? — Non. Elle est arrivée avec un nègre qui ajustait la queue de sa robe de distance en distance ; mais le nègre a été enlevé par une bourgeoise de Breslau, qui voulait jouer à la couleur. — Comment passe-t-elle ses jours et ses nuits ? — Ses nuits, c'est le secret des dieux. Ses jours, c'est le secret de Polichinelle. Elle vient indolemment au trente-et-quarante vers midi. Elle n'est ni bruyante ni coquette, elle prend sa place sans emphase, elle pique les coups avec conscience, et elle joue le jeu le plus stupide que j'aie vu jouer. — Après cela, dit une femme de la meilleure compagnie, chacun joue selon son inspiration. Vous la trouvez si belle et je la trouve si bête.

Pour célébrer la bienvenue du duc de Parisis, on avait apporté trois tables autour de lui. Tous les cœurs s'étaient rapprochés ; au dessert, les femmes buvaient dans le verre de leurs voisins. Ce fut une petite fête du Café Anglais. Octave pensait vaguement à la dame de l'hôtel de France. Il voyait se dessiner ces deux lits aux draperies blanches, que protégeaient le roi de Prusse et la reine Victoria. A travers les fumées du vin de Champagne, il ne voyait pas de plus doux horizons. Ce jour-là, son idéal était cette chambre que sa destinée lui avait ouverte et presque fermée.

Après le dîner, on alla deux par deux, la femme entraînant l'homme, hasarder une poignée de louis, qui à la roulette, qui au trente-et-quarante. Octave cherchait toujours Violette, sans prononcer son nom ; mais Violette ne parut pas, soit qu'elle se cachât dans l'hôtel, soit qu'elle eût quitté Bade.

Il jeta un billet de cinq cents francs à la noire, pour Mlle Tourne-Sol, qui faillit se trouver mal en voyant un rouleau de cinq cents francs couvrir son billet. Pour lui, il n'avait pas vu cela ;

Mme de Marsillac venait de passer devant lui, plus belle encore qu'il ne l'avait vue chez elle — chez lui. « Madame que cherchez-vous ? dit-il en se plaçant sur son passage. — Ce n'est pas vous, monsieur. — Vous avez tort, madame, car vous me trouveriez si vous me cherchiez bien. — Je suis furieuse. Figurez-vous que j'avais retenu ma place, et cet hippopotame que vous voyez là-bas me l'a prise pour jouer des Frédérics. Il la déshonore. — Eh bien, madame, ne soyez pas furieuse. Je vais le prier de me donner votre place ; s'il refuse, comme c'est un Allemand, je lui chercherai un querelle d'Allemand. »

Tout en disant ces mots, Parisis alla droit à l'hippopotame. « Monsieur, vous allez avoir la parfaite bonne grâce de donner votre place à une dame qui est debout. — Non ! dit l'Allemand. — Monsieur, vous êtes marié, n'est-ce pas ? — Oui ! dit l'Allemand. — Eh bien, monsieur, je vais enlever votre femme. — Cela m'est bien égal, monsieur ! — Si j'enlève votre femme, monsieur, c'est pour enlever votre fille. » L'Allemand se leva. « Monsieur, vous m'insultez ! — Oui, monsieur. » Mme de Marsillac avait déjà repris sa place. « Tenez, mon bonhomme, dit-elle à l'Allemand en lui présentant un double florin, voilà la dot de votre fille. »

Mme de Marsillac était très émue quand elle prit le rateau pour conduire à la rouge un des deux rouleaux que Parisis avait vus sur sa cheminée. Elle perdit. Tout le monde avait les yeux sur elle, ce qui l'obligea à hasarder le second rouleau pour avoir l'air brave. Ce sont ces coups-là qui perdent le joueur. Dès que le joueur se croit en spectacle, il est battu. Mme de Marsillac perdit le second rouleau. Elle prit une épingle et marqua héroïquement sa défaite. Mais comment prendre sa revanche ? Elle se tourna vers Octave et lui dit ces simples mots : « Et pourtant, je sens une série à la rouge ! » Octave chiffonna un billet de mille francs et le jeta à la rouge. « Je suis de moitié, » dit-il avec une exquise galanterie. La rouge sortit. « Va pour trois mille francs, » dit-il au croupier qui taillait la banque. Et il jeta d'un air distrait un autre billet de mille francs. La rouge sortit. Du second coup, Parisis atteignit donc le maximum. « Va pour six mille francs. »

La dame ne disait pas un mot. La rouge sortit huit fois. La taille n'était pas finie, mais la banque sauta. Il y avait, tout naturellement, une grande émotion autour de la table. « Eh bien ! dit Octave à Mme de Marsillac, reprenez le râteau dans vos blanches mains, et tirez à nous ces papillons et ces lingots. « C'est un travail, dit Mme de Marsillac en saisissant le râteau et en le posant sur la « masse. » — Savez-vous compter ? dit-il à la belle joueuse. — Non, dit-elle. Et vous? — Moi non plus. Prenez les papillottes, moi je prendrai l'or. — Non, vous seriez volé. Appelons un homme de loi. — Oh! mon Dieu, dit Octave qui savait déjà son compte, c'est une misère, il y a quarante-huit mille francs. — Et encore, dit Mme de Marsillac qui savait compter aussi, il y a deux mille francs qu'il faut retrancher, puisque c'est votre mise. — Il ne faut rien retrancher du tout, c'est votre mise comme la mienne. Comptez-vous donc pour rien votre inspiration ? Voyez le hasard : si vous aviez eu mille francs de plus, je ne gagnais rien. Bien mieux, si j'avais parlementé une demi-minute de plus avec l'hippopotame, vous ne perdiez que mille francs avant la série. — Oui, les mille francs qu'on jette aux dieux jaloux, comme disent les joueurs. »

M. de Parisis eut beau dire pour faire un partage d'amoureux, Mme de Marsillac ne consentit à prendre que la moitié.

Elle porta très bien sa fortune. Après avoir risqué quelques louis à la roulette, toujours en compagnie d'Octave, elle le salua avec un charmant sourire et lui dit qu'elle allait se coucher. « Je vais vous accompagner, madame, car vous avez peur des voleurs? — Non, je n'ai pas peur des voleurs d'or — ni des autres, ajouta Mme de Marsillac d'un air railleur. » Et elle partit.

III

LA LUNE REGARDAIT PAR LA FENÊTRE

OCTAVE jugea qu'il devait être dans la place avec elle. Maintenant qu'il venait de lui faire gagner vingt-quatre mille francs, il se croyait moins avancé qu'auparavant. Il était de ceux qui ne veulent jamais cueillir le fruit de la reconnaissance. Une femme qu'il avais obligée était sacrée pour lui.

Il est vrai qu'il n'avait pas obligé Mme de Marsillac : il avait joué avec elle; mais enfin il craignait qu'elle ne prît désormais ses prières pour des échéances. Voilà pourquoi, surtout, il voulait être rentré avant elle. Cela ne lui fut pas bien difficile; quand il prit la clef à l'hôtel, elle était encore à mi-chemin.

Sa première action fut de se jeter sur le lit réservé en mâchant une cigarette, après toutefois avoir allumé les quatre bougies du côté opposé sur la cheminée et sur le guéridon. « A giorno, » dit Mme de Marsillac en entrant. Elle chercha des yeux et fit un pas en arrière en voyant Parasis couché. « Sur mon âme, monsieur, je ne m'attendais pas à celle-là. »

Octave salua légèrement de la tête sans faire un mouvement. « Figurez-vous que je suis roué. Est-ce le voyage? sont-ce les émotions du jeu? Toujours est-il que me voilà couché et que pour rien au monde je ne me tiendrai debout. — Comment faire? Et moi qui pour rien au monde ne me coucherais si vous ne vous levez pas. — Vous voulez donc, madame, me condamner à dormir debout? — Je sais bien, monsieur, que vous n'avez pas des pieds à dormir debout; mais, enfin, ni moi non plus. — Eh bien, madame, couchez-vous, je n'y mettrai point d'obstacle. — En vérité! c'est pour cela que vous avez allumé quatre bougies? — Oui madame; je ne sais rien de plus charmant qu'une femme qui se couche, comme je ne sais rien de plus attristant qu'une femme qui se lève. — Quatre bougies! reprit Mme de Marsillac? — Oui, reprit Octave; sans compter que la lune met son museau à la fenêtre. — Tout cela est fort joli, monsieur; mais il sera tout à l'heure minuit : vous n'avez pas oublié les articles de notre traité, c'est l'heure de nous dire adieu. — Pour toujours? — Pour toujours. — Eh bien, madame, c'est au-dessus de mes forces, soyez charitable; ce lit est ma seule planche de salut, ne me rejetez pas à la mer, je vous jure que je ne violerai pas les lois de l'hospitalité. — L'hospitalité! Comment, vous prenez une citadelle qui n'était pas défendue, vous y entrez avec armes et bagages, vous vous y couchez, et vous parlez d'hospitalité? »

La figure de Mme de Marsillac, jusque-là souriante devint tout à coup sérieuse. — Allons, monsieur, nous avons déjà dit trop de sottises; vous me forcerez à sonner et à prier le maître de la maison de vous mettre dehors. — Prenez garde, madame, je ferai du bruit et on me mettra dedans. — Allons, monsieur, devenez donc sérieux pour cinq minutes. Je sais bien que vous n'êtes pas venu à Bade pour cela; vous avez trop de tête pour accuser le vin de Champagne de vos folies. »

Octave avait soulevé la tête : « Madame, si vous me fermez

votre porte, (je pourrais dire ma porte) songez donc à quelle extrémité vous me condamnez : il me faudra aller demander l'hospitalité à Mlle Tourne-Sol. — Eh bien, vous vous retrouverez en pays de connaissance ; car, tous les deux, vous avez enlevé à la semelle de vos bottines la poussière patriotique du boulevard des Capucines. — Madame, vous ne nous connaissez pas, ni elle ni moi ; ladite demoiselle, toute Tourne-Sol qu'elle soit, n'a jamais hasardé son pied mignon sur le boulevard des Capucines. — Ah ! oui, je la connais — par ouï-dire : — c'est une ancienne écuyère, elle est toujours à cheval. Vous feriez mieux de l'appeler Mlle Tourne-Bride. — Allons, vous redevenez spirituelle, ma cause est gagnée. — Non, monsieur, votre cause est plus perdue que jamais. Voyez plutôt, je vais sonner. »

Octave se leva d'un bond ; il prononça quelques paroles hypocrites qui lui permirent de retirer la clef, après avoir tout doucement fermé la porte à double tour. « Je croyais, dit Mme de Marsillac, que cela ne se faisait plus que dans les comédies. — Peut-être, madame. Il y a encore une chose qui ne se fait que dans les comédies. » Et Parasis arracha le cordon de la sonnette. « Vous devenez fou, monsieur ! — Que diriez-vous si j'étais sage ? »

Mme de Marsillac alla se camper fièrement au manteau de la cheminée. « Vous vous imaginez peut-être que j'ai peur de vos violences et que je m'inquiète de vos malices ? — Non. Je m'imagine que vous ne pouvez pas finir une si belle journée par une nuit blanche. — Eh bien ! je compterai mon or ou j'écrirai ma dépense. — Je ne vous croyais pas une femme de chiffres. — Si vous aimez mieux, si vous ne voulez pas que je me dépoétise à vos yeux, j'ouvrirai la fenêtre et je rêverai au clair de la lune, comme Juliette attendant Roméo. — Puisque Roméo est là ! — Vous ! Roméo ! Si vous étiez Roméo, mon cher monsieur, vous descendriez bien vite là, sous les arbres, pour me chanter une sérénade ; mais il n'y a pas plus de Roméo que sur le quai des Morfondus.

La dame alla ouvrir la fenêtre ; naturellement, Parisis se mit dans l'embrasure ; mais elle le repoussa vertement, avec une indignation bien naturelle ou bien jouée. « Vous êtes belle ainsi ! lui dit-il en se croisant les bras, car il jugeait que le moment de la grande bataille n'était pas venu encore. — Je le sais bien, dit Mme de Marsillac : une femme est toujours belle quand elle reste une femme en face d'un homme qui s'oublie. — Voulez-vous fumer, madame ? « Un sourire amer. « Pourquoi toutes ces impertinences ? Que vous ai-je fait ! Si on savait à Paris qu'entre minuit et une heure du matin, M. de Parisis se trouvait le 5 septembre, à Bade, chez une femme du monde, que penserait-on ? — Il y a longtemps, madame, que Paris ne songe plus à ces choses-là : il aurait trop à penser. Il n'y a plus que les bégueules qui s'indignent du plaisir des autres. Je vous en conjure, n'ayons pas de préjugés. Vous êtes à Bade toute seule comme j'y suis moi-même ; puisque vous aimez les chiffres, un et un font deux ; quoi de plus beau que ce nombre d'or, quand c'est un homme amoureux et une belle femme ? »

Octave s'était rapproché de Mme de Marsillac et lui avait pris la main. « Songez, madame, que vous n'êtes pas venue ici, j'imagine, pour faire votre salut. — Cela ne vous regarde pas, monsieur, vous n'avez aucun titre pour veiller sur mes actions. — Peut-être, madame, car je suis l'opinion publique. — Eh bien, si vous êtes l'opinion publique, je m'en fiche. »

Depuis une heure, Mme de Marsillac avait les belles attitudes d'une femme du monde qui s'indigne et qui ne veut pas être vaincue ; mais elle prononça ces dernières paroles comme si le mot eût été plus énergique. « Après tout, pensa Octave, c'est peut-être une simple drôlesse — ou plutôt une drôlesse compliquée. »

Mais il fit cette réflexion stéréotypée que beaucoup de femmes du meilleur monde ont pris, pour être plus à la mode, le beau langage et les belles manières des femmes de la plus mauvaise compagnie.

Il voulut faire quelques fouilles archéologiques. « Mais, madame, nous devons nous connaître beaucoup ! car nous sommes bien nés tous les deux ; nous avons dû vivre dans les mêmes parages. — Non, monsieur, je ne vous ai jamais rencontré, hormis chez moi. — Vous allez aux bals de la cour, aux fêtes des ambassades, aux soirées des ministres ? — Non, monsieur, je ne sors jamais de chez moi. — Alors, vous habitez quelque solitude du faubourg Saint-Germain, l'herbe pousse sur votre seuil. — Non, monsieur, il vient beaucoup de monde dans ma maison. — Et... qu'est-ce qu'on fait chez vous, madame ? — Cela ne vous regarde pas, monsieur, la recherche de la vie privée est interdite. »

Parisis tourmenta sa moustache. « Vous êtes une femme impénétrable. — Non ; je suis toute simple ; vous ne pouvez voir dans mon âme, parce que vous avez un lorgnon. — Mon lorgnon ne m'empêche pas de voir que vous avez les plus beaux bras du monde. »

Parisis glissait sa main sous la manche étoffée. « Froide comme le serpent ! — Je suis une femme de marbre. — Où est Pygmalion ? Est-ce que votre mari est à Biarritz quand vous êtes à Bade ? — Allez y voir. »

A cet instant, une bobêche cassa sous le feu de la bougie. Mme de Marsillac tressaillit et s'abandonna presque aux mains caressantes d'Octave. « Suis-je assez bête ! dit-elle ; voilà pourtant les choses qui me font peur. — Eh bien, madame, nous allons éteindre les bougies pour que les bobêches ne cassent plus, car les bougies sont à toute extrémité. — Et vous croyez peut-être que moi aussi je suis à toute extrémité ? Eh bien, je vous avoue franchement que oui, parce que vous m'avez énervée et que je meurs de sommeil... Je vous en prie, vous déchirez mes dentelles...

Octave avait éteint les bougies. « Voyons, monsieur de Parisis, soyez bien sage, allez vous coucher et je vais me jeter dans un fauteuil. — Dans un fauteuil ! » Octave souleva avec ses bras d'acier cette belle amazone comme il eût fait d'un enfant. Mme de Marsillac fut si émerveillée de la force de M. de Parisis, qu'il lui échappa ce cri involontaire : « Je n'avais jamais vu cela ! — C'est la force de la passion, dit Octave en coupant chaque mot par une averse de baisers. — Oh ! mon Dieu ! mon Dieu ! que vais-je devenir ! »

Mme de Marsillac se cacha la tête dans les mains. « Pourquoi vous cacher, puisque j'ai éteint les bougies ? — Vous ne voyez donc pas, mon cher Parisis, la lune qui nous regarde par la fenêtre ? »

IV

POURQUOI ANGÈLE ÉTAIT-ELLE PARTIE

L E lendemain, je veux dire quand le soleil eut resplendi dans l'allée de Lichtenthal et sur la montagne du Vieux-Château, Mme de Marsillac se souleva sur l'oreiller et sauta dans ses pantoufles sans vouloir réveiller Parisis, qui faisait semblant de dormir.

Elle s'habilla quatre-à-quatre, comme une voyageuse qui va manquer le train. Elle prit pourtant le temps de se regarder un peu dans le miroir de la cheminée. « N'est-ce pas que vous êtes belle ainsi? » dit Octave sans remuer.

Tout échevelée encore, sa pâleur éclatait sous les touffes noires, légèrement bouclées. « Non, je ne suis pas belle, j'imagine que vous me voyez en songe, car vous n'êtes pas réveillé. — C'est un reproche que je ne mérite pas, car je n'ai pas sommeillé, c'est moi qui vous regardais dormir. — J'ai peur de manquer le départ du matin; grâce à vous, j'ai oublié de remonter ma montre, et ces pendules d'auberge n'ont jamais marqué que l'heure du déjeuner. — Pourquoi parlez-vous de partir? Est-ce que c'est moi qui vous chasse, n'avons-nous pas une chambre à deux lits? — Oh! pour Dieu, faites-moi grâce de vos malices, je parle de partir parce que je vais partir. Comment voulez-vous que je reste à Bade après notre rencontre, qui sera cette après-midi la chronique de tout le pays. — Ma chère Angèle, qu'est-ce que cela vous fait? Je t'aime et tu es belle, pas un mot de plus. Je vais envoyer une dépêche à Paris, mes chevaux arriveront demain avec mes gens, nous allons louer un chalet pour huit jours, avenue de Lichtenthal, et nous y mangerons les vingt-quatre mille francs que tu m'as fait gagner hier. »

Mme de Marsillac regarda Octave et sembla séduite par cette perspective de vivre huit jours avec lui dans cette solitude toute mondaine et toute romanesque. « C'est une idée, cela! — Je suis de l'école de Girardin, j'ai une idée tous les huit jours. C'est dit, n'est-ce pas? — Avec vous, on perd son temps à dire non. »

Disant ces mots, Angèle se pencha vers Octave pour l'embrasser. « Qu'est-ce que cela? dit-elle en voyant un petit poignard d'or sur l'oreiller. — Cela, dit-il, c'est un fétiche que j'ai mis dans tes cheveux. Garde-le si tu veux que mon amour te porte bonheur. »

Octava s'était habillé. Il baisa Angèle sur le cou et sortit en toute hâte en disant qu'il allait commander le déjeuner à la Conversation sous les arbres. « Attendez-moi sous l'orme, lui dit Mme de Marsillac. »

Une demi-heure après, Octave était assis sous l'orme de Méry, devant les degrés de la Conversation, à une petite table surabondamment couverte de flacons de vin du Rhin. Il attendait Angèle, en lisant un journal pour embrouiller un peu plus son esprit sur la question d'Orient. On lui préparait les plus belles écrevisses de Loos et les plus belles truites tombées des cascades.

Mlle Tourne-Sol vint s'asseoir à côté de lui. « C'est pour moi que tu prépares ce festin ? — Oui, dit Octave qui ne voulait pas être pris sans femme. » Il avait déjà posé cinq minutes, et il trouvait que c'était cinq minutes de trop.

On sait, d'ailleurs, que son plus grand bonheur était d'assembler les nuages, de brouiller les cartes, de jouer aux imbroglios, comme les Indiens jouent avec les couteaux. Il n'était jamais plus content de lui que dans les situations inextricables. Les colères d'Hermione, les larmes de Bérénice, les imprécations de Sapho étaient douces à son cœur. Il affrontait le danger, le sourire sur les lèvres et l'insouciance dans l'âme. Il disait que les meilleures mélodies étaient celles qui remuaient toutes les cordes.

Il déjeuna donc avec Mlle Tourne-Sol, espérant bien que Mme de Marsillac viendrait, altière et humiliée à la fois, troubler ce duo matinal.

Mais Angèle ne vint pas. Il pensa qu'elle avait entrevu de loin Mlle Tourne-Sol et qu'elle était retournée sur ses pas. « Après tout, se dit-il en buvant une dernière perle de Johannisberg, c'est peut-être une honnête femme. »

Quand il retourna à l'hôtel, une demi-heure après, il ne fut pas peu surpris d'apprendre que Mme de Marsillac était partie. Il monta dans la chambre, bien convaincu qu'il trouverait un mot d'adieu. En effet, sur la cheminée, près de la bobèche cassée, il trouva ce simple billet :

Adieu, sans rancune, mais ne nous revoyons jamais !
ANGÈLE.

Un nuage de mélancolie se répandit sur le front d'Octave. Pendant toute la journée on lui parla de sa misanthropie. Tout alla mal : il ne fit plus sauter la banque, il sauta lui-même ; Violette passa devant lui toute rayonnante au bras du prince Rio ; Mlle Tourne-Sol ne le quitta pas d'une semelle ; il rencontra un musicien qui avait le mauvais œil ; au dîner, on renversa du sel sur la table.

Mais le soir jugez s'il fut heureux, quand il rentra avec l'idée de se coucher avec le souvenir d'Angèle, de trouver une femme au lit. » Angèle ! » s'écria-t-il. Et il courut pour embrasser Mme de Marsillac.

Quel ne fut pas son désespoir quand il reconnut Mlle Tourne-Sol. Comme la veille, il y avait quatre bougies allumées, il les éteignit avec fureur, comme s'il dût retrouver son illusion perdue ; mais la lune curieuse, comme la veille, vint le railler à la fenêtre.

Pourquoi Angèle était-elle partie ?

V

VIOLETTE AU SECRET

CTAVE n'était point un élégiaque, il se consolait des femmes avec les femmes.

Cependant, à son retour à Paris, trois semaines après l'aventure à Bade, il chercha partout et ailleurs « Mme la marquise de Marsillac. » Il jugea que c'était une provinciale égarée à Bade, quelque femme mariée qui voulait s'amuser sans le dire à son mari. Il pensa que le nom de Mme de Marsillac était un pseudonyme et jura de ne jamais prendre au sérieux les femmes qui voyagent.

Beaucoup de lettres attendaient Octave. Il regarda toutes les enveloppes avant de les ouvrir. Il espérait une lettre de Champauvert, il trouva une lettre de M. Rossignol, son intendant au château, qui fut pour lui un coup de tonnerre.

« *Après une enquête sur le poison répandu dans le bouquet de* « *roses, on vient d'arrêter à Paris une demoiselle Violette,* « *que vous connaissez sans doute, monsieur le duc, si j'en crois* « *le journal. On dit qu'on la conduira ces jours-ci à Champauvert* « *pour continuer l'instruction de cette affaire mystérieuse.* »

M. Rossignol avait découpé un entrefilet d'un journal du pays, que Parisis lut avec fureur :

« Il n'est bruit dans nos contrées, que de l'arrestation d'une de « ces demoiselles à la mode qui sont le désespoir des familles. « Celle-ci, qui s'est baptisée du nom de Violette, mais qui s'ap- « pelle Marty de son nom de famille, — un vrai nom de mélo- « drame — est venue dans un château voisin, il y a quelque « temps, en proie à une rage de jalousie qui l'a poussée, dit-on, « à un crime abominable. S'il faut en croire le bruit public, elle « aurait répandu le poison des Médicis sur un bouquet roses-thé « qu'on devait offrir à une jeune fille de la plus haute famille au « moment de ses fiançailles. Au moment de son arrestation, cette « demoiselle Violette a prononcé un nom bien connu ici, un « nom illustre qu'il est de notre devoir de ne pas rappeler. La « justice suit son cours ; la malignité publique va trouver bien « des motifs de curiosité dans cette cause, qui sera célèbre. »

Le procureur impérial n'avait pu étouffer l'affaire, le médecin de Champauvert ayant parlé partout avec mystère du bouquet empoisonné. Le juge d'instruction avait si bien cherché l'étrangère de l'hôtel du Lion-d'Or, errant un matin à Champauvert, qu'il avait trouvé ses traces. Voilà pourquoi il avait signé un mandat d'arrêt « contre la fille Louise Marty dite Violette, domiciliée à Paris, rue d'Albe, n° 7, anciennement avenue d'Eylau. »

Octave lisait pour la seconde fois la lettre de M. Rossignol, quand son valet de chambre lui dit qu'un homme de mauvaise mine, tout noir, avec une cravate rouge, demandait à être introduit.

Cet homme se présenta presque aussitôt devant lui. Il reconnut un de ces rôdeurs parisiens, familiers au Palais de Justice, aux cabarets nocturnes, à tous les mauvais lieux. « Que me voulez-vous ? demanda le duc de Parisis. — C'est que, voyez-vous, monsieur, j'ai une correspondance pour vous.—Eh bien ! »

L'homme à la cravate rouge fit un signe au valet de chambre de s'éloigner. Il tira de son portefeuille, — car il avait un portefeuille, — un admirable portefeuille en cuir de Russie qu'il avait volé la veille à un Anglais, sous prétexte de lui demander du feu pour allumer son bout de cigare. « Entre nous, monsieur le duc, dit-il, il ne faut pas m'en vouloir ; je suis incognito facteur de la petite poste des prisons. Je rends plus de services à moi tout seul que tous les employés de la grande poste, et on peut me confier des valeurs : vous voyez, mon prince, que j'ai un portefeuille. — Est-ce que vous m'apportez de l'argent ? dit le duc de Parisis en souriant. — De l'argent ? Vous me feriez mettre à la porte. Je vous apporte mieux que cela. »

Et le messager des prisons remit à Octave une lettre de Violette. « Est-ce qu'il y a une réponse ? demanda Octave en décachetant la lettre. — Oui, la dame est au secret ; mais, sur mon honneur, ce que vous écrirez lui arrivera. »

Et comme il y a des joueurs de mots à tous les dégrés, celui-ci ajouta : « Il n'y a point de secret pour moi. »

Voici la lettre de Violette :

« *Octave ! Octave ! je suis à moitié morte de chagrin. Le savez-*
« *vous ? Hier, comme je revenais du bois, deux hommes, qui*
« *étaient à ma porte, m'ont dit de les suivre à la préfecture de po-*
« *lice. J'ai voulu passer, le premier a mis brutalement la main*
« *sur moi ; j'ai résisté ; le second m'a parlé plus doucement et m'a*
« *proposé de monter dans un fiacre. Il m'a fait comprendre qu'il*
« *fallait obéir si je voulais éviter un grand scandale dans une rue*
« *où tout le monde me connaissait. Je suis montée en fiacre, espé-*
« *rant bien qu'il y avait une méprise et que le juge d'instruction*

« me rendrait la liberté; mais on m'a jetée dans un cachot, comme
« une criminelle, avec trois autres femmes que je ne connais pas.
« De quoi m'accuse-t-on ? grand Dieu ! Une de ces femmes m'a
« confié, avec un air de sympathie, qu'elle n'était là que pour me
« parler. Dieu sait si j'ai quelque chose à dire! Si vous recevez
« cette lettre, qu'elle m'a promis de vous faire parvenir, sauvez-
« moi de cette mort anticipée. Le mandat d'arrêt portait bien
« mon nom de Louise Marty. surnommée Violette; mais je suis
« sûre qu'il y a une erreur de la justice. Octave! Octave! Pour-
« quoi ne m'avez-vous pas laissée mourir à la porte de Mme d'En-
« traygues?

« Violette. »

L'homme à la cravate rouge demanda à Octave s'il était content. — Oui, très content, dit Octave. Et il écrivit ce mot à Violette :

* Violette, je vous aime et je veille sur vous.

« Parisis. »

Et se tournant vers l'homme à la cravate rouge : « Tenez, il faut que cette lettre arrive dans une heure. — Comme vous y allez, mon prince! Je n'ai pas encore déjeuné. — Eh bien, reprit Octave en lui jetant cinq louis, vous ne déjeunerez pas. »

Le jour où le duc de Parisis recevait les lettres de M. Rossignol et de Violette, la marquise de Fontanelles recevait celle-ci de Geneviève :

« Je suis désespérée, ma chère Armande. Je ne sais quel
« démon s'est incarné à Champauvert depuis la mort de ma tante;
« mais j'y meurs de chagrin. A qui ouvrir mon cœur? Ah! si tu
« étais là! Si tu m'aimes, accours. Figure-toi que j'ai été empoi-
« sonnée par un bouquet de roses; mais qu'est-ce que cela? Ce
« n'est pas là qu'est le mal! Le même bouquet a empoisonné une
« des filles de service qui a voulu rire avec le poison.
« Malgré toutes mes prières on instruit l'affaire, il me faudra
« comparaître comme témoin. J'aime mieux mourir. Et puis, figure-
« toi qu'on a arrêté une pauvre fille qui aime M. de Parisis : je
« réponds que celle-là n'est pas coupable. Mais je ne puis pas dire
« le nom de l'empoisonneuse, quoique je le sache bien. C'est
« une désolation. C'est un scandale. Je ne sais où cacher
« mes larmes. Viens me voir, si tu m'aimes. Je te dirai tout cela.
« Mais les journaux parleront avant moi. Oh! mon Dieu! mon

« *Dieu! qui donc a permis que la dignité des familles, que la pu-*
« *deur des femmes, que toutes les vertus soient ainsi jetées eu*
« *pâture à la sottise publique.*
« *Adieu, je meurs de chagrin.* »

« Geneviève. »

La marquise de Fontaneilles voulait courir à Champauvert pour consoler Geneviève, mais le marquis ne voulut pas, dans la peur que le nom de sa femme ne fût inscrit au procès.

Il tient une petite lettre de Geneviève.

« Vous avez oublié à Champauvert vos cinq millions et votre porte-cigare. Figurez-vous que j'ai failli pour avoir le secret de votre insouciance et de votre gaieté. Ne viendrez-vous pas chercher vos cigares et vos millions? Vous me trouverez l'âme en deuil. »

Octave fut touché au cœur. Il voulut courir à Champauvert, mais il remit au lendemain cette effusion. Le lendemain il fut pris par une aventure nouvelle.

Mlle de La Chastaigneraye demeura seule en face de tous ses chagrins; car elle n'avait pas tout dit à son amie. Un volume de La Bruyère où elle avait marqué cette pensée : *Vouloir oublier quelqu'un, c'est y songer*, n'eût-il pas dit le plus sérieux de ses chagrins?

Elle qui n'avait pas péché, elle lisait Mlle de La Vallière, comme si elle eût écouté une sœur : « Jésus-Christ est mort pour payer toutes nos dettes, il a brisé le joug de notre esclavage et nous a faits ses enfants d'adoption. » — Oui, disait Geneviève, Jésus-Christ a payé toutes nos dettes et nous a faits ses enfants, mais il n'a pas brisé le joug de notre esclavage, puisqu'il n'a pas brisé le joug de l'amour.

VI

DE QUELQUES DEMOISELLES CHEZ LE JUGE D'INSTRUCTION

M. DE PARISIS courut au Palais de Justice. Il avait pour camarade de collège un jeune juge d'instruction, qui s'était signalé par trois ou quatre condamnations à mort. Celui-là cherchait les crimes. Dans toute créature, il ne voyait que la tache originale. Il avait rayé le mot « rédemption » de son dictionnaire; il croyait que la peine de mort était le soldat de la vie. Aussi était-ce un curieux spectacle que de le voir interroger un patient; on peut dire qu'il avait rétabli la question, tant il tyrannisait les consciences, tant il piétinait sur les âmes, tant il flagellait les esprits.

Et comme tout est contraste, dans la vie privée c'était le meilleur homme du monde. Comme Léonard de Vinci, il rachetait la liberté des oiseaux, il était généreux aux derniers saltimbanques, et, s'il eût déchiré son manteau, c'eût été pour les épaules de deux pauvres.

Quand Parisis était entré dans le cabinet du juge d'instruction, on annonçait sept ou huit femmes — légères — très légères. — plus que légères. « J'espère que tu ne vas pas me mettre à la porte, » lui dit Parisis. Mais le juge d'instruction comprenait sévèrement son devoir, il se leva pour conduire son ami jusqu'au seuil.

Octave tint bon. « Non, non, dit-il, je suis de l'affaire, tu verras que je répandrai çà et là un trait de lumière. D'ailleurs, j'ai à te parler très sérieusement. »

Les femmes entraient deux par deux comme à une procession.

Octave prit un livre de droit et fit semblant de ne pas écouter. Le juge d'instruction fit semblant de ne pas s'apercevoir que son ami fût encore là.

Huit de ces créatures étaient entrées; on eût dit que toutes descendaient de la charrette qui conduisait Manon Lescaut au Havre. C'était la même insouciance, la même curiosité, la même figure où ne descendait pas l'âme.

Je me trompe, il y en avait deux qui étaient restées des femmes. Une grande et une petite. Le juge d'instruction ne put s'empêcher de leur demander par quelle singulière déchéance elles étaient tombées là.

La petite répondit très vivement que c'était pour se venger de sa famille, qui l'avait humiliée par la maison de correction pour un péché tout véniel. La seconde commença par dire, avec quelque fierté, qu'elle ne devait compte qu'à elle-même de ses actions Et comme le juge d'instruction eut le bon esprit d'insister gracieusement, tout à sa curiosité, elle répondit qu'il n'y a point de stations dans les chutes de femme; que du premier coup une femme perdue est une femme perdue; que peut-être, elle aussi, elle exerçait une vengeance.

Octave ne lisait pas son livre de droit : il était tout aux paroles de cette femme, il la regardait avec de grands yeux. « Madame de Marsillac! » dit-il, croyant rêver. Il se pencha vers son ami et lui dit de demander à cette fille depuis quel temps elle en était là. — Depuis un an, dit-elle. J'ai frappé à la porte de cette maison, parce que je n'ai pas trouvé un lit, pas même un lit de paille aux Filles repenties. Si Mlle Eudoxie se venge de sa famille, moi je me venge de la société. « Mais comment pouvez-vous rester là, vous qui paraissez intelligente? Vous avez donc jeté votre cœur à la porte? — Non, je souffre de l'infamie comme d'autres souffrent du repentir. C'est la même pénitence. — Mais les heures sont des siècles pour vous dans une pareille atmosphère. — Non; il y a, si vous voulez me permettre ce mot, des grâces d'état : je passe mon temps à jouer du piano et à lire des romans; je lis même des livres de piété. — C'est une profanation. — Non! mon âme n'est pas complice. »

Octave n'en pouvait croire ses yeux ni ses oreilles. « Quoi! murmura-t-il, cette femme qui jouait là-bas à l'ange de vertu! »

Le juge d'instruction questionna la jeune femme sur un crime dont elle avait été témoin comme ses compagnes. « Comment vous nommez-vous? — Mélanie, répondit Angèle. — Votre nom de famille? — Je ne puis le dire. — Pourquoi? — Parce que si je me venge, je ne veux me venger que sur moi-même. — Où les coups de poignard ont-ils été donnés? — Dans le salon, sur un des canapés. — Qui était-là? — Ces dames et quatre ou cinq messieurs que je connais bien, mais dont je n'ai pas le droit de dire les noms. Demandez cela à une de ces dames. »

Et se retournant, tout en indiquant la petite femme déjà interrogée : « Pas à mon amie, car elle les connaît aussi, mais les autres ne pourront vous dire que leurs noms de guerre. L'un s'appelle Carrabas, l'autre Chat-Botté, celui-là Gladiateur, celui-ci Barrabas. — Que pouvaient-ils faire au salon? »

Angèle regarda profondément le juge d'instruction. « Vous le savez bien. Ils causaient : on a quelquefois beaucoup d'esprit chez nous. Il y vient tant d'hommes bien nés que les femmes finissent par faire leur éducation. Dieu a pris une côte à l'homme pour faire la femme, c'est un symbole : l'homme fait toujours la femme. — Et la femme refait l'homme, dit une fille. — C'est trop de littérature, interrompit le juge d'instruction. » Et il continua gravement son interrogatoire. Angèle, qui n'avait pas reconnu Octave dans l'ombre, alla s'appuyer au mur de son côté. Il lui prit la main et lui marqua la figure en passant devant elle. « Quoi ! lui dit-il, je vous retrouve dans une pareille compagnie ? » Angèle leva les yeux et reconnut Octave. « Oh ! mon Dieu, dit-elle, je ne voudrais pas pour tout au monde que ce malheur de vous rencontrer me fût arrivé. Vous étiez-là ! » Elle baissa la tête avec un profond sentiment de tristesse. « Expliquez-moi cette énigme. — Chut ! on nous écoute ; j'irai vous voir demain et je vous dirai tout ; car si vous ne me connaissez pas, je vous connais bien, vous. »

Quand ces filles furent parties, Parisis s'empressa de parler de Violette ; il voulait qu'on la mît en liberté sur-le-champ. « Je réponds d'elle, dit-il, comme d'une enfant que j'aurais élevée. — Élevée au mal, dit le juge d'instruction, je te connais. — Te voilà encore avec ta fureur de trouver partout des criminels. T'imagines-tu donc que j'aie jamais tué une mouche ? — Tu as tué des femmes. Il viendra un jour, mon cher, où on recherchera le crime moral comme le crime matériel. Jeter le trouble dans un cœur, désespérer une pauvre créature dont on a tué l'énergie par l'amour, la faire mourir de chagrin par l'abandon, crois-tu donc que ce ne soit pas là un crime ? »

Parisis était devenu pensif. « Peut-être, dit-il. Est-ce toi qui vas inaugurer la répression de ces crimes-là ? Appelle deux gendarmes et mets-moi au régime cellulaire, car je me reconnais coupable. Mais puisque le jour n'est pas venu de cette justice du cœur, donne-moi la liberté de Violette, qui est la plus brave créature que j'aie rencontrée. — Comme tu y vas ! dit le juge d'instruction, qui voulait réserver toutes les prérogatives de la justice. — Cela me paraît si simple et si juste ! On ne s'élèvera jamais assez haut contre l'odieuse prévention. Quoi ! voilà une fille convaincue d'empoisonnement, sans que cela se puisse jamais prouver, puisqu'elle est innocente, on la jette en prison jusqu'au jour où il plaira au procureur impérial de l'envoyer devant messieurs les Jurés, qui ont peut-être une âme et une conscience, mais qui ont toujours peur de condamner un coupable et toujours peur d'absoudre un innocent. — Il n'y a pas d'innocents ! s'écria le juge d'instruction. »

Cette parole avait jailli comme la vérité. « Sais-tu que tu m'épouvantes? dit Octava en souriant. — Ah! mon cher, l'étude de l'homme, c'est l'étude du crime. Nous sommes tous marqués du sceau fatal. — Ce que c'est que le parti pris! Tu as donc commis des abominations et des atrocités ? — Qui sait ? dit le juge d'instruction en souriant à son tour. Si je n'étais occupé à prouver que les autres sont criminels, je me prouverais peut-être que je le suis moi-même. — Ce sera ta dernière instruction. »

Le duc de Parisis parla à son ami de l'empoisonnement à Champauvert. « Une belle affaire, dit le juge d'instruction, je la sais déjà par cœur. Tu n'as donc pas lu la *Gazette des Tribunaux?* — Je ne lis jamais la *Gazette des Tribunaux.* — Chacun son monde. Tu es dans le monde des pécheresses et moi dans le monde des criminels ; tu lis les journaux de sport et de fêtes, moi je lis les procès en adultère et les causes célèbres de l'amour. — C'est le même livre, dit Octave ; je lis le commencement, tu lis la fin. — Oui, mon cher duc, il y a là un médecin que j'estime beaucoup parce qu'il a voulu savoir la vérité. — Tais-toi donc ! un charlatan qui a voulu se mettre en relief. — Je te dis que c'est un honnête homme : si tout le monde faisait son devoir, il n'y aurait pas de crimes impunis. — Tu t'imagines que c'est la justice qui punit les crimes ! — Et qui donc ? Tu ne me diras pas que c'est Dieu, puisque tu ne crois pas à Dieu. — C'est la conscience. Tout homme a son tribunal en lui : il est lui-même son juge d'instruction et son juge sans appel. Et quand il se condamne à mort, c'est bien un homme mort, c'est bien un homme mort : il a beau aller et venir parmi les vivants, il n'est plus de ce monde. — Bravo ! Voilà une nouvelle théorie qui supprime la justice des hommes et celle de Dieu. Tu as des idées, toi ; il y a du bon dans ce système-là ! Mais, quoi que tu en dises, l'homme qui se juge lui-même abuse du droit de grâce. »

Octave regarda son ami avec l'expression d'une vieille amitié. « Voyons, mon cher Maxime, donne-moi la liberté de Violette et étouffe cette affaire! Je sais bien que tu vas me dire que cela ne te regarde pas ; mais je sais bien aussi que tu es tout-puissant, parce que tu es l'enfant gâté du ministre de la justice. — Je te jure que je n'y puis rien. Les journaux de Paris, après les journaux de la Bourgogne, ont parlé hier de cet empoisonnement, il faut que l'affaire suive son cours ; le ministre lui-même se briserait à vouloir tout arrêter. »

Parisis ne croyait pas que ce fût si sérieux. « Mais c'est horrible! dit-il en voyant d'avance le tableau du procès. Quoi ! Mlle de La Chastaigneraye serait obligée de comparaître pour accuser Violette ou toute autre. Mais c'est impossible! elle aimerait mieux mourir! — Ah! vous voilà bien, vous autres : vous vous imaginez toujours parce que vous portez un grand nom que vous serez toujours au-dessus de la loi. Tu ne sais donc pas que la loi est symbolisée par un niveau ? »

Octave était désespéré. « Après tout, ne te désole pas. On priera les journaux de ne donner que les initiales. — Mais quelle folie d'aller rechercher le crime, puisque ma cousine va bien! — Et la servante ? n'est-ce donc pas une femme comme ta cousine ? Après tout, cette demoiselle Violette n'ira pas sur l'échafaud. Mais enfin, si c'est elle, il faudra bien qu'elle expie sa mauvaise action. — Mais je te jure que ce n'est pas elle. — Eh bien! elle remontera dans son carrosse, car on dit que c'est une courtisane à la mode. »

Pour la première fois de sa vie, Octave se sentait vaincu par une force supérieure. Il tremblait de recueillir le mal qu'il avait semé. Si Violette était une courtisane, c'était sa faute à lui; si elle était accusée dans l'opinion publique, sur qui retomberait l'accusation? Sur lui-même. « Si ce n'est pas Violette, qui donc est-ce? lui demanda tout à coup le juge d'instruction. — Je ne puis le dire, répondit Octave; la vérité, c'est qu'on ne le sait pas bien. Mlle de La Chastaigneraye et moi nous avons notre idée, mais nous n'avons pas de preuves et nous n'en voulons pas chercher. Mais je puis bien te dire à toi que c'est une vengeance de famille. A quoi bon pénétrer de pareils mystères, aujourd'hui surtout qu'il faut laisser aux grandes familles tout leur prestige ? — Si c'est cela, tu as peut-être raison, dit le juge d'instruction qui était un homme d'autorité, élevé à l'école de Joseph de Maistre. Va voir le ministre, qui est la justice faite homme, il voudra peut-être étouffer le scandale de cette affaire. »

Le caractère de notre temps, c'est qu'il n'y a plus que des demi-caractères. A peine les physionomies se sont-elles accusées fortement, qu'elles déroutent l'observateur par les timidités et les indécisions. Au moyen âge, l'ami d'Octave eût fait condamner jusqu'à sa famille; au XIXe siècle, il n'avait que par bouffées les ardeurs de l'Inquisition.

Octave serra la main à son ami : « Dis-moi, puisque je viens de retrouver l'homme dans le juge d'instruction, fais-moi voir Violette. — Que me demandes-tu là ! Tu ne sais donc pas qu'elle est au secret? »

Parisis sourit : « Pour la justice, mais pas pour moi. »

VII

POURQUOI ANGÈLE ÉTAIT-ELLE PARTIE

CTAVE alla voir le ministre; mais il eut beau prier, le ministre lui dit que les journaux avaient déjà trop parlé pour que la justice ne parlât pas à son tour.

Il écrivit à Violette par la même poste, car l'homme à la cravate rouge était revenu :

« *Je vous sais par cœur, chère Violette. Vous m'avez dit sou-*
« *vent que, pour vous, le monde c'était moi : eh bien! je vous juge.*
« *Vous sortirez de ce guet-apens blanche comme un lys.*

« *Votre ami plus que jamais,*

« Duc de Parisis. »

Il écrivit à sa cousine sans changer d'encre.

« *Je devine tous vos chagrins, chère Geneviève. Je vous ai*
« *quittée comme un fou; mais je vous aime comme un frère. Parlez,*
« *et j'obéirai.*

« Octave. »

Toutes ces émotions n'empêchèrent pas M. de Parisis de se rappeler Mme de Marsillac.

Le lendemain, il attendit Angèle, très curieux et très agité, tout en pensant à Violette. — Elle ne vint pas. — Le surlendemain il attendit encore. — Elle ne vint pas. Il se décida, le soir, à lui écrire ce billet :

« *Je vous ai attendue, Angèle, je vous attends et je vous atten-*
« *drai; il faut que je vous parle et que vous me parliez. Vous*
« *aimez peut-être les clairs de lune à Bade, moi j'aime la lumière*
« *à Paris. Venez ce soir souper avec moi, je vous recevrai avec*
« *du vin du Rhin.*

« *Pas un mot au juge d'instruction.* »

À ce billet, Angèle répondit par celui-ci :

« *Ne m'attendez pas, nous ne boirons pas du vin du Rhin à la*

« *même coupe. Votre lettre m'arrive à l'heure même où je quitte*
« *cette odieuse maison.*
« *Si j'y reviens jamais, je vous le dirai !*
« Angèle. »

Ce billet irrita vivement l'esprit d'Octave. Devant la grande muraille de l'impossible, on sent qu'il vous pousse des ailes.

Il voulut voir Angèle. Depuis cinq minutes, Angèle était partie. « Où est-elle allée ? demanda Octave furieux. — Ma foi, monsieur, dit une femme avec un rire effronté, elle n'a pas dit son *numéro.* »

Octave ne pensait plus à Angèle, quand il reçut une lettre de Champauvert. C'était la réponse de Mlle de la Chastaigneraye au duc de Parisis :

« *Je pense, mon cousin, que nous avons chacun notre douleur.*
« *Je ne puis vous consoler et vous ne pouvez me consoler.*
Je vous serre la main,
Geneviève de La Chastaigneraye.

Parisis laissa tomber la lettre : « Eh bien ! voilà qui est concis, on n'aime pas à écrire dans ma famille. » Et après avoir relu : « Il y a de la sibylle dans cette jeune fille, elle parle toujours avec une éloquence mystérieuse. » Il ne put comprimer un mouvement de jalousie. « Si je ne puis la consoler, je sais bien pourquoi : c'est qu'elle aime quelqu'un. Et pourtant... »

On s'imagine peut-être que Parisis allait rentrer en lui-même et ne plus se mettre en spectacle dans la vie parisienne : mais qui donc aurait pu le retenir dans ses folies ?

On parla beaucoup alors d'une de ses aventures, au clair de la lune avec une très grande dame, dans un des parcs qui avoisinent le bois de Boulogne.

Il faillit attendre ! Fut-ce pour cela qu'il écrivit le lendemain cet aphorisme sur l'album de la dame :

La vertu des femmes est comme la lune. Elle a ses phases, ses révolutions et ses éclipses. Elle fait les cornes aux amants en croissant et aux maris en décroissant. Elle se montre de face, de trois quarts, de profil. Elle se montre dans tous les quartiers — même dans le quartier Bréda.

VIII

DE QUELQUES PARADOXES DE MONTJOYEUX

Tous les désœuvrés du Café Anglais ne savaient, un soir, plus que dire, ils devinrent sérieux — un quart d'heure de sagesse dans cette folie de toutes les heures. Les femmes dormaient, quelque peu dépenaillées dans leur luxe, perdant leurs cheveux, mais tenant bien leurs diamants. Chacun parla d'escalader la montagne abrupte de la fortune, l'un par la politique, l'autre par les journaux, celui-là par les théâtres, celui-ci par l'argent des autres.

Monjoyeux prit la parole : « Tout cela est fort beau, dit-il ; mais vous raisonnez comme des enfants gâtés, qui s'imaginent qu'on peut aller chercher la lune. Or, le moyen ? C'est toujours l'histoire d'Archimède : Donnez-moi un point d'appui et je déplace le monde, — dans le seul but de donner un peu plus de soleil à Paris, — car nous avons, cette nuit, quinze degrés au-dessous de zéro, et une capitale universelle ne peut pas durer à ce régime-là. Songez à Babylone! à Carthage! à Athènes! à Rome! — Il s'agit bien de soulever le monde! Il s'agit seulement d'avoir trois ou quatre cent mille livres de rente. — Oh! oui, rien que cela, dit une des demoiselles qui sommeillaient; si Gaston me fait une pareille liste civile, je deviendrai un ange. »

Monjoyeux regarda celle qui parlait. « Si elle était un peu plus jolie, dit-il, je lui ferais trois ou quatre cent mille livres de rente, car elle serait mon point d'appui pour les grandes idées qui germent là. — Et quelles sont les grandes idées qui germent là? demanda le duc de Parisis à Monjoyeux. — Mes enfants, le Monjoyeux qui vous parle n'est pas le premier venu. Comme Veuillot et beaucoup de grands seigneurs qui ne s'en vantent pas, il est né dans un cabaret; mais il est d'un bon tonneau et d'un bon crû. Voyez-vous, mes gentilshommes, j'ai mes trente-deux quartiers de roture comme vous avez vos trente-deux quartiers de noblesse. — Noé! passez au déluge, dit Octave. — Eh bien! je suis taillé sur le grand modèle. Je suis un homme, et quiconque peut dire qu'il est un homme, est bien près d'être un grand homme. Vous m'avez sifflé au théâtre, parce que je suis de trop haute taille pour des yeux habitués aux prouesses des femmes. Mon jeu est héroïque et vous n'aimez que les miniatures ; vos comédiens à la mode sont des Lilliputiens qui jouent les infiniment petits. Je suis un Shakespeare et un Molière, ni plus ni moins; je ne jouerai bien que les pièces que je ferai moi-même; ce qui me manque, ce n'est pas le génie, c'est le théâtre. Je vous l'ai dit déjà : je suis né pour les premiers rôles dans la vie, et on me condamne aux troisièmes rôle. Quand je veux écrire dans un journal, quand je vais voir un directeur de théâtre, quand je veux portraiturer quelqu'un, je fais peur aux gens. Ce n'est pas si simple que cela écrire, jouer la comédie, sculpter ! Le génie est un moulin qui tourne à vide quand il n'a pas du blé à mettre sous les meules. C'est mon histoire, c'est l'histoire de tous ceux qui n'ont pas commencé dans le despotisme paternel des écoles, par le Conservatoire, par l'École de Rome, par l'Université. Il est vrai que j'aurais jeté toutes les écoles par la fenêtre. — Voilà pourquoi tu feras l'école buissonnière toute ta vie. — Eh bien, non ! dit Monjoyeux après un silence, non ! je ne ferai pas l'école buissonnière toute ma vie. Voilà trop longtemps qu'on doute de moi, je veux prouver ma force : j'ai mon idée, j'ai mon point d'appui. Adieu ! »

Et Monjoyeux sortit, à la grande surprise de tous ses amis sans même boire la coupe de vin de Champagne glacé que venait de lui verser Mlle Jacyntha, une Hébé en fourrures, laquelle but en s'écriant : « Je bois à Monjoyeux ! — Quel pourrait bien être son point d'appui ? demanda Parisis. »

L'amitié de Parisis et de Monjoyeux avait commencé par un duel, parce que, dans un souper de comédiennes, Monjoyeux avait défendu à Octave de boire dans le verre de Mlle Aurore, une ingénue qui avait déjà ce soir-là donné trois rendez-vous avec l'ingénuité d'une ingénue. Il n'y a plus que les femmes du monde tombées dans le demi-monde qui cultivent la rouerie à front découvert. « Monjoyeux s'était battu avec une épée trempée d'imprévu et de ressources. Octave, blessé à la main, eut son épée brisée. Il dit à ses témoins qu'il était émerveillé de son adversaire. On le rappela. « Monsieur, vous me donnerez une revanche. — Jamais, monsieur, je ne me suis battu que parce que j'ai demain un duel au théâtre. »

On trouva cela digne d'un véritable artiste ; on s'en alla content ; le lendemain, Octave emmena tous ses amis pour applaudir Monjoyeux qui débutait à l'Odéon. Par malheur, la pièce tomba; Monjoyeux eut beau sauver la scène du duel par des miracles, les sifflets furent le dernier mot de ce chef-d'œuvre incompris.

Monjoyeux, qui avait joué à Londres les grands rôles, se brouilla quelques jours après avec son directeur, ne voulant jouer ni les traîtres, ni les pères-nobles. Or, comme tous les autres théâtres avaient leur premier rôle accrédité, il se trouva sur le pavé, grand artiste incompris. Il se remit à la sculpture, tout en regrettant de ne pouvoir faire de la sculpture vivante.

Octave le revit çà et là. Il le trouva dans sa misère digne et chevaleresque, jouant dans la coulisse son emploi de beau ténébreux, de mousquetaire ou de don Juan. Il l'invita à souper avec les mêmes comédiennes. Ses amis furent charmés de cet esprit mi-gaulois, mi-parisien, qui courait gaiement sur la nappe. On l'invita le lendemain, puis encore, puis toujours, si bien que son vrai théâtre était le Café Anglais. Ce fut là qu'il joua ses rôles improvisés tout un hiver, content de son public, quoiqu'il reconnût que le public du boulevard du Crime fût encore meilleur.

Celui-là était bien une figure du dix-neuvième siècle, avec toutes les aspirations et toutes les défaillances qui nous passionnent et nous désenchantent. Il était parti du dernier échelon de l'échelle sociale; Monjoyeux n'était pas un nom de terre, c'était un sobriquet, un sobriquet de bon augure : son père, un chiffonnier de la rue Gracieuse, le traînait avec lui dans ses équipées nocturnes. L'enfant était si gai, malgré la pluie ou la neige, à travers l'orage ou la bise, que le chiffonnier l'appelait mon Joyeux, comme il eût dit mon Chenapan.

Monjoyeux n'avait pas d'état civil; sa mère était accouchée dans les anciennes carrières de Montmartre; elle n'avait pas jugé bien utile d'aller dire cela à M. le Maire, d'autant plus que, dans cette belle période de sa vie, elle se considérait comme du XIIIe arrondissement, attendu qu'elle n'avait pas de domicile fixe.

Monjoyeux, qui ne riait pas toujours alors, était bien logé, car il avait élu domicile sur le sein de sa mère. La bonne femme n'était pas mariée, mais elle était fidèle à son compagnon nocturne; Monjoyeux n'était donc pas l'enfant de trente-six pères. Il ne sut jamais bien s'il avait été baptisé, il ne se connaissait pas de nom de baptême; on l'appelait quelquefois Jean comme son père, mais le plus souvent Monjoyeux.

Ce fut Pradier qui décida de sa fortune. Un matin que l'enfant n'avait pas éteint sa lanterne et s'oubliait à regarder les gravures sur le quai Voltaire, Pradier s'arrêta devant lui, tout charmé de sa petite figure à la Chardin. C'était comme une vieille gravure de Saint-Aubin; vous vous rappelez ces adorables estampes : *les Petits Polissons de Paris*.

Pradier lui adressa la parole; il aimait les scènes de la rue et les études en plein vent. Qui ne se rappelle l'avoir vu se retourner et suivre ces figures de caractère que les vrais artistes seuls saluent au passage? « Que diable, mon enfant, cherches-tu avec ta lanterne allumée? Tu ne vois donc pas le soleil? » L'enfant regarda Pradier avec de grands yeux surpris : c'était la première fois qu'un homme en habit noir lui parlait avec un sourire. — C'est donc un homme, ton père, mon petit Diogène? — Non, monsieur, c'est un chiffonnier. — Alors, tu ne le retrouveras que la nuit; viens avec moi, je te donnerai cent sous. » — Monjoyeux eut l'air de ne pas comprendre, mais il suivit Pradier, qui le conduisit rue de l'Abbaye, à son atelier. Dès que le sculpteur prit un crayon pour faire un croquis, l'enfant eut l'air de comprendre. « Ah! oui, dit-il, vous faites des statues. Oh! que c'est beau le marbre! — Où as-tu vu du marbre? — Dans les églises. J'aime le marbre. »

C'est l'église qui initie le peuple au sentiment du beau et du bien, ces deux sources parallèles qui se rencontrent au confluent de toute grandeur. Les révolutionnaires qui ont fermé les églises n'étaient pas seulement des déicides, mais des homicides. Ils voulaient tuer l'âme. L'église est la grande école; elle enseigne Dieu, l'Art, la Poésie, la Musique à ceux-là mêmes qui n'ont pas le temps d'écouter les maîtres. Si un pauvre diable qui n'a jamais ouvert les yeux à la lumière traverse une église, Dieu lui parle par les yeux, sinon par les voix de l'âme. Devant les chefs-d'œuvre de la statuaire et de la peinture, en écoutant les grandes symphonies de l'orgue, qui sont comme les voix divines sur les voix humaines, il s'arrête abîmé dans une admiration sourde, mais déjà intelligente. S'il ne sent pas la présence de Dieu, il admire l'homme dans ses œuvres; c'est déjà une station lumineuse. Combien d'églises qui, au moyen âge, ont été le musée d'où sont sorties des légions d'artistes?

Ouvrez les palais au peuple, mais ne lui fermez jamais les églises. Ce fut la pensée de Pradier en écoutant l'enfant qui posait devant lui. « Si tu aimes tant le marbre, mon camarade, veux-tu rester avec moi? — Oh! oui! s'écria Monjoyeux? mais que dirait maman? — Ah! il y a aussi une mère. Eh bien! nous lui ferons des rentes pour qu'elle te donne ta liberté. »

Monjoyeux ne posait plus, il dansait. « Oui, mais, reprit-il tristement, je ne verrai plus maman! — Tu iras la voir, et elle te viendra voir. — La pauvre femme! avec ses guenilles, est-ce qu'elle pourrait entrer ici? — Oui, oui, dit Pradier, ici ce n'est pas le palais des Tuileries. Tiens, je t'ai promis cent sous, porte cela à ta mère. »

Et il lui donna un louis. Monjoyeux pleurait de joie. « Va! mon bonhomme, si tu aimes encore le marbre demain, reviens pour toujours ici. »

Monjoyeux revint le jour même, Pradier lui donna un crayon. Il ne fut pas peu surpris de voir que l'enfant dessinait déjà. Jusque-là le gamin s'était exercé sur les murailles de Paris, pendant que ses camarades écrivaient des maximes. On a publié les murailles révolutionnaires, on pourrait publier aussi les murailles artistes et littéraires.

A dix-huit ans, Monjoyeux allait concourir pour le prix de Rome quand mourut Pradier. Ce fut le premier chagrin de sa vie. Il manqua son concours, et il fut perdu par sa liberté de main ; comme Pradier, il voulait trop que le marbre parlât.

Tous les arts donnent la pauvreté, mais la sculpture donne la misère. Six mois après la mort de Pradier, il n'avait plus ni atelier ni marbre. Il frappa vainement à beaucoup de portes, sa main était discrète et fière, les portes se refermèrent sur lui. Il n'avait eu jusque-là que deux vraies passions, deux hommes, deux originalités : Pradier et Frédérick Lemaître. Désespérant de la sculpture, il se fit comédien. Il joua le drame et la comédie avec le caractère des grands artistes L'enfant délicat était devenu un homme robuste, de la nature des titans, tête hérissée, torse d'Hercule, un des plus beaux exemplaires de l'humanité.

Monjoyeux menait la misère. Il n'avait pas plus de théâtre que d'atelier, il jouait et sculptait çà et là par aventure. Mlle Rachel et Mlle Brohan lui avaient donné cinq mille francs pour deux bustes, deux portraits : la Tragédie et la Comédie. Il avait donné des représentations à Londres avec Fechter pour jouer les rôles de Frédérick. Il parlait de faire le tour du monde. En attendant, il vivait au jour le jour, semant à pleines mains le paradoxe et la vérité pendant que ses amis du club semaient l'or.

Ces beaux messieurs du turf se disaient quelquefois entre eux : « Ce comédien est charmant, mais nous ne pouvons pourtant pas être les amis d'un comédien. » Et souvent ils ne le connaissaient pas dans la rue.

Il ne faut pas se faire illusion, la question n'a pas fait un pas depuis Molière. Louis XIV a daigné déjeuner du bout des lèvres avec le plus grand homme de son règne pour donner une leçon à ses esclaves. Aujourd'hui Louis XIV déjeunerait-il avec Frédérick Lemaître ? Il n'y a que l'Église qui ait ouvert sa porte et son campo-santo. Les gens du monde ne reçoivent guère les comédiens que le jour où on joue la comédie chez eux. Il est vrai que les comédiens ne voudraient pas recevoir les gens du monde.

Octave n'avait pas ces préjugés. Il donnait bravement le bras à Monjoyeux. il l'appelait son ami; il s'était battu une fois pour un mot contre son caractère; aussi Monjoyeux disait : « C'est à la vie à la mort entre un homme qui a reçu un coup d'épée de moi et qui en a donné un pour moi. » — « Je ne suis pas ton ami, je suis ton lion, avait-il dit à Octave. Si jamais tes ennemis me tombent sous la patte, tu verras ma griffe ! »

Depuis quelque temps on n'avait pas revu Monjoyeux à la Maison-d'Or, ni au café Anglais, ni aux premières représentations. On oublie vite à Paris les figures de la galerie vivante; et si on ne se revoit plus, c'est à peine si un mot dit par hasard réveille le souvenir des absents : la vague qui passe emporte tout, jusqu'au souvenir. Dans la vie agitée, qui vous prend jusqu'aux heures de sommeil pour les mille riens dévorants des heures désœuvrées, comment aurait-on le temps de se retourner vers le passé, d'évoquer des souvenirs évanouis, de regretter les gais compagnons ou les maîtresses disparues? On jette le passé dans l'abîme, sans vouloir se pencher pour voir s'il est bien mort. Vieux habits, vieux galons que me voulez-vous? Autrefois, le souvenir avait des temples, aujourd'hui il n'habite plus que la boutique des défroques humaines; — naguère, on vivait de la veille et du lendemain, un pied dans le passé, le front dans l'avenir; maintenant on vit au jour le jour.

Donc, Monjoyeux avait disparu sans qu'on sût pourquoi et sans qu'on se demandât quelle belle folie avait pu l'emporter.

Un soir pourtant, Octave, qui regrettait cette belle figure épanouie, même dans les quarts d'heure de misanthropie, demanda si on n'avait pas rencontré Monjoyeux. « Monjoyeux? dit Villeroy, c'est du plus loin qu'il m'en souvienne. Nous avons soupé ensemble, il y a bien six semaines, et nous nous sommes quittés pour aller nous coucher — le lendemain. Nous n'étions restés à table que depuis minuit moins un quart jusqu'à l'aurore aux doigts de Champagne rosé. Ces dames des Bouffes-Parisiens avaient panaché le festin. Monjoyeux n'était pas si gris que moi, si j'ai bonne mémoire : il avait écrit — entre deux vins — un traité de métaphysique pour le *Figaro*. Ces dames ont trouvé cela sublime. Il me demanda mon opinion; mais tu sais que j'ai le vin trop tendre pour avoir une opinion. — Ce brave Monjoyeux! dit d'Aspremont, je serais désespéré de ne plus le revoir;

j'ai étudié tous les philosophes de l'antiquité, mais je n'en ai jamais trouvé un si profond. — Oui, profond comme le tonneau des Danaïdes ? on a beau lui verser à boire, il ne s'emplit jamais. — Que veux-tu? il aura pris un engagement dans quelque théâtre de province. Je suis bien sûr que si on faisait faire des fouilles à Périgueux, le pays des truffes, on le retrouverait là jouant des rôles de Frédérick et cascadant comme les chutes du Niagara. — Non, il a des visées plus hautes, dit Harken, il sera allé s'oublier dans quelque théâtre étranger, à Baltimore ou à Odessa. — Qui parle d'Odessa? s'écria une voix bien connue. » C'était Monjoyeux. « Monjoyeux! c'est lui! dit Octave avec un vif plaisir. — Quand on parle du loup, dit le marquis de Saint-Aymour, on en voit les dents. — Oui, mon cher marquis, je suis devenu un loup : regardez mes dents! vous allez voir le carnage que je vais faire sur le pauvre monde. J'ai déjà commencé. — Expliquez-vous, sphinx ! »

Monjoyeux prit dans la poche de son habit un très beau porte-cigare en cuir de Russie, encadré d'ornements en platine. « Voulez-vous des cigares ? »

C'était la première fois que Monjoyeux offrait des cigares. « Tudieu! quel luxe, dit Octave; tu as donc découvert une mine d'or ou une tante avare? — C'est bien mieux que cela! je me marie. — Oh! Monjoyeux! je vais me trouver mal; on ne tire pas ainsi à ses amis des coups de canon rayé. Tu te maries? — Oui. Tu comprends qu'il ne fallait rien moins qu'une pareille catastrophe pour fumer de pareils cigares, des cigares à moi, des cigares offerts par moi — à moi. — Tu te maries! Il y a donc encore des femmes? — Il y en avait une et je l'ai prise. — Et elle est belle? — Comme la beauté. Figurez-vous une Transtévérine avec une figure de Milanaise. Une statue en chair, venue d'Arles à Paris sans passer par l'Académie des Inscriptions. En un mot, un chef-d'œuvre vivant. — Et que feras-tu quand tu seras marié? — La belle question ! Je ferai mon chemin. »

Les trois amis se mirent à rire, « Faire son chemin, dit Octave, c'est encore un vieux préjugé. Est-ce que nous sommes maîtres de nous? — Eh bien! vous verrez si je suis maître de moi et des autres.— Oui, de tout le monde, excepté de ta femme. — De ma femme comme de tout le monde. — Permets-moi d'être fort indiscret, demanda Parisis à Monjoyeux. Quel rôle jouera ta femme dans ce chemin-là ?—Elle jouera le rôle de toutes les femmes qui veulent que leurs maris fassent leur chemin. — Oh! Monjoyeux! je ne te croyais pas descendu à ce degré de scepticisme, pour dire un mot bien porté. — Tu me crois donc une âme plus haute que tous ces ambitieux qui passent là sous nos yeux, courant à leurs chimères, escortés par tous les vices, jetant leurs maîtresses, leurs femmes, leurs sœurs à toutes les concupiscences qui ouvriront la main pour leur donner à eux, qui des croix, qui une ambassade au Monomotapa, qui une concession de chemin de fer de Rome à la lune. Je ne me paye pas d'une autre monnaie que tous ces gens-là. — Après tout, dit d'Aspremont, jouant l'esprit fort, les anciens vendaient les femmes, pourquoi les modernes les estimeraient plus — ou moins — que ne le faisaient les anciens? La femme ne devrait être qu'un objet de luxe, qu'on se passe de main en main jusqu'au dernier enchérisseur, ou plutôt jusqu'à ce qu'elle devienne mère de famille. — Rassurez-vous, messieurs, dit Monjoyeux en voulant reprendre ce qu'il avait dit, j'ai raillé sur des choses saintes. Pour moi, la femme est l'âme, la poésie, la conscience de l'homme; elle doit être pour lui l'image de Dieu sur la terre. Celui-là qui la sacrifie ou la bafoue, est indigne du titre d'homme. Voilà pourquoi je hais mon siècle, voilà pourquoi je voudrais le souffleter en face des siècles passés et des siècles à venir. Adieu, vous aurez de mes nouvelles. »

Les amis se séparèrent. « Te voilà devenu pensif, dit Saint-Aymour à Parisis. — C'est que ce fou est un sage; il nous a donné là un premier avertissement; nous vivons comme des enfants prodigues, secouons donc toutes ces aspirations féminines qui nous cassent les bras. Pour moi, je l'avoue, j'en suis arrivé à n'avoir plus le courage d'aller me coucher. »

En effet, ce jour-là, Octave était revenu du club au soleil levant, il avait regardé son lit, qui ne l'attendait plus, il s'était jeté sur sa chaise longue, mécontent de tout, même du sommeil.

Il sentait que parmi toutes ses femmes, deux femmes manquaient à son cœur : Geneviève et Violette.

IX

MONTJOYEUX JOUE UN NOUVEAU ROLE

On apporta un matin cette lettre de faire-part à M. de Parisis :

« *M. Monjoyeux a l'honneur de vous faire part de son mariage avec Mlle Aline de La Roche.* »

« Diable ! dit Octave, de La Roche en deux mots, il ne s'encanaille pas. Quelle pourrait donc bien être cette Aline de La Roche ? »

M. de Parisis avait la prétention de connaître toutes les femmes : « Il aura déniché cela sur quelque toit du pays latin ou de Montmartre. Je lui souhaite une hirondelle, cela portera bonheur à la maison. »

Il jeta le premier feuillet pour lire le second :

« *Mme la comtesse de La Roche a l'honneur de vous faire part du mariage de Mlle Théodule-Angèle-Aline de La Roche, avec M. de Monjoyeux.* »

Il y avait au bas de la page, en caractères imperceptibles : *Lithographie de Kardec, à Nantes*. « Oh ! oh ! noblesse de Bretagne ! dit Parisis, comment s'y est-il pris pour faire ce coup de maître ? »

Le même jour, à la nuit tombante, comme le duc de Parisis fumait aux Champs-Élysées avec quelques amis du club, il reconnut à vingt pas de distance la tête chevelue de Monjoyeux dans un groupe de spectateurs, hommes et femmes, qui assistaient au spectacle des filles à marier ou des filles à vendre qui vont au Bois. « Je suis sûr qu'il est avec sa femme, dit Octave. » Il alla droit à Monjoyeux, qui lui dit : « Voici ma femme. — Où diable ai-je vu cette figure-là ? » se demanda Octave en cherchant dans une sphère où il ne devait pas trouver. Par ce temps de blondes et de brunes, où les brunes se font blondes et les blondes se font brunes, sans parler des rousses, où le pastel et le crayon noir jouent un si grand jeu sur le visage, les yeux les plus fins risquent de se tromper.

Octave connaissait bien cette figure, il ne la reconnut pas. C'était une jeune femme, un peu forte, mais d'une belle envergure. Elle était blonde et blanche, voilée d'un voile noir et d'un voile de poudre de riz.

Monjoyeux reprenant sa désinvolture théâtrale : « Donc, M. le duc, dit-il, j'ai l'honneur de vous présenter à Mᵐᵉ Monjoyeux. — Madame, dit Octave — en s'inclinant pour une noblesse de Bretagne — je suis bien heureux que mon ami Monjoyeux ait fait une pareille fin. Voilà ce qui s'appelle un commencement. »

La jeune femme ne répondit pas un mot, elle avait rougi, elle s'était levée à moitié, comme si elle ne sût pas quelle figure faire. « Oui, mon cher, dit Monjoyeux, vous l'avez dit, cette fin-là c'est un commencement. C'est d'aujourd'hui seulement que je me sens né à la vie ; vous allez voir bientôt ce que peut un homme avec une femme. »

M. de Parisis, qui regardait Monjoyeux, remarqua plus de raillerie et d'amertume que de joie dans le sourire du comédien. Il salua une seconde fois et rejoignit ses amis. « C'est Monjoyeux, lui dirent plusieurs voix, as-tu vu sa femme ? — Elle est fort belle, fort timide, fort rougissante ; mais elle a des mains trop fortes pour des mains bien nées. Noblesse de Bretagne, messieurs ! — Je lui trouve un autre défaut : je ne sais si c'est Monjoyeux qui a fait sa figure, mais, comme disaient nos aïeux, elle n'a pas le velouté de la candeur, elle est déjà trop familière à la poudre de riz et au crayon noir. Après cela, je ne hais pas l'art dans la nature, quand c'est le pastel de Rosalba. »

Un vague souvenir traversa l'esprit d'Octave ; on le questionnait encore, il ne répondait plus. « Te voilà soucieux ! Est-ce que tu deviendrais amoureux de cette jeune mariée ? — Non, dit-il, elle me rappelle seulement une femme que j'ai aimée au clair de lune. Après cela, il y a tant de femmes au Bois qui se ressemblent. »

Tout Paris parla avec quelque surprise du mariage inattendu de Monjoyeux. « Que va-t-il faire de sa femme ? — Il va l'aimer, puisqu'elle est si belle. — On dit qu'elle n'est pas riche. — Il y a peut-être une comédienne sous Roche. — Il rentrera sans doute au théâtre. — Qui sait si la femme n'a pas un million dans le gosier, comme la Patti ! — Ou un éventail de sociétaire de la Comédie-Française, comme Croizette. »

On comprend bien qu'une aussi grave nouvelle fut imprimée jusque dans les grands journaux, où un jour on lut cette lettre de Monjoyeux :

« *Monsieur le rédacteur,*

« *On annonce ma rentrée au théâtre ; que mes amis ne repren-*
« *nent pas encore leurs sifflets ; avant d'être comédien, j'étais*
« *sculpteur, j'ai ressaisi mon ciseau et je pars pour Rome. S'il n'y*

« *a plus de marbre en Italie, j'irai sculpter les neiges de la Rus-*
« *sie.* »

« *Agréez mes adieux éternels, car je n'emporte pas ma patrie*
« *à la semelle de mes souliers.* »

« Monjoyeux. »

On commenta cette lettre. C'était bien le style connu de Monjoyeux ; il avait sa manière d'écrire comme il avait sa manière de parler. Le lendemain il n'en fut plus question : Monjoyeux disparut de l'horizon parisien.

X

LA COUR D'ASSISES

Le duc de Parisis avait toujours sa cour ; il avait beau vouloir se dérober, les satellites lui prouvaient toujours qu'il est un astre. Vainement il tentait de vivre chez lui, pour s'accoutumer à une loi plus sévère ; mais les mauvaises habitudes le rejetaient bien vite dans le cortège des folies parisiennes. Il était comme ces rois du dix-neuvième siècle, qui sont entraînés par la politique de leurs ministres. Il se promettait toujours d'avoir raison de tout le monde et de lui-même, le lendemain ; mais le lendemain, il se donnait un jour de plus.

On n'abdique pas, d'ailleurs, si volontiers sa part de royauté dans le bruit contemporain : Octave dominait toujours sur le champ de courses, dans les coulisses et dans les loges de l'Opéra, au milieu des gens d'esprit ; il ne dédaignait même pas d'être l'idole de chair des Phrynés de rencontre et des Aspasies de contrebande. Comme Alcibiade, dans ses jours de paresse, il croyait que les femmes sont encore une légion qui donne quelque gloire au capitaine.

Cependant l'affaire du bouquet de roses-thé arriva devant le jury d'Auxerre.

Les journaux de Paris, pour une cause aussi étrange et aussi romanesque, dépêchèrent leurs chroniqueurs à la mode ; la capitale de l'Yonne fut envahie par les étrangers, mais surtout par les Parisiens. Quelques dames trop à la mode panachèrent la foule. On eût acheté les bonnes places cinq louis, comme à une belle représentation de l'Opéra.

Quand Violette parut, une voix domina tous les murmures ; c'était une paysanne qui n'avait pu s'empêcher de crier : « Elle est toute blonde et toute noire. » En effet, la pâle figure de Violette apparaissait comme du marbre encadré dans la dentelle noire qui retombait sur ses yeux, sans cacher son admirable chevelure de jais. Elle était toute vêtue de noir. Elle marcha entre les deux gendarmes, grave et digne. Elle n'avait pu croire jusque-là qu'elle serait traînée jusque devant le jury ; mais, à force de prier Dieu, elle s'était résignée à toutes les humiliations ; elle trouvait d'ailleurs je ne sais quelle secrète volupté à souffrir pour Octave et pour elle-même : elle croyait ainsi se retourner vers sa vertu.

Mlle de La Chastaigneraye avait refusé de comparaître. On produisit des certificats de médecins constatant qu'elle ne pouvait quitter sa chambre.

M. de Parisis n'avait pas fait de façons pour venir témoigner ; il se fit inscrire comme témoin à charge. Il se retrouva dans la salle des témoins avec le médecin de Champauvert, avec Mlle de Moncenac, avec deux servantes du château, avec les paysannes qui avaient offert la corbeille de fleurs.

Me Lachaud était au banc de la défense. Il avait le front rayonnant comme un avocat qui doit gagner sa cause.

Parmi les pièces de conviction, sur une table, devant la Cour, était exposé un bouquet de roses fané depuis longtemps.

Le greffier se leva et lut cet acte d'accusation que je retrouve dans un journal d'Auxerre, qui n'avait donné que les initiales des noms de Parisis et de sa cousine :

« Le 8 août dernier, une jeune fille qui porte un des plus
« grands noms de notre pays, Mlle G... de La C... revenait de la
« messe en famille, au château de C..., quand les paysannes du
« pays lui offrirent une corbeille de fleurs. On avait appris la
« veille que Mlle G... de La C... était l'unique héritière de sa
« tante, une fortune considérable. C'était une vraie joie dans le
« pays, puisqu'on savait que la jeune héritière était bonne aux
« pauvres.

« Si le bien naît du mal, le mal naît quelquefois du bien. On
« avait voulu faire une fête à Mlle de La C..., on faillit l'empoi-
« sonner : un bouquet dominait tous les autres. Mlle de La C...

« déchira le papier qui l'enveloppait et le respira à plusieurs
« reprises.

« Tout à coup elle pâlit et tomba dans les bras de son amie,
« Mlle de M..., et de son cousin, le duc de P... On s'imagina
« d'abord que c'était un évanouissement ; mais quand le méde-
« cin arriva, il ne fut pas douteux pour lui qu'elle n'eût respiré
« le plus subtil et le plus rapide des poisons. Là ne fut pas tout
« le mal. On rapporta le bouquet au château, et le bruit s'étant
« répandu que Mlle de La C... s'était empoisonnée en respirant
« des roses, une jeune servante se mit à rire, s'empara du bou-
« quet et le respira à perdre haleine, comme pour se moquer de
« tout le monde. Elle venait de respirer la mort.

« Notre époque, Dieu merci, n'est plus familière à ces poisons
« qui ont été la terreur du quinzième siècle ; mais le témoignage
« des hommes de l'art prouvera tout à l'heure qu'il ne peut y
« avoir aucun doute sur ce point. Mlle de La C... a été très ma-
« lade et la jeune servante ne s'est pas relevée.

« Maintenant, qui donc avait versé le poison sur les roses ? Tout
« est romanesque en cette affaire.

« Le bouquet avait été apporté au château par un de ces petits
« Piémontais, qui font tout dans leur enfance, excepté le bien.
« Tour à tour ramoneurs, joueurs de guitare, montreurs de
« singes, en un mot, toutes les figures de la mendicité. Mais qui
« lui avait donné le bouquet ? Il a été impossible de retrouver
« l'enfant, mais on a pu suivre ses traces. Le samedi soir, il était
« à Tonnerre, à l'hôtel du *Lion d'or*, où une étrangère prenait
« son repas du soir ; selon l'habitude de la belle saison, on apporta
« un bouquet à l'étrangère. Ce bouquet passa de ses mains dans
« celles du petit musicien. Elle lui donna l'ordre, tout en lui
« donnant une pièce d'or, de porter ce bouquet, avec une lettre
« qu'elle écrivit sur-le-champ, à M. le duc de P..., au château de
« C... La lettre, qui a été retrouvée comme par miracle, est bien
« explicite ; on verra avec quelle hypocrisie la fille Marty con-
« seille à son amant d'offrir cet abominable bouquet à Mlle de
« La C... Ainsi elle ne craint pas de faire son complice d'un
« homme qui, heureusement, est au-dessus de toute atteinte, et
« qui, d'ailleurs, n'a pas eu à offrir le bouquet lui-même. L'en-
« fant obéit ; mais comme il était déjà tard, il coucha en route
« ou s'amusa en route. Il n'arriva au château de C... que le len-
« demain matin, à l'heure de la messe. Quand il se présenta au
« château, tout le monde était à l'église, moins une fille de ser-
« vice, la nommée Rose Dumont, qui jugea que c'était un bou-
« quet pour la fête, et qui le porta elle-même sur la corbeille,

« que les paysannes avaient déposée sur la place devant l'église.

« Cette étrangère, qui venait pour la première fois dans le
« pays, était une de ces filles, trop connues à Paris, qui jettent la
« honte, la ruine et le désespoir dans les familles. Quelques-unes
« sont d'autant plus dangereuses qu'elle cachent leur perversité
« sous des airs de dignité et d'innocence. Mais la justice ne s'y
« trompe pas : ce ne sont que des masques, et la justice arrache
« tous les masques. La fille Louise Marty, surnommée Violette,
« est une de ces créatures qui ont fui le travail de bonne heure
« pour se livrer à toutes les souillures. On a connu celle-ci avec
« des chevaux et des diamants quand elle aurait dû honorer ses
« mains par le métier que lui avait appris sa mère; car elle est
« d'autant plus coupable, que sa mère, d'après tous les rapports
« qui nous sont venus, était une honnête femme.

« Fleuriste ! voilà donc quel aurait été son dernier bouquet,
« un bouquet de roses empoisonnées ! Toute jeune encore,
« elle a appris l'art de parfumer les bouquets artificiels; on ne
« s'étonnera donc pas quand elle empoisonnera les fleurs natu-
« relles.

« Et qui l'a poussée à ce crime ? Toutes les mauvaises pas-
« sions. Elle avait eu des relations intimes avec M. le duc de
« P..., qui ne voulait pas la revoir. Mais sachant qu'il était venu
« au château de C... pour un héritage, naturellement elle voulut
« le revoir. A son passage à Tonnerre, elle apprit que l'héritage
« échappait au duc. Ce fut alors, sans doute, que l'idée du crime
« s'empara d'elle. Mlle G... de La C... était le grand obstacle ;
« puisqu'elle avait l'argent, le duc allait l'épouser : ces créatures
« jugent les actions des autres d'après leurs sentiments. Se débar-
« rasser de l'héritière, c'était tout gagner : l'homme et l'argent.
« Mlle G... de la C... morte, le duc héritait, la fille Marty comp-
« tait sur sa part d'héritage. Mais comment faire? Les débats
« prouveront qu'elle avait emporté du poison pour effrayer son
« amant, peut-être même avec l'idée de s'en servir contre elle-
« même, si tout échouait. Ce poison lui servit contre Mlle G... de
« de La C..., mais ce fut la jeune servante qui en fut victime.

« Ne voit-on pas d'ici la fille Louise Marty versant le poison
« sur le bouquet, et payant cher l'enfant qui le portait à son
« adresse ? De là, elle court au chemin de fer pour dépister les
« soupçons, car il faut tout prévoir. Mais ce n'était qu'une fausse
« route. En effet, le lendemain elle était sur la route de Cham-
« pauvert pour s'assurer du message. On l'a vue errer autour
« du château. Que dis-je ! on l'a vue pendant la messe, car rien
« n'arrête ces filles-là dans leurs audaces, venir se pencher au-

« dessus de la corbeille de fleurs, comme s'il n'y avait pas assez
« de poison dans le fatal bouquet.

« En conséquence, la nommée Louise Marty, dite Violette, est
« accusée d'homicide volontaire avec préméditation sur la per-
« sonne de Mlle G... de La C..., et d'homicide involontaire sur
« la personne de la fille Rose Dumont, au service de Mlle G...
« de la C... »

Violette, toute troublée qu'elle fût d'être en spectacle et en pareil spectacle, entendit pourtant cet acte d'accusation qui n'admettait pas un doute. Chaque mot tombait sur son cœur comme un coup de poignard. Non pas qu'elle craignît pour sa vie, elle en avait fait le sacrifice, mais elle était frappée de stupeur à la seule pensée qu'on pût la croire empoisonneuse.

Le président procéda à l'interrogatoire, après avoir feuilleté rapidement le volumineux dossier du juge d'instruction. « Accusée, levez-vous. » Violette obéit, tout en laissant transparaître sa fierté. « Votre nom? —Louise Marty. — Pourquoi ce surnom de Violette? — Parce que j'aimais les violettes. — Où êtes-vous née? — A Paris, mais je suis originaire de Bourgogne. — Oui, l'instruction nous apprend que votre mère, Sophie Marty, est allée faire ses couches à Paris, car vous êtes fille naturelle. » Violette ne répondit pas. « Avez-vous quelques souvenirs de votre enfance? Pouvez-vous nous dire si votre mère vous a parlé de votre père? — Jamais. — N'avez-vous pas vu venir chez votre mère des habitants de Tonnerre ou des environs, M. de Portien, par exemple; car votre mère avait été femme de chambre de Mme de Portien. — Je ne sais pas, je ne me rappelle rien. —Vous auriez tort de vouloir cacher quelque chose. — Je me rappelle vaguement ce nom de Portien; mais ma mère ne me parlait jamais du passé; mon devoir n'était pas d'interroger ma mère : mon père ne m'avait pas reconnue. Nous avons mené dans les dernières années une existence bien misérable. Ma mère m'embrassait quelquefois en me disant : « Si je voulais, tu serais riche. » Je la regardais avec curiosité, elle se remettait aussitôt en disant : « Je suis folle! » Nous nous remettions à travailler. — Quel travail? — Ma mère raccommodait de la dentelle et je faisais des fleurs. — Vous ne vous expliquez pas ces paroles : *Si je voulais, tu serais riche?* — Il n'y a pas à s'y méprendre. Ma mère voulait me parler de mon père; je n'en doute pas, car elle était trop noble pour songer un instant que je pourrais être riche si elle me vendait. — En voyant Mme Portien au *Lion d'Or*, à Tonnerre, vous ne saviez pas son nom? — Non. C'était la seule femme qui fût dans la salle à manger, je m'adressai à elle, et elle eut la bonté de m'écouter. Voilà tout. — Vous savez aujourd'hui que votre mère a été au service de cette dame. — Je ne l'ai appris que dans l'instruction. — Pourquoi avez-vous envoyé un bouquet à Mlle de La Chastaigneraye? — Je voulais dire un éternel adieu à M. de Parisis. Il avait commencé avec moi par un bouquet de violettes, je voulais finir avec lui avec un bouquet de roses. Cela était si peu prémédité, que je me fusse contentée sans doute de lui écrire une lettre, si le hasard n'eût mis dans mes mains ce fatal bouquet. — Croyez-vous donc que le bouquet fût empoisonné avant d'arriver dans vos mains? — Non, puisque je l'ai respiré et que je ne suis pas morte. — Alors, comment vous expliquez-vous que ce bouquet ait été empoisonné à Champauvert? — Je ne sais rien. Je n'y étais pas. — Vous y étiez, vous l'avez avoué dans l'instruction. — J'étais autour du château et non pas dans le château. — La femme Barjou vous a vue sur la place publique vous approcher de la corbeille et entr'ouvrir le papier qui enveloppait le bouquet. — J'ai retiré ma lettre à M. de Parisis. Si à cet instant j'ai empoisonné le bouquet, c'est que mes larmes était empoisonnées. »

Le procureur impérial eut un sourire railleur et murmura : « La comédie du sentiment! » L'interrogatoire n'était pas fini. « Puisque vous vous dites innocente, qui donc est le coupable? Car c'est un fait acquis, Rose Dumont est morte du poison, et Mlle de la Chastaigneraye n'a survécu que par miracle, tant les choses avaient été bien faites. — Je ne sais rien, si ce n'est que le bouquet est bien mon bouquet. — En retournant à Tonnerre, vous persistz à dire que vous n'avez pas rencontré le petit joueur de violon? — Je ne l'ai pas revu. — Ceci est bien singulier, car MM. les jurés savent déjà qu'il a été impossible de retrouver cet enfant. — Est-ce que je suis accusée aussi de l'avoir assassiné? — Non! la justice n'accuse pas, quand elle n'a pas de preuves. » Et, d'un air sévère, le président fit signe à Violette de s'asseoir.

On appela les témoins à charge. On savait d'avance tout ce qu'ils diraient. On avait espéré quelques-unes de ces révélations inattendues qui jettent une vive lumière sur les causes obscures; mais rien.

Ce fut une bien grande curiosité quand parut M. le duc de Parisis, cité par l'accusation comme témoin à charge; mais on savait bien qu'il serait témoin à décharge. Il raconta très simplement ce qu'il avait vu, tout en déclarant, sur son âme et sur sa conscience, comme s'il fût juré dans l'affaire, que l'accusée n'était pas coupable. Il ne nia pas que le bouquet ne fût empoisonné, mais, selon lui, jamais la main de Violette n'avait versé le poison

Comme on le tenait pour très savant en toutes choses, l'avocat de l'accusée le pria de donner quelques explications sur cet abominable empoisonnement par l'asphyxie instantanée. Il ne se fit point prier. Il rappela que depuis le seizième siècle, si on n'avait plus le secret du poison des Médicis, il n'était pas douteux pour lui qu'un chimiste ne pût le retrouver avec la noix vomique, la ciguë et l'acide prussique. Il conta que beaucoup d'expériences avaient été faites par Magendie et Cabarrus sur des chiens, qui n'avaient pas eu le temps de respirer, tant la mort les foudroyait. Pour M. de Parisis, le bouquet n'en était pas moins un prodige; puisqu'il avait été cueilli à Tonnerre, vers le soir du samedi, on savait dans quel jardin; il n'avait pu traverser, de Tonnerre à Champauvert, le laboratoire d'un chimiste : et pourtant il donnait la mort à Rose Dumont, qui l'avait respiré après Mlle de La Chastaigneraye. « Aussi me permettrai-je, continua M. de Parisis, de trouver étrange que ce procès se fasse en l'absence du seul témoin qui pourrait dire la vérité : le petit joueur de violon.
— Pensez-vous donc, demanda le président avec raillerie, que cet enfant soit le coupable? — Non ; mais je pense que puisqu'il n'est arrivé à Champauvert que le lendemain, à l'heure de la messe, c'est qu'il s'est arrêté en route. — Eh bien! il n'y a pas de chimiste de Tonnerre à Champauvert ? — Qui sait? — Je le sais bien, moi, dit l'avocat. L'enfant a fait l'école buissonnière. Mais j'espère n'avoir pas à accuser pour défendre. »

Parmi les témoins à décharge, Mme de Portien se présenta la première.

Quand elle parut, on fit cette remarque pour la première fois : bien que Violette fût belle et que Mme de Portien fût laide, il y avait entre elles quelque ressemblance, je ne sais quel lointain air de famille. « Voyez donc, dit à sa voisine une des curieuses venues de Paris, ce petit signe de beauté au coin de la lèvre, elles l'ont toutes les deux. »

Une vague idée de la vie aventureuse de Mme de Portien courait dans l'auditoire. On avait réveillé un écho de vingt ans; quand la mère de Violette était partie pour Paris, elle était partie avec Mme de Portien, accusée de vouloir cacher une faute avant son mariage. Nul n'avait osé dire cela tout haut, mais beaucoup l'avaient pensé; or, comme cette idée était revenue à la surface, il ne semblait pas impossible que l'accusée fût la fille de Mme de Portien, un de ces enfants perdus qu'on jette derrière soi et vers lesquels on ne se retourne jamais.

Aussi fut-ce avec une vraie émotion qu'on vit paraître Mme de Portien. Le président la salua imperceptiblement, tout en lui demandant ses noms. Elle répondit qu'elle se nommait Ange-Virginie de Pernan, petite-fille du duc de Parisis, mariée à M. Théodore de Portien, mais séparée de corps et de biens depuis longtemps. « Dites-nous ce que vous savez. — Ce sera bientôt dit. J'étais au *Lion-d'Or*, à Tonnerre ; cette dame est venue s'asseoir à ma table, elle m'a demandé s'il y avait loin pour aller à Parisis ; nous avons causé quelques minutes. Une des filles de l'hôtel m'a offert un bouquet que j'ai refusé ; cette dame a pris le bouquet et l'a envoyé à M. de Parisis, qui était au château de Champauvert. Voilà tout ce que je sais. J'avais dit tout cela dans l'instruction, et j'espérais ne pas être forcée de paraître à ce triste procès. — Mais vous étiez là quand l'accusée a empaqueté le bouquet ; n'avez-vous rien vu qui pût éveiller vos soupçons ? — Non. J'ai beau réveiller mes souvenirs... — Dans quel esprit avez-vous trouvée l'accusée ? — J'ai trouvé une amoureuse qui ne savait pas bien ce qu'elle disait. Cela m'a amusée un instant, parce que je pensais à mon cousin de Parisis ; mais cinq minutes après, j'étais sur le chemin de Pernan et je ne songeais plus à cela. »

Mme de Portien voulait se retirer, mais le président la pria d'aller s'asseoir au banc des témoins. Octave, qui était resté au banc de Me Lachaud, alla s'asseoir à côté de sa cousine. Mme de Portien lui dit combien elle était désolée de tout cela ; elle trouvait Violette fort jolie et elle était loin de faire au duc de Parisis un crime de son amour pour elle. « Vous avez raison, dit Parisis sans façon, de trouver que Violette est belle, car j'entends dire autour de moi que vous vous ressemblez. — Comment ! je ressemble à cette fille ! — Mais, ma cousine, on pourrait se ressembler de plus loin. »

Le tribunal écoutait toujours les témoins à décharge. Violette avait demandé le témoignage de la propriétaire de la maison qu'elle habitait rue Saint-Hyacinthe-Saint-Michel. Cette femme peignit l'accusée sous les couleurs les plus sympathiques ; elle l'avait toujours connue honnête, laborieuse, dévouée à sa mère, ne sortant le dimanche que pour aller à la messe. Elle l'avait surprise une fois qui achetait des cerises pour déjeuner ; une pauvre femme était survenue, elle avait abandonné les cerises, pour remettre l'argent à cette mendiante. Cette simple action de déjeuner d'une aumône donnait l'idée de son cœur et aurait dû lui porter bonheur ; mais Dieu éprouve les plus braves et les plus pures.

Le président demanda au témoin si elle n'avait ouï parler du père de l'accusée. « Monsieur le président, il y aurait bien à dire; Mme Marty ne m'a fait que des demi-confidences. Si vous voulez savoir mon opinion, mais je puis me tromper, c'est que Mlle Violette, puisque c'est aujourd'hui son nom, n'est pas la fille de Mme Sophie Marty. — Ah! madame! s'écria Violette, laissez-moi au moins ma mère! »

XI

LA MÈRE DE VIOLETTE

A cet instant une femme se trouva mal. C'était Mme de Portien. Les débats furent interrompus une minute. On emporta Mme de Portien évanouie. « Parlez, dites tout ce que vous savez, dit le président au témoin. — Eh bien, monsieur le président, je crois que Mme Marty a caché la faute d'une autre personne que je ne connais pas. Quand elle était en retard pour payer son loyer, la pauvre femme se croyait obligée à quelque confidence. « Ah! si je voulais, disait-elle, j'aurais de « l'argent, mais j'ai peur du scandale, et puis qui sait si on ne m'ar- « racherait pas cet enfant? » Et je lui parlais du père, et elle me répondait, le dirai-je? comme une femme qui n'a jamais eu ni mari ni amant. A travers toutes ces phrases ambiguës, je croyais voir une fille innocente se sacrifiant à une fille coupable. »

Ce fut le tour de la mère de Rose Dumont. Cette femme vint toute éplorée demander vengeance. Mlle de La Chastaigneraye avait eu beau lui donner de quoi se croiser les bras, elle ne lui rendait pas sa fille. Elle était bien sûre que le poison avait été mis par cette étrangère qui n'avait fait que paraître et disparaître.

Quelques autres témoignages vinrent à la suite qui firent pénétrer dans l'esprit des jurés la culpabilité de Violette.

Octave commençait à désespérer, car Violette n'avait eu que deux bons témoignages contre vingt mauvais, quand tout à coup le président annonça que Mlle de La Chastaigneraye allait comparaître comme témoin ; il venait de recevoir un mot d'elle où elle lui disait que, dans l'intérêt de la vérité, elle avait cru devoir braver la fièvre et venir faire son devoir.

Une rumeur bientôt étouffée courut dans la salle comme si on eût annoncé au Théâtre-Français Mlle Rachel, quand elle était en Amérique.

Il y eut un moment d'attente. Bientôt tout le monde se leva à l'arrivée de cette noble héritière qui avait toutes les sympathies. Elle parut plus belle encore qu'on ne se l'imaginait, quoique l'admiration eût parlé d'avance. Elle marcha simplement et noblement devant la Cour, mais avec la dignité de la race et la grâce de la jeunesse. Le président, après les formules coutumières, la pria de dire ce qu'elle savait. « Mon premier mot, monsieur le président, c'est que l'accusée n'est pas coupable. »

Ce premier mot jeta une grande surprise dans l'assemblée. On se questionnait des yeux, on écoutait avec anxiété. « Mais qui donc est coupable? demanda le président. — Je le sais bien, répondit Geneviève avec l'accent de la vérité, mais il m'est impossible de dire le nom du coupable. — La justice est en droit de lever tous vos scrupules. — Il y a des secrets que la justice elle-même ne peut pas arracher. J'ai tremblé que l'accusée ne fût condamnée pour un crime qu'elle n'avait pas commis ; je suis venue jurer sur mon âme qu'elle n'était pas coupable, mais c'est mon dernier mot. »

Mlle de la Chastaigneraye s'inclina, et demanda à s'en aller. Parisis alla à elle et lui offrit son bras. Le président ne jugea pas qu'il dût la retenir. L'audience fut suspendue pendant un quart d'heure. Quand le président reprit son siège, il appela Mme de Portien. Elle était revenue à elle ; elle reparut au bras d'une dame. « Je vous prie, madame de Portien, de nous renseigner sur la mère de l'accusée, qui a été à ce qu'il paraît à votre service. »

Mme de Portien répondit d'une voix troublée : « Je n'ai plus qu'un bien vague souvenir ; je n'ai qu'à me louer de cette fille jusqu'au jour où elle s'est oubliée. — On nous a appris qu'elle avait été faire ses couches à Paris, et que vous l'aviez accompagnée? — Nous allions tous à Paris à cette époque, et, pour lui éviter l'affront aux yeux du pays, nous lui avons permis de partir avec nous. »

La voix de Mme de Portien s'arrêtait dans sa gorge ; on attribua cela à l'émotion de son évanouissement. « Et savait-on dans le pays quel était le père de l'enfant? — La malignité publique voulait que ce fût mon mari. — Vous étiez donc déjà mariée? »

Mme de Portien, qui ne rougissait plus depuis longtemps, rougit encore. « Monsieur le président, le procès n'est pas là. Je vous avoue que je n'ai pas mis tout cela sur mes tablettes, avec l'idée que je serais un jour appelée à en parler en Cour d'assises. — C'est vrai, madame, mais nous cherchons la vérité par toutes les voies. »

Sans doute une nouvelle lumière venait de se faire dans l'esprit du procureur impérial, puisqu'il demanda la parole pour dire ceci : « Messieurs les jurés, nous avions espéré que la justice n'avait qu'à se prononcer : toutes les preuves parlaient éloquemment devant elle. Mais l'audition des témoins nous avertit qu'avant de vous prononcer il nous faut entendre un autre témoin, celui qui a porté le bouquet de Tonnerre à Champauvert. Un doute pourrait subsister dans l'esprit des juges et dans l'opinion publique; la justice ne doit pas être soupçonnée : nous attendrons. Des recherches nouvelles seront tentées; une enquête plus minutieuse encore sera faite pour retrouver, sinon le témoin, du moins les traces du chemin qu'il a suivi en portant le bouquet. — Pour moi, je suis bien sûr, dit l'avocat de Violette, qu'il a suivi le chemin des écoliers; s'il eût suivi le droit chemin, le bouquet n'eût pas été empoisonné. »

Le président rappela l'avocat au silence, et, après avoir consulté la Cour, il déclara que l'affaire était remise aux prochaines assises.

Violette eût été condamnée aux travaux forcés, qu'elle n'eût pas été plus épouvantée que par cette alternative de rentrer en prison sans être jugée.

Depuis quelques minutes, deux pensées parallèles se disputaient son cœur; elle avait le pressentiment que Mme de Portien était sa mère, et elle avait le pressentiment que Mme de Portien avait empoisonné le bouquet offert à Mlle de La Chastaigneraye.

XII

VIOLETTE ET GENEVIÈVE

CTAVE était désespéré, mais il fallait courber le front sous le niveau de la justice. Il s'approcha de Violette et lui tendit la main comme il eût fait à sa sœur. « Octave, lui dit-elle, puisque vous connaissez le poison des Médicis, pourquoi ne m'en donnez-vous pas ?—Violette, je vous en prie, soyez patiente, Dieu vous sauvera. — Dieu ! lui dit-elle ; pourquoi me parlez-vous de Dieu, puisque vous n'y croyez pas ! »

Les gendarmes attendaient ; les gendarmes n'attendent pas.

M. de Parisis veilla à ce que la prison d'Auxerre fût adoucie pour cette dernière station. Le juge d'instruction et le procureur impérial, qui avaient fait volte-face, permirent que Violette ne subit plus l'horrible cellule : on lui donna une chambre ; on lui permit d'écrire et de recevoir des lettres, toujours sauf le contrôle du greffe. Octave lui envoya des livres et des fleurs, mais le porte-clefs fut inexorable pour lui. Le procureur impérial, dans l'intérêt de Violette, lui conseilla de ne pas insister.

Mme de Portien, toute troublée qu'elle fût, avait offert à Geneviève de l'accompagner à Champauvert, comme si elle dût retrouver une robe d'innocence dans cette intimité du voyage ; mais la jeune fille refusa avec douceur et fermeté. Elle refusa aussi de partir en compagnie du duc de Patisis ; mais elle lui permit d'aller la voir.

Octave arriva à Champauvert le lendemain vers dix heures. Geneviève lui parla de Violette en toute sympathie. « Vous avez raison, Geneviève, car c'est notre cousine. »

Et il raconta à Mlle de La Chastaigneraye, quoiqu'il ne le sût pas très bien, le roman de Mme de Portien. Il avait peur que leur famille ne fût atteinte par la personne de Mme de Portien. Il aurait fallu sacrifier Violette ; mais ni lui ni Geneviève ne le voulaient. Et puis, après tout, il y avait tant de mystère dans ce poison, que peut-être se trompait-il.

Où était le petit joueur de violon ? Il y a dans tous les procès célèbres une figure singulière qui ne semble apparaître que pour se jouer de la justice, comme s'il fallait prouver aux hommes que nul ne peut être infaillible.

Octave ne se fit pas beaucoup prier pour passer la journée à Champauvert.

Ce lui fut une douce chose de se retrouver dans l'atmosphère de Geneviève, dans les idées et les sentiments de cette belle créature, qui avait une grande âme et un grand cœur.

Bien des fois déjà il avait étudié les variations de l'atmosphère morale, se trouvant meilleur ou plus mauvais, selon les créatures de son intimité, même quand il les dominait de toute sa hauteur. Il y a l'air vif de la vertu, comme il y a l'air orageux de la passion ; on pourrait faire toute une géographie des sensations. On connaît les habitudes d'Octave : dès qu'il restait une heure avec une femme, il n'avait qu'un but, l'aimer et lui parler d'amour. Quoique avec Geneviève les barrières fussent difficiles à franchir, tant elle se tenait dans les hauteurs de sa dignité, de sa grâce, de sa pudeur, il se risqua bientôt à lui dire qu'elle était la seule femme qui fût allée jusqu'à son cœur, toutes les autres n'ayant amusé que son esprit. « Mon cousin, vous ne croyez pas à ce que vous dites, et je ne suis pas assez folle pour y croire. Vos lèvres ont trop profané les choses du cœur en les jetant à tout propos et à toutes les figures. Votre dictionnaire n'est pas le mien ; nous ne parlons pas la même langue : si je dis un jour *j'aime*, c'est que j'aimerai jusqu'à en mourir. — Remarquez, ma cousine, que je vous adore depuis que vous m'êtes apparue dans la blancheur de la neige, et pourtant je ne vous l'ai jamais dit. — Je vous tiens compte de cette discrétion, mais je ne crois pas à un amour aussi extravagant pour une pauvre provinciale. — Comme vous vous moquez de toutes les Parisiennes ! »

Et Octave essayait de prouver par l'action de ses regards que s'il ne disait pas par sa voix : *Je vous aime*, il le disait par ses yeux.

Geneviève avait beau vouloir couper court à toute causerie sentimentale, comme elle y prenait un vif plaisir, Octave y revenait toujours. Ils se promenaient par le parc et cueillaient ainsi les heures les plus charmantes.

Un instant Mlle de La Chastaigneraye changea de figure et de conversation. Sans avoir l'air d'y penser, Parisis l'entraîna dans le parc boisé ; mais elle parla astrologie. « Quand je pense, dit tout à coup Octave, que dans cent ans nous habiterons chacun une étoile, si éloignée l'une de l'autre, qu'il faudra un million d'années pour qu'elles tressaillent à la même lumière ! — Pourquoi ces deux étoiles si éloignées, mon cousin ? — Parce que nous aurions pu nous aimer sur la terre et que nous n'avons pas voulu. — Eh bien ! mon cousin, vous vous consolerez parce que vous aurez aimé Violette. »

Mlle de La Chastaigneraye était jalouse de toutes les femmes, mais elle était surtout jalouse de Violette.

M. de Parisis et Mlle de La Chastaigneraye ne s'étaient guère parlé de l'empoisonnement du bouquet de roses; le nom de Mme de Portien, comme le nom de Violette, s'arrêtait sur leurs lèvres. Ils craignaient tous les deux d'accuser la vraie coupable. Craignaient-ils de défendre Violette? Et pourtant il n'était douteux ni pour l'un ni pour l'autre que Mme de Portien n'eût empoisonné le bouquet.

Enfin, Geneviève prit la parole sur cette ténébreuse affaire. « Mon cousin, croyez-vous donc qu'aux prochaines assises Mme de Portien ne sera pas appelée sur le banc des accusés? — Peut-être n'osera-t-on pas, car on n'a pas de preuves contre elle. — Et pourtant, vous êtes bien convaincu que cette jeune fille n'a pas voulu m'empoisonner? — Oui, ma cousine; et puisque nous parlons de « l'accusée », il faut que je vous dise encore que Mlle Violette est la fille de Mme de Portien. Je crois même que Mme de Portien en est convaincue elle-même aujourd'hui. Or, que fera-t-elle? Je sais que l'avocat a dressé toutes ses batteries contre elle. Après tout, si Mme de Portien est appelée, elle s'appelle Mme de Portien, elle est déjà bien loin de nous. Si elle est punie, nous ne serons pas atteints. Que voulez-vous, on a dans toutes les familles des cousines à la mode de Toulon. — Pauvre Violette! » dit Geneviève.

Ce cri partait du cœur, mais d'un cœur blessé. Octave n'avait pu rejeter de son esprit le souvenir de la dame blanche se promenant au clair de la lune sous les grands arbres de Champauvert. « Il me vient une nouvelle idée, dit-il. Nous accusons Mme de Portien; mais que faisaient là vers minuit cette dame blanche et ce monsieur noir dans votre parc, la nuit d'avant l'empoisonnement par les roses-thé? — Mon cousin, le monsieur noir et la dame blanche ne pensaient pas à empoisonner les autres, je vous assure; c'étaient deux lunatiques qui ne voulaient dire leurs secrets qu'à la lune, mais qui n'avaient pas de poison dans les mains. »

Octave n'insista pas et parla politique pour mieux rentrer dans le sujet. « Lisez-vous le *Moniteur*, ma cousine? — Oui, mon cousin, pour voir le lundi les décrets du feuilleton. — Eh bien! moi, ma cousine, je ne lis que la quatrième page pour voir les enrichis qui se font un baptême héraldique. Vous connaissez M. de Rochelieu, ci-devant M. Marsouin? »

Octave étudia la physionomie de sa cousine. Il savait que ce gentilhomme de fraîche date habitait près de Champauvert une vieille abbaye qu'il avait ornée de colombiers à tous les points cardinaux. C'était peut-être pour lui et avec lui que se promenait la dame blanche. « Oui, dit Geneviève, je connais M. Marsouin ; on a trouvé ici qu'il avait eu tort de ne pas s'appeler M. de la Truffardière. »

Octave sentit qu'il ne faisait que de la mauvaise politique. Comme il regardait Geneviève, elle se mit à sourire avec une pointe de malice. « Puisque vous êtes visionnaire, mon cousin, pourquoi me parlez-vous de visions de Champauvert, et ne me parlez-vous pas des visions de Paris ? — Parce qu'à Paris, il n'y a pas de visions. »

Le duc de Parisis avait oublié l'étrange visite que lui avait faite une femme voilée une nuit de carnaval ; il croyait à quelque mystification de comédienne, une de ces vingt femmes qui avaient une clef d'argent de la petite porte du jardin. « Mais, mon cousin, reprit Geneviève, vous avez donc oublié — que n'oubliez-vous pas ? — cette apparition, dans votre hôtel, une nuit de carnaval ? — Ah ! oui, c'est encore une des pages inexpliquées de ma vie. Une femme est venue vers moi : elle m'a parlé ; mon émotion a été telle, moi qui suis bronzé contre toutes choses, que je n'ai pas trouvé de voix pour lui répondre ni de pieds pour la suivre. Je me sentais de marbre à travers mon demi-sommeil ; le peu d'esprit qui me restait appartenait au monde des esprits, puisque je lisais Faust. — Oui, vous lisiez Faust, et la femme qui vous est apparue vous a marqué votre destinée. — Oui, elle l'a si bien marquée que j'ai fermé le livre et que je n'ai jamais bien retrouvé la page, car ce beau livre c'est la folie dans la sagesse, ou la sagesse dans la folie. Mais comment savez-vous tout cela ? Est-ce que vous connaissez cette femme ? — Non, mon cousin. Parlons politique. »

Toute la politique d'Octave, c'était Geneviève ; mais ce fut en vain qu'il posa devant elle cent points d'interrogation ; plus il la questionnait, plus elle embrouillait les cartes : comme la Sibylle, elle se dérobait sous les ramées les plus feuillues. C'était la plus impénétrable et la plus adorable des femmes. Octave changeait tous ses points d'interrogation en points d'admiration.

Le soir, Octave partit pour passer la nuit à Parisis. Quoiqu'il se trouvât très heureux d'être à Champauvert, il comprit que Mme Brigitte ne verrait pas d'un bon œil qu'il prît pied chez sa cousine. Il ne fallait pas que Mlle de La Chastaigneraye fût soupçonnée — même d'être aimée par son cousin. Quand il fut parti, Geneviève pleura. « Ah ! dit-elle tristement, je suis un corps sans âme. S'il ne revient pas demain, je mourrai. »

Il ne revint pas le lendemain.

A Parisis, ce soir-là, il se coucha fort tard. A une heure du matin, il ne dormait pas encore. Il alla chercher un livre dans la bibliothèque du château. Sur une table il vit un livre ouvert. C'était *Faust*. Il pencha la tête et vit ces deux mots : — C'est là ! — qui couraient comme le feu sur ces deux lignes :

« Le sentiment est tout, le reste n'est que la fumée qui nous voile l'éclat des cieux. »

XIII

TROIS MARIS CONTENTS

A son retour à Paris, Octave joua encore les Don Juan dans les entr'actes de sa vie.

La comédie que je vais conter n'a été représentée jusqu'ici sur aucun théâtre, mais elle a été jouée scène pour scène, mot pour mot, aux Champs-Élysées, n° 123 et n° 125, étage des balcons. C'est une comédie en un acte, un acte nocturne qui pourrait s'intituler *les Trois Maris*. Il y a cinq personnages en scène, mais les trois maris sont presque des personnages muets; il n'y a à écrire que le duo chanté entre minuit et une heure du matin par M. de Parisis et Mme le baronne de Biançay.

M. de Parisis connaissait beaucoup ces n°s 123 et 124 de l'avenue des Champs-Élysées. Au n° 123, il était quelquefois attendu très discrètement au troisième étage par une noble étrangère qui s'ennuyait à l'heure où son mari courait le demi-monde. Au n° 125, il était non moins discrètement attendu, au quatrième étage, par une très jolie Havanaise née dans un hamac et qui vivait toujours couchée.

Il n'avait pas jugé de utile de faire connaissance avec les maris, si bien qu'il ne les avait jamais vus. Or, un soir vers minuit, pendant qu'il était au n° 125, le mari, qui ne savait pas vivre, rentra sans se faire annoncer. Parisis dit gravement au mari qu'il venait pour lui demander la main de sa sœur. C'était l'heure de demander une jeune fille en mariage; mais le mari n'avait pas de sœur.

C'était un Espagnol qui avait des habitudes américaines; il répondit à Octave en lui montrant un revolver. Octave, ne pouvant alors parler cette langue-là, se jeta sur le balcon et escalada les chardons aigus du balcon voisin.

Voilà le prologue de la comédie. Maintenant figurez-vous, dans l'appartement contigu, une jeune femme qui arrive du concert et qui a envoyé coucher ses domestiques. C'est Mme la baronne Blanche de Biançay. Le mari est un chasseur intrépide qui, aimant mieux sa meute que sa femme, est depuis trois jours à la chasse; il est né pour la vie rustique; il aime l'architecture des forêts et non celle de Paris; il meurt d'ennui dans un salon; il s'épanouit dans un chenil. Comme sa femme n'est pas une Diane enchanteresse, il lui donne presque tout l'hiver les agréments du veuvage. C'est la femme de quarante ans qui voudrait bien faucher son regain avec un beau moissonneur armé d'une faux d'or. Elle porte son idéal dans son cœur; mais elle court risque de passer toujours à côté.

Il ne faut pas désespérer : le hasard, qui n'est autre qu'un ministre aveugle de la clairvoyante nature, va jeter son idéal sur son chemin.

En ce moment, M. de Parisis frappa trois coups à la fenêtre. « Eh bien ? on frappe à la fenêtre ! Qu'est-ce que cela veut dire ? C'est un coup de vent, sans doute. »

La baronne écouta. « Voilà qu'on frappe encore ! c'est original ; je n'ouvrirai pas plus la fenêtre que la porte. »

Nous ne sommes plus ici dans le cercle des grandes dames.

Elle alla soulever le rideau de la fenêtre. Octave était toujours là. « Un homme sur le balcon ! s'écria-t-elle. — Madame, ouvrez-moi, de grâce ! — Passez votre chemin. — Madame, je vais briser les vitres. »

Blanche se décida à ouvrir la fenêtre. « Mais, monsieur, je suis chez moi. »

Octave se jeta aux genoux de Mme de Biançay. « Madame, pardonnez-moi, je vous en supplie, c'est toute une histoire que je ne vous dirai jamais. — Est-ce une gageure, monsieur ? — Non, madame, c'est un quiproquo. M. Sardou vous expliquera cela dans une de ses comédies. Adieu, madame. »

La baronne avait reconnu Parisis. « Ah ! vous voulez vous en aller par la porte quand vous êtes entré par la fenêtre ; non, monsieur, je vous défends ma porte. — Mais, madame, je ne puis pas m'en aller par le même chemin, car je dois vous dire la vérité : il y a par là un revolver. J'allais partir avec sa femme pour le bal de l'Opéra — en tout bien, tout honneur, — mais il est rentré! Je me suis enfui sur le balcon pour garder mon incognito, mon Othello m'a poursuivi et me voilà à vos pieds. Ah! madame, si j'ai escaladé votre balcon, ce n'est pas sans danger, car vous êtes défendue par des chardons fort aigus, j'ai failli y rester. — Je vous remercie de la préférence; pourquoi n'avez-vous pas pris l'autre balcon ? c'est celui d'une danseuse. Ainsi mon appartement n'est plus maintenant qu'une grande route. On entrera chez moi sans dire gare ! On y passera pour aller à la Bourse ; on y donnera des rendez-vous ; je ne désespère pas d'y voir passer un jour les arbres du bois de Boulogne pour aller aux Champs-Elysées. — Adieu, madame, je suis profondément touché de cette hospitalité d'un instant, sans cela j'étais forcé de descendre quatre étages per-pen-di-cu-lai-re-ment ! comme une goutte de pluie. — Encore une fois, monsieur, vous ne vous en irez que par la fenêtre. Songez donc, si mes gens vous voyaient ici, je serais perdue. Il est minuit passé ; une jeune femme ne reçoit pas de visites à pareille heure. — C'est vrai, madame, je suis désolé d'être entré chez vous si matin ; mais que voulez-vous que je fasse? Attendez donc... Il me semble... c'est bien cela... vous êtes Mᵐᵉ la baronne de Biançay? j'ai eu l'honneur de jouer la comédie avec vous au château de Marchais. »

Octave avait pris son lorgnon. La baronne prit sa lorgnette. « Est-ce possible ! J'avoue que je ne vous avais pas encore regardé. Quoi ! M. de Parisis ! — Permettez-moi, madame, de commencer par déposer une carte à vos pieds; car enfin, il faut procéder par ordre. Maintenant, voici une carte cornée. — C'est cela. Et à la troisième visite vous passez par la fenêtre. — Si vous saviez comme je vous aime! — Depuis combien de minutes ? — Depuis toujours; ceux qui s'aiment ici-bas se sont aimés dans une autre vie. »

Le duo devenait fort joli, mais il se changea malencontreusement en trio. Le mari outragé avait à son tour franchi les chardons, à son tour il frappait à la fenêtre. « C'est sérieux, dit la baronne. On frappe à la fenêtre; c'est le mari de ma voisine. » Le mari de la voisine cria d'une voix de tonnerre : « Madame, ouvrez la fenêtre, ou je brise les vitres. » Madame de Biançay cria : « Monsieur, je vous prie de passer votre chemin. — Madame, dit Octave, le mari se fâche. Avez-vous des armes? — Oui, un poignard. »

L'Américain donna un coup de pied dans la glace. Parisis

saisit une chaise. « Je vais lui passer cette épée à travers le corps. — Madame, un homme se cache ici, cria le mari outragé. »

Octave s'avança vers le revolver : « Je ne me cache pas, monsieur, je suis chez Mme Biançay parce que je vais l'épouser. Si j'ai passé par chez vous, c'est parce que je me suis trompé de numéro. Êtes-vous content? — Tout s'explique. Je suis content ! Je vous prie, madame, de me pardonner cette visite nocturne, si j'ose m'exprimer ainsi. Je payerai les verres cassés. »

Octave allait offrir un bougeoir au mari content, mais il était déjà parti.

Mme de Biançay se croisa les bras pour admirer l'impertinence d'Octave. « Monsieur de Parisis, maintenant que je vous ai sauvé de la vengeance du mari, vous n'avez plus rien à me demander et vous allez me dire un éternel adieu. — Un éternel adieu! j'aimerais mieux m'en aller par où je suis venu. Je vous aime et je vous supplie de m'écouter. — Quand vous passerez par la porte. — Par la porte de l'église avec vous à mon bras. Vous me prenez par les sentiments. Mais vous savez bien que je suis mariée. »

Mme de Biançay prit un flambeau. « Si vous voulez avoir le droit de revenir, allez-vous-en. — Comment, vous mettez à la porte un homme qui passe par la fenêtre. — Taisez-vous, vous me faites frémir ! aussi je sais bien ce que l'avenir vous réserve. Vous finirez dans un château avec une gardeuse d'oies. — Non, madame, rassurez-vous, je serai foudroyé comme Don Juan, dans les bras d'une belle femme qui n'aura encore rien gardé du tout. — Dieu vous mène à cette terre promise ! — La terre promise, c'est vous. — C'est la première venue. — Non, c'est vous. Avant de vous voir, je vous aimais, car vous êtes mon idéal. Depuis que je vous ai vue, je vous adore. — Et les autres ? Et Mlle Violette de Parme? Et la comtesse d'Antraygues? Et Mme d'Argicourt? Et celle-ci et celle-là? — Que voulez-vous ! Les pêches de l'espalier voisin me donnent toujours soif. — Et vous croyez que je vais descendre de l'escalier pour vous. »

Octave embrassa la baronne. « Quelle saveur et quel parfum ! — Mais la voisine? — Sérieusement, je n'ai passé chez elle que pour arriver chez vous. — C'est le chemin le plus court. Mais que dira-t-elle ? — Elle pensera que vous avez sauvé son honneur. — Oui! oui! en perdant le mien. — Vous êtes si belle qu'il n'est pas impossible que vous ne le retrouviez. — Je ne comprends pas. — Ni moi non plus. Comme vous avez de beaux cheveux! Il vient un rude vent par cette vitre cassée. Si nous passions dans votre chambre? — Ah ! M. de Parisis, ayez pitié de moi, car mon mari... »

Octave avait entraîné Mme de Biançay qui, déjà toute échevelée, se croyait encore forte dans sa vertu.

Les derniers mots de la causerie se perdirent dans le bruit du vent. Mais tout n'était pas dit. Le mari du balcon, qui avait réfléchi, revint furieux. « Non, s'écria-t-il, on ne se sera pas impunément joué de moi, je me vengerai. »

Cette fois, ce n'était plus un mari de comédie, mais un mari de mélodrame. Il acheva de briser la glace. Après quoi, déjà content de cette belle action, il passa l'avant-corps tout entier. Et comme il n'y avait personne, il s'écria : — « Ah ! je tiens mon homme, cette fois. » Il entra. Sans doute il allait chercher le duc de Parisis dans les pièces voisines, quand on sonna à la porte. Comme il ne savait pas bien ce qu'il faisait, il alla ouvrir.

Un homme tout aussi emporté que lui entra par la porte comme un coup de tonnerre. C'était le mari de dessous, le Maure de Venise. « C'est trop me braver, dit-il au mari du balcon, croyant avoir affaire à M. de Parisis. »

Il n'y avait pas de lumière dans l'antichambre. « Mais, monsieur, je ne vous connais pas, dit le mari du balcon. — Et moi, monsieur, je vous connais trop. Vous avez monté un étage de plus parce que j'étais chez moi; vous vous êtes dit sans doute que ma femme monterait chez la baronne de Biançay, car la baronne est indulgente aux actions des autres. Quelles sont vos armes, monsieur ? — Mes armes ! les voilà ! »

Et le mari du balcon saisit le mari du dessous pour le mettre à la porte. Naturellement celui-ci résista par les mêmes armes.

Et pourtant ni l'un ni l'autre n'étaient habitués à un pareil duel. C'étaient deux hommes d'honneur, plus ou moins — malheureux, — pénétrés des principes d'une bonne éducation.

Cependant le duc de Parisis et Mme de Biançay s'inquiétaient quelque peu de ce beau tapage. Octave remettait déjà ses gants pour rappeler les maris à l'ordre, mais ce ne fut pas lui qui arriva le premier sur le champ de bataille, dont il trouvait doux d'apaiser la belle effarouchée.

Ce fut le mari de Mme de Biançay. Comme elle l'avait pressenti, il pouvait rentrer cette nuit-là. Et même elle aurait dû en être sûre, puisqu'il avait annoncé son retour pour la nuit suivante. Mais il y a des heures où les femmes n'ont pas la science des hommes. Tant pis pour les hommes qui arrivent avant l'heure qu'ils ont annoncée : ils sont deux fois dans leur tort.

Ce qui est certain, c'est que M. de Biançay, suivi d'un domestique qui portait une valise, arriva pour faire une charmante surprise à sa femme, au moment où le mari du balcon et le mari du dessous s'agitaient dans son antichambre ; c'était une belle gymnastique en l'honneur de M. le duc de Parisis. « Qu'est-ce qui se passe chez moi ? » se demanda-t-il tout abasourdi.

Il ne fallut pas cinq secondes pour que la colère l'envahît et lui montât à la tête. C'était un homme taillé en hercule, qui n'abusait pas de sa force, mais qui, plus d'une fois pourtant, avait prouvé qu'il ne fallait pas lui marcher sur le pied. Il saisit le mari et le jeta dans l'escalier. C'était le mari du dessous. Celui-ci eût peut-être remonté, si le mari du balcon, qui roulait à son tour, ne lui eût interdit ce chemin-là.

Ce fut une belle fricassée de museaux, selon l'expression d'Octave, car je ne me permettrais pas de parler ainsi de maris malheureux. Non seulement les deux maris roulèrent et continuèrent leur duel, mais ils entraînèrent dans leur chute le domestique de M. de Biançay et la bougie qu'il portait à la main.

La bougie fut éteinte, mais on vit bientôt à tous les étages d'autres maris inquiets du vacarme qui retentissait dans toute la maison. La fête de nuit fut complète, avec illuminations.

M. de Biançay avait repris possession de lui-même et de son appartement. Il s'étonnait de ne pas voir accourir sa femme, car il ne pouvait supposer qu'elle fût endormie pendant qu'on se battait chez elle. Quand M. de Parisis, — tout fraîchement ganté, — apparut portant aussi un bougeoir.

Ils se saluèrent tous les deux avec défiance. M. de Biançay connaissait vaguement M. de Parisis, M. de Parisis ne se rappelait pas M. de Biançay. « Monsieur, dit le mari sans trop prendre les airs d'un mari outragé, voulez-vous m'expliquer cette comédie ? — Monsieur, j'allais vous adresser la même question. — Mais, monsieur, puisque vous êtes chez moi et que je suis absent depuis longtemps, sans doute vous savez mieux que moi ce qui s'y passe. — Pas le moins du monde, monsieur. »

Parisis n'était jamais en peine. Les auteurs comiques auraient pu inventer pour lui les situations les plus périlleuses, il en fût sorti gaiement sans sourciller jamais. « Mais enfin, monsieur, permettez-moi de vous demander ce que vous faites ici à deux heures du matin ? — Je devrais ne pas vous répondre, répondit Octave, mais vous y mettez vraiment trop de bonne grâce pour que je ne vous confie pas mon secret. La femme du voisin, votre voisin du balcon, est nerveuse à tout casser, elle se trouvait mal, le mari est rentré comme je lui donnais des sels ; il n'a pas trouvé cela de son goût. Comme il était armé et que je ne l'étais pas, comme elle me suppliait de ne pas me défendre, j'ai franchi votre balcon croyant passer par un appartement inhabité. La fenêtre était ouverte, le mari m'a poursuivi, j'ai fermé la fenêtre, il a brisé les vitres et a rencontré un monsieur qui avait à lui parler, car vous avez entendu leur conversation. Je ne sais pas un mot de plus. — Eh bien, dit M. de Biançay, ils continuent la conversation dans l'escalier. — Je ne suppose pas, dit Octave, que vous songiez à me mettre en tiers dans cette conversation. — Est-ce que c'est Mme de Biançay, monsieur, qui vous a donné ce bougeoir ? — Oui, monsieur ; Mme de Biançay, qui vous attendait, a été une femme d'esprit : j'étais entré par la fenêtre, elle a voulu me mettre à la porte. Voilà pourquoi elle m'a donné ce bougeoir pour que je trouve mon chemin. »

Le duc de Parisis salua. M. de Biançay salua. Le duc de Parisis salua une seconde fois. M. de Biançay se demandait s'il devait le saluer d'un coup de pied, mais il se contint et entra chez sa femme. « Ah ! mon ami, j'étais bien sûre que vous arriveriez cette nuit, car je vous attendais. — Avec le duc de Parisis ! — Quoi, c'était le duc de Parisis ? Ah ! par exemple, voilà un original ! Cette fois, mon ami, il s'est trompé de chemin en passant par la fenêtre. »

Le troisième mari fut content.

XIV

LES FEMMES INVINCIBLES

Cependant don Juan de Parisis perdit quelques batailles vers ce temps-là.

Il surprit un jour presque tout le secret du jeu de cartes. Mme d'Antraygues finit par lui confier les noms de la

Dame de Carreau et de la Dame de Trèfle, la duchesse de Hautefort et la marquise de Fontaneilles. Alice s'obstina à cacher le nom de la Dame de Cœur par un sentiment de jalousie, car elle adorait toujours Octave et savait qu'il aimait Geneviève.

Parisis connaissait trop de femmes pour reconnaître celles qu'il ne voyait que de loin en loin. Les figures les plus opposées se confondaient dans son souvenir avec le même souvenir amoureux. Souventes fois, il lui arrivait de causer intimement avec une femme, sans bien se rappeler son nom, comme si toutes les femmes étaient la même, suivant l'expression d'un moraliste.

Dès qu'il eut surpris le secret, il se présenta vaillamment chez la marquise de Fontaneilles, qu'il ne connaissait guère, sous prétexte qu'il voulait danser pour les pauvres. Elle était dame patronnesse de toutes les bonnes œuvres. On allait donner un bal de bienfaisance, il fallait bien que l'esprit malfaisant y fût représenté.

Quand Octave entra dans le salon de la marquise de Fontaneilles, il y trouva la duchesse de Hauteroche, qui attendait son amie pour sortir.

Mme de Hauteroche, comme Mme de Fontaneilles, était une très grande dame de la plus haute naissance, qui avait traversé jusque-là le monde parisien demi-souriante, mais s'amusant à la fête des autres, ne voulant pas jouer d'autre rôle que celui de femme honnête ; on disait que son mari s'amusait pour elle. C'était peut-être une raison de plus pour qu'elle fût plus stoïque dans son devoir. Ce qui est hors de doute, c'est que, jusque-là, nul n'avait marqué son pied dans la neige de ses avenues.

Elle était charmante : une beauté brune et grave, adoucie par des yeux d'outre-mer profonds comme l'Océan ; elle avait été blonde, on le devinait encore à la légèreté de ses cheveux.

Quand Mme de Fontaneilles vint pour prendre son amie, elle fut quelque peu surprise de la voir en tête-à-tête avec le duc de Parisis. Ils causaient avec abandon comme des gens qui se sont vus la veille. Octave était partout chez lui.

Il se leva et alla au-devant de la marquise, comme si ce fût elle qui vînt en visite. Elle le remercia de faire si bien les honneurs de son salon ; il ne manqua pas de développer ce paradoxe, que les gens bien nés sont tous de la même famille, et que, même avant d'avoir été présentés, ils se savent par cœur.

Ce fut le point de départ d'une causerie imprévue. Les deux

dames se révoltèrent à cette idée prétentieuse d'Octave de connaître si bien les gens qu'il ne connaissait pas.

Mais lui, qui n'était jamais pris sans vert, se rappela à propos quelques paradoxes de Lavater. Il s'engagea à dire la bonne aventure à la duchesse et à la marquise, si elles lui permettaient de les dévisager un peu ; il n'oublia pas de leur rappeler qu'on n'était pas toujours masqué comme la Dame de Trèfle et comme la Dame de Carreau.

La glace était brisée. La duchesse dit à Octave que Mme d'Antraygues avait trahi le secret de ses amies, mais qu'elle comprenait cela, puisqu'elle savait, par ouï-dire, qu'une femme n'avait pas de secrets pour son amant.

Le duc de Parisis, un physionomiste raffiné, trouva beaucoup de vérités à dire aux deux amies. La première venue parmi les diseuses de bonne aventure remue des vérités, puisqu'elle remue des mots : qu'est-ce donc si le diseur de bonne aventure est un homme d'esprit qui a étudié dans le coin des femmes ! Pour connaître les hommes, pratiquez les femmes ; pour connaître les femmes, pratiquez encore les femmes : c'est la sagesse des nations folles.

Pendant cette séance à la Lavater, Octave eut l'art de prouver à la duchesse et à la marquise qu'il était éperdument amoureux d'elles. Pendant qu'il leur parlait d'elles, ses yeux leur parlaient de lui. Et ce qu'il y eut de bien fait dans cette œuvre diabolique, c'est que chacune des deux femmes fut convaincue qu'il n'aimait qu'elle-même.

Mais elles étaient au-dessus de l'amour, même de l'amour de don Juan de Parisis. La marquise de Fontaneilles s'était tournée vers Dieu et ne voulait pas se retourner vers son prochain. La duchesse de Hauteroche, âme plus romaine, aimait la vertu pour la vertu, s'attachant à son devoir non pas avec résignation, comme tant d'autres, mais avec vaillance, fière des victoires de l'âme sur le corps.

Octave perdit bien huit jours — huit siècles pour lui — à errer autour de ces deux vertus ; il avait pourtant imaginé une tactique qui lui semblait victorieuse : — Après avoir prouvé à la marquise qu'il n'était pas amoureux de la duchesse, il prouva à la duchesse qu'il était amoureux de la marquise, soufflant l'orage à tous les horizons. — Mais les nuages ne montèrent pas jusque dans l'azur.

Il ne s'avoua pas vaincu ; il leva le siège et passa dans un autre camp. Mais tout en courant les petites dames, ses aspirations le ramenaient bientôt aux femmes du monde, parce que s'il trouvait que l'amour est toujours le même au dernier chapitre, quelle que soit l'atmosphère, il trouvait aussi qu'il faut chercher les variations du cœur dans les commencements. Or il n'y a de commencements qu'avec les femmes comme il faut, puisqu'avec les autres on commence toujours par la fin.

XV

L'ESCARPOLETTE

Parisis ne se contentait pas des femmes du monde ni des femmes du demi-monde ; les fillettes de tous les ordres, pourvu qu'elles fussent jolies, lui semblaient de bonne prise ; son grand art, en ceci, était de se mettre au diapason et d'entrer de plain-pied dans l'intimité des femmes quelles qu'elles fussent. Venait-il une modiste apporter un chapeau, une fleuriste apporter un bouquet, une couturière apporter une robe, il la lorgnait ; si elle était belle, il la saluait et lui disait mille folies, au grand dépit de la dame qu'on venait habiller ou coiffer ; on lui reprochait de manquer de dignité, mais il disait lui-même qu'il ne reconnaissait pas les bienséances.

Combien d'aventures étaient le second chapitre de ses premières escarmouches !

Aussi, un matin, Mme d'Antraygues surprit-elle Parisis dans son jardin, qui faisait balancer, sur une escarpolette, deux jeunes modistes à qui il avait commandé des chapeaux, sans doute pour coiffer ses arbres. Ces deux modistes étaient des jeunes brunes fort provocantes par l'éclat de leurs yeux qu'elles ne veloutaient pas du tout.

Elles riaient comme des folles, elles criaient en tombant sur l'herbe comme de vraies pensionnaires ; il fallait voir Parisis les rouler sur le gazon, les prendre dans ses bras et les remettre sur la balançoire. Mme d'Antraygues, cachée par un magnolia, assista à toute la fête ; on s'amusait si vaillamment qu'elle aurait voulu en être, si sa grandeur ne l'eût attachée au rivage.

Elle se montra, les oiseaux s'envolèrent. Parisis les rappela, mais le charme était tombé. « Comment pouvez-vous vous amuser avec ces fillettes ? demanda-t-elle à Octave. — Vous voulez que je vous dise le secret, lui répondit-il en riant, c'est que ce sont des femmes et que je m'amuse toujours avec les femmes. »

Le duc de Parisis avait d'ailleurs un goût très modéré pour les fillettes ; il n'aimait pas les raisins verts, il disait que la volupté s'accommode mieux du fruit que de la fleur.

Il disait encore que la femme a deux virginités, celle de la chrysalide et celle du papillon. Il aimait mieux le papillon que la chrysalide. La jeune fille n'est d'abord qu'une ébauche ; elle n'est une œuvre d'art qu'après avoir secoué l'arbre de la science.

Les libertins aiment les ingénues ; les voluptueux aiment les savantes. Toutes les forêts sont vierges dans le pays de l'amour.

XVI

LE FESTIN DE MARBRE

Ce fut à peine si de loin en loin le nom de Monjoyeux retentissait aux oreilles de ses amis. Aussi ce fut une vraie surprise quand cette lettre courut à la Maison d'Or, dans le cabinet des journalistes, dans l'atelier des peintres et des sculpteurs, jusque chez M. Beulé-les-Fouilles, secrétaire perpétuel de l'académie des beaux-arts.

« M. Monjoyeux et Mme Monjoyeux prient monsieur de leur
« faire l'honneur de venir souper chez eux le vendredi, 12 décembre,
« à minuit.

« Les statues, sculptées par M. Monjoyeux, seront exposées
« a giorno.

« Avenue de l'Impératrice, 22. »

Quand M. de Parisis reçut cette invitation, il se dit : « Voilà Monjoyeux qui nous prépare un coup de théâtre. Il va nous prouver qu'il est un homme de génie ; je ne manquerai pas à cette fête. »

Ce fut une vraie fête. On en parla beaucoup la veille ; on en parla bien plus le lendemain ; mais ce fut une fête sans lendemain.

Octave ne s'attendait pas à tant d'équipages devant l'hôtel. Il était allé le matin pour voir Monjoyeux ; mais quoiqu'il eût beaucoup insisté pour être reçu, quoiqu'il eût remis d'un air victorieux cette carte célèbre qui lui ouvrait toutes les portes, comme naguère à M. de Morny et au comte d'Orsay, un domestique fort bien stylé vint lui dire que ni monsieur ni madame ne pouvaient recevoir monsieur le duc, ce qui aiguillonna d'autant plus sa curiosité.

A minuit, quand il fut annoncé dans le premier salon, il fut ébloui par les lumières, les femmes, les diamants ; il connaissait l'hôtel, où durant deux hivers une étrangère célèbre avait reçu le beau monde parisien, mais il n'avait jamais vu tant de haut luxe dans les salons. Les étoffes, les tapis, les bronzes, les meubles, tout avait la marque d'une main savante et prodigue. Dans l'avant-salon, dont Cabanel avait peint le plafond, soutenu par des cariatides de Clésinger, on remarquait une marguerite à la fontaine, d'Ary Scheffer, et une Cléopâtre, de Gérôme, deux civilisations en contraste. Dans le grand salon plus sévère quoique plus riche, Ingres, Delacroix, Meissonier et Diaz, les quatre expressions de l'art moderne, se disputaient les panneaux. « Diable ! mon cher, dit M. de Parisis à Monjoyeux, vous faites bien les choses. — N'est-ce pas ? dit le comédien-sculpteur ; l'habitude du théâtre, l'amour des chefs-d'œuvre ! mais je suis très fier de votre approbation, à vous qui avez le plus charmant petit palais de Paris. C'est mon seul talent, et j'avoue que je suis toujours surpris de voir que les autres font bien. Donnez un million à cent hommes, et ces cent hommes gaspilleront leur million sans montrer une preuve de goût. — Si le goût était à la portée de tout le monde, il n'y aurait rien à faire. Mais je vais vous présenter à ma femme : la voyez-vous là-bas dans cette corbeille épanouie ? — Oui, c'est le dessus du panier. Tudieu ! mon cher, comme elle est belle ! Et vous avez le courage de travailler du marbre quand vous avez sous la main un pareil chef-d'œuvre ! Pour moi, je briserais mon ciseau pour adorer la statue vivante. »

Le duc de Parisis attachait son regard sur Mme Monjoyeux

avec un vague souvenir. Il lui semblait la reconnaître comme à
la rencontre des Champs-Élysées. « Et pourtant pensait-il, je n'ai
jamais vu cette Bretonne que Monjoyeux est allé épouser à
Nantes. » Mme Monjoyeux lui rappelait une figure aimée en
passant.

Il s'avança vers Mme Monjoyeux, ne s'inquiétant pas de
déranger toutes les femmes qui l'entouraient. Il s'assit dans le
groupe et parla à tort et à travers de la pluie et du beau temps,
de la vie d'artiste, de ses imprévus, des jeux du hasard et des
jeux de l'amour. Il eut bientôt conquis toutes les femmes à son
esprit railleur et charmant.

Octave avait pour politique de se mettre toujours du côté des
femmes, disant que dans le papottage qui court sur les éventails,
il y avait beaucoup plus de sagesse à recueillir que dans les
phrases sentencieuses des hommes sérieux. Quand une femme
cause, elle trahit l'éternel féminin, elle ouvre son cœur sans le
vouloir, tandis que l'homme n'ouvre le plus souvent que sa
boîte à bêtises, tout bouffi qu'il est de vanité. Et puis, comme
disait Octave, du côté des femmes la bêtise elle-même a son prix.
Il allait plus loin, il disait que la femme est parfaite dans le
mal comme dans le bien ; tandis que l'homme, sous prétexte
d'être un animal raisonnable, n'est en définitif qu'un animal.

M. de Parisis fut quelque peu surpris de ne pas reconnaître
une seule Parisienne parmi toutes ces femmes qui faisaient cortège à Mme Monjoyeux. C'était la fleur des pois de cette société
étrangère qui règne dans les Champs-Élysées et l'avenue de
l'Impératrice, Havanaises, Péruviennes, Polonaises, Espagnoles
et autres expressions des mondes voyageurs. Quand on veut
improviser un salon, il faut s'adresser à ces peuplades pittoresques, toujours gaies et vives, qui paraissent et disparaissent sans
marquer de vifs souvenirs. « C'est cela, pensa Octave, Mme Monjoyeux n'ayant pas de racines dans le monde parisien, a ouvert
sa porte aux passagères des quatre mondes. Tant mieux, ce sont
de jolis oiseaux très apprivoisés qui chantent sans trop se faire
prier la chanson de l'amour. Nous allons nous amuser ce soir :
je suis bien sûr qu'il n'y a pas une bégueule ici et qu'on pourra
avoir de l'esprit sans peur de l'estampille. »

Tout en causant avec les femmes, M. de Parisis cherchait à
reconnaître les hommes errants ou discutant en groupes dans les
salons. C'était le tohu-bohu des premières représentations, avec
quelques peintres et sculpteurs en plus. Monjoyeux, en effet,
n'allait-il pas donner une première représentation ? Il y avait là
les critiques du lundi, les causeurs du samedi, les polémistes du

dimanche, les chroniqueurs de toute la semaine. Il y avait là les gentilshommes du turf, les patriciens du Moulin-Rouge, du Café Anglais, de la Maison-d'Or ; quelques hommes politiques, retenus par la patte aux comédiennes ; l'académie des beaux-arts et l'académie française étaient représentées par leurs plus jeunes étoiles. En un mot, tout Paris.

Un valet vint avertir que madame était servie. Monjoyeux pria Octave de donner le bras à sa femme, quoiqu'il eût là les personnages consacrés. M. de Parisis obéit avec sa grâce accoutumée ; il ne faisait jamais de façons pour passer le premier : c'est un bon pli à prendre à Paris, quand on a vingt ans. Il y a ainsi des personnalités qui s'imposent et prennent le pas sur tout le monde, sans qu'on sache pourquoi. Les hommes s'étonnaient bien un peu de toujours voir Octave jouer le premier rôle, quand tant d'illustrations ne venaient qu'après lui ; mais les femmes trouvaient cela très naturel : il était jeune, il était beau, il était fier ; pour les femmes, ce sont là des titres plus sérieux que les titres du gén'*. Et puis, il était duc. Molière a fait sauter les marquis ; peut-être qu'aujourd'hui, en face des immortels principes — des principes immortels — les marquis ne songeraient pas à faire sauter Molière, s'il n'avait pas ses deux siècles d'immortalité ? Nous avons fait tant de chemin ! Le monde marche, mais il marche dans un cercle.

M. de Parisis était, d'ailleurs, un homme bien élevé, qui savait son monde ; je ne parle pas de son stage en diplomatie, car il était né diplomate. Quand il se trouvait en face d'une illustration de haute roche, il avait l'art, avec ses quartiers de noblesse, de lui faire un piédestal ; nul ne savait mieux mettre en relief dans sa vraie lumière un homme de génie, ou même un homme de talent. Et c'était d'autant mieux fait, qu'il se montrait fort impertinent pour toutes les médiocrités tapageuses qui sont le désespoir des esprits d'élite. Il disait que chaque génération, dans la capitale du monde, enfante à peine laborieusement cinquante hommes dignes d'être étudiés, cinquante intelligences qu'il faut aimer et qu'il faut craindre. Octave ne s'y trompait pas, il admirait et il adorait les grands hommes d'aujourd'hui ; mais, du haut de son dédain, il disait aux petits hommes montés sur les échasses de la réclame : « Retirez-vous de leur soleil. »

Cependant, trois portes à deux vantaux s'étaient ouvertes ; on avait été saisi par le radieux spectacle d'un atelier, un ancien théâtre intime, où Monjoyeux avait dressé une table de cinquante couverts sous les lumières ruisselantes des plus beaux lustres du Murano.

Dirai-je quel fut l'éblouissement de tout le monde devant le luxe féerique de cette salle et de cette table? Les plus belles étoffes des Indes, brochées d'or et d'argent, retombaient à larges plis sur les murs et s'étoilaient par des candélabres en cristal de roche. Sous chaque candélabre se profilait une élégante jardinière ou un svelte brûle-parfums ; ici un émail cloisonné, là une merveille de Sèvres. On marchait sur un tapis de Smyrne moussu et fleuri.

La table était magnifique ; les festins de Paul Véronèse ne donnent pas une idée de ces splendeurs toutes modernes. A la place de toutes ces misères argentées ou dorées qui jouent au luxe, Monjoyeux avait mis deux statues; le surtout était un admirable buste à deux têtes, représentant les deux faces de la femme, le bien et le mal, l'ange et le démon.

C'était le portrait de Mme Monjoyeux.

Aucun des convives, tout en la reconnaissant, n'osa prononcer son nom. Pourquoi ce symbole ? Le regard courait de surprise en surprise, l'esprit se perdait aux énigmes. « Mesdames et messieurs, dit Monjoyeux en s'inclinant avec sa bonne grâce accoutumée, sous prétexte de vous convier à un festin, j'ai voulu vous montrer mes œuvres. Je ne sais pas si vous les trouverez dignes de vous et dignes de moi; mais je sais bien que le souper sera exquis, c'est l'œuvre de Mme Monjoyeux.

Un cri d'admiration s'était élevé autour de toute la table. « La critique est de rigueur, mais l'admiration est interdite, dit Monjoyeux en s'asseyant; voyez cela tout à votre aise, faites comme si je n'étais pas là. Le poète Destouches a dit : « La critique est aisée et l'art est difficile; » mais depuis que Janin, Théophile Gautier et Saint-Victor font de la critique avec toutes les magnificences de l'art, nous avons changé tout cela. C'est l'art qui est facile, c'est la critique qui est malaisée. — Vous en parlez bien à votre aise, Monjoyeux, dit M. de Parisis. Vous avez raison, d'ailleurs : la critique est malaisée devant de pareilles œuvres; il y a longtemps que je n'ai vu le marbre moderne me parler si éloquemment. — Oui, dit un musicien, ces lignes si blanches, et si harmonieuses chantent comme des mélodies de Gounod. — On dit que les dieux s'en vont, dit un néo-grec ; les dieux peut-être, les déesses, point. Voyez plutôt, ces deux belles statues qui marchent sur la table viennent toutes radieuses de l'Olympe. »

Une jeune femme demanda ingénument quelles étaient ces deux déesses; son voisin, un journaliste répondit : « Je reconnais dans celle-ci Cybèle ou, si vous aimez mieux, la Nature.

Voyez comme elle éclate dans sa jeunesse! Quel rayonnement! — Mais, l'autre? dit la jeune femme. — L'autre, madame, je ne la connais pas. »

De bouche en bouche, la même question courut toute la table. « Quelle est cette statue, — quelle est cette dame, — qui pourrait bien me dire son état civil, — est-ce une jeune vierge? — est-ce une jeune épouse? » M. de Parisis lui-même demanda à Mme Monjoyeux quel était le symbole révélé par cette figure. « Quoi! vous ne la reconnaissez pas? dit Mme Monjoyeux, vous l'avez pourtant bien souvent fréquentée. — Je ne m'en souviens pas; vous que je n'ai jamais vue, madame, il me semble que je vous connais; mais cette figure, aucune idée ne me la rappelle. — Je vous dis, monsieur, que vous ne connaissez que cela. Une emme qui marche de son pied de marbre sur les roses blanches comme sur la neige... une femme qui regarde de son œil candide le bleu des nues... Cherchez bien. »

A cet instant, les questions furent toutes si vives que Monjoyeux dit en souriant : « Eh quoi! mesdames, eh quoi! messieurs, vous ne reconnaissez pas la Vertu! Il y a donc bien longtemps qu'elle n'est plus à Paris? — La Vertu, dit une Espagnole, elle n'est pas habillée comme cela. La vertu prend ses robes chez Worth. — Comment, madame, dit un poète, vous ne savez donc pas que la vertu n'est vêtue que de sa pudeur? — A Athènes, c'est possible, dit une Écossaise, mais à Paris, la pudeur est une robe trop légère. — Mais le marbre aussi est une robe impénétrable, dont la chaste blancheur protège la femme; une femme en marbre n'est jamais nue. — C'est vrai, dit M. de Parisis, mais ce marbre tressaille et frémit comme la chair, c'est la seule critique que je fasse devant ce chef-d'œuvre. Monjoyeux a fait de sa Vertu une femme plutôt qu'une déesse. — Votre critique est un éloge, dit Monjoyeux à Octave. La Vertu est une femme et non une déesse; j'aurais pu la faire plus penchée, plus chrétienne, plus ascétique; j'aurais pu lui donner les pâleurs des vierges byzantines, mais je n'ai pas ainsi compris la Vertu. Pour moi, c'est la femme dans toute sa force et dans toute sa splendeur. Si elle est la Vertu, c'est parce qu'elle domine la nature jusque dans sa luxuriance. Elle a triomphé de sa beauté et de son sang, elle foule aux pieds dans les roses les épines enflammées de la volupté. N'est-ce pas, messieurs, que cela a son cachet Metternich? »

Disant ces mots, Monjoyeux leva son verre de vin du Rhin et but après avoir salué sa voisine.

Le souper s'annonçait gaiement : les savoureux parfums des

faisans, des bécasses, des gélinotes, des écrevisses, des truffes, se mêlaient aux vertes senteurs des roses, des fraises et des framboises, aux bouquets des vins de Bordeaux et des vins de Bourgogne, des vins d'Aï et des vins de Johannisberg ; sans parler des vagues odeurs qui s'échappaient des femmes, épaules et chevelures. Tous les esprits s'enivraient déjà et entraient en campagne armés des plus beaux paradoxes.

Mais la causerie avait beau courir par tous les méandres de l'imprévu, les yeux ne pouvaient se détacher des figures sculptées par Montjoyeux ; la Cybèle et la Vertu, les groupes d'enfants joueurs, le buste à deux faces, tout prenait le regard et l'âme des convives, tant la beauté traduite par le marbre a d'empire sur les esprits. « Parler en prose devant de si belles choses, ce n'est pas bien parler, dit une Parisienne qui était en face du poète ; voyons, monsieur Homère, faites des vers à Phidias. — Des vers ! Pour qui me prenez-vous ? — Pour un poète, tout bêtement. — Un poète ! Il n'y en a plus qu'un, ce merveilleux joueur de rimes, Théodore de Banville, qui raille tout, même sa poésie, dans des vers charivariques. — Et Hugo ? — Oh ! celui-là est un Dieu ! »

Cependant, on admirait la Cybèle et la Vertu. La Cybèle semblait sculptée par le ciseau vivant et fleuri d'Allegrain ; c'était la même abondance et le même charme. La grande déesse avait la poésie d'une amante et la fécondité d'une mère. C'était une fête pour les yeux de suivre le jeu de la chevelure, la beauté du profil, les ondoiements et les serpentements de ces lignes savantes qui couraient avec la grâce antique des épaules aux seins, des hanches aux cuisses, sur les bras luxuriants comme sur les jambes fières. Le marbre avait une force et une saveur incomparables ; c'était Cybèle ruisselante de vie, moins robuste que si elle fût sortie des mains de Phidias, moins divine peut-être, mais plus humaine.

La Vertu était une belle figure tout à fait nue. Un sculpteur médiocre eût copié les anciens qui représentaient cette figure voilée. Mais la chaste blancheur du marbre n'est-elle pas une robe virginale ? Et, d'ailleurs, si la Vertu est nue, elle ne le sait pas. Elle est trop divinement candide pour songer qu'elle n'a pas de péplum, de draperie ou de robe. Elle ne se défendait de l'amour que par la candeur de son attitude. Monjoyeux était un philosophe qui savait que les femmes qui se défendent avec violence sont celles qui tombent bientôt vaincues, car la violence c'est déjà la passion.

Cette statue, c'était bien la Vertu. Elle levait les yeux et cherchait l'amour du ciel. Il y avait en elle de la nymphe antique, mais il y avait aussi de la jeune fille chrétienne. Le sculpteur l'avait détachée des passions terrestres avec cet art souverain qui triomphe des rébellions du marbre. Les nymphes de Diane se fussent agenouillées en passant devant elle et auraient baisé sur la neige l'empreinte de ses pieds légers; les vierges de Vesta auraient respiré, dans son atmosphère, je ne sais quelle douceur et quelle vertu divines, — l'air vif des régions sereines qui chasse les orages de l'âme.

Ce beau marbre appelait et retenait le regard charmé. On le contemplait de face, on tournait autour avec le même charme. La Vertu était belle comme si elle devait donner encore plus de regrets à l'Amour. L'artiste l'avait coiffée avec un goût savant; il avait noué une grappe de fleurs dans sa chevelure ondulée à l'antique. Il y avait dans le visage, dans le cou, dans les épaules, dans les bras, dans le torse, dans les jambes, dans toute la figure, une jeunesse de contour, une préoccupation de style, une caresse amoureuse et chaste du ciseau, qui ne sont familières qu'aux maîtres. « N'est-ce pas, s'écria Monjoyeux, que c'est beau de voir la Vertu? — Oui, en marbre, » répondit le duc de Parisis.

XVII

UN TOAST À LA FEMME

M de Parisis, tout en jetant un mot à droite, à gauche, en face de lui, en homme bien écouté, cherchait à pénétrer dans l'esprit et dans le cœur de Mme Monjoyeux. Plus il regardait, et plus elle lui rappelait une femme qu'il avait connue. « N'avez-vous pas été blonde, madame? — Non, monsieur. »

Octave regardait de plus près la dame? Pour lui, toute l'énigme de la fête était là. Aussi s'inquiétait-il bien moins que ses voisins du symbolisme des figures de marbre qui dominaient la table ; la vraie statue, c'était la femme du sculpteur.

Mais, comme tous les sphinx, Mme Monjoyeux ne se laissait pas pénétrer. Soit qu'elle fût bête, soit qu'elle ne le fût point, elle avait l'art de le paraître à propos. A certaines questions, elle répondait par un sourire qui n'était ni la malice, ni la niaiserie, mais qui en exprimait vaguement l'effet. Tantôt elle répondait de travers, rompant les chiens, puis jouait à l'école buissonnière ; si Octave lui parlait de l'empereur de Russie, elle lui répondait que le pape était un fort galant homme, puisque le jour où elle s'était agenouillée pour baiser sa pantoufle, il avait daigné lui tendre la main. « C'est étrange, pensait Octave, cette femme est restée Bretonne, quoique ses yeux accusent çà et là des perversités de fille d'Ève. »

Selon sa coutume, M. de Parisis tentait des mots risqués ; alors Mme Monjoyeux le regardait avec une candeur de vraie Bretonne. Octave s'aventurait alors sur une autre route ; curieux en toutes choses, il suivait les femmes partout où elles voulaient le conduire, même sur les Alpes de la vertu, les pieds dans la neige, le front dans le ciel. Il trouvait une autre volupté à changer d'horizon. Les natures amoureuses ne gardent l'amour qu'en variant ses images à l'infini.

Avec Mme Monjoyeux, si M. de Parisis devenait austère, elle se hâtait de le ramener au sourire, quelquefois même à l'éclat de rire. Il ne croyait pas, d'ailleurs, que ce fût un jeu savant : c'était sans doute le hasard des idées et des mots. « Comment trouvez-vous mon mari ? dit tout à coup Mme Monjoyeux ; à tort ou à raison, il me trouve bien faite… — Il m'est impossible, madame, interrompit Octave qui ne faisait jamais de compliments, d'avoir une opinion sur ce point délicat. — Une opinion sur ce point délicat, vous l'aurez tout à l'heure, écoutez-moi jusqu'au bout. Mon mari n'est pas un de ces artistes qui font une statue d'après une statue ; comme il dit qu'une statue est une femme, il prend ses modèles parmi les femmes… — J'ai compris, madame : ces seins adorables de la Cybèle, ces hanches savoureuses, ces jambes de chasseresse, ce sont vos seins, vos hanches et vos jambes. — Chut ! dit la jeune femme, si on nous écoutait. »

Elle baissa la tête comme pour cacher sa rougeur. « Eh bien ! madame, dit Octave, mon opinion est maintenant toute faite ; ce chef-d'œuvre de l'art, c'est le chef-d'œuvre de la nature ; les générations futures remercieront les dieux d'avoir donné une pareille femme à un pareil sculpteur. — Mais, moi, je ne me consolerai jamais d'avoir été ainsi trahie dans ma nudité. »

La jeune femme continuait à pencher la tête, comme si tout le monde avait le secret de sa beauté. « Pourquoi cette fausse pudeur? reprit M. de Parisis. Vous êtes traduite mot à mot, et je ne doute pas que la traduction ne soit digne de l'original, mais c'est la chair traduite en marbre; or, le marbre ne rougit jamais, parce que le marbre est au-dessus de cette pudeur atmosphérique inventée par des couturières qui avaient des robes à placer. Si la femme rougissait de montrer quelque chose, elle devrait rougir de montrer sa figure, puisque la figure est l'expression des sept péchés capitaux. »

Et une fois dans ce steeple-chase du paradoxe, Octave débita toutes ses opinions avancées sur la pudeur du nu. « En effet, dit Mme Monjoyeux, la robe n'habille pas. »

Aux deux bouts de la table, en face de M. de Parisis, partout l'esprit courait gaiement sur la nappe; la gaieté resplendissait comme une lumière nouvelle, sur les coupes, les roses et les raisins. Monjoyeux remarqua que les femmes prenaient des expressions de bacchantes et que les hommes devenaient irrésistibles, parce qu'ils ne savaient plus ce qu'ils disaient.

Il jugea qu'il était temps de porter un toast pour être écouté. Sa coupe de vin de Champagne était pleine; il la présenta à sa voisine, et lui dit qu'il allait bien parler, puisqu'il allait porter un toast à la femme. « Chut! mesdames, dit la voisine de Monjoyeux, le sculpteur va parler! »

Tout le monde porta la main à son verre, tout le monde écouta. On connaissait la phraséologie pittoresque de Monjoyeux, on ne doutait pas de son éloquence, de ses idées originales, de ses saillies imprévues. C'était une bonne fortune de l'entendre.

Monjoyeux s'était levé, la coupe à la main, le front souriant, le sourire moqueur. Il secoua sa crinière comme un lion qui part pour la chasse; il promena son regard sur ses convives et sur ses statues; il jeta un coup d'œil étrange sur sa femme et porta ce toast : « Mesdames et messieurs! je bois à la femme! »

Tous les hommes se levèrent et burent à la femme. « Chut! dit une dame, il ne faut pas boire, il faut parler; on n'a pas si souvent l'occasion d'entendre faire l'éloge des femmes. « Eh bien! dit Monjoyeux, écoutez-moi et ne m'interrompez plus. »

Il trempa ses lèvres dans la coupe : « *Je bois à la femme!* parce que la femme est l'alpha et l'oméga, le premier et le dernier mot, l'enfer et le paradis, le mal et le bien, la chute et la rédemption.

« L'homme s'agite, la femme le mène. C'est que la femme est tout à la fois le bien et le mal, la quatrième vertu théologale et le huitième péché mortel. Comme l'ange rebelle, qui se souvient du ciel et qui travaille pour l'enfer, la femme est commencée par Dieu et achevée par Satan.

« *Où est la femme ?* disait le magistrat que vous savez, à chaque procès que plaidaient ses justiciables.

« *Où est la femme ?* répètent avec le subtil questionneur tous ceux qui veulent expliquer à peu près raisonnablement l'histoire des peuples et le roman des âmes.

« Quand un sculpteur a fait une belle statue, — *où est la femme ?* Quand un poète a fait un beau livre, — *où est la femme ?* Quand un héros a gagné une bataille, — *où est la femme ?*

« Dans l'Olympe, le dieu de la pensée est un homme ; mais Apollon, que fait-il sans les neuf muses ? Or, toutes les femmes sont des muses, muses des passions et des crimes, des héroïsmes et des misères.

« Elus ou réprouvés, déchus ou rachetés, notre destinée commune se rattache à l'Eden ou à Bethléem : nous relevons tous d'Eve ou de Marie.

« *Ab Jove principium !* » s'écrie le poète fervent. Mais s'il veut que nous confessions Jupiter, il faut que, sous les antres de Crète, il nous ait arrêtés d'abord dans le groupe souriant des nourrices du jeune dieu.

« Le ciel lui-même n'aurait plus sa chaleur et sa lumière, sans cette présence réelle de la femme !

« La lyre d'Apollon ne commence à vibrer que sous le souffle léger de Daphné qui s'enfuit. Sans Isis, Osiris n'est que la moitié d'un dieu ; sans Sîtâ, Râmâ serait à peine un héros ! Quand l'âme du vieux Faust échappe aux griffes tenaces de Méphisto, elle flotte incertaine de sphère en sphère. En vain chemine-t-elle à travers les étoiles : ce ne sont pas les saints et les martyrs qui donneront un refuge à la pèlerine errante. Mais elle a retrouvé celle qui fut Marguerite, mais elle a été touchée par le rayon de la mère sept fois douloureuse, elle est sauvée, elle est en possession de sa destinée bienheureuse, elle est entrée en possession de *l'éternel féminin !*

« Redescendons sur terre. Aussi bien la femme n'est pas suzeraine seulement sur les cimes sacrées ; Marie l'égyptienne et sainte Thérèse ont des sœurs ; voyez-vous d'ici l'escadron volant des courtisanes de tous les pays, des déesses en chair et en os, qui vont au sabbat des passions ; celles-là imposent le mot d'ordre à toute l'infernale compagnie d'ici-bas ; mais les unes et les autres gardent une égale influence.

« Pour rassurer contre quarante ans d'épreuves l'âme orageuse de Michel-Ange, mon divin maître, il suffit du mystique attachement de la marquise de Pescaire. Pour ruiner et dépraver André del Sarte, il ne faut qu'un caprice vaniteux de sa Lucrèce.

« Depuis Eve, qui n'aimait pas assez Adam, et depuis Zuléïka, qui aimait trop Joseph, les individus et les empires vivent au gré de quelques femmes.

« L'Orient et l'Occident s'ébranlent pour Hélène, la veuve aux cinq maris; Hercule est vaincu par Omphale; Antoine est dompté par Cléopâtre; Eurydice entraîne Orphée dans les Champs-Elysées; Merlin est emprisonné par Vivianne; Fastrade, morte, enchaîne Charlemagne sur son tombeau; Béatrice élève Dante jusqu'aux bleus sentiers du paradis.

« Ce n'est pas Hiram, c'est Balkis qui bâtit le temple de Jérusalem; c'est la veuve adultère de Ninus qui dresse les portiques de Babylone; c'est la courtisane Rhodope qui assemble les masses énormes des Pyramides; mais c'est Thaïs la courtisane qui brûle les palais de Persépolis. Aspasie trône au sommet d'une des grandes périodes. Hersilie ou Véturie arrête la fureur des soldats qui s'égorgent; mais que la Pompadour, marquise de hasard, jette sa pantoufle au plafond en signe de guerre, et les armées de l'Europe bivaqueront sept ans sur les champs de bataille.

« Donnez des couteaux à Judith, qui va délivrer Béthulie, et à Mlle de Corday, qui s'imagine sauver la France. Mettez la hache aux mains de la Jeanne de Beauvais et l'étendard fleurdelysé aux mains de la Jeanne de Domrémy : Dieu agit par le ministère de ces violentes et de ces inspirées.

« Est-ce Dieu encore, est-ce Satan qui collabore avec la Florentine au 24 août 1572 ?

« Et vous, Marie Stuart, et vous, Marie la Sanglante, et vous, Elisabeth, ô grande vestale de l'Occident! et vous, Catherine de Russie, qui avez régné sur le roi Voltaire, et vous, Germaine de Staël, ô prophétesse éloquente! qui avez troublé les nuits de Napoléon, dites quelle force secrète vous poussa en avant, dans ces luttes où vous avez témoigné une timidité si fière et une énergie si virile. Ah! vous le saviez, tempêtueuses héroïnes : le spectre des affaires humaines appartient à qui sait vouloir, et les hommes s'inclinaient pour saluer nos volontés souveraines qui passaient. »

Monjoyeux se versa du vin de Champagne : « Qui s'avise de contester aujourd'hui l'incontestable autocratie des femmes ? S'il restait un athée pour la nier au moment même où la raison d'État abroge la loi salique, ce n'est pas moi qui essayerais de guérir sa misogynie, et je n'irai pas, pour si peu, visiter, dans le char de ma rhétorique, Sapho sur son rocher trop hanté, Paule de Viguier à son balcon de Toulouse, Mme de Sévigné en son hôtel Carnavalet, ou Mme Récamier à l'Abbaye-aux-Bois.

« Laissons Mme Roland sur son échafaud triomphal et Mlle de La Vallière dans son illustre solitude.

« N'outrageons pas, par un commentaire indiscret, tant de charmantes visions des tombeaux, Mme Henriette ou Mme de Longueville, Marie Touchet ou Mlle de Romans. Vous savez votre histoire des rois de France, rois qui règnent sous le gouvernement de leurs femmes ou de leurs maîtresses. Là, au lieu de dire : Où est la femme ? Diogène vient avec sa lanterne, et dit : Où est l'homme ?

« Un jour de révolution, le ministre des affaires étrangères n'eut pas le temps d'enlever son portefeuille; celui qui vint après s'écria : *Je tiens le mot du sphinx!* Il ouvrit le portefeuille : il y trouva un portrait de femme, puis un autre portrait de femme, puis une lettre de femme, puis une autre lettre de femme.

« La femme est le dernier mot du Créateur. Le grand maître avait d'abord sculpté les mondes, puis le mastodonte, puis l'aigle, puis le lion, puis l'homme; il termina par la femme. Ce fut, alors qu'il se reposa pour se contempler dans son œuvre.

« Je bois à la femme ! parce que sans la femme que vous voyez là, en face de moi, je n'eusse pas sculpté ces bustes, ces groupes, ces statues, qui prouvent, j'imagine, que je ne suis pas un déshérité. Sans cette femme, qui est en face de moi, on dirait encore de moi comme naguère : « Monjoyeux! un hâbleur! qui promet « toujours d'être un homme de génie, qui ne se montre au « théâtre que pour se faire siffler, qui n'entre à l'atelier que « pour sculpter des mots. » Grâce à cette femme, j'ai sculpté du marbre.

« Où est la femme ?

« La femme, la voilà! C'est toujours la femme qui fait le miracle ; pour le pauvre diable, la femme endimanche la vie; pour les artistes, elle donne une âme au génie. Mais pour le sculpteur qui n'a pas de marbre, que fait-elle ? Écoutez bien. »

La figure de Monjoyeux prit une expression tout à la fois amère, byronnienne, satanique. « J'étais las d'entendre mes ennemis, mes amis me corner aux oreilles les conquêtes des autres, les œuvres de celui-ci, les chefs-d'œuvre de celui-là : ce qui voulait dire que je ne faisais rien. Ne rien faire, messieurs! c'est déjà beau, savez-vous! C'est étudier et c'est admirer. Les sots ne se croisent jamais les bras. Toutefois, si c'est une vertu de ne rien faire pour entrer aux académies, il ne faut pas en abuser, comme a dit Chamfort. Un soir que Parisis, Saint-Aymour, Villeroy, Miravault, me mettaient au défi de prouver mes forces, je suis rentré chez moi, où, durant deux nuits et deux jours, j'ai surexcité ma volonté. La Volonté! une femme celle-là! une fière femme, quand on l'aime jusqu'au sacrifice. Après deux nuits et deux jours, je suis sorti, mais criant comme Newton après ses deux années de visions célestes : « J'ai trouvé! »

« Cinq minutes après, on a pu me voir entrer bravement, — je ne rougis jamais, car je suis comme l'ancien, je porte mon âme sur mon chapeau, — dans une maison quelque peu célèbre par ses folies nocturnes et diurnes. Que ceux qui ne connaissent pas la maison, messieurs, me jettent la première pierre. »

M. de Parisis remarqua l'agitation et la pâleur de Mme Monjoyeux, qui regardait le sculpteur avec effroi et avec colère.

« Je n'y restai pas longtemps, poursuivit Monjoyeux. Je ressortis bientôt ayant au bras une femme voilée, qui n'était pas précisément vêtue comme une femme du monde qui va à la messe. Comme je ne voulais pas porter la queue de sa robe dans les rues, nous montâmes dans le premier fiacre venu, qui nous conduisit chez moi. A peine arrivé, la femme avisa ma chambre à coucher et se déshabilla à demi pendant que je lisais une lettre.

« Non, lui dis-je. Vous vous imaginez peut-être que c'est une
« maîtresse que je suis allé prendre dans cette joyeuse maison
« où je vous ai trouvée si insouciante, si oublieuse et si belle.
« Non! si vous voulez, vous serez ma force et non ma faiblesse.
« Je vous ai choisie non pour humilier la femme, mais pour
« venger la femme; je vous ai choisie pour faire la satire en
« action de mon siècle. » Elle ne comprenait pas du tout, je mis mon cœur à nu devant elle, je lui démasquai toutes mes batteries. « Si vous voulez jouer un grand rôle, lui dis-je, venez avec
« moi; vous serez mon compagnon d'armes dans la guerre ter-
« rible que je vais faire à la société. Vous ne changerez pas de
« métier, mais vous remonterez d'un degré, parce que c'est le
« dernier mot de l'œuvre qui moralise l'œuvre. Là-bas, où je
« vous ai prise, vous étiez au premier venu qui donnait un louis
« à la porte. Dans le monde où nous allons, vous serez encore
« au premier venu, mais les louis se multiplieront à l'infini : je
« dirai que vous êtes ma femme. »

« Cette fille rougit pour moi; elle ne rougissait plus pour elle.
« Ne rougissez pas, lui dis-je, vous comprendrez un jour pour-

« quoi nous jouons ces deux rôles. Donc, je dirai que vous êtes
« ma femme. Je suis idéologue, sculpteur, machiavéliste, vous
« irez solliciter pour moi des monuments à faire et à défaire ; je
« suis un grand homme politique, comme tous ceux qui n'ont
« rien à faire : nous courrons le monde, et, comme trop
« d'hommes politiques, je sauverai tous les Etats. C'est vous
« encore qui serez le trait d'union entre moi et le pouvoir, à
« Pétersbourg comme à Paris. Une femme a manqué à Machiavel,
« voilà pourquoi il est mort de faim. Je vous jure que si vous
« êtes belle — sans être rebelle, — nous n'aurons pas fait vaine-
« ment le tour de l'Europe. Nous deviendrons riches, moi glo-
« rieux, vous plus éblouissante, et toute ma fortune si bien
« acquise sera pour vous. » Cette fois, elle comprit. Jouer un
pareil rôle, pour une pareille femme, c'était déjà de se dégager
de ses langes immondes. Ce n'était pas d'ailleurs la première
venue. Elle était bien née et elle avait à se venger. Elle voulut
m'embrasser : « Non, lui dis-je, je ne vous connais pas, je ne
« vous embrasserai jamais ; vous serez une femme pour tout le
« monde, excepté pour moi. » Et en effet, messieurs, cette
« femme que vous voyez là, en face de moi, ce n'est ni ma
« femme ni ma maîtresse. »

Un cri traversa la salle. La jeune femme tomba évanouie dans
les bras de Parisis

Jusque-là, elle avait espéré que Monjoyeux ne la démasquerait
pas ; il lui avait promis de ne pas la trahir ; elle ne pouvait croire
à cette brutalité ; mais c'en était fait, il venait, d'une main fière,
d'arracher le masque et de la rejeter à toute sa honte. Il ne mesurait pas l'abîme. Il voulait frapper fort et frapper juste. Voilà
tout. « Ce n'est rien, dit-il en homme expérimenté, ce n'est rien ;
c'est une femme qui se trouve mal. »

Et il poursuivit :

« Nous commençâmes le lendemain. Est-ce la peine de vous
le dire ? Ma volonté, armée de cette femme, a triomphé de tout ;
j'ai été, du premier coup, l'ami des princes, courtisé par les courtisans. Nul n'a résisté à cette femme. J'ai improvisé de belles
statues, car j'avais avec moi quatre praticiens romains, des fiers
à marbre ; j'ai donné à chaque prince la géographie future de
l'Europe, tous ont reconnu que j'avais le secret de toutes les politiques. Mais ce n'est pas le génie qui m'a donné tant d'or, tant
de croix et tant de titres, car je suis comte italien, baron bava-
rois, grand d'Espagne, pacha, prince valaque. Non ! c'est la beauté
de cette femme qui a tout fait. Et combien de femmes aujour-
d'hui qui ont fait la même besogne ! »

Il salua sa compagne dans cette œuvre infernale. « Pardonnez-moi, madame, si je vous ai mise en scène au dénouement de ma comédie. » Puis, se tournant vers les femmes qui faisaient mine de vouloir sortir pour sauver leur dignité : « Encore un mot, mesdames, je vous en prie. » Il monta sur la table, armé d'un marteau. « Il faut bien qu'on le sache, je me dépouille de tous ces oripeaux indignes de moi. »

Il arracha ses commanderies et les jeta à ses pieds. Il prit dans sa poche des parchemins qu'il alluma aux bougies. Le silence était plus profond et plus terrible autour de lui.

Il y avait quelque chose du jugement dernier dans ce soufflet donné à son siècle sur la joue d'une courtisane.

Il frappa d'un premier coup de marteau la figure de la Vertu. « Je ne veux pas qu'il reste rien de cette œuvre impie. »

Un cri de douleur retentit par toute la salle. Frapper un chef-d'œuvre, c'est frapper l'humanité elle-même. On cria autour de lui.

« O divine Vertu ! dit-il sans écouter, je te révère trop pour permettre que ce marbre souillé ose transmettre ton adorable figure. »

Il donna un second coup de marteau. La statue fut défigurée.

Il se retourna soudainement et marcha sur les roses et les camélias qui jonchaient la table jusqu'au piédestal de Cybèle.

— Et toi, sainte Nature ! s'écria-t-il, toi qui es l'image de Dieu, toi dont les adorables mamelles m'ont allaité, toi qui as mis au monde les Grecs du temps de Socrate, les Italiens du temps de Léonard de Vinci, les Français du temps de Molière et du temps de Saint-Just, je ne veux pas qu'un indigne souvenir te puisse profaner. Je t'ai représentée dans ta souveraine beauté ; mais ce marbre a subi les attouchements impudiques de l'or. »

Et il frappa la statue sur le front, sur la joue, sur les lèvres. En une seconde, c'en était fait de ce chef-d'œuvre.

Vainement Parisis s'était élancé pour empêcher cette profanation. Monjoyeux, comme un Titan déchaîné, ne se fût laissé dominer que par la foudre.

Tout le monde était debout ; la pâleur, l'effroi, la tristesse étaient répandus sur les figures. La plupart des convives ne comprenaient qu'à demi. On se demandait s'il était fou. « Mesdames et messieurs, dit-il en s'inclinant une dernière fois, fier d'avoir créé son œuvre et fier de l'avoir sacrifiée, je redeviens Monjoyeux comme devant. Je crois que j'ai acquis le droit de me croiser les bras comme je faisais. »

Il prit un cigare sur la table. « De toute fortune, je ne me garde que ce cigare, — la dernière fumée! — Je retourne à ma chaumière de la rue Germain-Pilon. Adieu, mesdames! adieu, messieurs! Je ne suis plus ici chez moi. »

Et se tournant vers celle qu'on appelait Mme Monjoyeux : « Adieu, madame Vénus, adieu! Vous avez été héroïque dans le mal ; si je vous avais aimée, vous eussiez été héroïque dans le bien. — Adieu! Nous ne nous reverrons jamais. Vous êtes ici chez vous. Faites que les hirondelles viennent bâtir leurs nids à vos fenêtres. »

Il sortit, le front levé, la démarche hautaine, comme Frédérick-Lemaître dans *Ruy-Blas.*

Les femmes qui étaient là ne portèrent pas leurs flacons à la jeune femme, toujours à demi évanouie, qui croyait rêver, qui étouffait dans son humiliation et qui ne trouvait pas la force de s'humilier tout haut.

Ces dames mettaient en toute hâte leurs pelisses et leurs chapeaux. « Que dira-t-on de nous demain? se demandaient-elles toutes.

Quelques-unes s'enfuirent, les plus curieuses demeurèrent.

Les hommes commentaient diversement ce que Monjoyeux appelait sa satire en action. « C'est un fou, disaient les uns. — C'est un sage, disaient les autres. — C'est un sage et un fou, » pensait Parisis, qui avait reconnu enfin Mme de Marsillac.

XVIII

HISTOIRE DE MADAME VÉNUS

EPENDANT Mme Vénus s'était levée et voulait parler à son tour : « Encore un instant, mesdames les femmes comme il faut, je prends la parole et on ne refusera pas de m'entendre »

Les dames, plus curieuses encore qu'indignées, se tournèrent vers Mme Vénus. Elle avait subi les rudes paroles de Monjoyeux comme on subit un coup imprévu. Le premier sentiment est la défaillance, mais le cœur se relève, les tempes s'enflamment, la vengeance prend le mors aux dents.

Tout emportée qu'elle fût toujours par sa nature, elle s'était contenue, elle avait aimé Monjoyeux, elle avait eu l'adoration de son génie : elle n'avait pas voulu, car elle était généreuse, se jeter à sa traverse pour lui couper son effet, comme on dit au théâtre. Elle se réservait son rôle.

Quand elle prit la parole, elle rougit, le sang lui monta à la gorge ; elle faillit ne rien dire ; mais après cette première secousse, elle retrouva sa voix et ses idées. « Ne vous imaginez pas, mesdames, dit-elle en essayant de railler, que je vais me laisser égorger comme une colombe à l'autel du sacrifice. Monjoyeux est un grand comédien comme il est un grand sculpteur, il lui fallait une femme pour jouer son jeu, il m'a prise où il m'a trouvée. Mais cette femme n'était pas la première venue ; moi aussi je voulais jouer mon jeu, moi aussi je voulais me venger.

« Etes-vous bien sûres, mesdames, qu'entre les lèvres et la coupe, il n'y a pas un abîme? On dit à la jeune fille : « Ce lit nuptial s'appelle la vertu, tu n'aimeras pas celui que tu aimes, pour épouser celui que tu n'aimes pas. » C'est la loi du monde depuis que le roi du monde s'appelle l'argent. L'odieux argent, dites-vous, l'odieuse pauvreté, dis-je ; entre l'argent et la pauvreté, il y a tous les crimes.

« Je ne veux pas m'humilier jusqu'à vous dire qui je suis. Une fille, si vous voulez, mais une femme aussi. Je garde mon secret. Quelle que soit la chute, sachez-le bien, le cœur garde un battement pour Dieu ; plus la nuit est profonde, plus l'âme se tourne vers le ciel. Adieu, mesdames, vous êtes toutes, je n'en doute pas, des vertus inaccessibles. Peut-être une de vous, en rentrant le soir, ira tirer les verrous sur la porte de sa fille, non pour préserver la fille qui dort dans son lit virginal, mais pour préserver l'amant de la mère qui se cache dans le lit conjugal. »

Les femmes n'avaient guère écouté, mais la sacrifiée avait eu des auditeurs sérieux.

Tout le monde se regardait et se demandait le secret de cette comédie ; mais se tournant vers Octave, Mme Vénus lui dit: « Monsieur de Parisis, je ne veux confier mon secret à personne, hormis à vous seul. »

Ces mots éloignèrent les derniers invités. « Et maintenant que nous sommes seuls, dit Parisis en prenant la main de la jeune femme, vous aller me confier le secret de votre vie. — Je vous dirai tout, car il vous a fallu un grand courage pour rester avec moi après tous ces sarcasmes; mais ne restons pas là, devant ces débris d'un odieux festin, qui est pour moi une orgie de l'esprit sinon des lèvres. »

Les domestiques, qu'on avait renvoyés, étaient revenus peu à peu et semblaient se demander à qui il fallait encore obéir. « Retirez-vous, dit la dame du logis d'une voix douce et calme; il ne me faut que ma femme de chambre, que je vais retrouver là-haut. »

Et elle passa devant Octave. Le duc avait souffert de tous les coups portés à cette femme d'une main brutale. Il lui avait fallu un vrai caractère pour rester avec elle en face de tous ceux qui la fuyaient. Il risquait d'entamer sa dignité héraldique. Il pouvait bien, le soir, courir les folies nocturnes avec ses amis, mais en face des gens du monde il était toujours resté un homme du monde.

Au haut de l'escalier du premier étage, après avoir traversé une antichambre, la dame se retourna vers lui et lui fit signe de s'asseoir sur le divan d'un petit salon, doucement éclairé par une lampe pompéienne. « Je m'étonne, lui dit-elle, que vous me demandiez le secret de ma vie; ne l'avez-vous pas deviné, vous qui êtes un homme d'esprit, vous qui m'avez surprise à Bade? »

Octave avait reconnu Angèle depuis qu'elle s'était évanouie, comme si elle eût laissé tomber ce masque d'innocence qu'elle s'était fait. « C'était vous! Je le croyais et je ne le croyais pas. — Vous savez pourtant bien avec quel art une femme peut faire, défaire et refaire sa figure. — Oui ; en changeant la couleur de ses cheveux, en accentuant ses sourcils, en marquant un grain de beauté pour changer l'expression, on se fait une autre femme. — J'avais juré que vous ne me reverriez jamais; que vous ne feriez pas la lumière sur la nuit de Bade; qu'une fois au moins, dans ma vie, je garderais quelque prestige dans le souvenir d'un galant homme; mais notre rencontre chez le juge d'instruction m'avait arraché cette illusion. — Je suis un homme d'esprit, dit M. de Parisis, c'est pour cela que je reconnais que tout est impossible et que tout est invraisemblable. — Comme mon histoire! Et pourtant mon histoire est toute simple. Je vais vous la conter avec l'abandon d'une pauvre fille qui serait au confessionnal. »

Angèle leva les yeux comme pour retrouver les méandres du passé. Octave se renversa sur un coussin tout en attachant son regard sur la jeune femme. « Mon cher ami, vous ne connaissez pas la pauvreté? Eh bien! vous aurez toutes les peines du monde à me comprendre. Celui qui n'a pas traversé la misère noire, comme disent les pauvres gens, la misère qui a faim et qui a froid, ne pressent pas toutes les angoisses de l'enfer. Le pauvre n'existe pas et il souffre toutes les existences. Le pauvre est un inconnu que personne ne veut recevoir, parce qu'il arrive dans la vie sans lettres de recommandation. Je m'appelle Angèle-Hélène de La Roche-Parmailles. Je vous livre le nom de mon père, le baron de La Roche-Parmailles, parce que vous êtes un galant homme et que vous comprenez tout. Je ne l'ai jamais dit à personne. J'ai pris quelquefois le nom de Montrigeac, qui fut un des fiefs de notre famille. Hélas! où sont les fiefs? où est la famille? La première révolution a supprimé les fiefs, la prochaine supprimera la famille, si ce n'est déjà fait! Mon père n'était pas riche, il était garde du corps quand il épousa ma mère. En 1830, il accrocha son épée et se fit gentilhomme campagnard. Mais il aimait ma mère et ma mère aimait Paris; il vendit la petite terre de Parmailles pour complaire à ma mère. On vint à Paris, on prit pied rue du Bac, au coin de la rue de Varennes, dans une maison où j'ai vu mourir Mme Dorval. La pauvre femme! elle me caressait les cheveux sans se douter que je serais plus malheureuse encore qu'elle ne le fut, elle qui mourut de chagrin. Il n'y avait jamais d'argent à la maison, mon père voulait faire figure avec ses anciens camarades, ma mère voulait aller dans le monde. Le capital était entamé, il ne restait plus que quatre-vingt mille francs quand on les risqua pour chercher fortune. Quoique mon père fût resté fier, il se laissa convaincre qu'il pouvait, sans déroger, s'associer dans un hôtel garni, l'hôtel de***, où d'ailleurs il ne devait jamais paraître. Dans deux associés, il y a presque toujours un fripon, celui qui n'a pas d'argent. Au bout de deux ans, l'associé de mon père avait quatre-vingt mille francs et mon père avait des dettes. Vous voyez d'ici le désastre : mon père en mourut.

« Ma mère, le dirai-je! était plus malheureuse encore que coupable, elle chercha à se consoler. Quand les femmes ne trompent pas, ce sont elles qui sont trompées. Ma mère était loyale, elle risqua sa vertu, elle donna ses derniers jours de beauté; on lui avait promis une fortune, elle croyait aux contrats du cœur, on ne lui donna qu'un éclat de rire. Elle courut toute désespérée se réfugier chez une de ses amies à Montmartre.

Une femme déchue aussi, qui n'avait sauvé que des épaves. J'avais quatorze ans, vous voyez le tableau, vous voyez l'exemple. Pas une âme au monde qui veillât sur nous.

« Nous vivions avec cette femme. Quel pain que celui-là ! Des hommes venaient çà et là, je comprends à moitié, j'étais révoltée, ma mère se révolta elle-même, car elle ne voulait pas descendre jusque-là. Avec les derniers bijoux, on loua une chambre. Ma mère prit une aiguille et travailla héroïquement depuis le soleil levant jusqu'au soleil couchant, car la lumière achetée coûte trop cher.

« J'allais concourir pour le Conservatoire, mais ma maîtresse de piano, une méchante femme, croyant que notre misère n'était pas vraie, voulut être payée et m'abandonna. C'était la dernière planche de salut. On nous avait fait quelque crédit en me croyant déjà une artiste : tout le monde se détourna.

« Je me jetai dans les bras de ma mère et je pleurai longtemps. Ma mère pleura plus longtemps que moi. Je voyais ses belles larmes tomber sur d'affreux torchons qu'elle ourlait, car elle n'avait pas le droit de pleurer les bras croisés. Oh ! les travaux forcés à perpétuité ! on ne les connaît pas au bagne de Toulon : c'est au bagne de Paris qu'il faut les voir !

« Je pris une aiguille moi-même et je travaillai avec ma mère. Total : trente sous par jour. Et pas une heure pour relever la tête, pas une heure, excepté le dimanche quand nous allions nous cacher derrière un pilier pour écouter la grand'messe à Notre-Dame-de-Lorette. C'était notre seul luxe. Je masquais les reprises de ma robe en me serrant contre ma mère. Bientôt il ne me fut plus possible de sortir ensemble : nous n'avions plus qu'une robe !

« Je priais Dieu ; mais si Dieu se montrait, où serait la vertu ? Dieu est en nous, qui nous montre le bien et le mal ; Dieu, c'est la conscience.

« Je priais encore, je priais toujours ; je ne pouvais croire alors à de pareilles épreuves. Il nous fallut souffrir la faim et le froid, toutes les misères, que dis-je, toutes les humiliations. Quand on parle de cela aux gens riches, ils ne comprennent pas ; ils sont comme les voyageurs qui ne voient que les rives d'un pays et qui n'en devinent pas les déserts, les abîmes et les volcans.

« Nous nous trompions ma mère et moi ; nous reprenions encore sur nos lèvres, pour nous regarder, le sourire des meilleurs jours. Cette dernière expression de ma mère souriante dans sa douleur mortelle m'est restée dans l'âme ; je la vois toujours ainsi, comme ces saintes femmes qui allaient au supplice avec une flamme divine dans les yeux, parce qu'elles marchaient pour la gloire de Dieu.

« On m'a souvent parlé de la charité, je l'ai même vue en peinture, mais je vous jure que la charité ne s'est pas montrée une seule fois pendant notre misère. Je me trompe : une femme est venue un jour, qui avait de l'or dans la main et qui a parlé à ma mère; je ne comprenais pas bien et déjà je voulais embrasser cette femme, — une marchande à la toilette qui vendait plus de femmes que de robes, — mais je compris bientôt : elle venait proposer à ma mère de vendre mon cœur, de vendre mon âme.

« Les pauvres esclaves qu'on vend en Orient ne donnent pas leur âme parce qu'elles ne connaissent pas leur âme, mais la femme chrétienne donne sa part de paradis le jour où elle vend son corps.

« Vous devinez bien que ma mère mit cette odieuse créature à la porte, mais ce fut le dernier coup. Le soir même, quand ma mère se coucha plus tôt que de coutume, ce fut pour ne plus se relever. Je ne pouvais croire à la mort de ma mère; pendant plus de trois semaines ce fut une agonie, ce fut presque une agonie pour moi-même. J'ai veillé ma mère toutes les nuits; le jour, je tombais de fatigue et de chagrin sur le bord de son lit; le médecin ne vint que deux fois, quoiqu'il m'eût promis de venir souvent, mais ce n'était pas le médecin des pauvres. Quelques voisines me donnaient cinq minutes çà et là, mais j'étais presque toujours seule. Un matin ma mère sembla se ranimer : « Ah! si tu m'apportais des oranges et du raisin, il me semble que cela irait bien. » Je n'avais pas un sou, mais je mis mon chapeau et mon mantelet, je descendis en toute hâte et je courus chez cette abominable marchande à la toilette, car je savais où elle demeurait. C'était tout près, rue Fontaine-Saint-Georges. Avant d'arriver chez elle, je m'arrêtai devant une boutique de fruitier où je vis des oranges et des raisins. « Ah! pensai-je, comme ma mère sera heureuse! » Les raisins étaient magnifiques, quoiqu'on fût en janvier; on avait entr'ouvert une boîte où ils semblaient m'appeler par leur belle couleur dorée.

« Enfin, me voilà chez la marchande à la toilette. Que vous dirai-je? Je ne venais pas pour faire des façons; le sacrifice était déjà consommé; j'avais demandé pardon à Dieu, je priais pour mon âme, mais j'apportais mon corps à toutes les souillures.

« Ce qui m'a toujours surprise et révoltée, c'est qu'on trouve à toute heure un homme pour cet odieux sacrifice. Celui qui vint ce jour-là n'était pas, comme il arrive quelquefois, un vieillard qui se retourne vers la jeunesse, c'était un jeune homme qui cherchait es émotions, à peu près comme ces enfants cruels qui tuent ne colombe à coups de canif. Cette horrible profanation d'une pauvre fille, qui tout à l'heure croyait à tout, et qui désormais ne croira plus à rien, s'est accomplie dans l'arrière-boutique de la marchande à la toilette. Je regardai ce jeune homme avec stupeur. Savez-vous quelle était sa volupté? C'étaient mes larmes, c'était mon effroi, c'étaient mes sanglots. Paris renferme des Héliogabales par milliers. »

Ici Angèle s'interrompit. Parisis remarqua qu'elle ressentait encore toute l'horreur de cet attentat; elle avait pâli, la fièvre l'agitait, elle criait toujours vengeance.

Elle se leva et fit quelques pas dans l'attitude d'une muse tragique. « Vous êtes belle ainsi, lui dit Octave. — Je vous demande pardon, dit-elle simplement; je me croyais seule tant j'étais retournée loin dans le passé. »

Elle retomba dans un fauteuil et continua :

« Ma mère eut ses raisins et ses oranges. Elle mangea une orange et une grappe de raisin, sans se douter du prix qu'elles me coûtaient. Puis, tout à coup, comme si l'idée lui en fût venue, elle rejeta ce qui restait et tomba dans le délire. La nuit même elle mourut.

« J'avais encore cent quatre-vingts francs; cet argent ne me brûla pas longtemps les mains, ma mère ne fut pas enterrée dans la fosse commune, mais, hélas! son linceul n'en fut que plus souillé, puisqu'il était le prix de ma honte.

« Vous devinez quel fut mon dégoût pour toutes choses, surtout quand, au convoi de ma mère, je ne vis venir que la marchande à la toilette. Et comme elle priait Dieu! c'était à croire que Dieu l'inspirait.

« Quoique je fusse alors à deux pas de la mort, j'étais énergique. Je résolus de me venger. Dieu m'avait trop abandonnée pour que je n'abandonnasse pas Dieu. On m'a dit que vous étiez athée : eh bien! moi, quand je m'agenouillai sur la terre qui recouvrait ma mère, je ne pouvais pas prier. Je fus logique, puisque Dieu n'existait pas, puisque le monde n'était qu'un marché de dupes, puisque l'argent avait raison de tout, puisque la vertu n'était qu'une légende. Je levai la tête avec dédain, et d'un air railleur je dis à la marchande à la toilette : « Et maintenant que Dieu m'a pris ma mère et que vous m'avez pris mon âme, que me reste-t-il? — Je serai ta mère; » me dit-elle. Sur ce mot, je la quittai avec horreur.

« Je ne rentrai même pas à la maison. J'eus encore un souvenir du ciel ; je marchai d'un pas ferme vers le refuge Sainte-Anne, aux Filles repenties. Mais il n'y avait pas une place, pas un lit de paille! Je me décidai tout à fait à me venger d'une pareille société, où il n'y avait ni une place pour travailler, ni une place pour prier Dieu. Je pris une patente pour le vice légal.

« Je me vengeai de moi sur moi-même. Je dis mon nom tout haut ; je me trompe, je ne gardai que mon nom de baptême : — Angèle, — un nom bien fait pour une pareille mission, et je pris le nom de celui qui m'avait donné l'horreur de l'humanité en me donnant l'horreur de l'amour. Il se nommait M. de Marsillac ; voilà pourquoi vous m'avez connue à Bade sous le nom de Mme de Marsillac. »

Octave avait écouté silencieusement. Il pria Angèle de lui expliquer sa figure à Bade. « Comment ! lui dit-elle, vous n'avez pas compris ? Vous m'avez vue à Bade sous ma figure toute naturelle. Trois fois en trois ans, je me suis donnée un mois pour respirer un peu d'air vif dans la vie. La première année, je suis allée aux bains d'Ostende ; la seconde année, aux Pyrénées ; la troisième année, à Bade. Je devenais alors, pendant tout un mois, une honnête femme dans le sens le plus rigoureux du mot ; aussi ne fût-ce pas un jeu que je jouai avec vous à Bade. Si vous n'aviez éveillé en moi un vif sentiment, — l'avouerai-je, — c'était l'amour qui me surprenait pour la première fois, — l'amour sur le fumier de mon corps, — j'eusse résisté stoïquement. Vous avez vu le lendemain comme je me suis enfuie honteuse de ma défaite, parce que je m'étais juré à moi-même de ne pas souiller mes vacances. — Etrange femme que vous faites ! murmura le duc de Parisis. Savez-vous que vous êtes admirable dans vos déchéances comme dans vos rappels de vertu ! — Je ne suis pas admirable : j'ai le courage de ma situation et j'ai le courage de mon cœur. Ce qui me soutient quand je me souille, c'est l'idée de la vengeance ; ce qui me relève devant moi-même, c'est qu'au milieu de ces infamies, j'ai gardé mon âme fière. Vous avez lu *Rolla*? — Si j'ai lu *Rolla* ! je le sais par cœur. — Eh bien! il y a beaucoup de vers qui entrent dans ma vie comme des flèches d'or. Vous dirai-je qu'une nuit Monjoyeux faillit en finir avec moi comme le héros d'Alfred de Musset, mais je voulus mourir aussi ; ce fut ce qui le sauva, parce qu'il trouva cela mélodramatique de mourir à deux. Ce qu'il y a de plus étrange, c'est que je n'ai été pour lui qu'une étude et un modèle. Même avant qu'il ne me prît pour jouer son grand jeu, j'étais allée poser dans son atelier; il me trouva fort belle, mais l'admiration de l'artiste ne fut point altérée par l'amour du voluptueux. Il m'avait vue souvent dans le salon — de conversation — avec les autres femmes, sans aller plus loin. Une seule fois, il monta dans ma chambre, je lui avais, malgré moi, ouvert mon cœur; ce soir-là il était désespéré, il voulait mourir, il voulait me prendre pour le marbre de son tombeau, mais, comme je vous l'ai déjà dit, je voulus mourir aussi, voilà pourquoi il ne mourut pas. Six mois après, il revint et me dit à l'oreille : « Tu te venges ici de l'humanité, moi aussi je veux me venger; veux-tu jouer un grand rôle? »

Vous savez le reste, je ne voulais pas éternellement m'acclimater dans ce bourbier; quoi que je pusse faire, je ne risquais pas de tomber beaucoup plus bas : je me sentais une vive sympathie pour Monjoyeux, je jurai d'être à lui comme une esclave qu'il aurait achetée. Je fus donc pour tout le monde, excepté pour lui, Mme Monjoyeux.

XIX

LE THÉ DE MADAME VÉNUS

ANGÈLE pencha la tête : « Ou plutôt, reprit-elle, je fus pour tout le monde Mme Tout-le-Monde — Mme Vénus, comme disait Monjoyeux. — Ainsi, dit M. de Parisis, vous avez pris votre rôle au sérieux. — Oui, certes, ce n'était pas un simulacre. Jamais Danaé n'a vu tomber de pareilles pluies d'or. Monjoyeux, dans son jeu railleur, terrible, insensé, me jetait dans les bras de quiconque avait les mains pleines d'or, de diamants et de croix. Je ne pouvais pas trouver étrange de faire des façons pour une poignée d'or, moi qui n'en faisais pas pour une poignée d'argent. — Je vous avoue que je ne croyais pas qu'au delà des fortifications, la femme, quelque belle qu'elle fût, pût trouver le chemin de Corinthe. — Mon cher duc, vous êtes dans les vieilles idées. Paris n'a plus comme vous que des sceptiques qui n'ont que des passions de vingt-quatre heures — et encore si la nuit dure vingt-quatre heures. Il faut courir, je ne dirai pas les provinces, mais les capitales étrangères, pour trouver des paladins sérieux, de ceux-là qui vous mettent aux oreilles, sur la poitrine, les perles et les diamants des reines de l'ancien régime. — En un mot, des hommes de l'âge d'or. — Oui ! riez d'eux, parce que vous n'avez ni assez d'argent, ni assez d'amour pour les imiter ; mais ce sont de vrais hommes, ceux-là. Au lieu d'attacher leur nom aux biens de ce monde, ils attachent leurs biens à la beauté d'une femme. Croyez-vous donc qu'une femme ne soit pas un joli coffre-fort ? Ne raillons personne. Tout le monde a tort et tout le monde a raison. »

Parisis rappela que c'était son principe. Angèle continua : « Vous vous imaginez peut-être que je vais quitter cette maison comme a fait Monjoyeux, laissant la clef sur la porte et en emportant une cigarette ? Nenni ! nenni ! mon cher. Je veux me relever de mes humiliations de ce soir ; non pas par la vertu qui ne veut pas de moi, mais par la fortune qui ne fait fi de personne. Vous me verrez au Bois ces jours-ci dans une daumont qui fera du bruit, par ses quatre chevaux, aux quatre coins du monde. Les journaux diront tant de mal de moi que je deviendrai célèbre avant la fin de la saison. Et alors nul ne sera digne, parmi les plus dédaigneux, de dénouer la ceinture de Mme Vénus. — Excepté moi ! — Vous, vous ne comptez pas, parce que vous comptez trop. Or, puisque je suis chez moi, voulez-vous prendre du thé ? »

Angèle sonna. Un domestique se présenta à moitié endormi ; mais elle lui donna l'ordre de servir le thé avec un air de souveraine grandeur qui le réveilla subitement. Il comprit qu'elle était la maîtresse de la maison.

Octave se rappela le thé de Mme d'Antraygues quand le domestique apporta un service de Saxe. Mme Vénus avait profané ses lèvres dans la porcelaine de toutes les nations, dans le vieux Japon, comme dans le vieux Chine, dans le vieux Sèvres, comme dans le vieux Saxe, jusque dans la faïence hollandaise et dans la majolique italienne. Quoique Octave trouvât quelque peu ridicule de dédaigner la bouche qui a bu, quand on ne dédaigne pas la coupe où on a bu, tout en se souvenant de Mme de Marsillac, il était encore assez délicat pour ne pas chanter avec Mme de Monjoyeux la ballade du *Roi de Thulé*.

Il ne jeta donc pas, ce soir-là, sa coupe à la mer. « Adieu, dit-il à Angèle, la force des choses nous rejettera en face l'un de l'autre. — Adieu, dit-elle tristement, ce jour-là je vous dirai mon secret, car j'en ai encore un à vous dire. »

Tout le monde parla bientôt du luxe, des chevaux, des cheveux et des amants de Mme Vénus.

XX

LE SOUPER DU COMMANDEUR

OCTAVE était de ce célèbre dîner des athées, qui a soulevé l'indignation des journaux religieux, comme si les nuages étaient cloués au ciel. On sait que le dîner des athées, qui se donnait les samedis à la Maison d'Or du pays latin, fut illustré par quelques figures fort à la mode aujourd'hui, et qui seront encore célèbres demain.

Un soir que Parisis allait dîner à la Maison d'Or du pays latin, au célèbre cénacle des athées, il arriva bras dessus bras dessous avec un historien qui a écrit l'histoire de Dieu parce qu'il ne croit pas à Dieu.

Comme il allait entrer, il vit arriver avec fracas une dame à la mode dans une demi-daumont, ce qui était un spectacle pour tout le quartier. Il reconnut bientôt Mme Vénus, car elle n'avait plus d'autre nom. Elle en était à son quatrième baptême. Ce devait être le dernier.

Elle donna la main à Octave en descendant de voiture : « Ah! que je suis heureuse de vous voir! lui dit-elle avec une véritable expansion. Il me semble qu'il y a un siècle que je ne vous ai vu, il me semble que je serai un siècle sans vous voir. — Vous êtes en bonne fortune, ma chère? — Oui. Je suis attendue là-haut par Ali-Baba. Pendant que vous allez dîner comme des Parpaillots, nous dînerons comme des Turcs. Saluez mon amie, qui est une turquoise. »

Disant ces mots, et pendant que Parisis essayait une plaisanterie du sérail à la dame, Angèle tourna la tête avec inquiétude, comme si elle eût peur d'être suivie. « Je ne vous cache pas, dit-elle en dépassant Octave, que j'ai M. Othello, mon dernier amant, à mes trousses. » Puis, se retournant vers Parisis, elle lui dit à l'oreille : « Quand m'offrirez-vous du thé chez vous? Voilà mon vrai festin ! Ce jour-là je vous dirai mon secret. »

Octave serra la main d'Angèle et rejoignit ses amis.

On se mit à table : un convive renversa une salière. Grand émoi dans tout le cénacle! Pas un qui ne prît du sel et ne le jetât derrière lui pour apaiser les dieux irrités. On se regarda, comme si on dût trouver Judas autour de la table. « Saluons! dit un savant, — un des quarante, — la philosophie préside ici. »

La philosophie, c'était un bas-bleu, un bas-bleu par excellence qui a étudié les passions dans son cœur, et qui sait bien comment tombe une femme. C'est une plume d'or qui dit que la parole est d'argent : voilà pourquoi elle ne parle pas à table.

A cet instant, un convive attardé ouvrit la porte. Ce fut un bien plus grand émoi, quand on aperçut un treizième convive.

Le treizième convive s'avança pour se mettre à table; mais tout le monde se leva avec épouvante et prit son chapeau. Le dernier venu, qui avait son chapeau à la main, s'éclipsa pour ne pas appeler sur lui même la vengeance des dieux.

On dîna gaiement jusqu'à la première entrée. Un journaliste, versant à boire à son voisin, cassa une coupe à vin de Champagne : on faillit se signer. « C'est un jour néfaste, s'écria un ancien; casser un verre dans lequel on n'a pas encore bu! — Comment donc, s'écria un moderne, c'est de bon augure : rappelez-vous le festin de Faliero. — Par le doge! dit un poète chevelu, œil d'aigle et de colombe, voilà deux couteaux en croix ! Est-ce contre nous que le poignard s'aiguise? »

Un historien critique néo-grec qui a passé par Venise, ciseau de Praxitèle, palette de Titien, s'écria : « Serons-nous toujours asservis à ces enfantillages ? Ne sommes-nous pas sous le portique ? — Voyons, dit un éclectique qui voulait marier Dieu et le diable, l'âme et le néant, ne soyons pas si absolus; n'oublions pas que plus d'un d'entre nous cache sous son sein une médaille de la Vierge. — Ou la croix de sa mère, dit un romancier à deux figures. — N'oublions pas, reprit l'éclectique, que plus d'un de nous, en rentrant ce soir, saluera chez lui quelque belle madone veillant sur un berceau, ou quelque doux portrait de mère partie pour le ciel. — Question d'art, dit l'historien critique. — Mais l'art, qu'est-ce autre chose que l'expression de la grandeur humaine s'élevant jusqu'à la grandeur divine? — Tu parles trop bien, bipède saugrenu, reprit le Mérovingien. Tu vas devenir charentonesque, si tu te fais si majestueux. A quoi bon convaincre ces Philistins ? »

A propos d'art, on parla poésie, peinture et musique. Comme il est convenu que deux musiciens sur quatre ont le mauvais œil, presque tous les convives conjurèrent les jettatores chimériques en faisant la fourche de Satan avec leurs doigts. Une superstition de plus !

Et pourtant il y avait là de véritables grands esprits, qui sont l'honneur des dernières années dans la poésie, dans l'histoire, dans l'art et dans la science. Ils croyaient honorer l'intelligence en arrachant d'une main hardie la dernière herbe des préjugés. Quelques-uns se disaient athées, mais nul ne l'était; nier Dieu, c'est déjà le reconnaître; s'il n'existait pas, il ne serait pas nié.

Un second philosophe parla ainsi : « Dieu a voulu déjouer la logique humaine : comme nous n'entrons jamais dans la coulisse du théâtre où il joue son grand rôle, nous n'avons pas le secret de la comédie. Par exemple : comment Dieu, qui doit être le bon Dieu, a-t-il pu nous condamner à l'origine, dans la figure d'Adam et d'Ève? Puisqu'il était Dieu, c'est-à-dire l'universel et l'infini, il savait que la femme pécherait et entraînerait l'homme dans sa chute; c'était donc un jeu cruel. Quel est le père de famille qui voudrait condamner d'avance toute sa lignée? — Dieu n'a voulu la chute que pour la rédemption, dit le bas-bleu. — A moins, dit un sénateur, que Dieu ne sache pas mieux que nous l'histoire du lendemain, entraîné lui-même dans le tourbillon des mondes qu'il a créés, mais qu'il ne domine pas, comme un père de famille qui devient bientôt l'esclave de ses enfants. — Un Dieu aveugle ! Il est bien plus simple de dire que Dieu n'existe pas. — Si Dieu n'existait pas, nous n'aurions pas l'idée de Dieu. — Tais-toi, tu n'est qu'un orgueilleux; tu as fréquenté les poètes classiques; tu trouves que ce n'est pas assez de descendre des croisées, tu veux descendre de plus haut. — Alors Dieu ne serait qu'une question de livre héraldique, un soleil d'or sur champ d'azur. »

Le sénateur voulut être profond : « Crois-moi, puisque le monde est éternel, c'est qu'il n'a pas eu de commencement. Que serait venu faire Dieu ? — Et le chaos. — Es-tu bien sûr que le chaos ne soit pas encore le chaos, et qu'il ne sera pas toujours le chaos? Dieu, c'est la vie universelle, c'est le pain et le vin du cénacle, le pain et le vin du cénacle matériel. Nous avons tous notre part de divinité passagère, comme les vagues de l'Océan ont leur part de soleil. — Il n'est pas plus difficile de croire à la Trinité. — La Trinité! c'est le Vrai, le Bien et le Beau, trois figures en une seule, ou une figure à trois faces. Les philosophes de l'antiquité ne disaient-ils pas que ces trois grandes vertus, qui ne vivaient que dans l'âme des hommes, étaient supérieures à tous les dieux? — A tous les dieux fainéants de l'Olympe, puisque le Vrai, le Beau, le Bien inspiraient des idées, des œuvres, des actions. — Voilà les trois types de l'humanité, voilà les trois dieux, les trois dieux éternels. — Ce sont les dieux de notre âme; mais les dieux de notre corps? — Ce sont les trois dieux de la nature : l'air, le feu, l'eau. — Et que faites-vous de la terre? — C'est l'homme qui est la terre, berceau et tombeau de la vie universelle. »

Chacun bâtissait sur la nappe son petit château de cartes philosophique. Parisis prit ainsi la parole :

« Pour moi, la force n'est pas sur les choses, mais dans les choses. Rien de ce qui se fait sur la terre n'est l'œuvre du ciel. Héraclite avait raison : l'univers n'a été créé ni par les dieux ni par les hommes; il a été et sera toujours un feu vivant qui se ranime et s'éteint pour se ranimer encore. Mais Héraclite était timide dans ses idées, car il fait apparaître Jupiter, quand il dit que la comédie du monde est un jeu que Jupiter joue avec lui-même. Moi, je ne reconnais de Dieu que dans l'imagination des poètes et des femmes. Ce ne sont pas les dieux qui ont créé l'homme à leur image, mais ce sont les hommes qui ont créé Dieu à leur image. Ou plutôt ce sont les hommes qui sont les dieux, puisqu'ils ont la puissance créatrice, matérielle et immatérielle, le réel et l'idéal. Corneille a créé Mlle Corneille et Chimène; Molière a fait Mlle Molière et Célimène. Quelle folie de vouloir qu'un Dieu se cache dans la coulisse pour faire mouvoir les polichinelles et les poupées de la scène du monde! De même que nous respirons pour notre corps l'air vivifiant, notre front allume sa pensée dans un rayonnement invisible comme l'air, mais qui est la source de feu de toute pensée. Il y a la lumière pour l'esprit comme il y a la lumière pour les yeux. Tout homme est un monument d'architecture, l'œuvre la plus réussie de ce grand architecte qui s'appelle la Nature. Et ma comparaison n'est pas un jeu de rhétorique. Oui, l'homme n'est autre chose qu'une maison plus ou moins ouverte à la lumière qui passe; si les fenêtres sont basses, si l'architecture a dominé, si elle est ombragée par des montagnes ou des arbres, elle est sombre, on y respire mal; c'est l'antre des visions nocturnes; si, au contraire, elle est bâtie sur la montagne, dans le style grec, la lumière y vient toute rayonnante; c'est la lumière de l'intelligence et de la vérité. Il faut donc que les fenêtres de l'homme soient bien ouvertes sur la lumière de l'esprit, cette auréole de tout front qui pense. Tous les grands hommes ont vu par de grandes fenêtres. »

Octave saisit une coupe : « Messieurs, ne laissons pas tomber la maison en ruines. »

Il but et ajouta gaiement : « Quand ma maison tombera en ruines, tout sera dit et tout sera fini. La lumière qui est mon intelligence ne mourra pas, parce que rien ne meurt, mais elle éclairera une autre maison mortelle qui ne s'appellera plus Octave de Parisis. Rappelez-vous ce qu'a dit le grand Shakspeare : « César changé en argile, lui qui faisait trembler le monde, « servira à boucher le trou d'un mur pour repousser le vent. » Et aujourd'hui, messieurs, cette lumière qui s'appelait César, qui sait si elle ne s'éteint pas dans un idiot, parce que les fenêtres de son cerveau auront été manquées ? Pauvres hommes que nous sommes, nous nous croyons des phénix : il n'y a qu'un phénix, c'est la terre toujours renaissante. Que si on veut à tout prix une part d'immortalité, qu'on la prenne là. » Un voisin de Parisis se récria : « Voilà comme pense Don Juan Parisis ! — Croit-on, reprit Octave, que saint Bernard, à force de flagellation, ce qui était un sacrilège à la nature, soit parvenu à mieux penser que moi parce qu'il comprimait ses passions pour faire dominer l'esprit pur ; n'aurait-il pas été un plus grand homme s'il se fût jeté dans les bras d'Héloïse ? C'eût été plus éloquent que de lui parler latin. »

Et après avoir ainsi creusé l'abîme du néant, sans qu'aucun des convives voulût y tomber, mais tout simplement comme un simple défi à la Don Juan, — quand on sait que le Commandeur ne viendra pas, — tous se levèrent pour partir, prenant en pitié ces pauvres bourgeois qu'ils allaient rencontrer dans la rue, emmaillotés toujours dans les langes de la religion.

Voilà que tout à coup la porte s'ouvre ! Une femme apparaît, toute blanche et toute sanglante ! Elle pousse un cri et vient tomber à la renverse sur cette table encore tout égayée des plus beaux paradoxes.

XXI

CI GIT MADAME VÉNUS

Ce fut comme un coup de foudre.

Tout le monde se pencha pour voir cette femme. Tout le monde reconnut qu'elle était belle, même dans les sanglots, même dans le sang, même dans les tortures de l'agonie.

Octave s'était précipité : il avait reconnu Mme Monjoyeux. « Angèle ! » dit-il en lui prenant la main.

La pauvre femme se tordait dans sa douleur, mais elle était toute à son salut. « Donnez-moi un crucifix ! » s'écria-t-elle.

Le premier philosophe fit le signe de la croix sur le front de la courtisane. « Monsieur de Parisis ! murmura-t-elle d'une voix déjà perdue. Je meurs... Un lâche vient de m'assassiner... Je vous savais là... Je viens vous demander une prière... »

Octave, tout en voulant la secourir, se tourna vers ses amis. « Eh bien ! messieurs, dit-il d'un air quelque peu solennel, qui va prier pour cette femme ? »

Nul ne songea à rire. Octave ne riait pas non plus.

Une seconde femme entra. C'était l'amie de Mme Vénus, qui dînait avec elle dans le cabinet voisin, et qui raconta l'histoire en quelques mots.

Angèle avait été surprise par un amant dédaigné, qui, sur son refus de le suivre, l'avait frappée d'un coup de poignard. Et il avait frappé juste.

Angèle tournait ses yeux mourants vers Octave avec un vrai sentiment d'amour. « Elle parlait sans cesse de vous, monsieur de Parisis, reprit sa compagne ; elle avait dit qu'elle vous reverrait avant de partir. »

Et avec une triste expression, cette femme continua : « Elle vous revoit avant de partir. »

Tout le monde écoutait, tout le monde était pris par l'émotion la plus vive. On eût dit les douze apôtres penchés respectueusement vers la Madeleine.

Angèle n'avait plus que le souffle. Elle essaya de soulever la tête, elle murmura ces mots : « Octave... je meurs... J'ai bravé Dieu, Dieu m'a punie... Priez Dieu pour moi ! — Et ce secret que vous ne m'avez pas dit ? — Ce secret : je vous aimais ! »

Angèle venait d'expirer sur ce mot. Octave la regarda doucement, lui qui raillait toujours. « Pauvre femme ! » dit-il en posant un baiser sur le front de la morte.

Et se tournant vers ses camarades d'athéisme : « Messieurs, leur dit-il, il y a pourtant une heure où l'on croit à Dieu, c'est quand on voit la mort purifier la vie. Cette femme que vous voyez là était une femme galante, si galante qu'on l'a surnommée Mme Tout-le-Monde et Mme Vénus : eh bien ! cette blancheur qui se répand sur elle, n'est-ce pas l'aurore de sa rédemption ? »

Un des douze apôtres s'écria : « CI-GIT MADAME VÉNUS ! que les dieux lui ouvrent le ciel ! »

LIVRE III

LA DAME DE CŒUR

I

DEUX LARMES DE GENEVIÈVE

E duc de Parisis avait entrevu Mlle de La Chastaigneraye dans l'avenue de la Muette, marquant son joli pied sur la neige. Depuis ce temps, un homme nouveau naissait en lui à son insu qui menaçait de détruire l'ancien. Cette vie à tous les vents était désormais dominée par une pensée. Jusque-là, à tous les horizons qui l'appelaient, il voyait des femmes, mais un plus pur horizon attirait surtout son âme : l'horizon où rayonnait doucement cette adorable figure de jeune fille dans la virginité des vingt ans. C'était pour la lumière sacrée le rêve lumineux de l'avenir, l'arc-en-ciel de bon augure sur l'orage qui l'enveloppait encore dans ses nuées et ses éclairs.

Octave avait beau vouloir s'affermir dans son athéisme par l'intimité de quelques stoïciens antiques et par la science de quelques docteurs modernes, il pressentait l'inconnu et l'invisible devant la belle et chaste figure de Geneviève, comme si la nature aveugle n'avait pu faire un pareil chef-d'œuvre avec les mains du hasard.

Mlle de La Chastaigneraye parlait donc à son esprit comme à son cœur, mais elle parlait surtout à son cœur : elle lui rappelait sa mère, quoiqu'elle ne lui ressemblât pas, mais parce qu'il y a des airs de tête qui évoquent toute une légion de figures poétiques. Combien de sphères distinctes dans ce monde où tout se touche ! C'est comme le paradis du Dante.

Ceux qui nient la force de l'âme n'ont donc pas étudié toute son action divine ? La prescience sera toujours plus forte que la science, parce qu'elle voit de haut et de loin. Ce n'est pas le souvenir de l'image corporelle qui s'impose, c'est l'âme elle-même qui, pour les yeux d'une autre âme, a revêtu la forme visible. Octave avait beau s'éloigner de Geneviève, se perdre dans ce Paris bruyant, où l'on oublie plus vite qu'en faisant le tour du monde, il voyait partout cette fière et charmante image, parce qu'elle avait pris possession de son âme. Il fût retourné au Pérou ou en Chine sans qu'elle restât en chemin. Elle s'imposait avec la douceur qui pénètre, elle dominait par la grâce ; c'était la sœur, c'était l'amante, c'était la conscience. Cet homme, qui ne voulait pas croire à Dieu, n'osait nier les anges, tant il sentait la présence réelle de l'ange gardien dans Mlle de La Chastaigneraye.

Octave souffrait de ne pas voir Geneviève ; il vivait toujours dans le même tourbillon, mais il ne se passait pas de jour qu'il ne se retournât vers Champauvert et qu'il ne demandât à son âme si elle ne voyait rien venir.

Il se fût peut-être décidé à retourner à Parisis pour être plus près d'elle, pour la voir, ou même pour l'entrevoir.

Il n'avait jamais eu bien peur pour lui-même de la légende des Parisis, et il disait volontiers : « Que m'importe ! si j'avais seulement une année de bonheur ! » Mais il se prenait à redouter pour Geneviève la terrible légende :

L'AMOUR DONNERA LA MORT AUX PARISIS.
L'AMOUR DES PARISIS DONNERA LA MORT !

Cependant il était décidé à partir, quand, un matin, il reçut ce billet de la marquise de Fontaneilles :

« *Monsieur le duc de Parisis a, je n'en doute pas, oublié le
« numéro de mon hôtel, je crois même qu'il a oublié ma figure,
« car, hier, je l'ai vu conduisant son mailcoach à peu près
« comme Apollon conduit le char du soleil : Dieu me garde ! j'ai
« souri, et il ne m'a pas saluée, lui qui salue tout le monde comme
« un empereur.*

« *Si je dis à M. le duc de Parisis qu'il me trouvera demain au*

« *retour du Bois, daignera-t-il descendre de l'Olympe pour me*
« *serrer la main ?*

« Marquise de Fontaneilles. »

Est-ce une embûche ? se demanda Octave. Est-ce un pas fait vers moi ? Raille-t-elle pour se cacher son cœur ou raille-t-elle pour se moquer ? Qui sait ? Depuis que je ne la connais plus, elle veut peut-être faire ma connaissance.

Il se rappela ses tentatives galantes échouant devant les hautaines coquetteries de la marquise ; il n'avait pas de rancune ; il alla le lendemain, vers six heures, à l'hôtel de Fontaneilles, espérant que la première heure de la revanche avait sonné et qu'il allait recommencer son jeu savant pour vaincre la dame de Trèfle. Il comptait sans la Dame de Cœur.

Quand il dit son nom au valet de chambre, il fut frappé d'un pressentiment. Je ne sais quoi de triste traversa son âme. « Monsieur le duc est attendu dans le petit salon, » lui dit le domestique. Comme Octave dépassait la porte, il vit venir à lui une femme très émue et très pâle.

Cette femme était Mlle de La Chastaigneraye. Il lui prit les mains pour l'embrasser, mais il vit des larmes dans ses beaux yeux :
« Des larmes ! Geneviève. Des larmes, vous qui ne pleurez jamais ?
— Octave, vous rappelez-vous la légende des Parisis :

L'amour donnera la mort aux Parisis.
L'amour des Parisis donnera la mort !

Mlle de La Chastaigneraye avait la pudeur des larmes, elle gardait avec fierté le secret de son cœur. Elle n'avait pas ces lâchetés des profanes amours qui vont s'humiliant jusqu'à l'esclavage. Sa dignité lui était trop chère pour qu'elle courbât la tête sous la passion, quelque ardente que fût sa passion.

Voilà ce qu'elle se disait ; mais quand arriva Octave, qu'elle n'attendait pas sitôt, il la surprit dans ses larmes, elle qui ne pleurait pas. C'étaient les larmes du sacrifice.

Elle venait apporter son amour, son cœur, sa vie, pour les immoler. Tous les rêves d'or de ses nuits sans sommeil, toutes les illusions parsemant les horizons de Champauvert, comme de blanches colombes qui se fuient et se cherchent, il fallait leur dire adieu.

Geneviève n'était pas de celles qui se consolent de l'amour dans l'amour. Elle ne croyait pas que l'âme pût contenir deux images aimées, celle qu'on ne veut plus aimer et celle qu'on veut aimer. Elle aurait eu horreur d'elle-même si elle eût songé un instant à profaner ce qui avait été la religion de son cœur. Elle croyait que Dieu fait une âme pour une âme et que Dieu seul console les âmes dépareillées.

Aussi le jour où Mlle de La Chastaigneraye résolut de ne plus aimer M. de Parisis, elle se tourna vers le ciel. Quiconque aurait vu cette jeune fille tomber agenouillée, appuyant saintement sur son cœur un crucifix d'ivoire, eût été touché de sa douleur et de sa résignation. Elle fermait la porte, d'une main stoïque ou plutôt d'une main chrétienne, à toutes les joies de la vie. Il ne lui fallait pas, comme à tant d'autres, la cellule d'un couvent pour s'isoler dans le silence, dans la mort, dans Dieu. Elle avait l'héroïque volonté des grandes âmes; le monde avait beau lui montrer toutes les tentations, elle pouvait descendre la montagne en bravant Satan.

Les esprits forts, les sceptiques, les athées, sont sans doute des âmes d'élite qui s'élèvent toujours au-dessus des passions humaines, puisqu'ils rient si gaiement des consolations divines; la terre n'a que des joies pour leur orgueil, puisqu'ils ne veulent jamais regarder le ciel. Pas un de ceux-là, pourtant, n'eût assisté au sacrifice de Geneviève sans être atteint par l'émotion de cette âme, qu'ils jugent mortelle, mais qui brave leur condamnation.

Mlle de La Chastaigneraye voulut d'abord cacher ses larmes: « Non! pensa-t-elle, mes larmes lui diront combien je l'aime. »

Octave avait pris les deux mains de sa cousine pour l'embrasser. Il mouilla ses lèvres à ces belles larmes. « Geneviève! ma chère Geneviève! vous pleurez? — Non, répondit-elle en essayant un sourire, il n'y a que les enfants qui pleurent. Ces larmes que je voulais vous cacher, ont jailli de mon cœur malgré moi; montrer des larmes, ce n'est pas toujours pleurer. »

Geneviève s'était remise sur le canapé; Octave s'assit devant elle, gardant toujours ses mains dans les siennes. « Je vous en prie, Geneviève, dites-moi votre chagrin! »

Mlle de La Chastaigneraye regarda le duc de Parisis avec une tendresse irréfvable. « Mon chagrin, Octave! c'est que je vous aimais et que je ne vous aime plus. »

Elle avait dit ces mots doucement et lentement avec une expression pénétrante. Octave fut ému dans toute son âme. Il leva les deux mains de Geneviève à ses lèvres et les baisa avec passion. « Geneviève, si vous m'aviez aimé, vous m'aimeriez toujours. — Est-ce bien vous qui dites cela? vous qui faites de l'amour une partie de plaisir ou une partie de campagne. —

Geneviève, vous ne me connaissez pas. Je vous aime, je vous ai toujours aimée, je n'ai aimé que vous et je n'aimerai jamais que vous. »

Geneviève regardait Octave comme si elle entendait parler hébreu. Il continua : « Comment n'avez-vous pas compris, que, dans les prodigalités de la vie, on peut tout jeter par la fenêtre, hormis son cœur ? Je suis indigne de vous, je le sais ; j'ai traversé toutes les passions de la jeunesse sans garder les vertus de l'orgueil ; mais, depuis que je vous ai vue, j'ai senti que je n'avais jamais donné mon cœur. »

La jeune fille souriait tristement. Il compara l'amour au soleil : tout feu et toute lumière. « C'est vous, lui dit-il, qui m'avez donné le feu et la lumière. Jusqu'à vous, j'étais le voyageur des contes arabes, qui ne se réveille jamais que la nuit et qui ne connaît que les lointaines clartés des étoiles. Toutes ces femmes qui ont passé dans ma vie, étaient comme des étoiles perdues, à des millions de lieues de mon cœur. — Vaine éloquence, dit Geneviève ; ne me comparez pas au soleil, car vous ne verrez plus mes rayons. Je viens tristement vous dire adieu et vous apprendre une grande nouvelle. »

Octave, qui maîtrisait ses émotions comme le cavalier qui d'un seul mot arrête soudainement son cheval, se laissa emporter cette fois. « Une grande nouvelle, vous m'effrayez ! »

Il ne riait pas. Il pressentit que sa cousine allait lui annoncer son mariage avec quelque prince français ou étranger. La douleur le saisit. Depuis un an, Geneviève était le rivage, l'horizon, le rêve de son âme. Tout à la tempête, tout à l'orage, tout à l'inquiétude, il aspirait à cet idéal. Supprimer de sa vie l'image de Geneviève, c'était supprimer son cœur. Il écoutait silencieusement, comme si sa destinée eût parlé par la bouche sibyllique de Geneviève. « Mon cousin, reprit Mlle de La Chastaigneraye, j'ai l'honneur de vous faire part du mariage de M. le duc Jean-Octave de Parisis... »

Octave respira ; Geneviève s'était interrompue, il s'imagina qu'elle n'osait prononcer son nom, ce doux nom de Geneviève. Il la savait si étrange, qu'il ne devait pas s'étonner de cette manière originale de lui annoncer leur mariage.

Il se sentait bien heureux et l'avenir lui rouvrait sa porte d'or

Il voulut reprendre une des mains de Geneviève, mais elle dégagea sa main tout en relevant la tête avec sa fierté accoutumée. « Mon cousin, reprit-elle, d'une voix plus ferme et plus brève, j'ai l'honneur de vous faire part du mariage de M. Jean-Octave, duc de Parisis, avec Mlle Violette de Pernan-Parisis. »

II

LA FOLIE DE LA RAISON

Octave regarda Geneviève comme pour lui demander si c'était une gageure. Elle comprit sa pensée à son expression. « Mon cousin, lui dit-elle gravement, je vous parle ainsi parce que Violette est ma cousine et qu'elle est digne d'être ma sœur. Ne l'accusez pas, ou je me lève et je ne vous revois plus. Vous avez fait tout le mal, c'est à vous à le réparer. Vous allez me dire que le mal est irréparable, parce que Violette a eu d'autres amants; ce serait un mensonge, je sais Violette par cœur, je l'ai vue dans sa prison, elle s'est confessée à moi mot à mot; elle a trompé tout le monde pour ne pas vous tromper; c'était un jeu cruel où elle s'est blessée presque mortellement. Elle voulait se venger de votre dédain; elle ne s'est vengée que sur elle-même. Mais comme c'était un grand cœur, elle s'est préservée. L'opinion publique l'a condamnée, mais Violette a gardé le droit de s'absoudre. — C'est elle qui vous a dit cela ? murmura le duc de Parisis. »

A ces mots, Mlle de La Chastaigneraye se leva rapide, blessée, indignée. « Quoi ! c'est vous, monsieur de Parisis, qui doutez de la vertu de Violette ? — Eh bien ! je vous crois, dit Octave en l'arrêtant, mais je serai seul à vous croire. — Non, la vérité finit toujours par être la vérité. Qui donc osera nier la vertu de Violette quand elle sera la duchesse de Parisis? — Tous ceux qui l'ont vue dans ses folies de l'été passé. — Il y a un prince, il y a un Espagnol et un Russe qui se sont donné les airs d'être ses amants, mais ils savent bien qu'ils ne l'ont pas été. Et s'ils l'oubliaient... — Je vous comprends, ma cousine, je vous jure que je n'ai pas besoin d'épouser Violette pour leur faire mordre la poussière s'ils s'avisaient de parler d'elle désormais. — Oui, mais vous épouserez Violette. Les assises vont s'ouvrir : elle sera acquittée. On trouvera cela très beau à vous, ce sera un exemple éclatant à la face de votre siècle. — L'exemple du ridicule ! O belle romanesque ! J'avoue que si je faisais cela, j'inquiéterais quelques séducteurs timorés, mais la morale n'y gagnerait rien. Il faut qu'il y ait des Violettes comme il y a des Geneviève. — Je vous dis que vous ferez cela. J'ai tout arrangé, j'ai fait de ma fortune, — ou de la vôtre, si vous voulez, — cinq parts ; ou plutôt, nous avons déchiré tous les testaments : un million à chaque branche; donc, Violette a un million, puisqu'elle est la fille de Mme de Portien. — Je l'épouserai d'autant moins, puisque me voilà séparé d'elle par un million. »

Octave prit les mains de sa cousine et lui dit avec des yeux idolâtres : « Geneviève, je vous écoute avec admiration, mais tout ce que vous me dites là, c'est la folie de la sagesse. — La folie de la sagesse! Je ne comprends pas. — Vous voulez, comme toutes les grandes âmes, refaire le monde à votre image. Je sais que vous dessinez bien; or, je vous le demande, peut-on faire des retouches à un tableau ancien? L'homme ne créera jamais que des infiniment petits dans l'œuvre de la nature; la perfection de ce monde vit des imperfections comme le bien vit du mal. Au moins, vous, ma cousine, vous avez une consolation, c'est de croire à un autre monde, revu, corrigé et augmenté. — En un mot, mon cousin, vous refusez d'épouser Violette? — Mais, ma cousine, j'ai refusé au premier mot. »

Mlle de La Chastaigneraye se leva encore une fois.

A cet instant, la marquise de Fontaneilles souleva la portière « Faut-il frapper trois coups? dit-elle en souriant. — Non, dit Geneviève, tu sais bien que tout ce que j'avais à dire à M. de Parisis, je devais le dire devant toi. Viens à mon secours, car j'ai échoué dans ma mission. »

Octave était allé au-devant de Mme de Fontaneilles. « Ma chère marquise, lui dit-il, soyez mon avocat, puisque ma cousine ne veut pas comprendre. — Que lui dites-vous? — Je lui dis que je l'aime. — Eh bien, mon cher duc, elle a bien raison de ne pas vous comprendre. »

Octave s'était assis à côté de la marquise, en face de Geneviève qui demeurait debout. « Asseyez-vous donc, Geneviève, dit Mme de Fontaneilles. — Non, répondit Mlle de La Chastaigneraye, je n'ai plus rien à dire. »

La marquise se tourna vers Octave : « Voyons, monsieur de Parisis, ne laissez pas partir Geneviève. »

Octave avait l'éloquence de la parole, mais surtout l'éloquence des mains. Quand il voulait persuader une femme, il lui prenait la main, et sa cause était à moitié gagnée. Au moment où il prit la main de la marquise, elle le regarda en tressaillant : il jaillit de ses yeux un éclair qui fit pareillement tressaillir Octave.

Le démon qui le possédait toujours, — le démon que Geneviève, par sa présence, avait exorcisé, — se réempara de lui. Son regard tomba tout à propos sur les seins de la marquise, qui faisaient transparaître leur beauté à travers une légère robe du matin, dans un corsage simple et vague qui caressait au lieu d'emprisonner.

Octave devait mourir dans l'impénitence finale, puisque toutes ses émotions ne l'empêchèrent pas de reconnaître encore une fois que la marquise avait des beautés incomparables pour un voluptueux. Et d'ailleurs, elle lui avait résisté, il ne voulait jamais s'avouer vaincu.

Cependant Geneviève, toute à sa douleur, ne vit pas, heureusement — ou plutôt malheureusement, — ce tressaillement de son cousin et de son amie.

Mais elle vit que la main de la marquise restait trop longtemps dans la main d'Octave; elle fit un pas pour s'en aller. — Quoi! tu t'en vas fièrement et sans me donner la main? dit la marquise, qui avait repoussé celle d'Octave avec quelque colère, comme si elle fût humiliée du plaisir éprouvé — un poison qu'elle venait de boire avec délices, — sans y songer. — Oui, dit Geneviève, vous me comprendrez peut-être, mais vous ne me comprenez ni l'un ni l'autre. Je vais retourner à Champauvert, je ne reviendrai plus jamais à Paris. — A moins, dit-elle après un silence, que M. le duc de Parisis ne vienne me demander la main de Mlle Violette. »

Ni Octave ni la marquise ne croyaient que Mlle de La Chastaigneraye fût si sérieuse; mais vainement ils tentèrent de la retenir.

Le coupé de la duchesse de Hautefort attendait Mlle de La Chastaigneraye dans la cour : elle était déjà sur le perron quand son amie lui dit qu'elle allait l'accompagner, ce qui naturellement mettait Parisis à la porte. — Ma chère Geneviève, dit-il en s'en allant, je veux venir vous revoir chez la marquise. — Non, murmura-t-elle, j'ai dit. »

Il pria en vain, il se brisa contre un silence inflexible. « Étrange fille! plus étrange que jamais! pensait-il en traversant la cour. Elle a dit! Mais, moi, je n'ai pas dit! »

III

LES DEUX COUSINES

L'AFFAIRE du bouquet de roses-thé devait revenir aux assises de l'Yonne sous quelques jours. Le procureur impérial avait fait une visite à Mme de Portien et lui avait promis de venir la revoir, sans lui dire combien elle était compromise par une sourde vindicte publique. On prétendait avoir vu chez elle le petit joueur de violon; on l'accusait même de le cacher. Elle dit au procureur impérial qu'elle ne descendrait pas jusqu'à se défendre. Le magistrat lui dit qu'il reviendrait; mais, le lendemain, elle reçut l'ordre d'aller au parquet d'Auxerre.

Que se passa-t-il dans son esprit? Ce qui est certain, c'est qu'on vint lui servir à déjeuner et qu'elle ne déjeuna pas. Elle prit un peu de café et se retira dans sa chambre.

Une heure après, elle était morte..

J'ai lu l'interrogatoire d'une de ses servantes, une de ces filles de campagne tour à tour cuisinières et couturières, qui font la cuisine le soir et les robes le matin. Cette fille, nommée Athénaïs Duru, déclara ceci au juge d'instruction :

Mme de Portien, fière au milieu de ses gens, ne leur disait jamais rien de sa vie ni de sa pensée. Elle était avare et dépensière. Comment dépensait-elle son argent? Ce n'était pas dans son petit château. Quatre fois par an, elle allait passer quinze jours à Paris, où elle laissait le plus clair de ses revenus. Comment vivait-elle à Paris? Elle descendait à l'hôtel Lord-Byron, où elle prenait le titre de comtesse d'Arcourt et où elle se montrait dans tout l'attirail de la dernière mode. Elle vivait à son gré quinze jours par saison. Le reste du temps, toute seule à Pernan, elle rêvait, lisait ou gourmandait ses gens. Son mari apparaissait de loin en loin; quand il arrivait, le petit château se réveillait un peu, car le sieur de Portien était gourmand et donnait à la cuisinière, dès son arrivée, les menus à la mode dans les journaux.

Quand Mme de Portien reçut l'ordre d'aller au parquet d'Auxerre, elle monta donc dans sa chambre. On la vit un instant à la fenêtre. Jeta-t-elle un regard de regret sur le château de Parisis, dont on voyait les grands bois, sur les montagnes lointaines? sur le château de Champauvert, perdu à l'horizon? sur son petit parc à elle, où elle avait passé quelques bonnes heures avec des amoureux d'occasion ? On ne sait.

Une demi-heure après, on vit sortir par la porte du jardin le petit joueur de violon, qu'on cherchait vainement par toute la France, jusqu'en Italie. Le jardinier le questionna, mais il passa la porte sans mot dire. Le jardinier le suivit des yeux ; dès qu'il se crut seul, il prit dans sa poche une poignée d'or et la regarda avec une joie d'enfant. Les gens du château n'avaient jamais vu ce petit joueur de violon : d'où sortait-il ? là était le secret. Tout le château était en éveil, car on savait bien, là comme ailleurs, que Mme de Portien serait inquiétée pour l'affaire du bouquet de roses-thé.

Peu de temps après le départ du petit joueur de violon, la servante Athénaïs crut entendre un cri, quoiqu'elle fût à quelque distance de la chambre de sa maîtresse. Elle courut et voulut ouvrir la porte. Mais Mme de Portien avait poussé le verrou. Cette fille eut peur d'être indiscrète. Elle attendit. Mais le soir, s'étonnant de ne pas revoir Mme de Portien, elle avait repris un autre chemin. Le cabinet de toilette s'ouvrait par une autre petite porte sous tenture, sur une aile abandonnée du château, qui ne servait que de fruiterie et de lingerie, et qui avait un escalier descendant aux communs. La servante monta cet escalier et arriva à la porte du cabinet de toilette. Elle avait bien jugé : cette porte n'était pas fermée à l'intérieur. Quelle fut la surprise de cette fille en voyant sa maîtresse renversée au milieu de la chambre, la figure contractée, les yeux ouverts, les bras étendus : horrible spectacle pour une paysanne qui n'avait pas vu les drames de l'Ambigu.

Elle la souleva dans ses bras ; mais Mme de Portien était morte. Déjà les mains étaient froides comme le marbre. La servante appela au secours. Ce fut un grand bruit, qui, d'écho en écho, courut en quelques heures jusqu'à Tonnerre. A minuit, le procureur impérial d'Auxerre apprenait que Mme de Portien était morte subitement. Il envoya chercher le médecin de Champauvert, et, au point du jour, il se trouvait avec lui au château de Pernan. On trouva Mme de Portien couchée sur son lit, mais dans l'attitude et avec l'expression que la fille Athénaïs avait remarquées la veille. « Je vous ai appelé, dit le procureur impérial au médecin, parce que je suis sûr que Mme de Portien s'est empoisonnée avec le poison du bouquet de roses-thé. — Je n'en doute pas, dit le docteur après avoir examiné à la loupe les lèvres et les narines de la morte. »

Une lettre cachetée, sur le secrétaire, portait cette suscription :

A Monsieur le duc Octave de Parisis. En vertu de son pouvoir discrétionnaire, le procureur impérial décacheta la lettre, croyant trouver le secret de cette mort inattendue. Voici ce qu'il lut :

« *Mon cher cousin, je meurs de chagrin, car on a osé me soup-*
« *çonner. Je désire que ma fortune soit donnée à Violette, à cette*
« *pauvre fille qui n'est pas la coupable, car la coupable, je la*
« *connais. Mon crime à moi, mon seul crime, c'est que Violette*
« *est ma fille, et que je l'ai abandonnée. Je meurs déchirée de*
« *remords. Que Violette me pardonne. Soyez son frère, comme*
« *vous êtes le frère de* Mlle *de La Chastaigneraye. Dans une*
« *heure, je serai morte. Tout en me condamnant, priez pour moi.*
« *J'ai eu beau faire, la destinée a été plus forte que moi.*
« *Adieu, mon cousin, je vous embrasse.*

« EDWIGE DE PERNAN-PARISIS. »

Le procureur impérial dit qu'il fallait finir ainsi, pour ne pas finir plus mal. C'est déjà quelque chose que de savoir se rendre justice. « Que Dieu lui pardonne, » dit le médecin par habitude de langage, car c'était un médecin qui ne croyait pas à Dieu.

Le procureur impérial lut encore ces quelques lignes sur une feuille de papier que le vent avait emportée dans un coin de la chambre :

« *Ceci est mon testament :*
« *Je donne et lègue à* Mlle *Louise de Pernan-Parisis, surnom-*
« *mée Violette, injustement soupçonnée d'un crime qu'elle n'a pas*
« *commis, tout ce que je possède au jour de ma mort, en biens,*
« *meubles, immeubles, titres de rente et bijoux. A la charge par*
« *elle de faire servir à M. de Portien, une rente de trois mille*
« *six cents francs qui lui sera payée tous les mois, à Paris.*

« EDWIGE DE PERNAN-PARISIS. »

« *Écrit au château de Pernan.* »

Le jardinier vint déclarer qu'une demi-heure avant la mort de Mme de Portien, il avait vu sortir un gamin de douze à quinze ans, qui avait traversé le parterre et s'en était allé par la porte du jardin. « C'est encore un trait de lumière, dit le médecin. Voilà le dernier mot. »

Dès que le procureur impérial put retourner à Auxerre, il fit jouer le télégraphe dans toutes les directions, ce qui ne l'empêcha pas de mettre en campagne la gendarmerie. Pendant qu'on le cherchait bien loin, le joueur de violon était déjà à Auxerre, dans un cabaret hanté par les femmes de mauvaise vie.

Le procureur impérial, qui était un philosophe, remarqua la figure du jeune Bohème. Il avait une charmante tête, qui eût arrêté Léopold Robert à Naples. Murillo en eût fait un adorable Pouilleux. Yeux vifs, bouche de feu, air malin, l'Espagne et l'Italie semblaient rire voluptueusement dans cette figure de rencontre. Mme de Portien remarquait-elle tout cela ?

On lui trouva dix-sept louis : il en avait dépensé trois depuis la veille, trente sous sur sa route et le reste dans le cabaret. Ses premières réponses au juge d'instruction prouvèrent qu'une leçon de silence lui avait été faite; mais dès qu'on lui promit que sa liberté lui serait rendue, qu'on lui achèterait un beau violon et qu'on lui remettrait ses dix-sept louis, il parla avec abondance de cœur.

Voici l'interrogatoire : « La belle dame de Paris vous avait donné, au *Lion-d'Or*, un bouquet de roses pour le porter à Champauvert. — Oui, je suis parti tout de suite; mais, au bout d'une demi-heure, je me retourne pour voir passer une calèche : c'était l'amie de la dame. Elle fait arrêter la voiture et me fait signe de venir lui parler. « Mon enfant, me dit-elle, vous allez monter à côté du cocher, j'ai une lettre à vous donner pour Champauvert. » J'étais bien content. — Le cocher a-t-il entendu ? — Non, elle me parlait bas. Elle a ajouté : « Ne dites cela à personne, c'est une surprise que je veux faire. » Voilà que je monte à côté du cocher, mais on ne suivit plus le même chemin. — Où êtes-vous allé ? — Cette bêtise ! au château de la dame. — Et que se passa-t-il là ? — Rien. Elle me donna à souper elle-même. — Et à quelle heure êtes-vous parti pour Champauvert ? — Le lendemain, au point du jour. — Que vous dit Mme de Portien ? — De remettre le bouquet à la demoiselle du château, et de revenir chez elle sans dire un mot ; elle m'avait promis de me donner un louis d'or. — Et pourquoi n'avez-vous pas remis le bouquet à Mlle de La Chastaigneraye ? — Cette bêtise ! parce qu'elle était à la messe. Il y avait au château une servante qui s'est chargée de la commission. — Et êtes-vous retourné à Pernan ? — Oui; pas si bête que de perdre mon louis d'or. — Et qu'êtes-vous devenu ? — Cette bêtise ! je suis resté là, sans rien faire, bien nourri et bien logé. — Mais pourquoi restiez-vous là ? — Parce que la dame m'avait promis de me reconduire en Italie et de faire la fortune de ma mère. — Et que faisiez-vous au château ? — Cette bêtise ! j'étais comme un prince ; seulement je m'ennuyais, parce que j'étais dans une chambre où l'on ne pouvait pas ouvrir les persiennes ni jouer du violon. A cela près, j'étais bien heureux. — Expliquez-vous mieux. — Eh bien, la dame n'avait dit à personne que j'étais là, pour ne pas faire de chagrin à sa famille. Je vivais caché ; c'était toujours elle qui me donnait à manger ; tous les jours elle jouait aux cartes avec moi, en me disant que nous partirions bientôt. — Mais on ne jouait pas toujours aux cartes ? — Cette bêtise ! Elle venait me voir trois ou quatre fois par jour, elle me contait des contes, elle me montrait ses belles robes, elle m'a donné une montre et une bague. — Les gens du château ne vous ont jamais vu ? — Ils m'ont peut-être vu à mon arrivée ; mais ils croyaient que j'étais parti. — Que vous disait Mme de Portien ? — Elle me disait qu'il fallait bien l'aimer, et ne jamais dire que j'avais porté un bouquet à Champauvert, parce que la belle dame de Paris avait empoisonné le bouquet et qu'on l'accuserait elle-même de l'avoir empoisonné. — Hier, avant votre départ, que vous a dit Mme de Portien ? — Elle m'a effrayé, tant elle était blanche. Elle m'a embrassé et m'a dit, en me donnant une poignée d'or : « Va, mon enfant, je ne puis partir avec toi pour l'Italie ; tu vas t'en aller à petites journées ; tu cacheras bien ton argent et tu joueras du violon en Italie. » Mais elle ne m'a pas rendu mon violon parce qu'elle l'avait brûlé. Mon pauvre petit violon, quel beau feu il a fait ! Elle disait qu'il y avait un sort dedans qui me porterait malheur. Voilà pourquoi elle l'a jeté au feu. — Êtes-vous venu à Auxerre ? — Cette bêtise ! C'était mon chemin. — Et pourquoi êtes-vous entré dans ce mauvais cabaret ? — C'est que j'avais du chagrin de ne plus voir la dame. — Expliquez-vous ? — Cette bêtise ! Je voulais revoir des femmes bien habillées ! »

Ce mot du jeune Bohème fut une nouvelle révélation pour la justice. Mais le procès n'était pas là.

Mme de Portien s'était résignée à mourir. Elle s'était repentie à la dernière heure : la justice des hommes devait s'arrêter devant son tombeau. Espérait-elle cacher par sa mort la main de l'empoisonneuse ? Comme elle l'avait dit à Octave dans sa lettre d'adieu, elle avait subi sa destinée sans trouver la force de la vaincre. Elle s'avoua vaincue. Comme elle n'avait jamais pensé à Dieu dans sa vie, elle n'y pensa pas à sa mort.

Nous n'irons pas plus loin dans cette étude que nos deux héroïnes, Geneviève et Violette, nous ont imposée. Certes, ce n'est pas pour peindre une grande dame que nous avons traduit Mme de Portien devant notre tribunal.

L'avocat de Violette vint lui apprendre cette triste nouvelle de la mort de Mme de Portien. « Votre mère vous sauve en mourant pour vous, lui dit-il. Il faut lui pardonner. »

Violette tomba agenouillée : « Ma mère ! Pourquoi aimais-je tant l'autre ? — C'est que l'autre était la mère de votre âme. »

Depuis qu'on avait laissé plus de liberté à Violette, il ne s'était présenté que deux personnes pour la voir : son avocat et Mlle de La Chastaigneraye. Geneviève, dans un moment d'héroïsme romanesque, était allée à Auxerre pour consoler cette pauvre fille ; pour la mieux consoler, elle lui avait dit : « Vous êtes ma cousine. »

Comme une bonne fée qui veut laisser des espérances, elle s'était complu à lui promettre de meilleurs jours, car elle songeait déjà à la marier au duc de Parisis, lui donnant à lui comme à elle une dot d'un million. Elle cachait cette belle action en déchirant le testament. Et ainsi elle ne se contentait pas de donner deux millions, elle en perdait deux encore, puisque les autres héritiers de Régine de Parisis reprenaient leurs droits et leurs parts.

L'affaire du bouquet de roses-thé revint aux assises de mai, où l'innocence de Violette fut proclamée au milieu des applaudissements à peine contenus. Me Lachaud eut cette fois l'éloquence du silence.

La voiture de Mlle de La Chastaigneraye était à la porte du tribunal, Violette y monta avec une sœur de charité qui l'avait assistée en ces dernières semaines. Elle était si pâle et si défaite, que les paysans juraient, en la voyant à cette nouvelle station, qu'elle n'avait pas un mois à vivre.

Quand elle arriva à Champauvert, elle trouva Geneviève à la première marche du perron qui lui tendait les bras. Violette s'inclina respectueusement, avec la religion pour la vertu, et demanda la grâce d'embrasser cet ange de bonté qui avait daigné venir à elle jusque dans sa prison.

Elle répandit un torrent de larmes, heureuse et désolée : heureuse d'être ainsi accueillie, désolée de ne pas apporter un front pur sous des lèvres si pures. « Enfin, dit-elle avec un sourire et en levant les yeux au ciel, je puis mourir maintenant ! » Mlle de La Chastaigneraye avait entraîné Violette dans sa chambre. « Mourir ! lui dit-elle ; ce serait vous donner tort : vous vivrez, je le veux. M. de Parisis le veut aussi, car il vous aime. — Non, dit Violette tristement ; s'il m'eût aimée vraiment, je serais encore à la rue Saint-Hyacinthe. Mais je lui pardonne, puisque j'ai souffert pour racheter ma faute. »

Geneviève rappela à Violette qu'elle était désormais riche.

« Vous êtes, comme Octave et comme moi, héritière de notre tante Régine. Votre part est d'un million. — Eh bien! je payerai mes dettes, dit Violette en rougissant. — Je crois que je comprends, dit Geneviève en rougissant aussi. — Puisque vous avez été assez bonne pour descendre vers moi dans ces ténèbres, je veux vous dire, pour n'en plus parler jamais, que je vais renvoyer tout ce qui m'a été donné dans mes folies, et je vous jure encore que M. de Parisis seul a été mon amant; les autres n'ont eu que mes promesses. »

Il se fit un silence entre les deux jeunes filles. Violette avait peur de profaner l'âme toute blanche de sa cousine; Geneviève avait peur de rejeter Violette dans les humiliations du passé. « Après quoi, reprit Violette, j'irai aux Filles repenties. — Non, dit rapidement Mlle de La Chastaigneraye, vous irez habiter le château de Pernan, et mon cousin Parisis viendra vous demander votre main, je vous en réponds : il finira par voir le néant de sa vie ; il voudra se racheter par une belle action. — Jamais ! s'écria Violette, jamais! S'il arrivait à M. de Parisis d'avoir un jour de raison, ce ne serait pas pour moi, ce serait pour vous ; car, n'en doutez pas, il vous aime. — Il y a un abîme entre nous : votre malheur. — Laissez-moi à ma destinée; je sens qu'il n'y a plus pour moi que Dieu sur la terre; j'irai aux Filles repenties, on m'oubliera, et j'oublierai. — Non, votre devoir est d'aller à Pernan; de sanctifier, par vos prières et vos charités, la maison de cette pauvre femme, plus folle que coupable, je n'en doute pas. C'est votre mère, Violette; vous devez cela à sa mémoire. »

Violette s'inclina et demeura silencieuse.

IV

LA CONFESSION DE GENEVIÈVE

EN son adoration pour Geneviève, Violette voulut lui obéir; elle se hasarda à aller habiter Pernan, la petite terre de Mme de Portien. Il lui avait déjà fallu, d'ailleurs, faire deux voyages à ce château abandonné, une vraie solitude en ruines, pour le testament et la succession de sa mère. La première fois, elle y était allée avec Mlle de La Chastaigneraye comme en pèlerinage, les lèvres toutes pleines de prières pour sa mère qui, sans doute, n'eût pas commis son crime si elle n'eût pas rencontré sa fille.

La seconde fois, elle y alla avec une jeune fille de Champauvert que protégeait Geneviève, Mlle Hyacinthe de Montguyon.

C'était une vraie musicienne perdue en pleine campagne; fille d'un général mort au Mexique, elle vivait d'une petite pension, mais surtout des générosités anonymes de Geneviève. Le dimanche elles jouaient de l'orgue ensemble pour l'édification du curé et la joie des paysans. Dans la semaine, Mlle Hyacinthe — un nom de fleur comme celui de Violette — jouait de la harpe au château avec un sentiment exquis.

A Pernan, voyant pleurer Violette en face de cette solitude lamentable, Mlle Hyacinthe lui dit avec cette douceur d'ange que lui avait inspirée Mlle de La Chastaigneraye : « Si vous voulez, madame, je resterai ici avec vous. »

Violette la prit dans ses bras. « Oh ! je remercie Dieu, s'écria-t-elle, je croyais n'avoir qu'une amie, mais il m'en donne deux ! » Et après cette effusion de deux âmes sœurs : « Oh! oui, restez avec moi! Vous me sauverez de la mort et vous me sauverez de la vie. »

Elles s'arrangèrent comme deux sœurs. En quelques jours le château reprit un air de fête à travers son deuil. Les fenêtres, presque toujours fermées, s'ouvrirent toutes grandes. Hyacinthe mit des fleurs partout; mais, par un sentiment délicat, elle oublia les roses.

Dès son arrivée, Violette donna dix mille francs aux pauvres en disant que c'était Mme de Portien qui les donnait par son testament. Mais personne n'y fut trompé ; on savait bien que Mme de Portien ne pensait pas aux pauvres : aussi ce fut une vraie bénédiction sur le passage de Violette, surtout quand on apprit coup sur coup les bonnes œuvres qu'elle s'efforçait de cacher : la création de deux lits pour les pauvres de Pernan à l'hospice de Tonnerre, le don d'un orgue à l'église, la fondation d'une école de sœurs dans ce petit village où les filles allaient encore avec les garçons.

Mlle de La Chastaigneraye vint voir Violette un jour et surprit les deux jeunes filles chez une pauvre femme qui avait quatre enfants malades. « Dieu soit loué ! dit Geneviève, vous allez faire tant de bien ici que vous ne songerez jamais à vous en aller. — Et vous, ma chère voisine ? dit Violette en baisant les mains de Geneviève pendant que sa cousine lui baisait le front. Consentirez-vous à être heureuse ? »

Hyacinthe, voyant que Mlle de La Chastaigneraye gardait le silence sans dissimuler une expression de tristesse, dit avec émotion : « Oh ! tout le monde sera heureux. » Mais Geneviève, non plus que Violette, ne voulaient prendre ce mot pour elles.

Quelques jours après, Violette et Hyacinthe allèrent à Champauvert. Elles trouvèrent Geneviève qui priait à l'église, toute seule dans la chapelle où Parisis avait lu le testament des cinq millions. « Vous priez pour moi, n'est-ce pas ? dit Violette à sa cousine. — Non, dit Mlle de La Chastaigneraye, je prie pour moi. »

Violette parut surprise : « Pour vous ! Pourquoi priez-vous pour vous ?

Geneviève ne répondit pas, mais elle se dit à elle-même : « Je prie parce que j'ai beau jeter mon cœur sur le marbre de cet autel, il se révolte et domine ma raison. »

C'est de ce temps-là qu'il faut dater une lettre de Geneviève à la marquise de Fontaneilles.

Ma belle Armande,

Tu t'es toujours moquée de moi pour mes airs romanesques. Tu vas me trouver bien plus fantasque encore, car je viens te prier aujourd'hui de me chercher, à Paris, un couvent pour y cacher mon chagrin.

Si je ne t'avais ouvert mon cœur, je serais déjà morte. En vérité, je ne sais pas ce que je fais sur la terre, mais j'y suis retenue par ton amitié. Tu es si belle, que c'est pour moi une vraie joie de te voir, aussi je ne veux rentrer au couvent qu'en gardant la liberté de te recevoir et d'aller chez toi.

Tu vas dire encore que je ne fais rien comme personne ! En effet, il faut vivre de Dieu ou vivre du monde. Que veux-tu ? quoique je sois très absolue, je suis quelquefois comme cette femme à deux figures, qui regardait le paradis et l'enfer avec le même amour.

Je crois que c'est la faute de ma tante Régine. Tu sais comment elle était romanesque par l'imagination. Tous les jours elle enfantait un rêve nouveau qui, comme tous les rêves, hélas ! ne durait qu'un jour.

Elle a eu bien tort de ne pas me confier à toi dans mon enfance. Mais elle avait horreur de Paris et de la vie moderne; elle me rejetait dans le passé tout en répandant les couleurs les plus tendres et les plus gaies sur ses vieilles idoles.

Moi, je l'écoutais en aspirant, comme toutes les jeunes filles, aux choses de mon temps. J'avais peur d'être ridicule par mon esprit tout affublé de vieilles idées. Voilà pourquoi j'avais des jours de hardiesse comme une héroïne de roman, pour me prouver à moi-même que je n'étais pas trop embéguinée.

Tu sais que j'aimais Octave de toute éternité. Je ne sais plus quand cette folie m'a prise. J'étais toute petite, il était déjà grand, il retournait à Paris, il m'a semblé qu'il m'emportait mon cœur. Je le suivis dans l'avenue du château de Champauvert où il était venu voir ma tante Régine, j'avais ma poupée à la main, je pleurais toutes mes larmes ; quand il disparut au loin, je regardai ma poupée, comme pour lui dire mon chagrin : elle riait. — Ah ! tu ne pleures pas, toi ! m'écriai-je avec colère. Et je jetai ma poupée par-dessus la haie.

Depuis ce jour, je ne regardai plus jamais ma poupée — dans la main des autres — car moi je ne voulus plus jouer avec les poupées.

Tous les ans, nous espérions voir revenir Octave. Il ne revint pas. Comme moi, il était orphelin, mais pendant que je restais emprisonnée au pays natal, il courait tous les mondes. Un jour tu t'en souviens, tu vins à Champauvert passer une saison avec ta mère. Quelle joie d'avoir une amie ! une grande amie qui avait tout vu et qui savait tout, d'autant que tu étais pour moi l'idéal des filles. Ce fut par tes yeux que je vis Paris, le monde des fêtes, le monde de l'esprit.

Par malheur pour moi, tu te marias et tu ne revins plus ; ma tante, me voyant mourir d'ennui, finit par se décider à passer un hiver à Paris, dans ce petit hôtel que tu avais loué pour nous au voisinage d'Octave.

C'est ici que commence mon roman; car toute femme a au moins son premier chapitre.

J'étais à moitié folle, surtout après avoir revu mon cousin à ce premier bal de la cour, où je fis mon entrée dans le monde.

Je te fais aujourd'hui ma confession, car je ne te disais pas tout.

Je me figurais que pour être aimée d'Octave, lui qui était aimé de toutes les femmes, lui qui aimait toutes les femmes, il me fallait frapper son esprit. Aussi jamais comédienne ne mit en jeu de plus étrange comédie. Ce que c'est que de n'être point Parisienne et d'avoir trop d'imagination ! Les jeunes filles qui vivent dans les folies du jour sont moins folles que je ne l'étais, moi qui avais vécu dans la sagesse !

Tu m'avais donné une femme de chambre de grande maison à

mon arrivée à Paris, Mlle Charmide. C'était un monstre de perversité. Elle avait passé par les chœurs de l'Opéra; la petite vérole l'avait jetée dehors; mais elle avait eu le temps de connaître « tous ces messieurs. » Elle me conta mot à mot la vie de mon cousin. J'étais furieuse et charmée! Quand elle parlait, je lui imposais silence; dès qu'elle ne parlait plus, je lui disais de continuer. Le croirais-tu, je voulais haïr mon cousin! mais plus je le fuyais, plus je le retrouvais devant moi! Dieu a donc voulu ce mariage perpétuel du bien et du mal, de la vertu et du vice, du paradis et de l'enfer.

Cette fille était allée chez Octave avec une de ses amies : — avant la petite vérole — elle me peignit cet hôtel célèbre, ce fameux escalier dérobé où montaient tant de curieuses. Elle me proposa de m'y conduire. — Jamais! m'écriai-je. — Le lendemain, cette fille me montra la clef, un vrai bijou, que lui avait confié son ex-amie, sur la promesse qu'on la lui payerait fort cher. Une heure après, j'en parlais à ma tante. — Quelle folie! me dit-elle, puisque nous irons par le grand escalier. — J'insistai. Ma tante, qui avait ses quarts d'heure de fantaisie, consentit gaiement à cette escapade, sachant que je n'avais rien à risquer quand elle était là — et même quand elle n'était pas là.

Ce fut pour nous une vraie partie de plaisir : nous savions que M. de Parisis était chez Mme de Metternich, si je me souviens bien.

Je ne m'arrêtai plus dans cette fatale folie. Charmide m'amusait par tous ses contes; elle se consolait ainsi des malheurs irréparables de la petite vérole qui l'avait condamnée à jouer les seconds rôles; mais elle y mettait de la passion. Pour mieux m'encourager dans cette idée qu'on ne prend le cœur des hommes qu'en frappant leur esprit, elle me citait les plus beaux exemples.

Je voulais te parler de tout cela, mais j'avais peur de toi. Tous les jours je faisais un pas dans ces tentatives périlleuses. Ainsi, le soir de notre premier bal costumé, croirais-tu à ceci:

Je savais que mon cousin devait se déguiser en Faust, voilà pourquoi je me déguisai en Marguerite. Mais ce ne fut pas tout. J'imaginai d'aller le surprendre avec ma tante, à l'heure de son départ. Voilà quel était mon dessein. Je devais faire du bruit dans sa bibliothèque; sans doute, il serait venu : Faust aurait vu Marguerite, et, comme j'étais belle en Marguerite, sans doute il eût jugé qu'il avait tort de ne pas voir sa cousine, sans compter que cette apparition eût mis quelque poésie dans l'entrevue. Me voilà donc entraînant ma tante, toutes les deux avec de grandes pelisses noires et voilées comme des Espagnoles. Charmide nous avait

accompagnées jusqu'à la porte du jardin, pour s'assurer qu'il n'y avait personne sur ce chemin si bien hanté. J'avais une petite lanterne sourde toute cachée sous ma pelisse. Nous traversons la serre, nous montons l'escalier, nous voilà dans la bibliothèque. Ma tante frappe du pied ; mais Octave ne vient pas. On voyait par la portière la lumière de ses bougies. Je me hasarde, je soulève la portière, je le vois à moitié endormi, la tête penchée sur un livre. Emportée par je ne sais quelle inspiration, je vais jusqu'à lui, et lui montrant du doigt la page ouverte : C'est là ! *lui dis-je. J'avais vu qu'il lisait* Faust. *Il se leva et se tourna vers moi :*
— C'est là ! *me dit-il tout surpris. Je m'éloignais à reculons sur le point d'éclater de rire pour cacher mon émotion, car j'étais plus effrayée de mon audace qu'il ne pouvait l'être. Il saisit un candélabre pour me suivre, car j'avais déjà dépassé la porte. Comment les bougies s'éteignirent-elles ? je n'en sais rien, sans doute par sa précipitation à me suivre et par le vent que leur jeta la portière en retombant.*

J'avais manqué mon entrée, puisque je n'avais pas songé à retirer ma pelisse. Je me jugeai si ridicule dans ce rôle, que j'entraînai ma tante malgré elle, en lui disant que je ne voulais pas être reconnue. — Enfin, dit ma tante en descendant l'escalier, il faut bien que les enfants s'amusent.

Ce n'était pas là un jeu d'enfant. Je me figurais avoir frappé un grand coup dans l'esprit d'Octave. Je me trompais. Ce ne fut pour lui que l'émotion d'un moment, il s'imagina que c'était un jeu de quelque comédienne en disponibilité ayant une clef de la petite porte.

J'ai su depuis qu'il avait été bien plus frappé en me voyant tout bêtement passer avec ma tante dans l'avenue de la Muette. Ce qui prouve que le cœur ne se laisse prendre que par les choses simples et naturelles.

Et maintenant, ma chère Armande, tu sais le reste. Marguerite a rencontré Faust au bal ; il l'a aimée pendant cinq minutes. La Dame de Pique l'a intrigué quelques jours après ; il a aimé la Dame de Pique. A Dieppe, Octave m'a aimée pendant cinq minutes, mais Violette attendait. A Champauvert, mon cousin m'a aimée pendant cinq minutes, mais nous étions séparés par cinq millions.

Aujourd'hui, je rougis d'avoir joué un rôle et de l'avoir si mal joué. Voilà pourquoi je n'ai pas gardé ta femme de chambre ; cette folle était pour moi le mauvais esprit ; si je l'avais écoutée, tout Paris parlerait aujourd'hui de moi.

J'ai eu d'autres quarts d'heure romanesques. A Champauvert, *j'ai tenté une autre comédie. Mlle de Moncenac en robe blanche — ma robe blanche — s'est deux fois promenée sous les fenêtres d'Octave, et moi, vêtue d'un manteau noir, j'allais à sa rencontre comme un amoureux d'opéra.*

Je voulais qu'il fût jaloux. O jeu d'enfant!

Il n'y a pas encore bien longtemps que j'ai voulu parler à Octave par la voix du miracle ou de l'inconnu. Il me quittait le soir pour aller coucher à Parisis. En arrivant au château, il trouva un volume de Faust ouvert avec ces mots — C'EST LÀ! — *au crayon rouge en marge de ces deux lignes :*

... Le sentiment est tout, le reste n'est que fumée nous voilant l'éclat des cieux.

Toutes les tristesses ont assailli mon cœur : Ma pauvre tante Régine est morte. J'ai respiré des roses : elles étaient empoisonnées! J'aime Octave : il aime Violette! Tu vois bien que Dieu seul est mon avenir.

Si tu savais comme Champauvert est devenu désolé. Tout ce qui riait autrefois pleure aujourd'hui. Hâte-toi de me trouver un refuge à Paris; si je restais ici huit jours de plus, j'y resterais toujours, mais à côté de ma tante Régine.

J'ai tout disposé pour mon départ, j'irai aujourd'hui faire mes adieux à La Roche l'Épine, au tombeau de mon père et de ma mère.

A bientôt; je t'embrasse, aime-moi toujours et écris-moi bien vite.

GENEVIÈVE DE LA CHASTAIGNERAYE.

P. S. Je ne te parle pas de Violette. Je t'ai déjà écrit toute l'histoire du procès. Violette est aussi triste que moi. Il y a des jours où je la hais. C'est elle qui m'a pris mon bonheur. La pauvre fille! ce n'est pourtant pas sa faute. Si tu savais comme elle essaie de racheter cela! Elle fait très bonne figure à Pernan. On ne s'imaginerait jamais en la voyant qu'elle a été à la mode parmi les filles perdues. Depuis qu'elle a repris son attitude et son expression, c'est un ange de douceur, mais c'est aussi un ange de beauté; est-il possible qu'elle soit la fille de cette malheureuse femme!

J'oubliais de te dire que si je me réfugie au couvent, c'est aussi pour elle; car tu as beau me dire que je suis folle, Octave épousera Violette dès que j'aurai disparu de ce monde, elle l'aime et il l'aime.

Et même, s'il ne l'aimait plus, pourrais-je épouser Octave en face de cette pauvre fille éplorée qui s'est perdue pour lui ?

M*me* de Fontaneilles répondit par ces lignes :

Tu es à moitié folle, tu ne verras jamais le monde comme il est, ma chère rêveuse. On n'épouse pas sa maîtresse quand on s'appelle le duc de Parisis, et quand on a une maîtresse qui s'appelle Violette. Je t'ai dit tout cela. C'est égal, comme tu deviendrais tout à fait folle dans ta solitude de Champauvert, je t'ai cherché une cellule bien capitonnée avec une fenêtre ouverte sur de grands arbres, à cinq minutes de chez moi. A ton arrivée, tu descendras chez la duchesse de Hautefort.

Pauvre cœur malade! il faut te guérir, Dieu sera ton médecin. Je baise tes beaux yeux noirs et tes adorables cheveux blonds.

ARMANDE DE FONTANEILLES.

Violette écrivait alors ceci à M*me* d'Entraygues :

Vous m'avez écrit des lettres si tendres dans ma prison, que je voudrais pleurer dans vos bras et y pleurer longtemps. Hélas! en quittant la prison d'Auxerre, je suis rentrée dans une autre : la prison du remords et du repentir, d'où je ne sortirai jamais. Je suis bien malheureuse. Vous oubliez, peut-être, à force de gaieté, mais, quoi qu'on fasse, le cœur est toujours triste.

*Dieu est bon, pourtant, car en me condamnant à tant de larmes, il m'a donné deux amies : vous, ma chère Alice, et M*lle* de La Chastaigneraye, qui daigne descendre jusqu'à m'appeler sa cousine. Oh! que c'est beau, la vertu! Je suis en adoration devant Geneviève, ce qui ne m'empêche pas de vous aimer beaucoup.*

*J'ai passé quelques jours au château de Champauvert. Sur les prières de M*lle* de la Chastaigneraye, j'ai fini par me décider à venir habiter le petit château de Pernan, d'où je vous écris. C'est triste à mourir ; mais pourtant j'y suis chez moi, et j'espère bien que vous viendrez m'y voir.*

*Voyez jusqu'où va l'ingratitude! J'ai une troisième amie dont j'ai oublié de vous parler. C'est M*lle* Hyacinthe, une jeune fille du pays, qui me donne son sourire éternel. Je veux la bien doter et la bien marier ; mais pas tout de suite, parce que j'ai horreur de la solitude.*

Est-ce là que je vais finir mes jours, si j'ai le courage de vivre? Le duc de Parisis vous aura dit que j'étais devenue riche par la volonté de Geneviève. Je n'ai pas besoin de vous confier que j'ai rendu tous les bijoux et que j'ai renvoyé les cent mille francs au prince. Je croyais que le prince aurait donné cela aux pauvres, il a mieux aimé le donner à une danseuse.

J'ai aussi ma volonté : je veux que le duc de Parisis épouse Geneviève. Il me semble qu'une fois marié, il sera plus loin de mon cœur. Ah! ma chère Alice, si vous saviez comme je l'aime!

Écrivez-moi ou venez me voir.

VIOLETTE DE PERNAN-PARISIS.

Mme d'Antraygues répondit ces quelques mots :

Oui, ma chère Violette, j'irai vous voir, car j'ai beau rire, cela me fera du bien. Tout est triste dans l'amour. Et pourtant c'est la meilleure chose... quand c'est l'amour du cœur.

Puisque vous êtes riche, envoyez-moi vingt mille francs. Mon ex-mari m'a brouillée avec toute ma famille pour se venger de n'avoir pas d'argent lui-même, car vous savez qu'il a tout joué.

Vous comprenez bien, ma chère Violette, que j'ai accepté toutes les clameurs de l'opinion publique; mais je ne souffrirais pas qu'on m'accusât de vivre de mes folies. Femme perdue, c'est vrai, mais point courtisane.

Je suis comme vous, je ne me consolerai pas. J'ai beau me dire que la curiosité console de tout, plus je cherche et moins je trouve.

Je vois beaucoup une de vos amies d'un jour, Mlle Rébecca, surnommée la Fille de la Bible. C'est une mauvaise comédienne; mais c'est la plus à la mode à cette heure; elle était hier aux courses dans une daumont irréprochable. Son amant? me demanderez-vous. Son amant s'appelle M. Tout-le-Monde. Je crois bien que M. de Parisis lui a donné une petite clef d'argent, mais ce n'est ni la clef de son trésor ni celle de son cœur... vous le savez bien.

Je vous embrasse sur vos beaux yeux bleus, des violettes dans la rosée. Ne pleurez plus.

ALICE.

V

POURQUOI CLOTILDE MOURUT VIERGE

Ce fut avec une vraie joie que le duc de Parisis apprit le triomphe de l'innocence de Violette. Peut-être fût-il retourné à Auxerre pour la ramener à Paris, s'il n'eût craint de rencontrer Mlle de la Chastaigneraye. Et d'ailleurs qui sait si Violette eût voulu d'un pareil compagnon de voyage, maintenant qu'elle ne parlait plus que de se réfugier en Dieu. Octave aima mieux, selon son habitude, laisser passer les choses, trouvant qu'il avait la main trop malheureuse pour toucher à la destinée des autres. Et puis, il aimait trop Geneviève pour aimer assez Violette.

Il se promettait bien d'aller bientôt à Champauvert sous prétexte de travaux à faire à Parisis.

Mais il ne dominait pas sa vie aventureuse, le torrent l'entraînait toujours, parce qu'il n'avait pas le courage de suivre son cœur.

Le duc de Parisis amenait la joie et jetait le deuil partout; on se prenait à lui parce qu'il avait toujours le charme, parce qu'il jouait la passion quand il était à peine amoureux, parce qu'il entr'ouvrait je ne sais quelle perspective toute d'or et de pourpre. Son ami Saint-Aymour l'emmena un jour à la chasse en Picardie, au château de Montreuil. Il fut très recherché dans les châteaux voisins; c'était à qui lui ferait une hospitalité princière : non seulement on ouvrait sa maison, mais on ouvrait son cœur. Ce fut toute une révolution dans ce pays que la passion ne hante guère, si ce n'est la passion de l'argent.

Octave fut conduit au château de Beaufort, chez la duchesse de Fleury, de la famille du Roi des Halles. Il y avait là une jeune fille, petite-fille de la duchesse, une adorable créature, blonde et pâle, toute à Dieu, qui ne savait rien du monde, parce qu'elle ne lisait que l'Évangile.

La première fois que Mlle Clotilde de Beaufort vit Octave, c'était à dîner, un vrai dîner de château du bon temps, où l'on resta à table quatre heures durant : le temps de jouer deux tragédies au Théâtre-Français, le temps de commencer et de finir une passion au bois de Boulogne, le temps de jouer et perdre sa fortune au club.

Octave était à côté de Clotilde. La jeune fille croyait jusque-là que la vie était une œuvre de paix et de patience dans l'esprit de Dieu, entre une mère qu'on aime et des enfants qu'on adore. Elle ne voyait encore le mari que comme un mythe — ou comme un nuage à l'horizon qui lui gâtait presque la sérénité du ciel.

Octave fut pour elle une révélation, parce qu'il lui donna l'amour avec ses regards magnétiques, sa voix d'or et ses contes charmants. Ce fut comme un coup de foudre.

Vers onze heures du soir, quand tout le monde prit congé, M. de Parisis promit de revenir le lendemain. Il s'était pris lui-même à ses piperies. Mlle Clotilde de Beaumont lui apparaissait comme un doux pastel à conquérir. C'était un déjeuner de soleil.

Le lendemain, Clotilde ne pouvait se détacher de la fenêtre, jusqu'à l'heure où elle vit passer un cavalier sur le versant de la montagne, à travers les ramures ça et là dépouillées. La romanesque enfant s'imagina que Parisis lui apportait l'amour.

Il fut charmant, il eut toutes les éloquences pour la mère et la fille. Clotilde pensait déjà qu'il ne quitterait plus le château ; mais comme il comprit qu'il ne pourrait parler à la fille sans voir les yeux de la mère, il partit pour toujours.

Parisis ne s'obstinait jamais contre l'impossible. Tout était fini pour lui, quand tout était à peine commencé pour la pauvre Clotilde.

Que si vous vouliez suivre le mot à mot de l'histoire de cette jeune fille qui mourut pour avoir regardé Octave, comme Racine mourut sous un regard de Louis XIV, il faudrait lire cent lettres du marquis de Saint-Aymour à la duchesse de Hautefort. Le jeune marquis était amoureux de Clotilde et il avait quelque peu la maladie de la plume. Voici la dernière :

« *Une fois malade, elle ne voulut rien faire pour vivre. L'amour malheureux aime la mort. Sa mère ne voulait pas comprendre. Et d'ailleurs pouvait-elle la jeter dans les bras de Parisis?*

« *Plaignez-moi, je l'adorais et j'en étais arrivé à la consoler par les illusions. Je lui faisais croire que Parisis venait tous les jours se promener sentimentalement de son côté. Je montais moi-même le cheval monté par Octave, quand il était venu au château. Je courais la montagne en face de la fenêtre de Clotilde en lui envoyant des baisers.*

« *Quoique mourante, elle se traînait au bout du parc pour voir Parisis de plus près. Une fois, l'illusion fut plus grande que jamais : elle accourut avec des cris de joie et de douleur. Je me* suis troublé comme elle; j'ai oublié que je n'étais, que je ne devais être que le fantôme de son amour. Je me suis précipité dans la montagne, j'ai franchi la haie et le ruisseau du parc. La pauvre femme, toujours égarée, a fermé sur moi ses bras, si longtemps, si vainement ouverts! « Enfin, c'est vous! » m'a-t-elle dit d'une voix éclatante en appuyant sa tête sur mon cœur.

« Et moi tout éperdu, tout palpitant, je la pressais dans mes bras avec l'amour des anges; je la regardais, je regardais le ciel: je me croyais dans l'autre vie.

« Et tout à coup elle a levé les yeux sur moi : « Ce n'est pas lui! » s'est-elle écriée. Je lui ai pris la main. Elle m'a repoussé avec frayeur et avec colère. Je restai cloué devant elle, le cœur en démence. Elle s'évanouit presque. J'essayai de la secourir, mais elle me repoussa encore et mourut bientôt en disant : « Ce n'est pas lui! »

« J'étais la réalité, elle ne cherchait que la vision.

« Si vous voyez Parisis, ne lui dites pas cela, il rirait de moi et il rirait de la morte! »

Voilà la fin du récit du marquis de Saint-Aymour tel qu'il l'écrivit, dans un style un peu tendu, trop sentimental, presque déclamatoire, comme écrivent les gens du monde qui ont peur d'écrire comme ils parlent.

La duchesse de Hauteroche lut avec émotion cette histoire d'une pauvre femme, qui avait vu son idéal en Parisis, et qui était morte pour avoir touché à la réalité. « Ce Parisis! dit-elle. Il a osé me dire qu'il m'aimait! C'est vrai qu'il est charmant. » Elle eut peur de cette image fatale.

VI

L'HEURE DU DIABLE

A duchesse de Hauteroche pensait donc quelque peu à Octave. Elle était un jour descendue de sa calèche à la vacherie du Pré Catelan.

Toutes les tables étaient occupées; elle se tint debout un instant, mais, ployant sa fierté sous elle, elle trouva de bon goût de s'asseoir comme les autres dames, quelle que fût la compagnie.

Comme elle posait son ombrelle sur la table, elle reconnut sa voisine : c'était la comtesse d'Antraygues, qui, elle aussi, était venue là toute seule.

Les deux amies ne s'étaient pas vues depuis les hauts faits d'Octave de Parisis, avenue de la Reine-Hortense. La comtesse était allée chez la duchesse, mais on sait qu'elle fut accueillie avec un si haut dédain qu'elle ne se hasarda pas à la revoir. Elles se rencontraient bien de loin en loin, mais à distance ; la duchesse souriait vaguement comme pour exprimer qu'elle n'avait pas oublié le passé, mais qu'elles ne suivaient plus le même chemin.

Ce jour-là, à moins de faire un grand chagrin, la duchesse fut bien obligée de parler à la comtesse ; ce fut ce qu'elle fit avec une grâce charmante, quoique avec quelque réserve. « Ah ! bonjour Alice, je suis contente de vous voir, je ne vous croyais pas à Paris. » La comtesse d'Antraygues fut touchée de cet accueil, connaissant la fierté de son ex-amie. — Ma chère duchesse, je suis à Paris, parce que Paris est le seul pays où le cœur oublie. — Vous ne vous êtes pas revus avec M. d'Antraygues, » hasarda la duchesse. Elle voulut peut-être dire avec M. de Parisis. « Non, Dieu merci ! répondit Alice. Vous savez le proverbe arabe : Il ne faut jamais se retourner vers son ennemi, si ce n'est pour le tuer. Si j'avais à frapper quelqu'un, ce serait moi. »

On apporta du lait froid et du pain de seigle à la duchesse. « Est-ce que vous venez souvent ici ? demanda-t-elle à Alice. — Oui, je n'ai plus de voiture. L'an passé, je promenais mes chevaux, aujourd'hui je promène moi-même. — Dites-moi, est-ce qu'il ne vous est pas resté une vraie fortune après la séparation ? — Rien, rien, rien ! J'ai vécu de mes bijoux. »

Et essayant de sourire : « Aujourd'hui, je suis comme Cléopâtre, je bois ma dernière perle. »

La comtesse acheva de boire sa coupe de lait. « Je vous aime trop, dit la duchesse, pour vous faire des reproches stériles, mais comment avez-vous pu jouer une existence comme la vôtre dans un pareil coup de dés ? — Comment ? mais ce n'est pas moi qui ai joué, c'est M. d'Antraygues. Ce n'est pas ma folie qui nous a ruinés, c'est la sienne. Il avait tout perdu, parce que j'avais eu la bêtise de toujours signer. Je n'en serais donc pas plus riche à l'heure qu'il est, sinon que je serais une honnête femme comme vous. Mais, vous savez, une honnête femme sans argent n'est pas encore bien posée sur le pavé de Paris! Et puis, voulez-vous savoir l'état de mon âme? Je ne me suis jamais repentie un instant de ce que j'ai fait. Ceci vous étonne, sans doute? C'est que vous n'êtes pas sur l'autre rive et que vous ne pouvez comprendre. »

La duchesse grignota son pain et sembla chercher à comprendre. « Vous avez revu M. de Parisis? — Oui. Mais ce n'est pas parce que je l'ai revu que je ne me repens pas, c'est parce que je l'ai aimé. — Eh bien! je ne comprends pas. Vous ne me ferez pas croire qu'une heure d'amour paye un siècle de chagrin. »

Alice soupira. « Je ne vous le ferai pas croire, mais je le croirai toujours, parce que cette heure d'amour on l'a attendue longtemps, on l'a savourée avec délice, et on s'en souvient jusqu'à la mort. Qui sait si la vie est autre chose? — Qui sait! » Ce mot avait échappé à la duchesse devenue pensive. « Ainsi, reprit Alice, je vous tiens pour la femme la plus vertueuse, pour la plus noble créature, mais vous amusez-vous beaucoup? — Non! je m'ennuie profondément. Je n'ai pas, comme vous, pris la couronne de roses, je n'ai guère cueilli que des scabieuses, mais j'aime ces fleurs-là. Et puis, je ne crois pas que le but de la vie soit de s'amuser. — Moi non plus. J'ai voulu dire que la vertu ne vaut pas ce qu'elle coûte. Croyez-vous donc que Dieu ait condamné la femme à cette lutte mortelle contre son cœur? Rappelez-vous les paroles de l'Evangile : Il sera pardonné à celle qui aura aimé. Aimer! sentir un cœur qui bat contre le vôtre! voir des yeux qui se perdent dans vos yeux! abriter son âme en peine dans une âme de feu! Aimer! c'est rouvrir la porte du Paradis, même pour descendre au Paradis perdu. »

La duchesse regardait Alice avec sympathie. « Ah! oui, dit-elle, vous avez aimé. Maintenant, je vous comprends. On me parle toujours de ma vertu; eh bien, du haut de ma vertu, je vous pardonne. »

Alice serra la main de la duchesse. « C'est bien, ce que vous me dites là! car pour vous la vertu n'est pas un mot. Je sais que vous êtes une femme d'un autre siècle. Vous allez même plus haut que la vertu; s'il y avait un chemin de roses, et un chemin d'épines, vous choisiriez le dernier. — Ne me canonisez pas si vite, ma chère. »

La duchesse regarda autour d'elle comme si elle eût craint d'être épiée ou d'être entendue : « Voulez-vous nous promener un peu, Alice? »

Les deux amies prirent un sentier sous les grands arbres. « Ecoutez, Alice, reprit la duchesse, vous êtes une femme de cœur, et je puis bien vous faire des confidences. J'ai aujourd'hui trente-quatre ans ; j'ai vu tomber ma jeunesse sans un seul rayonnement, comme si je n'avais vécu que par des jours de pluie. Tout a été triste autour de moi. Ma figure est si sévère que nul ne s'est jamais arrêté pour me dire que j'étais belle. On m'a accablée sous le respect. On a posé un perpétuel point d'admiration devant ma vertu ; je suis de toutes les fêtes du monde, mais surtout de tous les sermons et de toutes les œuvres de charité. Dès que j'entre dans un salon, c'est pour entendre parler des enfants pauvres, du refuge de Sainte-Anne ou de la Ruche des Abeilles. Vous l'avouerai-je ? j'ai eu mes moments de doute dans mon rude pèlerinage, car je ne vous parle pas de mon mari, un ami qui n'a jamais été mon amant, pour dire comme vous. Je me suis demandé plus d'une fois si on ne pouvait pas être bonne aux pauvres sans être si rigoureuse envers soi-même. Dieu me tiendra-t-il plus de compte de mes aumônes parce que mes mains seront plus blanches ? Qu'importe qu'elles soient plus blanches si elles sont pleines d'or ? — Je vais vous répondre franchement, dit la comtesse. Oui, Dieu vous tiendra compte de vos mains blanches. Mais quand Dieu m'aura pardonné, qui sait si nous ne serons pas assises toutes les deux dans la même sphère ! Et s'il y a un enfer, cet enfer, tout terrible qu'il soit, ne m'arrachera pas le souvenir de mon heure d'amour. »

La duchesse serra la main d'Alice. « Oui, vous avez raison. Je veux tout vous dire. J'aime M. de Parisis. — Je le savais, dit la comtesse. »

Mme de Hauteroche, toute surprise, regarda son amie. « Et comment le savez-vous ? — Parce que si vous n'aimiez pas Octave, vous ne m'auriez pas parlé si longtemps. C'est lui que vous cherchiez dans mon cœur. »

La duchesse ne trouva pas un mot à dire contre cette vérité. Elle murmura en baissant la tête : « Oui, je l'aime. »

Mme d'Antraygues dit à la duchesse que tout le jeu de cartes y passerait. « Voyez-vous, ma chère amie, les femmes ne jouent pas impunément avec Octave de Parisis. Je me suis jetée dans ses bras la première ; la marquise de Fontaneilles y tombera aussi, un jour qu'elle aura oublié de faire le signe de la croix ; Mlle de La Chastaigneraye l'adore jusqu'à en perdre la raison, — et vous-même, que je croyais hors d'atteinte, — vous voilà saisie. »

La duchesse releva la tête avec fierté : « Oui, je l'aime, mais j'arracherai cette mauvaise herbe de mon cœur, dussé-je arracher mon cœur. »

Elle raconta à Mme d'Antraygues comment elle avait rencontré

Parisis chez la marquise de Fontaneilles ; elle parla de son esprit à tout dire, même ce qu'il ne faut pas dire, de son charme irritant. Il leur avait fait la cour à toutes les deux, mais il avait échoué. « Vous appelez cela avoir échoué ? dit Alice. Mais l'amour ne triomphe pas toujours à sa première bataille. C'est souvent un laboureur pacifique qui sème en octobre pour moissonner en juillet. »

L'ombrage devenait de plus en plus sombre, la duchesse et son ex-amie pouvaient se croire bien loin de Paris, tant elles avaient trouvé le silence et la solitude. Des paroles brûlaient les lèvres de Mme de Hauteroche ; elles étaient là comme emprisonnées. La duchesse n'osait parler tout haut. Elle s'aventura pourtant : « Je vous étonnerais bien, ma chère Alice, si je vous disais que plus d'une fois j'ai rêvé à ces enivrements dont vous êtes revenue plus belle encore, il faut l'avouer, comme si la passion était le dernier mot de la beauté pour les femmes. » Le visage de la duchesse s'empourpra comme un soleil couchant. « Vous ne m'étonnez pas du tout. Presque toutes les femmes ont ces heures de tentation ; voilà pourquoi elles sont sublimes quand elles arrivent toutes blanches dans le linceul ; voilà pourquoi il faut leur pardonner quand elles ont traversé toutes les joies et toutes les angoisses de l'amour. — Oui, reprit la duchesse, comme si elle continuait sa pensée, il m'est arrivé de songer à ces légendes où on donnait son âme au diable pendant une heure pour toute une éternité de damnation. — Oui, et plus la damnation est terrible et plus l'heure est attrayante. — Je remercie Dieu d'avoir éloigné M. de Parisis de mon chemin. Il est venu chez moi quatre fois : il n'a pas compris qu'à la dernière entrevue j'étais d'autant plus sévère que j'avais plus peur de lui ; voilà pourquoi je suis devenue indulgente aux fautes des autres. Jusque-là, je n'avais pas vu l'abîme. — L'abîme ! Elle y tombera, » pensa Mme d'Antraygues.

Elles étaient revenues vers la vacherie. « J'oubliais, dit tout à coup la duchesse, il y a une heure qu'on m'attend au bord du lac. »

Et elle embrassa la maîtresse d'Octave. C'était bien la maîtresse d'Octave qu'elle embrassait. Mme d'Antraygues ne s'y trompa point et elle murmura : « C'est un souvenir qu'elle me prend sur les joues. »

Le soir, Alice rencontra Parisis : « Mon cher duc, vous perdez vos batailles au moment même de la victoire ; j'ai rencontré aujourd'hui une femme que vous avez aimée huit jours et qui n'eût pas résisté le neuvième. »

Octave chercha dans ses souvenirs. « La Dame de Carreau !

s'écria-t-il. — Ah! je ne vous dirai pas son nom. C'est elle, je n'en doute pas. J'ai senti trop tard, — on n'est pas parfait, — qu'elle aurait fini par m'aimer, car, vous savez, je n'ai jamais douté de moi. — Vous avez raison. Pour inspirer de la confiance aux autres, il faut avoir confiance en soi. »

A quelques jours de là, Octave, rencontrant la duchesse de Hauteroche, lui dit qu'il avait des tableaux italiens dignes de son admiration. Il lui savait un sentiment d'art très distingué, il serait ravi qu'elle voulût bien lui donner son opinion. « Si vous habitiez le Louvre, dit la duchesse, j'irais peut-être. — Madame, quand on est comme vous sur un piédestal de marbre de Carrare, on est si loin des atteintes des hommes qu'on peut aller partout, — surtout chez un amateur d'art. — Un amateur d'art ! C'est égal, je vous prends au mot, dit la duchesse, j'irai demain voir vos madones. »

A celle-là, Octave ne donna pas une clef d'argent : la duchesse passa par la grande porte. Tout l'hôtel était sur pied, fleur à la boutonnière, comme un jour de grande réception. Octave avait peur que la duchesse ne vînt avec une amie. Elle vint toute seule. Elle admira l'hôtel, elle admira l'ameublement, elle admira les tableaux, mais vit-elle tout cela ?

Le duc de Parisis la reçut avec une grâce toute respectueuse, mais avec cette douceur pénétrante qui va jusqu'à l'âme. La duchesse n'avait plus peur d'elle, parce qu'elle n'avait plus peur de lui.

Elle était allée jusque dans la chambre d'Octave, sous prétexte de voir des émaux de Léonard Limousin et une Vierge de Pérugin. Tout à coup la pendule sonna trois heures.

C'était l'heure du diable qui sonnait.

La duchesse tressaillit. La même pensée avait traversé son âme et l'âme d'Octave. « Une heure à moi ! se disait-il. — Une heure à moi ! » se disait-elle. Se comprirent-ils ? Octave prit les mains de la duchesse et la regarda avec des yeux allumés dans l'enfer. Elle pâlit, elle chancela, elle voulut fuir. « Non ! lui dit-il, en joignant ses mains autour de son cou. Non ! je t'aime ! »

Elle voulut se dégager. Mais la douceur des mains la retint. Octave l'embrassa sur les cheveux et sur les yeux pour l'aveugler ; ses lèvres égarées brûlèrent le front et tuèrent la vertu. La nature reprenait ses droits : l'âme était étouffée, la femme éclatait à travers l'ange. « Eh bien ! oui, dit-elle dans son égarement, je veux t'aimer pendant toute une heure ! »

Elle répandit ses cheveux d'or sur son front comme pour voiler sa rougeur.

C'était l'heure du diable. Interrogez Satan, il vous racontera comment on perd le ciel.

Quatre heures sonnèrent leur douce sonnerie à la pendule d'Octave. Cette douce sonnerie, ce fut pour la duchesse la trompette du jugement dernier. Il lui sembla que le monde allait trembler, que les étoiles tombaient déjà du ciel et que le soleil se voilait la face.

Mais rien n'avait changé autour d'elle. Elle leva la tête : la Vierge de Pérugin la regardait toujours avec le même sourire.

Elle dit adieu à Octave. « Nous ne nous reverrons jamais ! » murmura-t-elle en se cachant. « Nous ne nous reverrons jamais ! » dit Octave qui ne voulait pas contrarier les femmes.

La duchesse avait repris son grand air, sa dignité romaine, sa sévérité héraldique. En se voyant passer dans le miroir de Venise, elle se reconnut telle qu'elle était avant sa chute.

Mais en se voyant passer dans son âme, elle ne se reconnut pas !

VII

LES VISIONS DE MADEMOISELLE JULIA

E duc de Parisis se consolait facilement du chagrin qu'il faisait aux femmes. Il détournait la tête de la femme qui pleurait pour ne voir que celle qui souriait.

Il ne croyait pas aux esprits, mais il y faisait croire. Écoutez cette histoire.

Parce qu'on n'entendait plus parler de M. Home, parce que M. Victorien Sardou avait retourné le portrait de Swedenborg sous celui de Beaumarchais, on disait que les esprits étaient remontés dans les cieux. Mais le royaume des esprits descend de plus en plus sur la terre ; son premier département est Paris, où il y a des ministres des deux sexes.

L'action ne se passe pas dans la Forêt-Noire, mais dans un

fort bel hôtel de la Chaussée-d'Antin. Quoi que Saint-Simon pût en dire, les hôtels de la Chaussée-d'Antin sont fort bien hantés. En dépit de l'école romantique, les maisons qui trônent dans la rue de Provence, dans la rue de la Victoire, dans la rue Neuve-des-Mathurins, voient monter et descendre dans leurs escaliers un assez joli nombre de drames romantiques et de ballades à la lune.

J'arrive à l'histoire de ma beauté « pâle comme un beau soir d'été. » C'est une fille de bonne maison, — air candide, esprit malin. — Ses parents la voulaient marier. La délicieuse enfant déclina le mari. Mais à quoi donc rêvent les jeunes filles, si ce n'est à se marier ?

La mère prit sa fille à part et lui dit : « Nous voulons ton bonheur, d'où qu'il vienne ; mais un mari ne t'enlèverait pas à notre amour en te prenant dans ses bras. Je me suis donnée à ton père et n'en suis pas plus malheureuse. Veux-tu donc te donner au diable ? »

Le père tint le même discours que la mère ; l'époux parla comme l'épouse ; mais il ne vint qu'un sourire sur les lèvres de la belle. « Pourquoi ce sourire ? dirent ensemble M. et Mme de Canillac. — C'est que j'aime quelqu'un, repartit la jeune fille en prenant son air le plus grave et le plus mystérieux. C'est que j'aime quelqu'un qui n'est pas votre protégé, comme est M. de Terray, ou M. de Mortagne, ou M. de Langeac. Vous ne connaissez pas celui que j'aime ! Je vous dirai un jour ce qu'il est. D'ici là, ne cherchez pas à tromper ma destinée avec un autre.

Mais le père et la mère étaient inquiets. On voulut forcer enfin la jeune et belle mystérieuse. « Ne pouvez-vous nous montrer celui que vous aimez et qui vous aime ? » La mère supplia, le père fit mine d'ordonner, les amis questionnèrent malicieusement. Julia resta encore quelque temps sans répondre ; elle refusait de s'amuser au Bois, aux soirées, aux bals, aux courses. Un beau soir, — car les soirs sont éternellement beaux qui parlent d'amour, — Julia répondit avec assurance et sans rougir : « Vous le saurez, ce secret ; j'aime un beau gentilhomme du siècle de Louis XV ; il est colonel d'un régiment du roi ; il a gagné la bataille de Fontenoy ; son âme est élevée, ses manières sont chevaleresques, sa parole est éloquente à mon cœur. Mais il est aussi discret que glorieux, et il ne veut m'apparaître qu'aux instants où je suis seule ; alors je puis le contempler dans l'idéal, l'entendre dans le rêve, l'aimer dans l'inconnu, l'adorer dans l'impossible. »

On jugea que tout cela était un peu trop fou. On appela Victorien Sardou, qui répondit : « Je suis revenu de l'autre monde ; mon esprit a tué les esprits. Beaumarchais a décidé que je me moquais de lui et que ma plume n'avait pas besoin de sa main pour la conduire. »

On appela M. Home, *Ecce homo*, mais celui-ci demanda à s'enfermer une nuit avec la jeune spirite, pour voir de près ses belles visions. M. Home était marié : on l'envoya passer la nuit avec sa femme.

La mère, qui ne dormait plus des songes de sa fille, se résigna à veiller à la porte de la chambre aux visions. On prit gaiement le thé en famille, selon la coutume. A onze heures, la jeune fille fit un joli bâillement et alluma sa bougie. « Bonsoir, papa ; bonsoir, maman. » On lui souhaita la bonne nuit. Elle ferma la porte. La mère mit son fauteuil devant le seuil et attendit. Une heure se passa dans le silence. Quand sonna minuit, on entendit un bruit, *le bruit dans le mur*, comme disent les légendes. La mère voulut entrer, mais refréna sa curiosité. Elle écouta des deux oreilles en ouvrant la bouche.

Ce qu'elle entendit, ce fut presque le duo de *Roméo et Juliette*. « C'est vous, mon inconnu ? — C'est vous, ma bien-aimée ? — Comme je vous attendais. — Mais, depuis hier, je ne vous ai pas quittée. — Oui, mais vous étiez invisible et j'aime à vous voir. — Aussi me suis-je décidé à vous apparaître une fois encore. Que vous êtes belle, Julia ! — Oh ! mon Dieu ! vous avez éteint la bougie. — Mon adorée ! je suis un pur esprit et mon baiser ne vous touchera pas. — Mais vous m'avez touché la main. — C'est la force de l'illusion — Ciel ! vous m'avez embrassée... »

Un soir, au moment que les mères de famille appellent le moment critique, la mère de Julia entra subitement dans la chambre de Julia. « Qu'ai-je entendu, mademoiselle ? — Maman, c'est l'Esprit. »

On alluma la bougie, — et on vit qu'on ne vit rien. La mère courut à la fenêtre, quoiqu'il n'y eût pas de balcon ; elle courut à la cheminée, quoiqu'il n'y eût pas de truc à la Richelieu. Elle ne vit que la nuit et n'entendit que le silence ! « Adieu, mademoiselle, ne rêvez plus tout haut, car je suppose que vous faisiez par désœuvrement les demandes et les réponses. »

La mère se remit dans son fauteuil. Mais le joli duo recommença. Et sur une gamme plus vibrante. « Julia, comme vous êtes belle dans la nuit ! — C'est pour me dire cela que vous avez éteint la bougie ! — Julia, comme je vous aime ! — Mais, monsieur, vous avez beau dire que c'est une illusion, je sens bien votre main sur mon cœur... »

La mère reparut. Même comédie. La belle était seule. « Mademoiselle, il y a ici quelqu'un. — Oui, maman ; quelqu'un d'invisible qui ne se montre à moi que si je suis seule. — Ce sont des contes. » Et la mère se remit à chercher et ne trouva personne.

Le lendemain, on fit venir quatre médecins, qui décidèrent que le cœur de Julia était à gauche et que la paix du monde était troublée par les petits esprits. Les grands médecins sont de grands politiques.

Ce texte aurait besoin d'être illustré par la gravure pour devenir plus lumineux, ou plutôt cette taille-douce aurait besoin d'explication.

EXPLICATION DE LA GRAVURE.

L'hiver passé, j'ai rencontré Mlle Julia à un bal d'ambassade. Elle a valsé trois fois avec un sceptique qui lui offrit de faire parler les esprits : c'était M. Octave de Parisis.

DEUXIÈME EXPLICATION DE LA GRAVURE.

Mlle Julia a une femme de chambre qui couche dans son cabinet de toilette. Cette femme de chambre a l'art mystérieux d'introduire les esprits.

COMMENTAIRE RISQUÉ.

Le cabinet de toilette de Julia a deux portes : la première est une porte sous tenture qui ne crie pas sur ses gonds, une vraie porte d'amoureux; celle-là vient dans la chambre de Julia; la seconde est une porte toute simple qui donne sur l'escalier de service.

Les esprits ne sont pas humiliés de passer par là, même quand ils se donnent la figure du duc de Parisis.

VIII

LA SOLITUDE DE VIOLETTE

CEPENDANT Violette ne s'acclimatait pas à Pernan.

Avec sa fièvre, son amour, son repentir, elle ne pouvait vivre dans cette solitude rustique où sifflait gaiement le merle, où chantait amoureusement le rossignol. Pour la paix des champs, il faut la paix du cœur. Violette n'entendait ni le merle ni le rossignol. Elle écoutait pleurer les brises et sangloter les fontaines.

A quelques pas du château, Mlle Hyacinthe la surprenait tous les soirs, abîmée dans ses rêveries, assise au bord d'un ravin profond, qui était l'image de la mort par ses roches brisées, ses cavernes profondes, ses ronces brûlées, véritable refuge des oiseaux de nuit.

Quand, le soir, Violette n'était pas penchée dans l'escarpement du ravin, elle était au cimetière, croyant prier pour sa mère, mais priant pour elle-même.

Le matin, il semblait qu'elle reprît du cœur à la vie. Elle se jetait sur les journaux, qui lui parlaient de Paris, comme si chaque gazette devait lui apporter un peu de cette douce poussière qui avait couvert ses pantoufles rue Saint-Hyacinthe-Saint-Michel, ou ses bottines mordorées avenue d'Eylau, près de l'hôtel d'Octave.

Comme les journaux parlaient souvent du duc de Parisis, c'était pour elle comme un coup de soleil quand ce nom rayonnait sous ses yeux. Elle savait sa vie, elle devinait ses aventures ; mais c'était surtout les lettres de la comtesse d'Antraygues qui le représentaient dans ses folies. Comme elle avait toujours été sérieuse, même dans sa mascarade de trois mois, comme elle était devenue plus sérieuse, elle s'affligeait de toutes les folies d'un homme doué pour les grandes choses, qui trahissait son nom et son avenir ; mais elle ne désespérait pas, disant toujours qu'il prendrait de fières revanches.

On se rappelle que Mme d'Antraygues avait demandé vingt mille francs à Violette. Violette s'était empressée d'être agréable à son amie, tout en lui rappelant qu'elle s'ennuyait beaucoup de ne pas la voir. Un jour, à l'heure du déjeuner, Mme d'Antraygues arriva bruyamment.

Alice avait remplacé la gaieté par le bruit, comme font toutes celles qui ne veulent pas se repentir et qui refusent de voir leurs blessures. La comtesse trouva Violette bien changée, mais plus belle encore, si la beauté est une expression divine. Le marbre en est la plus belle traduction ; a-t-il besoin des tons roses de la vie pour charmer les yeux du corps et les yeux de l'âme? Violette avait perdu à jamais la fraîcheur des jeunes années ; mais dans cette figure plus accentuée et plus pâle, la vraie femme s'exprimait mieux encore. Et puis ses beaux yeux — ciel profond — n'avaient-ils pas une éloquence plus pénétrante? « Comme vous êtes devenue belle! » dit Alice en embrassant Violette.

Violette présenta sa jeune amie à la comtesse : « Si vous voulez voir la beauté sur la terre, la voilà ! dit-elle avec l'accent de la vérité. »

Mlle Hyacinthe n'était pas précisément l'idéal de Phidias ni de Raphaël — ni de Jean Goujon, ni de Prudhon, — mais elle avait la beauté agreste et simple qui ne connaît guère la mode et que la passion n'a pas consacrée encore : on peut dire qu'elle s'habillait de son charme et de son sourire.

On déjeuna avec une gaieté mélancolique, on se promena dans la campagne et par les jardins du château, on visita l'église, on alla goûter dans une tour en ruines. Le soir, les trois femmes étaient heureuses par l'amité.

Toutes les trois adoraient la musique. On veilla jusqu'à minuit, les mains sur le piano, caressant tous les airs aimés, évoquant le génie de tous les maîtres. La vraie musicienne était Mlle Hyacinthe. Violette jouait mal et Mme d'Antraygues avait plus de brio que de sentiment. « Vous rappelez-vous ? dit Alice à Violette, vous m'avez dit que M. de Parisis vous avait appris la valse de *Faust* ? — Si je me rappelle ! » dit-elle en pâlissant.

Et elle joua la valse de *Faust* — elle qui jouait mal — comme Gounod la joue lui-même, avec toutes les éloquences du cœur et de la passion !

IX

LES DEUX COUSINES

E lendemain, les trois amies eurent une visite tout à fait inattendue : le duc de Parisis, qui était venu avec d'Aspremont et Monjoyeux passer quelques jours au château de Parisis.

Octave voulait revoir tout à la fois Geneviève et Violette. Il savait que les deux cousines étaient devenues deux amies. Quoiqu'il fût emporté par l'amour — vers l'une et vers l'autre — il se promettait de n'être plus pour elles qu'un ami.

Il était d'ailleurs venu à Parisis avec son ami Violet-le-Duc, pour commencer la restauration du château dans le plus pur style Louis XII. Monjoyeux et Saint-Aymour l'accompagnaient.

A tout autre moment, il eût éprouvé une vraie joie à ce travail qui allait remettre en toute splendeur une des plus curieuses seigneuries féodales; mais une tristesse profonde envahissait son cœur. C'est qu'on ne bâtit ou qu'on ne restaure un château que pour une femme aimée, c'est que Parisis pressentait que la femme aimée ne viendrait pas habiter son château.

Sa première visite fut pour Mlle de La Chastaigneraye. Elle n'avait pas varié dans son idée, elle voulait qu'il épousât Violette. Elle l'accueillit avec une douceur d'ange: mais elle cacha si bien son cœur, que son cousin s'imagina qu'elle ne l'aimait plus.

Aussi ce fut une simple visite de cérémonie où on parla de tout, hormis de soi-même. « J'espère bien, mon cousin, dit Geneviève, que vous irez voir Violette à Parnan. — Oui, ma cousine, » dit Octave, croyant raviver la jalousie de Geneviève.

Mais elle fut impassible, comme si elle habitait désormais d'autres régions. Elle lui dit d'ailleurs une fois encore qu'elle s'était tournée vers Dieu et qu'elle allait se retirer du monde. « Grand Dieu ! se récria Parisis, mais où irez-vous donc ? — Dans une solitude sanctifiée par les prières. Ici, quoi que je fasse, j'habite une solitude toute profane. Voyez ces tableaux, voyez ces livres, voyez ce piano, voyez cette harpe; je ne suis pas de celles qui se résignent sans avoir sous les yeux l'exemple de toutes les résignations. — Ma cousine, dit Parisis, vous avez marché ce matin sur des asphodèles ou des soucis. Je reviendrai bientôt, si vous voulez arracher les mauvaises herbes qui poussent sous vos pieds. — Revenez, mon cousin; pour moi, dès qu'on travaillera à la restauration de Parisis, j'irai vous voir si je ne suis pas partie. »

Octave était allé voir Violette le lendemain. Il trouva la même figure, la même douceur, mais la même indifférence bien jouée. Il voulait railler un peu; mais la triste expression qui s'était gravée profondément sur la figure de Violette arrêta la raillerie sur ses lèvres.

Mme d'Antraygues lui prit le bras et l'entraîna sous les arbres. « Cette pauvre Violette, lui dit-elle, savez-vous qu'elle en mourra ? Je vous ai déjà averti. — Où avez-vous vu des femmes mourir de chagrin ? — A Paris et en province, mon cher. Moi qui vous parle, je mourrai de chagrin, mais passons. J'étais venue pour embrasser Violette et repartir aussitôt; je suis si malheureuse de son malheur, que je vais rester avec elle toute une semaine. On ne se console d'un amour que dans un autre amour : Violette n'en aimera pas d'autre que vous. Mais peut-être la consolerai-je, moi! car si l'amitié console de l'amour, c'est l'amitié d'une femme, surtout quand cette femme est amoureuse dans la même paroisse. O monstre aux griffes roses! — Bouche de femme, paroles perdues! dit Octave dans une fumée de cigare. — Vous vous imaginez peut-être que vous ne laissez tomber de vos lèvres que des paroles de votre Evangile, ô don Juan de Parisis! Je vous le dis encore, rien ne consolera Violette de vous avoir trouvé et de vous avoir perdu. »

X

LE CHATEAU DE CARTES

ctave causa avec Violette après avoir causé avec Alice. Ils étaient seuls dans le salon; la comtesse avait entraîné Hyacinthe.

Après un silence, Violette dit en regardant Octave : « Cela me fait tant de mal de vous voir, que j'éprouve un étrange contentement; arrangez cela comme vous pourrez. — Si vous m'aimiez encore, je dirais que vous êtes heureuse parce que vous êtes malheureuse; c'est inexplicable, mais cela est, parce que l'amour est une douleur, est une volupté. » Violette retint un soupir : « *Si je vous aimais encore!* vous avez raison; je ne vous aime plus. C'est une bouffée du passé qui me revient jusqu'au cœur; grâce à Dieu, je suis délivrée de toutes ces angoisses. »

Violette reprit le masque de la sérénité. Octave lui saisit la main; mais elle cacha si bien son émotion qu'il jugea que, pareille à Geneviève, elle n'avait gardé de l'amour que le souvenir.

La conversation changea de thème. On parla de la vie rustique et des joies innocentes qu'elle donne au cœur; on ouvrit une parenthèse sur Paris, mais Violette la ferma bien vite. Octave tenta de lire l'avenir de Violette par ce qu'elle disait ou par ce qu'elle ne disait pas; mais il ne vit que des nuages.

La nuit était venue peu à peu. Violette se leva pour se rapprocher de la fenêtre. Octave la suivit. « Je vais partir, » lui dit-il. Ce simple mot tomba dans le cœur de Violette comme le glas de la mort. Il lui sembla que c'était la dernière fois qu'elle voyait Parisis.

Parisis! l'amour et la mort dans sa vie; Parisis! tout ce qu'elle avait aimé depuis qu'elle n'aimait plus que lui. « Vous allez partir! » répéta-t-elle d'une voix lente et triste. Elle regarda Octave qu'elle ne voyait plus bien.

Tout à coup, rejetant tout cet attirail de pieux mensonges qui voilait son cœur, elle se jeta dans ses bras et elle éclata en sanglots. « Violette, ma Violette, dit-il doucement, pourquoi pleures-tu? je t'aime! — Oh! dis-moi cela encore; je veux mourir, mais je veux mourir avec ce mot dans le cœur. Dis-moi encore que tu m'aimes! — Tu le sais bien! »

Octave entendait à peine Violette, tant ses paroles étaient coupées par les sanglots. « Mais je t'ai toujours aimée, ma Violette! Avant de te voir, je n'aimais pas, je ne cherchais que des aventures! Avec toi j'ai trouvé mon cœur. »

Et ainsi ils se dirent les choses les plus tendres et les plus senties. Tous les deux obéissaient à une de ces expansions qui jettent deux cœurs, deux âmes dans la même pensée. C'est l'amour à sa suprême période. Quand il a hanté ces divins sommets, il s'est épuisé à demi, il retombe de ses aspirations, il retrouve la terre et regrette le ciel. Mais le ciel n'est pas la patrie des hommes ni des femmes, même quand ils sont amoureux.

Violette retomba sur la terre. Il lui sembla qu'elle avait donné tout le feu de sa vie dans ce divin embrassement, son cœur battait à se briser, la fièvre l'avait envahie, le rêve brûlait son front. « Adieu, Octave! lui dit-elle tristement. — Adieu! je ne comprends pas. Je ne veux pas comprendre, » murmura-t-il.

Il tenta avec toutes ses grâces irrésistibles de perpétuer cette minute d'amour. Rien ne lui coûtait, pas même le mensonge. Il était de bonne foi avec Violette, puisqu'il venait de retrouver son cœur dans le sien. Il lui dit qu'il voulait vivre avec elle et vivre pour lui. « Vivre pour moi, dit-il, n'est-ce pas vivre pour toi! Vivre pour toi, n'est-ce pas vivre pour moi! » Et comme Violette semblait douter : « Tu sais mon dédain des plus hautes ambitions; j'ai toujours dit que l'amour était le premier et le dernier mot de la vie. Avoir à son bras une femme, si je l'aime et si elle m'aime, c'est avoir le souverain bien. Nous habiterons Parisis et nous serons heureux. »

Ces derniers mots, quoique bien naturellement et bien tendrement dits, ramenèrent Violette à la raison. Elle ne put s'empêcher de penser que si Octave eût parlé à Geneviève, il ne lui eût pas dit : « Nous habiterons Parisis et nous serons heureux. » Elle traduisit ainsi ces mots : « Nous serons heureux à Parisis, mais nous ne serions pas heureux ailleurs, parce que Paris répudierait un pareil bonheur. » — Non ! dit-elle, on n'est heureux nulle part avec Violette, parce que Violette, au lieu d'apporter sa part de bonheur, n'apporterait que les larmes du repentir. — Pourquoi le repentir ? Quel est ton crime ? Maintenant que je te connais, je sais que tout cela n'était qu'un jeu cruel pour me punir. J'ai mérité d'en souffrir, j'en ai souffert, mais j'ai oublié. »

Octave avait reprit la tête de Violette sur son cœur. Elle n'eut pas le courage de relever la tête. Pendant cinq minutes encore, elle continua ce doux rêve d'être aimée. « Et pourtant, murmura-t-elle, si je voulais être heureuse ! »

Pauvre fille ! elle ne savait pas que la volonté qui brave tous les obstacles s'arrête frappée de mort devant ce château de cartes qui s'appelle le bonheur.

XI

UN AUTRE BOUQUET MORTEL

N sonna à la grille du château. Violette eut le pressentiment que c'était une mauvaise nouvelle, sans doute parce que ce coup de sonnette l'arrachait à son rêve.

Deux minutes après, le valet de chambre entrait, portant d'une main un majestueux bouquet et de l'autre une lettre sur un plat d'argent. « Pour moi? demanda Violette. Cela me vient sans doute de Mlle de la Chastaigneraye. — Peut-être, dit Octave; mais avant d'en être bien sûre, ne vous avisez pas de respirer le bouquet; j'ai toujours peur des roses de Tonnerre. »

Violette donna l'ordre au valet de chambre d'allumer les bougies.

Pendant que le duc de Parisis regardait le bouquet avec défiance, — un magnifique bouquet composé de fleurs symboliques, — Violette tournait la lettre dans ses mains, tout en disant : « Ce n'est pas l'écriture de Geneviève! »

Elle passa la lettre à Octave « Je ne veux ni de la lettre ni du bouquet. »

Elle allait sonner, mais Octave la retint. « Attendez donc; nous ne sommes pas à Paris, n'allez pas désoler quelque bonne voisine de campagne ou quelque cœur reconnaissant, car je sais que vous avez fait beaucoup de bien dans le pays. — Mais il y a des armoiries sur le cachet. — C'est que ce petit coin de la France est bien habité. »

Violette obéit. « Si vous n'étiez pas là, je vous jure que je ne lirais pas cette lettre. » Elle lut rapidement les premiers mots et la signature. « Voyez plutôt! » dit-elle en pâlissant.

Elle jeta la lettre à Octave, qui la ramassa en jetant le bouquet.

Il lut ce joli compliment :

« *Ma chère Violette de Parme et de Plaisance,*

« *Jugez de ma bonne fortune! J'achète un château qui fait l'œil au château de Pernan, et voilà que vous habitez le château de Pernan. Moi qui avais peur de m'ennuyer! Avec une voisine comme vous, je vais devenir tout à fait Bourguignon. Je vous envoie un bouquet cueilli par moi-même, c'est le dessus du panier. Si vous connaissez le langage des fleurs, vous jugerez de mon éloquence. Quand voulez-vous souper ensemble? car enfin, il faut bien que je vous rende, entre onze heures et minuit, un de ces festins que vous nous donniez, au prince et à ses amis, avec toutes les grâces d'une femme qui sait bien vivre.*

« *Je vous baise le pied et la main.*

« *Marquis* d'Harcignies. »

Octave contint sa fureur. « Violette! dit-il gravement, chaque mot de cette lettre rentrera avec mon épée dans le corps de ce faquin. Je garde la lettre. Demain, à huit heures, le marquis n'en écrira plus — de la même main — ou, s'il en écrit encore, ce ne sera pas à vous. Pas un mot de ceci. »

En ce moment, le valet de chambre entra pour dire que le messager du marquis attendait la réponse. « La réponse ! dit Parisis en contenant à grand'peine sa colère, le duc de Parisis la donnera lui-même au marquis avant une heure. »

Le domestique sortit sans bien comprendre. « Vous voyez bien, Octave, dit tristement Violette, que tout est fini pour moi ! Je remercie Dieu de m'avoir rouvert pendant quelques minutes cette porte du paradis où je vous ai retrouvé, mais c'est mon dernier moment. D'ailleurs, croyez-le bien, une fois hors de cette ivresse, je serais revenue à ma pensée de tous les instants : il faut que vous épousiez Geneviève. — Il faut que je vous venge, voilà toute ma pensée. On m'a dit que le prince était chez le marquis, il lui servira de témoin, j'imagine. Je veux que le prince dise tout haut la vérité, devant le marquis et devant mes témoins ; il faut qu'il jure qu'il n'a pas été votre amant. »

Mme d'Antraygues et Hyacinthe survinrent alors. Violette pria sa jeune amie de se mettre au piano. « Oh ! le beau bouquet ! s'écria la comtesse en se penchant pour ramasser les fleurs symboliques du marquis d'Harcignies. — Chut ! dit Octave en donnant un coup de pied dans le bouquet, ce sont des fleurs empoisonnées. — Des fleurs empoisonnées ! — Oui, dit Violette. Vous vous rappelez le bouquet de roses-thé qui a failli tuer Geneviève ? Eh bien ! il y avait moins de poison dans ces fleurs-là que dans celles que vous voyez sur ce tapis. »

Mlle Hyacinthe, heureuse de sa promenade avec Alice, faisait retentir le piano des airs les plus vifs d'Offenbach, ce maestro de l'imprévu qui traduit quelquefois en français l'esprit railleur de Henri Heine.

Quand Octave rentra à Parisis, il dit à Monjoyeux et à d'Aspremont qu'il lui fallait un duel pour le lendemain à huit heures. Il raconta l'histoire du bouquet symbolique. D'Aspremont et Monjoyeux allèrent vers minuit chez le marquis pour lui infliger une lettre d'excuses. Mais M. d'Harcignies, après avoir pris la plume, la jeta en disant : « J'aime mieux me battre. »

Le lendemain, à huit heures, comme Octave l'avait dit, le marquis d'Harcignies payait cruellement ses impertinences bien naturelles. Mais en ce monde, il y a toujours quelqu'un qui paye la dette des autres. Octave croyant frapper à la main, frappa au cœur.

Le prince Rio prit son ami dans ses bras et dit avec amertume qu'il n'y avait pourtant pas de quoi tuer un si galant homme.

Octave se redressa furieux! « J'allais oublier ! dit-il au prince. Je vous somme de dire ici la vérité; vous allez la dire devant ce sang répandu : Mlle de Pernan, ma cousine, celle qu'on appelait Violette dans ses jours de comédie, n'a pas été votre maîtresse! »

Le prince était un galant homme comme le marquis : il s'offensa de cette sommation. « Monsieur! je ne reçois de sommations que des huissiers, et encore les huissiers s'arrêtent à ma porte. Voilà pourquoi je ne vous répondrai pas. » En disant ces mots, le prince prit l'épée du marquis déjà toute tachée de son sang. — Eh bien! dit Parisis, puisque vous avez une épée, je suis plus absolu. Je ne quitterai le terrain que si vous dites tout haut la vérité. Mais vous commencerez par retirer vos paroles de tout à l'heure : « *Il n'y a pas de quoi.* » — Et d'abord, dit d'Aspremont, je constate que le prince n'a plus qu'un témoin et que vous ne pouvez pas vous battre. »

Monjoyeux prit la parole : « M. de Parisis n'a que faire de deux témoins. S'il faut deux témoins au prince, me voilà ! Le prince est trop bon prince pour me répudier à cause de ma naissance : mon père était chiffonnier, mais il a vécu en homme libre, c'est un titre de noblesse. Et d'ailleurs, si nous ne sortons pas tous de la salle des Croisades, nous sortons tous de l'arche de Noé. — Vous avez raison, monsieur, dit le prince. Soyez tout à la fois le témoin de M. de Parisis et le mien. »

Monjoyeux s'entendit sur le duel avec les deux autres témoins.

Au moment de se mettre en garde, le prince dit ceci d'une voix bien accentuée : « Mon idée bien arrêtée était de ne répondre à M. de Parisis qu'après un coup d'épée ; mais il possède si bien le coup du cœur, qu'il pourrait bien me couper la parole. Je ne ferai donc pas de façons pour dire que je n'ai pas été l'amant de Mlle Violette de Parme. Maintenant, tuer un homme parce qu'il a mal parlé à une femme, je dirai toujours qu'il n'y a pas de quoi. — Eh bien! dit Parisis en jetant son épée, c'est assez comme cela. Je ne suis pas venu ici pour venger la femme, mais pour venger une femme. Gavarni a dit : « On ne se bat pas « à cause d'une femme, on se bat d'abord contre quelqu'un et «pour soi ensuite.» Gavarni a tort contre moi : je n'ai pas voulu me battre contre quelqu'un ni pour moi, je me suis battu à cause d'une femme. »

On se quitta tristement, mais sans rancune. Octave exprima ses regrets avec une vraie noblesse de cœur. Il avait voulu blesser, il n'avait pas voulu tuer.

La mort du marquis d'Harcignies ne réconforta pas Violette, non plus que la déclaration du prince.

Quand l'opinion publique a frappé une femme, cette femme, fût-elle une sainte, n'en revient jamais, parce qu'il n'y a pas de médecin pour cette mortelle blessure.

XII

OU ÉTAIT ALLÉE VIOLETTE

La mort du marquis d'Harcignies fit un grand tapage et réveilla toutes les curiosités à peine assoupies qui rouvraient les yeux sur Violette. Ce fut donc un nouveau chagrin pour elle. Toutefois, comme Parisis venait de dire hautement qu'il ne fallait pas mal parler d'elle, peut-être se fût-elle remis de ce duel bruyant qui troublait sa solitude.

Mais la pauvre fille devait être poursuivie à outrance par les souvenirs vivants de sa vie de courtisane platonique.

Quelques semaines à peine s'étaient passées, la comtesse d'Antraygues, revenue à Paris, lui écrivait de braves lettres pour l'affermir dans sa retraite, lui demandant pour un temps prochain un petit pavillon du château. Mlle Hyacinthe était toujours là avec ses consolations, sympathique à ses douleurs, sympathique à ses espérances, tout en niant les peines de cœur par ce charmant sourire de celles qui n'ont pas aimé.

Voilà qu'un matin le bruit se répand que Pernan possède un jeune médecin. Jusque-là il fallait courir à deux lieues quand on avait une migraine. « C'est toujours une figure de plus, dit Hyacinthe. — Oui, dit Violette, mais si je tombe malade, vous savez que je ne veux pas voir la figure d'un médecin. »

Ce jour-là les deux jeunes filles, fort occupées à faire des confitures de fraises, ne parlèrent plus du nouveau venu, mais on leur annonça vers trois heures que le docteur Pierrefitte demandait à être reçu par Mlle de Pernan. « Pierrefitte, » dit Violette.

Elle ressentit un coup au cœur. Ce nom lui rappelait un jeune homme qui avait soupé un soir avec elle dans une folle compagnie du café Anglais. C'était un de ces étudiants amoureux de la vie — parce qu'ils voient la mort de près — qui passent tous les soirs la Seine pour prendre leur part du mouvement sur les boulevards, dans les cafés à la mode, aux concerts des Champs-Élysées, aux fêtes de nuit de Mabille et aux soupers de la Maison d'Or, quand ils ont quelques louis de reste.

C'était peut-être parce que M. Pierrefitte avait trop soupé qu'il venait se faire médecin de campagne dans son pays.

Violette avait retenu ce nom de Pierrefitte, parce que la verve de l'étudiant amusait tout le monde. Elle ne doutait pas que ce ne fût le même Pierrefitte. « Répondez que je ne puis recevoir, » dit-elle au valet de chambre.

C'était bien dommage pour Pierrefitte, car il l'eût trouvée plus adorable que jamais dans la grande cuisine du château, les bras nus, les mains rougies par les fraises. Mais Pierrefitte, qui aimait trop à gouailler, n'aurait pas eu le bon goût de ne pas la reconnaître. Il se fût sans doute avisé d'évoquer les images de Paris. Violette décida qu'elle ne le verrait jamais.

Le lendemain il se présenta encore, puis le surlendemain, puis tous les jours de la semaine. On avait beau lui dire que madame ne voulait pas recevoir, il insistait en disant qu'il voulait être reçu.

Que pouvait faire une femme contre cette tyrannie ? « Ah ! dit Violette, si Octave était là ! » Mais Octave ne pouvait pas toujours être là pour effacer un à un tous les témoins des folies de Violette. « Ma chère Hyacinthe, dit-elle à son amie, je vois bien que tout est fini pour moi. J'avais juré de ne plus remettre les pieds à Paris, je me croyais oubliée dans cette solitude ; mais chaque fois que l'espérance renaît dans mon cœur, une main brutale coupe la fleur et vient l'arracher. Et mon cœur saigne. Et je meurs de chagrin. Ne m'en veuillez pas si un jour vous ne me voyez plus. »

Hyacinthe embrassa Violette et voulut encore une fois la raviver à sa gaieté, mais elle commença à désespérer d'elle. Vainement elle jouait ses airs les plus chers, vainement elle l'entraînait à ses promenades les plus aimées, Violette devenait étrangère à tout, même à l'amitié de cette belle et bonne créature que Dieu avait mise sur son chemin comme un ange gardien visible. « Si vous aviez un grand chagrin, quelle mort choisiriez-vous ? demanda un jour Violette à son amie. — Voilà une question ! s'écria Hyacinthe. Si j'avais un grand chagrin, je pleurerais beaucoup et je me consolerais, parce que Dieu console tous les cœurs de bonne volonté. »

Violette, toute à ses idées, n'écoutait pas ces bonnes paroles. « Moi, dit-elle, je me suis tiré un coup de revolver, la mort n'a pas voulu de moi. Dans ma prison, j'ai été trois jours sans manger ; mais, de tous les courages, le plus grand, c'est de mourir de faim. Vingt fois j'ai appuyé le poignard contre mon sein, le poignard m'est toujours tombé des mains. J'ai l'effroi de l'acier et du sang. J'ai une pudeur rebelle qui me défend de me jeter à l'eau, parce que je serais déshabillée par les premiers venus. Ah ! si on pouvait s'enterrer soi-même ! — Vous m'épouvantez ! dit Hyacinthe, vous m'épouvantez dans cette étude que vous avez faite de la mort. Moi, je ne comprends qu'une manière de se tuer, c'est de se jeter par la fenêtre dans un moment de désespoir, quand on n'est plus maîtresse de soi. — Il y a aussi le poison, dit Violette, mais je ne veux pas m'empoisonner. »

Elle avait pensé à sa mère. Elle devint silencieuse ; « Heureusement, dit Hyacinthe, que Dieu vous tient par la main et vous empêchera de faire des folies. »

Violette donna doucement sa main à Hyacinthe. « Et pourtant, lui dit-elle, songez que si je n'étais plus là, Octave épouserait Geneviève. Je suis malheureuse et j'empêche le bonheur de ceux que j'aime le plus. »

Le soir, vers onze heures, pendant que Mlle Hyacinthe dormait profondément, Violette quitta le château de Pernan et n'y reparut jamais.

Voici le petit mot qu'elle avait laissé pour son amie :

« Adieu, je ne vous reverrai plus. Mariez-vous et acceptez en souvenir de moi la bague que vous trouviez jolie et que j'aurais dû vous donner déjà. Acceptez aussi cent mille francs de dot que vous remettra mon notaire le jour de votre mariage. Jusque-là, vivez avec Mlle de La Chastaigneraye.

« C'est beau la vertu ! Je viens de vous voir dormir, moi je n'aurai plus ce sommeil-là que dans la mort. Et encore, je n'aurai pas vos rêves ! Adieu encore, je vous embrasse.

« Violette. »

Où était allée Violette ? Il fut impossible à Mlle Hyacinthe comme à Mlle de La Chastaigneraie de suivre sa trace. On envoya un télégramme à Octave, qui remua vainement tout Paris.

Ce fut un vrai désespoir pour lui comme pour Geneviève et Hyacinthe. « C'est moi qui aurais dû partir la première ! » dit Mlle de La Chastaigneraye.

Mais la marquise de Fontaneilles, tout en lui préparant un pavillon à l'Abbaye-au-Bois, lui avait dit de l'attendre à Champauvert. Elle voulait gagner du temps, espérant toujours la décider à épouser Octave, ne doutant point que don Juan de Parisis ne fût heureux de faire une fin qui serait encore pour lui un commencement.

XIII

LE TROISIÈME LARRON

Il y a en France, depuis que les femmes sont toutes blondes, deux récoltes sérieuses : la moisson des blés et la moisson des chevelures.

Il n'y a donc plus que des blondes. C'est comme à Venise dans le siècle d'or, c'est comme à Versailles dans le siècle de Louis XIV. Non seulement sous le Roi-Soleil toutes les La Vallières étaient blondes, mais les hommes ne voulaient plus que des perruques blondes. Voyez le duc de Lauzun, un blond, le comte de Guiche, un blond — blondasse, dit Saint-Simon; — Henriette d'Angleterre était blonde, blonde était M{}^{lle} de La Vallière, très blonde M{}^{me} de Montespan, presque rousse M{}^{lle} de Fontanges.

Le duc de Parisis, qui eût aimé les blondes à la cour de Louis XIV, comme dans le Décaméron de Giorgone, comme dans les festins de Paul Véronèse, aimait aussi les blondes du temps présent. Mais on a déjà vu que ce n'était pas un homme exclusif ; il ne faisait pas un crime à une belle femme d'être brune, il aimait aussi les châtaines et ne dédaignait pas les « Vénus aux carottes. »

Mais on peut dire qu'il marchait surtout dans le cortège des blondes.

Mais pour lui la vraie blonde était M{}^{lle} de La Chastaigneraye. Sa luxuriante chevelure, contenue dans ses ondulations par une main pudique, car elle seule touchait à ses cheveux, avait la nuance la plus douce aux yeux : c'était le vrai blond à son premier coup de soleil, le blond d'Ève avant le paradis perdu.

Quoique Parisis fût beau et spirituel, il était toujours l'irrésistible Parisis. Les femmes n'ont pas toutes le sentiment de la beauté virile et n'aiment pas souvent l'homme qui les domine trop par l'esprit. Mais Parisis semblait fait pour montrer aux poupées l'amoureux de l'idéal nouveau. Plus de faux sentimentalisme, plus de sonnets à la lune, plus d'aspirations vers les étoiles : l'homme et la femme dans l'amour. N'est-ce pas tout un monde ? A quoi bon se perdre à l'horizon, sur les rivages platoniques, quand on a sous la main la poésie visible.

Aspasie dit un jour à Platon, qui l'avait promenée dans tous les sentiers perdus du sentimentalisme : « Que de chemin nous avons fait ! — Pour arriver où ? demanda Platon. — Au commencement, » répondit la courtisane.

« Que de temps perdu ! » dira celui qui aime les chemins de traverse. Celui-là prend tout ce qu'il trouve sous sa main. « Ne perd pas qui veut son temps, » répondra celui qui voyage pour n'arriver point. Celui-ci fait le tour du monde sans mettre pied à terre. Il arrive devant Naples. — Voir Naples et mourir ! — Et il n'entre pas dans la ville. Platon déraisonne, car l'amour est une ivresse ; or, comment s'enivrer sans mordre à la grappe ?

Les platoniciens disent qu'Hercule, aux pieds d'Omphale, n'écoutait que les battements de son cœur. Mais quand Hercule filait le parfait amour aux pieds d'Omphale, c'était après avoir accompli ses douze travaux.

Octave ne filait pas aux pieds d'Omphale, et pourtant, chez une comtesse blonde, — paroisse Saint-Thomas-d'Aquin, — il avait été retenu trois jours devant sa tapisserie. Elle filait une blanche colombe pour un coussin : il filait le parfait amour. Le quatrième jour, la colombe fut immolée.

Le grand art de Parisis était d'arriver à temps. Henry de Pène a parlé comme La Bruyère quand il a dit : « Le plus souvent, ce que la femme aime, ce n'est pas l'amant, c'est l'amour. » Parisis le savait bien, il ne parlait jamais de lui.

Cette histoire de la comtesse blonde fit quelque bruit l'an passé — rive gauche et rive droite.

Le Cours-la-Reine est une promenade déchue. On y trouve quelques jolis hôtels ; mais comme les arbres y sont encore fort beaux, on aime mieux les arbres des Champs-Élysées, qui ne donnent pas d'ombre.

Une après-midi, vers deux heures et demie, le duc d'Ayguesvives, un ministre étranger qui représente fort spirituellement une république idéale, fumait sous les arbres du Cours-la-Reine avec un de ses amis, pareillement ministre étranger, surnommé Nyvapas.

Je suis tenté de croire que ces deux diplomates ne changeaient rien alors à la géographie du monde ; peut-être faisaient-ils l'histoire du Cours-la-Reine. Sans doute, ils ne sortaient pas de leur sujet ; mais d'où vient que pendant qu'ils parlaient si bien, une jeune dame passait sous les arbres, blonde comme les gerbes, — en robe de taffetas violet, garnie de valenciennes, ceinture flottante, nouée à contresens, sans doute pour qu'on la puisse dénouer sans qu'on s'en aperçoive, cache-peigne de roses mousseuses, sur une coiffure révolutionnaire, gants ris perle.

Voilà la femme, — je me trompe, — voilà la mode.

La femme n'était pas voilée ; mais elle jouait si bien de l'éventail avec son ombrelle, qu'on ne pouvait pas voir sa figure. C'était bien dommage, car c'était une femme fort agréable, sinon fort jolie. Un menton trop accusé, mais une bouche charmante. Et des dents ! Octave de Parisis lui trouvait les plus beaux yeux du monde ; par malheur pour moi, elle ne me regardait pas avec ces yeux-là, aussi je me contente de dire qu'elle avait des yeux tempérés — dix degrés au-dessus de zéro. — Sans doute Octave de Parisis faisait monter le thermomètre à la chaleur des tropiques.

D'où venait cette fraîche créature ? J'en suis bien fâché pour le faubourg Saint-Germain, mais elle ne venait pas du faubourg Saint-Antoine. « Savez-vous pour qui, dit un des deux ministres, cette femme qui est descendue de voiture avenue d'Antin s'égare sous ces arbres ? — La belle question ! C'est pour vous. — Non, je crois que c'est pour vous. Vous la connaissez bien ? C'est Mme de ***. — Elle savait donc que vous veniez ici ? — Non ! Je l'ai rencontrée tout à l'heure en voiture. »

La dame regardait à la dérobée les deux amis et paraissait inquiète. Elle s'éloigna un peu. Avait-elle peur d'être reconnue ? Se promenait-elle pour l'un d'eux ? Alors, pourquoi l'autre restait-il là ?

Le duc d'Aiguesvives se rappela que la veille il avait été fort brillant au concert des Champs-Élysées, dans le groupe de la dame. Il avait raillé avec tout l'esprit de Lauzun les femmes embéguinées dans leur vertu, les comparant à ces respectables intérieurs de châteaux gothiques où les araignées font la toile de Pénélope.

Il ne lui parut pas douteux que la dame ne vînt pour lui. Mais l'autre ministre étranger était un fat qui s'imaginait toujours qu'un homme du Sud avait pour lui toutes les blondes. « Tout bien considéré, dit-il, elle est là pour moi. »

Mais le duc d'Aiguesvives ne fut pas convaincu. « Non, mon cher, c'est pour moi qu'elle est venue, et vous êtes trop galant homme pour ne pas me dire adieu.—Je vous dis que je l'ai vue en voiture, elle m'a souri adorablement. Je vois bien qu'elle veut me parler. — Éloignez-vous par l'avenue Montaigne ; dès que vous ne serez plus là, je réponds qu'elle viendra droit à moi. — Mais c'est une tyrannie ! — Vous avez des illusions, mon cher; moi, je n'en ai pas. — Pile ou face à qui s'en ira ? — Eh bien ! jetons en l'air un louis. — Face ! » s'écria le duc d'Ayguesvives.

Dès que le louis fut à terre, les diplomates se baissèrent tous les deux.

Or, pendant qu'ils gagnaient ou perdaient ainsi Mme de ***, le duc de Parisis était arrivé sur le champ de bataille et avait offert son bras à la jeune femme. « Eh bien ! dit le duc d'Ayguesvives, il paraît que c'est le duc de Parisis qui a gagné ? »

XIV

LA FEMME DE NEIGE

C'est du Nord que nous viennent aujourd'hui les femmes romanesques. Combien d'histoires invraisemblables, depuis vingt ans, la destinée s'est complu à écrire de sa plume d'or ou de fer, qui avaient pour héroïnes des Danoises, des Norvégiennes, des Russes ou des Polonaises ! Ce ne sont pas toujours des anges de beauté, mais enfin ce sont des femmes : plus d'une d'entre elles, d'ailleurs, a sa beauté originale. Celles qui ne sont pas jolies ont encore une saveur de terroir, je ne sais quoi qui rappelle la perce-neige. Le soleil ne produit que des merveilles, tout ce qu'il touche devient or, mais les femmes dorées n'ont plus ce charme pénétrant, cette douceur fuyante, cette morbidesse corrégienne des femmes qui ont hanté la neige.

Octave rencontra un soir au concert des Champs-Élysées une jeune femme, grande et blanche, un peu penchée par la rêverie, qui se promenait seule. Tout le monde la remarquait et jasait sur elle. Les hommes du contrôle avaient chuchoté en la voyant passer, mais ils n'avaient osé lui dire de rebrousser chemin, sous prétexte qu'elle n'avait point de cavalier ou de suivante. Sa fierté native leur imposait silence.

M. de Parisis était dans un groupe de jeunes femmes railleuses du beau monde, qui se vengent le plus souvent par l'intempérance de la langue des tempérances du cœur. On se moquait beaucoup de la jeune femme grande et blanche. « C'est le roseau pensant de Pascal, dit une femme savante. — C'est une femme qui nous vient des pays brumeux, voilà pourquoi elle s'est habillée d'un fourreau de parapluie. — Blanche comme le marbre, une vraie figure à mettre sur un tombeau. — Quand on pense qu'elle vient ici pour chercher un homme, mais ses yeux sont deux lanternes sourdes. — Si Debureau était ici enfariné, ce serait bien son homme. — Son homme! dit Octave en se levant, ce sera moi. »

On partit d'un éclat de rire. « Vous! vous faites donc vigile et jeûne maintenant. — Non! mais il y a si longtemps que je fais le mardi gras avec des Parisiennes dont je sais le refrain, que je suis curieux d'entendre une autre chanson. »

Et il alla bravement à l'encontre de l'inconnue. M. de Parisis était de ceux qui savent si bien la langue de l'esprit humain, qu'il ne disait jamais une bêtise. Aussi nul ne savait mieux aborder une femme inabordable. La plupart se brisent aux récifs ou se font mitrailler par l'ennemi; mais il arborait si à propos son drapeau, et montrait des manœuvres si savantes qu'il n'échouait jamais.

Il rencontra l'étrangère. « Madame, permettez-moi de vous offrir mon bras. »

La jeune femme s'arrêta avec surprise et voulut passer outre sans répondre; mais en voyant le grand air de M. de Parisis, elle lui dit en adoucissant sa colère subite : « Monsieur, je n'ai pas l'honneur de vous connaître. — Et moi, madame, dit Octave avec un gai sourire qui montrait jusqu'à son cœur, c'est précisément parce que je n'ai pas l'honneur de vous connaître que je vous offre mon bras. »

La jeune femme obéit involontairement, subjuguée par la

volonté d'Octave. « Je ne comprends pas bien, dit-elle ; vous voyez que je suis étrangère ! je croyais savoir le français, mais vous avez à Paris de si étranges façons de traduire les choses, que je ne suis pas familière à votre grammaire. — Vous ne sauriez que quatre mots de français que je vous comprendrais. Il y a la langue des esprits supérieurs qui se parle par les yeux, par le sourire, par la raillerie, par toutes les évolutions, par toutes les éloquences de l'âme ; cette langue-là, vous la savez mieux que moi, parce que vous êtes une femme et parce que vous êtes étrangère. — Parce que je suis une femme, peut-être ; mais pourquoi parce que je suis une étrangère ? — Ne confondons point. Il y a des étrangères qui restent chez elles, tant pis pour celles-là ; mais il y a des étrangères qui restent à Paris, ce sont nos maîtres, j'ai failli dire nos maîtresses. — Vous voyez que vous-même vous n'êtes pas sûr de bien parler. — En un mot, la femme du Nord ou du Midi, la femme du Nord surtout, qui ose s'aventurer à Paris, n'y vient que parce qu'elle est sûre d'elle-même, sûre de sa force, sûre de son esprit, sûre de sa domination. Voilà pourquoi vous êtes venue à Paris, madame, voilà pourquoi vous comprenez. — En vérité, monsieur, le serpent ne sifflait pas de plus jolis airs à Ève. Je m'appelle Ève, mais je ne suis pas du Paradis. On me nomme la Femme de Neige : je ne veux pas voir le soleil. Adieu, monsieur. Maintenant que nous nous connaissons, adieu. »

Mme Ève dégagea lestement son bras et s'inclina vivement avec une imperceptible moquerie. C'était tout juste au moment où Octave passait devant le groupe d'où il s'était détaché pour aller à l'abordage. Il ne voulait pas échouer, surtout devant de pareilles spectatrices. Sans s'émouvoir le moins du monde, il prit doucement et fermement l'autre bras de Mme Ève. « Ce n'est pas tout, lui dit-il, j'ai commencé une phrase, permettez-moi de l'achever. — J'ai peur que votre phrase ne soit comme ma robe à queue, une période à perte de vue. C'est égal, je vous écoute ; nous allons nous compromettre tous les deux, mais enfin, comme je n'ai peur que de moi-même, parlez.

Et il parla. Et il parla si bien, et il parla si mal, qu'au second tour la Femme de Neige était conquise ; c'était la première fois qu'une langue dorée résonnait jusqu'à son cœur.

M. de Parisis avait le grand art de verser le sentiment au bord de la coupe. Sa raillerie même le servait, il se moquait de tout, hormis du cœur ; il jouait la comédie de l'amour en comédien convaincu. Et que de force dans son jeu ! Je ne parle pas seulement des éloquences de l'esprit, mais de celles du regard et de la voix, mais de celles de la main. A tout propos, pour convaincre une femme, il lui prenait la main, et avec tant de douceur et tant de magnétisme, qu'il communiquait comme par magie son âme et son amour. Je dois dire que sa main, d'un admirable dessin, était tout à la fois fine et forte. C'était la main de Léonard de Vinci qui brisait un fer à cheval, qui soulevait une femme comme une plume au vent et qui dénouait une chevelure pour s'y égarer avec la légèreté d'un enfant.

Au troisième tour, Octave vint s'asseoir avec elle en face du groupe où on commençait à ne plus douter de son triomphe. « Vous étiez tout à l'heure avec ces dames, dit la jeune femme ; que vont-elles dire ? — Beaucoup de mal de vous et de moi. Aussi demain, le sort en est jeté, vous serez célèbre à Paris ; après demain, tout le monde voudra vous connaître ; dans huit jours, chacun se racontera une histoire qui ne sera pas vraie. — Que voilà une jolie perspective ! — Soyez de bonne foi, vous n'êtes pas venue à Paris pour autre chose. Être le roman, la chronique, l'héroïne, la lionne, ne fût-ce que pendant une heure, c'est avoir sa part de royauté. Or, qu'est-ce que la vie sans cela ? — A votre point de vue, dans l'horizon parisien, ce qui prouve que vous n'entendez rien aux choses de cœur. — Moi ! se récria Octave ; voulez-vous partir pour Christiania ? J'irai avec vous m'exiler dans le bonheur au fond d'une villa rustique, sous les trembles argentés, foulant du pied l'herbe vierge ou la neige immaculée. »

Mme Ève était — naturellement — une femme romanesque qui aimait tout, qui fuyait tout, qui courait à tout ; une de ces âmes inquiètes qui ont soif de l'idéal, qui se brisent au réel ; tantôt amoureuses du bruit, tantôt éprises du silence ; tantôt curieuses et soulevant leur masque, tantôt repliées sur elles-mêmes et pleurant jusqu'aux péchés qu'elles n'ont pas commis.

La femme de Neige comprit que M. de Parisis avait, comme elle, une imagination ardente et courant à tous les horizons, emportant en croupe l'illusion et le désenchantement tout à la fois. Ce qu'elle cherchait sans l'avouer, c'était moins un homme pour aimer son corps que pour promener son âme dans tous les labyrinthes de la passion. Cette Ève était curieuse comme Ève.

On jouait la marche du *Tannhauser*. « Aimez-vous la musique allemande ? demanda-t-elle à Octave. — Oui, répondit-il, j'aime la musique de l'avenir comme la musique du passé ; j'aime la musique française comme la musique italienne. D'ailleurs, la musique, comme l'amour, n'a pas de patrie. Comment voulez-vous marquer des frontières à l'oiseau qui vole et au vent qui passe? Qui m'eût dit que ce soir à dix heures je serais violemment et éperdument amoureux d'une Norvégienne? — Éperdument, violemment, ces deux adverbes-là font admirablement, dirait une Française. — Oui, madame, ne riez pas. Et remarquez bien qu'un amour qui éclate comme aujourd'hui sur les airs de Verdi, de Wagner et de Gounod, ne peut pas mourir demain. Tant que ces airs-là chanteront dans mon âme ou autour de moi, e vous aimerai. Par exemple, cette valse de *Faust* que nous entendons là, qu'on vient de commencer, c'est la première fois que je la trouve si belle, parce qu'elle traduit soudainement toutes les émotions de mon cœur. Je sens que Marguerite est là et qu'elle me fait monter au septième ciel par les spirales inouïes des architectures aériennes.

Octave pensait bien à Mlle de La Chastaigneraye, à sa chère Marguerite du bal de l'ambassade. « Vous parlez comme un poème, dit la jeune femme, il n'y manque que la rime et la raison. »

Octave prit Ève au mot. « Oui, me voilà devenu aussi sublime et aussi bête que M. de Lamartine ou M. Victor Hugo. Que voulez-vous, on n'est pas parfait. Ce que c'est que d'être amoureux! »

Ève regarda en silence le duc de Parisis. Il était amoureux, puisqu'il était toujours amoureux. Si ce n'était pas d'elle, c'était d'une autre; mais elle prit pour elle toute la vivante expression qui éclatait dans ses yeux. « Eh bien! lui dit-elle, vous êtes un esprit supérieur. Ce n'est pas avec vous se perdre dans les infiniment petits de la passion. Prenons donc le chemin de traverse, seulement je vous avertis que je vais vous surprendre, car j'irai plus vite que vous. — Non, dit Octave en souriant, votre chemin ne sera pas plus rapide que le mien; j'arriverai avant vous. — Mais vous ne comprenez donc pas que j'essayais de jouer la comédie? — Et moi aussi! Mais nous ferons comme ces amoureux de théâtre qui finissent par se prendre au sérieux. »

Octave entraîna la dame un peu malgré elle, par la force du cœur, — par la force du poignet.

Les étrangères les plus sévères sur elles-mêmes ne font jamais de façon à Paris, s'imaginant qu'elles n'ont rien à craindre de leur conscience.

Cependant, on se demandait au concert pourquoi cette adorable femme blonde s'était aventurée au bras de Parisis. Tout le monde voulait les montrer du doigt : mais ils n'étaient plus là. Où étaient-ils ?

Ève était montée dans la voiture du duc; ils avaient fait un tour de Bois; ils étaient entrés à l'hôtel de Parisis.

Sans doute pour admirer les objets d'art — aux flambeaux !

Elle ne s'avouait pas vaincue; mais elle s'abandonnait avec ivresse à l'imprévu de cette passion soudaine. On sait qu'Octave était l'homme du moment, qu'il n'accordait pas de merci, qu'il était avant tout l'amoureux de la première heure. Pygmalion avait embrassé la femme de marbre : Octave de Parisis embrassa la Femme de Neige.

Il reconduisit vers minuit la dame chez elle. « Pourquoi êtes-vous triste? lui demanda-t-il. — Pourquoi serais-je gaie? lui répondit-elle. On s'en va toujours d'un amour comme d'un feu d'artifice, — avec la nuit dans l'âme. »

Elle comprenait bien qu'avec Parisis il n'y avait pas de lendemain. « Adieu, lui dit-elle à la porte de l'hôtel de Bade, je partirai demain. — Pourquoi ? » Elle répondit en souriant avec amertume. « Parce que j'ai la nostalgie de la neige. » Et elle ajouta d'une voix plus émue : « J'ai été fondue au soleil. »

XV

PAGES DÉTACHÉES DE LA VIE D'OCTAVE

Le duc de Parisis, quoiqu'il aimât profondément Mlle de La Chastaigneraye, quoiqu'il ne rêvât pas de bonheur plus doux que celui de vivre avec une belle créature qui ne vivrait que pour lui, était retenu, lui qui bravait toutes les superstitions, par un vague effroi de la légende des Parisis, non pas pour lui, mais pour Geneviève.

La question d'argent n'était plus une question, parce qu'il se trouvait plus riche que sa cousine. Comme son maître en l'art de vivre, M. de Morny, Parisis avait encore de l'argent, même quand il n'en avait plus. Ce n'était pas certes un de ces faiseurs d'affaires qui se jettent comme des étourneaux — ou comme des oiseaux de proie — dans le grenier d'abondance des familles pour y gaspiller jusqu'au grain d'or des semailles. Il jouait à la Bourse avec une grande sûreté de coup d'œil. En attendant qu'il réalisât son rêve politique, — ambassadeur à Constantinople — il prouvait par l'exemple qu'il croyait à la durée de l'empire ottoman, puisqu'il jouait sur les fonds turcs, conduisant la hausse et la baisse comme il conduisait ses chevaux haut la main.

Ses amis trouvaient cela fort beau. Il leur disait ; « Pourquoi ne faites-vous pas tous comme moi ? vous supprimeriez la question d'Orient, puisque vous affirmeriez le crédit ottoman. Il n'y a pas de meilleur Chassepot que la pièce de cent sous. Croyez-moi, le dernier mot de la politique est celui-ci : L'argent, c'est la paix armée. Tu es le Girardin du Club, lui dit le prince Rio, tu as une idée par nuit comme il a une idée par jour ! »

Donc, si le duc de Parisis ne voyait rien venir du côté des Cordillères, il remuait toujours à Paris quelques bonnes poignées d'or. Et on en remuait chez lui. Quand il donnait une fête nocturne, deux coupes antiques étaient pleines d'or dans le salon de jeu, comme autrefois le duc de Luynes. Ceux qui perdaient allaient puiser à la source en laissant leur carte. Parisis disait que c'était de la plus stricte hospitalité.

S'il me fallait indiquer quelques traits de tempérament et de caractère, j'en trouverais par milliers. On disait de lui, tout en raillant un peu, comme si la vérité n'était jamais absolue : « Les muscles d'Hercule cachés sous la beauté d'Antinoüs. » On avait dit cela aussi de Roger de Beauvoir. Le duc de Parisis avait eu vingt rencontres, prouvé sa force sans parler de son héroïsme en Chine.

Un jour qu'il conduisait aux Champs-Élysées, il vit un cocher qui rudoyait une femme ; c'était une jeune Anglaise qui avait payé et qui ne comprenait rien au pourboire. Le cocher, fort en gueule, l'assaillait d'épithètes toutes françaises. Il y avait déjà une galerie qui s'amusait du spectacle. Octave avait remis les guides à son valet de pied et était descendu par je ne sais quelle fantaisie, car il n'était pas né réformateur et croyait qu'il est dangereux de déranger un grain de sable pour l'harmonie de l'univers. La dame était fort jolie. Il ordonna au cocher de la saluer et de lui faire des excuses ; le cocher répondit par un coup de fouet qui rejaillit sur l'Anglaise. Octave saisit le cocher sur son siège et le jeta à terre comme une poignée de sottises. Et là dessus il retourna à ses chevaux. Mais le cocher s'était relevé furieux pour lui asséner un coup de poing. Cette fois le duc de Parisis, s'abandonna à toute sa colère, frappa le cocher sur la tête et le tua du coup.

« Voilà de la belle besogne, » dit un passant qui connaissait le numéro de longue date.

Octave donna sa carte à un sergent de ville en disant qu'il irait lui-même avertir le Préfet de Police. Après quoi il remonta sur son phaéton et continua sa promenade sans beaucoup plus d'émotion que s'il eût tué un Chinois. « Oh! mon Dieu! dit l'Anglaise, j'ai oublié de donner mon nom à ce gentleman. — Soyez tranquille, dit quelqu'un dans la foule, je connais M. de Parisis, vous êtes trop jolie pour qu'il ne vous rencontre pas un jour ou l'autre. »

Au Rond-Point, Octave se trouva dans un embarras de voitures. Il tenta vainement de dominer les chevaux, qui prirent le mors aux dents et furent en quelques secondes emportés comme des aigles. En face du Cirque, le valet de pied fut jeté au milieu des promeneurs; Octave fit alors une manœuvre que tout le monde admira : il sauta à cheval sur la Folle, la plus emportée de ses deux bêtes. La Folle le reconnut et fut maîtrisée comme par miracle.

Quand Parisis descendait l'avenue de l'Impératrice ou l'avenue des Champs-Élysées avec la rapidité d'une locomotive, dans la sérénité des dieux de l'Olympe, tout le monde le regardait avec des battements de cœur. Il jonglait avec ses chevaux comme l'Indien avec ses couteaux. Il dessinait des méandres imprévus dans les flots d'équipages de toutes les formes qui criaient sur les deux rives de l'avenue. On se demandait toujours si ses chevaux avaient pris le mors aux dents. Les dilettantes parisiens, qui ne pouvaient entrer en lutte, se consolaient en disant que cela finirait par une catastrophe.

Parisis ne paraissait pas robuste ; il était surtout devenu fort par sa volonté.

Il ne croyait pas à la médecine, il ne croyait qu'à la nature, cette mère généreuse qui défie la mort pour ses enfants, qui les nourrit de son lait jusque dans les jours de fièvre et de délire.

Il avait un médecin. Il faut bien avoir un avocat, même quand on a pour soi la justice. Un soir qu'il était malade, son médecin, qu'il n'avait pas appelé, survint et parut effrayé. « Ah! oui, mon cher docteur, je crois que cette fois j'en ai pour six semaines : la fièvre, les lèvres pâles, le diable dans la tête, des jambes de quatre-vingts ans, en un mot, comme disait Fontenelle, une grande difficulté d'être. — Bravo! dit le docteur, cette fois vous allez croire à la médecine. »

M. de Parisis mit son scepticisme sous l'oreiller. « Oui, mon cher docteur, je vous promets même une consultation. Demain, vous appellerez Caburus, Ricord et Desmares, total quatre médecins, quatre oracles, quatre lumières de la science ; vous causerez politique et vous déciderez que tout va mal dans l'État, mais que tout va bien chez moi. — En attendant, dit le médecin, je vais vous faire une ordonnance, promettez-moi de la prendre au sérieux. — Oui, mon cher docteur, à une condition : Nous allons boire chacun une bouteille de vin de Champagne. Vous connaissez mon vin de Champagne ? — Exquis, on ne le fait que pour vous ; mais chacun une bouteille ! c'est de la folie ! — Deux si vous voulez. »

Octave sonna et demanda du vin de Champagne. Vous me promettez d'y tremper à peine vos lèvres ? reprit le médecin. — Je vous promets, mon cher docteur, de me soumettre à toutes vos médecines ; mais, que diable ! donnez-moi un quart d'heure de grâce. »

On présenta les coupes. Octave trempa si bien les lèvres dans la sienne, qu'il la vida huit fois pendant son quart d'heure de grâce. Il avait ses idées. Le docteur n'avait plus les siennes à la quatrième coupe.

Octave pouvait boire pendant toute une nuit sans se griser ; il avait trop de tête pour se laisser vaincre par le vin. Il ne se grisait bien qu'en respirant la savoureuse odeur de certaines chevelures, qui caressaient son front quand ses lèvres s'égaraient sur le cou.

Deux heures après, le médecin trébuchait dans les vignes de Noé et conseillait à Octave de prendre trois fois médecine. M. de Parisis versa au docteur trois coupes de plus.

A minuit, Octave entrait au club parfaitement guéri ; cette petite débauche de vin de Champagne avait ravivé toutes les forces de la nature et jeté dehors toutes les mauvaises influences.

A minuit, le médecin rentrait chez lui parfaitement malade. « Qu'on aille chercher un médecin, dit sa femme. — Non ! s'écria-t-il avec fureur, qu'on aille chercher de Parisis ! »

Sa femme vit bien qu'il battait la Champagne.

Un des livres familiers à Octave était les *Dames galantes* de Brantôme, cet autre sceptique, ce Montaigne des Valois et des Valoises, qui commence toujours ses histoires par ces mots si naïvement railleurs : « J'ai cogneu une très honneste dame. » Le célèbre conteur a connu ces très honnêtes dames dans le meilleur monde, le plus souvent à la cour. C'est toujours une haute coquine qui ne serait pas reçue dans le demi-monde d'aujourd'hui. On a dit que ceux qui ne réussissaient pas dans la vie étaient ceux-là qui ne jugeaient pas les hommes aussi bêtes qu'ils le sont. Octave appliquait ce précepte aux femmes, disant que ceux-là qui ne réussissaient pas ne croyaient pas les femmes aussi — Èves — qu'elles le sont. Or le seigneur de Brantôme doit réconforter les timides sur ce chapitre, par l'exemple de ces « très honnestes dames, » qui ont dû faire baisser le pont-levis de beaucoup de châteaux forts.

Quand je relis Brantôme, je bénis Dieu de m'avoir fait naître dans le siècle de la vertu. Il n'y a plus aujourd'hui que des rosières.

XVI

LA CHIFFONNIÈRE

Ces messieurs et ces demoiselles soupaient bruyamment un soir à la Maison d'Or. Là était Parisis, le duc d'Aiguesvives, Miravault, Saint-Aymour, d'Aspremont, la Taciturne, Tourne-Sol, Cigarette, Trente-Six Vertus et Fleur-de-Pêche. C'était l'éternel souper que vous savez : on touche à tout, on trempe ses lèvres dans tous les vins, on parle contre toutes les lois de la grammaire, on cultive le néologisme, on est. ruisselant d'insenséisme.

D'esprit? pas beaucoup : Parisis, en soupant encore, obéissait au désœuvrement comme on obéit lâchement à un mauvais camarade qui vous domine, qui vous prend le matin, qui vous mène où il lui plaît, qui dispose de vous comme de lui-même.

Monjoyeux et Léo Ramée venaient quelquefois ensemble souper avec ces dames et ces messieurs. Il faut bien être de son temps ; il y avait toujours quelque figure nouvelle plus ou moins curieuse à étudier — au point de vue du marbre, disait Monjoyeux, au point de vue de la palette, disait Léo Ramée.

Ce soir-là, Léo Ramée apparut seul sur le seuil de la porte à la fin du souper. « Et Monjoyeux? demanda Parisis. — Je ne l'ai pas vu aujourd'hui ; il m'a dit hier que je le trouverais cette nuit avec toi. »

Tout le monde dit un mot sur Monjoyeux, un mot qui tomba sympathique de la bouche des hommes, un mot qui tomba amer de la bouche des femmes.

Toutes avaient la religion de Mme Vénus. Elles contaient son histoire avec des pleurnicheries sentimentales.

Les femmes ne pardonnaient pas à Monjoyeux d'avoir joué de la femme, parce qu'elles ne comprenaient pas sa haute satire. Elles ne lui pardonnaient pas non plus de n'avoir jamais d'argent !

Mlle Fleur-de-Pêche prit pourtant sa défense parmi ces dames. Elle le trouvait beau ; elle avouait qu'il était bien mal habillé ; mais elle l'aimait mieux ainsi qu'elle n'eût aimé M. Million habillé de billets de banque. On demanda à la Taciturne son opinion ; elle répondit d'un air convaincu : — *Ni oui ni non*. Et pour être éloquente elle ajouta : *Question d'argent*.

A cet instant, il se fit dans l'escalier un bruit qui retentit jusque dans le cabinet privilégié entre tous. « C'est M. Monjoyeux qui fait une farce, dit le garçon en apportant des cigares. »

Or, voici quelle était la farce de M. Monjoyeux : il apportait dans ses bras une malheureuse chiffonnière, jeune encore, mais tuée par la misère, qu'il avait trouvée devant la Maison d'Or, traînant son crochet sans trouver la force de remplir sa hotte.

Toutes les femmes partirent d'un bruyant éclat de rire; mais les hommes ne rirent pas : tous savaient que Monjoyeux était fils d'une chiffonnière, tous comprenaient le sentiment de charité qui l'inspirait. « C'est cela, dit Monjoyeux en posant respectueusement la pauvre femme sur le divan, riez, mesdames ! riez encore ! riez toujours ! Quoi de plus gai ? Une malheureuse créature qui meurt de faim ! Voyez-vous, mesdames, dans les chiffons, qu'ils soient fanés comme chez vous ou qu'ils soient fanés comme les chiffonnières, chacun pour soi, Dieu pour tous. Celle qui n'a pas rempli sa hotte la nuit n'a plus que l'hôpital, et si on ne veut pas d'elle à l'hôpital, elle n'a plus que la rue. »

Les femmes ne riaient plus. Et comme les femmes sont extrêmes en tout, celles qui avaient ri le plus haut se mirent à l'œuvre pour secourir la chiffonnière. « Qu'on apporte une soupe sérieuse, dit Monjoyeux, et non pas la soupe à l'oignon de ces dames. »

La chiffonnière regardait tout le monde avec inquiétude. Elle était si peu habituée à la charité chrétienne, elle avait vécu si loin de ses semblables, dans ce Paris sceptique où les pauvres n'ont pas d'amis, — d'amis visibles, — qu'elle ne pouvait croire encore à ce beau mouvement de Monjoyeux et à cette soudaine sympathie qui souriait autour d'elle.

On lui apporta une croûte au pot, la dernière du pot-au-feu, qu'elle mangea avec un vif plaisir. Monjoyeux l'avait mise à table, mais elle se tenait à distance. « Allons donc! lui dit-il, nous faisons bien les choses, nous autres! mettez les coudes sur la table. »

C'était à qui la servirait, parmi les femmes. Mlle Tourne-Sol lui passa son verre. « Non! dit Monjoyeux, elle n'aurait qu'à boire tes pensées! » Et il donna un verre à la chiffonnière.

C'était une femme de vingt-cinq ans, déjà flétrie par la misère et le chagrin. Elle veillait la nuit et ne dormait guère le jour. Il y avait de tout dans cette figure : de la beauté et de la laideur, de l'intelligence et de l'idiotisme, de la candeur et de la passion.

Peu à peu elle se familiarisa et risqua quelques paroles. Elle raconta sa vie en trois mots : Fille d'un chiffonnier, souvent battue parce qu'il était toujours ivre, mère sans avoir eu d'enfants, parce que sa mère était morte lui laissant quatre petites sœurs. « Messieurs, dit Monjoyeux, cette brave créature qui nous fait l'honneur de souper avec nous, ne vous y trompez pas, c'est la synthèse de l'humanité. Comme l'humanité, elle aspire à la croûte au pot, mais c'est l'idéal inaccessible. Adorons l'humanité dans cette femme, que ses haillons nous soient chers, que ses douleurs viennent jusques à nos âmes, que ses larmes sanctifient à jamais cette table profanée. »

Monjoyeux, assis à côté de la chiffonnière, se leva et l'embrassa sur le front avec un sentiment indicible de respect et de fraternité. « Au nom de ma mère, lui dit-il gravement, je vous embrasse. — Votre mère! pourquoi? lui demanda-t-elle en le regardant avec douceur. — Parce que je suis du bâtiment! Ma mère était chiffonnière; je ne m'en vante pas, mais je n'en rougis pas. » Et se tournant vers Parisis : « Mon ami, lui dit-il, réjouis-toi, non pas parce que je vais te demander une poignée d'or pour cette femme, mais parce que j'ai trouvé un but à ma vie. Je vais tout à l'heure rentrer dans mon atelier avec amour, je veux désormais travailler pour cette femme et ses quatre petites sœurs. Je suis heureux pour la première fois, parce que je me sens riche du bien que je ferai. »

Les femmes pleuraient. Monjoyeux se tourna vers Miravault : « Miravault, vous avez des millions et vous êtes pauvre; faites comme moi : vous serez riche. — Voilà qui est bien parlé, dit Léo Ramée en serrant la main de Monjoyeux. — C'est que je parle comme je pense. » Et revenant à Parisis : « Mon cher ami, prête-moi cent sous pour commencer ma fortune. Je vais, pour point de départ, prendre un fiacre pour reconduire cette femme — non pas tout à fait comme tu fais quand tu reconduis ces dames. »

Parisis voulut que Monjoyeux et la chiffonnière prissent sa voiture. « Ce n'est pas tout, dit Tourne-Sol, tu nous feras une grâce, je suppose que ta charité n'est pas jalouse. Nous allons tous donner de l'argent à cette pauvre femme. »

La moisson fut bonne. Les gens qui s'amusent sont les plus généreux envers les gens qui souffrent.

Le lendemain, Parisis alla dire bonjour à Monjoyeux dans son petit atelier de la rue Germain Pilon. Il le trouva au travail, plus allègre qu'il ne l'avait vu. « Vous avez raison, Monjoyeux, lui dit-il, les deux grands mots de la vie sont ceux-ci : le Travail et la Charité. — Oui, dit Monjoyeux ; mais vous en oubliez un troisième que vous croyez connaître, mais que vous ne connaîtrez bien que quand vous aurez épousé Mlle de La Chastaigneraye. »

Monjoyeux ajouta d'un air quelque peu théâtral : « Le troisième mot de la vie, c'est l'Amour. Vous ne connaissez que sa sœur, la Volupté. »

XVII

L'HOTEL DU PLAISIR, MESDAMES

N se raconta tout bas, un jour dans Paris, une nouvelle quelque peu étrange. Plusieurs grandes dames — de vraies grandes dames, disait-on, — avaient leurs petites maisons comme les grands seigneurs du XVIIIe siècle. Qui avait répandu cette nouvelle à Paris ? Trois amis : le duc d'Ayguesvives, le comte de Harken et Monjoyeux.

Ils se promenaient aux Champs-Élysées ; c'était au retour du

Bois, vers six heures; ils reconnurent une femme très à la mode qui parlait à son valet de pied, à l'angle de la rue du Bel-Respiro. Elle lui indiquait la rue Lord Byron. Le cocher qui avait compris, tourna par la rue du Bel-Respiro et conduisit la dame au numéro 12 de la rue Lord Byron. Elle sauta légèrement sur le trottoir, franchit la grille, contourna le jardin et monta le perron avec la légèreté d'une biche, avec la fierté d'une conscience sans peur et sans reproche.

Que pouvait-elle bien faire dans cette mystérieuse petite maison toute blanche, revêtue de lierre, bâtie par l'architecte Azemar, entre un jardinet et une serre?

Les trois amis avaient suivi la dame de loin, en vrais désœuvrés qui n'ont pas encore faim pour aller dîner. A peine le coupé s'était-il éloigné, allant au pas comme un coupé qui doit revenir bientôt, qu'un second coupé arriva au grand trot devant la grille; celui-là savait son chemin. Une autre dame, pareillement une grande dame, monta le perron avec la même légèreté, sinon la même fierté. « Que diable vont-elles faire dans ce petit hôtel? demanda d'Ayguesvives, qui était le plus curieux parce qu'il connaissait mieux les deux dames. »

Pas de portier à l'hôtel, pas âme qui vive dans la rue. C'était l'heure où toutes les familles étrangères qui habitent Beaujon commençaient un dîner sérieux qui dure régulièrement une heure et qui n'est jamais troublé par les journaux du soir comme les dîners parisiens.

Survint une troisième grande dame, toujours dans son coupé, toujours légère comme l'innocence. « C'est une œuvre de charité, » dit Monjoyeux. Passa un marmiton qui portait une tourte monumentale. « Mon bonhomme, lui demanda Harken, est-ce que tu connais ce pays? — Oui dà, j'y viens tous les jours depuis un mois. — Qui donc habite ce petit hôtel? — Il n'est pas habité. — Comment! il n'est pas habité? Mais il est plein de monde! — Ah! oui; on y passe, mais on n'y reste pas. — Comment s'appelle-t-il? — Il s'appelle l'*Hôtel du Plaisir-Mesdames*. »

Les trois amis se mirent à rire. « Pourquoi donc? — Je ne sais pas. C'est peut-être qu'il y a là des marchandes de plaisir. »

Le gamin avait l'air si futé qu'il fut impossible aux trois amis de saisir le sens de ses paroles.

Ce fut le tour d'une quatrième dame, encore une grande dame, mais celle-ci était venue à pied. D'Ayguesvives la reconnut, quoique la nuit tombât et qu'elle fût voilée.

C'était Mme de Montmartel, surnommée la belle aux cheveux

d'or. « Messaline blonde! dit d'Ayguesvives, c'est bien elle, partie carrée, car maintenant elles sont quatre, si nous avons bien compté. — Je ne suis pas curieux, murmura Harken, mais je donnerais bien quatre louis pour avoir une stalle à ce spectacle-là. »

Tous les trois dévoraient des yeux la façade de l'hôtel. On avait allumé des bougies, mais la lumière transperçait à peine par les rideaux de soie. « Si nous sonnions? dit Monjoyeux qui était toujours un peu gamin. — Sonnez, Monjoyeux, dit d'Ayguesvives, vous direz que vous vous êtes trompé de porte. — Non, dit Harken, ce serait un crime de lèse-amitié; la vie privée est mûrée, passons notre chemin. — C'est bien dommage, reprit d'Ayguesvives entraîné par Harken; que diable peuvent-elles faire dans cette maison, ces grandes dames, qui ont toutes les allures de petites dames? — Viens, viens, viens, tu liras cela dans le journal du soir. »

Ils rencontrèrent un quatrième ami au coin de la rue de Balzac; c'était le prince Rio. « Chut! dit d'Ayguesvives en se retournant, ne le rencontrons pas, il va peut-être à l'Hôtel du Plaisir-Mesdames. »

Quand les trois amis virent que le prince suivait la rue Balzac, sans entrer dans la rue Lord Byron, ils allèrent à lui. « Mon cher prince, lui dit Harken, vous qui connaissez la géographie du quartier, connaissez-vous l'*Hôtel du Plaisir-Mesdames?* — Non; qu'est-ce que cela veut dire? — Nous n'en savons rien. » On raconta ce qu'on avait vu. *O tempora! o mores!*

Une demi-heure s'était passée; les trois coupés qui erraient de çà et de là revinrent à la grille et reprirent chacun leur grande dame. La troisième referma la grille. « Et Messaline blonde, dit d'Ayguesvives, est-ce qu'elle garde l'hôtel? » Les lumières du rez-de-chaussée avaient disparu. « C'est le moment de sonner, puisqu'il n'y a plus qu'une femme, dit Monjoyeux. »

Tout en riant, il avait mis la main sur l'anneau du timbre : le timbre résonna malgré lui. Harken, d'Ayguesvives et le prince s'éloignèrent comme devant un coup du sort mystérieux. Monjoyeux resta bravement à son poste, décidé à affronter le péril ; mais on ne vint pas.

Ce fut alors que le marmiton repassa en chantant : « Voilà le plaisir, mesdames; voilà le plaisir! — Mon bonhomme, lui dit Monjoyeux, on ne vient donc pas ouvrir quand on sonne à cette porte? — Non, monsieur, j'ai souvent vu sonner, mais je n'ai jamais vu ouvrir. — L'hôtel n'a pas une autre porte pour sortir? — Non, monsieur, de l'autre côté c'est le jardin de l'hôtel Bobrinskoï.»

Monjoyeux, presque effrayé d'abord d'avoir sonné, s'irrita de voir qu'on ne venait pas lui ouvrir la porte, et pourtant il n'avait pas la prétention d'entrer dans cette maison mystérieuse, où on ne voyait passer que des femmes. « Messeigneurs, dit-il à ses amis, allons dîner, voilà le plaisir des hommes, nous parlerons du plaisir des dames. »

On entendait au loin le marmiton chanter : « *Voilà le plaisir, mesdames ! Voilà le plaisir !* »

D'Ayguesvives connaissait la comtesse Bobrinskoï, cette grande dame russe qui a apporté à Paris, avec ses marbres italiens, ses tableaux flamands et ses meubles en porcelaine de Saxe, l'art perdu des anciennes causeries. Il alla pour la voir, mais il ne trouva chez elle qu'un de ses amis, un peintre italien, Raimondo Marchio, qui ne fit pas de façons pour répondre aux questions du duc; il le conduisit dans le jardin qui séparait les deux hôtels. « Est-ce qu'on ne se met jamais à la fenêtre, demanda d'Ayguesvives. — Jamais. Une seule fois j'ai vu trois dames que j'aurais voulu peindre, tant elles représentaient mon idéal pour les trois vertus théologales que le pape m'a demandées. — Ce sont donc des dames de charité ? — Non, mais elles étaient groupées avec un abandon charmant, s'appuyant l'une sur l'autre, dans la désinvolture italienne ; celle du milieu était la plus belle : celle-là je l'ai reconnue, car elle habite les Champs-Élysées. — Mais qui est-ce qui habite l'hôtel ? — Oh ! pour cela, nous n'en savons rien. Il est d'ailleurs si peu habité, qu'on appelle cela un pied-à-terre. — Ma foi, c'est un joli pied. Connaissez-vous le propriétaire ? — Oui, un original de la rue du Cherche-Midi à quatorze heures; la comtesse a voulu lui acheter ce petit hôtel pour agrandir son jardin. Il lui a répondu ceci, ou à peu près : « Madame, je suis au soleil et vous vous êtes à l'ombre ; je suis Diogène, et vous êtes Alexandre, je ne vends pas mon soleil. »

D'Ayguesvives comprit qu'on ne saurait rien par un pareil propriétaire. « Croyez-vous que ces dames payent leur loyer ? — Sans doute, mais je n'ai pas vu en quelle monnaie. »

D'Ayguesvives regarda le peintre italien. « Mais vous êtes convaincu que ce sont des femmes du monde ? — Oui, mais panachées de quelques femmes du demi-monde, car, il y a quelques jours, il m'a bien semblé reconnaître une déesse des Bouffes, sans compter que Mlle Thérésa y a chanté ses chansons. — Ce doit être fort amusant, ce petit intérieur-là ! Est-ce que ces dames ne lancent pas des invitations ? Je voudrais bien m'inscrire. — Oh non ! il paraît qu'on s'amuse entre soi. »

Tout en regardant le petit hôtel, d'Ayguevives était de plus en plus convaincu qu'on avait bien choisi pour se cacher. Certes, ce n'était pas là une maison de verre : à gauche et à droite un pignon sans fenêtre; au nord un jardin étranger, celui de la comtesse, mais masqué par la serre au rez-de-chaussée et les persiennes du premier étage ; au midi une façade visible, mais au bout d'un jardin inaccessible.

D'Ayguesvives s'en alla comme il était venu, sans se vanter à ses amis qu'il avait si bien cherché pour ne rien trouver. « C'est égal, se disait-il avec impatience, je ne désespère pas d'avoir le mot de cette énigme. »

Il alla voir Mme de Montmartel pour poser des points d'interrogation. Mais, de même qu'il avait tourné autour de l'hôtel sans pouvoir y entrer, il tourna autour de la belle railleuse. Elle lui dit : « Vous connaissez le mot du bon Dieu : « Frappez et on vous ouvrira, » mais moi je ne suis pas le bon Dieu : on frappe et je n'ouvre pas. — Oh! oh! si c'était Parisis, vous ouvririez! — Parisis! dit Messaline blonde, celui-là ne frappe pas, car il passe par la fenêtre. »

XVIII

LES INSÉPARABLES

ALORS on parlait beaucoup de deux sœurs fort belles, une brune et une blonde : Mme de Néers et Mme de Montmartel. La brune aimait l'église; la blonde aimait les fêtes. Aussi Mme de Montmartel fut-elle surnommée Messaline blonde; tandis qu'on donnait à sa sœur le bon Dieu sans confession.

Parisis eut un duel avec le mari de Mme de Montmartel, quoiqu'il ne fût pas son amant; tandis qu'il fut toujours très bien dans les papiers de M. de Néers, quoique Mme de Néers lui fût tombée dans les bras un jour d'extase.

Et pourtant, ce jour-là, comme les autres, elle était coiffée à la vierge, en opposition à sa sœur qui était coiffée à la diable.

Parisis qui avait raison de toutes les femmes mondaines, échoua donc devant les éclats de rire de Mme de Montmartel. Ce qui n'empêcha pas l'injuste opinion publique d'infliger sa réprobation à cette belle femme et de lui donner le surnom de Messaline blonde, parce qu'elle avait horreur des poses vertueuses.

Elle se moquait des aveuglements de l'opinion, avec son amie, la belle Bérangère de Saint-Réal, une autre blonde, non moins joyeuse, qui avait soif de curiosités. Elles se rencontraient à l'Hôtel du Plaisir-Mesdames.

Mme de Montmartel disait à Bérangère de Saint-Réal, qui lui parlait de Mme de Néers : « Savez-vous la différence qu'il y a entre moi et ma sœur ? C'est que je suis une chercheuse et qu'elle est une trouveuse. Je cherche toujours et je ne trouve pas, tandis qu'elle ne cherche jamais et qu'elle trouve toujours. »

Ce qui sauvait Mme de Montmartel, c'est qu'elle avait un idéal ; ce qui perdait Mme de Néers, c'est qu'elle n'en avait point : la comtesse s'était fait un Dieu de l'amour ; pour la marquise, l'amour c'était un homme.

Mme de Montmartel avait un esprit rapide qui dévorait tout en une seconde. Dès qu'un amoureux chantait sa sérénade, elle le jugeait aussi bête et aussi fat que les autres ; elle se disait que ce n'était pas la peine de tenter l'aventure avec lui. Elle s'arrêtait toujours à la préface, disant que le livre ne méritait pas d'être lu.

Mme de Néers, au contraire, ne faisait pas de préface ; elle entrait de plain-pied dans le roman, sauf à sauter beaucoup de pages, sauf à fermer le livre si le héros l'ennuyait.

Mme de Montmartel aimait les commencements ; elle ne faisait pas de façon pour donner son âme au diable. Mais je ne sais quelle fierté d'épiderme réservait son corps. Tandis que Mme de Néers donnait son corps tout en réservant son âme à Dieu.

Mme de Montmartel était bien plutôt sœur par l'esprit et par le cœur de Bérangère de Saint-Réal, puisqu'elles avaient les mêmes aspirations et les mêmes curiosités. On les attaquait beaucoup sur la douceur de leur amitié.

La malice parisienne ne permet pas aux femmes la familiarité avec les hommes ni l'intimité avec les femmes, si bien qu'elles sont condamnées à vivre seules ou avec leurs maris, ce qui est souvent tout un. Il semble pourtant bien naturel que les femmes qui se disent opprimées — ce n'est pas mon opinion, au contraire — s'entendent entre elles en comité secret pour combattre les hommes ou pour se venger de leurs méfaits ; voilà pourquoi on a peut-être eu tort de les accuser d'avoir trop aimé l'Hôtel du Plaisir-Mesdames. Elles allaient là, sans doute, comme les hommes vont au cercle pour se distraire de leurs femmes. Peut-être allaient-elles là pour sécher les larmes de la tyrannie ou plutôt de l'esclavage, les pauvres colombes, aussi c'étaient les colombes de Vénus qui battaient des ailes dans l'Hôtel du Plaisir-Mesdames.

Rien n'est plus malaisé à une femme que de garder l'auréole de toutes ses vertus, même quand elle reste vertueuse; si elle valse, on ne lui permet pas de valser avec un homme, sous prétexte que la valse est un cercle de flammes agité par l'enfer; c'est le tourbillon du diable. Si deux femmes valsent entre elles, ce qui est un adorable tableau, la malignité publique les accuse pareillement : pourquoi ces enlacements, ces serpentements, ces ondoyements, si ce n'est pour braver la nature? Dans les bals, qui ne se rappelle avoir vu valser Mme de Montmartel et Bérangère? C'était la fête des yeux : tantôt Bérangère appuyait sa joue sur le sein de celle qui l'entraînait, tantôt elle renversait la tête avec l'abandon de la bacchante. Toutes les deux gardaient pourtant les attitudes chastes des femmes du monde, mais cette chasteté même ne donnait que plus de saveur à leur emportement.

Quand elles se rencontraient, elle se jetaient au cou l'une de l'autre, avec toute la passion de la beauté pour la beauté, et les bras s'entrelaçaient si bien pendant l'étreinte, qu'un jour la Chanoinesse rousse leur dit en souriant : « Prenez garde, vous y resterez! »

C'est que la Chanoinesse rousse ne croyait pas à l'amitié des femmes. Je ne suis pas si sceptique : si Bérangère et Mme de Montmartel s'embrassaient si éperdument, c'est — qu'elles s'aimaient beaucoup. —

XIX

LES POIGNARDS D'OR

On a quelque peu parlé aussi de cette jeune beauté extravagante qui voulut se faire justice d'un coup de poignard ; les journaux ont imprimé une page de son histoire en hasardant les initiales de son nom.

Disons cette histoire sans jeter ce nom très respecté à la curiosité romanesque : nous nommerons Mlle Wilhelmine.

Elle était douce comme si toutes les bonnes fées fussent venues à son berceau ; mais, sans doute, la mauvaise fée aussi l'avait frappée de sa baguette.

Wilhelmine fit son entrée dans le monde au milieu des enthousiasmes. Combien d'amoureux qui se fussent sacrifiés pour elle ! Beaucoup de beauté, beaucoup d'argent, beaucoup d'esprit. Mais sur tout cela la raison ne répandait pas sa lumière. Wilhelmine se conduisait comme une folle, disant à tout propos : « Je ne suis pas maîtresse de moi. »

Sur son cachet elle avait fait graver la sentence arabe : C'est écrit là-haut, faisant ainsi Dieu responsable de toutes ces équipées.

Le duc de Parisis, qui la rencontra dans la société anglaise de Paris, eut naturellement la curiosité de vouloir être de moitié dans ses extravagances, c'était pour lui une étude entraînante ; il disait que c'était par philosophie, mais c'était par amour.

Un soir, dans une causerie presque intime, elle lui dit tout à coup : « Montrez-moi donc un de ces petits poignards d'or dont on parle tant autour de moi ? — Chut, lui dit-il, ces poignards-là sont des joujoux qui tuent. »

Mais Wilhelmine était un enfant gâté : elle voulut voir les poignards avec tant d'obstination, que Parisis osa lui dire, comme à la première coquette venue : « Eh bien, venez demain chez moi et je vous les montrerai. — J'irai, » dit-elle.

Sans doute le rouge lui monta au front, car elle se leva et se perdit dans le bal.

Le lendemain, elle ne se fit pas attendre à l'hôtel du duc de Parisis. « Vous voyez, dit-elle d'un air de vaillance, j'ai pris la première heure, car je n'ai pas peur de vos poignards. »

Son cœur battait bien fort, mais elle cachait son cœur.

Parisis joignit les mains sur sa tête et lui baisa les cheveux. « Je vous attendais, lui dit-il. — Eh bien, puisque je suis venue, expliquez-moi le jeu de vos poignards. »

Il la fit asseoir bien près de lui, trop près de lui. « Croyez-vous aux influences occultes ? lui demanda-t-il. — Je crois à tout, même au diable, répondit-elle, d'un air brave. — Vous croyez aux jettatores ? — Oui, je crois au mauvais œil. La journée est bonne ou mauvaise, selon la première figure que nous voyons. — Eh bien, moi, j'ai mis un pied dans la cabale ; je crois que tout le monde est gouverné par des esprits invisibles toujours maîtres de nos actions ; les sorcières de Macbeth sont de vieilles folles, mais la sorcellerie est pourtant l'expression d'une vérité. J'ai découvert dans un vieux livre, miraculeusement venu jusqu'à moi, que tout homme qui portait malheur devait forger des poignards d'or pour conjurer le mauvais destin. — Vous portez donc malheur ? » Parisis ne voulut pas, à ce qu'il paraît, s'expliquer là-dessus. « Peut-être, dit-il à Wilhelmine, mais grâce à mes poignards d'or, je suis sûr de préserver les femmes que j'aime. — Et comment faites-vous pour cela ? — C'est bien simple : je leur enfonce un de ces poignards dans les cheveux, il m'est même arriver d'en enfoncer deux, pour plus de sûreté contre l'esprit du mal. »

Wilhelmine partit d'un grand éclat de rire. « C'est vous qui êtes l'esprit du mal, puisque vous perdez toutes les femmes que vous rencontrez. — Hormis vous. »

Parisis regarda profondément Wilhelmine. « Moi comme les autres ; depuis que je vous ai vu, je ne vois plus mon chemin. »

Après avoir dit cela, Wilhelmine se révolta contre elle-même et voulut s'en aller. Mais par une tactique savante, Parisis la retint en lui disant : « Vous n'avez rien à craindre, je ne vous aime pas. »

Elle se retourna, et voulut lui prouver qu'il l'aimait.

Quand elle sentit qu'elle allait, elle aussi, tomber dans la gueule du loup, elle s'écria : « Je veux bien vous aimer, mais je ne veux pas de vos poignards. »

On s'aima donc. Parisis, plein de foi dans la vertu de ses poignards d'or, ne voulut pas tenir compte de la bravade de Wilhelmine ; il en prit un — un vrai bijou — pour le ficher dans sa belle chevelure brunissante, mais elle le saisit dans sa main et le jeta à ses pieds. « Si je suis perdue, dit-elle en pleurant, ce n'est pas ce poignard qui me sauverait. »

Elle avait voulu jouer avec l'amour ! Elle s'enfuit et ne revint pas, malgré les prières de Parisis.

Parisis lui porta malheur. Il y a des femmes qui se consolent de leur première chute dans les ivresses ou dans les troubles d'une seconde chute. Wilhelmine avait eu une heure de vertige; mais elle s'était indignée contre elle-même, jusqu'à vouloir en mourir; rien ne pouvait l'arracher au souvenir humiliant de sa faute, c'était l'enfant pris par le feu, qui s'enfuit avec épouvante, mais qui emporte le feu.

Wilhelmine sentit qu'elle serait consumée dans sa honte. Elle ne voulut plus reparaître dans le monde, elle repoussa les caresses de toute sa famille, elle s'enferma dans sa chambre comme dans une cellule, toute à son désespoir.

Parisis fut lui-même désespéré quand il apprit par une lettre incohérente cette retraite dans les larmes. Cette lettre était navrante : la fierté qui se révolte contre la honte! La pauvre Wilhelmine s'efforçait d'y cacher son cœur blessé par des éclats de rire ; mais il comprit et il regretta d'avoir été de moitié dans cette folie.

Il s'était imaginé que celle qui lui tombait sous la main était une de ces jeunes filles prédestinées au péché ; il l'avait prise en se disant : « Autant moi qu'un autre. »

Il n'avait pas compris que c'était une vertu qui s'immolait dans l'amour.

A la fin de la lettre, Wilhelmine, à moitié folle, le priait de lui envoyer un de ses poignards d'or pour conjurer les mauvais esprits. Il n'avait aucune raison pour ne pas obéir à ce caprice. La femme de chambre qui avait apporté la lettre reporta le poignard d'or.

Les journaux nous ont appris le reste. Le lendemain matin, on trouva la jeune fille baignée dans son sang.

Wilhelmine n'avait pas mis le poignard d'or dans ses cheveux : elle s'en était frappé le cœur.

XX

UN CARABIN ARRACHE UNE DENT A Mlle REBECCA

Nous ne suivrons pas Octave dans les mille et une aventures du demi-monde et du monde des théâtres. Là encore il retrouvait des grandes dames déchues ou des comédiennes qui jouaient les grandes dames sur la scène. Naturellement, toutes le voulaient conquérir pour l'afficher, sinon pour l'aimer un quart d'heure. Il disait avec sa haute impertinence ce mot renouvelé de Brantôme : « Il leur faudrait pour m'afficher tout le papier de la Cour des Comptes.» Il se résignait à se débarrasser des femmes, — en les prenant. Mais quelques-unes tenaient bon ; elles le trouvaient si charmant, qu'elles s'acharnaient à lui avec fureur. Il lui fallait tout son haut dédain pour les rejeter loin de lui. Mais il lui arrivait lui-même de se laisser piper pour quelques semaines à ces passions de hasard.

Il ne faut pas s'imaginer que le duc de Parisis fût un mondain sans philosophie. Il ne vivait pas comme un Sibarite sans souci du mystère de la vie. L'esprit a aussi ses voluptés ; Octave se détachait de ces vulgaires viveurs qui ne vivent que pour vivre, tout entiers à la gourmandise corporelle ; il avait toutes les gourmandises ; la soif de l'amour n'apaisait pas en lui la soif de l'intelligence ; aussi prenait-il peut-être plus de femmes par l'intelligence que par l'amour. En effet, sans vouloir faire la femme meilleure qu'elle n'est, il faut avouer que c'est d'abord par l'âme qu'on la prend.

Devant toutes les choses de la vie, Parisis posait un point d'interrogation. Ce fut ainsi qu'il voulut étudier la mort jusque dans l'amour.

Une comédienne célèbre dans les théâtres de genre, plus célèbre encore dans les clubs par ses gaillardes aventures, Mlle Rebecca, — pour ne pas l'appeler par son nom, — rencontra Parisis dans son dernier voyage aux courses d'Epsom.

En arrivant à Londres, il daigna souper avec elle, un jour qu'il devait souper avec le prince de Galles, le duc de Cambridge, le marquis d'Englesea et le prince Alfred. — Octave aimait mieux une femme bête que quatre hommes d'esprit ; il lui promit de repasser l'Océan en sa compagnie ; il fut adorable, elle fut irrésistible : il paraît qu'ils furent heureux en Angleterre.

Mais Octave ne voulut plus être heureux en France, disant qu'il fallait laisser cela aux Anglais.

Rebecca était une fille de trop d'esprit pour insister : elle n'avait pas l'habitude, d'ailleurs, de s'éterniser dans un amour ; elle changeait d'amants comme de bottines : c'était la fille la mieux chaussée du monde.

A Paris, Octave revit çà et là Mlle Rebecca. Il lui trouvait une saveur mi-anglaise, mi-française à nulle autre pareille. Un jour il lui fallut aller à Saint-Lazare, puisque Mlle Rebecca avait été surprise avec quelques dames de bonne compagnie dans une maison surnommée la maison de Sapho, une succursale de l'hôtel du Plaisir-Mesdames, où l'on jouait dans les entr'actes.

Rebecca ne se releva pas de cet échec ; quand cette fille violente, femme de tempêtes dans un verre d'eau, sortit de Saint-Lazare au bout de trois mois, elle tomba malade de fureur. Les bons jours étaient déjà passés pour elle.

Dans son théâtre, ses meilleures amies disaient qu'elle avait donné des représentations à Saint-Lazare. On la remercia. Ses amants eurent peur d'être là dans sa déchéance. Elle perdit tout en quelques semaines et retomba malade.

Octave, qui oubliait toutes les filles galantes sans jamais vouloir retourner la tête, eut la fantaisie de revoir encore Rebecca. Croyait-il qu'il retrouverait tout d'un coup dans sa compagnie je ne sais quelle chanson de jeunesse, je ne sais quel parfum de chèvrefeuille, je ne sais quel tableau d'orgie à couleurs éclatantes ? C'était l'ivrogne qui a gardé le souvenir d'un mauvais cabaret où il a bu une bonne pinte.

Octave alla boulevard Malesherbes pour retrouver la comédienne de hasard. Mais ces oiseaux-là ne perchent pas longtemps sur la même branche ; tantôt c'est un coup de vent qui les jette loin de là ; tantôt c'est un rayon qui les appelle plus loin ; quelquefois l'orage les emporte avec le rameau brisé.

Parisis entra dans la maison qu'il connaissait bien ; mais l'éternel « Qui demandez-vous ? » l'arrêta au passage. Quoiqu'il n'eût pas l'habitude de répondre aux voies harmonieuses du rez-de-chaussée, il répondit qu'il demandait Mlle Rebecca. Sur quoi on lui répliqua qu'il y avait belle heure que Mlle Rebecca n'habitait plus son appartement. « — Elle est rue des Martyrs, 16 — pour en faire encore des martyrs. »

Ce fut pour Octave une vraie surprise ; il avait jugé que Mlle Rebecca ne devait pas déchoir ; or, retomber du boulevard Malesherbes, où elle occupait un appartement de deux mille francs par mois, — quatre salons, ameublement en bois de rose, écurie pour quatre chevaux, — dans la rue des Martyrs, où les filles les plus huppées ne payent pas deux cents francs par mois, c'était une vraie déroute.

Octave alla rue des Martyrs, non plus pour chercher une heure de gaieté, mais pour consoler celle qui venait d'être vaincue dans son ascension. « Mlle Rebecca ? demanda-t-il. — Mlle Rebecca n'est plus ici. Elle est à l'hôpital Beaujon. »

Le concierge apprit à Octave que Mlle Rebecca était malade en revenant dans la maison qu'elle avait autrefois habitée. Elle souffrait depuis longtemps de la poitrine, en disant toujours que ce n'était rien. Elle était arrivée avec une meute de créanciers, marchandes à la toilette, tapissiers, prêteurs sur gages, carrossiers, tous ceux qui vivent du luxe des filles. A peine arrivée rue des Martyrs, on était venu pour saisir ses dernières hardes ; elle avait vendu jusqu'à ses reconnaissances du Mont-de-Piété. « Le croiriez-vous, Monsieur ? on riait toujours de ses cheveux rouges ; on disait qu'ils n'étaient pas à elle ; la vérité, c'est qu'elle avait la plus belle chevelure du monde. Eh bien ! comme son médecin lui conseillait de la couper pour reposer sa tête, elle a demandé un coiffeur pour lui vendre ses cheveux. Mais comme on lui amena un coiffeur qui lui rappela une ancienne dette, elle ne parla plus de vendre ses cheveux. »

Octave alla à l'hôpital Beaujon ; mais il eut beau faire : c'était un mercredi, on lui dit de revenir le lendemain avec le numéro d'inscription, car en entrant à l'hôpital, on perd son nom, on n'est plus qu'un chiffre. Le lendemain, Parisis retourna à l'hôpital. Il n'avait pas le numéro ; mais comme le jeudi tout le monde a le droit de parcourir les salles, il jugea qu'il lui serait facile de reconnaître Mlle Rebecca. Mais vainement il alla dans toutes les salles, il passa devant tous les lits sans voir celle qu'il cherchait. Il questionna un interne, qui finit par se rappeler que déjà deux femmes lui avaient demandé ce nom et qu'il les avait vues s'arrêter salle Sainte-Claire au numéro 4. « Malheureusement, dit l'interne, le numéro 4 est à cette heure à l'amphithéâtre de Clamart, mais comme il est parti cette nuit, vous pouvez encore arriver à temps. — Arriver à temps ! » murmura Parisis.

Il demanda comment elle était morte. L'interne répondit qu'elle était morte comme les autres. Et comme s'il fût frappé par un souvenir il ajouta : « C'était une juive, elle a voulu mourir chrétienne ; le curé de Saint-Philippe-du-Roule est venu pour son abjuration : tout le monde a été édifié ici, excepté moi. Quel Dieu va-t-elle trouver là-haut ? »

Octave avait commencé le pèlerinage, il voulut aller jusqu'au bout. Clamart est l'amphithéâtre par excellence ; c'est là que viennent tous les sujets des hôpitaux de Paris : Rembrandt pourrait tous les jours y retrouver sa leçon d'anatomie.

On sait que l'amphithéâtre de Clamart est bâti sur le terrain de l'ancien cimetière, dont on retrouve encore un coin aujourd'hui tout ombragé de cerisiers, de saules, de pruniers et d'aubépine. On y salue d'anciennes pierres tumulaires rongées par la lune, par la pluie, par la gelée. C'est un cimetière plus sauvage que la mort, puisque jamais les vivants n'y viennent. L'amphithéâtre est dans la forme des anciens cloîtres, mais sans galeries couvertes : les promenoirs sont quatre parterres à la française, séparés par une fontaine.

Octave respira en passant une pénétrante odeur de giroflée et d'herbe fauchée. On le conduisait vers le directeur qu'on ne trouvait pas. Les parterres lui souriaient par l'éclat des bouquets, mais il reconnut bientôt qu'il était dans le pays de la mort. Des voitures noires, sans portières, sans vasistas, plus désolées que les voitures cellulaires, survenaient à chaque instant pour vomir des cadavres.

Octave s'approcha. Plus de cinquante cadavres, hommes, femmes, enfants, étaient déjà jetés pêle-mêle dans la salle d'attente. Un mort d'hôpital qui n'est pas réclamé n'en a pas fini avec les pérégrinations et les aventures.

Quoique devant une des fenêtres ouvertes, Octave n'osait regarder, comme s'il eût craint de voir tout à coup apparaître celle qu'il cherchait.

Le directeur survint. Par respect pour la mort, Octave avait jeté son cigare ; mais le directeur, qui fumait lui-même, lui conseilla de fumer.

Il eut bientôt dit pourquoi il venait. « Eh bien ! lui dit le directeur, cherchons. « Par malheur, murmura un des hommes de peine qui voulait rire en attendant « l'heure de la distribution, » on ne reconnaît pas ici les gens à leur habit. »

En effet, c'est la nudité dans toute sa misère. Que doit dire l'âme, si elle voit ainsi son corps ! Mais l'étude n'est-elle pas aussi une prière ? Le médecin qui cherche la vie dans la mort n'a ni un homme ni une femme sous les yeux, — il a un sujet.

Octave entra dans cette grande salle toute inondée de lumière, ceinte de beaux arbres chanteurs. Il vit des femmes, il vit des jeunes filles, il ne reconnut pas Rebecca. « C'est qu'elle a été de la première distribution, dit le directeur, à moins qu'elle ne soit pas encore arrivée. »

Deux hommes de peine apparurent avec une civière : ils

venaient pour la seconde distribution. Ils prenaient les cadavres pour les transporter avec une philosophie qui surprit Octave; l'un avait une rose sur les lèvres, l'autre était à peine à la dernière croûte de pain de son déjeuner.

Parisis alla dans la première salle de la dissection. Quoiqu'il fût venu là pour chercher Rebecca, un sentiment plus élevé l'agitait : une fois de plus son esprit redescendait dans l'abîme du néant, comme pour y chercher les âmes de tous les corps abandonnés. Selon sa coutume, il posait des questions. « Hélas! lui répondait le directeur, Montaigne disait : « Que sais-je? » moi je dis que je ne sais rien. Si je vous montre dans sa chair et dans ses os le sublime écorché de Houdon, j'avouerai que Dieu en créant un homme a créé une merveille; mais si je vous montre tout à l'heure au microscope une fourmi, vous reconnaîtrez que la merveille est plus grande encore, puisqu'elle ndique mieux l'infini, puisque cet exemplaire lilliputien est tout aussi merveilleusement imprimé que l'exemplaire in-folio. Si Dieu a fait tout cela, c'est un grand artiste : si Dieu ne l'a pas fait, le hasard est un grand maître. »

Survint un professeur célèbre : « Où est l'âme? » lui demanda Octave qui le connaissait bien.

Le professeur ouvrit un cerveau. « Hélas! lui dit-il, je ne vois pas plus l'âme ici que je ne vois Dieu dans le ciel. »

Octave avait jeté çà et là un vague regard dans la salle: cinquante étudiants, par groupes de trois ou quatre, étudiaient l'opération de l'os maxillaire. Tout à coup il s'écria : « La voilà ! »

Il avait reconnu Rebecca au moment où un étudiant lui arrachait une dent pour mieux trancher la mâchoire. C'était un horrible spectacle. Il pâlit et s'approcha. Le professeur fit signe à ses élèves de suspendre leur travail. Octave avait reconnu Rebecca à ses longs cheveux rouges, qui descendaient jusqu'à terre, humides et épars.

Elle avait gardé toute sa beauté biblique; la mort y avait imprimé plus de caractère encore. Mais, dix secondes plus tard, la joue eût été coupée : déjà un étudiant approchait le scalpel. « Vous voyez, dit le professeur, que les hôpitaux respectent leurs morts; on les a accusés de vendre les chevelures, regardez celle-ci ! — Oui! » dit Parisis tristement. Il la connaissait bien, cette chevelure-là !

L'étudiant qui avait arraché une dent à Rebecca la replaça par un sentiment de respect pour la mort, car pour lui, depuis que Parisis avait reconnu Rebecca, ce n'était plus un sujet, c'était une femme.

Octave lui dit gravement : « Monsieur, je vous remercie. »

La lèvre supérieure avait été relevée ; l'étudiant y appuya le doigt avec douceur pour la refermer ; la bouche reprit le dessin que la mort lui avait imprimé.

Quelques secondes encore, Octave regarda en silence cette figure aux belles lignes, qui faisait songer aux femmes de la Bible. Un autre étudiant, ayant apporté un suaire, le répandit comme une chaste robe sur ce pauvre corps abandonné qui, jusqu'à l'arrivée d'Octave, n'avait été vêtu que de la pudeur de la Science.

Octave détourna le linceul pour voir encore une fois cette figure que la passion avait profanée et que la mort faisait blanche devant Dieu. Il lui prit la main et la baisa doucement.

Le même jour, il lui donna un tombeau au cimetière des juifs, et il y mit cette épitaphe :

POURQUOI VOUS DIRAIS-JE MON NOM !

LIVRE IV

LA TRAGÉDIE

I

LA CONFESSION DE VIOLETTE

ue ces tableaux du musée secret de la vie moderne s'effacent de nos yeux sous les douces images de Violette et de Geneviève.

On n'avait pas reçu de nouvelles de Violette depuis sa fuite. Un ami d'Octave lui dit qu'il l'avait vue à Rome. Une amie de Mme de Fontaneilles lui dit qu'à Biarritz on s'était montré du doigt une jeune fille voilée qui passait pour Violette de Parme. Rien de plus. Où était-elle? Sur quel rivage hospitalier avait-elle porté son désespoir?

Un matin, Geneviève reçut une lettre timbrée de Madrid. C'était une lettre de Violette. « Madrid ! Que peut-elle faire à Madrid ? » se demanda Mlle de La Chastaigneraye. Et elle dévora cette longue lettre qui était la confession de Violette.

Madrid, ce 12 août.

« *Ma chère Geneviève,*

« *Quand cette lettre tombera sous vos beaux yeux, je ne serai
« plus de ce monde; pardonnez-moi, si je joue, moi aussi, la Dame
« de Cœur.*

« *Il faut se confesser avant de mourir. Je vous choisis pour*

« mon confesseur, c'est devant vous que je veux m'humilier dans
« l'esprit de Dieu, c'est à votre cœur que je veux tout dire.

« Ce n'est pas faute de prêtre que je vous choisis; j'en ai trouvé
« partout depuis que je fuis la France, depuis que je me fuis moi-
« même. A l'heure où j'écris, j'en vois un à la fenêtre voisine qui
« lit son bréviaire; mais que lui dirais-je? Je ne suis pas de sa
« paroisse : Écouterait-il bien les paroles d'une étrangère qui
« porte un cœur comme le sien sans doute, mais qui meurt d'une
« passion qu'il ne comprendra pas?

« Vous, Geneviève, vous me comprendrez, parce que vous m'ai-
« mez.

« Je vous ai dit çà et là, dans les hasards de la causerie, une
« page de la vie de mon cœur. Je vais me confesser toute.

« Mes premières années méritent-elles bien qu'on s'y arrête?
« J'ai vécu toujours abritée par cette adorable femme toute de
« travail et de prière que je croyais ma mère. Mais n'était-elle
« pas ma mère? J'ai lu depuis l'histoire de d'Alembert et de
« Mme de Tencin. Vous savez que d'Alembert avait été aban-
« donné par cette grande pécheresse de la Régence, qui avait fait
« de son frère un cardinal et qui faisait de son fils un enfant
« perdu. Cet enfant perdu fut un enfant trouvé et retrouvé, grâce
« à une vitrière qui lui donna son lait, son pain, son sang. Elle
« lui donna une âme. Elle en fit un homme. S'il porta des fruits,
« cet arbre de science, ce fut par la greffe; s'il fut un homme,
« ce fut par sa seconde mère. Aussi ai-je compris ces terribles
« paroles qu'il dit à la première quand elle revint à lui : « Je ne
« vous connais pas! Ma mère, c'est la vitrière! »

« Moi, je n'aurais pas eu la brutalité de d'Alembert, sans doute,
« parce que je suis une femme. Mais tout en accueillant ma pre-
« mière mère, je fusse restée l'enfant de la seconde, si toutes les
« deux avaient vécu. Et si la seconde eût été toujours ma mère,
« je puis dire que j'eusse été toujours sa fille, car je m'explique
« bien pourquoi elle me cacha à ma première mère, c'est qu'elle la
« connaissait, c'est qu'elle avait peur de me perdre, c'est qu'elle
« voulait vivre pour moi.

« Tant qu'elle vécut, je fus heureuse. Elle avait choisi pour mes
« mains délicates un travail charmant. Pendant qu'elle raccom-
« modait de la dentelle, je faisais des fleurs. Je trouvais bien doux
« de veiller à côté d'elle, je ne croyais pas travailler, et il se
« trouvait que j'avais gagné ma journée.

« Dans les heures de repos, je lisais, et je ne lisais que des livres
« pieux. Maman était sévère, elle avait veillé comme une sainte
« à ma première communion. Elle m'avait expliqué avec l'accent

« *chrétien tous les miracles et toutes les beautés du christia-*
« *nisme ; je ne vivais que dans le monde des purs esprits, aucune*
« *mauvaise pensée n'était venue en deça de notre porte.*

« *Certes, nous n'étions pas riches, mais nous ne pensions pas que la*
« *richesse fût un bien. Nous avions un petit appartement sous les*
« *toits, mais tout y était gai, les fenêtres avaient pour horizon*
« *le ciel et les arbres du Luxembourg. Je ne me contentais pas*
« *de fabriquer des fleurs ; pour les mieux connaître, j'en culti-*
« *vais. J'ai lu que je ne sais plus quel philosophe voyait la nature*
« *dans un fraisier, moi je m'étais fait toute une compagnie, tout*
« *un monde avec des roses, des violettes, des pervenches, des giro-*
« *flées ; j'avais même un arbre sur ma fenêtre, un lilas qui émer-*
« *veillait tous nos voisins ; j'avais aussi un fraisier, mais c'était*
« *par gourmandise, car j'y cueillais jusqu'à cent fraises par an.*

« *Que serait-il arrivé si maman eût vécu ?*

« *J'avoue que je n'aurais pas eu grand plaisir à épouser un*
« *homme de ma condition ; quoique je n'eusse pas lu de romans,*
« *j'avais mon idéal comme s'il coulât encore en moi un peu du*
« *sang des Parisis. Je ne saurais vous dire comme mon orgueil*
« *s'éveilla quand j'appris que ce beau monsieur qui avait osé me*
« *parler dans la rue, et que j'aimais déjà malgré moi, était un*
« *duc.*

« *Geneviève, ce fut mon premier péché. Et voyez le malheur ;*
« *dès que le démon vous a touché, vous êtes presque à lui. La*
« *porte de l'orgueil fut pour moi la porte de l'enfer.*

« *Maman mourut. Elle m'avait plusieurs fois parlé de son*
« *pays ; elle me disait que nous ferions bientôt le voyage pour*
« *aller voir une grande dame de ses amies qui me ferait peut-*
« *être une dot si je trouvais un brave homme pour m'épouser. Plus*
« *d'une fois elle pleura en m'embrassant ; je n'osais l'interroger,*
« *car je ne voulais pas lui parler de mon père, puisqu'elle ne m'en*
« *parlait pas. Quelques mots surpris dans l'escalier pendant le*
« *commérage des voisines m'avaient avertie vaguement que ma*
« *mère n'était pas mariée. Mais elle était si pieuse et si bonne,*
« *que je me disais : Dieu lui a pardonné.*

« *Quand elle tomba malade, elle me retint un jour devant son*
« *lit pour me faire des confidences, puis tout à coup elle se*
« *reprit en disant : Non, je n'en mourrai pas, nous parlerons de*
« *cela plus tard, quand nous irons en Bourgogne. Elle ne croyait*
« *pas à sa mort prochaine, mais elle mourut soudainement d'un*
« *anévrisme. La parole lui manqua pour me dire la vérité ; quand*
« *j'arrivai devant son lit, elle expirait.* « *Louise ! Louise ! dit-*
« *elle, Dieu...* »

« *Elle ne dit pas un mot de plus ; elle aurait pu prononcer peut-*
« *être quelques paroles, mais elle n'eut pas le courage de me dire*
« *en mourant :* « *Je ne suis pas ta mère.* »

« *La misère est venue s'abattre sur ce pauvre petit appartement*
« *en deuil, tout me manqua à la fois : ma mère, le travail, le*
« *courage ! Ce fut alors que survint M. de Parisis. Il me sauva*
« *de la misère, il m'emporta dans un rêve d'or ; mais je n'étais*
« *sauvée que pour être perdue.*

« *Je n'avais pas eu le temps de feuilleter les papiers de maman.*
« *Ce n'est que depuis ma sortie de prison que j'ai pu découvrir*
« *l'histoire de ma naissance, en lisant des lettres et des brouillons*
« *de lettres que ma mère cachait dans un petit coffret en bois*
« *noir où je ne croyais trouver que des factures.*

« *Est-ce la peine de vous parler des lettres de Mme de Portien*
« *et des réponses de maman, ou plutôt des lettres de ma mère et*
« *des réponses de sa femme de chambre ? Pendant la première*
« *année, ma mère s'inquiéta de moi, elle vint me voir une fois,*
« *elle gronda sa femme de chambre de lui écrire trop souvent*
« *elle lui recommandait de dire mon enfant et non votre enfant.*
« *Au bout d'un an, il n'y avait plus de lettres de Mme de Portien ;*
« *elle voulait tout oublier pour mieux faire tout oublier. Je trou-*
« *vai des brouillons de lettres de maman où la pauvre femme*
« *parlait avec adoration de la petite Louise. A ma première*
« *communion, elle écrivit encore, ce fut la dernière fois. Ce*
« *qu'il y a d'admirable, c'est que dans ces lettres elle ne lui parle*
« *jamais d'argent. Et Mme de Portien n'en parlait pas non*
« *plus.*

« *Maintenant, quel fut mon père ? Là est le secret éternel, mais*
« *ce ne fut pas ce M. de Portien. Je ne dis pas cela pour calom-*
« *nier ma mère, je dis cela parce que je me confesse et que je*
« *vous dois toute la vérité.*

« *Je vais mourir et je ne me plains pas. J'ai eu ma part de*
« *bonheur. J'ai adoré M. de Parisis ; les jours que j'ai passés*
« *avec lui ont été des siècles. Qu'ai-je à regretter ? Je vous jure,*
« *ô ma douce et sainte Geneviève, que c'est pour moi une joie*
« *encore de penser que je me sacrifie à votre bonheur. Moi*
« *vivante, vous n'épouseriez pas Octave, voilà pourquoi je meurs*
« *heureuse. La vie est ainsi faite, il faut savoir se retirer de*
« *devant le soleil des autres. J'étais comme l'arbre empoisonné :*
« *vous seriez morte sous mon ombre.*

« *En face de Dieu qui m'entend, en face de vous qui êtes*
« *l'image de la vertu, je le déclare encore, car je veux vous prou-*
« *ver que je ne suis pas tout à fait indigne du doux nom de cou-*

« sine que vous m'avez donné. Je n'ai pas eu d'autre amant que
« le duc de Parisis. Il a été cruel en m'abandonnant. Vous savez
« qu'il m'avait envoyé un bon de dix mille francs comme à la
« première venue. J'ai juré de me venger. Et je me suis vengée !

« Ah! j'avais une vengeance bien noble. C'était de retourner
« rue Saint-Hyacinthe-Saint-Michel, de travailler jour et nuit,
« de mourir à la peine.

« Mais Mme d'Antraygues, qui connaissait les hommes, m'en-
« seigna l'autre vengeance. Il ne faut pas la condamner, car
« c'est un brave cœur ; elle a ses heures de fragilité, mais elle
« a gardé toute sa noblesse d'âme.

« Sur ses conseils, je me jetai donc la tête la première dans ce
« tourbillon de la comédie parisienne, dans ce steeple-chase de
« toute la folie du luxe et de l'amour. La pauvre Violette, foulée
« aux pieds, devint l'orgueilleuse Violette de Parme. Ce fut
« Mme d'Antraygues, qui me donna mon premier billet de
« mille francs avant de partir pour l'Irlande. J'avais été très
« malade, presque condamnée, mais elle me dit que j'étais plus
« belle que jamais, la première fois qu'elle me conduisit boire du
« lait au Pré Catelan par des chemins détournés, car elle se
« cachait et je ne voulais pas me montrer.

« C'était sans doute parce que nous nous cachions que nous
« fûmes surprises. Le prince Rio vint vers nous et demanda à la
« comtesse l'honneur de m'être présenté. Vous avez raison, lui
« dit-elle, car celle que vous voyez là, dans tout l'éclat de ses
« vingt ans et de sa beauté, est une princesse par la grâce de
« Dieu. Elle ne vous dira jamais son nom ; elle ne veut être con-
« nue à Paris que sous le nom de Violette de Parme.

« L'orgueil qui m'avait perdue parce que M. de Parisis était
« duc, me perdit encore une fois parce que celui qui nous parlait
« était prince. Je sentis tout de suite que je ne l'aimerais pas, mais
« c'était l'homme qu'il me fallait pour jouer mon jeu. Je ne fis pas
« trop de façons pour aller dîner avec lui dans un salon du
« Petit-Moulin-Rouge. Je savais que le duc y allait quelquefois,
« je ne désespérais pas de le rencontrer et de passer fièrement
« devant lui au bras du prince.

« A la fin du dîner, on était éperdument amoureux de moi, on
« m'offrait des diamants, un hôtel, des équipages. Je ne rentrai
« pas chez moi ; mais tout en allant chez le prince, j'étais bien
« décidée à ne pas être sa maîtresse.

« Le prince me trouva bizarre, mais il était bon prince ; ce
« qu'il aimait en moi, c'était ma figure. Lui aussi était un orgueil-
« leux, c'était déjà quelque chose que de m'afficher. Il y a des

« gens qui veulent être, il y a des gens qui veulent paraître. Ma
« bizarrerie » ne l'empêcha pas de me donner cent mille francs et
« de me meubler, avec le luxe du plus pur Louis XVI, un hôtel rue
« de Marignan, où il vint trois fois par semaine dîner avec ses
« amis, des hommes du monde, des journalistes, des hommes
« politiques, des diplomates et des artistes.

« C'était bien un peu le monde de Parisis ; mais comme on ne
« m'avait pas connue avec lui, naturellement personne ne me
« reconnut chez le prince.

« Cette vie-là, je vous l'avouerai, me plut beaucoup, quoique je
« souffrisse beaucoup, quoique je souffrisse toujours. J'espérais
« venir à bout de mon cœur ; mais point. Plus je m'éloignais
« d'Octave, plus je le retrouvais.

« Il était en Angleterre quand je fis ma première entrée dans
« le monde du Bois. On vous a parlé du bruit qui retentit autour
« de moi. Quand on voit monter peu à peu une courtisane cela
« n'étonne personne. — Ah ! c'est celle-ci ! — Ah ! c'est celle-là !
« — Connue ! reconnue ! tout est dit. Mais quand une courtisane
« apparaît dans un grand luxe sans qu'on puisse dire d'où elle
« vient, toutes les curiosités sont en éveil, elle triomphe avec
« éclat. C'est un feu d'artifice qui n'a pas été annoncé.

« Le prince ne pouvait croire à son bonheur ; jusqu'à minuit,
« c'était le plus heureux des hommes, mais à minuit, je m'enfer-
« mais dans ma chambre et je me jetais voluptueusement dans la
« solitude de mon lit.

« Je n'étais pourtant pas une sainte. Je me hasardais dans tous
« les périls, j'étais coquette avec tous les hommes, comme une
« femme qui veut se faire une cour. J'éprouvais une joie secrète
« de me prouver que j'étais vertueuse sous le masque d'une pé-
« cheresse.

« Ce fut ainsi que j'allai un soir à Mabille à l'insu du prince ;
« ayant appris la langue du pays avant d'y entrer, décidée à
« répondre à toutes les apostrophes. J'avais dîné en folle compa-
« gnie, et je crois bien que j'avais bu un peu trop de vin de Cham-
« pagne.

« Je vous ai dit comment j'y avais rencontré Octave, comment
« il s'était repris à moi selon les prédictions de Mme d'Antray-
« gues. Mais, en le retrouvant, je ne retrouvai plus mon cœur. Il
« y avait de l'orage dans le ciel.

« Vous savez mieux que moi l'histoire de Dieppe. Je ne lui ai
« pas dit toute ma jalousie, mais je compris alors qu'il vous
« aimait. Les femmes qui aiment ont la double vue. Vous me
« haïssiez et je vous haïssais ; dans ma jalousie aveugle, croyant

« *frapper Octave au cœur, je m'enfuis avec ce grand d'Espagne*
« *qui n'avait de grand que sa grandesse. Tout naturellement je*
« *fus tout aussi « bizarre » avec lui qu'avec le prince.*

« *Mais j'avais beau vouloir m'étourdir, je ne vivais que pour*
« *Octave; mon âme était toute à sa pensée, mes yeux le cher-*
« *chaient partout.*

« *Mais vous savez le reste. Vous savez ma rencontre avec ma*
« *mère. Je vous avouerai que la force du sang ne se trahit pas*
« *alors. Et pourtant, quoique Mme de Portien n'eût pas une*
« *figure sympathique, je me souviens que j'éprouvais quelque plai-*
« *sir à la voir. C'est peut-être un préjugé, mais il me semble*
« *qu'elle ne me parut pas être une étrangère pour moi.*

« *La pauvre femme! Dans quelques heures je la reverrai, si*
« *Dieu lui permet ce bonheur de revoir un enfant qu'elle a aban-*
« *donné. Qui sait si elle aussi n'a pas subi cette fatalité du*
« *cœur qui trahit toujours les vertus de la femme?*

« *Vous avez voulu tenter une belle chose. Vous avez dit à*
« *Octave de m'épouser pour arracher de ma main ces violettes de*
« *Parme qui la souillent. Mais la vertu est comme les sources*
« *vives, elle ne remonte jamais. Ce n'était pas moi qui devais*
« *épouser Octave; un mariage aussi éclatant eût montré ma*
« *chute plus grande encore.*

« *Grâce à vous, grâce à cette douce Hyacinthe que vous*
« *m'aviez donnée, j'ai failli prendre racine à Pernan pour y*
« *vivre dans le repentir et la charité. Vous savez que les souve-*
« *nirs vivants m'en ont chassée.*

« *Et d'ailleurs, je voulais mourir. Je voulais mourir pour vous,*
« *sinon pour moi. Croiriez-vous que vingt fois le courage m'a*
« *manqué! Une femme qui ne s'est pas tuée du premier coup ne*
« *trouve plus la force de se tuer.*

« *Le courage m'est enfin revenu.*

« *Suis-je digne de revêtir le linceul blanc? Ai-je assez expié*
« *mes fautes? Ma prison a été un long supplice, ma délivrance*
« *ne m'a pas délivrée de mes chagrins. Vous avez été un ange*
« *pour moi, aussi c'est à vous que je demande des prières.*

« *Avant les prières, j'ai une grâce à vous demander : c'est*
« *d'épouser Octave, car je ne veux pas que ma mort soit inutile.*
« *Et puis il me semble que je serai dans votre bonheur.*

« *Ne me pleurez pas, je meurs contente.*

« *Vous m'avez donné un million, je vous lègue un million. Ce*
« *que j'ai dépensé était la fortune de ma mère.*

« *J'aime tant à causer avec vous, ma chère Geneviève, que*
« *j'allais oublier l'heure de la mort.*
« *Adieu! à Dieu!*

« Violette de Pernan-Parisis. »

Et d'une écriture plus fiévreuse, Violette avait jeté ces mots après sa signature.

« *Quand vous vous promènerez avec Octave dans le parc de*
« *Parisis ou de Champauvert, si vous voyez à vos pieds une pau-*
« *vre petite violette des champs — pas une violette de Parme! —*
« *ne la foulez pas dans la poussière ; penchez-vous pour la cueil-*
« *lir, respirez-la et donnez-la à votre mari. Il se souviendra de*
« *moi, mais vos mains auront sanctifié le souvenir.*
« *Adieu!* »

Mlle de La Chastaigneraye pleura beaucoup en lisant la confession de Violette. Elle sentait que c'était un cœur et une âme qui parlaient. « Ah ! oui, dit-elle en se rappelant cette douce figure, c'est Violette qu'il faut appeler la Dame de Cœur. »

Violette était entrée si profondément dans la vie de Geneviève, qu'il lui semblait qu'en la perdant elle perdait quelque chose d'elle-même, un battement de son cœur, un rayon de son âme. « Et pourtant, dit-elle, j'étais jalouse jusqu'à en mourir ! »

II

OCTAVE A PARISIS

Mademoiselle de La Chastaigneraye écrivit à la marquise de Fontaneilles :

« *Ma chère Armande,*
« *Je suis désespérée plus que jamais. Je reçois une lettre de*
« *Violette, et cette lettre c'est l'adieu d'une femme qui va mourir.*

« *Cette fois, si tu ne viens pas tout de suite, je pars pour l'Ab-*
« *baye-au-Bois. Je t'embrasse.*

« Geneviève. »

Mlle de La Chastaigneraye avait un trop noble cœur pour songer à épouser Octave devant le tombeau de Violette.

La marquise de Fontaneilles pria par un mot le duc de Parisis d'aller la voir. « Mon cher duc, lui dit-elle, ne perdez pas une heure ; cette pauvre Violette est morte, c'est par un dévouement sublime pour Geneviève et pour vous-même. Partez de suite pour Champauvert, dites que j'y serai demain avec le marquis. Il faut que dans quinze jours Mlle de La Chastaigneraye soit la duchesse de Parisis. »

Octave partit une heure après, non sans avoir tenté d'entraîner avec lui la marquise. Il arriva la nuit à Parisis ; le lendemain, à midi, il descendait de cheval dans la cour de Champauvert, quelque peu surpris de ne pas voir apparaître Geneviève, car dès qu'on voyait poindre une figure dans l'avenue, on avertissait la jeune châtelaine.

Un domestique s'avança sur le perron. « Monsieur le duc ne sait donc pas que mademoiselle est partie ! — Partie ! Depuis quand ? — Depuis hier ? — Elle est allée à Paris ? — Oui, monsieur le duc. — Quand doit-elle revenir ? — Oh ! pour cela ! ni moi non plus, répondit le domestique dans la mode de son pays. On a parlé ici du couvent, presque toute la maison a été remerciée et je vais rester seul ici avec ma femme. On a donné l'ordre de vendre les chevaux. — C'est sérieux, pensa Parisis. »

Il remonta à cheval. Il voulut repartir pour Paris, mais il se ravisa et se contenta d'écrire à la marquise de Fontaneilles :

« *Chère marquise,*

« *Nos destinées jouent aux quatre coins. Pendant que je viens à*
« *Champauvert, Geneviève va à Paris. Faut-il que je rebrousse*
« *chemin ou qu'elle revienne sur ses pas ? Jugez. J'attends !*

« Parisis. »

Le lendemain, Parisis reçut un télégramme qui ne renfermait qu'un mot :

Attendez.

Octave attendit. Il ne craignait pas de trop s'ennuyer, car il y avait au château une armée d'ouvriers. Le spectacle du travail des autres est une vive récréation pour l'esprit, surtout quand le travail des autres est pour soi-même. En l'absence de l'architecte, Parisis pouvait donner de bons conseils pour les détails de la restauration du château. Il n'était pas né artiste, mais il avait le sentiment de l'art dans toutes ses faces, peinture, sculpture, architecture, art antique, art chrétien, art de la Renaissance, art rococo, art moderne; supérieur en cela à Monjoyeux lui-même, qui était absolu dans son style, qui n'aimait pas Louis XII et qui eût massacré les plus jolis motifs pour métamorphoser à son gré le caractère du château.

Octave ne croyait pas que Violette fût morte. Toutefois son souvenir attristait encore la solitude de Parisis.

III

LE DÉFI A DIEU

Ce jour-là, Octave feuilleta la bibliothèque du château. Il avait ouvert cinquante volumes. Il avait traversé à vol d'oiseau, on pourrait dire à vol de hibou, toute l'histoire des philosophes, mais pénétrant surtout dans les sciences occultes, quoique le caractère de son esprit l'appelât toujours dans les régions lumineuses.

C'était un dimanche. Tout le monde du château était à une fête voisine. Il n'avait voulu retenir personne. Il était donc seul. Le soir amenait l'ombre, le ciel s'était voilé. Il se rappela qu'il n'était pas allé à la chapelle, on lui avait remis depuis longtemps les clefs de la crypte.

Il était presque nuit quand il entra dans la chapelle.

A la mort de son mari, la duchesse de Parisis eut une telle horreur de la nuit qu'elle ne dormit jamais sans lumière, pareille en cela à Mme de Montespan qui se voyait déjà dans le linceul dès que l'ombre se répandait sur elle. Quand on descendit à son tour la duchesse de Parisis dans la chapelle souterraine, Octave qui savait avec quelle terreur sa mère envisageait la nuit, voulut qu'une lampe brûlât perpétuellement devant son tombeau.

Aussi dès qu'il ouvrit la porte de la crypte, il vit passer un pâle rayon de lumière. Il descendit avec une sourde émotion, s'efforçant de ne voir dans la mort que la mort elle-même, voulant supprimer les sombres cortèges que lui font les poètes et les visionnaires. Quand il fut aux derniers degrés de l'escalier en spirale, il s'arrêta, regarda tous les cercueils et les salua avec piété.

C'étaient pour la plupart des cercueils de pierre et de marbre, tous rangés autour d'un autel où le jour des Morts le curé de Parisis venait dire la messe. Quelques-uns des cercueils, les derniers, étaient en bois de hêtre recouvert de velours à clous d'argent. C'étaient les derniers venus. Parisis retrouvait parmi ceux-là son père et sa mère. Il vint se pencher au-dessus et appuya les deux mains comme s'il touchait les deux morts bien-aimés.

Quoiqu'il n'eût pas l'habitude de s'agenouiller, par un mouvement involontaire et soudain il tomba à genoux et mit ses lèvres sur le velours de chaque cercueil. Il lui sembla qu'il sentait des tressaillements sous ses lèvres.

Je ne sache pas un athée qui n'ose rayer d'un trait de plume l'immortalité de l'âme. Et pourtant s'il n'y a qu'un pas de la vie à la mort, il n'y a qu'un pas de la mort à la vie.

Octave se leva. Il regarda cette éternelle lumière qui ne brûlait que pour ceux qui ne voient plus et retourna vers l'escalier. Quand il fut sur la dernière marche, il salua gravement comme à son arrivée. Il lui sembla que les morts lui disaient adieu. Dans le silence funèbre, il crut entendre ce mot qui l'obsédait toujours : « C'est là ! »

Il remonta silencieusement l'escalier ; mais dès qu'il eut refermé la porte, il murmura en essayant de sourire : « Non ! je ne veux pas que ce soit là. » Il se sentait protégé par sa mère. « Je défie tous les esprits de m'enchaîner à la destinée des Parisis, je brise les liens de la légende et je m'affranchis de tout en bravant tout. »

Quoiqu'il se crût maître de lui et de sa destinée, il ne fut pas fâché de se retrouver au grand air et d'allumer un cigare. Le cigare, l'ami de l'homme depuis que le chien l'a trahi — depuis qu'il y a des chiens enragés.

La vie de château, dépouillée de toutes ses suzerainetés, n'est plus possible que si on y apporte la vie de Paris. Je sais des châtelains qui ne reçoivent de Paris que le journal ; ceux-là se nourrissent trop de la vie idéale ; il leur faut alors une grande force d'imagination pour trouver que tout est bien, même si comme Candide ils cultivent leur jardin.

Octave, qui n'avait pas prévu son voyage, n'avait rien emporté du boulevard des Italiens, pas même un journal.

Aussi, après le dîner, il ne lui resta qu'une ressource, celle de remonter à la bibliothèque. Cette fois il feuilleta des romans ; il n'avait pas la main heureuse ce jour-là : il tomba sur le *Moine* de Lewis. Il l'avait lu déjà, il le relut à vol d'oiseau, mais trop encore pour ne pas se pénétrer de la terreur que répand ce chef-d'œuvre.

Le vieux Dominique, qui lui avait servi à dîner, vint lui demander s'il voulait du feu. « Oui, dit Octave, qui n'aimait pas la solitude ; le feu est un gai compagnon ; d'ailleurs cela fera plaisir aux grillons, aux araignées, aux moucherolles qui habitent cette bibliothèque, sans compter que tous ces livres-là ne seront pas fâchés de se réchauffer un peu, car ils me semblent tous morfondus. »

Il y avait au bout de la bibliothèque une cheminée en bois sculpté du temps de François Ier où couraient des salamandres. La bibliothèque était alors une salle d'armes. Au XVIIIe siècle, autre temps autres mœurs, la plume avait conquis ses droits de haute noblesse ; on recueillit tous les livres épars dans le château et on les logea dans cette grande pièce abandonnée.

Octave fut content de voir du feu. En se chauffant les pieds, il se vit dans la glace et faillit ne pas se reconnaître. La vie méditative qu'il menait depuis le matin avait altéré son expression railleuse. En outre, il avait bien un peu négligé ses cheveux et ses moustaches. « Diable ! dit-il, si je restais toute une saison en province, je ferais une drôle de rentrée à Paris. »

Il traîna un canapé devant le feu et s'y renversa, toujours un livre à la main. Ce livre, c'était Descartes. Il avait voulu refaire le tour des idées dans les tourbillons du grand philosophe. Au premier tourbillon il s'endormit.

Quelle heure était-il quand il se réveilla ? Le feu s'éteignait, les quatre bougies brûlaient encore, mais ne devaient pas brûler longtemps. Il voulut sonner. Il y avait encore un cordon, mais il n'y avait plus de sonnette. Il appela, mais tout le monde était à la fête. Il ouvrit la fenêtre. Un orage était survenu, un coup de tonnerre retentit ; le vent se déchaînait dans les grands arbres : de noires nuées sillonnées d'éclairs ensevelissaient le château. C'était le dernier orage de la saison, mais il devait laisser un beau souvenir.

A travers les grandes voix du tonnerre et du vent, Parisis entendit au loin les violons, ces violons rustiques qui ne seraient pas étouffés par la trompette du Jugement dernier. « C'est bien, dit Octave, on s'amuse là-bas ; ne soyons pas un trouble-fête, d'autant qu'après tout je trouverai bien mon lit tout seul. Quelle heure est-il ? »

Il n'y avait qu'un sablier dans la bibliothèque. Sans doute un des Parisis avait voulu exprimer que même avec les philosophes il ne faut pas perdre son temps.

Quand une fois le sommeil du soir vous a pris dans ses chaînes, on a toutes les peines du monde à briser les liens. Octave avait beau étendre les bras, il resta à moitié anéanti sur le canapé où il s'était rejeté comme en fuyant l'orage.

L'orage était bien pour quelque chose dans cet ensevelissement de ses forces. Il avait continué par ses rêves son voyage dans le pays des Esprits. « Suis-je assez bête, murmura-t-il, pour me laisser envahir par toutes ces rêveries de philosophes ou de chercheurs, qui n'ont jamais aimé la terre parce qu'ils n'avaient pas cent mille livres de rente pour s'y trouver bien ! La terre est notre patrie passée et notre patrie future, nous n'en avons point d'autre. Le tonnerre a beau gronder, il ne m'épouvante pas. La science nous a conduits dans la coulisse, nous savons maintenant comment on fait le tonnerre. »

Mais Parisis avait beau se dire toutes ces belles choses, une vague terreur s'était répandue sur lui. « Il faut bien l'avouer, poursuivit-il d'un ton moins fier, à force de science, nous savons que nous ne savons rien de Dieu. »

Il avait beaucoup discuté avec les philosophes d'aujourd'hui, il avait dîné avec les plus fiers apôtres de l'athéisme, mais ils accusaient çà et là des phrases superstitieuses. Parisis se moquait de toutes les superstitions, mais il eût été désespéré de rencontrer le matin un de ces musiciens redoutés par leur mauvais œil, d'autant plus terrible qu'il porte bonheur à eux-mêmes. « Eh bien ! dit tout à coup Octave, je veux en finir avec ces derniers nuages de la bêtise humaine. »

Sur la cheminée, il n'y avait qu'une glace sans tain. Il se leva et marcha droit au fond de la bibliothèque, devant un grand miroir qui descendait du plafond jusqu'au parquet. Le miroir n'était éclairé que par la réverbération des quatre bougies. « J'oubliais ! dit Parisis. Pour que les esprits se manifestent, il ne faut que trois lumières. »

Il retourna sur ses pas et éteignit la quatrième bougie. « Maintenant, dit-il en revenant au miroir, il doit être minuit, et le moment est bien choisi, puisque le vent siffle et que le tonnerre tonne. Montre-toi, Satan ! » Il se regarda. Or lui, qui jusque-là n'avait jamais eu peur de qui que ce fût au monde, il eut peur de lui-même. Dans cette lumière douteuse, il se trouva d'une pâleur mortelle; il essaya de sourire, mais son expression demeura grave et triste.

Il attendit bravement, se regardant toujours. Un éclair passa, il vit une vague image dans la glace.

Une fenêtre s'ouvrit avec fracas, les bougies s'éteignirent, et Octave, qui se regardait toujours dans la glace, vit deux figures. L'effroi le saisit : il appela Dominique et retourna vers la cheminée pour rallumer les bougies. Il n'osait regarder. Cependant, quand il eut fait jaillir le feu d'une allumette, il ouvrit bien les yeux.

Une femme s'avançait vers lui. Il laissa tomber l'allumette...

IV

LA MORTE ET LA VIVANTE

UELLE était cette femme qui s'avançait ainsi vers Octave? « Elle! » s'écria-t-il avec effroi. Il croyait voir Mme de Révilly. Il s'imagina qu'elle était sortie de son tombeau pour venir lui reprocher sa mort.

Vous n'avez pas oublié Mme d'Argicourt, cette blonde Bourguignonne haute en amour, avec laquelle il avait valsé — la valse des Roses. — Vous n'avez pas oublié non plus que, par un singulier jeu du souvenir, Octave s'était imaginé, en la revoyant après la mort de Mme de Révilly, que c'était Mme de Révilly elle-même qu'il revoyait.

Son aventure avec ces deux femmes avait été si rapide, il les avait si peu vues avant de les aimer, que ces charmantes figures se confondaient dans sa mémoire. Il avait beau vouloir recomposer les deux figures, dès que son esprit recommençait le dessin de l'une, la figure de l'autre s'imposait.

Cette nuit-là, à peine eut-il distingué vaguement les traits de Mme d'Argicourt, qu'il s'imagina que Mme de Révilly était devant lui.

Tout autre, à sa place, se fût peut-être évanoui, mais il dominait sa peur, toujours résolu à ne croire à rien.

Il reconnut bientôt que ce n'était pas là un fantôme, car Mme d'Argicourt parla tout haut. Or, comme il ne craignait pas les esprits, il ne craignait pas non plus les vivants. Il est vrai qu'il n'était pas armé ce soir-là; mais quoique sans pistolet et sans poignard, trois ou quatre voleurs eussent encore mordu la poussière s'ils se fussent hasardés au château.

Il alluma enfin une bougie, après quoi il fit deux pas au-devant de Mme d'Argicourt. « Mon cher duc, lui dit-elle gaiement, vous êtes introuvable; je vous cherche partout; pas âme qui vive dans ce château ! — C'est vous, madame? dit Octave avec une joie soudaine, tout en saisissant la main de la baronne; je ne vous attendais pas ici ! — A cette heure, surtout, n'est-ce pas? Si je viens vous dire bonjour à minuit, c'est que je me suis perdue dans vos grands bois. Vous ne savez donc pas que je suis presque votre voisine pendant la chasse? J'ai dîné chez ma sœur, à deux lieues d'ici; on m'a dit que vous étiez en villégiature. J'ai voulu vous surprendre le soir, ne pouvant pas, d'ailleurs, venir le jour. J'espérais bien arriver plus tôt, car je ne voulais pas faire une pompeuse entrée de minuit, mais l'orage m'a fait perdre deux heures et demie; il m'a fallu m'abriter dans une cabane de bûcherons. Quel temps! quel tonnerre! — Ne m'en parlez pas; voyez si ce n'est pas le diable qui entre par cette fenêtre ! — Dites-moi, mon cher duc, ce que vous pouvez faire dans une bibliothèque sans y voir clair ? — J'évoquais les esprits, ou plutôt je me moquais des esprits. — Vous m'épouvantez! — Il y a bien de quoi ! Je m'ennuyais; j'avais peur de passer la nuit tout seul, je priais le diable de venir me tenir compagnie. Mais voulez-vous que je vous dise pourquoi le diable n'est pas venu? — Dites. — C'est que je ne crois pas au diable. — Eh bien ! moi, je vais vous dire pourquoi le diable n'est pas venu, — ô païen endurci dans le péché ! — c'est que Dieu voulait se montrer à vous. »

Et d'un air de moquerie : « Voilà pourquoi je suis venue. — Oui, vous avez raison, car si Dieu s'est jamais montré sur la terre, c'est par la figure de ses plus belles créatures. — Eh bien ! maintenant croyez-vous en Dieu? — Oui, puisque je crois en vous. »

Octave embrassa la jeune femme sur le front. Elle le pria de lui montrer le théâtre de ses évocations ou de ses défis au diable. Il prit la bougie et la conduisit devant le miroir. « C'est étrange! dit-il en s'approchant. — Que voyez-vous donc ? »

Octave venait de voir apparaître la blanche figure de Mme de Révilly, comme s'il fût toujours le jouet de cette étrange vision qui lui montrait l'une pour l'autre. « Je vois que le miroir est cassé. — Il ne l'était donc pas ? — Non, si j'ai bonne mémoire ; cela m'explique pourquoi je me suis vu double et pourquoi je vous vois double. — Comment, vous me voyez double ? — Oui ne voyez-vous donc pas Mme de Révilly à côté de vous ? — Vous me faites froid ! Êtes-vous assez fou ? — Oui, je veux rire, dit Octave qui ne riait pas. — Mais qui a cassé ce miroir ? »

Parisis comprit que la question des superstitions était encore à résoudre. « C'est le coup de vent, après avoir ouvert la fenêtre. — Cela n'est pas prouvé ; mais d'ailleurs, pourquoi le coup de vent a-t-il ouvert la fenêtre ? »

Il y avait trop de *pourquoi* et de *parce que* pour que Parisis et Mme d'Argicourt s'y attardassent. « Adieu ! dit tout à coup la belle voyageuse. — Adieu ! au milieu de la nuit, par cet abominable temps ! — Oui, mes chevaux sont en bas. — Madame, on n'est jamais venu la nuit à Parisis — c'est une tradition — pour ne pas y voir lever l'aurore. »

Honni soit qui mal y pense ! Octave avait-il trop peur de trouver Mme de Révilly dans Mme d'Argicourt pour écouter cette nuit-là les échos de la Valse des Roses ? Je crois qu'il n'avait peur de rien.

Je ne répondrais pourtant pas que les images de Geneviève et de Violette ne fussent venues, comme celle de Mme de Révilly, traverser ses songes amoureux et faire ombre à la gaieté de Mme d'Argicourt.

V

LE BOUQUET DE FRAISES ET LE BOUQUET DE LÈVRES

EPENDANT Mme de Fontaneilles ne désespérait pas encore de marier Geneviève à Octave. Elle avait compris cette pudeur des sentiments qui empêchait la jeune fille de faire un rêve de bonheur sous une pensée de deuil.

Quelques jours déjà s'étaient passés; un matin, elle alla voir Geneviève à l'Abbaye-au-Bois et lui dit qu'il fallait qu'elle partît avec elle pour Champauvert. « Non, dit Geneviève, je ne retournerai pas à Champauvert. Et d'ailleurs, qu'irais-je y faire ? — M. de Parisis t'y attend. Il est à son château. — De grâce, ma chère Armande, laissez-moi à mes prières. Je veux mourir en Dieu. »

La marquise comprit que l'heure n'était pas venue. Elle écrivit à Octave :

« *J'ai échoué dans une mission qui m'était bien douce, car je
« vous aime tous les deux; revenez donc à Paris, vous aurez peut-
« être une éloquence plus sûre que la mienne.* »

Parisis revint à Paris. Il voulut voir Geneviève, mais elle refusa de se rencontrer avec lui chez la marquise. Ce qui n'empêcha pas la marquise de dire à sa jeune amie qu'il fallait obéir à la dernière volonté de la morte. « Tu épouseras Octave. — Jamais, répondit Geneviève. — Jamais ! voilà un mot qui n'est pas en situation. Pourquoi jamais ? — Pourquoi ? parce que je n'aime plus Octave. — Tu n'aimes plus Octave ! mais il te faut donc être jalouse pour aimer ? Violette vivante, tu aimais Octave; Violette morte, tu ne l'aimes plus ? — Non. Et, d'ailleurs, je ne veux pas bâtir sur un tombeau. — Pathos ? on ne bâtit que sur des ruines. »

Et la marquise, qui croyait connaître les femmes, ajouta avec une pointe de raillerie : « Puisque tu aimes mieux vivre au couvent dans la mort que de vivre à Parisis dans l'amour, à ton aise, je m'en lave les mains. »

La fière Geneviève ne s'adoucit pas. « Donc, reprit la marquise, tu ne veux plus revoir Octave ? — Non. »

Et Geneviève rentra stoïquement au couvent. Mais, le lendemain, Mlle de La Chastaigneraye retourna chez la marquise de Fontaneilles, quoiqu'elle eût l'habitude de n'y aller que deux fois par semaine. La marquise ne dit pas un mot d'Octave. Geneviève ne parla pas de son cousin. « Veux-tu venir au bois ? dit la marquise à son amie. — Oui, répondit Geneviève. — Tu me promets, reprit Mme de Fontaneilles en souriant, que tu ne regarderas pas l'hôtel d'Octave ? — Je te le promets. — Et si nous rencontrons Octave au bord du Lac, tu détourneras la tête ? — Oui. »

Geneviève ne regarda pas l'hôtel de M. de Parisis. Au bord du Lac, elle n'eut pas besoin de détourner la tête, parce qu'elle ne rencontra pas Octave. Est-ce pour cela qu'elle demanda à aller boire du lait à la vacherie du Pré Catelan ? Il était tard, il n'y avait presque plus personne.

Quand le coupé s'arrêta devant la vacherie, elle dit à son amie qu'elle ne descendrait pas. Elle avait entrevu Octave et une célèbre étrangère, la plus belle des Italiennes blondes, attablés sous un orme. Ils buvaient du lait, — je me trompe, — elle buvait du lait et il buvait sa beauté, car il la regardait avec des yeux amoureux.

A son tour, la marquise vit le duc de Parisis et l'Italienne. « Eh bien ! ma belle amie, dit-elle à Geneviève, on appelle cela : boire du lait ! Tu vois que Violette n'a pas emporté la jalousie dans le tombeau. — Je ne suis pas jalouse, dit froidement Geneviève qui s'était rejetée au fond du coupé. Demande du lait, nous ne descendrons pas. »

La marquise fit signe à une Suissesse d'opéra comique d'apporter deux tasses de lait. Pour boire il faut bien se pencher : voilà pourquoi Mlle de La Chastaigneraye vit encore une fois son cousin de Parisis.

Dieu de vengeance, comment le vit-elle ! On avait apporté des fraises en bouquet, car on avait coupé le fraisier pour avoir les fraises, à la manière des plus sauvages et des plus civilisés. C'étaient d'admirables fraises anglaises rouges, toutes pleines du sang de la terre comme la vigne, des fraises presque vivantes.

Parisis promenait le fraisier sous les lèvres de la dame : les lèvres et les fraises, c'étaient le même fruit.

L'Italienne dorée mordit à belles dents, prenant la moitié de chaque fraise. Et quand elle avait mordu sa moitié, Octave dévorait l'autre. Vraie comédie d'amoureux.

Geneviève répandit la moitié de son lait. « Oh ! la belle maladroite ! s'écria la marquise. — C'est que le lait est si mauvais ! » murmura Mlle de La Chastaigneraye.

La marquise de Fontaneilles pensa que c'était sur les lèvres de Geneviève que Parisis devait cueillir des fraises : « Tu n'as pas vu là-bas M. de Parisis et la duchesse de Casti ? »

Geneviève sembla ne pas comprendre : « M. de Parisis ? dit-elle d'un air distrait pour cacher son émotion, pourquoi n'est-il pas encore venu me demander ma main ? » La marquise sourit. « Enfin ! s'écria-t-elle, voilà le mot parti ! » Et se parlant à elle-même : « Il n'y a donc que la jalousie qui fasse des miracles en amour ! »

VI

LE MARIAGE DE DON JUAN

Et si je vous dis que monseigneur de Bourges, prince de la Tour d'Auvergne, vint un soir coucher au château de Champauvert, que le lendemain matin tout le village était pavoisé, qu'on avait élevé un arc de triomphe sur le chemin de l'église, que l'évêque de Dijon, les chanoines, les archidiacres, que toutes les robes noires, toutes les robes violettes, toutes les robes rouges, suivant le mot des paysans, illustraient l'église, vous ne me demanderez pas pourquoi.

Vous savez déjà que c'est pour le mariage de M. le duc de Parisis avec Mlle Geneviève de La Chastaigneraye.

N'avez-vous pas reçu une lettre de faire-part ? Le *Sport* n'a pas manqué, à ce propos, de rappeler tous les titres des deux familles.

Qui que vous soyez, athée ou chrétien, libre penseur ou catholique, vous auriez éprouvé comme moi une vive émotion dans le sanctuaire de cette église rustique, en voyant non pas toutes ces splendeurs inaccoutumées, mais la jeune mariée, qui souriait doucement pour faire croire à son bonheur, quoique l'inquiétude passât jusque sur ses lèvres.

Elle n'avait pas toute sa beauté : les mariées ne sont jamais belles le jour de leur mariage. La joie a ses fièvres et ses pâleurs ; on dort mal la veille de ses noces ; c'est comme la veille d'une traversée périlleuse, quand on pressent déjà la tempête.

Pendant la messe, tous ceux qui regardaient la blanche épousée voyaient un point noir à l'horizon, même s'ils ne se rappelaient pas la légende de Parisis. C'est qu'on connaissait bien Octave, c'est que ceux qui l'aimaient le plus voyaient avec quelque frayeur tomber cette haute et divine vertu de Geneviève de La Chastaigneraye dans les bras de don Juan de Parisis.

Quel serait le lendemain ? Cet homme, toujours emporté par ses passions, allait-il abdiquer, renoncer à « l'éternel féminin » pour s'enchaîner aux pieds d'une seule femme ? crever les yeux à toutes ses curiosités, tuer en lui le héros de roman pour n'être plus qu'un homme d'honneur et de raison ? ne plus courir qu'une aventure, la bonne aventure du foyer ?

Tout le monde en doutait. Et en voyant l'expression à la fois heureuse et triste de Geneviève, on se disait à soi-même que cette jeune mariée était de celles qui se couchent chastement dans le tombeau, quand leur échappe le rêve de leur vie.

Le Ministre des Affaires étrangères était venu avec son cadeau de noces. Le duc de Parisis devait être nommé, sous très peu de temps, ministre en Allemagne ; c'était une promesse, mais une promesse qui avait le sceau impérial, car l'Empereur venait d'écrire de sa main à la duchesse de Parisis.

Octave était-il heureux en ce plus beau jour de sa vie ? Il s'était peut-être marié trop souvent.

On remarquait dans l'assistance, parmi les femmes, vingt célébrités héraldiques, toutes plus distraites que pieuses, s'inquiétant de leurs robes et critiquant celles de leurs voisines. La seule femme qui pria pour le bonheur de Geneviève, ce fut Mlle Hyacinthe : celle-là avait des larmes dans les yeux.

Avait-elle des larmes pour Violette ! Pauvre Violette, elle n'était pas oubliée encore. Geneviève lui donna une prière pendant la messe, Octave lui donna un souvenir.

Si la mariée avait perdu ce jour-là beaucoup de sa beauté, le duc de Parisis, en revanche, était plus beau que jamais. Ce qui le soir fit dire à une des grandes dames de l'assemblée : « Est-il possible qu'on nous le prenne pour toujours ! »

Cette grande dame, c'était la duchesse de Hautefort parlant à la marquise de Fontaneilles. « Qui sait ! » dit la marquise, qui ne savait pas encore lire dans son cœur.

Il y eut dans les jardins de Champauvert un dîner de cent et un couverts, qui rappelait les fêtes patriarcales du moyen âge.

Les paysans dansaient sur le préau ; on n'avait rien voulu changer à leur musique, pour ne pas altérer le caractère rustique cher à Geneviève.

On porta un toast de l'archevêque à la mariée et un toast de Parisis à l'archevêque ; ce n'était pas encore un chrétien qui parlait à un prince de l'Église, mais ce n'était plus un athée qui bravait le ciel.

On ne chanta pas ; mais Guy de Charnacé lut un fort beau sonnet d'un rimeur illustre qui voulait que sa muse fût de la fête.

On se croyait tout à la fois aux noces de Cana et aux noces de Gamache. Octave voulut ramener la mode de ces festins homériques, où l'on fait rôtir un bœuf et où jaillissent des fontaines de vin.

Au milieu du festin, les jeunes paysannes de Champauvert, celles qui avaient été dotées par Geneviève et celles qui devaient être dotées ce jour-là, vinrent cette fois encore avec des bouquets, mais non plus avec des bouquets de roses-thé.

La plus jeune de toutes, celle qui avait apporté le bouquet empoisonné, présenta à M. de Parisis la plus belle grappe de raisin de la vendange. « N'y touchez pas, dit-elle, car j'ai la main malheureuse. »

Geneviève avait acheté pour les paysannes des croix d'or toutes rustiques, taillées dans la vieille mode.

Quand elle se leva pour les mettre au cou de chacune des jeunes filles, Octave se leva aussi.

Cette simple action de placer une croix d'or sur le sein d'une femme ramena Parisis plus près des sphères chrétiennes que tous les sermons qu'il avait entendus.

VII

L'EXTRAIT MORTUAIRE DE VIOLETTE DANS LA CHAMBRE NUPTIALE

Il était deux heures du matin quand une chaise de poste à quatre chevaux emmena les mariés à Parisis.

Geneviève n'était accompagnée que de Mlle Hyacinthe.

Ce fut avec un sentiment de fierté et de mélancolie que Geneviève entra — en souveraine, cette fois — dans cette vieille demeure des Parisis. Elle s'appuyait, pour monter l'escalier, sur Octave et sur sa jeune protégée, qui sauvait, par son intarissable gaieté, les embarras charmants de la situation.

Les deux jeunes amies entrèrent seules dans la chambre nuptiale. Geneviève se laissa tomber sur une petite causeuse hospitalière tournée vers la porte; elle vit du premier regard deux pastels de LaTour, son bisaïeul et sa bisaïeule, souriants comme s'ils étaient heureux de la voir. « Oh! mon Dieu! dit-elle tout à coup à Hyacinthe, j'ai oublié dans la voiture, dans le petit panier, la miniature de ma mère. »

La jeune fille ouvrit la porte pour descendre chercher le petit portrait. Dans sa précipitation, elle laissa tomber une lettre qu'on lui avait remise à l'heure du départ et qu'elle voulait achever de lire le soir même.

Il n'y avait plus d'enveloppe à la lettre. Geneviève la prit et reconnut l'écriture de Violette. « C'est singulier, dit-elle. Comment cette lettre m'arrive-t-elle ici ? »

Elle ne l'avait pas vue tomber des mains de Mlle Hyacinthe.

Geneviève lut rapidement, sans bien reconnaître que la lettre n'était pas pour elle :

« *Pour vivre, il fallait que vous fussiez là; pour mourir, pourquoi ne puis-je vous serrer la main?*

« *Il me faut mourir seule, dans un coin, comme un chien abandonné.*

« *Moi aussi, je suis une Parisis, surtout pour la légende. Vous la connaissez, Hyacinthe* :

L'AMOUR DES PARISIS DONNERA LA MORT !
L'AMOUR DONNERA LA MORT AUX PARISIS.

[« *Adieu, mon amie.*

« *On m'a promis de vous envoyer cette lettre avec mon extrait
« mortuaire, pour qu'on puisse là-bas s'occuper de ma succession.
« N'oubliez pas que vous avez cent mille francs en dot. Soyez
« heureuse !*

« Violette. »

A cette lettre était joint cet extrait mortuaire :

†

Don Francisco Santa-Cruz, licenciado en teologia, Caballero de la Real orden americana de Isabel la Catolica y Cura parroco de la Iglesia de Santa-Maria de esta ciudad de Burgos, diocesis de la misma, de la que es Arzobispo el Excelentisimo é Ilustrisimo señor Don Atanasio Rodriguez Juste.

Certifico : que, en el dia de hoy, ha sido depositado en la boveda de esta Santa Iglesia parroquial el cadaver de la senora dona Luisa Violeta de Pernan Parisis, *hija del senor Hedwige Portien la cual nacio en Paris el* 17 *de april* 1846 *y fallecio en el dia de ayer a las cuatro de la tarde, despues de haber recibido los ultimos ausilios espirituales, asistida del Teniente Cura, vicario de esta parroquia D. Florencio Lasala.*

I para que conste espido la presente certificacion, cuyo original queda depositado en el archivo de esta parroquia é inscripto al folio 237 *con el numero* 3,789 *en el libro de difuntos.*

A Ruegos de los Senores Don Angel Vallejo y Don Laureano de la Roda-infante, ejecutores testamentarios de la finada, Burgos 13 *de agosto de* 1867.

El Cura parroco,
L. Francisco Santa-Cruz.

Mlle Hyacinthe, en rentrant, surprit Geneviève dans les bras d'Octave. Elle avait jeté un cri de douleur, le duc de Parisis était accouru, il ne comprenait rien à ses désolations.

Celle qui était la duchesse de Parisis depuis midi montra à son mari la lettre de Violette. « Voyez, lui dit-elle, pouvait-on me rappeler plus fatalement la légende des Parisis ! »

Octave lut l'extrait mortuaire de Violette. « C'est étrange, se dit-il à lui-même, je ne puis croire à la mort de Violette. »

VIII

L'HIRONDELLE DE VIOLETTE

Pour le duc de Parisis et Mlle de La Chastaigneraye, la nuit des noces fut une nuit de deuil. Le spectre de Violette se dressa devant les épousés; ils eurent beau s'abriter dans leur amour, la pauvre fille sacrifiée promena sur la couche nuptiale l'ombre de son suaire.

Le bonheur est ainsi fait qu'il n'arrive jamais dans un cortège qui rit et qui chante sans regret. Regardez bien parmi ces figures joyeuses, ne voyez-vous pas celles qui penchent la tête et qui essayent de sourire pour cacher leurs larmes?

C'est que les deux épousés, quelle que soit la candeur de la jeune femme, quelle que soit la noblesse de cœur du jeune homme, apportent toujours l'un à l'autre un passé qui a ses nuages. On a beau faire, on ne peut pas rayer les pages vécues dans le livre de la vie. Tous les points noirs du passé font les points noirs de l'avenir; les tombes fermées se rouvrent trop souvent; les fantômes apparaissent dans l'auréole de leur vertu, à l'heure même où les vivants montrent les imperfections de la nature. Le souvenir a cela de beau, qu'il ne garde en amour que les sourires des figures aimées.

Mais chaque jour emporte sa peine comme sa joie : le soleil levant sème dans ses rayons d'or l'espoir du bonheur; l'âme la plus détachée des fêtes du monde se reprend malgré elle à chanter sa chanson dans le concert universel.

Voilà pourquoi Octave et Geneviève se levèrent gaiement le lendemain de leur mariage, oubliant presque Violette et ne songeant qu'à vivre de leur amour.

Mlle Hyacinthe les avait réveillés, vers midi, en jouant sur le piano le *Songe d'une nuit d'été*. Le déjeuner fut charmant. Une hirondelle égarée, la dernière de la saison, vint battre des ailes au-dessus de la table, ce qui fit dire à Geneviève : « — C'est la bonne messagère. »

Hyacinthe la saisit et la baisa. Geneviève voulut lui attacher aux pattes un ruban bleu de ciel de sa coiffure; quelle ne fut pas sa surprise de trouver un petit ruban violet au cou de l'hirondelle, presque caché par ses plumes. « Elle a déjà un ruban! s'écria Geneviève. — Il faut le dénouer, dit Hyacinthe; elle porte peut-être un secret. — Non, dit Geneviève, c'est un simple souvenir. »

Mais Hyacinthe avait dénoué le ruban violet. « Eh bien, en vérité, dit-elle, on se croirait dans une féerie du Châtelet. — Pourquoi? — Voyez plutôt! »

C'était à qui, d'Octave ou de Geneviève, prendrait le ruban; ce fut Geneviève qui le saisit. Elle le laissa tomber en pâlissant. « Violette! dit-elle. — N'allez-vous pas vous attrister pour cela? dit Octave à Geneviève, après avoir à son tour lu le nom de Violette sur le ruban. C'est tout simplement une hirondelle de Pernan qui a passé par Parisis, chassée par l'automne. Elle bat le rappel, elle a sans doute ici de petites amies qu'elle veut emmener avec elle vers l'éternel printemps. — Qui sait, dit Hyacinthe, si ce n'est pas une hirondelle privée qu'on a baptisée du nom de Violette? — Peut-être, dit Geneviève; il faut bien vite lui remettre ce ruban. »

Hyacinthe tenait toujours sous sa main la gentille hirondelle, qui pépiait sans trop d'effroi. Geneviève lui rattacha elle-même le ruban violet; le ruban bleu de ciel était déjà noué à la patte; elle la baisa doucement sur la tête et lui donna la liberté. « Va, petit oiseau; si tu montes assez haut dans les nues pour rencontrer l'âme de Violette, caresse-la d'un coup d'aile en souvenir de moi. »

Ce nuage passa rapidement; on alla se promener dans les sombres avenues du parc, déjà dépouillées par les premières bises d'automne. Dieu donnait à la terre une de ces belles journées d'octobre où la nature resplendit sous les couleurs les plus lumineuses. Les tons verts de l'été, mordus çà et là au soleil, ont pris des teintes d'or et de pourpre; les fils de la vierge s'accrochent aux églantiers, qui sourient au regard par leurs fruits rouges comme le sorbier des oiseaux, comme les mûriers sauvages, comme les prunelliers amers. « Ah! que je suis heureuse! s'écria le soir Geneviève en se jetant dans les bras d'Octave. » Il répondit par mille baisers; il n'avait jamais été si heureux lui-même.

C'est que don Juan de Parisis n'avait jamais appuyé sur son cœur un cœur si noble et si pur; c'est qu'il n'avait jamais bu sur les lèvres d'une femme une âme si divine.

IX

LE LENDEMAIN DU BONHEUR

Parisis était merveilleusement doué pour tout faire, c'est peut-être pour cela qu'il n'avait rien fait. On sait qu'il avait le sentiment de l'art au plus haut degré. Les heures qui suivirent son mariage, il fit de charmantes surprises à Geneviève : elle aimait surtout, en peinture, les paysages, non pas seulement parce qu'ils étaient l'image de la nature, — cette figure de Dieu, mais parce qu'elle les peuplait à sa fantaisie : son imagination, toujours créatrice, y représentait les scènes romanesques de son esprit.

Le lendemain du mariage, elle avait trouvé que le parc était un peu touffu ; on n'y respirait pas la lumière, les horizons étaient trop rapprochés, elle aurait voulu des perspectives et des échappées, — des portes ouvertes vers l'infini. — Elle disait que c'était là le tort des paysagistes modernes, de se parquer dans un coin de vallée ou devant une lisière de forêt, sans souci des lointains. Voilà pourquoi elle aimait le paysage de style, fût-il trop bleu comme celui de Léonard de Vinci, fût-il trop vert comme celui de Raphaël. Elle aimait surtout le paysage de Poussin qui pense dans ses arbres et dans ses nuages.

Le duc de Parisis joua à sa femme le jeu du duc d'Antin à Louis XIV ; en une nuit, il fit abattre assez d'arbres pour changer tout le caractère du parc. Le lendemain, quand le soleil fut à son zénith, il prit Geneviève par la main et la conduisit à une des grandes fenêtres du château. « Voyez, » lui dit-il. Elle fut ravie. « Ah ! dit-elle, comme on respire bien aujourd'hui ! Hier, on respirait la terre ; aujourd'hui, on respire le ciel. »

Parisis prit un étrange plaisir à se faire paysagiste en action. Armé d'un marteau à marque, il étudiait tous les points de vue et condamnait les arbres qui obstruaient ou qui dépoétisaient, celui-ci par un feuillage vulgaire, celui-là par un dessin maladroit. Pendant quelques jours, il se passionna à ce plaisir de faire des Poussin, des Diaz, des Claude Lorrain, des Rousseau, des Ruysdaël, des Corot, jusqu'à des Paul Potter et des Rosa Bonheur, car il avait amené des troupeaux dans le parc.

Selon que le promeneur prenait telle ou telle avenue, il trouvait des paysages de style aux grandes nappes de lumière, aux horizons perdus, avec des arbres centenaires, pensifs, la tête dans les nues ; ou bien il trouvait des pages animées : la prairie avec ses vaches, la cascade avec son rocher et son buisson, le promenoir avec ses brebis.

Je ne saurais trop donner le conseil d'imiter Parisis aux châtelains et aux châtelaines qui s'ennuient; mais je me hâte de dire qu'il ne faut faire ce paysage-là qu'aux premiers jours d'automne, quand les arbres sont encore feuillus et qu'on peut les déplacer sans les tuer. N'oublions pas que les arbres vivent comme nous, et que si nous n'avons pas besoin de leur abri après avoir joui de leur ombre, il nous faut dire : « Prenez garde à la hache! »

Tous les soirs la douce Hyacinthe était au salon et chantait. Octave et Geneviève étaient ravis de n'être que deux en cette belle saison de leur amour pour mieux savourer les joies de la lune de miel; mais quand Hyacinthe était là, ils croyaient n'être toujours que deux; elle ne troublait pas leur duo, même quand elle chantait.

Geneviève avait transformé la physionomie intérieure du château de Parisis pendant qu'on retouchait à la façade, qu'on bâtissait les serres et qu'on replantait çà et là dans le parc des arbres rares avec la rapidité fabuleuse du duc d'Antin ou du baron Haussmann. Les paysans s'émerveillaient de ces changements à vue; ils avaient bien ouï parler de la pluie qui marche, mais ils ne pouvaient croire que les arbres en fleurs ou en feuilles voyageaient comme de grandes personnes, pour venir à quatre chevaux se planter d'eux-mêmes au voisinage de chênes séculaires.

La jeune femme avait fait du château un palais. On sait déjà sa passion pour les œuvres d'art, elle avait voulu être presque de moitié dans tout ce que son mari avait acheté, çà et là, à l'atelier de Clésinger et à l'atelier de Gérôme, aux ventes Demidoff, Salamanca, Diaz, Morny et Khalil-Bey. Dès qu'on franchissait la porte du vestibule de Parisis, on était émerveillé par le grand air que donnent toujours les chefs-d'œuvre.

Dans ce beau château, on voyait qu'il fallait que tout le monde fût content, les hôtes comme les maîtres de la maison.

Et quel luxe de chevaux et de voitures pour les promenades! Et quelles réserves royales pour les chasses! Et quelle école de chiens pour les massacres de chevreuils, de faisans et de sangliers! La haute vie n'avait jamais été mieux comprise.

M. de Parisis était si heureux qu'il avait peur du lendemain. L'homme qui bâtit son bonheur est pareil à ces enfants qui élèvent des châteaux de cartes. A chaque instant l'édifice s'écroule avant d'être achevé; si par hasard ou par adresse ce château est fini, l'enfant admire et s'étonne de le voir si beau; mais, presque au même instant, il s'amuse à le détruire.

M. de Parisis avait devant ses yeux le château enchanté pour loger son bonheur. Son bonheur était fait de toutes les poésies; il savourait avec religion cet amour d'une vierge, que le poète appelle une Piété. Il avait trouvé un ange gardien visible, il avait trouvé l'Amour sous la forme de la Beauté. Geneviève, trop romanesque avant son mariage, avait pris la souriante gravité d'une femme et d'une mère; c'était l'âme de la maison. Après toutes les secousses et toutes les défaillances de la fortune, Octave était redevenu riche, il pouvait à son gré vivre, dans son château comme à Paris, d'une vie princière. Il avait les plus beaux chevaux du monde, il triomphait toujours aux courses, il allait fertiliser sa terre. Il n'avait qu'un mot à dire pour recommencer sa carrière politique par le Corps législatif : les fortes têtes de l'arrondissement étaient venues lui offrir vingt mille voix pour les prochaines élections. S'il voulait rentrer dans la diplomatie, il n'avait encore qu'un mot à dire, tant il avait laissé de bons souvenirs chez le ministre ou chez l'Empereur. Tout lui souriait donc; mais les vraies joies ne sont pas de ce monde. L'infini, qui est la force de notre âme, nous condamne sur la terre; dans le château du bonheur, nous ouvrons la fenêtre pour voir par delà, nous aspirons à l'inconnu, dévoré par cette éternelle curiosité qui a gâté le lait de notre première mère.

Voilà pourquoi, au château de Parisis, qui était redevenu le château du Bonheur, Octave ouvrait la fenêtre et regardait l'horizon.

Qu'y a-t-il au delà des nuages, au delà des montagnes, au delà des forêts, au delà des neiges éternelles, au delà des océans, au delà des étoiles, au delà des mondes ? L'âme a beau s'essouffler dans la grande course au clocher de l'infini, elle n'arrive jamais.

Si on aime tant l'amour, c'est que l'amour est une parcelle de l'infini, c'est l'abîme sans fond, c'est le ciel sans barrière; on s'y jette et on s'y envole éperdument. Aimer, c'est être presque Dieu, car déjà vivre de la vie éternelle, c'est goûter au ciel, c'est se fondre dans l'immensité.

Quoique M. de Parisis ne fût pas en amour un rêveur platonicien, quoique ce fût plutôt chez lui une action qu'un sentiment, comme c'était un chercheur et que son corps ne dominait pas son âme, il ressentait même dans ses étreintes d'une heure, dans ses passions d'un jour, tous les enivrements de la pensée; il s'embarquait à toutes voiles pour les rivages dorés, pour les pays impossibles, pour les routes étoilées.

Sa femme lui était, certes, plus chère mille fois que toutes les créatures qu'il avait « entr'aimées », mais elle ne lui donnait pas le vertige. Elle faisait autour de lui tout un horizon d'or et d'azur, mais c'était le monde connu; elle avait beau varier à l'infini les mélodies et les symphonies de son âme, c'était toujours le même opéra. Octave avait le malheur d'aimer trop les premières représentations.

Voilà pourquoi l'hiver il décida Geneviève à passer deux ou trois mois à Paris, quoiqu'il lui eût dit vingt fois qu'ils passeraient toute la mauvaise saison à Paris. Ils emportèrent leur bonheur à Paris.

X

MOURIR CHEZ SOI

La comtesse d'Antraygues était tombée des bras d'Octave dans les bras du prince Bleu, un Octave au petit pied. Elle sentait que son premier amant ne l'aimait plus; elle croyait retrouver les mêmes féeries imprévues dans l'amour d'un autre. Mais quand on a soupé chez Lucullus, le souper de Marcellus ne donne plus les savantes ivresses. Quand on quitte Naples pour échouer à Livourne, on ne croit plus au paradis terrestre. Le prince était un homme d'esprit, mais c'était un homme; Parisis avait quelque chose du dieu et du démon. Le prince, d'ailleurs, eut le tort de devenir follement amoureux; il se traînait aux pieds d'Alice comme un esclave et comme un chien; il jurait de vivre et de mourir pour elle; il lui chanta trop la même chanson. A une femme romanesque comme elle, il fallait un esprit supérieur.

Elle chercha et ne le trouva pas. Ce fut en vain que, tombant tout à coup, comme on l'a vu, dans le demi-monde, dans le monde des comédiennes, elle tenta de s'appareiller à un de ces hommes à la mode, dont s'affolent les filles. Elle ne trouva partout que le néant de l'esprit et le néant de la passion. « Ah ! dit-elle un jour en pleurant toutes ses larmes, Parisis ou mourir !»

Elle écrivit à Parisis qu'elle l'attendait. Parisis ne vint pas et lui répondit par ce simple mot : *Pourquoi faire ?*

Pourquoi faire ! En effet, le rêve était évanoui ; ils avaient lu ensemble le premier mot et le dernier mot du livre. Pourquoi faire ?

Ce jour-là, elle alla dans une église et y pria longtemps. Le soir, elle entra dans une maison de refuge. « Pourquoi faire ? dit-elle encore ; Parisis me cachera Dieu. »

Elle passa d'un couvent dans un autre, comme elle avait passé d'un amant à un autre. Elle ne trouva pas plus Dieu qu'elle n'avait trouvé l'amant.

Mme d'Antraygues avait donc voulu reposer sa tête sur le marbre de l'autel, mais vainement elle s'était cogné le front dans l'église de trois couvents où elle avait passé et où elle n'avait pu s'exiler du monde. Une insatiable curiosité la rejetait dehors, la fièvre de vivre l'empêchait d'apaiser son cœur dans la solitude et le silence.

Si Violette fût restée à Pernan, peut-être fût-elle allée vivre avec elle, peut-être se fût-elle enchaînée sans trop de révoltes dans cette amitié si douce et si suave. Il fallait à cette nature ardente, dépaysée dans les devoirs du monde, dépaysée aussi dans les licences du demi-monde, il fallait un cœur vaillant qui l'aimât à toute heure.

Elle était de celles qui ne peuvent vivre réfugiées en elles-mêmes dans l'horizon de leur âme; nature de feu et d'expansion, elle courait toujours les aventures, cherchant l'amour et ne le trouvant pas, parce que celle-là aussi avait un idéal inaccessible.

Avant de rencontrer le duc de Parisis, elle avait lutté bravement contre toutes les tentations. On a vu que le vrai coupable était son mari. Si M. d'Antraygues se fût montré plus digne de cette jeune femme romanesque, elle eût passé le cap des tempêtes sans trahir cet hyménée où elle avait apporté toutes les illusions et toutes les grâces de ses vingt ans. Mais Parisis avait passé par là.

Certes, elle eût aimé Parisis d'un amour éternel, — que dis-je ? elle n'avait pas cessé de l'aimer un instant, — mais il n'était pas dans la destinée de Parisis d'être heureux avec une femme, quelle que fût cette femme. Il émiettait l'amour comme un enfant joueur émiette son pain aux oiseaux quand il fait l'école buissonnière.

Mme d'Antraygues avait eu beau tomber des bras de Parisis dans les bras du prince Bleu, pour tomber le lendemain dans un autre amour, pour faire le surlendemain une chute plus profonde encore, rien n'avait pu l'arracher à son amour pour son premier amant. Elle s'était amusée des coups de dés de l'imprévu; elle avait de plus en plus compromis ce qui lui restait de noblesse et de dignité; après avoir subi le mépris de tout le monde, elle s'était méprisée elle-même.

Rien ne lui restait, pas même Dieu. Quand on donne sa vie au premier venu, on s'éloigne de Dieu par respect pour Dieu, si ce n'est par oubli.

Il ne lui restait même plus sa famille, puisqu'elle avait fini par se brouiller avec sa grand'mère et les sœurs de sa mère. Une de ses tantes était venue à Paris pour l'arracher à ses folies; cette femme avait parlé de haut, la comtesse s'était révoltée à jamais. « Dites à ma grand'mère que je ne subirai jamais de pareilles remontrances : elle peut me déshériter, mais elle ne m'obligera jamais à m'humilier devant vous. »

La grand'mère mourut sans l'avoir pourtant deshéritée, mais les tantes s'arrangèrent si bien que, grâce au procès qu'elles suscitèrent, il ne revint presque rien à la comtesse, parce que c'était une fortune en terres impossibles à vendre. Son notaire pourtant lui fit ouvrir un crédit de cinquante mille francs sur cette succession à longue échéance.

Alice n'avait pas revu son mari qui vivait dans le Poitou d'une petite rente de sa famille, et qui pêchait à la ligne, sans trop regretter une jeunesse inféconde, où, tous comptes faits, il avait eu bien plus de déboires que de plaisirs.

Quoique Mme d'Antraygues fût renommée par la fraîcheur de son teint, la robustesse de ses épaules bien nourries de chair, l'éclat de ses beaux yeux, elle perdit l'âme du sang, elle fut prise par des palpitations et tomba malade.

Elle tomba malade, parce que son âme était malade.

Elle avait voulu jouer un jeu qui dépassait sa fortune; elle avait bien vite dissipé cette belle santé qu'enviaient toutes les femmes étiolées qui font leur entrée dans le monde avec une jeunesse déjà flétrie.

Alice habitait depuis quelque temps le boulevard Malesherbes; son appartement — un petit appartement — ne rappelait guère le haut luxe de son hôtel de l'avenue de la Reine-Hortense. Aussi n'aimait-elle pas son chez soi. Elle se levait tard et déjeunait dans son lit ; elle se traînait dans son petit salon et recevait quelques hommes, tout en tourmentant son piano comme pour atténuer toutes les sottises qu'ils débitaient. Elle ne dînait guère chez elle, et elle rentrait fort tard, courant les théâtres et soupant quelquefois ; il lui arrivait même de ne plus rentrer du tout, ce qui ne scandalisait plus personne, excepté elle-même, car elle avait gardé, sans le vouloir, des rappels de dignité.

Un matin qu'elle n'était pas rentrée chez elle, quoiqu'elle fût déjà bien malade, elle passa avenue de la Reine-Hortense pour traverser le parc Monceaux. Naturellement, quand elle passait là, elle regardait toujours la façade de son hôtel qui la regardait, lui aussi : expression triste d'un côté, sévère de l'autre.

Ce matin-là, elle y remarqua deux affiches : l'hôtel était à vendre.

Après le procès en séparation de corps, on avait, d'un commun accord avec les créanciers, vendu l'hôtel tout meublé à un Américain fraîchement marié qui voulait y placer le bonheur conjugal. Mais il paraît que le bonheur conjugal ne voulait pas loger là : l'Américain, forcé de faire un voyage à New-York, y laissa sa femme qui, elle non plus, n'aimait pas la solitude. Quand revint l'Américain, la femme avait disparu. Cette disparition romanesque fit beaucoup de bruit : l'Américain cherche encore sa femme.

Voilà pourquoi l'hôtel était encore à vendre, mais on devait commencer par les meubles. Mme d'Antraygues, après avoir lu rapidement les affiches, franchit le seuil en toute hâte.

Elle avait peur d'être reconnue ; elle ne savait pas qu'à Paris en moins de deux ans tout s'oublie et tout se renouvelle : le torrent qui passe aujourd'hui emporte toutes les épaves d'hier. On ne vit plus au jour le jour, on vit à l'heure l'heure.

On ne la reconnut pas dans la maison. Elle ne s'y reconnut pas non plus. Etait-ce bien Mme d'Antraygues qui montait l'escalier? Etait-ce bien cette jeune femme enviée de tout le beau Paris, pour qui piaffaient dans la cour des chevaux anglais? Elle avait alors sa part de royauté dans le monde : quelle figure faisait aujourd'hui cette inconnue qui montait l'escalier ? « Où allez-vous, madame ? » lui cria une voix aiguë.

Où allez-vous, madame? Le savait-elle bien? Elle comprit que ce n'était plus son escalier qu'elle montait. « Je vais voir les meubles, parce que je veux les acheter. — Mais l'exposition ne commence qu'à midi. »

La comtesse passa outre. Pauvre femme ! chaque pas qu'elle fit la rejeta dans les bras d'Octave. En s'appuyant à la rampe, elle se rappela la première soirée où elle attendait Parisis dans cet idéal déshabillé blanc qu'il trouva si bon à chiffonner. Elle se souvint comment il l'emporta jusque devant le feu qui pétillait si gaiement dans sa chambre. Tout le roman de cette soirée remplissait encore son âme; l'illusion fut grande quand elle retrouva sa chambre telle qu'elle l'avait quittée. Le même lit, la même causeuse, la même pendule, la même jardinière. Mais dans la jardinière il n'y avait que des fleurs artificielles. « Hélas ! dit la comtesse, moi aussi j'ai changé mes fleurs naturelles contre des fleurs artificielles. »

L'Américaine n'avait pour ainsi dire fait que traverser cette chambre. On sait d'ailleurs que les étrangères se soumettent à toutes les fantaisies parisiennes, acceptant bien volontiers les formes et les modes de l'intérieur comme de l'extérieur. Elles habitent toute une année une chambre disposée par une autre; quand elles s'en vont, tout est à sa place, tant la France impose jusqu'à ses habitudes.

Après ces images riantes du souvenir, qui arrachèrent deux larmes à Mme d'Antraygues, des images plus sérieuses passèrent sous ses yeux. Il lui sembla que les figures du Devoir et de la Vertu hantaient tristement cet hôtel. Elle se rappela toutes ses déchéances; elle pensa à toutes ses ruines, ruines du cœur, ruines de la jeunesse, ruines de la fortune; elle tomba sur un fauteuil en murmurant : « Je veux mourir. »

Puis, jetant les yeux sur son lit, elle ajouta : « Je veux mourir ici. »

C'était très bien de dire cela, mais comment Alice pouvait-elle mourir là, dans cet hôtel qui n'était plus à elle, dans ce lit qui allait être vendu ?

Elle sortit en toute hâte et alla rue Castiglione, chez le notaire chargé de vendre ou de louer l'hôtel. Avec le peu qui lui restait de la succession de sa grand'mère, il lui était impossible de vivre là; mais puisqu'elle voulait mourir, elle n'eut pas de calculs à faire. Le notaire demanda dix-huit mille francs par an ; elle ne marchanda pas, elle offrit de signer le bail à l'instant même. Elle alla ensuite chez le commissaire-priseur et lui donna l'ordre de racheter, quel que fût le prix, tout ce qui était dans la chambre à coucher, dans le boudoir et le cabinet de toilette.

C'était dans la morte-saison, on ne lui fit pas payer cela trop cher.

Le lendemain soir, pendant que les vendeurs emportaient leur butin, Mme d'Antraygues, accompagnée de sa femme de chambre, — son ancienne femme de chambre qu'elle avait reprise, —

rentrait dans cet hôtel qu'elle avait paré de ses mains, mais surtout de sa grâce. La concierge, qui l'attendait, avait en toute hâte effacé les traces de la vente à l'encan, mais il n'avait pu effacer je ne sais quel air de désolation qui avait pris la place des meubles.

Mais Alice ne put s'empêcher de parcourir, un bougeoir à la main, ces beaux salons dépouillés comme par l'ennemi. Elle éprouva quelque bien-être à entrer dans sa chambre qui avait été fermée aux curieux et où tout était en ordre. Dans la journée, la femme de chambre était venue mettre de vraies fleurs dans la jardinière et des draps au lit. Elle y avait répandu les parfums chers à sa maîtresse, elle y avait apporté les livres souvent feuilletés, si bien que Mme d'Antraygues se sentit chez elle.

Elle respira et soupira. « Enfin, dit-elle, voilà le rivage ! »

Oui, c'était le rivage. Elle s'était embarquée pendant la tempête ; après toutes les angoisses du naufrage, elle s'en revenait mourante aborder au port.

Dès qu'elle fut seule, elle se jeta à genoux et remercia Dieu. En retrouvant sa maison, elle retrouva Dieu : « Je vous remercie, ô mon Dieu ! de me permettre de mourir dans ma maison. »

XI

LA D'ANTRAYGUES !

M. de Parisis n'avait pas revu Mme d'Antraygues depuis qu'il était marié. Quelques jours après la cérémonie, il avait reçu d'elle ce petit mot écrit dans le style tout moderne qu'elle adoptait :

« *Il le fallait !*

« *Soyez heureux, ce sera le dernier beau jour de ma vie.*

« *C'est égal, j'ai bien de la peine à croire que vous êtes marié.*

Et vous qui vous êtes tant de fois marié, le croyez-vous? Oui, n'est-ce pas? car Geneviève est la vraie femme. Cette fleur que je vous envoie, c'est la fleur de l'oubli : vous l'avez déjà respirée...

« ALICE. »

A ce mot, Octave avait répondu par je ne sais quel billet sentimental, moitié railleur, selon sa coutume. Il se demandait quelquefois avec mélancolie ce qu'elle était devenue, cette Alice qui lui avait laissé un très vif souvenir; il ne s'était pas éternisé dans cet amour, mais elle n'était pas de celles qu'il avait aimées à « la hussarde » ou à la Parisis, pour dire un mot plus juste. Alice avait résisté avec un charme étrange; ses jolies causeries en dame de Pique, les scènes pittoresques du patinage, les scènes intimes de l'escalier d'onyx, la tasse de thé bue à deux, la rencontre au château de Parisis, tout cela répandait dans le souvenir d'Octave un parfum enivrant qui l'eût rejeté bien volontiers dans les bras d'Alice.

Chaque fois qu'il passait dans l'avenue de la Reine-Hortense, il faisait comme elle : il baisait du regard la façade de l'hôtel d'Antraygues.

Le lendemain de son retour à Paris, il y passa en voiture avec Geneviève, il vit des affiches : c'était au moment de la vente du mobilier. Il ne parla pas à Geneviève, mais il se dit tout bas qu'il irait à cette vente.

Voulait-il acheter la fameuse théière de vieux Sèvres qui faisait le thé si bon ?

Il alla à la vente, bravant, lui qui bravait tout, les malices de ceux qui pourraient le reconnaître sur ce terrain brûlant. On voit qu'un même sentiment était sorti de son cœur et du cœur de Mme d'Antraygues, le sentiment du passé : seulement, lui voulait en vivre une heure et elle voulait en mourir.

A la vente, on lui dit que la chambre, le boudoir et le cabinet de toilette seraient vendus en un seul lot. Il demanda pourquoi : on lui dit que la comtesse d'Antraygues avait donné l'ordre d'acheter à quelque prix que ce fût. Il comprit cela et voulut s'en aller; mais malgré lui il fut retenu par quelques conversations qui racontaient les faits et gestes d'Alice. On rappelait son histoire, on parlait d'elle comme de la première coquine venue.

Ce fut pour lui un vif chagrin; il n'avait jamais si bien tâté le pouls à l'opinion publique. Tout le monde appréciait à sa manière ce rachat de meubles. « Elle s'imagine qu'elle va racheter sa vertu. — Sa vertu! j'en connais qui l'ont achetée à meilleur compte. — Il paraît que cette vertu-là n'a rien coûté au duc de Parisis. Bien mieux, on dit que dans leurs premières folies ils ont cassé deux tasses de Sèvres qui valaient bien deux mille francs, deux bijoux du Petit-Trianon. »

Octave était furieux; il se contint. Ce n'était pas tout. « Qu'est-elle devenue, cette femme à la mode? — Plus à la mode que jamais. — A la mode de Caen. — Vous n'avez pas entendu parler de la d'Antraygues? — Ah! c'est celle-là? »

Celui qui avait dit « *la d'Antraygues* » était un *Monsieur*, un monsieur non pas du meilleur monde, mais du monde. Octave le jeta à trois pas de là par un geste de colère. « Monsieur! quand on parle d'une femme qu'on ne connaît pas, on ne dit pas « la d'Antraygues! »

Le monsieur pâlit, balbutia et se perdit dans la foule.

Cette indignation d'Octave changea visiblement l'opinion publique sur la comtesse, du moins jusqu'à la fin de la vente : nul n'osa plus parler d'elle d'un air dégagé.

Il n'y a que ceux qui ne connaissent pas les femmes qui en disent du mal.

XII

LA MORT D'UNE PÉCHERESSE

QUELQUES jours après, Octave passant seul avenue de la Reine-Hortense, après avoir dîné dans un des hôtels du parc Monceaux, vit une lumière à la chambre à coucher de Mme d'Antraygues. Il reconnaissait bien la fenêtre. « Que veut dire cette lumière ? » se demanda-t-il, ne se doutant pas que la comtesse eût racheté les meubles pour habiter l'hôtel.

Il sonna. « Qui donc demeure ici ? — Mme la comtesse d'Antraygues. » Il monta rapidement l'escalier, ne revenant pas de sa surprise. La femme de chambre, qui reconduisait un médecin, s'écria : « M. de Parisis ! »

Et quand le médecin fut parti : « Ah! lui dit-elle, le vrai médecin, c'est vous, monsieur le duc. »

Elle le conduisit à sa maîtresse. Octave n'avait pas dit un mot; il ne trouva pas un mot à dire quand il vit Mme d'Antraygues couchée toute blanche dans son lit, comme dans un tombeau. On pouvait dire d'elle les paroles du poète : « Elle s'est échappée des bras de l'amour pour se jeter dans les bras de la mort. »

Octave ressentit un coup au cœur. Il saisit la main d'Alice et tomba agenouillé. « Ah! mon ami, lui dit-elle, je ne vous attendais pas. Je croyais mourir seule comme un chien; mais je ne me plains pas, car je m'abreuve de ma douleur comme je me suis abreuvée de ma joie. »

La mourante — car elle était mourante — se ranima un peu. « Dieu me pardonne, reprit-elle, puisqu'il vous envoie me dire adieu. Je n'osais espérer cette grâce. » Et après un silence : « Ah! je suis bien heureuse de vous avoir revu. »

Parisis n'avait pas encore dit un mot. Il regardait la pauvre femme avec une passion respectueuse. « Alice! est-ce bien vous? » murmura-t-il d'une voix étouffée.

La comtesse avait sur son lit un petit miroir à cadre d'argent qu'elle souleva de sa main gauche; sa main droite était toujours dans les mains de Parisis. « N'est-ce pas, mon ami, que vous ne me reconnaissez pas, lui dit-elle? C'est pourtant vous qui m'avez métamorphosée ainsi! — Moi! — Oui, vous! laissez-moi vous dire, laissez moi croire que c'est vous — vous seul — qui m'avez tuée. Allez, Octave, la femme, quelle qu'elle soit, vaut toujours mieux qu'on ne pense. »

La comtesse se souleva sur l'oreiller : « Voyez-vous, mon cher Octave, quand une femme est tombée de haut, elle peut répéter les paroles de Jésus : « Je suis triste jusqu'à la mort. » Elle a beau rire, elle est frappée au cœur. »

Alice appuya la main d'Octave sur son cœur : « Voyez, il y a longtemps que le mien bat trop vite : on dirait qu'il dévore une année en une heure. Oui, frappée au cœur; elles le sont toutes ces pauvres femmes trop calomniées, à moins pourtant... » Elle regarda Octave avec amour : « A moins pourtant qu'elles ne trouvent un homme qui les abrite dans leur fragilité et qui les console de tout, même de l'honneur perdu. »

Octave était ému profondément. Mme d'Antraygues, qu'il avait çà et là mal jugée parce qu'elle donnait le spectacle d'une femme qui a abdiqué, le dominait du haut de sa douleur. « Est-il possible, se disait-il, que si peu de plaisir soit payé si cher! »

Il n'en revenait pas de la voir si changée. En quelques semaines de maladie, elle n'était plus que l'ombre d'elle-même. Le sceau de la mort s'était déjà imprimé sur cette figure si vivante naguère. « Alice, dit-il en dévorant ses larmes, il faut vivre. Geneviève viendra vous voir et vous prouver que tout n'est pas perdu. On juge les femmes par le cœur et non par les actions. Vous êtes un noble cœur. »

Et pour la réconforter, il ajouta ce pieux mensonge : « La duchesse de Hauteroche m'a parlé de vous hier en toute amitié; elle aussi viendra vous voir. »

La mourante sourit amèrement : « Dites à la duchesse de Hauteroche que je la remercie; dites à Geneviève que je l'aime; mais je veux mourir ! — Pourquoi ? — Pourquoi ! Vous me le demandez ? vous le savez bien. C'est ma volonté seule qui m'a mise dans ce lit mortuaire. N'avez-vous donc pas compris pourquoi je suis venue ici ? C'est le sentiment du devoir qui m'a fait rouvrir cette porte que mon amour pour vous m'avait fermée. »

La comtesse n'avait plus de voix. Elle s'était épuisée dans les émotions de cette entrevue inespérée. « Sachez-le bien, mon ami, j'ai voulu mourir chez moi... dans ma chambre... dans mon lit... On jugera cela comme on voudra; pour moi, je juge que je fais bien. J'ai tout disposé pour mon dernier jour. Ce dernier jour, c'est peut-être demain ; c'est demain, du moins, que je me réconcilie avec Dieu. Vous ne me croirez pas ! je me fais une fête de l'Extrême-Onction ! »

Octave admirait la grandeur de la femme dans sa fragilité. Il se perdait dans cet abîme où Dieu a marqué l'infini, il s'émerveillait de ce vif rayon d'intelligence qui transperce dans toute créature. « Ouvrez la fenêtre, dit tout à coup Mme d'Antraygues. »

L'air lui manquait, elle se trouva mal. La femme de chambre, qui guettait, arriva tout de suite et baigna d'eau glacée le front de sa maîtresse. « Oh ! dit-elle, voilà une visite qui lui fera beaucoup de bien, mais qui lui fera beaucoup de mal. — Adieu, mon ami, dit Mme d'Antraygues à Octave en rouvrant à demi les yeux. Reviendrez-vous demain ? — Oui, je reviendrai. — Après trois heures, car le curé de Saint-Philippe-du-Roule viendra à deux heures. »

Octave baisa doucement Alice sur le front et s'éloigna désolé, n'espérant presque pas la revoir.

Le lendemain matin, il fit prendre de ses nouvelles. Elle avait passé une mauvaise nuit; le médecin ne lui accordait plus que quelques jours. Octave n'avait rien dit à Geneviève. Il devait, ce soir-là, présenter sa femme aux Tuileries. Aussitôt qu'il eut dîné, il courut chez Mme d'Antraygues.

Quoiqu'elle fût très contente d'avoir communié, elle était plus mal encore que la veille ; elle ne pouvait plus respirer, même assise ; le médecin l'avait transportée dans un fauteuil devant le feu ; à chaque instant il fallait ouvrir la fenêtre. « Ce qui prouve qu'elle va mourir, dit la femme de chambre à Octave, c'est qu'à toute minute elle regarde la pendule et demande l'heure qu'il est. »

En effet, à peine Alice eut-elle soulevé la main pour la donner à Octave, qu'elle lui dit d'une voix éteinte : « Il est huit heures, n'est-ce pas ? »

Elle regardait la pendule, mais elle ne voyait plus bien. Elle venait d'entendre sonner, mais elle ne savait plus compter. « Savez-vous quand je mourrai ? dit-elle en regardant doucement Parisis. — Vous mourrez quand vous aurez quatre-vingts ans. »

Elle sourit avec impatience. « Je mourrai à minuit. »

Et comme il y avait dans son esprit un fond de raillerie, — l'esprit d'Octave avait passé en elle, — elle ne put arrêter ce mot qui trahissait la pécheresse : « Et vous ne serez pas là quand je jetterai ma coupe à la mer. »

A minuit, le duc de Parisis vit passer la figure de la comtesse d'Antraygues au bal des Tuileries. « C'est étrange, dit-il à Villeroy, je deviens visionnaire. »

C'était l'âme d'Alice qui passait devant lui.

XIII

LA LETTRE DE DEUIL

Comme elle l'avait dit, la comtesse d'Antraygues mourut à minuit.

Elle mourut en Dieu, mais pourtant son dernier mot fut pour Octave. Elle avait dit à sa femme de chambre : « S'il vient demain, tu lui diras qu'il embrasse mes cheveux. »

Le duc de Parisis retourna pour voir la mourante : il vit la morte. « Madame, lui dit-il en s'agenouillant, je vous demande pardon. »

Les larmes, qu'il avait dévorées la veille et l'avant-veille, il les répandit sur les cheveux et les mains de la morte : « Madame, dit-il encore, je vous demande pardon. »

Toutes les amies d'Alice, quand Alice était une femme du monde, reçurent cette lettre d'invitation :

M

Le colonel O'NEIL *et madame* MARY O'NEIL, *lord* LEIGHTON *et lady* LEIGHTON, *miss* LUCY *et* JANE LEIGHTON *ont l'honneur de vous faire part de la perte douloureuse qu'ils viennent de faire en la personne de madame la comtesse* D'ANTRAYGUES, *née* ALICE MAC-ORCHARDSON, *leur nièce et cousine, décédée dans sa vingt-septième année, munie des Sacrements de l'Église, en son hôtel, avenue de la Reine-Hortense;*

Et vous prient d'assister au convoi, service et enterrement qui se feront en l'église Saint-Philippe-du-Roule, le samedi 12 janvier, à midi.

ON SE RÉUNIRA A LA MAISON MORTUAIRE

Priez pour elle!

Comme elle l'avait voulu, la comtesse d'Antraygues était morte « en son hôtel. »

On pouvait se réunir « à la maison mortuaire. »

Mais le monde ne pardonne pas, même quand on meurt pieusement dans son hôtel avec les Sacrements de l'Eglise. Le monde est plus sévère que Dieu.

Trois femmes seulement se réunirent à la maison mortuaire. C'étaient la duchesse de Parisis, la marquise de Fontaneilles et la duchesse de Hauteroche.

Elles prièrent pour la morte à Saint-Philippe-du-Roule. Elles pleurèrent de vraies larmes sur sa tombe, au Père-Lachaise. « Hélas! dit la marquise de Fontaneilles, la pauvre Alice avait bien raison quand elle s'écriait en retournant sa carte : « Je ne veux pas jouer la Dame de Pique. » — Oui, je me rappelle, dit Mme de Hauteroche. Quand chacune de nous a tiré sa carte pour faire dessiner son costume, Alice eut peur de la Dame de Pique : « Tant pis, dit-elle, il n'y a pas à s'en dédire. Il faut jouer sa carte.» — Qui sait. dit la marquise, si la Dame de Carreau et la Dame de Trèfle nous porteront bonheur ? »

Les deux amies se regardèrent comme des femmes qui n'étaient pas heureuses. « Il n'y a, dit Mme de Hauteroche, que Geneviève qui ait mis la main sur la bonne carte. La Dame de Cœur, c'est le bonheur. — Oh! oui, dit la duchesse de Parisis, mais mon bonheur est si grand qu'il m'effraye. »

Quand les trois grandes dames se furent éloignées de la tombe de Mme d'Antraygues, une jeune fille toute vêtue de noir, une ample robe de cachemire brodée de jais, la tête presque masquée par un double voile, vint s'agenouiller et pria longtemps.

Il était deux heures, une sombre nuée couvrait le Père-Lachaise, quelques gouttes de pluie tombèrent sur la jeune fille sans qu'elle relevât la tête.

Elle détourna son voile comme pour permettre à ses larmes de mouiller la terre.

Elle avait entendu, cachée derrière un monument, l'oraison funèbres des trois amies de Mme d'Antraygues. « Elles ne savent pas, murmura-t-elle, qu'il n'y a pas loin de la vertu aux égarements de l'amour. »

Et regardant la fosse, qui peut-être attendait une dalle de marbre, qui peut-être n'attendait que l'herbe des cimetières, la jeune fille se releva et murmura : « Pauvre femme ! »

Puis, portant la main à son cœur, elle reprit : « Pauvre fille! Pauvre fille! »

XIV

L'APPARITION

A Paris, Octave fut un mari idéal. Il revit tout ses amis, mais il refusa de voir ses amies. Et pourtant que de tentations de quelque côté qu'il tournât ses yeux ! Les femmes qu'il avait aimées et les femmes qu'il avait failli aimer ! Combien de passions ébauchées, combien d'aventures qui parlaient du lendemain ! Parisis fut stoïque, se disant qu'on est plus près de l'amour avec une seule femme qu'avec toutes les femmes. Profession de foi bien nouvelle pour lui !

Toutefois, Geneviève fit bien de ne pas trop s'attarder à Paris. Dès qu'on fut de retour à Parisis, on parla de la succession de Violette, parce que les notaires insistaient à cause des droits d'enregistrement et parce qu'on voulait assurer la situation d'Hyacinthe qui avait, comme on sait, un legs de cent mille francs.

Voici les termes du testament :

« *J'écris ici mes dernières volontés.*

« *Mademoiselle Geneviève de la Chastaigneraye m'a donné un*
« *million que je suis heureuse de lui rendre intact. Je la prie*
« *donc, en toute amitié, de reprendre la terre de la Roche-l'Épine*
« *et les créances qui y sont attachées.*

« *Il me reste la fortune de ma mère. Je donne cent mille francs*
« *à mademoiselle Hyacinthe Auberti, à prendre sur la succession*
« *que j'ai recueillie de madame Edwige de Portien, née de Per-*
« *nan-Parisis.*

« *Écrit à Burgos, à l'heure de ma mort, le 13 août 1866.*

« LOUISE-VIOLETTE DE PERNAN-PARISIS. »

Un notaire de Burgos avait envoyé ce testament au notaire de Pernan, en disant qu'il obéissait à l'ordre de la testatrice.

Sur la prière d'Octave, le notaire de Pernan avait écrit au notaire de Burgos pour lui demander des détails sur la mort de Violette. Cet homme répondit très brièvement que la jeune dame lui avait elle-même remis le testament, qu'elle lui en avait payé le dépôt, qu'il avait appris sa mort, qu'il croyait à un suicide, mais qu'il ne savait rien de plus.

Geneviève voulut donner aussi cent mille francs à Hyacinthe ; elle voulut en outre que le petit château de Pernan, qui valait bien cent mille francs, devînt sa propriété.

Et comme Hyacinthe refusait : « C'est par égoïsme, lui dit-elle ; c'est pour vous avoir toujours dans le voisinage. »

L'idée d'avoir deux cent mille francs, l'espoir de trouver un mari, le rêve d'être châtelaine, consola bien un peu cette charmante Hyacinthe de la mort de Violette.

Elle pensait pourtant que ce ne serait pas sans une profonde tristesse qu'elle habiterait le petit château de Pernan où elle verrait toujours errer la figure de la morte. Fut-ce pour cela que le fantôme de Violette s'imposa à son imagination ?

A Parisis, elle avait voulu aller, à chaque repas, puiser de l'eau à la source vive du parc. Octave et Geneviève trouvaient l'eau meilleure quand Hyacinthe l'apportait de ses blanches mains. Elle ne posait pas la cruche sur la tête pour imiter les filles de la Bible, mais elle trahissait une grâce charmante en portant une jolie cruche du Japon qui emplissait les deux carafes du déjeuner ou du dîner.

Un soir, la nuit était venue depuis plus d'une heure, quand Hyacinthe, familière aux chemins et aux sentiers du parc, alla puiser de l'eau.

On n'avait pas encore rebâti la glacière ; l'eau de cette source était si froide qu'elle tenait presque lieu de glace. Parisis avait toujours l'habitude de boire du vin de Champagne en le coupant avec de l'eau de source ; il le croyait presque frappé.

Or, ce soir-là, elle laissa tomber sa cruche et revint en toute hâte, blanche comme une statue. « Qu'avez-vous ? » dit Geneviève, qui traversait le salon pour passer dans la salle à manger.

Hyacinthe la regardait avec de grands yeux effarés qui lui firent peur. Parisis survint. « Qu'y a-t-il ? demanda-t-il à son tour. — Je viens de voir Violette, dit Hyacinthe sur le point de se trouver mal. — Vous êtes folle ! — Je ne sais si c'est une vision, mais j'ai vu Violette comme je vous vois ; j'allais me pencher à la fontaine, elle était au-dessus sous les arbres, toute vêtue de noir. La terreur m'a prise, au lieu d'aller à elle je me suis enfuie.

On n'entra pas dans la salle à manger. Octave s'élança sur le perron qui descendait sur le parc. « Octave, je vais avec vous ! » lui cria la duchesse.

Geneviève suivit son mari, Hyacinthe suivit Geneviève. Il les prit toutes les deux par le bras et les entraîna vers la source.

Vainement ils parcoururent tout ce côté du parc. « Vous

voyez bien, ma chère Hyacinthe, que vous êtes une folle, dit la duchesse à son amie. — Peut-être pas si folle que cela ! » pensait Parisis.

On dîna avec quelque agitation. L'éclat des lumières n'avait pas ramené la gaieté sur la figure de Mlle Hyacinthe. Elle était toute à sa vision, elle ne parlait que par monosyllabes, elle avait des distractions incroyables.

Aussi elle proposa à la duchesse d'aller avec elle à la fontaine. « Peut-être la reverrons-nous ? Avec vous je n'aurai plus peur.— Allons, » dit la duchesse.

Et les voilà toutes les deux à la porte. « Allez, allez, dit Parisis. Il ne faut jamais fuir les fantômes. »

Les deux amies furent bientôt au bas du perron. La nuit était sombre ; elles se hasardèrent vers la fontaine avec des battements de cœur. Parisis, qui les avait suivies, s'était arrêté sur le perron. Tout à coup il entendit un cri ; il courut vers elles. « Violette ! Violette ! dit la duchesse en se jetant dans les bras de son mari Octave, je te jure que j'ai vu Violette ! — Je te jure que tu es folle, » dit Parisis.

Mais Mlle Hyacinthe affirma qu'elle aussi avait vu Violette. Parisis alla jusqu'à la fontaine, entraînant les deux femmes. Il eut beau ouvrir les yeux, il ne vit que la petite nappe d'eau sous les branches agitées des marronniers. « Voyez, leur dit-il, le jeu de l'imagination. — Ne raisonnez pas, Octave, reprit la duchesse, je vous jure que j'ai vu apparaître Violette. »

XV

LE DIABLE AU CHATEAU

CEPENDANT on était rentré au salon. Le duc de Parisis se moquait de sa femme et de Mlle Hyacinthe. La duchesse dit qu'il ne fallait jamais rire des visions, puisque les plus grands hommes ont été des visionnaires.

Comme minuit sonnait, un bruit inaccoutumé se fit entendre. « J'ai peur, dit Geneviève. » Le duc de Parisis se pencha vers elle et l'embrassa. « Peur avec moi ! à côté d'Hyacinthe ! Mais le diable lui-même n'oserait venir dans une pareille compagnie, — si le diable existait. — Octave, je vous en supplie, ne défiez pas le diable. — Vous avez raison, Geneviève; si le diable n'existe pas, son esprit est répandu partout. On m'a dit souvent à moi-même que j'étais le diable, quand j'étais un pécheur. Maintenant, grâce à vous, j'ai abdiqué le sceptre de Satan. Mais, le plus souvent, c'est sous la figure d'une femme qu'on retrouve le diable. »

La porte s'ouvrit avec fracas. Cette fois, la duchesse s'imagina que c'était le diable en personne qui entrait sans se faire annoncer. C'était un coup de vent dans la porte, un domestique à moitié endormi venait d'ouvrir cette porte avant d'avoir fermé les fenêtres de l'antichambre. « Qu'est-ce que cela ? dit Octave impatienté. — Monsieur le duc, c'est un coup de vent. Je me trompe, reprit le domestique en présentant un plat d'argent, c'est une dépêche télégraphique. »

Geneviève, curieuse, se leva pour la saisir. « Prenez garde, dit Octave; si elle venait de l'enfer ! »

Geneviève ouvrit la dépêche et lut ces vingt mots :

« *Après-demain, midi, j'arriverai à Tonnerre. Venez me prendre
« au chemin de fer, je passerai huit jours à Parisis.*

« ARMANDE. »

« Dieu soit loué ! s'écria Geneviève. — Pourvu, dit Octave, que Mme de Fontaneilles vienne sans le marquis, cet homme accompli qui ferait prendre en horreur toutes les vertus dont il s'embéguine. — Rassurez-vous, mon cher Octave, elle vient pour me voir dans mon bonheur, elle ne vous ennuiera pas de son mari. »

Hyacinthe s'était levée pour tourmenter le piano. « Cette dépêche me chiffonne, pensa-t-elle : elle arrive un vendredi, à minuit, au moment où on parle de l'autre monde; elle entre avec un coup de vent : je suis bien sûre que c'est le diable qui envoie la marquise. Pauvre Geneviève ! elle est si heureuse ! » Et après avoir rêvé un instant : « Si jamais la destinée retournait la page de son livre ! »

Le duc et la duchesse allèrent le lendemain à Tonnerre chercher à quatre chevaux la marquise de Fantaneilles, comme eût fait Louis XIV.

Ce fut une vraie fête de se revoir. Pendant toute une demi-heure les mille propos de l'amitié, de l'imprévu, de la curiosité se croisaient et se brouillaient comme un écheveau que tiennent des mains capricieuses. On parla de soi-même et on dit un peu de mal de son prochain pour n'en pas perdre l'habitude. La marquise fit la caricature de la dernière fête de l'hôtel ***, où tous les asthmatiques du faubourg Saint-Germain s'étaient retrouvés comme à un enterrement de première classe. « Est-ce que vous avez beaucoup de monde au château? demanda Mme de Fontaneilles. — Beaucoup de monde! dit Geneviève; mais pour moi, l'univers, c'est Octave. — Comment donc! s'écria Parisis, mais encore un peu on vous refusait l'hospitalité. »

Geneviève regardait son amie. La marquise n'avait jamais été plus belle. Elle était vêtue avec un peu de luxe pour une voyageuse. Robe en foulard des Indes « framboise et lis » avec une mante Pompadour et une ceinture fermée par un chou. Louis XV n'a rien vu à sa cour de mieux troussé et de mieux chiffonné. Et le chapeau de paille avec la couronne de sorbiers, comme il était planté dans cette belle chevelure! La marquise balançait une ombrelle pareille à sa robe; elle montrait son petit pied dans des bottines mordorées du plus merveilleux dessin. Le pied est une des expressions de la femme. « Quand on pense, disait Octave en voyant cette beauté épanouie, que tout cela est du bien perdu! »

On dîna à quatre. « Et vous êtes bien heureux? dit Mme de Fontaneilles au dessert. — Comme dans les contes de fées, répondit Geneviève. — N'allez pas croire, ma chère marquise, dit Parisis, que notre vie soit un conte. — Ni un roman, reprit Geneviève. — Prenez garde, dit la marquise, qu'elle ne devienne une histoire; je n'ai jamais eu de goût pour l'histoire. — Allons! allons! dit Octave, vous voudriez nous faire croire que vous n'êtes pas la femme la plus heureuse du monde. — Chut! dit-elle, on n'entre pas dans mon cœur. — Est-ce que vous n'y entrez pas vous-même? — Peut-être, mais je vis presque toujours en dehors. — Oui, je vous admire, continua Octave. S'il fallait représenter la Charité, on prendrait votre figure. »

La marquise soupira. « Que voulez-vous! quand on ne peut pas faire, comme Geneviève, le bonheur d'un homme, on se consacre aux pauvres. — Comment, le bonheur d'un homme! s'écria Geneviève; mais le marquis de Fontaneilles est l'homme le plus heureux du monde. — Vous croyez! moi, je ne crois pas; car il n'est content de rien. Si on lui présentait le bonheur en personne, il ne voudrait pas faire sa connaissance, parce qu'il ne le trouverait pas d'assez bonne maison. — Ce que c'est que de n'avoir jamais été amoureux, dit étourdiment Parisis. — Je vous remercie, dit la marquise ; mais vous avez peut-être raison : mon mari m'a aimée à peu près comme il aimait sa sa sœur, dont il vient d'hériter. — Ingrate, dit Geneviève en regardant son amie ; est-ce qu'on est jaloux de sa sœur comme le marquis est jaloux de toi ? — Ma chère enfant, la jalousie de M. de Fontaneilles n'est pas du tout la jalousie d'Othello ; il est jaloux par orgueil et point par amour. »

Octave retint cette exclamation sur ses lèvres : « Et pourquoi ne vous a-t-il pas aimée ! » Les jeunes femmes marchaient devant lui ; il s'adressa la question à lui-même pendant qu'elles se parlaient bas. « Pourquoi Fontaneilles n'a-t-il pas aimé sa femme ? » Et il répondit : « Ce n'est pas là faute de la femme, c'est la faute du mari. Il y a des cœurs qui n'ont pas l'énergie de l'amour. »

Comme tous ceux qui raisonnent sur cette thèse, Parisis se trompait.

Les deux femmes causaient toujours entre elles : c'était un duo de confidences intimes dont il n'arrivait qu'un mot çà et là à Octave. Il comprit que Geneviève, toute en effusion, disait à la marquise les joies de son cœur.

En voyant Mme de Fontaneilles, Octave pensait que c'était du bien perdu. Il jugeait que son mari ne comprenait rien ni à sa beauté ni à son intelligence « Ah ! si j'avais eu le temps de l'aimer ! » se dit-il en admirant l'adorable tête de la marquise. Mais comme il voyait du même regard la tête de sa femme, plus adorable encore, il fit comme les soldats après la bataille, il mit son épée au fourreau et ne songea qu'à être un ami charmant pour la marquise.

Quand une femme nouvelle entre par une porte dans une maison, le diable y vient par la fenêtre.

XVI

LA MARQUISE DE FONTANEILLES

La marquise de Fontaneilles s'était mariée à vingt ans. On l'a connue jeune fille dans les salons parisiens sous le nom de Mlle Armande de Joyeuse. Sur sa figure, on se disputait beaucoup sans bien s'entendre. Pour les uns, elle n'avait que la beauté du diable, tandis que pour les autres elle avait la beauté absolue. C'est que les juges, en France, n'ont pas étudié à l'université de Phidias et d'Apelles. Le Français n'est pas né dessinateur, je dirai même qu'il n'aime pas la ligne sévère; les minois chiffonnés l'ont toujours ravi. La plupart des gens de lettres eux-mêmes n'ont qu'un vague sentiment de l'art. Jean-Jacques, à Venise, n'allait pas voir les Giorgione, ni les Titien; Voltaire, à Ferney, disait pompeusement: « Mon Versailles, » devant quelques tableaux italiens des plus médiocres. Aujourd'hui, Voltaire aurait peut-être de meilleurs tableaux, et Jean-Jacques irait voir les chefs-d'œuvre pendant son séjour à Venise; mais si on leur demandait leur sentiment sur la beauté, ils n'iraient pas le chercher devant la Vénus de Milo; ils le prendraient devant quelque Parisienne aux lignes brisées par l'expression et la coquetterie.

Y aurait-il deux beautés, celle du marbre et celle de la chair?

La marquise avait la beauté de la chair, aussi disait-on que c'était la beauté du diable. Etait-ce pour cela qu'elle se donnait à Dieu? Non, elle se donnait à Dieu parce que M. de Fontaneilles n'avait pas su la prendre.

C'était un de ces maris pareils à beaucoup de maris qui ne savent pas amuser l'esprit de leur femme, quand ils n'ont pas eu le don d'amuser leur cœur — parce qu'ils sont trop sérieux dans leur magistrature de mari pour avoir du cœur et de l'esprit. — Les maris s'imaginent volontiers que le sacrement du mariage doit produire le miracle de l'amour. Ils s'achètent une terre; elle est bien à eux après le contrat et la purge des hypothèques; ils épousent une femme, n'est-ce pas à eux pareillement? A eux les moissons et les vendanges. Mais ils oublient que la femme est comme la terre, que tout en elle a sa fleur avant d'avoir son fruit; que si les gelées blanches du mariage viennent la frapper dans sa fleur, le mari ne recueillera ni les moissons ni les vendanges.

C'est ce qui arrivait à M. de Fontaneilles. Il avait eu avec d'autres femmes ses heures de jeunesse ; il était revenu de ce qu'il appelait les duperies du cœur : il voulait que sa femme sautât à pieds joints sur toutes ces « fémineries » indignes d'une âme fière, qui ne doit resplendir que pour les beaux sentiments de la famille et de la religion. Par malheur pour lui, il n'avait pas purgé les hypothèques, il n'avait pas effacé du cœur de sa femme les souvenirs de vingt ans qui se réveillent un jour et l'envahissent toute.

Il était d'ailleurs d'une jalousie espagnole, comme si sa mère, une Pyrénéenne, lui eût donné dans son lait cette inquiétude méridionale.

Du plus pur faubourg Saint-Germain, il n'avait jamais « pactisé » avec les hommes nouveaux. Il faisait tous les ans le pèlerinage de Frosdorff pour espérer encore dans les destinées de la France. Il sentait bien que son heure était passée ou n'était pas venue ; il se résignait au silence, — ce silence glacial sur la femme qui est le vent d'hiver sans le printemps. Il se croyait bon chrétien et bon mari.

La marquise eût préféré de beaucoup, je n'en doute pas, un mauvais chrétien et un mauvais mari comme il y en a tant, qui sont adorés de leur femme, ce qui prouve que, si la perfection était de ce monde, on n'en voudrait pas.

Mme de Fontaneilles s'était résignée, disant à ses amies, qui la plaignaient de vivre presque toujours dans ses terres : « Je me suis résignée à mon bonheur. »

Quoique son mari fût très jaloux, il la laissait aller çà et là dans le monde, pour ne pas trop ressembler au tyran de Padoue. Il l'accompagnait le plus souvent et s'indignait toujours de la voir trop décolletée, à l'inverse des maris parisiens. Mais il aimait mieux l'accompagner à la messe qu'au bal.

La marquise s'était donnée à Dieu. A Dieu toutes ses espérances et toutes ses aspirations. Elle avait jugé, quand elle était jeune fille, que sa vie ne serait pas si sévère. Elle restait neuf mois au château de Fontaneilles ; à peine si elle passait à Paris le dernier mois du printemps ; à peine si son mari lui donnait un mois de vacances — elle appelait cela ses vacances — à Dieppe, à Biarritz, à Bade, où elle allait avec sa mère et sa sœur, presque toujours sans lui.

C'était donc une vaste solitude que sa vie. Elle avait espéré avoir des enfants, mais la trentième année allait sonner sans qu'un berceau fût entré dans sa chambre. Le berceau, la bénédiction du ciel dans le mariage.

Elle avait ses heures de désespoir; elle priait avec passion, le dirai-je, quelquefois avec colère, car il lui semblait que Dieu n'était pas toujours là. Elle avait aussi ses heures de tentation; quand elle voyait sa beauté opulente, elle s'écriait avec un battement de cœur, avec une aspiration vers l'inconnu, avec une secousse de vague volupté : « Est-ce donc pour le tombeau! »

Depuis un an elle se demandait, avec une rougeur subite, pourquoi elle n'était pas tombée dans les bras d'Octave.

Le duc de Parisis avait juré très sérieusement d'effacer de son âme les images du passé pour mieux voir celle de Geneviève dans l'avenir. Il avait juré à Dieu dans le style officiel; mais il avait mieux fait : il avait juré à lui-même que Geneviève serait la seule femme de son âme, de son cœur et de ses lèvres. Et il était de bonne foi; car s'il ne croyait pas à un Dieu qui écoute les serments, il croyait à lui-même : il n'avait jamais manqué à sa parole.

Pourquoi Mme de Fontaneilles était-elle venue à Parisis? Elle ne le savait pas bien elle-même. Etait-ce un de ces jeux de la destinée, qui s'amuse à créer des orages sur les sérénités de la vie? Etait-ce pour vivre sous le même toit que celui qui lui faisait peur?

Elle se trouva bien heureuse dans le bonheur de Geneviève.

Mais huit jours après, des Parisiens vinrent au château. Octave avait déjà oublié qu'il les attendait. Il aurait voulu qu'ils eussent eux-mêmes oublié d'y venir, tant il se trouvait heureux lui-même en cette solitude à trois où Mme de Fontaneilles répandait un charme nouveau par sa figure et par son esprit. Octave craignit de n'avoir plus une heure pour les rêves. Lui qui avait été tout action, il trouvait doux de se reposer ainsi en pleine nature, entre deux femmes qui étaient comme les figures de l'amour et de l'amitié.

Et puis, quoiqu'il ne fût pas jaloux dans le sens français du mot, c'est-à-dire dans le sens brutal, il n'aimait pas qu'on jetât un regard trop vif dans sa maison. Il était Romain en deçà du seuil; pour lui, la femme était une créature sacrée que ne devaient jamais profaner les vaines curiosités. Mais enfin, il faut être de son temps et de son monde.

On vit arriver à Parisis quelques amis bien connus d'Octave : le prince Bleu, Guillaume de Montbrun et sa femme, le prince Rio, Monjoyeux, d'Aspremont, le comte de Harken, le duc de Pontchartrain et sa femme, la princesse *** et sa jeune cousine de H, — qui amenèrent Mlle Diane-Clotilde de Joyeuse, la sœur de Mme de Fontaneilles, une adorable créature, un sourire de Dieu sur la terre.

Le château fut comme métamorphosé. C'était tout un monde qui allait, qui venait, qui riait, qui chantait. Depuis un siècle, les ombres de cette grande solitude n'avaient pas été si gaiement évoquées. Ce fut tous les jours une fête : on commençait le matin pour quelque belle promenade vers les ruines voisines, le plus souvent en cavalcades irrégulières ; on déjeunait dans la forêt, où les plus beaux menus sortaient de terre comme par magie ; le soir, on faisait les charades, on jouait la comédie improvisée, la seule comédie de l'avenir ; on se couchait tard, mais on se levait matin ; car il est convenu que la vie de château est plus désordonnée que la vie de Paris ; il faut être fièrement campé pour y résister : jambes d'acier, estomac d'enfer et cœur de bronze.

On s'imagine que tout ce bruit et tout ce mouvement arrachèrent Parisis à cette vive aspiration qui l'avait entraîné vers Mme de Fontaneilles. Eh bien ! non. Quand un mauvais sentiment germe dans le cœur, il pousse vite, comme les mauvaises herbes dans le blé de mars. Vous êtes tout surpris, aussitôt les semailles, de voir le bleuet et le coquelicot s'élancer rapidement, lui qu'on n'attendait pas, au-dessus des tiges de blé. Et plus la terre est bonne et plus l'ivraie monte vite. Voilà pourquoi les plus grands cœurs sont souvent les plus coupables ; voilà pourquoi la femme qui n'apporte à Dieu que la moisson du bon grain est une vertu divine, car il lui a fallu bien de l'héroïsme pour arracher toujours les mauvaises herbes.

Octave de Parisis n'avait pas cet héroïsme-là. Mais il croyait fermement à la vertu de Mme de Fontaneilles.

La vertu est une robe faite après coup sur la nature, pour cacher les battements du cœur. Ce qui fait la force de la femme, c'est que l'homme croit trouver la vertu sous la robe.

L'antiquité a connu M. de Cupidon — un enfant qui n'était pas né à l'amour. — Les anciens ont élevé des temples à Vénus — Vénus pudique et Vénus impudique — aux chasseresses comme aux bacchantes ; — mais ils n'ont pas pénétré dans le divin sanctuaire de l'amour. Nous ne connaissons plus les neuf Muses, mais nous savons par cœur toutes les sublimes strophes de cette muse moderne qui s'appelle la *Passion*. Si nous avons moins bâti de temples à l'idée, nous avons pieusement élevé l'autel du sentiment.

Chez Sapho, comme chez Didon, l'amour a toutes les violences, toutes les colères, toutes les fureurs, mais il ne s'attendrit jamais jusqu'aux larmes. Elles sont égarées, mais elles ne pleurent pas. Le feu qui les altère, qui les dévore, qui les consume, c'est la volupté de la louve. Ce n'est pas la soif de l'infini qui les attire, ce n'est pas la piété universelle qui ouvre et répand leur cœur sur toutes choses : elles sont dominées par les désirs qu'allume le sang.

La femme que nous a donnée le christianisme ne voudrait pas, au prix de la couronne de Didon ni de la gloire de Sapho, traverser cet enfer de l'amour païen. La femme nouvelle, tout en subissant les morsures des bêtes féroces de la volupté, se détache, d'un pied victorieux, de la fosse aux lions par ses aspirations vers l'infini. Elle sait que sa vraie patrie est au delà de la forêt ténébreuse qui lui cache le ciel.

Dans l'antiquité, la femme ne mettait que l'amour dans l'amour; dans la vie moderne, la femme y met aussi Dieu. Voilà pourquoi il y a moins de Messalines et plus de La Vallières.

Mme de Fontaneilles était la femme du christianisme ; mais à force de contenir ses passions en les voulant vaincre, elle se sentait vaincue, comme les femmes de l'antiquité qui jetaient leurs imprécations aux vents des forêts et aux vagues de la mer. Le corps se révoltait contre l'âme, la nature étouffait Dieu.

Octave sera-t-il là, le jour de la crise ? En attendant, on jouait à Parisis aux jeux innocents, au jeu de cache-cache, au jeu des petits-pieds, charmantes folâtreries où l'amour trouve toujours son compte. On dit les jeux innocents par antiphrase.

XVII

LE DÉJEUNER SUR L'HERBE

On renouvela donc à Parisis les belles fêtes agrestes du XVIIIe siècle. C'était tous les jours des cavalcades dans la forêt, des caravanes vers les châteaux voisins, des déjeuners et des goûters sur l'herbe, vrais tableaux vivants à réjouir Giorgione.

On s'amusait bruyamment. Geneviève donnait son beau rire à la fête, mais elle aspirait au temps où elle retrouverait la solitude à deux. Elle aimait trop Octave pour le retrouver dans la fête des autres; l'amour est jaloux de tout, même des joies du soleil : il aime à se réfugier en lui-même sous l'ombre des fraîches ramées.

Geneviève fut pourtant bien heureuse, le jour où on alla déjeuner à la Roche-l'Epine et dîner à Champauvert.

Octave rappela si à propos tant de scènes chères à tous les deux, qu'elle pardonna à tout le monde de prendre une part de sa joie. Ce fut d'ailleurs une charmante journée. On déjeuna devant les sources vives, presque glaciales, où se frappait naturellement le vin de Champagne; on étendit une nappe de vingt couverts devant la fontaine, dans un cadre d'aubépine en fleur, en face d'un panorama merveilleusement pittoresque, sur un tapis d'herbe incliné, ce qui amena des chutes sans nombre; on avait toutes les peines du monde à se mettre d'aplomb; les bouteilles et les verres roulaient; le vent battait les jupes et soulevait la nappe; c'était tout un travail des plus divertissants que de mettre l'ordre dans le désordre.

Mme de Fontaneilles était éblouissante, il lui semblait qu'elle respirait le bonheur pour la première fois de sa vie. Toutes les femmes étaient habillées avec beaucoup d'art dans leur simplicité presque rustique; mais elle était plus provocante que les autres, avec ses yeux de flamme sous ses longs cils, ses lèvres rouges, son cou onduleux, ses seins vivants, sa jambe fine et ronde, son pied mutin qui s'agitait dans la bottine. Le vent était son complice, soit qu'il frappât sa jupe, soit qu'il éparpillât ses cheveux sur son front. « Comme elle est jolie, dit tout à coup Geneviève parlant de la marquise à la princesse. — Comment donc! s'écria la princesse, je ne la reconnais pas. Quand elle est chez elle, on dirait toujours qu'elle vient du sermon et qu'elle se prépare à aller à confesse. — De l'influence fatale du mari sur sa femme, » dit sentencieusement et comiquement le prince Bleu qui écoutait aux portes.

Octave, qui était à l'autre bout de la « table », se disait aussi que la marquise était bien jolie, et pour lui ce n'était pas seulement un cri d'admiration, c'était un cri d'inquiétude; ce n'était pas seulement sa voix qui parlait, c'était son âme, c'était son cœur, c'était ses bras, c'était ses yeux, c'était sa bouche.

Il adorait Geneviève, mais il aurait voulu étreindre avec fureur cette rebelle de l'an passé, qui lui avait résisté, qui était l'image de l'amour corporel comme Geneviève l'image de l'amour idéal.

On joua aux quatre coins. Quatre arbres centenaires avaient inspiré ce jeu primitif très salutaire après un déjeuner de plusieurs heures. Ce furent des cris et des rires à émouvoir la montagne et la vallée. Parisis joua comme un enfant; il lui arriva cent fois de saisir la joueuse comme il eût saisi l'arbre, à tour de bras. Les jeux rustiques permettent bien des hardiesses. Mme de Fontaneilles, qui n'avait bu que de l'eau, était ivre. Quand Octave la faisait tourner en courant à sa rencontre, elle s'appuyait sur lui comme si elle allait tomber.

Il vint un moment où la princesse jeta un mouchoir à Geneviève : « Vite, cachez vos larmes, folle que vous êtes! — Pourquoi folle? — Parce que vous avez peur de la marquise. — J'ai peur de toutes les femmes. »

Le soir, Parisis, Geneviève et Mme de Fontaneilles se promenaient dans le parc; ils passèrent devant une source vive qui jaillissait d'une roche, tombait dans une fontaine et courait dans un nid de verdure et de fleurs jusqu'à l'étang.

Octave et Geneviève n'allaient jamais de ce côté du parc sans s'arrêter pour y retremper leurs rêves. Ce jour-là, comme ils se promenaient au-dessus de la fontaine, la marquise leur dit: « C'est cela, mirez-vous dans votre bonheur! »

Geneviève s'était penchée pour voir dans l'eau l'image de son mari. Etait-ce pour voir Geneviève ou Mme de Fontaneilles que Parisis s'était penché lui-même? « Hélas! dit tristement Geneviève, il ne faut jamais se mirer dans son bonheur. — Pourquoi? Pourquoi? demanda la marquise. — Vous n'avez pas vu cette couleuvre qui s'agite dans cette fontaine? — C'est d'autant plus étrange, dit Parisis, que les couleuvres ne vont pas dans l'eau »

Parisis prit la couleuvre du bout de sa canne et la jeta violemment contre le tronc d'un arbre. « C'est triste, pensa Geneviève devenue sérieuse. Dieu ne donne pas un beau jour sans mettre un nuage à l'horizon. »

Mais ce nuage à l'horizon passa bien vite. Parisis n'avait qu'à appuyer Geneviève sur son cœur pour lui faire croire à toutes les joies de l'amour. Ce soir-là, on improvisa des charades en action, où on s'amusa follement. Geneviève paraissait si heureuse, que la princesse de *** et la marquise de Fontaneilles se demandèrent : « Qu'est-ce donc que le bonheur? » car celles-là n'étaient pas heureuses.

Quand elles allèrent se coucher, elles s'arrêtèrent devant la chambre de Geneviève. Mme de Fontaneilles, plus curieuse, mit son œil à la serrure en murmurant encore : « Qu'est-ce donc que le bonheur? » Elle entrevit Geneviève, qui, à peine arrivée dans sa chambre, se jetait toute pâle d'amour dans les bras de Parisis.

XVIII

LES FILLES REPENTIES

oute la belle compagnie du château de Parisis s'envola un matin, comme les oiseaux chanteurs d'une volière dorée, pour retourner à Paris.

Geneviève, qui avait toujours paru gaie, ne put arrêter ce cri de délivrance : « Ah ! que je suis heureuse ! »

Elle retrouva cette belle vie à deux qu'elle aimait tant. « Ma chère Hyacinthe, dit-elle à la jeune fille, il n'y a que vous qui ne comptiez pas quand je suis avec Octave. »

Pourquoi Octave alla-t-il à Paris quelques jours après le départ de la marquise de Fontaneilles !

C'était la première fois que le duc se trouvait à Paris sans la duchesse. Il lui avait dit qu'il n'y passerait que deux jours, le temps d'aller à Chantilly pour voir ses chevaux, le temps de parler à un notaire, à un avocat, et à deux agents de change, car le bonheur, quel qu'il soit, a toujours un pareil cortège.

Geneviève avait voulu partir avec Octave, non pas qu'elle eût peur de le voir retomber dans la fosse aux lions, non pas qu'elle fût bien jalouse, puisqu'il n'avait jamais été plus amoureux, mais parce que c'était pour elle un vif chagrin de vivre un jour — un siècle — sans lui.

Elle n'était point partie, parce qu'une nouvelle espérance de bonheur était venue lui sourire : elle sentait dans ses entrailles et dans son cœur les premiers tressaillements de la maternité. L'hiver prochain elle serait mère, ce qui était pour elle une vraie bénédiction de Dieu. Un médecin conseillait à Mme de Fontaneilles d'aller à Ems, quand un médecin conseillait à Mme de Parisis de ne pas aller à Paris.

Octave ne tint pas parole; il écrivit tous les jours à Geneviève une lettre charmante, il envoya tous les soirs une dépêche aussi gracieuse que le permet la langue des dépêches, mais il resta huit jours absent.

Et pourquoi resta-t-il huit jours absent? Parce qu'il allait tous les soirs chez la marquise de Fontaneilles.

Le premier soir, par une pluie battante, comme il avait été faire une visite à Monjoyeux dans son atelier, ses chevaux, irrités d'avoir trop attendu, partirent au galop et renversèrent, sur le boulevard de Clichy, la femme en noir que vous avez vue tout en larmes sur la fosse de la comtesse d'Antraygues.

Cette jeune fille se releva, se retourna involontairement. « Le duc de Parisis ! » murmura-t-elle avec un battement de cœur.

Octave avait donné ordre d'arrêter et il descendait pour la secourir. « Ce n'est rien, » dit-elle sans soulever son voile. Et elle poursuivit fièrement son chemin. Elle arriva haletante à la porte du refuge Sainte-Anne. Elle était mouillée jusqu'aux os. La supérieure l'accueillit avec sa grâce accoutumée ; elle alluma pour elle un fagot et lui donna l'habit de bure de la maison.

La jeune fille embrassa la supérieure. « Oh ! ma mère, lui dit-elle, priez pour moi. »

Elle s'agenouilla devant le crucifix. « Moi, je vais remercier Dieu de m'avoir donné le courage de franchir votre seuil. » Et se rejetant dans les bras de la supérieure : « Oh ! ma mère, dites-moi que je ne retrouverai pas mon cœur ici. J'ai souffert mille morts pour mon cœur, faites-moi vivre en Dieu aux Filles-Repenties. »

Les Filles-Repenties !

Ce mot est de l'hébreu pour vous qui êtes de votre siècle. Vous ne connaissez que les filles qui ne se repentent pas : celles-là qui vont et qui viennent sans savoir où elles vont, sans savoir d'où elles viennent; qui promènent la ruine et la mort, mais surtout leur ruine et leur mort; qui se pavanent au Bois avec la queue bruyante de leur robe et la gerbe stérile de leur chevelure; qui soupent à la *Maison d'Or;* qui jouent, — elles qui n'ont rien à perdre; — qui ne vont jamais voir le lever de l'aurore, si ce n'est avant de s'endormir.

Et pour elles cela s'appelle la fête de la vie. Et quel sera le lendemain de cette fête?

Trois ou quatre épouseront un amoureux obstiné, trois ou quatre seront des comtesses à Vienne, à Florence, à Saint-Pétersbourg ; la plupart mourront à la première chute des feuilles; les autres suivront Rebecca à Clamart.

La nouvelle Sainte-Baume des Madeleines — *le refuge Sainte-Anne* — est à Clichy-la-Garenne. C'est un ancien pavillon de chasse où Louis XIV chassait La Vallière, la grande repentie. Aussi cette maison prédestinée était sanctifiée d'avance.

Vous pouvez faire comme moi un pèlerinage à cette ancienne maison royale. Tout y porte une marque de lieux prédestinés. Saint Vincent de Paul, « ce grand retrouveur de brebis perdues, » a été curé de la paroisse. On revoit son ombre toujours en sollicitude, accueillant les âmes en peine. Dans cette ruche toute sainte, vous serez touché de cette pauvreté voulue. Toutes ces femmes qui ont traversé le luxe sont sous la bure. Et quel ameublement! Et quelle table! Saint-Lazare est une maison de luxe. Un banc de bois, du pain et de l'eau, pas de feu dans l'âtre. Mais Dieu est là.

La porte est toujours ouverte. On entre avec les larmes, on en sort consolé.

Allez à la messe du dimanche dans la chapelle du refuge. C'est un ancien salon du roi Louis XIV, encore orné de peintures allégoriques, de chasses et de trophées; Diane, Adonis et les autres symboles des passions du temps, à peu près comme les tragédies de Racine.

Mais aujourd'hui la maison tombe en ruines, il ne faut pas laisser tomber le toit qui abrite ces repenties.

O vous qui ne vous repentez pas, apportez tous votre obole! Et vous qui n'avez jamais jeté la première pierre à la pécheresse ni à la femme adultère, soyez, ne fût-ce que pour un grain de sable, dans cette œuvre du Refuge Sainte-Anne!

Quand vous verrez au Bois ou au théâtre, toutes les belles pécheresses vivant de temps perdu, le sourire aux lèvres et l'inquiétude au cœur, rappelez-vous ce mot qui les peint toutes : — Ah! si j'étais riche! — Que feriez-vous? — Je me donnerais le luxe de n'avoir pas d'amant.

Après tout, *celles du lendemain*, celles qui ne veulent plus que Dieu, celles qui vivent là-bas avec six sous par jour, ne sont-elles pas moins pauvres encore?

Quelques jours avant l'entrée de la femme en noir, une femme du meilleur monde — et un peu du plus mauvais, depuis qu'elle ouvrait des parenthèses dans sa vertu — le tome second de la comtesse d'Antraygues — venait, toute éblouissante de jeunesse, mais toute voilée, frapper aussi à la porte hospitalière des Filles Repenties. Il y a deux ans, aux courses de Longchamps, elle rayonnait encore dans les tribunes, elle papillonnait au pesage, elle se multipliait, tant elle avait soif de vivre. C'est que son heure allait sonner bientôt : ce fut Octave de Parisis qui la fit tinter gaiement et tristement.

Elle écrivait ce billet daté des Filles-Repenties à une de ses amies, une autre grande dame qui n'aura point de déchéance :

« *Ma chère Berthe, c'est moi. Aujourd'hui tu ne refuserais pas*
« *de me recevoir, car je sens que Dieu m'a déjà pardonnée ou me*
« *pardonnera.*

« *J'ai trahi tout le monde en me trahissant moi-même. Mais*
« *enfin je me suis souvenue et j'ai compris tout mon crime. Voilà*
« *pourquoi je suis aux Filles-Repenties ; voilà pourquoi j'apprends*
« *le travail et la prière : le travail, pour t'offrir une robe qui ne*
« *sortira pas de chez Worth ; la prière, pour que tu ne fasses*
« *point comme moi.*

« *Car, ne l'oublie pas, dans la femme la plus vertueuse, il y a*
« *une pécheresse, comme dans la pécheresse la plus abandonnée,*
« *il y a une repentante.*

« *Oui, aux Filles-Repenties ! J'ai choisi le refuge le plus hum-*
« *ble. Que m'importe ? Je ne rougirai plus que devant Dieu.*

« *Écris-moi, dis-moi que tu m'aimes encore ; ne me donne pas*
« *des nouvelles de Paris — j'ai failli écrire Parisis — que j'en-*
« *tends gronder à ma fenêtre comme la tempête près du port.*
« *Quand tu iras à Trouville, dans six semaines, tu diras à la*
« *tempête que je ne la crains plus.*

« *Si tu rencontres le duc de Parisis, dis-lui tout bas que ma*
« *pénitence est plus grande encore que mon amour.*

« Mathilde. »

Or, la grande dame qui bravait la tempête, et la jeune fille qui était venue pour oublier son cœur, se rencontrèrent au dortoir, lit à lit.

Une nuit qu'elles ne dormaient pas parce qu'elles pleuraient : « Pourquoi pleurez-vous ? » se demandèrent-elles toutes les deux.

L'une fit sa confession. Elle aimait toujours Parisis. « Et vous, ma sœur ? — Vous avez raconté mon histoire, j'aime toujours Parisis. »

La blessure saigna, la plaie s'était ouverte, l'orage avait ressaisi leur cœur.

Le lendemain à midi, elles n'étaient plus aux Filles-Repenties. « Ce n'est pas là encore que je pouvais oublier, dit la jeune fille en se retournant vers le Refuge ; il faut que je brise mon corps pour tuer mon cœur, il me faut les rudes devoirs de la sœur de charité. »

XIX

LA CRISE

La marquise de Fontaneilles était devenue folle du duc de Parisis, si le duc était devenu amoureux d'elle.

Il s'avouait à lui-même qu'il se donnait bien de la peine pour conquérir non pas le cœur qui était à lui depuis longtemps déjà, mais pour conquérir ce bien plus visible et plus humain qui s'appelle le corps. « Une guenille, » dit Diogène. « Toute la femme, » dit don Juan.

Le marquis de Fontaneilles était parti pour Londres, où il devait acheter des chevaux et où il était attendu par son ami lord Harttford, pour quelques visites dans le Devonshire.

La marquise était seule à Paris : il devait la retrouver à Fontaneilles ou à Ems. Depuis qu'elle aimait Octave, elle avait pâli, elle ne respirait qu'à moitié, la fièvre la prenait souvent ; son médecin avait conseillé au marquis de la conduire à Ems pour y faire une saison, ne fût-ce même qu'une demi-saison. L'eau providentielle d'Ems et l'air balsamique des montagnes voisines devaient effacer ces premières atteintes d'une irritation de poitrine. Il était convenu que si Mme de Fontaneilles se décidait à aller à Ems, elle y emmènerait sa jeune sœur, cette jolie Clotilde de Joyeuse, ces dix-sept années qui s'éveillaient légères et souriantes sous la plus belle chevelure rousse qui eût rayonné en France depuis Mlle de Fontanges.

Mme de Fontaneilles ne savait que faire ; tous les matins elle se décidait à partir pour la terre de son mari, toutes les après-midi elle se décidait à aller à Ems, mais tous les soirs elle se décidait à rester à Paris. C'est que tous les soirs elle recevait la visite de Parisis.

Mme de Fontaneilles, une fois dans la bataille, n'avait pas défendu son cœur. Elle avait donné son âme, mais elle défendait sa vertu, comme si on pouvait faire deux parts, une pour Dieu et une pour le diable.

Octave ne doutait pas de son triomphe. Un soir déjà, la marquise était tombée presque évanouie dans ses bras, en lui disant qu'elle voulait mourir. Elle s'avouait vaincue, mais elle le suppliait à mains jointes de la tuer dans ses embrassements, afin qu'elle ne se réveillât pas.

Elle versa tant de larmes ce soir-là, que Parisis se sentit désarmé. Une femme qui se donne est quelquefois plus difficile à prendre qu'une femme qui résiste; une femme qui combat est plus près de sa défaite qu'une femme qui se croise les bras, parce que l'enivrement du combat la précipite dans sa chute.

Le lendemain de cette soirée mémorable, M. de Parisis pensa bien sérieusement à ne plus revoir la marquise. Il prévoyait une passion violente qui déborderait de ses rives : rien ne pourrait l'arrêter ni la contenir: il en serait lui-même submergé, malgré son habitude de fuir toujours le mal qu'il causait. M. de Morny, qui le connaissait bien, disait de lui : « Parisis met le feu aux monuments, mais il ne se laisse pas consumer; il ne s'inquiète même pas s'il y aura des pompiers. »

Mais la sagesse n'a jamais raison des hommes : si Parisis fût retourné à Parisis, tout le monde eût été heureux, lui tout le premier, mais surtout la duchesse de Parisis, mais surtout la marquise de Fontaneilles.

Pourquoi ne partit-il pas? Parce qu'il n'avait pas encore perdu l'habitude des conquêtes. C'était Napoléon qui voulait aller à Moscou; le conquérant des femmes est comme le conquérant des villes, il ne veut jamais rebrousser chemin, même s'il doit mourir en chemin.

Le duc de Parisis ne partit pas, parce qu'il n'était plus maître de lui, parce que la terrible destinée des Parisis allait bientôt se montrer dans toute son horreur.

XX

QUE L'AMOUR DE LA RÉSISTANCE EST AUSSI IMPÉRIEUX QUE LE DÉSIR DE L'AMOUR

CTAVE retourna donc vers cinq heures chez Mme de Fontaneilles, qu'il trouva plus adorablement belle que jamais. « Je ne vous attendais plus, lui dit-elle ; mais puisque vous voilà, je serai votre maîtresse. »

Et comme Octave lui fermait la bouche par des baisers trop éloquents, elle se dégagea pour lui dire ses volontés. « Mon ami, je vous aime et vous donne ma vie : peut-être Dieu me fera-t-il cette grâce que je mourrai bientôt. Je ne crois pas aux années selon l'almanach, je crois aux siècles selon le cœur. J'ai plus vécu depuis que je vous aime que je n'ai vécu jusque-là ; donc, je ne défends plus rien de moi-même. »

Et comme Octave voulait trop prendre à la lettre ces dernières paroles : « Laissez-moi parler, continua-t-elle doucement. Je vous avoue qu'ici même, dans cet hôtel, qui est l'hôtel de M. de Fontaneilles, je ne veux pas braver une pareille trahison. Depuis que je vous aime, je ne me sens plus chez moi quand je suis chez moi. »

Parisis vit apparaître l'image de Geneviève. « Ni chez moi ni chez vous, reprit Mme de Fontaneilles. — Je vous comprends, dit Octave, chaque maison a une âme qui est un peu notre conscience. Je vais vous proposer une chose bien simple : nous allons monter en fiacre et nous irons débarquer au Grand-Hôtel ou à l'hôtel du Louvre, comme des voyageurs qui traversent Paris. — Eh bien ! non ! répondit la marquise : j'y ai songé, mais ce n'est pas encore cela. Il faut que je vous aime de toutes mes forces, mais dans l'air vif des montagnes, loin de Paris, plus loin que la France, à Ems. »

Octave pensa que c'était bien loin. « Vous ne me répondez pas ? reprit-elle avec anxiété. — C'est mon rêve comme c'est le vôtre, répondit Octave ; mais n'oubliez pas que je suis attendu à Parisis et que si je n'y suis pas demain, après-demain matin Geneviève sera à Paris. — Ah ! bien, mon ami, vous irez à Parisis et j'irai à Ems. Adieu. »

Octave ne se résignait pas si vite à dire adieu. Il regarda Mme de Fontaneilles et ne put s'empêcher de se dire en lui-même : « Elle est pourtant bien belle ! »

La femme ne néglige jamais la figure visible, même si elle est tout sentiment, tout cœur, toute âme. Celles-là mêmes qui ne croient pas à la force des sens mettent en campagne toutes leurs coquetteries. Ce jour-là, quoique la marquise n'eût songé qu'à jeter de l'eau sur le feu, elle avait je ne sais quoi de provocant dans sa chevelure à la Récamier, dans ses yeux pleins d'amour, dans sa pose inquiète et agitée, qui donnait un voluptueux mouvement à sa gorge, que recouvrait à peine une légère robe de mousseline entr'ouverte, dans la forme des robes Pompadour.

La robe n'a pas été inventée par la pudeur, mais par l'amour.

Octave prit les mains, prit les bras, prit les épaules de la marquise, puis l'appuyant violemment et tendrement sur son cœur : « J'irai à Ems, » lui dit-il.

Il espérait bien la vaincre soudainement par cette promesse ; mais elle sortit victorieuse de ses bras.

Quand Octave prit son chapeau, la marquise se leva et l'accompagna amoureusement jusque dans l'antichambre. « A Ems ! lui dit-elle. — A Ems ! » lui répondit-il.

Cette promesse fut scellée par un dernier baiser ; mais dès qu'Octave entendit refermer la porte, il murmura en descendant l'escalier : « Je n'irai pas. »

XXI

LE DERNIER SOUPER

E soir, Octave voulait partir pour Parisis. Il fut retenu par Villeroy qui lui dit que Miravault et Monjoyeux voulaient dîner avec lui.

On se rappelle peut-être que dans les premiers chapitres de ce livre on a mis en scène quatre amis très opposés de caractère, qui aspiraient : Au Pouvoir : c'était M. de Villeroy ; — A la Fortune : c'était M. de Miravault ; — A la Renommée : c'était Monjoyeux. — A l'Amour : c'était M. Parisis.

Ils se retrouvèrent donc ce soir-là à dîner. « Eh bien, leur dit

Parisis, c'est moi qui ai eu raison. Vivre amoureux et oublié, c'est le souverain bien. — Et pourtant, dit Monjoyeux, inscrire son nom sur un chef-d'œuvre, — livre, statue ou tableau, — qui traversera les siècles, n'est-ce pas plus beau que ces heures de paresse passées aux pieds d'une femme? Mais après tout le duc de Parisis a raison, car combien faut-il de livres, de statues et de tableaux pour créer une œuvre immortelle! — d'autant que tout a été fait. — Je m'avoue vaincu devant Octave. — Et moi aussi, dit M. de Villeroy, car je vais vous confier un secret. Vous savez tous que je rêvais le pouvoir par le ministère des affaires étrangères. Eh bien! j'ai brûlé mes vaisseaux, après vingt années de diplomatie. Hier, on m'a offert une ambassade; j'ai eu le tort de dévoiler que j'avais des idées absolues en politique. Il y a en France un homme qui pense et un homme qui parle; j'ai compris cela trop tard. Je n'ai pas de rancune et je reconnais que l'homme qui pense et l'homme qui parle sont deux maîtres. Je n'ai pas voulu m'humilier devant moi-même : j'ai discuté pied à pied comme un homme qui sent que son épée est bonne. Quoique ma nomination fût décidée, le ministre a dit qu'il aviserait. Nous nous sommes salués froidement. Vous avez vu ce matin au *Moniteur* un autre nom que le mien. »

Monjoyeux félicita Villeroy. « Ces défaites-là, lui dit-il, sont des victoires. On perd son ambassade, mais on se gage soi-même. Vous voilà un homme libre, buvons à votre liberté. »

Marivault leva son verre, mais tristement. Depuis le commencement du dîner il était soucieux. « A quoi pense Marivault? demanda Parisis. — Mon cher ami, répondit l'homme d'argent, je pense que moi aussi, je m'avoue vaincu devant vous. — Je m'en doutais, reprit Octave. Depuis que je vous ai vu monter l'escalier de la marquise Danaé, j'ai tremblé pour vos millions. »

Miravault soupira, brisa son verre et parla ainsi :

« *Meâ culpâ*! J'ai défié l'or et j'ai été mitraillé par l'or. J'ai eu mes soudaines ascensions, mais d'un seul coup je suis retombé à mon point de départ. « Ah! mes amis, quel steeple-chase que cette course au pays de l'or! quelles stations douloureuses dans les cohues indicibles! Combien de sourires aux coquins qui vous ont dépassé d'une tête! Combien de beaux sentiments il faut tuer sous soi! Et tout cela pour n'avoir pas le prix! Ah! si c'était à recommencer, comme j'irais me jeter dans ma petite terre paternelle pour y vivre de rien, c'est-à-dire de ma petite fortune patrimoniale. Voilà mon histoire en quatre mots : J'avais quatre-vingts mille francs. Que voulez-vous faire de quatre-vingts mille francs à Paris? Il n'y a pas de quoi vivre plus d'une année quand on a des passions. Or, quand on a mangé son capital, on n'a plus de revenus; j'ai mieux aimé ne vivre qu'un jour. J'ai joué à la Bourse sur les idées de Parisis, j'ai ramassé ses miettes et je suis devenu maître de quatre millions. Mais qu'est-ce que quatre millions quand on a quatre millions! La veille, c'était beau; le lendemain, on aspire au cinquième million. Nul ne reste dans l'escarpement; on veut monter, toujours monter, jusqu'au point où l'on tombe à la renverse poussé par le vertige. C'est moins encore la fortune que l'amour qui m'a trahi. Parisis avait raison, il a toujours raison. Quand il m'a vu amoureux de la marquise Danaë, il m'a dit : « Elle a deux fausses dents, cela ne l'empêchera pas de te manger. » Elle m'a mangé tout vif.

« Voilà, mes amis, l'histoire de l'argent. De tous ceux qui s'élancent dans la vie à travers la jeunesse, l'homme qui court après l'argent est le plus malheureux. Je n'ai pas eu le temps de vivre une heure. Je traversais les fêtes comme vous, mais j'entendais les minutes me crier : « Tu perds ton temps! » Et j'allais, et j'allais, et j'allais toujours! Je n'ai pas eu le temps de voir mourir ma mère! je n'ai pas eu le temps d'admirer les œuvres d'art qui illustraient mon hôtel et mon château, qui seront vendues ces jours-ci! je n'ai pas eu le temps de voir un soleil couchant! que dis-je? je n'ai pas eu le temps d'être amoureux! Quel rocher que celui-là! Sans compter que les fortunes d'aujourd'hui sont versées dans le tonneau des Danaïdes. »

Miravault essuya son front. « Adieu, mes amis! dit-il en se levant. Je suis resté digne de vous, je le prouverai. Je vais faire un plongeon pour me retremper: quand vous me reverrez à la surface de l'eau, c'est que j'aurai le bon vent. Adieu! » Et, comme un fou, Miravault serra la main de ses amis et s'éloigna en toute hâte. « Ce pauvre Miravault! dit Villeroy; qui de nous se fût imaginé qu'il bâtissait son château sur le sable! — Moi, dit Parisis. J'étais plus riche sans argent que lui avec ses millions, parce que je dominais la femme, tandis que lui était dominé par la femme. »

Comme Parisis parlait ainsi, Léo Ramée entra. On le salua par un toast. « Tu arrives à propos; il n'y a qu'un instant, nous étions quatre blessés sur le champ de bataille de la vie. — Oui, dit Monjoyeux; comme Salomon lui-même, nous reconnaissions que tout est vanité, rien que vanité; — que la femme est amère; — que l'ambition a trop de cartes biseautées dans son jeu; — que la renommée a trop de caprices, — et que la fortune a des coups de théâtre tragiques. — Vous avez oublié le travail! » dit Léo Ramée.

Il parlait avec une noble fierté. « Le travail, mes amis, vous ne le connaissez pas ; c'est la muse du matin qui vous éveille doucement, qui vous conduit à l'atelier dans l'auréole des rêves, qui vous met le pinceau à la main en vous parlant Raphaël, qui vous chante la gaie chanson de l'alouette et qui vous dit, à toute heure, que l'Art aussi est une royauté. »

Parisis serra la main à Léo Ramée. « C'est beau, tout ce que tu dis là ; je ne t'ai jamais vu si enthousiaste et si radieux ! — C'est que, tout à l'heure, j'ai été nommé membre de l'Institut. »

Monjoyeux porta un second toast à Léo Ramée. « Au Travail ! s'écria-t-il avec une vive expansion d'amitié. — C'est bien, mon cher Léo, dit Parisis, mais pourtant n'oublie pas que Raphaël n'était pas de l'Institut. »

XXII

UNE CAUSERIE SUR LES FEMMES AU CONCERT DES CHAMPS-ÉLYSÉES

E soir-là, c'était un vendredi, « tout Paris qui n'aime pas la musique » était au concert des Champs-Élysées, — le concert Musard, comme on dit toujours, — parce qu'en France la royauté a toujours un lendemain.

Parisis et Villeroy allèrent au concert, non pas pour la musique, mais pour voir quelques-unes de leurs contemporaines. Il y avait tant de monde que c'était à grand'peine si deux promeneurs de front pouvaient passer. Aux loges d'avant-scène, s'épanouissaient dans la fumée de cigare les plus grandes dames. On s'était disputé les places, non pour être au spectacle, mais pour être en spectacle ; aussi les promeneurs ne voyaient que le dessus du panier. Quelques bourgeoises prétentieuses avaient voulu, comme les grandes dames, faire corbeille de fleurs ; mais c'était des bouquets de la fontaine des Innocents. Celles qui aimaient la musique c'étaient, comme de coutume, approchées des musiciens, s'imaginant tout bêtement que le concert des Champs-Élysées est un concert et non un salon.

Après tout, celles-là avaient raison, parce que celles-là n'étaient pas piquées de ce démon parisien qui dit aux femmes les mieux nées : « Vous jouez un rôle, entrez en scène. »

Les deux amis, qui savaient tout cela, emportèrent d'assaut une position difficile : ils prirent deux chaises à la porte et se firent une avant-scène devant les avant-scènes, décidés à tout braver, non seulement les murmures des femmes, mais le parlementarisme des hommes.

Ils s'étaient établis, sans le savoir, devant le cercle de la duchesse de Hauteroche ; on allait se fâcher autour d'elle ; mais comme elle ne douta pas que Parisis se fût mis là pour ses beaux yeux, elle apaisa d'un signe d'éventail les colères qui s'élevaient autour d'elle.

Quand il reconnut Mme de Hauteroche, Parisis salua de son beau sourire et força la duchesse à se remettre sur le devant de la scène, elle et une de ses amies, Mme de Tramont, surnommée dans son monde la Forte-en-Gueule, quoiqu'elle eût la plus adorable bouche qui fût au monde. Mais quand on a de si belles dents, il faut bien mordre son prochain, surtout quand on n'a pas d'amant. Combien de femmes qui sont méchantes parce qu'on ne leur a pas donné l'occasion d'être bonnes ! « Monsieur de Parisis, dit Mme de Tramont à Octave, — ils se connaissaient bien, — puisque nous avons la bonne fortune de vous rencontrer avec M. de Villeroy, qui ne vaut pas mieux que vous, vous allez nous faire quelques portraits à La Bruyère et à La Rochefoucauld. — Après vous, madame. — Oh ! moi, je ne sais plus mordre. »

Et elle montra ses trente-deux dents, trente-deux perles fines, pas une de moins, pas une perle noire. « Voyez-vous, dit-elle, depuis qu'il m'est poussé deux dents de sagesse, je ne me reconnais plus. »

Mais comme on ne peut pas vaincre les bonnes habitudes, elle dit en voyant passer une femme irréprochable au bras de son mari : « C'est une femme parfaite comme les tragédies de Racine, voilà pourquoi elle est si ennuyeuse. C'est elle qui, à la cour, chante si bien : *Il pleut-t-il pleut, bergère...* — Vous n'aimez pas les liaisons, madame, dit Villeroy. — Non ; une femme qui dit *t-il pleut, bergère*, me révolte ; si j'étais son mari, je demanderais ma séparation. — C'est égal, dit Parisis, je vous trouve sévère ; à tout prendre, j'aimerais mieux *t-il pleut, bergère*, qu'un ténor dans la chambre à coucher de ma femme. — Chut! la voilà là-bas, la femme au ténor, dit Mme de Hauteroche. — Pourquoi chut! dit la belle amie de la duchesse, est-ce qu'elle disait chut! au ténor, quand il chantait? — Il paraît qu'il n'avait pas assez de voix quand il a chanté un duo avec elle, car elle lui a dit adieu à la troisième station. — La pauvre femme, dit Villeroy, elle avait perdu deux années de sa vie, deux années! sept cent trente et un jours! à étudier les quatre ténors de Paris. Le soleil de la rampe est trompeur; elle a choisi celui qui avait la mauvaise méthode. — Enfin! dit Parisis, il faut bien que les femmes prennent des leçons de fugue et de contre-point. »

Passa la veuve de Malabar : « Tambours, battez aux champs, dit Villeroy, voilà un monument d'un autre âge; quand on a été belle, on l'est toujours; les ruines ont encore leur grandeur et leur caractère. — C'est aujourd'hui la veuve idéale; elle est en deuil de son mari et de son amant. Je me rappelle toujours le mot de son mari quand son amant l'a planté là : « Tu pleures, ma chère amie! tu es si bonne; je t'avais toujours dit que cet homme-là nous tromperait. » — Les maris d'aujourd'hui, dit Parisis, — eût-il dit cela avant d'être marié? — font jouer le rôle ridicule à l'amant. Par exemple, voilà un homme d'esprit passant avec sa femme qui a eu son quart d'heure de folie plus ou moins platonique. Le mari protégeait beaucoup l'amant; il lui savait gré de porter l'éventail, le manteau et le chien de la dame; c'était lui qui demandait les gens, qui se précipitait au marche-pied, qui faisait les lectures pieuses. Le mari aimait l'Opéra, — vu des coulisses; — il ne s'inquiétait pas de quelques nuages sur les ciels bleus de l'hyménée. Il savait que sa femme était une brave créature qui, comme toutes les femmes, aurait ses jours de révolte en passant le cap des Tempêtes, après quoi elle lui reviendrait à jamais amoureuse et reconnaissante. Voilà qu'un jour l'amant ou l'amoureux s'aperçoit que la dame a pris un train de plaisir sur les bords du Rhin avec un jeune crevé de haute lignée. Dieu sait si l'amant s'indigna! Il va trouver le mari et lui représente qu'il ne peut laisser sa femme voyager ainsi. « Est-ce que cela vous fait beaucoup de chagrin? » dit le très spirituel mari en éclatant de rire au nez de celui qui plaidait l'honneur de la maison. »

Rodolphe de Villeroy fit remarquer que le XIXe siècle était le siècle des maris. Ils voient tout et se moquent de tout. « Excepté, dit la duchesse de Hauteroche, ce savant célèbre qui passe là-bas avec sa femme et ses deux filles, une de ces femmes immaculées qui n'ont hanté que les montagnes neigeuses. Elle ne manque pas un sermon ! si ce n'est pas pour elle, c'est pour ses filles. En effet, dès que ses filles sont assises devant la chaire, elle change de paroisse, elle court à un autre prêche, elle monte quatre étages quatre à quatre, elle trouve un jeune avocat stagiaire qui la renverse par son éloquence. Pendant ce temps-là, l'astrologue se laisse choir dans un puits. — Dans un puits ! dit la dame aux trente-deux dents, il se laisse choir dans les bras d'une comète, un joli bas-bleu qui a une tache d'encre pour grain de beauté. Je les ai vus qui s'en allaient bras dessus bras dessous piper les étoiles. »

Passa la reine des Abeilles : « Saluez, Villeroy, voilà la reine des Abeilles ; les grenouilles demandent toujours un roi, les abeilles demandent toujours une reine. Cette reine des abeilles nous vient de loin, mais elle est plus Parisienne que les Parisiennes nées sur le boulevard des Capucines. Elle règne impérieusement sur la mode et sur l'esprit ; elle donne le ton ; les envieuses disent le mauvais ton, mais elles le prennent. Autrefois, il y avait le coin du roi et le coin de la reine ; aujourd'hui, il y a le coin de la princesse de M.. — Oui, elle marque bien son coin. — Il n'y a pas un critique musical qui ne deviendrait plus savant s'il allait à son école. Ils ne parlent que par ouï-dire, elle parle par ouï-chanter. »

La princesse salua le groupe avec sa grâce enjouée et spirituelle. « Elle n'a peur de rien, dit Parisis, parce qu'elle n'a pas peur d'elle-même. »

Une jeune brune passait alors. « Ce n'est pas comme cette femme sentimentale qui se fait un masque de son éventail, tant elle craint de montrer son cœur. Regardez bien, elle va rougir et pâlir tour à tour quand va passer devant elle ce jeune aide de camp qui a été un héros à la guerre et qui est un mauvais soldat dans sa passion. — Pourquoi ces deux femmes blondes ne se quittent-elles pas ? Parce qu'elles fricassent ensemble le moineau de Lesbie, comme autrefois Ninon et la Maintenon. — Et cette femme rousse, pourquoi est-elle seule là-bas en face de nous ? — C'est pour être deux ; depuis qu'elle a été chassée du Paradis par Adam lui-même, cette Ève majestueuse siffle des airs de serpent. — C'est la fête des rousses ! Fontanges serait plus à la mode que jamais. Qui donc est couché dans ce fauteuil ? — C'est une Havanaise : un diable-à-quatre, qui fait du mariage la vie à trois. — Je m'aperçois que l'empire n'est plus aux Parisiennes. Voyez donc toutes ces Italiennes, ces Espagnoles et Américaines. L'Océan a jeté ses vagues jusque sur le bord du lac. — C'est la force de Paris de faire des Parisiennes de toutes les figures du globe. »

Passa une chercheuse d'esprit qui n'a jamais trouvé : « Ah ! voilà la belle des belles ! dit Villeroy. Elle est descendue de son char de triomphe et marche dans la souveraineté de la queue de sa robe et de sa niaiserie héraldique. — Qu'est donc devenue sa sœur depuis son équipée ? demanda la duchesse. — Sait-on ce que deviennent les vieilles lunes ? dit Parisis, car la femme à la mode est comme la lune, elle se renouvelle tous les mois. Aussi la femme à la mode a toujours je ne sais quoi de l'inconstance de la lune naissante et décroissante dans ses passions ou dans ses fantaisies, non pas seulement tous les mois, mais toutes les heures. — Toutes les femmes ne sont pas lunatiques. Combien qui sont des anges de douceur et de vertus, de grâce et de charité ! — Je n'en connais pas une, à commencer par moi, » dit Mme de Tramont.

Parisis regarda la dame : « Celui qui voudrait faire l'histoire des contradictions ferait votre histoire, dit Parisis. Vous avez raison, la logique de la femme c'est d'être illogique ; elle ne triomphe que par l'imprévu, elle n'est parfaite que par ses imperfections, elle n'est divine que parce qu'elle est humaine. — Chut ! dit Mme de Tramont, voyez donc Mme de Clarmonde qui pleure son premier amour parce qu'elle n'a pu en trouver un second. — L'amour est un temple en ruines ; on n'y cueille que les fleurs de la mort. Les Romains avaient raison de porter au temple de Vénus tout ce qu'il fallait pour les funérailles des trépassés, car rien ne consume plus rapidement la vie, — la vie de l'âme, — que la volupté. — Voyez donc cette comédienne et cette duchesse qui se regardent du haut de leur dédain, plus ou moins théâtralement ; elles portent pourtant des robes faites par la même couturière, comme elles-mêmes sont faites par la pareille nature. — Vous trouvez ces robes invraisemblables ? — Non, dit Mme de Tramont, ce sont les femmes. — *Impudicus habitus signum est adulteræ mentis.* — La mode a toujours raison. M. de Buonaparte a très bien dit : Quand le Français est entre la crainte des gendarmes et celle du diable, il se décide pour le diable ; mais quand il est entre le diable et la mode, il obéit à la mode. » — Et pourtant c'est le peuple le plus spirituel de la terre, à ce qu'il dit. — Il lui faut toujours des idoles à ce peuple parisien ; quelles sont donc les nouvelles idoles du jour ? demanda Mme de Tramont. — La femme la plus adorée, la plus peinte, la plus sculptée, la plus gravée, c'est une morte : Marie-Antoinette. Tout le monde lui a bâti dans son cœur une petite chapelle expiatoire ; c'est qu'on a reconnu un peu tard que son seul crime avait été d'être une femme sous sa couronne de reine. Crime qu'elle racheta si noblement en restant une reine quand elle ne fut plus qu'une femme. — Oui, elle a laissé partout sa figure et sa marque. Celle qui sera la figure de la Charité au xixe siècle, est tout entourée des meubles de Marie-Antoinette, qui sont, il faut le dire, les plus adorables bijoux qu'on ait travaillés dans aucun temps, — reliques royales. — Mais toutes les vraies princesses ne sont pas mortes. Combien qui sont l'inspiration, le charme et la grâce de leur temps! Il en est une qui sculpte avec le grand art des Italiens de la Renaissance; il en est une qui promène l'âme impériale et artiste de la Russie par tous les musées et tous les salons de l'Europe; il en est une qui le dimanche tient sa cour plénière, ayant encore, non pas des taches d'encre aux doigts, mais des taches de couleur sur sa blanche main, car elle peint comme un homme. »

Une perle fausse passait. « Ah! par exemple, dit Mme de Tramont, elle s'est trompée de porte, cette fille rousse égarée à Londres et qui s'est retrouvée à Paris. Qui donc lui donne ses chevaux et ses cheveux? De beaux cheveux et de beaux chevaux? — Elle ne sait pas; c'est le luxe effréné des filles. Il en est plus d'un qui s'est ruiné pour elle, quoiqu'elle soit toujours ruinée. On aime ses passions comme ses enfants, plus que soi-même. Plus d'un homme se refuse un fiacre, qui donne un carrosse à sa maîtresse. »

Passèrent deux femmes renommées pour leur figure et pour leur amitié. « Voilà, dit Parisis, « deux cocottes du meilleur monde » qui ont une cour et qui en abusent, qui ont ouvert un hôtel Rambouillet pour y parler la langue verte, mais, au demeurant, « les plus honnêtes femmes du monde. » Chez elles, tout s'évapore en fumée. Combien qui ne font pas parler d'elles comme cette pâle duchesse qui écoute là-bas, à travers les causeries de son entourage, des motifs du *Trovatore*, parce que la musique de Verdi lui rappelle ses crimes cachés; celle-là n'est même pas soupçonnée, on lui donnera le paradis sans confession. »

Mme de Hauteroche se rappela l'*Heure du Diable ;* elle eut une soudaine émotion qui se trahit sur sa figure; mais Parisis seul s'en aperçut.

Pendant que la femme aux trente-deux perles éclatait de rire au passage d'une Américaine qui accentuait trop les modes, Parisis dit à la duchesse : « Voulez-vous prendre mon bras et faire le tour des mondes? »

Elle obéit sans répondre, entraînée malgré elle. « Vous m'avez bien haï, n'est-ce pas? lui dit Parisis après un silence, en pressant contre lui la petite main de la duchesse. » Elle tressaillit. « Moi, poursuivit-il en penchant la tête pour parler dans l'oreille de la duchesse, je vous ai bien aimée. »

Un second silence. « Je vous ai haï et je vous ai aimé, lui dit-elle, moi toute ma vie n'aura été qu'une heure. Je me croyais la femme du monde la plus vertueuse, je n'aspirais qu'aux œuvres de charité, je ne croyais qu'à l'amour divin. J'ai trouvé avec vous l'amour de l'enfer ; il m'a consumée. Je ne sais si cette pauvre Alice s'est repentie en mourant : le croirez-vous ? moi je n'ai pas la force de me repentir. J'ai horreur de moi-même, mais je me retourne doucement vers mon crime et j'y reste abîmée. »

Parisis regardait la duchesse : elle était pâle comme la mort, ses grands yeux flambaient, son cœur agitait son sein. « Vous avez voulu, lui dit-elle, savoir le secret de mon âme, vous le savez ; maintenant, allons dire du mal des autres. »

Parisis conduisit la duchesse dans son cercle, mais il ne resta pas avec Villeroy.

Il avait vu non loin de là Mme de Fontaneilles. Quoiqu'il lui eût dit adieu, il ne put s'empêcher d'aller à elle. « Je vous avais vu et je vous attendais, lui dit-elle, je vous croyais déjà à Parisis. — Je pars à minuit. » Et il lui serra la main. « Et moi ! reprit-elle avec un sentiment de passion mal déguisé, quoique sa sœur fût là, quand partirai-je pour Ems — la terre promise ! »

Ils tressaillirent tous les deux : une flamme invisible courut sur eux et les brûla. Ce fut à ce point que Mlle de Joyeuse, une vierge encore toute à Dieu, eut leur secret ce soir-là.

XXIII

LA FATALITÉ

CTAVE partit le lendemain matin par l'express pour Parisis. Quand il vit au loin dans l'après-midi se dessiner sur le ciel et sur les grands arbres les vieilles tours qui lui semblèrent prendre pour le regarder leur meilleure physionomie, il dit encore une fois : « Non ! je n'irai pas à Ems. »

Mais, pour le malheur de tout le monde, la fatalité voulait que le duc de Parisis allât à Ems.

Quand il arriva à Parisis, la duchesse était en larmes ; il la prit dans ses bras, la caressa doucement et lui demanda pourquoi elle pleurait. « Je pleure mon bonheur perdu, répondit-elle. — Tu es folle, Geneviève ! Je te rapporte ton bonheur. Si tu savais comme je m'ennuyais à Paris ! Mais tu sais bien que Paris vous retient de force par les mille raisons des choses, même quand on est attendu par une femme comme toi. — Ce n'est pas cela qui me fait pleurer, reprit Geneviève en embrassant son mari ; tu n'as donc pas vu le ministre avant de partir ? — Non, j'ai vu l'Empereur. — Et l'Empereur ne t'a rien dit ? — Il m'a beaucoup parlé d'Alexandre et de César. — Tu vas comprendre mes larmes ! »

Geneviève conduisit Octave dans le petit salon d'été.

Il comprit tout de suite en voyant sur la table une grande enveloppe qui portait son nom sous le timbre du ministre des affaires étrangères. Il lut deux fois : « Ministère des affaires étrangères ! » comme s'il avait peur de savoir la nouvelle. Et se parlant à lui-même : « A-t-on assez la fureur en France de ne pas parler français ? Si je deviens ministre des affaires étrangères, on dira comme autrefois : *ministre des affaires extérieures.* Étrangères ! qu'est-ce que cela veut dire ? Étrangères à qui ? Étrangères à quoi ? »

Geneviève s'impatientait : « Mais lis donc ? » dit-elle.

Octave prit le pli et lut. C'était sa nomination de ministre en Allemagne. La duchesse s'aperçut qu'il avait pâli. La pauvre femme ne pouvait comprendre pourquoi cette pâleur.

Il avait pâli, voyant que la fatalité le rejetait vers Mme de Fontaneilles. Il fallait qu'il passât près d'Ems pour aller à sa légation. « Eh bien ! dit-il à Geneviève, il n'y a pas de quoi te désoler, puisque aussi bien tu voulais me voir continuer ma carrière. »

La duchesse interrogea son mari du regard. « Et sans doute, reprit-elle, tu vas partir tout de suite ? »

Le démon du mal avait déjà dicté la réponse de Parisis. « Oui, sauf à revenir bientôt te chercher. — Eh bien ! non, mon ami ! je veux partir avec vous. — Ma chère Geneviève, ce serait une folie ; j'aimerais mieux donner ma démission. Je sens déjà trop que j'aimerai les enfants que tu me donneras, pour que tu les sacrifies en te sacrifiant toi-même. — Et si je meurs d'ennui ici ? — Rassure-toi ; je courrai là-bas pour montrer ma bonne volonté ; mais à peine arrivé, je reviendrai en toute hâte ici. —

Eh bien ? ne parlons plus de cela. Tu dois mourir de faim ? — Oui. Mais je ne t'ai pas encore mangée. »

Et Parisis embrassa Geneviève sur les bras, sur les mains, sur le cou, sur les cheveux. Ce fut comme une âme de feu qui courut sur la jeune femme. — Oh ! que c'est bon ! dit-elle en respirant. Sitôt que tu n'es plus là, je me sens mourir : j'ai froid jusqu'au cœur. Un jour, si tu es trop longtemps sans revenir, tu me trouveras changée en statue de marbre. — A propos ! tu sais que Monjoyeux fait toujours des siennes ? Il vient d'exposer un groupe qui fait courir tout Paris ; je veux qu'il fasse ton buste. Ce coquin-là donne la vie au marbre, on dirait qu'il le pétrit comme Dieu a pétri le monde, ou plutôt comme nos fermières pétrissent leur pâte. S'il fait un jour Galathée, elle descendra de son piédestal. — Mon ami, dit la duchesse, je ne veux être représentée en marbre que sur mon tombeau ; si tu veux un portrait de moi, tu me feras peindre. — C'est une bonne idée, s'écria Octave : nous allons goûter ensemble sur le perron, après quoi j'enverrai une dépêche à Léo Ramée. Il viendra faire ici son ébauche pendant les huit jours que je vais passer avec toi ; dans trois semaines, je le reprendrai à Paris pour revenir encore et il finira ton portrait avant notre départ. »

Geneviève dit qu'elle ne le voulait pas : « Le temps que je poserai sera du temps perdu, je n'aurai pas le temps de te regarder, j'aime mieux être seule avec toi. — Tu ne connais pas Léo Ramée, on ne pose jamais devant lui quand il vous peint. Il a fait des Dianes et des Junons très ressemblantes : est-ce qu'elles ont jamais posé devant lui ! Tu verras, toi, ma Diane et ma Junon, quelle belle chose il va faire avec cette figure divine. Tu as peur de ne pas être seule ! Mais Léo Ramée est un brave cœur, il sera si heureux de nous voir heureux, que nous ne verrons pas qu'il est là. D'ailleurs, il est comme l'hirondelle, il porte bonheur à la maison. — Eh bien ! écris-lui de venir. »

Geneviève pensait qu'elle avait perdu la moitié de son bonheur le jour où son amie la marquise de Fontaneilles était venue lui demander l'hospitalité. Elle pensa aussi qu'un ami d'Octave troublerait peut-être à son tour cette fête intime de deux cœurs qui vivent des mêmes joies. Mais l'amour profond a des timidités enfantines, elle n'osa dire cela à son mari. « C'est égal, se dit-elle à elle-même, le proverbe arabe a peut-être raison : « Prends garde à ton meilleur ami, prends garde à ta meilleure amie, un atome fait ombre, l'amitié fait peur à l'amour. »

Et, malgré elle, elle pensa à sa meilleure amie, la marquise de Fontaneilles.

Mais Léo Ramée ne devait pas trahir l'amitié d'Octave, comme la marquise devait trahir l'amitié de Geneviève.

Il vint à Parisis pour faire le portrait de la duchesse : il était encore dans toutes les joies de son triomphe à l'Institut. Arriver à l'Académie en cheveux blancs, c'est à la portée de tout le monde ; mais y arriver dans l'auréole des cheveux blonds, c'est une bonne fortune.

Léo Ramée ébaucha largement, dans la grande manière, le portrait de la duchesse. Déjà le quatrième jour, non seulement la figure sortait du chaos, mais l'âme même de la duchesse de Parisis rayonnait par les yeux et par le sourire. « Quelle belle chose tu vas faire là ! » dit Parisis à son ami.

Mais le lendemain, Léo Ramée était parti. « Il est donc fou ! » s'écria Octave. Et il amena la duchesse devant le portrait. « Quel malheur ! dit-il, il eût fait là un chef-d'œuvre. Vois donc, Geneviève, quel adorable dessin et quelle charmante couleur ! Tu ressembles à une déesse de Prudhon ou plutôt tu ressembles à toi-même. — Si ton ami est parti, dit la duchesse, c'est qu'il a désespéré de bien finir ce qu'il avait si bien commencé. »

En effet, Léo Ramée avait trouvé la duchesse trop belle : la fièvre de l'amour l'avait saisi...

Jusque-là, il avait idéalisé ses modèles d'atelier. Pour la première fois, la vraie beauté posait devant lui : il était vaincu par la nature et par l'amour.

Il avait fui comme Joseph devant Putiphar, mais sans laisser son manteau, ne voulant pas avoir l'occasion de revenir.

XXIV

LES ADIEUX

E fut avec un déchirement de cœur que la duchesse vit s'éloigner Parisis. Elle l'accompagna jusqu'à la station. On était parti de bonne heure ; elle attendit dans la calèche que le train se fût éloigné. Elle avait voulu revoir encore

Parisis à la portière; elle agita longtemps son léger mouchoir, un mode d'adieu un peu démodé depuis que nous prenons la vie en riant. Quand elle rentra à Parisis, elle s'imagina qu'elle était dans la solitude depuis un siècle; si elle n'eût craint alors de ne plus arriver à temps, elle serait repartie pour rejoindre Octave. Elle monta dans sa chambre, tomba sur un fauteuil et se résigna.

Le soleil venait jouer à ses pieds; il lui sembla d'abord que c'était une ironie; mais peu à peu la sérénité reprit son âme; elle s'accusa de manquer de courage; elle se réjouit à l'espérance qu'elle serait bientôt mère, et s'enorgueillit à la pensée que son mari serait bientôt ambassadeur.

Mais Geneviève n'était pas de celles qui vivent du bonheur de demain; elle avait été si heureuse de vivre au jour le jour, qu'elle ne voulut pas s'accoutumer à la solitude. Elle décida énergiquement que, si Parisis ne venait pas la reprendre après quinze jours d'absence, elle partirait seule pour l'Allemagne avec Hyacinthe.

Et comme son cœur débordait, elle prit une plume et écrivit à Octave.

L'écriture est la vraie marque de l'amour. Quiconque n'aime pas, quiconque n'aime plus, ne tourmente pas la plume, parce qu'il ne trouve rien à dire. Mais les vrais amoureux sont terribles. Ils ont l'éloquence impitoyable de Sapho, de sainte Thérèse et de Lélia. On trouve dans leurs lettres le mot jailli du cœur comme d'une source vive; mais quel torrent de phrases perdues qui vont se jeter dans l'océan de la pensée! Or, je ne sais rien au monde de plus bête à certaines heures que l'océan, cette éternelle voix qui bégaye depuis la création du monde sans avoir rien dit, ce monstre sans conscience qui bat la terre sans savoir pourquoi.

Voici comment écrivit Geneviève:

« *Quand je pense, mon cher Octave, que tout ce que je vais te dire
« arrivera à toi tout glacé sous la main de la poste française et
« de la poste allemande, je m'arrête découragée. Tu me le disais
« un jour: les lettres qu'on envoie à cent lieues sont comme les
« duels qu'on remet au lendemain. Eh bien! je reprends mon
« courage; je sens qu'un cœur qui parle garde sa force pour par-
« ler loin. Je suis sûre que, quand tu ouvriras ma lettre, il s'en
« exhalera je ne sais quoi de mon âme qui ira droit à la tienne.*
« *Ah! mon Octave, je suis désolée de n'être pas partie avec toi:
« l'absence, c'est la mort. Tu as emporté mon cœur et je ne res-
« pire plus.*

« *Que te dirai-je? Le château est désolé comme moi ; jusqu'aux
« chansons d'Hyacinthe qui se changent en litanies. Ah! bien
« heureux ceux qui aiment et bien heureux ceux qui n'aiment pas.
« Ainsi Hyacinthe est triste de me voir triste, mais comme elle
« va et vient avec insouciance! Ne te désole pas de mon chagrin,
« ce n'est que le nuage du départ ; j'aurai le courage de garder
« mes larmes. Je vais vivre dans l'espérance de te voir bientôt ;
« non, je ne veux pas pleurer. »*

La duchesse pleurait.

« *Tu sais que je suis forte et que je puis dominer mon cœur.
« Reviens pourtant bien vite ; d'ailleurs, prends-y garde, si tu
« tardais d'un jour, tu me trouverais mourante.
« Je ne suis pas jalouse, mais prends garde ; si tu prenais quel-
« que goût aux Allemandes sentimentales; si tu disais un seul
« jour à une autre que tu l'aimes, je sentirais ici un coup de poi-
« gnard dans mon cœur.* »

Pour tromper son chagrin, la duchesse écrivit plus de dix pages à son mari ; mais elle se dit tout à coup : « — Ce pauvre Octave! il faut que j'aie pitié de lui. » Voilà pourquoi elle ne lui envoya que la première page.

Sur ces mots où elle disait : « Non, je ne veux pas pleurer, » elle laissa la trace de deux larmes. « — C'est mal, dit-elle, d'envoyer des larmes. » Mais elle ne refit pas cette page ; il lui sembla qu'une lettre recopiée n'était plus une lettre d'amour.

XXV

LE DÉMON DE L'ADULTÈRE

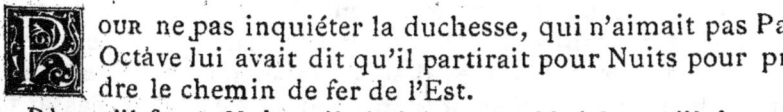OUR ne pas inquiéter la duchesse, qui n'aimait pas Paris, Octave lui avait dit qu'il partirait pour Nuits pour prendre le chemin de fer de l'Est.

Dès qu'il fut à Nuits, il écrivit cette dépêche qu'il donna au télégraphe pour la marquise de Fontaneilles :

« *Midi. Je pars pour Ems. J'y serai après-demain. Je vous sa-*
« *luerai à l'hôtel d'Angleterre ou à l'hôtel de Russie.*

« Parisis. »

Dès que la dépêche fut partie, Octave comprit son imprudence; non qu'il s'inquiétât d'avoir donné son nom aux hommes du télégraphe, mais le marquis de Fontaneilles pouvait arriver de Londres tout juste pour recevoir la dépêche. « *Alea jacta est!* » s'écria-t-il. Et il n'y pensa plus.

La dépêche arriva dans les blanches mains de Mme de Fontaneilles, le marquis n'étant pas revenu de Londres. Elle la lut vingt fois, parce qu'elle y vit la marque de sa destinée. « Et moi aussi, je serai à Ems après-demain, dit-elle en écoutant battre son cœur. »

Elle entendit la voix de Mlle de Joyeuse, qui montait l'escalier. Elle chercha une allumette pour brûler la dépêche, mais, ne trouvant pas de feu sous sa main, elle la déchira et la jeta dans l'âtre, se promettant de la brûler plus tard. « Ma chère belle, dit-elle à sa sœur, nous partirons ce soir pour le Rhin. Es-tu contente? — Plus joyeuse que jamais, dit la jeune fille qui avait l'habitude de jouer sur son nom quand elle était heureuse. — Tu sais, reprit Mme de Fontaneilles, que nous nous arrêterons à Nancy chez la chanoinesse, mais pour quelques heures seulement. Je te donnerai une robe de dentelle qui fera bien des jalouses à Ems, car on se fait belle là-bas !

On partit le soir ; à Nancy on manqua le train; un accident en vue d'Heidelberg retarda encore les voyageuses; si bien qu'on n'arriva pas le surlendemain à Ems comme on se l'était promis.

La marquise piétinait d'impatience comme une femme qui ne veut pas obéir aux événements. Mlle de Joyeuse, qui était très babillarde, remarqua que sa sœur était devenue bien silencieuse.

C'est que Mme de Fontaneilles était dominée par une seule pensée qu'elle ne disait pas; elle dessinait d'avance dans son imagination toutes les scènes de son entrevue avec Octave. Elle se demandait comment elle échapperait à la vigilance de Mlle de Joyeuse. N'y avait-il pas mille manières de tromper tout le monde? on rencontrerait Octave par hasard ; on s'étonnerait beaucoup de part et d'autre, il serait là retenu pour attendre des ordres du ministre; rien ne s'opposait à ce qu'on passât une journée ensemble, sinon dans le même hôtel, du moins dans la même calèche et à la même table. La nuit venue, Mlle de Joyeuse, qui avait encore le sommeil des enfants, s'endormirait bien vite ; Mᵐᵉ de Fontaneilles écrirait des lettres dans la chambre voisine; ne voyant plus de lumière, sa sœur la croirait couchée, pendant que, toute éperdue, elle serait chez Octave, donnant son cœur, donnant son âme, donnant sa vie ; heure adorable et terrible que les femmes appellent l'heure du sacrifice.

Mᵐᵉ de Fontaneilles était partie à huit heures du soir par l'express de l'Est.

A neuf heures, le marquis arrivait de Londres par l'express du Nord.

Il était si hautain et si fier que nul dans sa maison n'osait lui adresser la parole. Il entra silencieusement et monta droit à la chambre de sa femme.

Au moment où il allait entrer, la femme de chambre se hasarda à lui dire que la marquise était partie. M. de Fontaneilles ne put retenir un mouvement de colère. « Partie ! Et depuis quand ? — Ce soir même. — Avec sa sœur ? — Oui, monsieur le marquis. Madame a écrit à Monsieur. Je l'ai conduite à la gare de Strasbourg. Madame doit s'arrêter à Nancy. — Est-ce qu'elle toussait toujours ? — Pas du tout, monsieur le marquis. »

Le marquis entra dans la chambre et referma la porte violemment. Son œil jaloux courut partout, sur le lit, sur les meubles, sur le tapis. Il déposa sur le petit secrétaire le bougeoir qu'il avait à la main. « Elle m'avait écrit, dit-il. Mais sa lettre ne me reviendra que dans deux jours. »

Mᵐᵉ de Fontaneilles avait laissé la clef de son secrétaire comme une femme qui n'a pas de secret : le marquis l'ouvrit et n'y trouva que des lettres de femmes. « Suis-je assez fou, dit-il, en voyant dans la psyché ses cheveux en désordre, sa pâleur, ses traits contractés. Ma femme va à Ems avec sa sœur, quoi de plus naturel, puisque c'était convenu; puisque c'est par ordonnance du médecin ? »

Mais la jalousie tenaille le cœur des jaloux; il n'en était qu'à ses premières tortures.

Voyant quelques chiffons dans la cheminée, le marquis y courut et les saisit. Il découvrit du premier regard un lambeau de dépêche télégraphique. « J'ai trouvé, » dit-il avec une joie mortelle.

Il ne lui fallut pas beaucoup de temps pour retrouver les autres lambeaux : c'était l'appel de Parisis à la marquise.

M. de Fontaneilles faillit tomber à la renverse. Il éclata dans sa fureur et brisa la psyché.

La pendule sonnait dix heures. « Si je n'arrivais ! » dit-il.

On peindra mal toutes ses angoisses; il adorait sa femme sans le lui dire jamais, comme si son amour eût paru une humiliation. « Ce Parisis, cria-t-il d'une voix sourde, je l'ai toujours haï ! »

Il alla dans sa chambre, qui n'était séparée de celle de la marquise que par une petite bibliothèque intime où ne se montraient guère que des livres de religion. Dans sa chambre, sur une table où il n'y avait que des armes, il prit tour à tour un revolver, un poignard, des pistolets, un couteau malais. « Malheur ! malheur ! s'écria-t-il. Si j'arrive trop tard, je les tuerai tous les deux. Si je n'arrive pas trop tard... »

Il retint sa phrase pour laisser tomber ce mot froid comme l'acier : « Je te tuerai, Parisis ! »

Et après un silence : « Et que ferai-je de cette femme ? »

XXVI

NÉE POUR AIMER, NÉE POUR SOUFFRIR

E marquis de Fontaneilles se fût vengé de son malheur sur tout le monde, tant la haine éclatait en lui.

Il eut la cruauté, que dis-je ? la lâcheté d'aller lui-même au télégraphe pour envoyer cette dépêche à la duchesse de Parisis :

« *Madame la duchesse de Parisis est avertie par le marquis de*
« *Fontanes que M. de Parisis et madame de Fontanes ne l'atten-*
« *dent pas la nuit prochaine à Ems, hôtel d'Angleterre ou hôtel*
« *de Russie.*

« FONTANEILLES. »

Il était minuit quand Geneviève reçut cette étrange et horrible dépêche. Elle comprit bien que Fontanes voulait dire Fontaneilles. La jalousie, qui n'était pas aveugle cette fois, lui dessilla les yeux. « Ah ! mon cœur ! dit-elle, ne trouvant plus d'air à respirer, je pressentais bien cela. Cette femme t'a frappée à mort dans ton bonheur. »

Elle appela Hyacinthe. « Hyacinthe, lui dit-elle, je vais mourir. — Mourir ! s'écria Hyacinthe en la soulevant dans ses bras, car la pauvre femme était évanouie. — Non ! dit Geneviève en se ranimant, je veux aller à Ems, je veux sauver mon bonheur. »

Elle conta tout à Hyacinthe. « Oui, dit la jeune fille, il faut partir, et je veux partir avec vous. »

Une heure après, les deux femmes étaient à Tonnerre, où elles prenaient l'express pour Paris. Le soir, Geneviève partit par le train de Cologne, sans rencontrer le marquis de Fontaneilles, qui partait en même temps.

Qui peindrait jamais les angoisses de cette pauvre femme, — cette pauvre mère déjà, qui risquait son enfant pour son mari ? Il n'y a que celles qui ont été trahies dans les joies de leur amour qui comprendront ces horribles douleurs.

Hyacinthe tentait de consoler la duchesse. « Non, non, disait Geneviève, je suis comme ma mère : née pour aimer, née pour souffrir ! »

A Cologne, la duchesse se sépara de Hyacinthe, quelles que fussent les prières de la jeune fille. « Non, Hyacinthe, je veux arriver à Ems toute seule et mystérieusement. Allez m'attendre à Parisis — vivante ou morte. »

XXVII

TOURNE-SOL ET LA TACITURNE

EPENDANT Parisis était arrivé seul à Ems par une de ces éclatantes journées de mai, qui font croire à l'amour ceux-là mêmes qui ne sont pas amoureux.

A la gare de Coblentz, Parisis avait rencontré Mlle Tourne-Sol et la Taciturne, qui allaient tenter la fortune sur la rive étrangère. Il les avait à peine saluées de la main, ne voulant pas refaire leur connaissance, se croyant devenu un homme tout à fait sérieux par son titre de mari et par son titre de ministre; mais à Ems, il s'aperçut, cinq minutes après son arrivée, qu'elles étaient, comme lui, descendues à *Englischer-Hof*.

Il pensa aller retenir sur la promenade un autre appartement. Il ne voulait pas être en pays — de connaissances — pour recevoir la marquise de Fontaneilles.

Mais il ne trouva pas mieux que l'hôtel d'Angleterre. En effet, l'appartement était vaste et il avait deux entrées. Et d'ailleurs Octave n'avait-il pas écrit à Mme de Fontaneilles qu'il l'attendait à l'hôtel d'Angleterre ou à l'hôtel de Russie? Or, à l'hôtel de Russie, il n'y avait rien à louer, hormis sous les toits.

Parisis essaya d'abord de vivre renfermé; il demanda à déjeuner; mais cela lui parut si triste de tenir compagnie aux gravures allemandes qui ornaient son salon de passage, qu'il ne put résister au plaisir d'aller déjeuner au soleil, devant la Conversation, comme il faisait à Bade, — comme on fait à Ems. « A la bonne heure, dit-il en écoutant la chanson du vin du Rhin tombant dans son verre, on peut déjeuner ici gaiement. »

Mais à peine lui avait-on servi un filet de chevreuil aux confitures de groseilles, que Tourne-Sol et la Taciturne vinrent se pencher au-dessus de lui. « Eh bien! voilà comme tu déjeunes sans nous, toi! » Elles étaient de si belle humeur, elles répandaient un si doux parfum de Paris, qu'un peu plus Octave leur disait de s'asseoir. Mais il les maintint debout, presque à distance, par ce simple mot : « Chut! j'attends la reine de Prusse. »

Les deux demi-comédiennes s'envolèrent comme deux oiseaux.

Mais elles n'allèrent pas loin; elles s'abattirent sous la prochaine branche et firent tout haut un menu franco-allemand des plus imprévus. Par exemple, elles demandèrent du vin de Champagne du Rhin; Octave ne fut pas peu surpris de voir qu'elles étaient plus savantes que lui sur ce sujet, puisqu'en effet on leur apporta du vin de Champagne du Rhin, un vin mousseux avec je ne sais quoi de sauvage dans le bouquet.

Parisis, tout en gardant sa sévérité, ne pouvait s'empêcher de songer un peu à ces bonnes années de sa vie où il vivait sans préjugés et sans soucis, ne craignant de s'attabler en plein soleil avec des comédiennes. Mais la vie ne se passe pas à déjeuner; — bien mieux, les hommes sérieux ne déjeunent pas, — hormis en voyage.

Cependant Mlle Tourne-Sol et la Taciturne, voyant que la reine de Prusse n'arrivait pas, se hasardèrent à envoyer une coupe pleine à Octave. Il ne fit pas de façons pour boire avec elles.

Il regarda la coupe où pétillait le vin du Rhin mousseux et y trempa ses lèvres avec un sentiment de mélancolie.

C'est que, sans le savoir, il buvait à la dernière coupe de sa jeunesse.

Il rentra chez lui sans avoir renoué conversation avec ces demoiselles. « Après tout, dit-il, la vraie sagesse, c'est la folie ; ne ferais-je pas mieux de passer gaiement une heure avec ces deux toquées que de m'aventurer plus loin dans cette passion qui me fait peur ? — moi qui n'ai jamais eu peur ! »

L'immoralité qui rit est à moitié pardonnée ; le seul péché sérieux, c'est l'immoralité sérieuse. Prendre une fille qui passe, c'est chasser sur ses terres ; prendre la femme d'autrui, c'est voler une famille.

Ces idées traversaient l'esprit du duc de Parisis. « Et pourtant, dit-il, si jamais quelqu'un s'avisait de songer même à aimer Geneviève ! »

C'était la première fois qu'il se sentait jaloux.

S'il eût été temps encore, peut-être eût-il envoyé une dépêche à Mme de Fontaneilles pour lui dire qu'il était forcé de quitter Ems à l'heure même. Mais il réfléchit que la marquise avait dû partir de Paris la veille. Et puis cet obstiné désir de prendre sa part dans la vie de toutes les femmes, l'aveugla encore. Il se raffermit dans sa nature en disant le vers de Byron :

« *L'amour est un fruit qu'il faut cueillir au risque de casser la*
« *branche.* »

Il écrivit à la duchesse.

Combien d'hommes divers dans un homme, combien de sentiments opposés dans un cœur.

Il attendait le soir la marquise de Fontaneilles et il écrivit une lettre tendrement amoureuse à sa femme. Les poètes à symboles ne marqueraient pas de dire que l'adultère ricanait devant l'amour conjugal. Voici la lettre :

« *Ma Geneviève,*

« *Comme je suis loin de toi ! j'ai beau me dire que tu es là*
« *dans mon cœur, dans mon esprit, dans mon âme : j'ai beau voir*
« *apparaître à toute minute ton admirable figure, je me sens*
« *triste; il me semble que je suis séparé de toi par un monde*
« *et par un siècle! C'est que tu m'as gâté; c'est que j'ai vécu*
« *de ton amour. Tu sais que tu m'as fait croire aux anges avant*
« *de croire à Dieu. Ah! ma chère Geneviève, pourquoi faut-il que*

« *l'homme soit quelque chose dans la vie? Si l'ambition allait*
« *m'exiler du bonheur! N'est-ce donc la sagesse de vivre avec*
« *toi à Parisis, dans l'oubli du monde, étouffant ma pensée sous*
« *la gerbe odorante de tes cheveux! Tes blonds cheveux, voilà la*
« *vraie moisson, la moisson d'or. Le reste ne vaut pas la peine*
« *d'y aller.*

« *C'est égal, je te jure que je ne m'éterniserai pas à représenter*
« *mon souverain dans les capitales. Je ne veux vivre que pour toi,*
« *ce sera vivre pour moi.*

« *Adieu, ma douce adorée. Je rêve que tu viens t'incliner pen-*
« *dant que j'écris, pour me surprendre par un de ces divins bai-*
« *sers qui font refleurir mon front. Je me retourne, mais, hélas!*
« *tu n'es pas là! Et pourtant, il me semble que j'ai senti tes lèvres.*»

« Parisis. »

XXVIII

LA FEMME VOILÉE

Et là-dessus, le duc de Parisis monta à cheval et suivit la route d'Ehrenbreistein, tout en se rappelant les promenades de lord Byron sur ces belles rives du Rhin où les deux grandes figures poétiques de la Révolution — Hoche et Marceau — ont trouvé leur tombe héroïque. On pourrait y mettre pour épitaphe les paroles de Childe-Harold : « Brave et glorieuse fut leur jeune carrière, ils furent pleurés par deux armées, celle qu'ils commandaient et celle qu'ils combattaient. » — Ah! dit Parisis, bien heureux celui qui meurt jeune, — plein de jours, — pour une grande pensée dans une grande action! C'est ainsi que je voudrais mourir. »

Le soleil allait se coucher dans un lit de pourpre, — éternelle formule des poètes qui s'obstinent à croire que le soleil est toujours la lampe d'or de la terre; — le crépuscule répandait ses mélancolies. Octave admirait ses paysages grandioses qu'il voulait vainement comparer à ceux de Parisis, où il avait accentué les sites sauvages. Il pensa à la duchesse et au doux horizon du parc où sans doute elle se promenait à cette heure. Tout à coup, un nuage de fumée appela ses regards et sa pensée. C'était le train du soir qui amenait de Coblentz les voyageurs venant à Ems. « Dejà ! » dit-il.

Il s'imagina que la marquise de Fontaneilles arrivait alors ; il rebroussa chemin, donna un coup d'éperon et rentra au galop à l'hôtel d'Angleterre.

C'était le moment où les voyageurs arrivaient eux-mêmes ; il ne doutait pas que la marquise n'apparût tout à coup; mais trois calèches survinrent avec des étrangers, sans qu'il reconnût Mme de Fontaneilles. « Pourquoi ? se demanda-t-il. C'était pourtant bien aujourd'hui ; elle a dû partir hier soir, elle avait dit qu'elle s'arrêterait à Coblentz pour n'arriver ici que la nuit. N'est-elle donc pas partie ! »

Il avait commandé à dîner à l'hôtel ; mais il ne toucha pas plus au dîner qu'il n'avait touché au déjeuner. Il alla dîner à sa table du matin sous les arbres du Casino. Mlle Tournesol et la Taciturne étaient aussi à leur table, elles avaient prolongé leur dîner, parce que Mlle Fleur-de-Pêche était fraîchement débarquée apportant des nouvelles de la Maison d'Or. Quoique devenu étranger au monde doré, Parisis ouvrit ses oreilles sans avoir l'air d'écouter.

Il apprit que le prince Bleu, qui se consolait avec Mlle Fleur-de-Pêche de la mort de Mme d'Antraygues, qu'il avait pleurée ostensiblement pour se donner des airs d'un homme à passions, était arrivé lui-même; mais il dînait à l'hôtel de Russie avec le duc H —, éperdument amoureux de Mlle Nimporteki et venant la surprendre à Ems.

Le duc de Parisis demanda du feu à ces dames pour allumer une cigarette. Quand il dînait seul, il avait l'habitude de fumer dans les entr'actes. « Sans écouter aux portes, dit-il à Fleur-de-Pêche, j'ai compris que le prince était venu avec vous. — Oui. Il va être enchanté de vous trouver. — Est-ce qu'il n'y avait pas d'autres Parisiens dans le train ? — Non, c'était le train du silence. »

Et se reprenant : « Attendez donc, nous avons voyagé avec une dame voilée qui avait l'air d'aller à son enterrement, tant elle était vêtue de noir. Elle n'était ni dans le compartiment des des femmes, ni dans le compartiment des fumeurs, elle avait un coupé pour elle toute seule et sa confidente. »

Fleur-de-Pêche se mit à rire. « Pourquoi riez-vous ? dit Octave avec émotion. — Je ris, parce que le prince Bleu, qui aime à faire des folies, a voulu monter avec elle comme s'il se trompait de bonne foi. Mais c'est une femme sérieuse, il a eu beau faire pour voir la couleur de ses paroles : Impénétrable comme une statue. — Est-ce qu'elle est descendue aussi à l'hôtel d'Angleterre ? — Je ne l'ai pas vue depuis Coblentz. »

Octave ne douta pas que cette femme voilée ne fût la marquise de Fontaneilles. Il retourna à l'hôtel d'Angleterre et alla à l'hôtel de Russie, espérant la trouver, mais aucune femme voilée n'y avait paru.

Il ne restait plus à Octave qu'à s'attabler au trente et quarante pour tuer le temps.

XXIX

LES DEUX ATHÉES

E soir-là, Parisis perdit vingt-cinq mille francs en s'obstinant à la noire. Et il ne jouait pas son grand jeu.
« Allons, dit-il en se levant quand ce fut fini, il paraît que je suis heureux en amour. Tous les bonheurs se payent cher. »

Il était irrité de sa déveine ; il demanda un sorbet sous les arbres, à la belle étoile, tout en injuriant la rouge.

Un philosophe allemand qu'il avait connu à Paris, au dîner du Commandeur, vint s'asseoir à sa table. « Eh bien ! monsieur le duc, vous avez perdu de belles batailles ce soir ? — Oui, expliquez-moi pourquoi un homme qui joue si bien est battu par les cartes. Je commence à croire à la malice des choses plus qu'à la malice des hommes. — Et vous avez peut-être raison. Et pour commencer par le commencement, croyez-vous à Dieu ? — Non. Et vous ? — Moi, je crois à Dieu. — C'est étonnant, dit Parisis en regardant son philosophe, en France vous êtes athée, et en Allemagne vous êtes déiste ? — J'ai changé d'opinion ; un peu de philosophie éloigne de Dieu, beaucoup y ramène. — Voulez-vous prendre un sorbet ? — Non, un verre de kirsch. Je suis de mon pays. — Et où voyez-vous Dieu ? — Partout. Dans ce beau ciel étoilé, qui est comme la couverture historiée du livre des mondes ; sur cette terre, qui n'est que l'ébauche de l'œuvre de Dieu. Que dis-je ?. Je le vois même en vous qui le niez »

Un chien passait, qui s'arrêta, lui aussi, devant la table. « Voyez-vous Dieu dans cette bête ? — Oui. — Alors ce chien a une âme, une parcelle de la divine intelligence ? — Oui, il a une âme matérielle. — Je vous vois venir ; vous donnez une âme aux bêtes et une âme aux gens ; vous voulez que la première soit mortelle et la seconde immortelle. Croyez-vous donc qu'il y ait bien loin de l'âme du chien qui rêve sans nous écouter, à l'âme de notre voisin qui nous écoute en buvant de la bière et qui ne nous comprend pas? Croyez-vous que le chien ne raisonne pas aussi profondément que ce buveur de bière quand, à la chasse, il rapporte la perdrix à son maître ? Pourquoi la rapporte-t-il, lui qui aime le gibier, — au bout du fusil ? — C'est qu'il a le sentiment du bien et du mal. Pas un coup de dent, lui qui a faim, c'est stoïque! Mon cher savant, il ne manque à ce chien que de faire un cours à vos universités allemandes pour réduire ces raisonnements en syllogismes. — Peut-être, dit le savant devenu plus pensif, chaque pas qu'on fait dans la science est un pas dans l'abîme. — Voyez-vous, reprit Parisis, quand j'ouvre Malebranche, je suis effrayé de ces lignes : « Les bêtes perdent tout à la mort ; elles ont été innocentes et malheureuses, mais il « n'y a point de récompenses qui les attende. » Ainsi, Dieu n'existe pas, puisqu'il n'est pas juste. A quoi servira-t-il au perdreau d'avoir été assassiné et mangé par moi ? L'univers n'est qu'un vaste tombeau où s'éteint l'âme des hommes comme l'âme des bêtes. — L'univers est une vaste résurrection, parce que la vie est dans la mort comme la mort est dans la vie. — Et pourquoi passerions-nous dans un autre monde ? Le nôtre est admirable ; celui qui n'y trouve pas son idéal est un sot ou un rêveur. Mon idéal, je l'ai toujours saisi. Quoi de plus beau que la nature en fête ? Quoi de plus beau qu'un cheval de race ? quoi de plus beau qu'une belle femme ? quoi de plus beau que le ciel du soleil ou le ciel des étoiles ? Si j'avais une prière à faire à Dieu, ce serait de me faire revivre dans ce monde-ci. »

Parisis ajouta en raillant : « D'autant que l'autre n'existe pas — Monsieur le duc, dit le savant, ce monde-ci n'est que l'ébauche de notre destinée. »

Octave se leva : « Adieu, mon cher savant, c'est assez bâtir sur sable. Rappelons-nous le mot de Gassendi : « Les philoso-

« phes qui parlent de l'âme sont comme ces voyageurs qui
« racontent ce qui se passe dans le sérail, parce qu'ils ont tra-
« versé Constantinople. » — Oui, mais si on parle du sérail, c'est
que le sérail existe. — Ah! vous êtes entêtés, vous autres Allemands. »

Quand Octave fut seul, il leva les yeux vers les millions
d'étoiles qui lui parlaient de l'infini. « Et pourtant, dit-il avec un
mouvement d'enthousiasme, je serais si heureux si je pouvais
croire en Dieu. »

Une femme se jeta à sa rencontre. Il reconnut la marquise de
Fontaneilles. « Enfin! s'écria-t-il. — Oui, c'est moi, lui dit-elle
en lui serrant la main et en appuyant son front rougissant
contre lui. Mais chut! ma sœur est là qui marche en avant vers
l'hôtel. Nous sommes arrivées tout à l'heure. Nous avons pris un
appartement près du vôtre, mais nous sommes en voisinage
d'un personnage prussien qui partira demain. Donc, à demain. »

Parisis voulut retenir la marquise. « Mais qui vous empêchera
de venir ce soir causer avec moi ? — Causer avec vous ! Je ne
sais pas causer à deux. »

La marquise le regarda avec une expression voluptueuse :
« Non! demain. » Et elle courut rejoindre sa sœur.

Il a fallu que Louis XIV aimât Montespan pour comprendre
tout le charme divin de La Vallière, comme s'il fallait voir l'ange
à travers le démon. Ce fut un peu le sentiment qui s'empara de
Parisis quand il pensa à Geneviève après avoir dévoré d'un œil
ardent Mme de Fontaneilles, comme s'il prenait déjà une part des
ivresses promises.

L'image mélancolique de Geneviève amena l'image désolée de
Violette, — puis celle de Mme d'Antraygues, — puis celle de
Mme de Revilly, — puis celles de tant d'autres qui avaient payé
cher les heures d'amour passées avec Parisis.

Ce fut la vision de Louis XIV, qui, près de mourir, vit apparaître tout éplorées les vingt femmes qu'il avait aimées et qu'il
avait condamnées à toutes les misères, au repentir, au désespoir,
à la mort : Marie de Mancini, Henriette d'Angleterre, La Vallière,
Fontanges, Montespan, dont le cri de douleur retentira au delà
des siècles. « Pauvres femmes ! dit Parisis en voyant passer dans
son souvenir toutes celles qui l'avaient aimé. — Après cela,
reprit-il philosophiquement, bien heureuses celles qui meurent
jeunes ! Mourir jeune, dans la joie ou l'angoisse de l'amour, c'est
aller au ciel — s'il y a quelqu'un là-haut ! »

XXX

M. DE FONTANEILLES

Ems, M. de Fontaneilles descendit au Kursaal ; mais dès que ses bagages furent dans son appartement, il alla à l'hôtel d'Angleterre avec son sac de nuit.

Pourquoi ce sac de nuit? C'est qu'il portait à l'hôtel d'Angleterre ce qu'il avait de plus cher dans ses bagages : — ses pistolets, — son poignard espagnol, — son couteau malais.

Il savait déjà, par le cocher qui l'avait conduit au Kursaal, que le duc de Parisis était à l'hôtel d'Angleterre. Octave était naturellement le lion du pays, par son grand nom, par son grand air et par son grand jeu.

Le marquis demanda s'il restait quelque chose à louer au premier. On lui offrit deux chambres. Il arrivait à propos ; celui qui les occupait, M. de Bismark, venait de partir pour Cologne. Il y avait trois portes sur le palier. M. de Fontaneilles entra chez lui par la porte du milieu. « C'est bien, pensa-t-il, je suis sûr d'être voisin de Parisis. »

Il ne discuta pas sur le prix. Voyant une porte condamnée : « Où donne cette porte ? — Sur le salon de M. le duc de Parisis, dit l'hôtelier, qui était fier d'avoir un duc français tout au début de la saison. — Et quel est mon autre voisin ? — Deux dames françaises venues cette nuit qui n'ont pas encore donné leur nom. — C'est bien, murmura le marquis, j'ai mis le pied dans le nid de vipères. »

Il dit tout haut : « Je laisse mon sac de nuit. Tenez, voilà mon nom. » Il donna la carte d'un marchand anglais qu'il avait gardée par mégarde :

WILLIAMS COOLIDGE

Mark-Lane, London.

Il enferma son sac de nuit et retourna au Kursaal. Il ne reparut pas de la matinée. Mais vers trois heures, il demanda sa clef, une bouteille de kirsch, une plume et de l'encre, disant qu'il avait à écrire et priant qu'on le laissât en paix.

On le trouvait fort original et fort sombre ; mais un Anglais !

Quand il fut seul, il parcourut l'appartement pour s'assurer que nul ne le pouvait voir, après quoi il tira de sa poche un marteau, une lime et un rossignol. Il venait d'apprendre que Parisis était monté en voiture, à deux heures, avec une dame voilée, accompagnée d'une jeune fille, pour aller se promener à la maison de chasse d'Oberlahnstein.

Le marquis s'avouait qu'il était arrivé trop tard ; il ne doutait pas que la trahison ne fût consommée, il n'avait plus d'âme que pour la vengeance.

Tel était son aveuglement, qu'après avoir examiné la porte condamnée, il ne craignit pas de décider qu'il fallait scier les charnières sans s'inquiéter du bruit qu'il ferait. Il se mit à l'œuvre, croyant que Parisis et sa femme ne rentreraient qu'à l'heure du dîner.

Le temps fut plus long qu'il n'avait cru ; mais, armé de sa vengeance, il ne se reposa pas une minute. Au bout d'une heure, c'était fini. « Et maintenant, dit-il, cela ne m'empêchera pas de crocheter la serrure, pour faire moins de bruit ; mais, quoi qu'il en soit, je suis sûr de les surprendre — et de les tuer ! »

Disant ces mots, il s'agenouilla et pria Dieu. Voilà pourquoi Dieu pardonne souvent à ceux qui ne le prient pas.

XXXI

PROPOS PERDUS

FLEUR-DE-PÊCHE, Tourne-Sol et la Taciturne s'arrêtèrent vers deux heures sur le pont, pour voir passer au loin le duc de Parisis qui emmenait deux dames en promenade, la marquise de Fontaneilles et Mlle Clotilde de Joyeuse. « Oh !

oh! dit Tourne-Sol, on nous enlève Parisis ; c'est dommage, j'espérais qu'il jouerait pour moi. Dieu des décavés, *ora pro nobis !* — Ces princesses, dit Fleur-de-Pêche, n'ont-elles pas tous les privilèges ? Elles vont à la cour, ce qui ne les empêche pas de venir nous prendre nos hommes jusque sur les tapis verts. N'est-ce pas, la Taciturne ? — *Question d'argent,* dit celle-ci avec son indolence accoutumée. — Mais non, ce n'est pas une question d'argent ; c'est une question de principes. Décidément, je finirai par le mariage. Je veux, moi aussi, aller partout. — Mais quand tu seras mariée, nous ne te recevrons plus. — Je m'en consolerai. Je prendrai ces grands airs que donnent l'hyménée et la vertu. Voyez ces dames : nous avons beau faire, elles ont un art de pencher la tête, des mouvements de cygne et de roseau que je ne puis pas attraper. — Est-il heureux, ce Parisis! car il est toujours dans les deux mondes, celui-là : il dîne de la messe et soupe du théâtre. — Mais non, ma chère, il est devenu un saint. Il nous parle encore, mais nous n'en ferons plus rien. *Ni oui ni non,* dit la Taciturne. — Quand je pense qu'il n'y a pas ici un seul Russe pour me venger de la rouge ! reprit Tournesol. Encore si la Taciturne était plus expansive, elle séduirait son voisin un jouvenceau. — Oui, *mais je suis désarmée.* — Il est cousu d'or, demande au prince Bleu. — *J'en accepte l'augure.* »

Le prince Bleu, qui montait à l'autre bout du pont, fut bientôt près de ces demoiselles. « Dites-moi, leur demanda-t-il, je ne puis pas rencontrer Parisis ; il n'est pourtant pas parti ? — Parti ! Il n'y a qu'un instant, il passait en calèche avec deux dames. — Est-ce que sa femme est ici ? — Chut ! n'entrons pas dans la vie privée. »

Le prince Bleu, après avoir promis de présenter le voisin de la Taciturne, un jeune Russe qui voulait entrer à Paris par la porte d'Enfer, alla, pour la seconde fois, à l'hôtel d'Angleterre, questionner l'hôtelier sur Parisis. Etait-il venu seul ? Quelles étaient les dames qu'il promenait ? Reviendrait-il de bonne heure ? « M. le duc est venu seul, dit l'hôtelier ; mais je crois bien qu'il connaît les deux dames qui sont arrivées cette nuit. — Pouvez-vous me dire le nom de ces dames ? — Oui, je viens de les inscrire : c'est si je me souviens bien, la marquise de Fontaneilles et sa sœur, Mlle de la Gaieté. — Vous voulez dire Mlle de Joyeuse. — Ah ! oui, dit l'hôtelier, qui pensait en allemand ; je traduisais mal. »

Le prince s'éloigna. « Que diable tout ce monde-là fait-il ici ? » Il rencontra Monjoyeux : « Vous ici ! par quel miracle ? »

Monjoyeux arrivait en toute hâte de Paris, parce qu'un modèle

— la sœur de la femme de chambre de Mme de Fontaneilles — lui avait appris l'histoire du rendez-vous à Ems et le départ du marquis.

Il était parti lui-même, pressentant un malheur.

Monjoyeux n'avait qu'un ami : il veillait sur lui. Il ne voulut rien dire au prince, craignant que cet évaporé ne mît le feu aux poudres.

Le duc de Parisis rentra à l'hôtel d'Angleterre à onze heures, avec la marquise de Fontaneilles et Mlle de Joyeuse. Il avait dîné avec elles dans une villa voisine.

Le duc et la marquise ne s'étaient pas dit un mot d'amour, mais quelle adorable causerie des yeux !

A l'hôtel, Octave serrant la main de Mme de Fontaneilles, avait dit tout haut : *A demain*, pour Mlle de Joyeuse, mais il avait dit tout bas : *A minuit*.

Et il était sorti pour passer l'heure d'attente à la salle de jeu.

XXXII

OU ÉTAIT LA DUCHESSE DE PARISIS ?

ELLE était arrivée à la station d'Ems à une heure ; elle s'était logée tout à côté en donnant un nom quelconque ; elle s'était bientôt hasardée dans les promenades qui bordent la rivière, mais se dérobant à chaque instant pour n'être pas reconnue.

Elle avait bientôt vu ce qu'elle brûlait de voir, ce qu'elle n'aurait pas voulu voir : Parisis se promenant avec Mme de Fontaneilles et Mlle de Joyeuse. La jeune fille n'était pas pour les amoureux un témoin bien embarrassant, car elle courait les buissons et ne s'occupait ni de leurs œillades ni de leurs causeries. Au détour d'une allée, comme Geneviève s'était approchée, emportée malgré elle, elle avait vu Parisis qui saisissait la marquise par la ceinture pour l'embrasser en plein soleil. « Ah ! c'est un coup de poignard, » dit-elle en portant la main à son cœur. Elle voulut se montrer, mais elle eut le courage de se contenir et de s'en aller, craignant un éclat public, car des promeneurs s'étaient approchés.

Elle était rentrée en proie à mille desseins contraires. « J'en mourrai, » disait-elle à chaque instant. Et elle avait écrit plusieurs lettres à son mari, à la marquise, à Mlle Hyacinthe ; mais ces lettres, on les retrouva inachevées le lendemain.

Le soir, Geneviève s'était décidée à aller à l'hôtel d'Angleterre. Comme elle passait devant le palais de la Conversation, elle avait rencontré Parisis qui venait de conduire Mme de Fontaneilles et qui revenait à la salle de jeu. Le nom d'Octave échappa aux lèvres de la duchesse, quoiqu'elle eût résolu d'arriver chez lui incognito. Parisis retourna la tête, très surpris de reconnaître la voix de Geneviève. Il lui saisit la main. « C'est toi ? — Je sais que vous ne m'attendiez pas. — Comme je suis heureux de te retrouver ! »

Ce mot était si bien dit, que toute la jalousie de Geneviève tomba presque comme par enchantement. Mais elle se rappela le baiser à la promenade. « Et la marquise ? dit-elle. — La marquise, elle devient folle, répondit Parisis, elle est ici, elle ne sait pourquoi. Elle dit pour sa poitrine, moi je dis pour son cœur. Je l'ai promenée aujourd'hui avec sa sœur, pour lui faire des remontrances. — En l'embrassant ? — Oui, comme un bon prédicateur que je suis : je ne veux pas la mort du pécheur. »

On sait que Parisis avait par excellence l'art de conjurer toutes les tempêtes de l'amour. Il n'avait peur de rien, parce qu'il était fertile en ressources : tromper, toujours tromper, c'était son jeu. Geneviève le trouva si calme, si souriant, si amoureux, qu'elle ne voulut plus lui parler de Mme de Fontaneilles ; elle pensa que le marquis avait été aveuglé par la jalousie, et qu'entre son mari et la marquise il n'y avait eu qu'une simple rencontre de hasard à Ems.

La duchesse eut pourtant le courage, en entrant à l'hôtel d'Angleterre, de demander à Parisis pourquoi il se hâtait si lentement d'aller à son poste. « Tu sais, ma chère amie, lui répondit-il, que j'ai gardé quelques-unes de mes mauvaises habitudes. J'aime toujours le jeu. » Et après un silence : « Mais j'aime bien mieux l'amour. » Et il prit Geneviève dans ses bras avec toute la douceur pénétrante de la véritable passion.

Une des filles de l'hôtel, qui avait vu les manèges de Parisis et de Mme de Fontaneilles, ne put s'empêcher de dire en voyant Octave si amoureux de sa femme : « Eh bien ! Dieu merci, que va dire l'autre tout à l'heure ! »

Parisis avait voulu que Geneviève soupât. Peut-être espérait-il pouvoir s'échapper un instant pour avertir la marquise ; mais Geneviève, qui n'avait pris depuis le matin que du thé et du café, ne voulut pas souper. Après avoir été toute à sa douleur, elle était toute à sa joie : elle embrassait Octave et le dévorait des yeux. Son bonheur, qu'elle croyait perdu, elle le retrouvait plus rayonnant.

Que se passait-il dans le cœur d'Octave ? S'il était inquiet, il cachait bien son inquiétude. « Tu sais que je vais me coucher, lui dit tout à coup Geneviève. Et moi donc, lui répondit-il. » Sur ce mot elle jeta ses gants sur le canapé, et décoiffa d'un revers de main son mari qui, sans doute, n'avait gardé son chapeau que pour pouvoir sortir encore.

Geneviève qui, à Parisis comme à Champauvert, passait une heure le soir à se déshabiller, ne fut pas cinq minutes cette nuit-là, d'autant plus que Parisis y mit la main avec sa grâce accoutumée.

. . . .

Or, M. de Fontaneilles était à son poste ; avec une vrille, il avait percé deux trous imperceptibles pour voir le spectacle.

Mais contre son attente, on ne venait pas dans le salon, on restait à causer dans la chambre à coucher.

XXXIV

L'HEURE D'AIMER

A porte qui s'ouvrait de la chambre à coucher sur le salon était fermée. M. de Fontaneilles entendait vaguement un bruit de voix sans qu'une seule parole vînt à son oreille.

Que se disait-on ? Il écoutait avec anxiété, il regardait avec fureur le sillon de lumière qui passait sous la porte. « Oh ! ma vengeance, » dit-il en se contenant.

On causait toujours. Après une heure d'attente, la porte s'ouvrit. Octave seul passa dans le salon. Que venait-il y faire ? il n'y apporta pas de lumière, mais la lumière de la chambre le suivit d'un pâle reflet.

La chambre de la marquise de Fontaneilles avait une porte sur ce salon : Octave tentait-il de lui donner des nouvelles ? La duchesse appela son mari. Octave retourna dans la chambre sans refermer la porte.

Alors M. de Fontaneilles vit, à demi masquée par Octave, une femme qui le pressait amoureusement sur son sein.

Le marquis rugit. Il avait entendu cette parole — ce cri d'un cœur éperdu : « Ah ! si tu savais comme je t'aime ! » — « Elle ne m'a jamais dit cela ! » dit-il en étouffant sa voix.

Il regardait toujours. Octave commença à déshabiller Geneviève avec sa grâce accoutumée. Et, tout en la déshabillant, il lui baisait les cheveux, il lui baisait le cou, il lui baisait les bras.

M. de Fontaneilles voyait mal, mais il voyait trop.

Et quand la robe tomba, Octave prit doucement Geneviève et la porta sur le lit avec les paroles les plus amoureuses. « Il me semble qu'il y a un siècle ! » dit-elle.

Parisis alla fermer la porte ouverte sur le salon. Cette fois, le marquis ne vit plus rien et n'entendit plus rien. Sa curiosité fébrile le clouait encore à la porte condamnée.

Tout à coup, il arracha cette porte. Il saisit le poignard, — il avait le revolver dans sa poche, — il se précipita dans la chambre à coucher. — Tout aveuglé et tout éperdu il frappa.

Octave se défendit mal, parce qu'il fut surpris se déshabillant.

Quoique la femme fût presque nue, elle se jeta hors du lit pour se précipiter au-devant du furieux, comme pour préserver Parisis. En se jetant hors du lit, elle renversa le candélabre, les bougies s'éteignirent.

Mais M. de Fontaneilles, voyant une forme blanche devant lui : « Toi aussi, je te tuerai ! » dit-il en rugissant comme une bête fauve.

Il avait déjà blessé Parisis.

Avant que Parisis se fût jeté entre l'assassin et sa femme, l'assassin eut le temps de frapper. Et il frappa au cœur.

Geneviève poussa un cri : « Octave, je meurs ! je meurs ! »

M. de Fontaneilles n'était pas assouvi ; pendant que sa femme entraînait Parisis qui l'avait prise dans ses bras, le marquis frappa encore.

Parisis cria avec l'effroi de toutes les douleurs : « Geneviève ! Geneviève ! »

Frappé au côté, ne s'inquiétant que de sa femme, qui tombait à moitié morte dans ses bras, il n'avait pas reconnu M. de Fontaneilles, il ne comprenait rien à cet assassinat.

A ce cri d'Octave appelant Geneviève, M. de Fontaneilles eut peur. Déjà quand Geneviève avait dit : — *Octave, je meurs !* — il avait pensé que sa femme parlait à son amant en déguisant sa voix.

Il courut dans sa chambre et revint avec une bougie.

Il vit la duchesse de Parisis mourante, mais s'agitant encore sous les baisers et sous les cris d'Octave.

Alors il s'enfuit épouvanté, laissant tomber son poignard.

Octave venait de tout voir et de tout deviner. Tout ensanglanté, il ramassa le poignard et courut sur le marquis.

Il était effrayant : le visage livide, les traits contractés, les yeux injectés de stries sanglantes.

Quand le marquis vit accourir Octave, il saisit un des deux pistolets qui étaient sur la table. « N'avancez pas, lui cria-t-il, n'avancez pas ou je vous tue. »

Octave avança, et, frappant au bras M. de Fontaneilles, il détourna le coup.

La balle alla trouver une boiserie et briser bruyamment un miroir dans la chambre voisine.

C'était la chambre de Mme de Fontaneilles.

Elle ne savait pas que Geneviève fût venue à Ems non plus que M. de Fontaneilles.

A cette heure même, la marquise, aveuglée par son amour, se demandait pourquoi Octave ne lui faisait pas signe, puisqu'il avait été convenu qu'à minuit, pendant le premier sommeil de Mlle de Joyeuse, elle irait, de son pied léger, continuer sa causerie amoureuse avec Parisis.

En attendant, elle se mirait et se trouvait belle. Elle avait les deux battements de cœur de celles qui attendent.

Au coup de pistolet, mille éclats de la glace volèrent sur elle. Elle fut stoïque et ne cria pas.

Il restait assez du miroir pour lui montrer qu'elle était défigurée.

Mlle de Joyeuse, presque endormie dans une chambre à côté, accourut, poussa un cri et recula avec effroi devant ce spectacle. « Ma sœur ! ma sœur ! — Chut ! prions Dieu, Clotilde, » dit Mme de Fontaneilles en tombant évanouie.

Mlle de Joyeuse essuyait de ses mains et de ses lèvres le sang qui perlait sur la figure de sa sœur.

La femme adultère était frappée à jamais dans ce qu'elle aimait le plus : sa beauté !

XXXIV

LE JUGEMENT DE DIEU

Parisis avait renversé le marquis de Fontaneilles; il avait frappé deux fois déjà... « C'est une lâcheté! dit le marquis, je suis désarmé. — Une lâcheté! dit Octave avec amertume; est-ce que ma femme était armée? — Vous savez bien que je croyais frapper ma femme. »

C'était la première fois que le mot *lâcheté* résonnait aux oreilles de Parisis. Il domina toutes ses colères et toutes ses douleurs. Il se releva et dit avec calme : « Eh bien! il vous reste un pistolet chargé : voulez-vous le jugement de Dieu? — Le jugement de Dieu! dit le marquis se relevant aussi. Vous ne croyez pas à Dieu! »

Ce fut à cet instant que Mlle de Joyeuse jeta un cri en voyant sa sœur toute sanglante.

Octave crut entendre la voix de Geneviève et courut à elle.

Il lui parla et l'embrassa comme s'il voulût lui donner son âme pour la ranimer.

La lune répandait sur la figure de la duchesse un pâle sillon de lumière.

Geneviève avait les yeux ouverts, mais elle ne voyait plus Octave.

Il s'agenouilla : « Oui, le jugement de Dieu! dit-il avec désespoir; le jugement de Dieu, puisque tout est fini. »

Et comme si Geneviève dût l'entendre : « Geneviève! Geneviève! mon adorée Geneviève, attends-moi! »

Il l'embrassa encore. « Non, dit-il, l'âme n'est pas morte! » Et levant les yeux dans la nuit, cet athée s'écria : « *Credo!* »

Cette fois, il eut des larmes. Il lui sembla qu'il revoyait déjà au ciel sa mère et sa femme.

Mais le marquis attendait. Il retourna vers lui. « Voyons, dit-il, j'ai hâte. — Moi aussi, dit M. de Fontaneilles. Voilà deux pistolets, tous les deux sont couverts de sang : prenez! »

Mais Parisis dit qu'il reconnaissait celui qui venait d'être tiré.

Le marquis déplia une serviette la jeta sur les pistolets et les tourna trois fois. « Prenez donc! » dit-il avec impatience.

Parisis, toujours galant homme, écrivait sur le coin d'une table :

« *Je me bats en duel avec M. de Fontaneilles.*

« Duc de Parisis. »

Ce 28 juin, minuit et demi.

A son tour, le marquis de Fontaneilles écrivit :

« *Je me bats en duel avec M. de Parisis.*

« Marquis de Fontaneilles. »

Ce 29 juin, minuit et demi.

Le duc croyait que toute la nuit appartenait au jour passé. Le marquis comptait, en homme ordonné, le jour nouveau à partir de minuit. Voilà pourquoi on trouva deux dates : *le 28 juin* et *le 29 juin.*

Parisis mit la main sous le repli de la serviette et prit un pistolet. Quand il l'arma, il lui sembla, malgré son émotion, tant était grande son expérience des armes, que le canon de ce pistolet était encore tiède comme si on venait de s'en servir. « Dieu me condamne, Geneviève m'appelle, » dit-il en levant fièrement la tête.

Les deux adversaires se placèrent presque l'un contre l'autre, le doigt sur la détente, la gueule du pistolet à peine à dix centimètres du cœur.

Eclairés par la flamme vacillante d'une bougie, ils se regardèrent un instant d'un terrible regard ; ils entendirent battre leur cœur sous le canon des pistolets. « Un, dit Octave. — Deux, dit M. de Fontaneilles. — Trois, dit Octave. »

Une détonation retentit dans le silence de la nuit.

M. de Fontaneilles vit le dernier des Parisis, frappé d'une balle en pleine poitrine, faire quelques pas en arrière.

Tout à coup, ressaisissant un éclair de vie, Octave alla d'un pas rapide tomber avec un grand cri de douleur sur le sein de la duchesse de Parisis.

Elle eut encore un tressaillement.

XXXV

MONJOYEUX

QUOIQU'IL fût minuit et demi, quelques joueurs attardés avaient reconduit après souper Mlles Fleur-de-Pêche, la Taciturne et Tourne-Sol jusqu'à la porte de l'hôtel d'Angleterre.

Ces deux dames ne recevaient pas *intrà muros*.

On entendit le coup de pistolet qui frappait Parisis. « Entendez-vous? dit un joueur, c'est un décavé qui joue à la rouge. »

Horrible mot, quand on pense à tout ce sang répandu.

Le prince Bleu devisait gaiement avec ces demoiselles; il avait rencontré à onze heures Parisis et sa femme qui allaient entrer à l'hôtel d'Angleterre; ils lui paraissaient si heureux, qu'un rayon lui était venu jusque sur la figure; il n'avait jamais été si gai.

Cette détonation l'inquiéta pourtant.

Ce fut alors qu'un homme, plus inquiet que lui, arriva dans le groupe et demanda de quoi il était question. C'était Monjoyeux, suivi bientôt de Villeroy qui était arrivé par le train du soir.

Quand on leur eut répondu qu'on venait d'entendre une détonation : « Oh! mon Dieu! s'écria Monjoyeux, il y a là-haut un assassinat. »

On voyait courir des lumières dans l'hôtel, on criait et on parlait haut.

Monjoyeux carillonna pour entrer. La porte s'ouvrit. Le prince Bleu s'élança désespéré.

Monjoyeux allait le suivre, mais M. de Fontaneilles sortit.

Monjoyeux remarqua qu'il était tout couvert de sang. « On ne passe pas, lui dit-il en l'arrêtant. — Pourquoi? demanda froidement le marquis. — Parce que vous ressemblez à un homme qui fuit son crime. — Moi! Je ne fuis pas. Cet homme m'avait pris ma femme, je vais tout droit me constituer prisonnier. — Eh bien! vous êtes mon prisonnier, » dit Monjoyeux. Et quand il eut appris l'horrible tragédie : « Va! lui dit-il, je t'abandonne à toi-même, va cuver ton sang! »

Mais le ressaisissant : « Tu m'as tué mon seul ami; tu porteras un jour ma marque, si tu es absous. »

Le rude Monjoyeux pleurait comme un enfant. Et comme à toutes choses il y a une moralité, Monjoyeux ajouta : « Il faut en finir une fois pour toutes avec ces hommes qui assassinent les femmes. Dieu merci! la peine de mort contre la femme est abolie. »

Monjoyeux courut vers Parisis. Il lui sembla qu'il tressaillait encore. Il voulait l'embrasser; mais, quand il le vit couvrant de ses mains et de sa figure la chaste nudité de Geneviève, il tomba agenouillé et il éclata en sanglots.

Le médecin qui était survenu, les supplia, lui, Villeroy et le prince Bleu, de sortir de cette chambre sanglante, où tout le monde voulait entrer. « Oui, dit Monjoyeux, allons-nous-en. C'est la chambre nuptiale de la mort. Que personne ne la profane. » Et après avoir respectueusement baisé la main de la morte, il ajouta : « Demain j'y reviendrai seul. »

Mais le lendemain, quand il revint, on lui dit que son ami était déjà dans le cercueil. Il rencontra dans l'escalier de l'hôtel une femme qu'il avait vue à Paris au bras d'Octave.

C'était la Femme de Neige.

Elle lui tendit la main : « Tout est fini ! » dit-elle tristement. Il voulut lui parler, mais elle passa rapide et mystérieuse.

XXXVI

UNE NOUVELLE A LA MAIN

MADAME d'Argicourt était sérieusement malade. Elle aussi avait perdu son amant; elle aussi s'était réveillée de toutes ses illusions. Horrible réveil, quand déjà la jeunesse décline et qu'on n'espère plus reprendre pied dans le pays de l'amour. Cette femme, si vive et si gaie, toute emportée par la force de sa nature, devait tomber d'un seul coup comme ces arbres branchus qui appellent la foudre.

Une sœur de charité la veillait.

C'était une jeune religieuse, pâle et méditative, qui lui était venue par son médecin ou par son confesseur, je ne sais pas bien.

La jeune religieuse, toute à ses livres de prières, ne semblait rien savoir des choses de ce monde. On apportait les journaux de sport, de haute vie, de nouvelles à la main à Mme d'Argicourt, la sœur de charité ne les lisait jamais.

Mais un soir, comme Mme d'Argicourt s'impatientait dans la fièvre, elle lui dit : « Ma sœur, je vous en prie, lisez-moi les journaux, faites-moi oublier que je souffre. »

La religieuse tenta de la convaincre que si elle écoutait quelques lectures pieuses elle sentirait comme par miracle ses douleurs s'apaiser, tant les légendes chrétiennes sont un baume sur toutes les douleurs, même sur les douleurs corporelles, puisque, selon l'apôtre, il n'y a que l'âme qui vit. Là est le vrai stoïcisme.

Mais enfin, pour complaire à la malade, la religieuse ouvrit le premier journal venu.

Elle promena ses regards çà et là. D'où vient que la première chose qu'elle lut fut cette nouvelle à la main toute fraîche venue d'Ems par le télégraphe, comme s'il se fût agi d'un événement politique?

« La ville d'Ems inaugure mal sa saison. Voici, en quelques mots, la tragédie épouvantable dont cette petite ville, toujours si gaie, vient d'être le théâtre. Il y a là un dénouement pour les faiseurs de drames.

« Un duc célèbre dans le monde parisien était arrivé hier sans sa duchesse. Il paraît qu'il venait à Ems pour y rencontrer une belle marquise parisienne.

« Mais le duc et la marquise avaient compté sans la duchesse et le marquis.

« Or, la duchesse arrive à temps et prend sa place le soir dans le lit du duc, c'était son droit; c'était son devoir.

« Mais, par malheur, le marquis, en proie à sa fureur jalouse, ne doute pas qu'il va trouver sa femme dans le lit du duc; dans son aveuglement, il se précipite, il entend parler une femme, la jalousie lui dit que c'est la sienne, il est armé d'un poignard. Il veut frapper le duc, peut-être pour frapper la femme ensuite.

« Le duc était debout, se déshabillant; la femme était déjà couchée. Au premier coup de poignard, la femme se précipite; dans son aveuglement, le marquis la frappe à son tour.

« Il frappe au cœur.

« Le duc est blessé et la femme tuée. Rien ne peut peindre cet horrible carnage.

« Ce n'est pas tout : duel au poignard, duel au pistolet, jugement de Dieu, que sais-je! Le duc est tué, le marquis s'est livré à la justice allemande.

« On n'a pas de nouvelles de la marquise.

« C'est d'autant plus épouvantable, que le duc et la duchesse s'adoraient. On sait qu'ils étaient encore dans leur lune de miel. Mais n'est-ce pas bien mourir que de mourir heureux ? »

« Et maintenant, on se demande ce que faisait là une dame étrangère connue à Paris sous le nom de la *Femme de Neige ?*

« Tout est mystérieux en cette tragédie d'Ems. »

La religieuse ne lut tout haut que les premières lignes de cette « nouvelle à la main. » Mme d'Argicourt se souleva. « Lisez, lisez, ma sœur. Je suis sûre que c'est le duc de Parisis. Oh! mon Dieu! mon Dieu! quel malheur! »

Mme d'Argicourt s'aperçut alors que la religieuse venait de tomber évanouie.

XXXVII

LES ROSES FANÉES

CETTE dépêche de Bade avait averti d'Aspremont, qui était alors en Bourgogne :

M. le comte d'Aspremont à Dijon. Ami, allez nous attendre à Paris. Épouvantable malheur. Duc et duchesse assassinés. Funérailles mardi. MONJOYEUX.

D'Aspremont courut au château de Parisis. Il y trouva, dans la chambre de la duchesse, Mlle Hyacinthe, à peine revenue de Cologne. Elle avait le matin cueilli des roses pour Geneviève. Elle venait, elle aussi, de recevoir une dépêche de Monjoyeux.

Quoique d'Aspremont connût à peine la jeune amie de la duchesse, il se jeta dans ses bras et pleura avec elle. « Voyez-vous, lui dit-il, je ne retrouverai jamais un ami comme de Parisis. Brave comme le feu, généreux comme l'or, celui-là ne se marchandait pas. Il donnait son cœur et son âme comme sa fortune. C'est un deuil pour tout Paris! car il était partout la joie et la vie. — Et la duchesse? s'écriait Hyacinthe en éclatant dans ses sanglots, c'était la plus adorable de toutes les femmes : la beauté, la vertu, la charité. Elle n'avait pas sa seconde, si ce n'est la Violette. »

D'Aspremont fut touché des larmes de Mlle Hyacinthe. Il n'avait jamais si bien pleuré. « Dieu ne voulait pas qu'ils fussent heureux, lui dit-elle, car Violette était morte pour eux. — Qui vous a dit que Violette fût morte ? dit d'Aspremont. Je suis sûr que je l'ai reconnue à Paris aux filles repenties, quoiqu'elle se cachât bien. — Oh ! dites-moi que Violette n'est pas morte ; si vous saviez comme nous nous aimions ! Si vous saviez comme la duchesse aimait sa cousine ! Il n'y a pas une fleur ici qui n'en témoignerait. »

Mlle Hyacinthe eut un sourire à travers ses larmes. « Geneviève, reprit-elle, effeuillait tous les jours des milliers de roses en souvenirs de Violette. Les pauvres roses de Parisis et de Pernan, qui donc les cueillera ? »

Hyacinthe montra à d'Aspremont une couronne de roses blanches qu'elle avait jetée sur le lit de la duchesse. « Ce lit, dit-elle, où on ne la couchera plus, même dans la mort ! Ce lit où j'espérais la voir mère ! »

D'Aspremont eut à cet instant comme une vision de sa vie future : il sembla que ces roses déjà fanées étaient jetées sur le tombeau de son cœur. Il se jeta dans les bras de Hyacinthe comme un désespéré qui voudrait mourir.

Hyacinthe ne comprenait pas ; elle s'imagina un instant que d'Aspremont l'aimait. Mais d'Aspremont n'était si triste que par prescience : comme un spectateur au théâtre de sa vie, il voyait le drame avant que le rideau fût levé. « Que m'importe moi-même, dit-il à la jeune fille ; mon vrai désespoir, c'est la mort de Parisis. Que ferai-je sans lui, maintenant ! »

Et ce fut à Paris le cri de tous les amis d'Octave, tant il était l'âme de toutes ses belles folies.

XXXVIII

VOLETTE ÉTAIT-ELLE MORTE ?

ELUI qu'on surnommait le prince Bleu, le marquis de Villeroy et Monjoyeux accompagnèrent au château de Parisis les dépouilles mortelles du duc et de la duchesse. Monjoyeux avait des bouffées de colère contre ce jeu de hasard que d'autres appellent la destinée. Villeroy était grave, triste et silencieux : un chagrin diplomatique. Le prince était méconnaissable. Il sentait qu'il avait perdu celui qu'il aimait, lui aussi, comme son seul ami.

On se racontait dans ce pèlerinage de la mort tous les épisodes amoureux d'Octave de Parisis. Il semblait que la vie parisienne fut déjà en deuil. Qui donc vivrait si bravement dans toutes les aventures, dans le luxe inouï, dans les élégances exquises ; une fois encore le beau monde avait perdu son d'Orsay.

Les trois amis parlaient de Geneviève comme d'une sœur et comme d'une sainte.

Quand on arriva devant le château, qui ce jour-là riait au soleil, on vit, appuyée sur Mlle Hyacinthe, une religieuse voilée, qui descendit le perron et qui fit le signe de la croix sur les deux cerceuils recouverts de velours.

La religieuse était blanche comme un linceul ; elle ressemblait à ces figures d'Angelico da Fiesole qui n'ont plus rien de la terre. Aussi était-ce un étrange contraste que de la voir soutenue par Mlle Hyacinthe qui, quoique toute à sa douleur, gardait l'éclat de ses vingt ans.

C'était l'image de la mort soutenue par la vie.

Monjoyeux demanda à Mlle Hyacinthe si cette religieuse était de la famille. « Vous ne la connaissez donc pas ? — Dites-moi son nom. — Elle s'appelle Louise de la Miséricorde, comme Mlle de la Vallière. »

La religieuse avait posé ses deux mains sur les deux cercueils, comme si elle eût senti battre encore le *cœur* d'Octave de Parisis et de Geneviève de La Chastaigneraye. « Octave, murmura-t-elle, priez Dieu pour moi ! »

XXXIX

LA LÉGENDE DES PARISIS

ES funérailles du duc et de la duchesse de Parisis appelèrent au château le beau monde qui naguère était venu si joyeux aux noces d'Octave et Geneviève.

Mais il y eut des absents.

Ce pauvre château de Parisis! un instant réveillé pour les fêtes, désormais le campo santo d'une grande famille dont le nom ne retentira plus!

Après les funérailles, dans la crypte des tombeaux, la religieuse ne dit qu'un seul mot, le mot de Geneviève : — C'EST LA ! —

Et elle montra les deux cercueils.

Monjoyeux ne dit qu'un seul mot à la religieuse : « Ma sœur ainsi le voulait la légende des Parisis, qui a dit :

L'AMOUR DES PARISIS DONNERA LA MORT,
L'AMOUR DONNERA LA MORT AUX PARISIS.

La sœur de charité murmura : « Oui, puisque je suis morte pour ce monde. »

XL

FRAGMENT D'UNE LETTRE DE MONJOYEUX

N donnera ici quelques lignes d'une lettre écrite par Monjoyeux à celui qui a conté cette histoire :

N'imprimez pas encore le mot FIN. Il n'y a jamais de dénouement dans les histoires de ce monde. La mort ne tue ni l'âme, ni le souvenir, ni la passion. Le tombeau n'est pas le néant ; ne parle-t-il pas à ceux qui survivent? Que de chapitres à travers la mort! Demandez à Violette, cette autre Louise de la Miséricorde, qui porte son linceul, mais qui ne peut pas mourir.

Demandez à Mme d'Antraygues, à Mme de Fontaneilles, à Mme de Hauteroche, à toutes celles que nous avons vues dans les pâleurs de la passion.

Violette me disait hier : « Pourquoi la tombe ne s'ouvre-t-elle pas pour moi, puisque je traine mon suaire ! » Et elle ajouta : « Mourir d'amour, c'est vivre deux fois : de la vie présente et de la vie future. »

La pauvre et douce Violette avait raison. C'est une vraie femme celle-là, une figure et un cœur, une âme dans la passion!

Plus je vais, plus je reconnais la supériorité de la femme. Qu'est-ce que l'homme? Un rhéteur. Notre ami Octave n'était pas un rhéteur. C'était la jeunesse emportée par la passion.

Pauvre Parisis! J'ai pleuré sur son tombeau; mais je ne puis croire qu'un homme si vivant soit couché dans un linceul. Quand je vois une belle femme, il me semble toujours qu'il n'est pas loin.

TABLE DES CHAPITRES

Préface V

LIVRE I

MONSIEUR DON JUAN

I.	C'EST ÉCRIT SUR LES FEUILLES DU BOIS DE BOULOGNE...	1
II.	LA LÉGENDE DES PARISIS.	4
III.	PAGES D'HISTOIRE FAMILIALE.	9
IV.	OU OCTAVE DE PARISIS SUIT SON BONHEUR.	14
V.	LES CURIOSITÉS D'UNE FILLE D'ÈVE.	19
VI.	LA MARGUERITE.	23
VII.	L'OR, LE POUVOIR, LA RENOMMÉE, L'AMOUR.	27
VIII.	LE JEU DE CARTES.	28
IX.	LA DAME DE PIQUE ET LES POIGNARDS D'OR.	32
X.	LE BAISER DE DON JUAN.	35
XI.	LA DAME DE CŒUR ET LA DAME DE PIQUE.	39
XII.	LE TOUR DU LAC.	42
XIII.	POURQUOI MADEMOISELLE ALICE SE FIT ENLEVER . . .	44
XIV.	SUR LA GLACE.	47
XV.	L'ESCALIER D'ONYX.	50
XVI.	VIOLETTE.	54
XVII.	POURQUOI OCTAVE SENTIT UNE PETITE MAIN SUR LA SIENNE QUAND IL VOULUT SONNER.	62
XVIII.	LE ROI DE THULÉ.	68
XIX.	OCTAVE JETTE SA COUPE A LA MER.	71
XX.	UNE FEMME EN HAUT, UNE FEMME EN BAS.	73
XXI.	LES DEUX RIVALES.	77

XXII.	LE DUC DE PAS LE SOU................	82
XXIII.	UNE RÉAPPARITION A L'OPÉRA............	85
XXIV.	POURQUOI M. D'ANTRAYGUES DEMANDA A SA FEMME SI ELLE GANTAIT L'OCTAVE...............	87
XXV.	UNE AMBASSADE GALANTE D'OCTAVE DE PARISIS.....	92
XXVI.	LA VALSE DES ROSES................	102
XXVII.	LE DERNIER MOT DE L'AMBASSADE..........	110
XXVIII.	LE NAUFRAGE DU CŒUR..............	111
XXIX.	LES MÉTAMORPHOSES DE MADEMOISELLE VIOLETTE DE PARME.....................	115
XXX.	LE VOYAGE A DIEPPE................	118
XXXI.	SUR LA PLAGE...................	120
XXXII.	LES DIX MILLIONS DE MADEMOISELLE RÉGINE DE PARISIS.	127
XXXIII.	LA DAME BLANCHE................	134
XXXIV.	LA MESSE DE DON JUAN..............	138
XXXV.	LE BOUQUET DE ROSES-THÉ............	142
XXXVI.	LE BOUQUET DE ROSES-THÉ ET LE POISON DES MÉDICIS.	143
XXXVII.	L'ADIEU DE VIOLETTE...............	147
XXXVIII.	LES DIX MILLIONS................	154
XXXIX.	ALICE......................	160
XL.	OU VA UNE FEMME QUI TOMBE...........	166

LIVRE II

MADAME VÉNUS

I.	LA CHAMBRE A DEUX LITS..............	168
II.	DE MADAME DE MARSILLAC QUI PORTAIT DES MUFLES D'OR SUR CHAMP DE GUEULES...............	173
III.	LA LUNE REGARDAIT PAR LA FENÊTRE.........	176
IV.	POURQUOI ANGÈLE ÉTAIT-ELLE PARTIE........	180
V.	VIOLETTE AU SECRET................	183
VI.	DE QUELQUES DEMOISELLES CHEZ LE JUGE D'INSTRUCTION.	187
VII.	POURQUOI ANGÈLE ÉTAIT-ELLE PARTIE........	192
VIII.	DE QUELQUES PARADOXES DE MONJOYEUX.......	194
IX.	MONJOYEUX JOUE UN NOUVEAU ROLE.........	202
X.	LA COUR D'ASSISES.................	204
XI.	LA MÈRE DE VIOLETTE...............	212
XII.	VIOLETTE ET GENEVIÈVE..............	215
XIII.	TROIS MARIS CONTENTS..............	219
XIV.	LES FEMMES INVINCIBLES..............	225
XV.	L'ESCARPOLETTE..................	228
XVI.	LE FESTIN DE MARBRE...............	229
XVII.	UN TOAST A LA FEMME...............	236

XVIII.	HISTOIRE DE MADAME VÉNUS..............	245
XIX.	LE THÉ DE MADAME VÉNUS...............	253
XX.	LE SOUPER DU COMMANDEUR..............	255
XXI.	CI-GIT MADAME VÉNUS.................	260

LIVRE III

LA DAME DE CŒUR

I.	DEUX LARMES DE GENEVIÈVE..............	262
II.	LA FOLIE DE LA RAISON................	267
III.	LES DEUX COUSINES.................	270
IV.	LA CONFESSION DE GENEVIÈVE.............	276
V.	POURQUOI CLOTILDE MOURUT VIERGE..........	285
VI.	L'HEURE DU DIABLE.................	287
VII.	LES VISIONS DE MADEMOISELLE JULIA..........	293
VIII.	LA SOLITUDE DE VIOLETTE..............	296
IX.	LES DEUX COUSINES.................	298
X.	LE CHATEAU DE CARTES................	300
XI.	UN AUTRE BOUQUET MORTEL..............	302
XII.	OÙ ÉTAIT ALLÉE VIOLETTE..............	306
XIII.	LE TROISIÈME LARRON................	309
XIV.	LA FEMME DE NEIGE.................	312
XV.	PAGES DÉTACHÉES DE LA VIE D'OCTAVE..........	317
XVI.	LA CHIFFONNIÈRE..................	321
XVII.	L'HÔTEL DU PLAISIR, MESDAMES............	324
XVIII.	LES INSÉPARABLES..................	328
XIX.	LES POIGNARDS D'OR.................	331
XX.	UN CARABIN ARRACHE UNE DENT A MADEMOISELLE RÉBECCA.	334

LIVRE IV

LA TRAGÉDIE

I.	LA CONFESSION DE VIOLETTE..............	340
II.	OCTAVE A PARISIS..................	347
III.	LE DÉFI A DIEU...................	349
IV.	LA MORTE ET LA VIVANTE...............	353
V.	LE BOUQUET DE FRAISES ET LE BOUQUET DE LÈVRES..	356
VI.	LE MARIAGE DE DON JUAN...............	358
VII.	L'EXTRAIT MORTUAIRE DE VIOLETTE DANS LA CHAMBRE NUPTIALE...................	361
VIII.	L'HIRONDELLE DE VIOLETTE..............	363
IX.	LE LENDEMAIN DU BONHEUR..............	365
X.	MOURIR CHEZ SOI...................	368

XI.	LA D'ANTRAYGUES !.	373
XII.	LA MORT D'UNE PÉCHERESSE.	375
XIII.	LA LETTRE DE DEUIL.	378
XIV.	L'APPARITION.	381
XV.	LE DIABLE AU CHATEAU.	383
XVI.	LA MARQUISE DE FONTANEILLES.	387
XVII.	LE DÉJEUNER SUR L'HERBE.	391
XVIII.	LES FILLES REPENTIES.	394
XIX.	LA CRISE.	398
XX.	QUE L'AMOUR DE LA RÉSISTANCE EST AUSSI IMPÉRIEUX QUE LE DÉSIR DE L'AMOUR.	400
XXI.	LE DERNIER SOUPER.	401
XXII.	UNE CAUSERIE SUR LES FEMMES AU CONCERT DES CHAMPS-ÉLYSÉES.	404
XXIII.	LA FATALITÉ.	410
XXIV.	LES ADIEUX.	413
XXV.	LE DÉMON DE L'ADULTÈRE.	415
XXVI.	NÉE POUR AIMER, NÉE POUR SOUFFRIR.	418
XXVII.	TOURNE-SOL ET LA TACITURNE.	419
XXVIII.	LA FEMME VOILÉE.	422
XXIX.	LES DEUX ATHÉES.	424
XXX.	M. DE FONTANEILLES.	427
XXXI.	PROPOS PERDUS.	428
XXXII.	OÙ ÉTAIT LA DUCHESSE DE PARISIS ?	430
XXXIII.	L'HEURE D'AIMER.	432
XXXIV.	LE JUGEMENT DE DIEU.	435
XXXV.	MONJOYEUX.	437
XXXVI.	UNE NOUVELLE A LA MAIN.	438
XXXVII.	LES ROSES FANÉES.	440
XXXVIII.	VIOLETTE ÉTAIT-ELLE MORTE ?	442
XXXIX.	LA LÉGENDE DES PARISIS.	443
XL.	FRAGMENT D'UNE LETTRE DE MONJOYEUX.	443

IMPRIMERIE D. BARDIN, A SAINT-GERMAIN

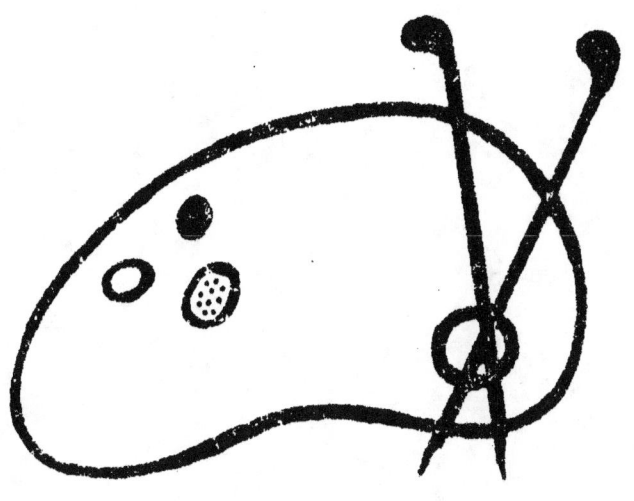

Original en couleur
NF Z 43-120-8

www.ingramcontent.com/pod-product-compliance
Lightning Source LLC
Chambersburg PA
CBHW070536230426
43665CB00014B/1703